GRAMMATICAL CASE IN THE LANGUAGES OF THE MIDDLE EAST AND EUROPE

The University of Chicago Center in Paris. Photo by Dan Dry

GRAMMATICAL CASE IN THE LANGUAGES OF THE MIDDLE EAST AND EUROPE

ACTS OF THE INTERNATIONAL COLLOQUIUM

VARIATIONS, CONCURRENCE ET EVOLUTION DES CAS DANS DIVERS DOMAINES LINGUISTIQUES

Paris, 2–4 April 2007

edited by

MICHÈLE FRUYT

MICHEL MAZOYER

and

DENNIS PARDEE

STUDIES IN ANCIENT ORIENTAL CIVILIZATION • NUMBER 64

THE ORIENTAL INSTITUTE OF THE UNIVERSITY OF CHICAGO

CHICAGO • ILLINOIS

Library of Congress Control Number: 2011933159
ISBN-10: 1-885923-84-8
ISBN-13: 978-1-885923-84-4
ISSN: 0081-7554

The Oriental Institute, Chicago

STUDIES IN ANCIENT ORIENTAL CIVILIZATION • NUMBER 64
The Oriental Institute of the University of Chicago

Series Editors
Leslie Schramer
and
Thomas G. Urban
with the assistance of
Rebecca Cain

Series Editors' Acknowledgments

Jessen O'Brien and Felicia Whitcomb assisted in the production of this volume.

Cover Image

RS 24.244 recto. Referred to in figures 6.2 and 6.16.
Photo by the PhoTÉO project of the Mission de Ras Shamra

Printed by McNaughton & Gunn, Saline, Michigan

The paper used in this publication meets the minimum requirements of American National Standard for Information Services — Permanence of Paper for Printed Library Materials, ANSI Z39.48-1984.

TABLE OF CONTENTS

The University of Chicago Center in Paris. Photo by Dan Dry

PREFACE

Michèle Fruyt, Michel Mazoyer, Dennis Pardee

Cet ouvrage représente les actes du colloque international intitulé "*Variations, concurrence et évolution des cas dans divers domaines linguistiques,*" qui s'est tenu du 2 au 4 avril 2007 à Paris à l'Institut catholique de Paris (21 rue d'Assas, 75006 - Paris) les 2 et 3 avril, puis dans les locaux de l'Université de Chicago à Paris (6 rue Thomas Mann, 75013 - Paris) le 4 avril.

Le colloque résulte d'une organisation conjointe et transatlantique entre les universités de Chicago, Paris I et Paris IV, au travers de collaborations scientifiques de longue date qui liaient Dennis Pardee (Université de Chicago) et Michel Mazoyer (Université de Paris I) d'une part, Michel Mazoyer et Michèle Fruyt (Université de Paris IV) d'autre part. Les subventions accordées par l'Université de Chicago (Oriental Institute), par l'Université de Paris IV-Sorbonne (EA 4080, Centre Alfred Ernout de linguistique latine[1]) et le CNRS (GDR 2650 "Linguistique latine," 34e section, SHS) permirent d'assurer l'essentiel de l'organisation matérielle, à quoi s'ajoutèrent une subvention de l'Université de Limoges et une aide précieuse de l'Institut catholique de Paris[2] ainsi que du Centre de l'Université de Chicago à Paris,[3] qui mirent des salles à la disposition des organisateurs.

Pour la partie scientifique, Dennis Pardee (spécialiste d'hébreu et d'ougaritique) fut chargé des contacts avec les savants américains dans les domaines de la Méditerranée orientale ancienne (langues sémitiques: akkadien, éblaïte, ougaritique, arabe, cananéen, araméen, hébreu; autres langues: sumérien, hourrite, élamite). Michèle Fruyt (spécialiste de linguistique latine) et Michel Mazoyer (spécialiste de hittite) réunirent des spécialistes de langues indo-européennes (tokharien, hittite, grec, latin, langues sabelliques, islandais, russe, langues baltiques), de langues non indo-européennes de l'Italie ancienne (étrusque), de langues finno-ougriennes ainsi que de la question des cas en linguistique générale. Participèrent au colloque par ordre d'intervention: C. Touratier, C. Woods, P. Fronzaroli, F. Malbran-Labat, R. Hawley, R. Hasselbach, D. Pardee, W. Heinrichs, A. Rousseau, E. Pirart, J. Haudry, F. Josephson, M. Mazoyer, C. Melchert, I. Klock-Fontanille, R. Lebrun, I. Yakubovich, M. Fritz, F. Bader, L. Isebaert, M. Fruyt, M. Cennamo, G. Haverling, C. Fry, V. Martzloff, P. Poccetti, L. Agostiniani, G. Van Heems, D. R. M. Campbell, G. J. Pinault, D. Petit, S. Sakhno, C. Le Feuvre, P. Guelpa, J. Perrot, G. Gragg. La présente publication regroupe la plupart de ces communications.

La finalité de ce travail collectif est de confronter les situations offertes par des langues relevant de différents domaines linguistiques et, en particulier, d'examiner les diverses questions posées par les variations synchroniques, les concurrences entre les cas d'une même langue et — conséquence de cette situation de variation — leurs évolutions diachroniques.

Si cette vaste thématique a retenu l'attention des organisateurs, c'est que les cas constituent l'un des domaines essentiels de la syntaxe des langues: dans les langues où ils existent, ils sont concernés par tous les énoncés, même les plus courts. Ils représentent l'armature de la syntaxe de la phrase simple et de la proposition, le rôle morphosyntaxique des désinences nominales étant essentiel dans l'élaboration de tout énoncé et l'un des piliers du système grammatical d'une langue donnée. Or les cas sont soumis, comme tous les phénomènes linguistiques, à des phénomènes de variation en synchronie et d'évolution en diachronie. Ces phénomènes peuvent mettre en jeu l'ensemble du système morphologique d'une langue et l'affaiblissement du marquage casuel peut même menacer tout le système de la langue. Les évolutions se manifestent tantôt par l'apparition de nouvelles catégories casuelles

[1] Que soient particulièrement remerciés au titre de l'Université de Paris IV-Sorbonne: Olivier Picard, Directeur de l'Ecole doctorale I, et le Conseil scientifique.

[2] Que soit particulièrement remerciée au titre de l'Institut catholique de Paris: Florence Malbran-Labat, Responsable du département des langues anciennes.

[3] Que soient particulièrement remerciés au titre du Centre de l'Université de Chicago à Paris: Philippe Desan, Directeur, et Sébastien Greppo, Responsable administratif.

ou de nouvelles fonctions pour un même cas préexistant, tantôt au contraire par la régression ou la disparition de catégories casuelles et des fonctions de certains cas.

La problématique présentée ici concerne non seulement l'évolution de plusieurs cas ou bien de tout un système casuel à l'intérieur d'une même langue, mais aussi des études contrastives et comparatives portant sur les différences et les évolutions d'un même cas dans des langues apparentées. Certaines évolutions transitoires traversent des phases successives, qui méritent d'être décrites: une langue ayant à sa disposition plusieurs moyens d'expression pour dénoter des relations spatiales, temporelles ou notionnelles peut n'en retenir qu'un seul pendant une certaine période, puis l'abandonner pour un nouveau renouvellement et ré-encodage morphologique.

L'évolution des systèmes casuels concerne aussi l'origine, le devenir et le statut linguistique des morphèmes désinentiels. Cette thématique touche aussi à la création de certaines désinences nominales (par exemple par grammaticalisation d'anciens lexèmes, et plus particulièrement d'anciennes particules), à leur éventuelle extension vers d'autres positions de la flexion et parfois même à leur généralisation, ou bien au contraire à leur disparition. Les conditions dans lesquelles apparaissent les phénomènes de "syncrétisme des cas" font également partie intégrante des présentes réflexions sur les cas.

Nous espérons, par cette publication et par le colloque qui en fut la source, participer au courant scientifique contemporain des études translinguistiques.

Michèle Fruyt, Michel Mazoyer, Dennis Pardee

Two additional remarks are in order from the organizer responsible, practically, for the Chicago side of the program and, scientifically, for the Semitic side. First, it was owing to the generosity of the Oriental Institute and its Director, Gil Stein, as well as to the Director of the University of Chicago Center in Paris, Philippe Desan, and its Administrative Director, Sébastien Greppo, that this university was so well represented at the conference (a total of seven speakers, including one alumnus) and that the third day of the conference, held at the Center, was so successful. Second, plans had been made for representation of two of the more important of the Semitic language groups, Arabian/Arabic and Akkadian, but unfortunate circumstances regrettably removed these contributions from the mix.

Dennis Pardee

1

CAS ET ANALYSE EN MORPHÈMES?

Christian Touratier, Université d'Aix-en-Provence (Aix-Marseille 1)

Summary. Cases are not morphemes, that is, minimal meaningful units, but only morphological units, that is, sets of minimal segments in complementary distribution. These morphological units are used, alone or several together, to form the signifier of morphemes. For instance, used alone, the Latin ablative represents an instrumental morpheme (*ferire gladio*), a subject morpheme (*partibus factis*), or an object morpheme (*aliqua re uti*); combined with a preposition such as *in*, it is a locative discontinuous morpheme (*ambulat in horto*), or such as *cum*, it is a discontinuous morpheme signifying "with" (*cum amico cenabam*). The so-called case system is nothing but inflection.

Pour décrire les cas, ou, comme elles le disent parfois, le système des cas, d'une langue donnée, les grammaires commencent par identifer et énumérer les différents cas de la langue en question. Puis, elles recensent et classent les différents emplois qu'il convient de reconnaître à chacun d'entre eux. Elles s'efforcent parfois d'unifier le classement de ces différents emplois, et de proposer la valeur fondamentale à laquelle ces différentes valeurs particulières peuvent plus ou moins être rattachées. Des linguistes comme Hjelmslev, Jakobson ou Kuryłowicz ont essayé de systématiser et théoriser ces tentatives d'unification, à un moment où certes la notion de signe linguistique, et par conséquent celle de signe linguistique minimal ou morphème, avait été proposée, mais où les linguistes américains n'avaient pas encore vraiment développé la pratique et les techniques d'analyse en morphèmes. Maintenant, quand on veut faire la grammaire d'une langue, il n'est plus possible de ne pas commencer par en faire une authentique analyse en morphèmes, pour identifier ce qui fonctionne et ce qui ne fonctionne pas comme unité significative minimale, et par conséquent ce qu'il est légitime de considérer comme des morphèmes de cette langue.

Traditionnellement les grammaires, sans toujours bien préciser les segments concernés, admettent un certain nombre de variations des formes nominales qu'elles appellent les différents cas du nom. Ainsi le latin aurait 6 cas, le grec ancien 5, l'allemand 4, le russe 5, l'ancien français 2, si on se limite aux langues indo-européennes; mais, si l'on va plus loin, le chinois 0, l'arabe 3, le finnois 11, etc. Certes, ces cas jouent un rôle dans la construction du sens des messages qui les mettent en œuvre; ils semblent donc contribuer à leur signifcation et à leur acceptabilité. Mais sont-ils pour autant des morphèmes, c'est-à-dire des unité significatives minimales? Et, si oui, chaque cas représente-t-il un et un seul morphème? Les grammaires seraient tentées de répondre plus ou moins positivement, si l'on se rappelle ce que la *Grammaire de l'allemand* de Jean Fourquet (1952: 31) enseignait, avec toutefois une certaine prudence:

> L'emploi le plus caractéristique (mais non le seul!) correspondant à chaque cas peut être représenté ainsi:
>
> Nominatif : Sujet d'un verbe.
> Accusatif : Objet d'un verbe transitif.
> Datif : Complément "d'attribution" (appelé aussi objet indirect ou secondaire).
> Génitif : Complément déterminatif d'un substantif.
>
> Example: *Die Frau des Bäckers gibt den Kindern einen Kuchen*
> la femme du boulanger donne aux enfants un gâteau
> Nominatif Génitif Datif Accusatif

Pour mener à bien l'analyse en morphèmes d'une langue donnée, on utilise certes les concepts classiques de morphème (unité minimale associant un signifié et un signifiant), de variantes ou allomorphes (formes différentes, suivant les contextes ou les situations énonciatives, du signifiant d'un même morphème), de morphème à signifiant discontinu (association d'un seul signifié avec un signifiant formé de deux ou plusieurs segments formels non contigus), d'amalgame (association d'un seul signifiant avec le signifié de deux ou plusieurs morphèmes), et de synthèmes (combinaison plus ou moins figée de deux ou plusieurs morphèmes). Mais il convient d'ajouter, comme nous l'avons montré à plusieurs reprises, les deux concepts de segment morphologique et d'unité morphologique, dont la définition est reprise à Harris, mais dont la portée est différente. Nous appelons en effet segment morphologique toute "suite de phonèmes (en entendant par suite de phonèmes aussi bien un seul phonème que plusieurs phonèmes) indépendante de son environnement, c'est-à-dire qui peut commuter dans l'environnement où elle se trouve et dont l'environnement peut également commuter" (Touratier 1994b: LIV), ce que Harris appelait *morphemic segment* (Harris 1951: 6). Ainsi, pour reprendre un exemple de Harris lui-même, le verbe anglais *perceive*, contient deux segments morphologiques. Car *-ceive* [si:v] est indépendant de *per-* [pə], comme le montre l'existence des verbes:

> *persist* [pə'sist], *perjure* ['pədZə]

et *per-* est indépendant de *-ceive*, comme le montrent les verbes:

> *receive* [ri'si:v], *deceive* [di'si:v]

(cf. Harris 1951: 161). Et nous appelons unité morphologique une classe de segments morphologiques en distribution complémentaire — que Harris appelait, à tort, à notre avis, morphème. Ainsi *-ceive* et *-cep-* sont deux segments morphologiques en distribution complémentaire; car le nom qui correspond à ces deux derniers verbes n'est pas **receivtion* et **deceivtion*, mais *reception* et *deception*. Il s'agit donc d'une seule et même unité morphologique. Harris appelait *morphemes* les deux unités morphologiques de *perceive*, *receive*, ou *deceive*. Mais celles-ci ne correspondent pas à deux unités significatives minimales, ce qui est notre définition du morphème. Car on est bien obligé de considérer que le signifiant /pə'si:v/ est associé au signifié "s'apercevoir," le signifiant /ri'si:v/ au signifié "recevoir," et le signifiant /di'si:v/ au signifié "décevoir," puisqu'il est impossible de trouver un élément de signification commun à ces trois verbes, qui serait associable au segment morphologique *-ceive*. On voit ainsi que les unités morphologiques sont des classes d'unités formelles que la langue utilise, seules ou à plusieurs, pour former le signifiant de ses morphèmes.

Il serait facile de montrer qu'en latin par exemple les cas sont des unités morphologiques constituées de segments morphologiques en distribution complémentaire, lesquels segments morphologiques correspondent aux cinq déclinaisons de nos grammaires. Par exemple, l'unité morphologique de nominatif correspond aux segments morphologiques:

> *-a* (de la $1^{\text{ère}}$ déclinaison), *-us* et *-um* (de la $2^{\text{ème}}$ déclinaison), *-is*, *-s*, *-ēs* (de la $3^{\text{ème}}$ déclinaison), *-s* (de la $4^{\text{ème}}$ déclinaison), et *-us* (de la $5^{\text{ème}}$ déclinaison);

l'unité morphologique de génitif, aux segments morphologiques

> *-ae* (de la $1^{\text{ère}}$ déclinaison), *-ī* (de la $2^{\text{ème}}$ déclinaison), *-is* (de la $3^{\text{ème}}$ déclinaison), *-ī* (de la $4^{\text{ème}}$ déclinaison), et *-ūs* (de la $5^{\text{ème}}$ déclinaison);

l'unité morphologique de datif, etc. Reste à savoir si ces unités morphologiques sont toujours, à elles seules, le signifiant d'un morphème, et qui plus est, toujours du même morphème.

Cas prépositionnels

Nous avons déjà montré que les cas dits prépositionnels, c'est-à-dire les cas que présentent les noms ou les syntagmes nominaux qui se combinent avec une préposition (nos grammaires disent les cas régis par ces prépositions), formaient avec ces prépositions le signifiant discontinu d'un seul morphème. Cela est évident lorsque la préposition est toujours suivie du même cas, comme en latin /*cum*... ablatif/ (de signifié "avec") ou /*per*... accusatif/ (de signifié "à travers"), en allemand /*um*... accusatif/ (de signifié "autour"), comme toutes les prépositions du grec moderne et l'accusatif, ou toutes les prépositions arabes et le génitif. Kuryłowicz l'a fort bien vu, quand à propos du syntagme latin formé d'une préposition et d'un mot à l'accusatuf *extra urbem*, il estimait que

> la bipartiton correcte est:
>
> *extra* | *urb* | *em*
> *II* | *I* | *II*

> Il s'ensuit 1) que la forme casuelle ne se laisse pas dégager du tour prépositionnel; il n'est donc point permis de traiter cette forme casuelle sur le même plan que la forme casuelle libre ou régie, dépendant du verbe sans l'intermédiaire d'une préposition; 2) que la préposition n'est pas le *regens* de la forme casuelle, mais qu'elle est un sous-morphème, bien que principal, du morphème composé II (consistant en préposition + désinence casuelle) (Kuryłowicz 1960: 134–35).

Nous avons montré que, malgré les apparences, c'est exactement la même chose quand les prépositions sont dites mixtes par les grammaires allemandes ou latines, c'est-à-dire quand les prépositions peuvent se construire avec deux cas différents. On aurait, d'après les grammaires, le choix entre deux cas, choix entre l'accusatif et l'ablatif en latin, ou entre l'accusatif et la datif en allemand, après la préposition *in* "dans." Certes, on dit par exemple en latin et en allemand

it *in* *urbem* "il va dans la ville"
i - t *in* *urb-em*
aller-il dans ville-accusatif
er geh-t *in* *d-ie Stadt* "il va dans la ville"
il aller-P3 dans la-accusatif ville

et

laborat *in* *urbe* "il travaille dans la ville"
labora-t *in* *urb-e*
travailler-il dans ville-ablatif
er arbeit-et *in d-er Stadt* "il travaille dans la ville"
il travailler-P3 dans la-datif ville

Mais le locuteur n'a aucun choix. Après le verbe *ire* (*gehen* "aller"), il ne peut pas mettre autre chose que *in* + accusatif; et après le verbe *laborare* (*arbeiten* "travailler"), il est obligé de mettre *in* + ablatif (datif). Il lui est impossible de mettre *in* + accusatif. La préposition et le cas représentent donc dans ces différents énoncés un morphème à signifiant discontinu. Mais faut-il admettre qu'il y a alors, dans chacune de ces langues, deux morphèmes à signifiant discontinu partiellement homonymes, qui mettent en œuvre le même segment morphologique *in*? Il est clair que non; car entre les deux éventuels morphèmes à signifiant discontinu /*in*... accusatif/ et /*in*... ablatif/ (ou /*in*... datif/ en allemand), il y a distribution complémentaire. Les grammaires scolaires le signalent expresssément au chapitre de ce qu'elles appellent les questions de lieu. Elles opposent nettement la question de lieu *ubi* (allemand *wo* "où?"), pour le lieu où l'on est, à la question de lieu *quo* (allemand *wohin* "où?"), pour le lieu où l'on va. Ce sont en effet les verbes qui signifient non pas seulement un déplacement, mais un changement de lieu qui exigent /*in*... accusatif/. Sans cette particularité sémantique du verbe introducteur, on ne peut mettre que /*in*... ablatif/ (ou en allemand /*in*... datif/). Cela veut dire que le signifiant /*in*... accusatif/ n'est qu'un allomorphe de /*in*... ablatif/. On postulera donc un seul et même morphème de signifié "dans" et de signifiant /*in*... ablatif/ (en allemand /*in*... datif/). Et l'on dira que /*in*... accusatif/ n'est qu'une variante combinatoire de ce morphème de signifiant /*in*... ablatif/ (en allemand /*in*... datif/). Cette description rejoint une autre intuition fort juste de Kuryłowicz, qui, à propos de ces tours prépositionnels différents de la question *ubi* (all. *wo*) et de la question *quo* (all. *wohin*), disait:

> Dans ces exemples la valeur de la préposition reste toujours la même, mais le verbe de mouvement y ajoute la nuance additionnelle du *but* de sorte que p. ex. dans le latin *in urbem ire* le tour *in urbe*, où la désinence de l'ablatif dépend de *in*, subit l'assimilation sémantique de la part du verbe de mouvement, d'où *ire in urbe* > *ire in urbem* (Kuryłowicz 1960: 23).

On reprochera toutefois à cette formulation des choses de réintroduire subrepticement le concept traditionnel de cas dans la description du cas prépositionnel, pourtant reconnu comme différent du cas seul: elle admet en effet une certaine valeur à l'accusatif ou à la préposition du tour *in urbem*, parlant d'une "nuance additionnelle de *but*." Les concepts de l'analyse en morphèmes permettent une présentation des choses plus tranchée et plus claire: ils font de *in urbem* une variante (sans ajout de signification) de *in urbe* dans le contexte de verbes de changement de lieu comme *ire*, si bien que *in urbem* après *ire* apporte à l'énoncé où il se trouve le même sens que *in urbe*, puisque les syntagmes *in urbem* et *in urbe* contiennent le même lexème *urb-* "ville" et le même morphème "dans," dont le signifiant est dans un cas /*in*... accusatif/ et dans l'autre /*in*... ablatif/. Ce n'est donc pas "la valeur de la préposition," mais le signifié du morphème de signifiant /*in*... accusatif/ qui "reste toujours la même." Et l'accusatif n'apporte par conséquent aucune "nuance additionnelle de *but*" ou d'autre chose. Mais l'intérieur de la ville, c'est-à-dire le *in urbe*, est le second actant du verbe du déplacement *ire*, et donc le terme de ce déplacement. C'est là la véritable cause, et non l'accusatif, qui fait que "dans la ville" est un but dans le syntagme verbal (SV) *ire in urbem.*

Problème de latin *ambulare* (allemand *spazieren*)

Il ne faut pas croire, sous prétexte qu'à côté de *In urbe ambulat* "il se promène dans la ville" (cf. l'exemple scolaire *Ambulat in horto* "il se promène dans son jardin"), on pourrait trouver *In urbem ambulat*, que la grammaire structurale de Richard O'Brien[1] traduit fort justement par

"He walks toward the city"

après avoir proposé, non moins justement, la traduction

"He walks in the city"

pour *In urbe ambulat*, que l'accusatif seul peut parfois commuter avec l'ablatif seul, et sembler être le signifiant d'un morphème disons de "but." Car si, au seul niveau syntagmatique de l'ordre séquentiel des mots, il semble y avoir une commutation, qui pourrait certes être interprétée comme la commutation d'un accusatif avec un ablatif, mais aussi du reste comme la commutation d'un morphème discontinu /*in*... ablatif/ avec un morphème également discontinu /*in*... accusatif/, il n'y a, en fait, au point de vue syntaxique, aucune commutation. Le syntagme *in urbe* remplit en effet la fonction de circonstant, c'est-à-dire de constituant immédiat non verbal d'un SV endocentrique (ou, ce qui revient au même, d'expansion d'un SV, à l'intérieur d'un autre SV), le verbe intransitif *ambulare*, comme tous les verbes dits traditionnellement intransitifs, appartenant effectivement au paradigme non pas de V, mais de SV. Par contre, le syntagme *in urbem* est un complément de verbe, bien que non appelé par la valence du verbe *ambulare*, qui est monovalent, le verbe étant alors employé transitivement. Une telle transitivation ajoute au sémème du verbe *ambulare* l'archisémème des verbes dont il a pris la construction, à savoir *ire*, et lui donne ainsi l'effet de sens de "aller en se promenant vers la ville." Puisque le syntagme change de fonction syntaxique, on ne peut pas dire que les deux tours prépositionels appartiennent au même paradigme, ce que montre clairement la figure 1.1. Il n'y a donc pas simple commutation entre *in urbe* et *in urbem*, puisqu'il n'y a pas choix à l'intérieur d'un même paradigme.

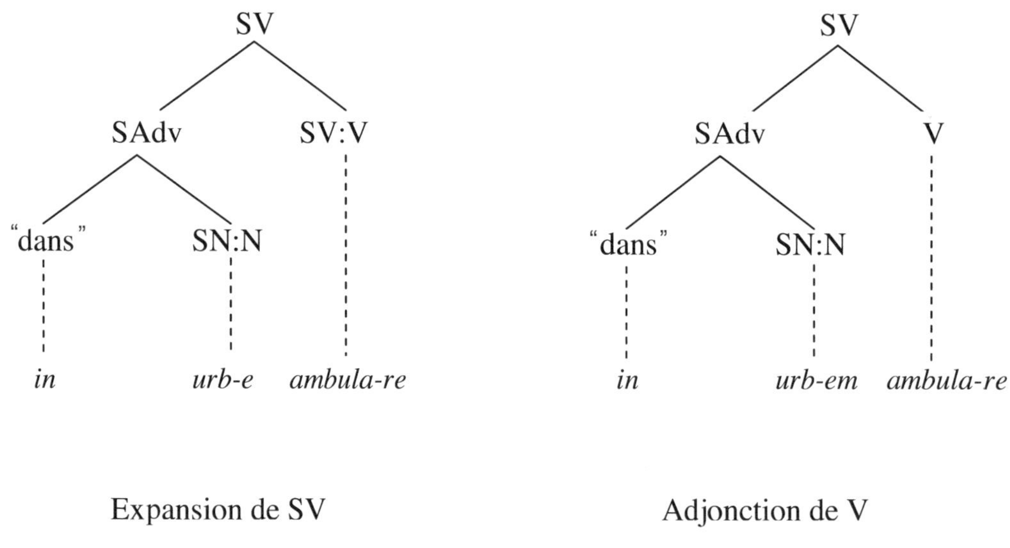

Figure 1.1. Circonstant et complément de Verbe

[1] O'Brien 1965: 202. Il ne faudrait pas croire qu'il s'agit là d'un solécisme du latin chrétien; car on trouve chez Plautus (*Amphitryon* 341) *Quo ambulas?* justement traduit par "Où vas-tu?" Si ce tour n'était pas attesté, il faudrait bien en faire l'hypothèse, pour expliquer que *ambulare* "se promener" ait pu donner une des variantes du lexème français *aller* (à partir de *am*[*bu*]*'lāre* avec syncope de la syllabe prétonique en voyelle fermée).

On pourrait peut-être proposer une autre analyse, et dire qu'au morphème localisant /*in*... ablatif/ s'ajoute le morphème de complément de verbe, dont le signifiant le plus usuel est l'accusatif. C'est de cette façon que Paul Valentin a voulu expliquer, en allemand, l'accusatif de la question de lieu *wohin*. Rapprochant les deux exemples:

Er fäll-t unter d-en Tisch
lui tomber-P3 sous le-accusatif table "Il tombe sous la table"
Er träg-t d-en Tisch
lui porter-P3 le-accusatif table "Il porte la table"

il fait la remarque suivante:

> Il n'est à tout le moins pas contraire à l'intuition de dire que *fallen* est transitif par rapport à *unter d- Tisch* de la même manière que *tragen* l'est par rapport à *d- Tisch*: le groupe pré-positionnel évoque l'"objet" affecté par la chute, et le groupe nominal l'"objet" affecté par le transport (Valentin 1975: 271).

Il représente alors les signifiés des deux syntagmes verbaux par les schémas de la figure 1.2, où manifestement le signifié "transitivité" correspond au signifiant /accusatif/. Nous avons objecté à cette description fort astucieuse que ce n'est pas la transitivité ou la transitivation qui entraîne l'apparition du signifiant /*in*... accusatif/, puisque le complément de verbes bivalents

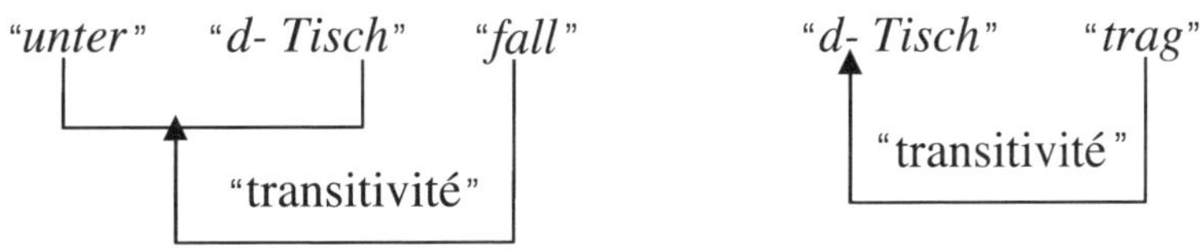

Figure 1.2. /Accusatif/ = "Complément de verbe"

comme "habiter" ou "rester" ne présente ni en allemand ni en latin le signifiant /*in*... accusatif/:

Er wohn-t in d-er Stadt
lui habiter-P3 dans le-datif ville "il habite dans la ville"

Habita-t in urb-e
habiter-lui dans ville-ablatif "il habite dans la ville"

Er bleib-t in d-er Stadt
lui rester-P3 dans le-datif ville "Il reste dans la ville"

Mane-t in urb-e
rester-lui dans ville-ablatif "Il reste dans la ville" (cf. Touratier 1979: 56).

On peut conclure que le cas qui s'ajoute à une préposition n'est jamais le signifiant d'un morphème. Ce n'est qu'un des éléments du signifiant discontinu d'un morphème.

En grec ancien

Si l'on se tourne maintenant du côté du grec ancien, nous avons montré que la situation des cas prépositionnels, qui est plus complexe que dans d'autres langues, est finalement la même: le cas n'a jamais, contrairement à ce que souhaiteraient les grammaires, un sens propre. C'est un élément du signifiant discontinu que forment la préposition et le cas qu'elle est censée régir. Il y a des prépositions qui ne se combinent qu'avec un seul cas:

> Les prépositions ἀντί "au lieu de," ἀπό "à partir de," ἐξ "hors de," πρό "devant" se combinent toujours avec le génitif, les prépositions ἀνά "en remontant de," εἰς "vers," et ἀμφί "autour," toujours l'accusatif, et les prépositions ἐν "dans," σύν "avec," toujours avec le datif (Touratier 1994a: 250).

et forment donc avec ce cas le signfiant discontinu d'un morphème. Il y a aussi les tours avec des prépositions comme παρά "auprès," ὑπό "sous" ou ἐπί "sur," qui, à la question ποῖ du lieu où l'on va, remplacent le datif par un accusatif, et correspondent donc, comme en latin ou en allemand, à une variante avec accusatif, dans le contexte d'un verbe de changement de lieu, de morphèmes à signifiant discontinu formé d'une préposition et d'un datif. Mais les choses se compliquent avec ces prépositions, du fait qu'elles peuvent aussi se combiner avec un nom au génitif. Mais l'apparition de ce génitif n'a pas les mêmes conséquences pour chacune des ces trois prépositions. Avec ἐπί, il s'agit d'une variante supplémentaire (qui est poétique) de /ἐπί… datif/, tandis qu'avec παρά et ὑπό, il s'agit d'un morphème à signifiant discontinu supplémentaire, qui correspond respectivement au signifié "d'auprès de" et "de sous," que les grammaires scolaires rattachent habituellement à la question πόθεν du lieu d'où l'on vient. Malgré la proximité sémantique, il ne s'agit pas des mêmes morphèmes que / παρά … datif/ et / ὑπό … datif/, tout comme en français *d'auprès* et *de sous* ne sont pas la même chose que les morphèmes *auprès* et *sous.*

Autres cas de figure: la préposition μετά donne lieu à deux allomorphes du même morphème de signifié "parmi" avec le datif et le génitif, mais à un second morphème partiellement homonyme de signifié "après," avec l'accusatif. Par contre la préposition περί entre dans la constitution d'un seul et même morphème de signifié "autour" à trois allomorphes; "appliqué au domaine spatial, ce signifié a la valeur locale de 'autour' ('autour de Troie, aux environs de Troie'), appliqué au domaine temporel, la valeur d'une approximation temporelle ('vers le milieu de la nuit' περὶ μέσ-ας νύκτ-ας) et, appliqué au domaine notionnel, la valeur de 'au sujet de, à propos de'" (Touratier 1979: 65–66). Et la prose de la langue classique a la particularité de limiter cette variation en privilégiant l'allomorphe /περὶ … génitif/ pour la valeur notionnelle, ce qui n'est pas le cas de la poésie homérique par exemple.

Pour terminer avec le grec, on peut dire à la fois que les différences de fonctionnement des trois cas prépositionnels, datif, accusatif et génitif, empêchent de trouver un signifié unique auquel rattacher chacun de leurs emplois, et que leurs ressemblances de fonctionnement empêchent de trouver pour chacun de ces cas un signifié propre qui soit différent de celui des deux autres cas. En grec, comme dans les autres langues indo-européennes, les cas prépositionnels ne sauraient donc être des morphèmes. Ce ne sont que des segments morphologiques qui s'unissent à ce que les grammaires appellent des prépositions pour former le signfiant discontinu d'un morphème.

Cas non prépositionnels alternant avec cas prépositionnels

Si Kuryłowicz a eu raison d'exclure les cas prépositionnels de ce qu'il appelait, à la suite d'une certaine tradition, les système des cas, il faut également en exclure tous les cas seuls qui ne sont que des variantes d'un morphème avec cas prépositionnel. Jean Perrot est le premier, à notre connaissance, à l'avoir dit:

> L'accusatif correspondant au terme du mouvement ne fonctionne pas comme l'accusatif de l'objet parce que la norme comporte l'emploi d'une préposition telle que *in* ou *ad*; l'absence de préposition obéit à un certain conditionnement: elle est liée soit à des expressions de caractère formulaire, figé (*malam crucem ire, infitias ire*, etc.), soit à la désignation de certaines réalités géographiques (noms de localités ou de territoires restreints). Ces "exceptions" ne sont que des variantes gravitant autour de la norme et liées toujours à des conditions définissables. Les mêmes observations vaudraient pour l'ablatif de point de départ ou de localisation, par exemple, employés sans préposition (Perrot 1966: 219).

Ceci rejoint, mais de façon beaucoup plus satisfaisante, nous semble-t-il, au point de vue théorique, l'analyse de Kuryłowicz, qui distinguait, pour chaque cas, une fonction primaire et des fonctions secondaires, et rangeait parmi les fonctions secondaires tous les emplois que Jean Perrot dit "conditionnés" ou "liés à des conditions définissables."

> Prenons, disait Kuryłowicz, l'exemple de l'accusatif (indo-européen). Auprès <d>es verbes transitifs, où il désigne l'objet externe ou interne (*affectum* ou *effectum*), sa désinence est sans aucune valeur sémantique, elle est purement le signe syntaxique de la subordination du nom au verbe. Mais en outre, il y a, à titre d'emplois spéciaux, un accusatif du but, de l'extension spatiale ou temporelle, du prix, etc. Chacune de ces valeurs n'est propre qu'à un groupe de verbes déterminé au point de vue sémantique (Kuryłowicz 1949: 26–27).

Et il concluait:

> On peut donc parler d'une fonction primaire de l'accusatif, laquelle est celle de régime direct, et d'une série de fonctions secondaires: accusatif du but (*nagaram gacchati, Romam ire*), de l'extension, du prix, etc. Les conditions de l'emploi en fonction secondaire sont toujours définissables, et d'une manière positive (Kuryłowicz 1949: 27).

Mais, avons-nous jadis objecté, "alors que Kuryłowicz reconnaît fort justement, au niveau de la théorie générale, que la fonction primaire et les fonctions secondaires d'une unité linguistique ne sont que des réalisations dans le discours de la fonction fondamentale de ladite unité, fonction fondamentale qui, comme il le dit expressément, se détermine dans le système, il ne nous dit rien sur la fonction fondamentale de l'accusatif et ne précise pas de quelle valeur dans le système des cas indo-européens la fonction primaire et les fonctions secondaires de l'accusatif peuvent être considérées comme des réalisations particulières" (Touratier 1978: 99). Il faut toutefois reconnaître que cela semble impossible, et le point de vue de Jean Perrot permet de le comprendre. C'est parce que les accusatifs des prétendues fonctions secondaires sont des allomorphes d'un morphème à signifiant discontinu formé d'une préposition et d'un accusatif qu'on ne peut rien leur trouver de commun avec la valeur de l'accusatif qui n'est jamais prépositionnel. Les accusatifs variantes d'accusatifs prépositionnels et les accusatifs seuls ne représentent donc pas du tout les mêmes morphèmes.

Cas jamais prépositionnels

Si on s'intéresse maintenant aux cas jamais accompagnés de prépositions, c'est-à-dire à ce que Kuryłowicz considérait comme la fonction primaire des cas, rien ne prouve que toutes leurs occurrences représentent un seul et même morphème. Nous avons en effet pu montrer, dans notre article de 1978, que l'ablatif toujours seul qui affecte un constituant nominal de SV peut être le signifiant d'un morphème relationnel (c'est-à-dire d'un morphème grammatical ayant un certain contenu sémantique) dont le signifié est "avec, au moyen de," et que les grammaire scolaires illustrent par l'exemple

> *ferire gladio* "frapper avec une épée,"

mais qu'il peut aussi être le signifiant d'un morphème fonctionnel ayant, comme l'accusatif dit d'objet, la valeur syntaxique de "Complément de verbe." C'est celui que l'on trouve dans les SV

> *aliqua re uti* "se servir de qqch."

ou

> *abundat diuitiis; nulla re caret* "il regorge de richesses; il ne manque de rien"

où les grammaires historiques aiment tant à retrouver un instrumental, ce qui a l'inconvénient d'assouplir la notion d'"instrumental" jusqu'à la rendre inconsistante et floue. Mais en dehors du SV, l'ablatif peut aussi être un allomorphe du nominatif, ayant la valeur syntaxique de sujet dans la proposition subordonnée participiale que les grammaires scolaires appellent "l'ablatif absolu":

> *Partibus factis, uerba fecit leo* "les parts ayant été faites, le lion parla."

L'ablatif seul représente donc au moins trois morphèmes différents, qu'il est impossible de ramener à l'unité, que celle-ci soit sémantique ou syntaxique. Il est en effet aussi impossible de trouver une caractéristique syntaxique commune aux trois fonctions de Circonstant, Complément de verbe et Sujet que de voir dans tous ces emplois différents un fait de polysémie. Il s'agit donc d'une homonymie.

La situation est la même pour l'accusatif. Certes, c'est le cas par excellence du complément de verbe, que celui-ci soit le deuxième actant d'un verbe que les grammaires scolaires qualifient de transitif, comme dans

> *Amo patrem* "j'aimc mon père," *doceo pueros grammaticam* "j'enseigne la grammaireaux enfants"

ou qu'il soit ajouté, sans nécessité sémantique, à la construction d'un verbe monovalent, comme dans la transitivation que les grammaires scolaires appellent "l'accusatif d'objet interne":

> *uiuere uitam beatam* "vivre (mener) une vie heureuse."

Mais le morphème fonctionnel de "Complément de verbe" connaît d'autres allomorphes comme l'ablatif, dans *aliqua re utor* "je me sers de qqch.," le génitif, dans *memini mortuorum* "je me souviens des morts" ou le datif, dans *studeo grammaticae* "j'étudie la grammaire." Et l'accusatif lui-même peut être un allomorphe d'autres morphèmes, par exemple du morphème de sujet dans les subordonnées dites complétives:

> *Scio uitam esse breuem* "je sais que la vie est courte," *dicunt Homerum caecum fuisse* "on dit qu'Homère a été aveugle."

Comment, par exemple, ne pas parler d'homonymie devant

> *admonent me uenire* "ils m'engagent à venir,"

où l'accusatif *me* est le complément de *admonent*, et

> *admonitus est me uenire* "il fut averti que je venais,"

où l'accusatif *me* ne peut qu'être que le sujet de *uenire*.

Même le nominatif, qui est le signifiant non marqué du sujet, et qui a des allomorphes, nous venons de le voir, comme l'accusatif et l'ablatif, peut marquer d'autres fonctions, que l'on s'efforce de rattacher, au moins verbalement, à la fonction de sujet. Il marque un attribut du sujet, que celui-ci soit un adjectif ou un nom:

> *Sicilia magna insula est* "la Sicile est une grande île," *filius a patre Quintus uocatur* "le fils est appelé Quintus par son père."

Certes il y a une relation sémantique entre cet attribut et le sujet de la phrase, puisqu'il désigne le même individu que lui. Mais au point de vue syntaxique, qu'est-ce qu'un attribut du sujet? C'est tout simplement le complément d'une classe particulière de verbes, à savoir les verbes qui signifient un état. Le nominatif est par conséquent ici le signifiant du morphème de complément de verbe, qui est une fonction syntaxique que l'on a l'habitude d'opposer à la fonction syntaxique de sujet. Mais le nominatif peut aussi être ce que les grammaires appellent pudiquement un "*nominatiuus pendens*," comme dans

> *Feminae quae non habent uiros, licet eis nubere* (Augustine, *Sermons* 260) "Les femmes qui n'ont pas de mari, il leur est possible de se marier."

Mais ce n'est pas parce que la grammaire traditionnelle n'a pas vu que le SN au nominatif remplissait une fonction syntaxique originale — que l'on peut appeler l'extraposition et définir comme le fait d'être un constituant immédiat de P qui est aussi expansion de P — que l'on ne reconnaîtra pas à ce nominatif d'indiquer cette fonction syntaxique d'extraposition. On pourrait être tenté de parler alors non pas d'une fonction syntaxique, mais d'une fonction informative ou pragmatique de thème de l'énoncé, ce qui est du reste le rôle sémantique auquel correspond, selon nous, la fonction syntaxique d'extraposition. Mais quand on voit qu'un accusatif peut remplir la même fonction et informative et syntaxique, par exemple dans

> *Illos qui dant eos derides; qui deludunt deperis* (Plautus, *Asinaria* 537) "*ceux* qui nous paient, tu t'en moques; ceux qui nous bernent, tu *en* es folle"

il devient préférable de dire que et le nominatif et l'accusatif sont des allomorphes du morphème d'extraposition. Et l'on doit en conclure qu'aucun des cas employés seuls et sans alternance possible avec un tour prépositionnel ne correspond qu'à une seule valeur et n'est donc le signifiant d'un seul morphème.

Ceci veut dire, en conclusion, que les cas, en eux-mêmes, ne sont pas des morphèmes, mais seulement des unités morphologiques, et que le système des cas n'est rien de plus que le système morphologique appelé traditionnellement la déclinaison, dont on peut donner la définition suivante. Une déclinaison est un ensemble organisé d'unités morphologiques (c'est-à-dire de classes de segments morphologiques en distribution complémentaire) qui, dans les langues indo-européennes, s'ajoutent à des lexèmes, mais ailleurs, par exemple en japonais, à des syntagmes (ou combinaisons de lexèmes). En latin, par exemple, la déclinaison est constituée de deux séries parallèles d'unités morphologiques, qui reçoivent traditionnellement le nom de singulier et de pluriel. Chacune de ces deux séries d'unités morphologiques comprend six unités morphologiques, appelées traditionnellement des cas, et dont les noms respectifs sont nominatif, vocatif, accusatif, génitif, datif et ablatif.

Dans la mesure où la déclinaison latine contient deux fois six cas, elle est plus compliquée que la déclinaison grecque, constituée de seulement deux fois cinq cas, à savoir le nominatif, le vocatif, l'accusatif, le génitif et le datif, ou que la déclinaison allemande, constituée de seulement deux fois quatre cas, à savoir le nominatif, l'accusatif, le génitif et le datif. Mais elle est moins compliquée que la déclinaison finnoise, qui est constituée d'au moins deux fois onze cas, à savoir le nominatif, le génitif, le partitif, l'inessif, l'élatif, l'illatif, l'adessif, l'ablatif, l'allatif, l'essif et le translatif.

Toutefois le latin ajoute une autre forme de complication, qui est presque ignorée du finnois par exemple. En finnois, en effet, les différents cas correspondent, la plupart du temps, à un seul et même segment morphologique, et parfois seulement, à deux segments morphologiques différents. En latin, les unités morphologiques de chacune de ces deux séries de cas réunissent, toutes, au moins cinq segments morphologiques, qui constituent ce que les grammaires latines ont l'habitude d'appeler les cinq déclinaisons du latin.

Si notre analyse des cas est juste, il ne faut pas chercher, à tout prix, à rattacher chaque cas à une et une seule valeur. Car cela reviendrait à prétendre résoudre un problème comparable à celui de la quadrature du cercle.

Bibliographie

Fourquet, Jean

1952 *Grammaire de l'allemand.* Paris: Hachette.

Harris, Zellig S.

1951 *Structural Linguistics.* Chicago: University of Chicago Press.

Kuryłowicz, Jerzy

1960 "Le problème du classement des cas." Dans *Esquisses linguistiques*, édités par Jerzy Kuryłowicz, pp. 131–50. Polska Akademia Nauk, Prace językoznawcze 19. Breslau: Zaklad Naroldowy. Première publication en 1949 dans *Biuletyn Poskiego Towarystwa Jezykoznawczego* (Bulletin de la Société Polonaise de Linguistique) 9: 20–43.

1964 *The Inflectional Categories of Indo-European.* Heidelberg: Carl Winter.

O'Brien, Richard J.

1965 *A Descriptive Grammar of Ecclesiastical Latin Based on Modern Structural Analysis.* Chicago: Loyola University Press.

Perrot, Jean

1966 "Le fonctionnement du système des cas en latin." *Revue de philologie* 40: 217–27.

Touratier, Christian

1978 "Quelques principes pour l'étude des cas (avec application à l'ablatif latin)." *Langages* 50: 98–116.

1979 "Accusatif et analyse en morphèmes." *Bulletin de la Société de Linguistique de Paris* 74/1: 43–92.

1994a "Cas, prépositions et analyse en morphèmes en grec ancien." Dans *Cas et prépositions en grec ancien* (Actes du colloque international de Saint-Étienne, 3–5 juin 1993), édité par B. Jacquinod, pp. 249–57. Saint-Étienne: Publications de l'Université de Saint-Étienne.

1994b *Syntaxe latine.* Bibliothèque des Cahiers de l'Institut de Linguistique de Louvain 80. Louvain: Peeters.

1995 "Le cas est-il une unité fonctionnelle: le génitif latin." Dans *DE VSV: études de syntaxe latine offertes en hommage à Marius Lavency*, édité par D. Longrée, pp. 307–27. Bibliothèque des Cahiers de l'Institut de Linguistique de Louvain 70. Louvain: Peeters.

Valentin, Paul

1975 "Le groupe prépositionnel allemand en grammaire du signifié." *Bulletin de la Société de Linguistique de Paris* 70/1: 253–74.

2

THE CONJUGATION PREFIXES, THE DATIVE CASE, AND THE EMPATHY HIERARCHY IN SUMERIAN

*Christopher Woods, University of Chicago**

In the study of Sumerian grammar, there is no topic over which more ink has been spilled than the conjugation prefixes. Certainly, the language keeps its secrets in other areas, but in none has it been less forthcoming than in the domain of the prefixes. The problem owes its pride of place among the mysteries of the language to the simple fact that — at least for the non-modal forms of the verb — the conjugation prefixes constitute an obligatory element of Sumerian verbal morphology. The irony can hardly escape us that our inability to adequately explain these morphemes is epitomized by the very name we continue to give them, as these morphemes — we know this much at least — have nothing to do with verbal conjugation. We retain the traditional label not so much for lack of a better term as for lack of an accurate description of their functions that would suggest one. In this paper I describe the basic iconicity that underlies and drives the conjugation-prefix system and how it manifests itself in one of its basic uses, namely, the correlation between individual prefixes and the semantic roles of BENEFICIARY and RECIPIENT, as rendered in the Sumerian case system by the dative case.[1] It should be noted at the outset that although I describe this use as basic, it is not the primary function of the prefix system, but one that speaks particularly clearly to the iconicity that underlies the system as a whole.

Before turning to the dative, I first outline what I understand to be the primary function of the system, the one that is extended to incorporate other functions. From the perspective of function and meaning, I consider the primary conjugation prefixes to be *mu-*, *imma-*, *ba-*, and *i-*. And from the perspective of both function and meaning, these prefixes constitute a system of grammatical voice. Without giving detailed evidence for it here (see Woods 2008), this claim is based upon the simple, but nonetheless essential — and, oddly, rarely made — observation that individual prefixes tend to occur with certain semantic classes of verbs and in certain pragmatic contexts more than others. Broadly speaking, grammatical-voice systems provide speakers with a series of linguistic options for expressing alternative conceptualizations of experience and reality. Voice in Sumerian is a semantically based system, but one with a strong, often overriding pragmatic component, a fact that accounts for much of the perceived idiosyncrasy in the system. The ultimate choice of a prefix, in many cases, is at the discretion of the speaker and is based upon his or her particular discourse requirements.

In terms of the traditional labels, *imma-* and *ba-* are middle-voice markers — or better, medio-passive markers. *mu-* represents the active, or better, the marked active voice, a designation that distinguishes it from *i-*, which is neutral with regard to voice distinctions, but which may be said to represent the unmarked or basic active voice when used in these same contexts.

* This paper represents in part a synopsis, and in part a further development, of several arguments presented in my book, *The Grammar of Perspective: The Sumerian Conjugation Prefixes as a System of Voice* (Brill, 2008). The abbreviations used in this paper are those of the *Chicago Assyrian Dictionary* of the Oriental Institute of the University of Chicago and *The Sumerian Dictionary of the University Museum of the University of Pennsylvania*, with the following additions: CAk = Curse of Akade; InGud = Inana and Gudam; LgB 1 = Lugalbanda in the Mountain Cave; NG = Falkenstein *Gerichtsurkunden*; RCU = Royal Correspondence of Ur; UrNin C = Ur-Ninurta C; YN = year name. Citations of Pre-Sargonic royal inscriptions are those of Frayne 2008; citations of literary texts are those of the Electronic Text Corpus of Sumerian Literature (Black et al. 1998–2006).

[1] Semantic roles are idealizations of case as intuitively perceived in experience and language, for instance, RECIPIENT, EXPERIENCER, LOCATION, and so on — ideals that no language actually grammaticalizes, but upon which, as many linguists believe, all languages structure grammatical case (see Blake 1994: 68–71; Croft 1991: 176–77; Langacker 1991: 285; and Palmer 1994: 4–6).

Any action or state expressed by a verb, what we may refer to as an *event*,[2] may be conceptualized in terms of a starting point, represented by an Initiator macrorole,[3] essentially a *doer* or *actor* who brings about and controls the action, and an Endpoint macrorole, an entity that is ultimately affected by the action, an entity to which the effects of the action accrue. The active voice indicates that some entity distinct from the subject — the Object in transitive clauses — is affected by the action. In the intransitive clause, the active may signal that the subject controls the action and is a volitional participant in it, that the effects of the action are perceived as accruing beyond the sphere of the subject. In contrast, the middle voice indicates that it is the subject, or his interests, that is ultimately affected by the action. Consider the following sentences:

[1]	Active:	*I opened the door.*
		I rolled the ball off the table.
	Passive:	*The door was opened.*
		The ball was rolled off the table.
	Middle:	*The door opened.*
		The ball rolled off the table.

In the active, the subject is the Initiator of the action, as in *I opened the door* or *I rolled the ball off the table*, but it is not regarded as affected by the action from the speaker's perspective. The subject is not the Endpoint. Conversely, in the passive, the subject is the Endpoint of the event — *The door was opened*, *The ball was rolled off the table* — but not the Initiator; the Agent of the action has been omitted from the clause, being, perhaps, contextually unimportant or unknown. However, in the middle voice — *The door opened* or *The ball rolled off the table* — the subject is the Initiator of the action, the *doer* of the action, and, more saliently, the Endpoint of action, the affected entity. Voice, as these sentences suggest, represents alternative perspectives or ways of looking at an event. The active voice views the event from the perspective of the Initiator, the middle and passive voices from the perspective of the Endpoint. Consider the case of the transitive event: the active sees the action described by the predicate from the point of view of the Agent, while the passive sees it from the vantage point of the Object. Clearly, the Agent is the Initiator, and the Object is the Endpoint.

But the relationship between Initiator and Endpoint is not limited to Agents and Objects, but subsumes the properties that typify each, the semantic parameters upon which transitivity itself depends. These include the volitionality and agency of the Agent, the affectedness of the Object, and the effectiveness with which the action is transmitted from Agent to Object (see Hopper and Thompson 1980). In the prototypical transitive event, as represented schematically in figure 2.1, an Agent — a volitional entity that controls the action — acts upon and completely affects an Object, a non-volitional and non-controlling entity, for example, *Judy broke the dish*, *Sam killed the bug*, and *Bobby built the house*. Conceived in these terms, there is a metaphorical movement and directionality to the prototypical transitive event. We can speak of it in terms of a positive vector that extends from Agent to Object, or a transfer of energy from Agent to Object, such as takes place in the collision of two billiard balls (Langacker 1991: 283).

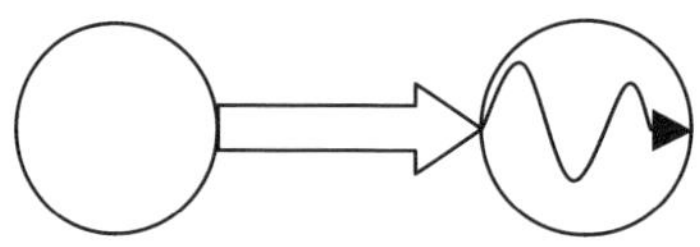

Figure 2.1. The prototypical transitive event (after Langacker 1991: 285 and Allan 2003: 10)

[2] Following other functional treatments of voice, the term *event* is used throughout this paper to refer to the activity, state, or process that is denoted by a verb. In essence, the term is taken as the "conceptual correlate of a verb" (Kemmer 1993: 8; see also Allan 2003: 6).

[3] Macroroles are, essentially, umbrella semantic roles that subsume individual semantic roles and have relevance for intransitive as well as transitive events (see Farrell 2005: 139–43; Kemmer 1993: 51; Foley and Van Valin 1984: 28–32; Van Valin and Wilkins 1996). The Initiator role encompasses *upstream* semantic roles, such as AGENT, EXPERIENCER, and SOURCE, as each represents the starting point of its event; each is the initial source of energy that sets the event in motion. The Endpoint role includes those semantic roles that represent the terminal points of their respective action chains. These *downstream* semantic roles include PATIENT, BENEFICIARY, RECIPIENT, and GOAL (cf. Kemmer 1993: 51).

The notion that Agents are associated with control and Objects with affectedness can be traced in modern scholarship back to Silverstein (1976), who demonstrated that some nouns, based on their inherent lexical semantics, are more Agent-like — are more likely to control an action — than others, and that a scale of all possible noun types could be established. This scale, known as the Animacy or Nominal Hierarchy (fig. 2.2), ranges from nouns having prototypically, or statistically, the greatest potential for serving as Agents to those having the greatest potential for serving as Objects. It describes the continuum of nominals in language, which is bounded at one end by the first and second persons, the prototypical Agents, and on the other end, by the inanimate common nouns, the prototypical Objects.

From yet another perspective, the natural ordering of NPs is an *empathy* hierarchy, representing the degree to which speakers, being human and animate, identify or share common concerns with the people and things under discussion (Kuno 1976, 1987; Kuno and Kaburaki 1977; see also DeLancey 1981; Langacker 1991: 306–07). The speaker naturally empathizes most with himself. He is concerned and identifies most with himself and, secondarily, with the addressee, his partner in discourse. The speaker displays progressively less empathy for uninvolved third persons, collectives, and, finally, inanimates. In other words, empathy reflects the degree to which the speaker identifies with another clausal participant, choosing to take, or not to take, that participant's perspective on the event. Empathy, to use Langacker's felicitous description, "reflects an egocentric assessment of the various sorts of entities that populate the world" (1991: 306–07). Indeed, it is the egocentric nature of language that is at the root of figure 2.2 as a hierarchy of both agency and empathy.

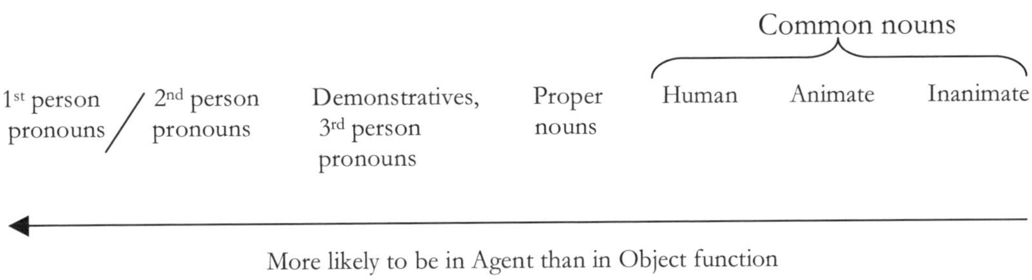

Figure 2.2. The Nominal Hierarchy (after Dixon 1994: 85)

Our cognitive model, then, which envisions the event in terms of Initiator and Endpoint macroroles, can be elaborated to account for those scalar properties that are associated with the canonical Agents and Objects. The Initiator and Endpoints of the event subsume a host of parallel or iconic structures that tend to cluster together and are described in figure 2.3 (see DeLancey 1981, 1982).

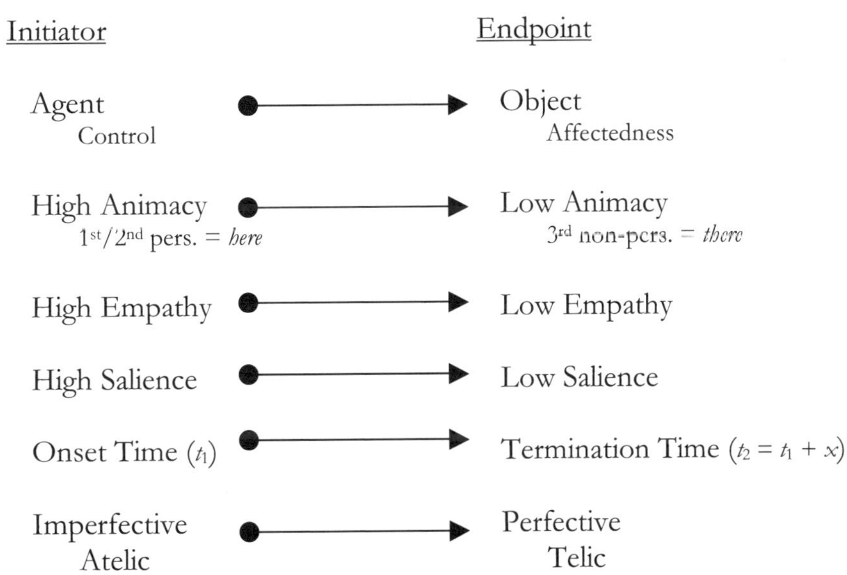

Figure 2.3. Coincident structures relating to the prototypical transitive event

Specifically, the Initiator role is associated with high agency and animacy, as well as with volition and control, characteristics that are embodied by the Agents par excellence, the most salient and empathy-garnering NPs — the Speech-Act Participants, which are by definition *here* at the place of discourse. Conversely, the Endpoint of the event is characterized by affectedness, low animacy, and a lack of control and volition over the event. These are properties affiliated with the canonical Objects — *things*, which are low in salience, with which speakers share little empathy, and which are obviously uninvolved in the discourse and metaphorically are understood to be *there*. And, as the Initiator role is associated with the onset and unfolding of the event, the Endpoint role relates to its completion and resulting effects.

With respect to our prefixes, *mu-* is an Initiator-oriented notion, while *imma-* and *ba-* — but particularly *ba-* — are Endpoint-oriented notions. *mu-* correlates with increased transitivity, animacy, and control over the event, while *ba-* and *imma-* correlate with decreased transitivity, inanimacy, and affectedness by the event. In terms of voice, at the center of the semantic range of the prefix *mu-* — its canonical usage — is the prototypical or highly transitive event. For the prefixes *imma-* and *ba-*, in contrast, the prototypical usages are various middle-voice events.

mu- and prototypical transitive events, for example, ***mu+hul***, ***mu+ha-lam*** "destroy s.th." [2]; ***mu+uš$_2$*** "kill s.th." [2]–[3] (cf. *ba+uš$_2$* "die" [7]); ***mu+gaz*** "kill, crush s.th." [3]; and ***mu+du$_3$*** "build s.th." [4] (cf. [12], [16]). By extension, with intransitives, the prefix suggests that the subject exercises some control over the event, for example, ***mu+zu*** "know s.th." [5]–[6], in the sense of to have a skill or mastery over some knowledge. In all cases, subject affectedness is neutralized.

[2] Uru-az^{ki} **mu-hul** ensi$_2$-bi **mu-uš$_2$** Mi-ši-me^{ki} **mu-hul** A-ru$_2$-a^{ki} **mu-ha-lam** "(Eanatum) destroyed Uruaz and killed its ruler; he destroyed Mishime, and annihilated Arua" (Eanatum 5 iv 12–19; Eanatum 6 iv 16–v 4).

[3] Gud-dam-e e-sir$_2$ Unug^{ki}-ga-ke$_4$ šar$_2$-ra **mu-ni-in-gaz** šar$_2$-ra ^{giš}tukul-a-na **mu-ni-in-ug$_7$** "Gudam crushed a multitude on the streets of Uruk; he killed a multitude with his mace" (InGud C22–23). Note that *ug$_7$* is the plural root of *uš$_2$* "die, kill."

[4] Ur-^{d}Nanše ... e$_2$ ^{d}Nanše **mu-du$_3$** eš$_3$ Gir$_2$-su **mu-du$_3$** Ib-gal **mu-du$_3$** Ki-nir **mu-du$_3$** E$_2$-dam **mu-du$_3$** Ba-gara$_2$ **mu-du$_3$** Abzu-eg$_2$ **mu-du$_3$** "Ur-Nanshe ... built the temple of Nanshe, built the sanctuary of Girsu, built the Ibgal, built the Kinir, built the Edam, built the Bagara, and built Abzueg" (Ur-Nanše 14).

[5] sipad zid Gu$_3$-de$_2$-a gal **mu-zu** gal i$_3$-ga-tum$_2$-mu "The true shepherd, Gudea, is very wise and very accomplished as well (lit. greatly knowing and great as well in the carrying out)" (Gudea Cyl. A xxv 22–23).

[6] eš-bar dug$_4$-ga-ni ki-bi-še$_3$ ga$_2$-ga$_2$ di-di-bi **mu-e-zu** "(Ninurta,) you understand how to establish and carry out the decisions firmly pronounced (by Enlil)" (UrNin C 15).

ba- and middle events, that is, those in which "the 'action' or 'state' affects the subject of the verb or his interests" (Lyons 1968: 373), for example, ***ba+uš$_2$*** "die" [7] (cf. *mu+uš$_2$* "kill" [2]–[3]); ***ba+mu$_2$*** "grow" [8]; ***ni$_2$—ba+te*** "fear," ***su—ba+zig$_3$*** "have goose bumps, be terrified" [9] (cf. [13]); ***šu—ba+ti*** "receive" [10]; and ***ba+gub*** "stand" [11]. *ba-* is also used to express the passive, for example, ***ba+du$_3$*** "s.th. is built" [12]. In all cases, the prefixes emphasizes the subject's role as patient or *undergoer*; the prototypical environment for the prefix is represented by those events in which subject affectedness is maximal and in which agency — specifically, control and volition — is minimal.

[7] mu Lu$_2$-gi-gun$_4$-na šeš Ku-li gudu$_4$ **ba-uš$_2$** i$_3$-bi$_2$-la nu-u$_3$-tuku-a-še$_3$ "Because Lugiguna, the brother of Kuli, the *gudu*-priest, has died without an heir" (NG 80: 13–14).

[8] [u$_2$ a-ni]r **ba-am$_3$-mu$_2$** šu-mu **ba-am$_3$-mu$_2$** [ba]d$_3$-bi u$_2$ gid$_2$-da **ba-am$_3$-mu$_2$** "Lamentation grass sprouted, alfalfa grass sprouted — by the walls grass grew long" (Nisaba B 8–9).

[9] nu-kar$_2$-kar$_2$ aga$_3$-us$_2$ lugal-ga$_2$-ke$_4$ ^{giš}banšur-mu in-bala-a-še$_3$ **ni$_2$ ba-da-te su ba-da-zig$_3$** "Although I had given no insult, the bodyguards of my king overturned my table — I became terrified, my flesh crept" (RCU 1: 27–28).

[10] nig$_2$-šam$_2$ gana$_2$-kam **šu ba-ti** "(The sellers) received the purchase price of the field" (Gelb Kudurrus 22: i 14–15).

[11] ^{d}Ba-u$_2$ nam-šita Uru-inim-gi-na-ka-ke$_4$ **ba-gub** mu-bi "'Bau stands at the prayers of Uruinimgina' is (this object's) name" (Uruinimgina 14s [= FAOS 5/1 Ukg. 53]).

[12] mu bad$_3$ ma-da^{ki} **ba-du$_3$** "The year: the wall of the land was built" ~ mu ^{d}Šul-gi lugal-e bad$_3$ ma-da^{ki} **mu-du$_3$** "The year: Shulgi, the king, built the wall of the land" (Šulgi YN 37).

imma- and middle events. The prefix has much of the same functional range as *ba*- and, similarly, functions as a middle marker. However, in contrast to *ba*-, the subject of the *imma*-prefixed verb tends to exercise greater control and agency over the action (that is, the subject is less PATIENT-like). Consequently, the event expressed with *imma*- is often of greater intensity (cf. ***šu imma+ti*** "grab, seize" [15] with ***šu ba+ti*** "get, receive" [10]) or complexity (cf. singular ***ba+gub*** "stand" [11] with collective ***imma+gub*** "stand" in [14]) than that expressed with its counterpart, *ba*-. In this way, *imma*- represents a less extreme manifestation of Endpoint focus than does *ba*- — note *mu+du$_3$* "build s.th." [4], *imma+du$_3$* "build s.th. for o.s." [16], but *ba+du$_3$* "s.th. is built" [12].

[13] Ul-maš^{ki}-a **ni$_2$ im-ma-ni-in-te** (var. um-ma-da-an-te) "In Ulmash, (Inana) became fearful" (CAk 59).

[14] e$_2$-e en **ba-gub** la-gal **ba-gub** me-e šu si im-ma-sa$_2$ ^{d}A-nun-na u$_3$-di-de$_3$ **im-ma-šu$_4$-šu$_4$-ge-eš$_2$** "The *en*-priest stands before the temple and the *lagal*-priest stands (before the temple) — together they do everything to perfection. The Anunaki stand together in astonishment" (Gudea Cyl. A xx 21–23). Note that *šu$_4$-šu$_4$(g)* is the plural root of *gub* "stand."

[15] ud-ba Il$_2$ sanga Zabalam^{ki}-kam Gir$_2$-su^{ki}-ta Umma^{ki}-še$_3$ gar$_3$-dar-ra-a e-gen Il$_2$-le nam-ensi$_2$ Umma^{ki}-a **šu e-ma-ti** "At that time, Il, who was the temple-estate administrator at Zabalam, marched in retreat from Girsu to Umma and seized the rulership of Umma for himself" (Enmetena 1 iii 28–37).

[16] ud-ba eš$_3$ A-ka$_3$-de$_3$^{ki} kug ^{d}Inana-ke$_4$ ama$_5$ mah-a-ni-še$_3$ **im-ma-an-du$_3$-du$_3$** "At that time, holy Inana built herself the sanctuary of Akade as her magnificent woman's domain" (CAk 7–8).

The conjugation prefixes are not limited to the expression of grammatical voice, but express a number of grammatical categories that are either directly related to voice or iconically associated with voice, by virtue of sharing a similar structure. As a general, but by no means absolute, rule, the grammatical-voice force of the prefixes is at its most potent the closer the prefix is to the verbal root. When dimensional infixes intervene between the prefix and the root, it is often the quality of their referents that determines the choice of prefix. As Bybee (1985) stresses, linguistic proximity, as reflected in the linear ordering of morphemes, is iconic with proximity in terms of meaning. In other words, the potential of a prefix to modify the semantics of the verb — voice, of course, as a verbal category, is one means of altering the meaning of the verb — increases the closer the prefix is to the verbal root.

This brings us to the prefixes' correlation with the dative, to which I devote the remainder of this paper. The dative infix is one of the verbal elements that may intervene between the prefix and the verbal root, separating the two in terms of both the ordering of morphemes and meaning. Although the correlations that I describe also apply broadly to the other infixes, they are most conspicuously displayed in the case of the dative, the one case that has independent forms for each person. In accord with the iconicity between form and meaning, when a verbal form includes a dative infix, the prefix tends to reflect the semantics of the referent of the dative, rather than to modify the voice of the verb. As given below, the verb *sum* "give" is paradigmatic of a verb that typically includes a RECIPIENT or BENEFICIARY as part of its lexical frame (see Edzard 1976; Gragg 1973: 93):

[17]	1st	: *mu*- obligatory (*ma+sum* "give to me")	[18]
	2nd	: *mu*- overwhelmingly frequent (*mu-ra-sum*)	[19]
	3rd (animate)	: *mu*- vs. *i*- a pragmatic option dependent on *empathy* (*mu/i-na+sum*)	[20]–[21]
	3rd (inanimate)	: *ba*- overwhelmingly frequent (*ba-Ø+sum* "give to it/them/away")	[22]–[24]

Examples include the following:

[18] šag$_4$-gud 7 ma[š$_2$] **ma-an-sum** "The ox driver gave me 7 goats" (TCS 1, 213: 3–4).

[19] nam-lugal an-na za-ra **mu-ra-an-sum** "(Enlil) has given to you the kingship of heaven" (Nanna A 56).

[20] ^{d}Suen-e ⸢er$_2$⸣-na šu ba-an-ši-in-ti nam-til$_3$ **mu-na-an-sum** "Suen accepted his tears and gave (Lugalbanda) life" (LgB 1 A226).

[21] 1 ma$_2$ hun-ga$_2$-aš A-tu-e A$_2$-ta **in-na-an-sum** "Atu gave Ata one boat as a rental" (NG 62: 1–3).

[22] e$_2$-e ... lugal ^{d}En-ki-ke$_4$ eš-bar-kin **ba-an-sum** "King Enki gave oracular decisions to the temple" (Gudea Cyl. B iv 1–3).

[23] lugal-⸢mu⸣ sur$_x$(EREN$_2$)-e **ha-ba-ab-sum-mu** "My lord should give (the field) to the work troop" (FAOS 19 Gir 16 rev. 2'–3').

[24] ki-bala hul-gig ^{d}Nanna-za-ke$_4$-eš An-ne$_2$ **ha-ba-ab-sum-mu** "May An cast off (lit.: give away) the rebel land, as it is hateful to your Nanna" (Inana B 93).

Although the prefixes generally do not mark for grammatical voice in dative events, their appearance in these contexts is nevertheless governed by the same semantic properties that underlie their voice and transitivity functions. That is, like the voice uses, the correlations between the prefixes and the referents of the dative case can be explained in terms of the Nominal Hierarchy, particularly, the relationship between *mu-* and high animacy and that between *ba-* and low animacy. Specifically, the correlations between the prefixes and the dative case are explainable in terms of the Nominal Hierarchy when it is understood as an empathy hierarchy.

Considering the correlation of *mu-* with the dative allomorphs, it is immediately apparent that this distribution forms a continuum that mirrors the Nominal Hierarchy. In other words, the frequency with which *mu-* occurs with the dative case is directly proportional to its referent's position on the Nominal Hierarchy: *mu-* is obligatory with the first person (presumably, *ma-* < *mu-+-a-*[first-person dative]), and nearly so with the second person; with the third person, *mu-* is a frequently used pragmatic option, exercised when the speaker empathizes with its referent. That is, by choosing *mu-*, the speaker extends the empathy mark that is most closely associated with himself and the addressee to that third person. This is a person in whom the speaker has a particular interest, with whom he identifies, a person he deems to be, on some level, like himself. Under this broad label of empathy fall, for instance, the many events in which a ruler does something for the benefit of a deity, so often expressed by *mu-na+*VERB.

mu- signals the inclusion of a highly animate participant in the clause — a participant who is semantically AGENT-like, but not himself the AGENT of the event. The correlation between *mu-* and the dative stands in complementary distribution to that of the neutral prefix *i-*, which is, naturally, incompatible with the first person, infrequent with the second, but likewise common with the third. By opting to use *i-* with the third person, the speaker indicates that either he does not empathize or identify with this person, who is by definition uninvolved in the discourse, or, alternatively, for pragmatic or stylistic reasons, the speaker chooses not to express this identity. As it is with respect to other properties, *i-* is neutral with respect to empathy. Consider [20] and [21] given above: in the former, the protagonist of the story, Lugalbanda, is afforded the high empathy mark *mu-*, whereas in the latter — a clause from an administrative text, a genre that exhibits a stripped-down register of the language, which strives at a detached, facts-only reporting of events — the empathy-neutral *i-* is used. That the choice to express empathy is, in the end, a pragmatic one, dependent on the speaker's discourse requirements, is demonstrated by [25] and [26], in which two parallel and otherwise identical clauses differ significantly only with respect to the appearance of *mu-* versus *i-*.

[25] ud ^{d}Nanše nam-lugal Lagaš^{ki}-sa **mu-na-sum-ma-a** "When Nanshe gave to (Enmetena) the kingship of Lagash" (Enmetena 23: 13–16; similarly, Enanatum I 8 ii 8–iii 1; 9 ii 13–iii 4).

[26] ud ^{d}Nin-gir$_2$-su ur-sag ^{d}En-lil$_2$-la$_2$-ke$_4$ Uru-inim-gi-na-ra nam-lugal Lagaš^{ki} **e-na-sum-ma-a** "When Ningirsu, warrior of Enlil, gave to (Uruinimgina) the kingship of Lagash" (Uruinimgina 1 vii 29–viii 4; similarly, Lugalzagesi 1 i 36–41).

The contention that empathy is at issue — rather than some other parameter or free variation — finds more convincing support in the parallel passages of RTC 19 [27]–[28], a Pre-Sargonic administrative text that has been cited by all commentators since Thureau-Dangin (1907) in connection with the alternation between *mu-* and *i-*. RTC 19 deals with two exchanges of diplomatic gifts between the wives of the rulers of Adab and Lagash. The distribution of *mu-* and *i-* conforms to what the empathy hierarchy predicts. The writer, who is from Lagash — as this is a Girsu text — naturally has greater empathy for those participants who call Lagash home, than for those from Adab. Consequently, *mu-* is used with those individuals from Lagash, and neutral *i-* with those from Adab.

[27] (various gifts) Nin-giškim-til$_3$ dam ensi$_2$ Adab^{ki}-ka-ke$_4$ Barag-nam-tar-ra dam Lugal-An-da ensi$_2$ Lagaš^{ki}-ka-ra 2-kam-ma-ka **šu mu-na-taka$_4$** A-ne-da-nu-me-a lu$_2$-ni Ma-al-ga-sud-da **mu-da-gen-na-a mu-de$_6$** (1 garment) Nin-giškim-til$_3$-e Ma-al-ga **mu-na-sum** "With the second delivery, Ningishkimtil, the wife of the ruler of Adab, sent (various gifts) to Baragnamtara, wife of Lugal-Anda, ruler of Lagash. Anedanumea, her servant, who came with Malgasud, delivered them. Ningishkimtil gave (one garment) to Malga(sud)" (RTC 19 ii 1–iv 3).

[28] (metals) Barag-nam-tar-ra dam Lugal-An-da ensi$_2$ Lagaš^{ki}-ka-ke$_4$ 2-kam-ma-ka Nin-giškim-til$_3$ dam ensi$_2$ Adab^{ki}-ka-ra **šu e-na-taka$_4$** Ma-al-ga **e-da-gen** (garments and scented oil) Barag-nam-tar-ra A-ne-da-nu-me-a **e-na-sum** "With the second (delivery), Baragnamtara, wife of Lugal-Anda, ruler of Lagash, sent (metals) to Ningishkimtil, wife of the ruler of Adab. Malga(sud) came with (Anedanumea). Baragnamtara gave (garments and scented oil) to Anedanumea" (RTC 19 v 1–vii 5).

As described in [17], *ba-* complements *mu-* and completes the spectrum that *mu-* begins, representing its low end. *ba-* appears, typically, when the dative argument belongs to the class of *non-persons*, or is semantically similar to *non-persons*, when it is collective or indefinite, or, when it is absent altogether but canonically expected, as in "give *away*." Humans do not empathize with things; collectives are often grammatically regarded as *thing*-like. And humans naturally do not empathize with entities that are non-existent. In the parallel clauses given in [29], *ba-* does not cross-reference the inanimate recipient, the donkey, as some have suggested. Corresponding to the cross-linguistically observed tendency for less animate objects to be less marked, the dative-case infix for inanimates is simply zero, that is, -Ø-.

[29] a nag-nag **nu-na-sum-mu** anše a nag-nag **nu-ba-sum-mu** "(The *shublugal*) would not give (an *iginudu*) water to drink — he would not even give a donkey water to drink" (Uruinimgina 3 ii 6'–9').

The correlation of *mu-* with *persons* and *ba-* with *non-persons* extends beyond the dative to the other case infixes of the verb. As with the dative, the prefix often reflects the degree of animacy of the peripheral argument as represented by the immediately following infix. Thus, when Enlil looks upon Ningirsu, a *person* with whom he empathizes, the prefix is *mu-* [30], but when Gudea looks upon a clay pit, the prefix is *ba-* [31]:

[30] ^{d}En-lil$_2$-e en ^{d}Nin-gir$_2$-su$_2$-še$_3$ **igi** zid **mu-ši-bar** "Enlil looked favorably upon the lord Ningirsu" (Gudea Cyl. A i 3).

[31] ka-al-bi-še$_3$ **igi** zid **ba-ši-bar** "(Gudea) looked favorably upon the clay pit" (Gudea Cyl. A xiii 18).

All of this brings us back to the common basis for the far-flung uses of the prefixes, the foremost being the expression of voice, and includes the signaling of the animacy of RECIPIENTS and BENEFICIARIES. When joined with peripheral arguments, *mu-* typically signals the inclusion of a highly animate participant in the clause — a participant who is semantically AGENT-like, but not himself the AGENT of the event. In this way, a morpheme that is closely associated with agency is extended functionally to mark the referent of another argument, which is semantically identical, or nearly so, to the AGENT. Prototypically, RECIPIENTS and BENEFICIARIES are animate, as prototypically it is animates that register the receipts and benefits of an event. Viewed from this perspective, *ba-* signals a severe downgrading of the prototypical dative referent, much as it does with the agent in its detransitivizing function. Indeed, this degradation is the common ground for the voice and dative functions of the prefix. Moreover — and the point is an important one — with verbs that are naturally middle, like *gu$_3$—de$_2$* "address, speak, call," the two functions can be seen as collapsing together. Absent a salient Endpoint — an animate RECIPIENT or BENEFICIARY that can register the consequences of the action — the subject himself may be perceived as the Endpoint of the event, that is, as the locus of the action's principal effects, for example, *gu$_3$—ba+de$_2$* meaning "call out, call to s.th." And with the prefix proximal to the verbal root, the likelihood that it will interact directly with the verbal meaning, specifically, functioning as a voice marker, is increased. The notion that animate, that is, sentient RECIPIENTS and BENEFICIARIES, are more likely to absorb the effects of the action than inanimates parallels — indeed, may be seen as an extension of — the critical distinction between the active and the middle/passive voices. In the active (*mu-*), an Initiator-oriented notion, the affected entity is prototypically distinct from the subject, namely, *to do for another* — in the middle and passive (*imma-*, *ba-*), Endpoint-oriented notions, the affected entity is the subject, namely, *to do for oneself*. In this way, the empathy and voice functions of the conjugation prefixes find structure within the framework of the limits of the event as described by the Initiator and Endpoint roles (fig. 2.3), and in the values of agency, animacy, control, and spatial reference that are iconic with each.

Bibliography

Allan, Rutger J.

2003 *The Middle Voice in Ancient Greek: A Study in Polysemy.* Amsterdam Studies in Classical Philology 11. Amsterdam: J. C. Gieben.

Black, Jeremy, et al.

1998–2006 *The Electronic Text Corpus of Sumerian Literature* (http://www-etcsl.orient.ox.ac.uk/). Oxford: Oxford University Press.

Blake, Barry J.

1994 *Case.* Cambridge: Cambridge University Press.

Bybee, Joan L.

1985 *Morphology: A Study of the Relation Between Meaning and Form.* Typological Studies in Language 9. Amsterdam: John Benjamins.

Croft, William

1991 *Syntactic Categories and Grammatical Relations: The Cognitive Organization of Information.* Chicago: University of Chicago Press.

DeLancey, Scott

1981 "An Interpretation of Split Ergativity and Related Patterns." *Language* 57: 626–57.

1982 "Aspect, Transitivity, and Viewpoint." In *Tense-Aspect: between Semantics and Pragmatics*, edited by P. J. Hopper, pp. 167–83. Typological Studies in Language 1. Amsterdam: John Benjamins.

Dixon, Robert M. W.

1994 *Ergativity.* Cambridge Studies in Linguistics 69. Cambridge: Cambridge University Press.

Edzard, Dietz Otto

1976 "'Du hast mir gegeben', 'ich habe dir gegeben': Über das sumerische Verbum sum." *Die Welt des Orients* 8: 159–77.

Farrell, Patrick

2005 *Grammatical Relations.* Oxford Surveys in Syntax and Morphology 1. Oxford: Oxford University Press.

Foley, William A., and Robert D. Van Valin, Jr.

1984 *Functional Syntax and Universal Grammar.* Cambridge Studies in Linguistics 38. Cambridge: Cambridge University Press.

Frayne, Douglas R.

2008 *Presargonic Period (2700–2350 B.C.).* Royal Inscriptions of Mesopotamia, Early Periods 1. Toronto: University of Toronto Press.

Gragg, Gene B.

1973 "Linguistics, Method, and Extinct Languages: The Case of Sumerian." *Orientalia*, n.s., 42: 78–96.

Hopper, Paul J., and Sandra A. Thompson

1980 "Transitivity in Grammar and Discourse." *Language* 56/2: 251–99.

Kemmer, Suzanne

1993 *The Middle Voice.* Typological Studies in Language 23. Amsterdam: John Benjamins.

Kuno, Susumu

1976 "Subject, Theme, and Speaker's Empathy—A Reexamination of Relativization Phenomena." In *Subject and Topic*, edited by C. N. Li, pp. 417–44. New York: Academic Press.

1987 *Functional Syntax: Anaphora, Discourse, and Empathy.* Chicago: University of Chicago Press.

Kuno, Susumu, and Etsuko Kaburaki

1977 "Empathy and Syntax." *Linguistic Inquiry* 8/4: 627–72.

Langacker, Ronald W.

1991 *Foundations of Cognitive Grammar*, Volume 2: *Descriptive Application.* Stanford: Stanford University Press.

Lyons, John

1968 *Introduction to Theoretical Linguistics.* Cambridge: Cambridge University Press.

Palmer, F. R.

1994 *Grammatical Roles and Relations.* Cambridge: Cambridge University Press.

Silverstein, Michael

1976 "Hierarchy of Features and Ergativity." In *Grammatical Categories in Australian Languages*, edited by R. M. W. Dixon, pp. 112–71. Linguistic Series 22. Atlantic Highlands: Humanities Press.

Thureau-Dangin, François

1907 "Sur les préfixes du verbe sumérien." *Zeitschrift für Assyriologie* 20: 380–404.

Van Valin, Robert D., Jr., and David P. Wilkins

1996 "The Case for 'Effector': Case Roles, Agents, and Agency Revisited." In *Grammatical Constructions: Their Form and Meaning*, edited by M. Shibatani and S. A. Thompson, pp. 289–322. Oxford: Oxford University Press.

Woods, Christopher

2008 *The Grammar of Perspective: The Sumerian Conjugation Prefixes as a System of Voice.* Cuneiform Monographs 31. Leiden: Brill.

3

AGENT, SUBJECT, PATIENT, AND BENEFICIARY: GRAMMATICAL ROLES IN HURRIAN

Dennis R. M. Campbell, University of Chicago

Hurrian is one of the non-Indo-European and non-Semitic languages of the ancient Near East, preserved in written form from approximately 2000 to 1200 B.C.[1] It is a highly agglutinative ergative language with a rich system of case morphology.[2] At present, thirteen or fourteen cases have been distinguished, although this number includes apparent examples of compound cases.[3] Of these cases, the majority are oblique or inherent, typically indicating spatial deixes.[4] In this paper I limit my study to the grammatical roles and their corresponding morphology (i.e., case), which figure as the core syntactic arguments of a clause (Agent, Subject, and Patient). This includes the study of the grammatical relations among these roles. It will be demonstrated that Hurrian allows a certain amount of variability in the morphological representation of grammatical roles in order to fill certain syntactic and/or pragmatic needs.

There is a certain amount of ambiguity within linguistic literature between notional or semantic roles, grammatical roles, grammatical relations, and case. Nouns in any language have one of a number of notional or semantic roles depending upon their status in a clause. A noun that is the subject of a transitive verb is often called an agent, yet with various verbs it does not have the actual notional role of agent but is perhaps an experiencer, perceiver, effector, or any one of a number of different roles.[5] The situation is just as complex with nouns in patient position, where they may be patient, experienced, perceived, controlled, and so on. Grammatical roles are more limited in number, being determined by the grammatical forms in a particular language. They are therefore language specific, while notional roles are universal. Furthermore, notional roles are "exponents" of grammatical roles, and there is almost never a one-to-one correspondence between grammatical roles and notional roles, there typically being a number of notional roles associated with any one grammatical role.[6] There is often a degree of overlap between grammatical and notional roles. For example, the notional roles of agent and patient are the prototypical functions of the grammatical roles Agent and Patient. In order to eliminate possible confusion

---

[1] The linguistic affiliation of Hurrian is a long-debated issue. The most common theory is that Hurrian (and its sister language Urartian) is somehow related to the Caucasian languages (Diakonoff and Starostin 1986; Wegner 2007: 35–36). On the early history of the Hurrians in the ancient Near East, see Salvini 1998; Steinkeller 1998; Wilhelm 1989: 7–41.

The following abbreviations are used in this paper: ABL/INST (ablative/instrumental), ABS (absolutive), ABST (abstract), ACT (active), ADV (adverbial), AG (agent), AGR (agreement), AP (antipassive), COM (comitative), DAT (dative), DIR (directive), DN (divine name), ENCL (enclitic), EPENTH (epenthetic vowel), ERG (ergative), ESS (essive), GEN (genitive), IMP (imperative), IND (indicative), INTRAN (intransitive), JUSS (jussive), MOD (modal), NEG (negative), OPT (optative), PAT (patientive), PERF (perfect), PL (plural), PN (personal name), POSS (possessive), POT (potential), PRET (preterite), REL (relative), RELAT (relator), SG (singular), STAT (stative), TRAN (transitive). All other abbreviations follow the conventions of the *Chicago Hittite Dictionary*.

[2] Hurrian has long received at least passing interest from scholars of the ancient Near East. Work on deciphering this language began over one hundred years ago (Messerschmidt 1899) and grammars were soon published (Friedrich 1939; Speiser 1941; Bush 1964; Friedrich 1969). Since the publication of the Hurro-Hittite bilingual discovered at the Hittite capital of Hattusa in the 1980s (ed. Neu 1996), several new grammars have appeared (Giorgieri 2000; Wegner 2000; Wilhelm 2004; Hazenbos 2005; Wegner 2007). On case morphology in Hurrian, see also Giorgieri 1999.

[3] For example, the ablative *⸗dan* may be a compound of the directive *⸗da* + ablative/instrumental *⸗n*(*i*). See Giorgieri 2000: 217; Wegner 2007: 65–66. On ergativity in general, see Dixon 1994.

[4] A few cases have comparative functions. The essive is one of the most variable cases in Hurrian, covering a variety of grammatical roles. Along with indicating movement into, it functions as a comparative (e.g., *magānn*[*i*]*⸗a* "like a gift" [Mitt. iii 58]; Giorgieri 2000: 254–55). The ending *⸗ož* (or perhaps *⸗o⸗ž* as per Giorgieri 2000: 261) functions as an equative: *kāž*(*i*)*⸗ōž* "like a cup" (KBo 32 19 i 32). The endings *⸗ae* and *⸗nni* and *⸗nn*(*i*)*⸗a* also have adverbial functions (Giorgieri 2000: 253–63; Wegner 2007: 67; Wilhelm 2004: 108).

[5] Palmer 1994: 4–5; Van Valin and LaPolla 1997: 84–87.

[6] This is the distinction between grammatical roles and notional roles made by Palmer (1994: 5–6). I follow this model throughout this article.

between the two, grammatical roles are expressed by either capital letters or single, capital letter abbreviations (see below), while notional roles are spelled out in lower case.

Case is the morphological marking on a noun that defines its relationship to its head, typically a predicate.[7] The correspondence between grammatical roles and case is complex. Grammatical roles are not usually limited to any one case, but can move between cases as required by syntax and/or discourse. Take, for example, the grammatical role of Patient. In a nominative-accusative language, the Patient is typically in the accusative case. Through passivization, however, the grammatical Patient is promoted to the subject position and is placed in the nominative case.[8] Although the Noun Phrase (NP) has changed cases, its grammatical role remains that of Patient. In other words, the change of case is not accompanied by a corresponding change in grammatical roles. The situation is no different in Hurrian, where, as it will be shown, there is a degree of flexibility between grammatical roles and the cases used to express them (see table 3.1 and example [1] below).

Dixon, in his seminal work on ergativity, proposed a system of three primitives among the world's languages: Agent (A), Subject (S) of an intransitive verb,[9] and Patient (P).[10] These primitives are identical to the basic grammatical roles found in all languages. Dixon's model should, however, perhaps be expanded. The S NP can actually be divided between those NPs which are more agent-like versus those which are more patient-like.[11] For this reason, a further distinction of S_A and S_P can, and perhaps should, be made.[12] For most languages, S_A and S_P are treated the same and can simply be referred to as S (i.e., $S_A = S_P$). Some languages, however, do differentiate between the two. These languages are defined as either Split- or Fluid-S languages,[13] or active languages.[14] In Hurrian both S_A and S_P are in the =Ø absolutive case, meaning that one can simply speak of S in this language. Hurrian does, however, appear to distinguish between active intransitive verbs and those which are patientive or stative (see below).

As mentioned, Hurrian is a highly ergative language. In brief, ergativity requires that S NPs be treated like P NPs, while A NPs are treated differently.[15] In Hurrian this is distinguished through case morphology, with both S and P being marked by the =Ø absolutive (plural *=na*) and A by the ergative case *=ž*.[16] These are the two primary cases for the two core arguments, subject and direct object (with subject being subdivided into Agent and Subject, each with different case). The absolutive case, while consistently used for S, is not the only case for P NPs. Depending on voice or other syntactic/pragmatic requirements, the Patient can alternately be omitted or demoted to the essive case (*=a*).[17] The absolutive can also be used to mark A in certain situations.

The role of the Dative/Beneficiary[18] (B) has received little focus in past studies of Hurrian. While the dative (*=va/=wa*) and directive (*=da*) cases are typically used to indicate the spatial goal of an action, they play a far more important role in Hurrian than do the other oblique cases.[19] It is shown below that in various circumstances, the NP in the role of B can be promoted to the absolutive through dative shift, indicating that its role is closer to that of a core argument than a peripheral one.[20] This promotion to absolutive does not occur with any other oblique cases.

[7] Blake 2001: 1.

[8] Take the following German sentence: "Der Mann tötet den Wolf." The Patient, "den Wolf," is in the accusative, as indicated by the masculine accusative article *den*. In the passive, P is moved to subject position and is in the nominative, and the agent is either oblique or omitted: "Der Wolf wurde (vom Mann) getötet."

[9] Palmer suggests that S should perhaps stand for Single argument of an intransitive verb in order to avoid confusion since "subject" is often used for both S and A, especially with nominative-accusative languages (1994: 10). While this would be ideal, S is typically taken as Subject in linguistic literature.

[10] Dixon 1994: 6.

[11] Note the basic difference between the S NPs of "John went" and "John grew" or "John was sad." In the first example, the S NP is the controller of the action and therefore more agent-like, while in the latter two, it is an undergoer that either is in a state or changes one and is therefore patient-like.

[12] Manning 1996: 50–52.

[13] Dixon 1994: 71–83.

[14] Mithun 1991.

[15] On ergativity in general, see Dixon 1994.

[16] Ergativity in Hurrian is also indicated through verbal-agreement strategies. In the transitive, the verb agrees with A by using morphology that is unique to A-agreement (see below). There is no S-agreement with intransitive or antipassive verbs. The final *=b* in Old Hurrian is not an agreement marker (contra Wegner 2007: 124–29; Wilhelm 1992a: 662; Wilhelm 2004: 111). It is found with all persons and must have a different function (Campbell 2007b; there I argue that it is a grammaticalized agreement marker that agrees with all persons and numbers, and this function is not likely to be correct; see note 32 below).

[17] On the essive, see Haas and Wilhelm 1974: 13–14 and Wegner 2007: 67 for further bibliography.

[18] Palmer 1994: 31–37.

[19] The dative (*=w/va*) and directive (*=da*) are clearly morphologically distinct cases, but there is a (possibly high) degree of overlap in function between the two. This is a subject that requires further study.

[20] Already in 2002 Wilhelm noted some examples of a possible dative shift without explaining the mechanisms for this process (2002: 162). More on this is given below.

The situation in Hurrian can briefly be summarized as follows. The core arguments of A, S, and P have the primary case markings of ergative and absolutive. The ergative case is limited to the grammatical role of Agent, but the grammatical role of Agent is not limited to the ergative case. The absolutive covers a broader spectrum depending upon voice or pragmatics and can mark A, S, P, or B. The oblique essive, while typically indicating either movement in or functioning as a comparative, is the case to which the patient is demoted through either the detransitivization of the verb or dative shift. The Beneficiary is usually found in the dative or directive case but can, under certain circumstances, be promoted to direct object position. The relation among grammatical roles, case, and notional roles is given in table 3.1.

Table 3.1. Grammatical roles and morphological case in Hurrian

	Grammatical Roles	Case Morphology	Notional Roles
Core Roles	A	ergative (*=ž*) absolutive (Ø)	agent, actor, experiencer, perceiver, etc.
	S (S_A and S_P)	absolutive (Ø)	controller, initiator, etc. (agentive) undergoer, etc. (patientive)
	P	absolutive (Ø) essive (*=a*)	undergoer, etc.
Peripheral Role	B	dative (*=wa*, *=va*) directive (*=da*) absolutive (Ø)	beneficiary, recipient, human goal[a]

[a] The dative and directive also have the function of indicating motion toward a place. In this use, the NP in the dative cannot be promoted.

The complex interaction among case, grammatical roles, and notional roles is alternatively illustrated in [1] below. The solid lines between case and grammatical roles indicate the primary case for each role, while dashed lines are used to indicate the cases to which a grammatical role can be promoted or demoted. A sampling of various notional roles associated with the grammatical roles of A, S (divided here into its two constituent parts: S_A and S_P), P, and B is also given. "G.roles" stands for "grammatical roles" and "N.roles" for "notional roles." The exact correlations between cases and grammatical roles as indicated by table 3.1 and [1] are explored in detail below.

[1]

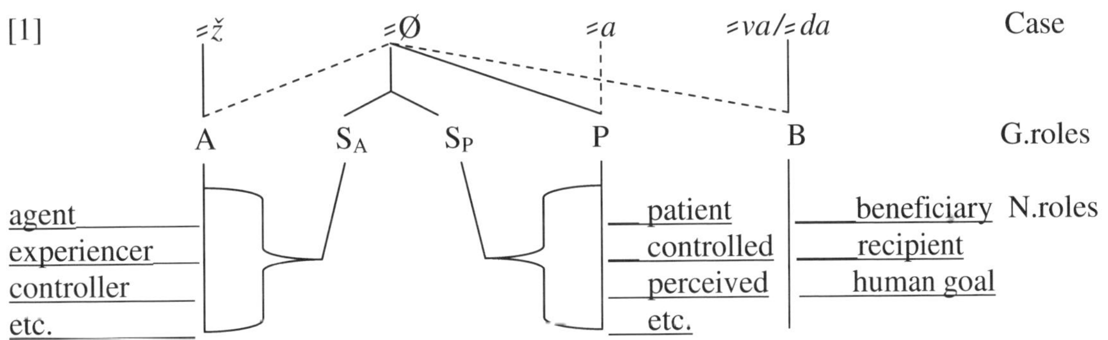

Grammatical relations determine the way in which various grammatical roles interact. In a nominative-accusative language, A and S are both in the nominative, while P is in the accusative. It can therefore be said that the primary grammatical relation is between A and S (or that A = S), and P is a secondary relation.[21] The situation is different in ergative languages where S and P are treated as the same and A is different. Therefore in ergative languages, we find that the primary relation is S = P, while A is the secondary relation.

Certain syntactic transformations allow the secondary relation to be made equivalent to the primary ones.[22] Two of the most common mechanisms responsible for this shift of relations are the passive and the antipassive.

[21] Palmer 1994: 11–16.

[22] This can be done through a variety of mechanisms, depending upon the language. For languages without case morphology, this can be accomplished through word order. In languages that use case morphology, the secondary relation is placed in the same case that is typically used by the primary ones.

In the former, P is placed in subject position and is in the nominative case (in case-marking languages). In the antipassive, A is in the absolutive and not in the ergative and is thus a derived primary relation. This movement of the secondary relation to a primary one is considered to be promotion. Conversely, the movement out of a primary relation (either into an oblique one or omitted) is to be taken as demotion. In the passive, we find promotion of P to a primary relation and the subsequent demotion of A to an oblique (or complete omission). In the antipassive, A is promoted to a primary relation and P is demoted.[23] The basic grammatical relations in nominative-accusative and ergative languages are given in [2a] and the passive/antipassive transformations in [2b]:

[2] a. nominative-accusative A = S, P
ergative S = P, A
b. passive S = P, A
antipassive A = S, P

No ergative language is entirely ergative in morphology or syntax. In all known ergative languages, there is a split where the language no longer functions as an ergative language.[24] This "split" ergativity means that, depending upon the clause, an ergative language displays two sets of grammatical relations. As a highly ergative language, Hurrian largely operates with the set of relations S = P, A in the indicative. While primarily also functioning along ergative lines in the modal system, there is clear evidence for a split in certain non-indicative forms. In these moods we find a new set of relations where A = S = P, and all are in the absolutive case. It is shown below that, despite the fact that all three roles are in the absolutive, P is treated somewhat differently, and it may be that the primary relation is A = S, and P is actually a secondary relation. The various grammatical relations in Hurrian, including alternative constructions that modify these relations, are given in table 3.2.

Table 3.2. Grammatical relations in Hurrian

Verb Type	*Primary Relation*	*Secondary Relation*	*Alternative*
Indicative; some modal forms	S = P (absolutive)	A (ergative)	A, S = B, P > essive
			Antipassive: A > Ø, P > essive
Several modal forms	A = S (= P) (absolutive)	(perhaps P)	A (absolutive), P > essive

As demonstrated in table 3.2, alternative constructions to those in the primary-relation columns exist in Hurrian. In the indicative, the antipassive voice promotes the ergative A NP to the absolutive while demoting P by either omitting it or placing it in the oblique essive. Hurrian also exhibits dative shift, where B (typically an animate NP in the dative or directive case) is promoted to the absolutive. This promotion of B to absolutive results in the demotion of P to the essive (see below).

Agent

In Hurrian, A NPs correspond to those nouns marked by the ergative in active transitive clauses and by the absolutive in antipassive and certain modal constructions. The primary notional role attributed to A is that of agent, but this is by no means the only one. For example, A can also be a perceiver with verbs of perception, such as with the verb *for-* "to see," among other notional roles. The A NP is often the initiator of an action, be it physical such as with *tan-* "to make" and *pašš-* "to send," or mental/metaphysical such as *pal-* "to know," *ur-* "to desire," and *ḫaž-* "to hear." A common theme among the notional roles associated with the Agent is that of causation.[25] This link with causation is supported by the fact that A NPs are largely limited to animate or anthropomorphized

[23] I believe that Wegner goes too far in separating out those antipassive verbs with expressed and demoted P from those with omitted P in Hurrian. These are not two separate antipassive constructions. P is expressed (albeit in the essive case) when it is necessary for discourse. In those cases where P is seen as very unimportant for the clause, it is deleted. This is no different from the demotion of A in passive constructions.

[24] Dixon 1994: 14.

[25] Palmer 1994: 25.

inanimate NPs. The latter are primarily found in the parable texts KBo 32 14 and KBo 32 12 of the Hurro-Hittite bilingual and Hurrian mythical texts from Boğazkale.[26]

As mentioned, the most common realization of the Agent is as the ergative-case (*=ž*) NP of an active indicative verb. In most languages that have an ergative case, it not only marks the A NP but also has an oblique function such as instrumental or genitive.[27] There is, as of yet, no clear evidence for such an oblique function for the Hurrian ergative, although it is possible, if not likely, that such a use for this case will be discovered.

In the indicative, Hurrian strictly conforms to ergative morphology. That is, the A NP of a di- (or tri-)valent verb, regardless of both its place in the nominal hierarchy and the tense/aspect of the verb, must be in the ergative.[28] There is no evidence for dative or other-case A NPs in Hurrian.[29]

There is a considerable difference in verb morphology between Old Hurrian and Mittani Hurrian.[30] One of the main dissimilarities between the two is in tense/aspect marking. Mittani Hurrian distinguishes among three tenses: unmarked present, future in *=ed*, and preterit in *=ož*.[31] Old Hurrian does not distinguish tenses like Mittani Hurrian. The system is unclear, but may be aspectual.[32] Although more work is required, I prefer to tentatively label the Old Hurrian forms in *=o(=)* and *=Ø=* or *=i=* as perfective and imperfective, respectively.

Despite these differences in verbal morphology between Old and Mittani Hurrian, both share the common characteristic of marking agreement with A and not with P on the verb. In the Old Hurrian perfective, third singular A NPs are cross-referenced on the verb through the morpheme *=m* after the valence marker *=o(=)*.[33] Agreement with plural A NPs is marked by the morpheme *=id=*, which occurs immediately before the *=o* morpheme.[34]

---

[26] Edited by Neu (1996). The use of anthropomorphized inanimates as A NPs can also be found in the Hurrian mythological texts found at the Hittite capital of Hattusa. For transcriptions of these texts, see Salvini and Wegner 2004.

[27] Blake 2001: 28.

[28] The two most common areas where splits are found in ergative languages are in nominal hierarchy and tense/aspect. In some ergative languages, when the Agent is first (and in some cases second) person, the language operates according to the nominative-accusative system (e.g., Dyirbal). In other languages, ergativity is associated with past-tense (or perfective) events, while the present/future (or imperfective) is nominative-accusative.

[29] On subjects in the dative case, see Palmer 1994: 40–44.

[30] This issue of dialects in Hurrian is problematic (Khačikjan 1978; Wegner 2007: 33–34). The primary source material that is of use for this study can be divided between the Mittani Letter and the texts from Boğazköy. The Hurrian of the Mittani Letter represents a later dialect and can be called Mittani Hurrian. The Hurrian found at Boğazköy is much more problematic. The language of many of the texts reflects an older period that is similar to the oldest known Hurrian text, the Tiš-atal inscription (on this text, see Wilhelm 1998). Those texts with elements of this older dialect are called here Old Hurrian. A major problem of the texts from Boğazköy is that one can trace a number of developments leading from Old Hurrian to Mittani Hurrian. This development is a subject that I plan on pursuing in a separate work.

[31] Wegner 2007: 86; Wilhelm 2004: 111.

[32] Wilhelm 1995: 114. This is not the place for a detailed discussion of tense/aspect in Old Hurrian, but some observations can be made. Unlike Mittani Hurrian, which uses *=Ø=*, *=ož=*, and *=ed=* to mark tense, Old Hurrian makes a distinction among transitive verbs between *=o(=)* and *=Ø=* (and perhaps *=i=*), and among intransitive and antipassive verbs possibly between *=Ø* and *=b*. The primary source for forms in *=o=* is the Hurro-Hittite bilingual from Boğazköy. In these texts, verbs in *=o(=)* correspond to Hittite verbs in the preterite. All examples of indicative verbs in *=o=* indicate, to the best of my knowledge, completed action. Transitive verbs in *=Ø=* (or *=i=*) decline differently than do their counterparts in *=o(=)* and can be seen as indicating incomplete or future action and may possibly be imperfective. The question is whether we have an unmarked imperfective or if it is marked by *=i=*. The imperfective is rare in the oldest preserved Hurrian texts, but when it does occur, it does not have the morpheme *=i=*. The bilingual text KBo 32 14 exhibits very old features (perfectives in *=o[=]*, the use of *=b* with intransitive and antipassive verbs). Imperfective third singular forms include *šid=ār=a* in *īâ=d šēdoiliane=ž šid=ār=a nāl(i)=le(<ne)=ž* "why is the *fattened* deer cursing me?" (KBo 32 14 i 10–11). Examples of transitive forms in *=Ø=*, while infrequent, are found throughout the Hurrian texts from Boğazköy (see Campbell 2007a: 61 and n. 143; Giorgieri 2003). Could it be that *=i=* was not introduced into the transitive paradigm until a later point (a potential explanation for the fact that it is only found with third- and second-person verbs) and that it may be related to the antipassive marker *=i*?

More complicated is the use of *=b* with intransitive and antipassive verbs. While *=b* is typically reserved for completed actions (and the corresponding *=Ø* for present/future), there are examples of verbs in *=b* that cannot be past tense. This is most notable in the passage *kaššav(i?)=a?=dil arārē[=ni ašti(=a)] firfir=išt=i=b* "We release [the woman from] sorcery at/in the gate" (ChS I/5 40 rev. 41'–42'). On *kaššava*, see Wilhelm 2001: 453 n. 9. Given the ritual nature of this text, the verb cannot be taken as a preterite. If one understands perfective as indicating that an action is viewed as a single whole, the act of releasing, since it is a telic action, is completed at the moment of utterance. In this case, the perfective is not used for a past action but for a present one.

[33] Wegner 2007: 132–33. A variety of other theories have been posited for *=m*. Some have taken it as a polypersonal or bipolar morpheme, marking third singular A/O-agreement (Wilhelm 1992a: 666; Giorgieri 2000: 229–30) or patient agreement (Campbell 2007b). The evidence, albeit limited to third-person Agents, speaks in favor of analyzing this *=m* morpheme as an A-agreement marker (see below).

[34] In his article on Hurrian morpho-syntax, Plank gives the expected order of valence, tense, and agreement morphemes on the Hurrian verb as + tense/mood + number/person (Plank 1988: 71; first proposed in Speiser 1941: 147 and followed by Wegner 1990: 298–99 and Wegner 2007: 105). This prescripted ordering does not hold for every form. There is little doubt that *=id=* in the Old Hurrian transitive forms (i.e., in the form *=id=o*) clearly marks agreement with the third plural agent. Since *=o* is the transitive-marker/perfective-valence morpheme, it can only be said that the agreement marker comes before the valence morpheme, even though this violates the order predicted by Plank.

P-agreement is optionally indicated by a free enclitic pronoun. Note the following examples (A-agreement is in bold):

[3] *nāli* ... *faban(i)⸗ne⸗ž* *mel⸗aḫḫ⸗o⸗***m**
deer+ØABS ... mountain+SG.RELAT+ERG expel+*aḫḫ*+TRAN.PERF+AG.AGR
"The mountain expelled the deer (from its body)" (KBo 32 14 i 1–2)

[4] *aviġar(i)⸗ne⸗ve⸗ne⸗lla* *ur(i)⸗i⸗l(la)*
a.+SG.RELAT+GEN+ABL/INST+3PL.ENCL foot+3SG.POSS+ØABS+3PL.ENCL
adni⸗nē *kel(⸗)i⸗gel⸗ešt⸗o⸗***m**
footstool+ABL/INST raise+*ešt*+TRAN.PERF+AG.AGR
"He (Teššob) raised his feet upon a footstool of an *aviġari-* (measure in size)" (KBo 32 13 i 5–6)[35]

[5] *faban(i)⸗n(a)⸗až⸗už* *šīe⸗n(a)⸗až⸗už* *eže⸗ne⸗š⸗ša(<nna)*
mountain+PL.RELAT+PL+ERG water+PL.RELAT+PL+ERG Earth+SG.RELAT+ERG+3SG.ENCL
... *itk⸗***id***⸗o*
... purify+3PL.AG.AGR+TRAN.PERF
"The mountains, the waters, the earth ... purified it" (ChS I/1 6 ii 12–13)[36]

The Mittani System, which may derive from the Old Hurrian imperfective, also requires agreement with A.[37] Unlike the older dialect, a complete paradigm is known for the transitive Mittani verb. In the Mittani Letter itself (here abbreviated "Mitt."), a transitive-valence morpheme *⸗i⸗* is found with second- and third-person singular agents (cf. [6] and [7]) and all transitive negative constructions (outside of the Mittani Letter, *⸗i⸗* is also found with second plural agents).

[6] *[inū]⸗mē⸗nīn* *ḫenni šēn(a)⸗iffe* *iža⸗ž* ***tād⸗av***
as+3SG.ENCL+*nin* now brother+1SG.POSS+ØABS 1SG+ERG love+1SG.AG.AGR
"[As] now I love my brother ..." (Mitt. i 75)

Since the perfective transitive *⸗id⸗o* in Old Hurrian "violates" predicted word order, it stands that this "order" is not universal in Hurrian and that other "exceptions" might exist. Everyone agrees that *⸗iden* is to be analyzed as the combination *⸗id⸗en* (= 3PL.AG.AGR+JUSS), which is clearly + number/person + mood (Giorgieri 2000: 227; Wegner 2007: 129). Wegner's primary arguments against taking the plural jussive as *⸗id⸗en* is that such an analysis "hätte darüber hinaus für den Anzeiger des Numerus der Person (*-id-*) die nicht zu erwartende Ordnungsposition, da dieser dann nämlich wurzelnäher als das vermeintliche Modalelement (*-e-*) oder (*-en*) angeordnet wäre" (Wegner 2007: 105). Wegner's issues with taking *⸗id* as the plural-agent marker with the jussive stems to her position that the *⸗i⸗* in the singular jussive construction *⸗i⸗en* cannot be transitive and must instead be modal (Wegner 2007: 105). Her argument is largely based on the fact that the form *ittiden* in Mitt. iii 23, in her opinion, can only be taken as intransitive. Based on the context of this passage, however, I believe that it is much more likely that *itt-* "to go" is to be seen as labile or polyvalent and has the corresponding transitive meaning of "to bring forth" (Campbell 2007a: 277–81). The morpheme *⸗i⸗* in the singular jussive is not to be taken as either transitive or modal, but rather as an active-voice marker (see below and note 43). Compare the forms *ḫa⸗i⸗en* "Let (the bird <of> heaven) take (evil)!" (ChS I/5 2 obv. 44') and *keb⸗ān⸗o⸗en* (Mitt. iii 74) and the negative *ḫis⸗ūġ⸗i⸗wā⸗en* "May (my brother) not distress (my heart)!" (Mitt. iii 89) and *ḫis⸗ūġ⸗ol⸗o⸗w(a)⸗en* "May (my brother) not be distressed!" (Mitt. i 110). In both examples we find that the morphemes *⸗i⸗* and *⸗o⸗* appear in the same position (the reason for the elision of the *-a* of the negative morpheme when preceded by *⸗o⸗* is unclear). With this in mind, compare the following two third-person plural forms: *nakk⸗id⸗en* "Let (the gods) free (us)!" (Mitt. iv 117) and *nakk⸗id⸗ō⸗w(a)⸗en* "let (the gods) not free (*s.o./ s.th.*)!" (Mitt. ii 52), where it is likely that with the latter form, the *⸗o⸗* places emphasis on the patient. Given this, I would postulate that with jussives in *⸗i⸗*, we have *⸗i⸗en* (third singular) and *⸗id⸗en* (third plural), while those in *⸗o⸗* are *⸗o⸗en* (third singular) and *⸗id⸗o⸗en* (third plural). The reason for the loss of *⸗i⸗* in *⸗id⸗en* is not clear, but may have something to do with the fact that *⸗id⸗* is exclusively a plural-agent marker and therefore carries with it a high degree of transitivity and, by extension, activeness.

[35] I would like to thank Mauro Giorgieri for this citation. There has traditionally been a wide divergence of opinions on how the Old Hurrian agreement marker *⸗m* is to be understood. Based on the above example and others where a transitive verb with singular agent and plural patient is in *⸗o⸗m*, we have convincing evidence that *⸗m* is not bipolar (Wilhelm 1992a: 666; Wilhelm 2004: 111, Giorgieri 2000: 229–30) or patient marking (Campbell 2007b), but rather marks agreement with A (see already Khačikjan 1999: 259; Wegner 2000: 110). Problematic with both Khačikjan's and Wegner's arguments is that they compare the agreement marker *⸗m* with the *⸗b* found on older intransitive and antipassive verbs. This *⸗b* morpheme is neutral as to both person and number, while *⸗m* appears to be a specific third-person singular (agent) marker (Campbell 2007b).

[36] It is tempting to translate this passage as a future "they will purify," but this is contrary to the nature of *⸗o* as a marker of the perfective aspect. Perhaps it is better as "they purify"?

[37] Khačikjan sees the verbal system in Old Hurrian as a two-tense system, with *⸗i⸗* used for the present/future and *⸗o(⸗)* for the past (1999: 264).

[7] *ai* ***ur=i=o*** *kirenzi*
if desire+TRAN+2SG.AG.AGR releasing+ØABS
"If you desire a releasing" (KBo 32 15 iv 2)[38]

[8] *pāli=mān urġ(e)=a* ***kul=i=â=n***
lie+ØABS+man truth+ESS speak+TRAN+3SG.AG.AGR+n
"He speaks the *lie* as the truth" (Mitt. ii 106)

I am somewhat hesitant in declaring the antiquity of this *=i=* morpheme in Hurrian. There are several forms from Boğazköy that do not include the expected *=i=* valence morpheme.[39] There is some evidence that the original imperfective may have been unmarked for valence/aspect and just marked for agreement.[40] In both dialects, the patient is optionally cross-referenced on the verb by an enclitic pronoun.

The case morphology of A NPs in the non-indicative is conditioned by the modal form. Certain modal forms require the A NP to be in the absolutive, while with others it is in the ergative.[41] Hurrian has several non-indicative forms, and they can be divided into two broad paradigms: the imperative and all other modal forms. The imperative is a morphologically minimal form that distinguishes between transitive and intransitive.[42] The other moods do not make this same distinction, rather functioning along active (*=i=*) or patientive (*=o=*) lines.[43]

In the imperative the A NP is always in the absolutive. The result of this is that the A NP of the transitive imperative and the S NP of the intransitive are both in the same case. This means that in the imperative Hurrian operates with the grammatical relation of A = S, which is nominative-accusative and not ergative.[44] Note the following two examples:

[9] *faž=a=ffa parġi=d[a]*
enter+INTRAN.IMP+2PL.ENCL courtyard+DIR
"Enter into the courtyard!" (ChS I/5 40 rev. 44')[45]

[10] *anammi=tta ḫ̮āž=i=mma Tado-Ḫ̮eba=tta*
so+1SG.ENCL hear+TRAN.IMP+2SG.ENCL PN+ØABS+1SG.ENCL
"So hear me, Tado-Ḫ̮eba!" (ChS I/1 41 iii 63)

---

[38] Compare this second-person form in *=i=o* to the nominalized relative: *anāġidi=ne=ž tād=o=šše=ne=ž* "The *a.* which you love ..." (ChS I/2 31 i 1). Based on the Mittani Hurrian paradigm, we would expect **tād=i=o=šše*.

[39] Campbell 2007a: 61 and n. 143; Giorgieri 2003.

[40] There are several examples of third-person transitive verbs without the usual *=i=* typical of the Mittani Hurrian dialect (see Campbell 2007a: 61; Giorgieri 2003). All these examples come from Boğazköy and may be representative of an early stage where transitive (imperfective?) verbs had Ø marking with only agent agreement being indicated on the verb.

[41] This is explained in detail in my dissertation (Campbell 2007a).

[42] The imperative has been analyzed in a variety of ways. Most grammars of Hurrian see the imperative as a complex system consisting of a variety of modal forms that are found with all persons and numbers. In my dissertation, I determined that there was a true imperative, that is, a morphologically minimal second-person command form, in Hurrian (Campbell 2007a: 96–139). It is my opinion that the imperative is morphologically and syntactically distinct from the other moods in Hurrian. For other interpretations of the imperative, see note 46 below.

[43] A variety of views exist on the forms and functions of the modal endings in Hurrian. In the process of researching my dissertation, I noticed a pattern between modal forms preceded by a morpheme *=i=* and those preceded by *=o=* (Campbell 2007a). As a result of my study of these forms, I concluded that these morphemes focused the verb on either the Agent or the Patient (and in cases of dative shift, the Beneficiary), with *=i=* functioning as an agentive marker and *=o=* as a patientive one. For differing views on the Hurrian modal system see in particular Giorgieri 2000: 234–39; Hazenbos 2001; Hazenbos 2005: 148–49; Wilhelm 2004: 113–14; Wegner 2007: 102–13.

[44] Even though the apparent relation in the imperative is A = S = P, P is to be differentiated from the other two grammatical roles (see below).

[45] Some prefer to analyze *fažaffa* as *faž-a(<i)=ffa* with a shift of the imperative from *=i* > *=a* through vowel harmony with the enclitic pronoun *=ffa* (Wegner 2007: 104). Such an analysis does not take into account the intransitive imperative forms *un=a=mma* "come!" (ChS I/2 1 i 24) next to the transitive imperative *un=i=l* "bring them!" (ChS I/1 3 obv. 50); see also *ḫ̮āž=i=mma* in example [10] above. With the transitive *un=i=l*, there is no shift of *=i* > *=a* even though the enclitic pronoun *=l(la)* is appended to it. Note too the forms *ug=ol=a* and *udr=an=a* (RS 15.010: 6–7). On *šalġ=ol=a* as intransitive, see Campbell 2007a: 111–14.

A further problem is that the plural form in *=ffa* conflicts with the so-called plural imperative form in *=e=š* that is postulated by some (for *=e=š* as a plural imperative, see Wegner 2007: 104, among others). Since modal forms in *=i/=a* are limited to singular/plural second-person subjects while *=i/ež* is found with multiple persons and numbers, I prefer to take this latter form as a different mood from the imperative (Campbell 2007a: 140–210). I feel that it is highly unlikely that there would be two different endings functioning as second plural imperatives.

While the subject (S or A) is usually omitted in Hurrian imperatives, it is made explicit in both [9] and [10] through the use of the enclitic pronouns *=ffa* (second plural) and *=mma* (second singular), respectively. Enclitic pronouns are only absolutive in Hurrian, further supporting the grammatical relation S = A in the imperative.[46]

With the non-imperative, non-indicative modal forms, A NPs are typically in the ergative case, regardless of whether the verb is active or patientive. With these moods Hurrian functions according the ergative system of S = P, A. In two moods, however, the active form functions as nominative-accusative while the patientive is ergative. This is typified by the optative mood (*=ež*), for which a number of examples of both active and patientive are known.[47] A few examples will suffice to demonstrate the point:

[11] *kaššav(i)*[48] *=a=[d]il arare=ni aš̌te firfir=išt*[!]*=i=(e)ž*
gate+ESS+1PL.ENCL sorcery+ABL/INST woman+ØABS release+*išt*+ACT+OPT
"May we release the woman from sorcery in/at the gate!" (ChS I/5 2 obv. 38')

[12] *irdi=b urġ(i)=a tī(e)=a kad=i=l=ēž*
tongue+2SG.POSS+ØABS true[49] +ESS word+ESS speak+ACT+*l*+OPT
"May your tongue speak true word(s)!" (ChS I/1 9 iii 35)

[13] *šēn(a)=iffē=n tād=ugār=i=(e)ž šû=ra*
brother+1SG.POSS+ØABS+3SG.ENCL(?) love+RECIP+ACT+OPT 1SG+COM
"May my brother share love with me!" (Mitt. ii 93)

In the three examples just given, the A NPs of [11] and [12] are both in the absolutive (*=dil* and *irdi=b*, respectively), while the S NP of [13] is in the same case.[50] As with the imperative, with the active optative we find a system of A = S, which is not ergative. In fact, the typical situation is A = S = P, where all are in the absolutive (example [11] above), although alternative constructions with P demoted to the essive are also found ([12] above).[51] In the patientive optative, the agent, when explicit the A NP is in the ergative:

[14] *en(i)=n(a)=āž=už talāvoži=n(a)=āž=už ašt=o=ḫ̮ḫ̮i=n(a)=āž=už...*
god+PL.RELAT+PL+ERG mighty+PL.RELAT+PL+ERG woman+ABST+PL.RELAT+PL+ERG...
šēġ=al=ind=o=(e)ž itk=ind=o=(e)ž
make pure(+*al*)+3PL.AG.AGR(??)+PAT+OPT purify+3PL.AG.AGR(??)+PAT+OPT
"May the mighty female goddesses ... make pure and purified (the *pašši*)!" (ChS I/1 6 ii 8–11)[52]

[46] According to Dixon, the grammatical relation of A = S in the imperative is universal across languages. Since the imperative is a command whereby the speaker tells the listener to perform some action, it requires that A and S be treated identically and is therefore S = A is a basic characteristic of all languages, be they nominative-accusative or ergative (Dixon 1994: 131–33).

[47] In her grammar of Hurrian, Wegner prefers to see two different modal endings in *=ež*, one being a second plural imperative form and the other being segmented as *=e=š* of indeterminate function (2007: 104, 113). Giorgieri also sees two homophonous forms, again, a second plural imperative and the other as an optative (2000: 235, 237–38; the same position is held in Wilhelm 2004: 113). Since second plural imperatives are clearly formed by a combination of the valence morpheme (*=i* or *=a*) and the optional second plural enclitic pronoun (see example 6 above), it seems unlikely that it would have an alternate form in *=i=ž*. I prefer to see all forms in *=eš* (and *=oš*) as belonging to one modal form, the optative *=ež* (a segmentation *=e=ž* is possible, but since *=ž* has no determinable function and is always found with this mood, I prefer to see them as one ending; Campbell 2007a: 140–210).

[48] See Wilhelm 2001: 453 n. 9.

[49] Here *urġa* "truth" (cf. [8] above) is being used attributively to modify *tie* "word," and so I have translated it as the adjective "true."

[50] The same situation holds for the potentialis *=eva* (on which see Campbell 2007a: 282–341). Note the following example:

anammi=tta=man šēn(a)=iffu=wa ...
so+1SG.ENCL+man brother+1SG.POSS+DAT ...
... keb=ān=ol(=i/o)=l=ēva=tt(a)=ān
... send(+*an*)+*ol*(+ACT/PAT)+l+POT+1SG.ENCL+*an*
"So would I send (them) to my brother!" (Mitt. iii 62–63)

The verb *keb=ān-* "to send" is consistently transitive in Hurrian. The A NP, *=tta*, is in the absolutive and *not* the ergative. Based on this, it is likely that the endings *=ollēva* are to be analyzed as *=ol(=i)=l=ēva*, with the agentive *=i=*.

[51] This is in some ways similar to split ergativity in Burushaski (Pakistan). In Burushaski, A NPs are typically in the ergative except with certain cases. In the future A is in the absolutive when it is the first person and sometimes when it is second person (Tiffou and Morin 1982: 94). Compare the following examples: *úne*(ERG) *in*(ABS) *mucúčáa*(PRES) "you marry her" versus *un*(ABS) *in*(ABS) *mucúčuma*(FUT) "you will marry her" (Tiffou and Morin 1982: 88).

[52] Although I analyze the morpheme *=o=* as patientive, this does not mean that the passage needs to be translated as passive. In fact, these forms are not, strictly speaking, passives. Passives require both the promotion of P to S (i.e., a shift from grammatical patient to grammatical subject), and the concurrent demotion of A to an oblique case or it is omitted (Dixon 1994: 146). With Hurrian modal forms in *=o=*, the A NP, when explicit, is in the ergative case, that is, the subject case in ergative constructions. This lack of demotion of A indicates that passages such as [14] are *not* passives. Since this morpheme focuses the clause on the P NP, it is often, though not always, necessary to translate these passages as passives.

Hurrian also has an antipassive voice. The antipassive, as mentioned above, is a mechanism for promoting the A NP from the ergative to the absolutive. It places the secondary relation A into the primary relation typically held by S and P. The result of the antipassive is that a semantically transitive verb is construed like a single-argument intransitive. The promotion of A to the absolutive requires that P be either completely omitted or demoted to the oblique essive case (see below).[53]

[15] active transitive: A_{ERG} P_{ABS} V_{TRAN}
antipassive: A_{ABS} (P_{ESS}) $V_{ANTIPASSIVE}$

The antipassive has two principal functions in Hurrian. One of the primary uses of the antipassive is to detransitivize the verb.[54] The motivations for this can be manifold. In many cases it is due to the fact that the patient is non-topical or unimportant to the discourse. It is also used to remove emphasis from the P NP, either onto A or onto the action of the predicate itself. The following example comes from the first line of a new paragraph in the Mittani Letter:

[16] *undo=mān šēn(a)=iffē=n* *pašš=[ož=i*[55]
now+*man* brother+1SG.POSS+ØABS+*n* send+PRET+TRAN
"Now my brother has sent (a messenger)" (Mitt. ii 107)

The focus is not upon who is sent — that information is given in the immediately following line — but upon the act of sending itself. What is topical here is the fact that the pharaoh, Tušratta's symbolic "brother," has performed an act of sending. In another passage, the P NP is explicit:

[17] *el(i)=a* *faġr=o=ž(e)=a* *tān=d=i=b* *negri* *eže=ne=ve*
feast+ESS bounteous(+*o*+*že*)+ESS make+*d*+AP+AGR bolt+ØABS earth+SG.RELAT+GEN
^{d}*Āllāni*
DN+ØABS
"Āllāni, the bolt of the earth, prepared a bounteous feast" (KBo 32 13 i 12–13)

The antipassive is required in [17] because the "bounteous feast" is a general topic, the parts of which are enumerated in the immediately following lines. The specific actions underlying the process of preparing this feast are all active transitive actions with A in the ergative and P in the absolutive.

The antipassive also has a syntactic function in Hurrian. The A NP is restricted as to the type of inter-clausal syntactic operations in which it can occur. For example, relativization in Hurrian is limited to absolutive arguments. The head noun must be in the absolutive, and it cannot be in the ergative. At the same time, the target NP in the main clause is usually in the absolutive (i.e., the S or P NP of the main clause), although with nominalized relatives in *=šše*, the target can be oblique and, in one case, ergative.[56] This means that relative constructions are largely limited to S and P NPs. This is depicted in [18]:

[18] (REL) (A_{ERG}) $\underline{P/S_{ABS}}$ V $_{TRAN/INTRAN+REL}$ (A_{ERG}) $\underline{P/S_{ABS}}$ V $_{TRAN/INTRAN}$[57]

[53] The Hurrian antipassive construction was first studied in detail by Girbal (1992). Other studies have sought to further clarify the function of the antipassive (Wegner 2007: 41–42, 120–22). I cannot, however, completely agree with Wegner's description of the antipassive. In her description she seeks to separate out antipassives without expressed patients from those with them. The antipassive, much like the passive, involves the promotion of one argument (A and P, respectively) and the concurrent demotion of the other (P and A, respectively). Either the demoted argument appears in an oblique case, or this demotion is so complete that the argument is completely omitted. These are *not* different passives and antipassives, but rather different degrees of demotion. Furthermore, Wegner does not demonstrate the use of the antipassive to allow the A NP to function in syntactic pivots (see examples [19] and [20] below). For more on these constructions, see also Wilhelm 2000.

[54] Palmer 1994: 181–86.

[55] The restoration here is absolutely certain.

[56] In the passage *[anā]ġidē=ne=ž tād=ō=šše=ne=ž kēl=o/u* "May the [me]at-offering that you love make *you* well!" (ChS I/2 1 i 35), we have an ergative case nominalized relative *tād=o=šše=ne=ž*. The head of the relative, *anāġidi*, is the P NP of the relative (reconstructed as *anaġidi tad=o* "you love the *a.*-offering"), but is the A NP of the main clause.

[57] In English, the construction "John saw the man and left" can only be interpreted as "John saw the man and [John] left" (full brackets are used to indicate the deleted argument). This is an example of an A/S pivot. A language with ergative syntax operates with an S/O pivot. The comparable ergative interpretation of "John saw the man and left" would be *"John saw the man and [the man] left."

There are numerous examples of relative constructions in Hurrian, and they all conform to the ergative system. Relatives can be formed by either an introductory particle *iya=* (older *e=*), the nominalization of a conjugated verb with the morpheme *=šše*, or a combination of the two.[58] Note the examples given here:

[19] *iyā=l=an tān=av ôl(i)=la(<na) avēšši=lla=man*
REL+3PL.ENCL+*an* make+1.AG.AGR other+PL.ABS where+3PL.ENCL+*man*
"The other (things) which I made, where are they?" (Mitt. ii 92)

[20] *ūr=av=ž=ā=šše=nā=mān tive=na fağr=o=nni=n*
desire+1AG.AGR+PL+EPENTH+REL+PL.ABS+*man* thing+PL.ABS good+ADV+*n*
ištan(i)=iffu=ž=a akku=ž agu=wa ed(i)=î=da tān=ašt=i=en
between+1POSS+PL+ESS one+ERG one+DAT self+3POSS+DIR make+*ašt*+ACT+JUSS
nīr=o=ž(i)=ae tiššan
swiftly very
"Those things which we desire, in a beautiful way between us may one do for the other exceedingly swiftly" (Mitt. i 80–82)

Through the antipassive, Hurrian allows for the relativization of an A NP. By promoting A from the ergative to the absolutive (i.e., from a secondary to a primary relation), the antipassive allows A to function as the head of a relative. I know of two clear examples of this use of the antipassive to allow the relativization of A:[59]

[21] *e=me=ni(n) tašp=i 'ālli* ᵈ*Lubadaga=ž tašp=o=en*
REL+3SG.ENCL+*nin* destroy+AP 3SG DN+ERG destroy+TRAN[60]+JUSS
"The one who destroys (the temple of Nergal), may Lubadaga destroy that one!" (Tiš-atal: 11–14)

[22] *arn(i)=a=n pal=i=kki=šše*! *eni=da ar=ož=ol=a=m[m]a*
sin+ESS+*n* know+AP+NEG+REL god+DIR rush+*ož*+*ol*+INTRAN+*mma*
"The one who does not know sin rushes to the god" (RS 15.010: 14)

While the patient in [21] is omitted, it is certainly the temple of Nergal, which is the topic of the entire inscription. As such, the listener (or reader) would certainly have understood that it was the temple that was the patient of the verb *tašp-* "to destroy." The absolutive third singular enclitic *=me=* can only stand for the one doing the act of destroying. In [22], this complex sentence introduces a new section of the text. For this reason the patient *arni*, which is new information, is explicit. In order for the A NPs of both relative clauses in [21] and [22] to function as the heads, they are promoted to the absolutive through use of the antipassive voice.

In summary, the grammatical role of A in Hurrian is a secondary relation. It is represented by the ergative case in indicative transitive clauses and in most modal constructions. In the indicative, A can be promoted to the absolutive case (i.e., to a primary relation) when the verb is in the antipassive. In some modal forms, especially the imperative and agentive forms of the optative, Hurrian does not operate as an ergative language, and we find the relation A = S, where both are in the absolutive case.

Subject

The single argument, or S NP, of an intransitive verb is always in the absolutive. In fact, there are no examples of S NPs occurring in any case other than the absolutive. There are no constructions with dative subjects of the type *Es geht mir gut* found in German and many other languages.

Hurrian does not distinguish between agentive and patientive S NPs through case morphology. That is to say, in Hurrian $S_A = S_P$ are both in the *=Ø* absolutive. A distinction is made among active, patientive, and stative single-argument verbs through verbal morphology. Three distinct morphemes are found with mono-valent, non-

[58] Giorgieri 2000: 239–42; Wegner 2007: 122–24.

[59] This position is shared by Giorgieri 2000: 241–42.

[60] It is possible that *=o=* in the earliest texts did not yet have the function of a patientive marker. If it is to be taken as such, then the force of the main clause is "may Lubadaga destroy *him*," with emphasis on the patient and not the agent.

antipassive, verbs in Hurrian: *=a*, *=u*, *=e*.[61] While the exact functions of these morphemes, especially *=u* and *=e*, have yet to be determined, certain characteristics can be observed.

The morpheme *=a* is used when the subject exhibits control over the action and is therefore agent-like:[62]

[23] *innā=mā=nīn* *un=ēt=t=a*
when+3SG.ENCL+*nin* come+FUT+*t*+INTRAN
"When she comes" (Mitt. iii 12)

[24] *dTeššob* ... *kešḫi=ni* *naḫḫ=a=b*
DN+ØABS ... throne+ABL/INST sit+INTRAN+PERF?
"Teššob sat down on the throne ..." (KBo 32 13 i 4)

In both examples, the S NP is agent-like (i.e. S_A). Virtually every example of an intransitive verb in *=a* can be taken as active.[63]

In contrast to forms in *=a*, intransitive verbs in *=u* and *=e* are used when the S NP is an undergoer or does not (or seems not to) control the action.[64] S is therefore closer to a patient (i.e. SP) when these morphemes are used. The morpheme *=e* is often used with existential verbs or verbs of state:

[25] *mānn=e* *taržuwāni*
is+STAT[65] person/human+ØABS
"(It) is a person" (KBo 32 14 i 170)

The morpheme *=u* is often used when the subject has no control over the action and is usually affected by the predicate. This is clear with the use of this morpheme with the verb *far=* "to be(come) sick":

[26] *fabāni* ... *fār=u* *ištan(i)=ī=da*
mountain+ØABS ... sick+INTRAN inside+3SG.POSS+DIR
"The mountain (upon hearing about the curse) became sick within himself" (KBo 32 14 i 8)

It is not always so easy to determine the function of this morpheme *=u*. There are examples in which verbs in *=u* are clearly contrasted to either the same verb or at least a semantically similar one in *=a*.[66] It is possible, if not likely, that this morpheme also has a detransitivizing function and may have some properties of a middle-voice marker. Further differentiating *=u* and *=e* from *=a* is that the former two morphemes do not appear with the tense markers *=ož=* or *=ed=*.[67]

The distinction between agentive and patientive intransitive verbs is also found in the modal system. As noted above, the imperative distinguishes between transitive and intransitive verbs (see [9] above) while other moods show a split between agentive and patientive ones. Intransitive verbs in the agentive voice behave identically to transitive ones in their use of the morpheme *=i=*:

---

[61] Giorgieri 2000: 227–28; Wegner 2007: 101; Wilhelm 1992a: 660; Wilhelm 2004: 111, 112 (does not include *=u* in his treatment of Hurrian).

[62] Giorgieri categorizes verbs in *=a* as "intransitive di movimento" (2000: 248–49). This is a little misleading in that not all verbs in *=a* are verbs of movement, such as *naḫḫ-* "to sit" (see example [24]).

[63] In her grammar, Wegner (2007: 101) notes that *tupp-*, while normally taking *=e* in the indicative, has the form *tupp=a=šše=na* in a relative construction (Mitt. iii 36). It is unclear why the morpheme *=a* is used here instead of *=e*. Is it a reflection of the phonetic status of *=e* as /ə/, or does it actually represent some difference in grammar between *tupp=e* and *tupp=a=šše*?

[64] Giorgieri labels verbs in *=e* as stative (2000: 249–50) but classifies *=u* as "in verbi apparentemente intransitive, benché la funzione esatta di questo morfema sia ancora poco chiara" (2000: 228). Wegner does not attempt to define a function for either morpheme (2000: 101 [*=i/e*], 130 [*=u*]). Khačikjan calls forms in *=u* "stative" (1999: 258). Wilhelm uses the term stative for verbs in *=i/e* (2004: 112).

[65] Or perhaps simply the third singular pronoun?

[66] In KBo 32 15 we find the following two clauses from within the same passage: *āi ḫenni dTeššob ḫenz=ād=u ... ḫenz=a ižoġn(i)=ai dTeššob* (KBo 32 15 i 4'–5'). Two different uses of the verb *ḫenz-* are used here, the first in *=u* (with the derivational morpheme *=ād=*) while the second is a root form with the (active) intransitive morpheme *=a*. In another text of the Hurro-Hittite bilingual, we find the following: *Teššob far=iž=a=nna dĀllāni=va šeġl=u [ḫ]aikal(i)=li(<ni)* (KBo 32 13 i 1–2). In this passage we have two apparent verbs of motion (the *far=* here is likely a homonym to the *far=* "to be[come] sick"). In my talk "Voice and Valence in Hurrian" at the 53e Rencontre Assyriologique Internationale, Moscow/St. Petersburg, July 23–28, 2007, I proposed that *=u* may function like a middle-voice marker, either indicating that the S NP has little to no control over the action or to place the focus of the clause on the action and not its endpoint (particularly with verbs of motion). Much more work needs to be conducted on this topic.

[67] Wegner 2007: 101; Wilhelm 1992a: 660.

[27] *un=i=(e)ž šōvi fōri*
come+ACT+OPT evil+ØABS eye+ØABS
"May the evil eye come!" (ChS I/1 41 i 21)[68]

[28] *šēn(a)=iffē=n tād=ugār=i=(e)ž šû=ra*
brother+1SG.POSS+*n* love+RECIP+ACT+OPT 1SG+COM
"May my brother share love with me!" (Mitt. ii 93)

The S NP is the controller of the action in both [27] and [28], and the verbs are therefore identical to transitive constructions in *=i=*. It can be stated that modal verbs in *=i=* (V=*i*=MOD) are found only with A and SA NPs.

The patientive morpheme *=o=* is used with intransitive verbs where the subject either undergoes a change in state or does not control the action (cf. example [14]). The following passage from the Mittani Letter typifies the use of *=o=* with mono-valent verbs:

[29] *innā=mmaman šēn(a)=iffu=we t[o]rubi ur=ō=va=en*
if+*mmaman* brother+1SG.POSS+GEN enemy+ØABS exist+PAT+NEG+JUSS
"If only the enemy of my brother did not exist!" (Mitt. iii 110–11)

While the exact parsing of *urōvaen* is debatable,[69] it is certainly a patientive modal form.

Compare the passage in [29] with the following transitive jussive form in *=o=* from the same text:

[30] *ḫiar=o=ḫḫ(i)=ā=tt(a)=ān teōn(i)=a šēn(a)=iffu=ž*
gold(+*o*+*ḫḫi*)+ESS+1SG.ENCL+*an* much+ESS brother+1SG.POSS+ERG
keb=ān=o=en
provide(+*an*)+PAT+JUSS
"May my brother provide *me* with much gold!" (Mitt. iii 73–74)[70]

In [30] the jussive verb is in *=o=en* instead of the typical *=i=en*. The semantic patient, *ḫiaroḫḫa teōna*, is in the essive, while the recipient, the first-person *=tta*, is in the absolutive.[71] In [29] *=o=* is used because the verb *ur-* "to exist" indicates that the S NP is in a particular state. In [30] we have a different use of the morpheme *=o=*. In this example it is used with a transitive verb to indicate that the absolutive NP (here the semantic recipient) is more topical than the Patient. These examples support the theory that this *=o=* morpheme is related to non-agents (i.e., patients [P/S_P] and absolutive recipients [B-Ø], respectively). This topic is revisited below.

The distinction between active and patientive/stative intransitive verbs is neutralized in the negative. All intransitive verbs are negated by the combination of morphemes *=okko*, for which the exact parsing is uncertain. Two competing analyses of the negative intransitive dominate the scholarly literature on Hurrian. According to Wegner, the first *o* is to be seen as an allomorph of the intransitive *a*, while *=kk=* is the actual negative morpheme.[72] She does not offer an explanation for the function of the final *o* except to note that it goes to *a* when followed by an enclitic pronoun (i.e., *=a*[<*o*]=ENCL).

A more preferable analysis of *=okko* is available if we include the negative antipassive form in the discussion. The negative antipassive is formed in a manner similar to the intransitive. While the negative intransitive is in *=okko*, the negative antipassive is in *=ikki*. This similarity has led some to theorize that the negative morpheme is *=kk*V, where V is determined by the valence *=u/o* with intransitives and *=i* with antipassives.[73] The final vowel exhibits a shift of V > *a* when followed by an enclitic pronoun (i.e., **=i/o=kki/o*=ENCL > *=i/o=kka*=ENCL). If this

[68] It is possible to read *šu=u=bi* here as a first-person genitive *šō=we* "my (eye)."

[69] Wegner offers the alternate analysis of this form as a jussive in *ur=owen* (2007: 109). This is unlikely based on the form *kebānoen* (see example [30]).

[70] For more on this passage, see below.

[71] For the shift of the indirect object from the oblique dative/directive to the absolutive, see below.

[72] Wegner 2007: 97. In my opinion, we should not be overly hasty at calling a particular morpheme an allomorph of another. Just because *=u/o=* occurs in the same position as the intransitive *=a* does not mean that they are allomorphs. Since all monovalent verbs, be they in *=a*, *=e*, or *=u* in the positive, are *=u/o=* in the negative, there appears to be a neutralization of these different endings (see table 3.3). To call *=u/o=* an allomorph of *=a* does not explain how *=e* and *=u* are affected in the negative. It is, therefore, highly unlikely that *=u/o=* is an allomorph of *=a*, *=i*, and *=u*.

[73] Giorgieri 2000: 233; Wilhelm 1992a: 659; Wilhelm 2004: 111.

analysis of the negative with mono-valent verbs as *=kk*V is correct, then we are left with the antipassive morpheme *=i=* and a morpheme *=u/o=* with intransitive verbs. This means that intransitives in *=a*, *=e*, and *=u* are neutralized in the negative, with all of them marked as *=u/o=*.[74] I wonder if this *=u/o=* morpheme of the negative is related to the *=u* morpheme mentioned above.[75]

The following two examples demonstrate the consolidation of active and patientive intransitive verbs into one form in the negative. In the first example, we find the active intransitive *unokko* (compare with the positive form in [23]) and the patientive *tuppokko* in [32].[76] In the positive, the former is in *=a* while the latter is in *=e*. In both cases the S NP is in the absolutive.

[31] *andi* *ūn=o=kka(<o)=l=an*
this+ØAB S come+INTRAN+NEG+3PL.ENCL+*an*
"These (malicious speakers/words?) do not come (before a great king)" (Mitt. iv 3)

[32] *aî=n ... tupp(i)=i=až* *tupp=o=kko*
if+*n* ... tablet+3POSS+PL+ØABS available+INTRAN+NEG
"If their tablets, (those of the dowries of my female relatives) are not available ..." (Mitt. iii 44–45)

Table 3.3 indicates the differences between positive mono-valent verbs and negative ones:

Table 3.3. Positive and negative intransitive verbal morphology

	Positive	*Negative*
Active	V=*a*	V=*o=kko*
Patientive	V=*u*, V=*e*	

A further negative morpheme *=ob/vur* (perhaps *=o=b/vur*) is found in the Hurro-Hittite bilingual. In the parable text KBo 32 14, it is consistently found in the introduction to the apodosis of the parables in the formula X *mann=o=b/vur mann=e taržuwani* "it is not X, it is a person," where X is the topic of the protasis of the parable. Outside of this text, one other example, *kul=d=o(=)b/vur* (ChS I/1 41 iii 75, 78), is known.[77] It is unclear how this negative morpheme functions.

Data on reflexive constructions in Hurrian are largely lacking. There is some limited evidence that Hurrian uses intransitive constructions in order to create reflexives of transitive verbs. There is one clear example of which I am aware of a certain reflexive construction.[78] This example involves the transitive verb *udr-* "to protect." It does not, however, decline as a transitive verb in this example, but rather as an intransitive.

The use of intransitive constructions for transitive reflexive verbs is not without parallels. In West Greenlandic, when the subject is (consciously) doing something to himself, this action is expressed through a derived intransitive, and *not* through a transitive.[79] Note the following examples:

[33] *Immi-nut* *tuqup-puq*
himself+DAT kill+IND.3SG
"He killed himself"[80]

---

[74] See Khačikjan 1999: 262.

[75] One possible explanation for this is that the negative intransitive verbs are stative-like, even with agentive verbs. In the clause "the princess is not coming," the subject has no control over the action, particularly since the action is not occurring. For this reason, it may be that all mono-valent verbs, be they agentive or stative/patientive, are treated as patientive in the negative. This could explain why active intransitives are not negated by a morpheme **=a=kka*.

[76] An example of *tupp-* in the positive is *ôl(i)=l(a <na)=ān ōmīn(i)=na paššītḫ(e)=na šūa=lla=man tupp=e* "the other lands (and) all the messengers are present" (Mitt. ii 87–88). Interestingly, although *tupp-* seems to primarily take *=e* in the positive indicative, when it is relativized, the morpheme *=a* is used (e.g., *tupp=a=šše=na* "all those [things] which are present/assembled" [Mitt. ii 18]).

[77] Wegner 2007: 137.

[78] Campbell 2007a: 108–10.

[79] Dixon 1994: 60.

[80] Bok-Bennema 1991: 50 (23a).

[34] *Angut* *immi-nut* *taku-vuq*
man+ABS himself+DAT see+IND.3SG
"The man sees himself"[81]

The transitive verb *tuqup-* is transitive and in indicative clauses functions as such, with an ergative Agent and an absolutive Patient. In [33] the P NP is the reflexive *immi*, and it is not in the absolutive, but rather in the dative case. In [34] we see that the Agent, when expressed, is in the absolutive and can be understood as a derived S NP.

As mentioned, I know of only one clear example of a reflexive construction in Hurrian. It is therefore far from certain that Hurrian does indeed use derived intransitive constructions to express transitive reflexives. The example of a transitive reflexive is found in the Hurro-Akkadian bilingual from Ugarit:

[35] *idi=p=pa=n* *udr=an=a*
self+2SG.POSS+DAT+*n* protect(+*an*)+IMP.INTRAN
"Protect yourself!" (RS 15.010: 7)

This is translated into Akkadian as[82]

[36] *pagarka šullim*
"Protect yourself!" (RS 15.010: 2)

The reflexive in Akkadian is expressed by the use of the *pagru* "body, self,"[83] and it corresponds to the dative (with second singular possive *=b*) *idi=p=pa* in the Hurrian. The Akkadian construction is transitive, but the Hurrian is intransitive, as indicated by the morpheme *=a* on the verb *udr=an=a*.[84] Until more evidence is found for reflexive constructions in Hurrian, this analysis of [32] will have to remain tentative. As it stands, however, this example does seem to speak in favor of it.

Patient

The grammatical role P usually correlates to the notional role of patient, that is to say, the affected or controlled NP of a transitive verb. As with most (if not all) languages, the grammatical role of P in Hurrian covers a range of notional roles. For example, P is used to indicate the "experienced" with verbs of sense such as *for-* "to see."

[37] *niġāri=mān kuro* *šēn(a)=iffu=ž* *for=êd=a*
dowry+*mān* furthermore brother+1SG.POSS+ERG see+FUT+3SG.AG.AGR
"Furthermore my brother will see the dowry" (Mitt. iii 15)

In the above example, the P NP, *niġāri*, is not a true semantic patient. It is not affected in any way by the act of seeing. Despite this lack of affectedness or of being controlled, it is still the direct object of the verb *for-* and is therefore to be considered a Patient.

The P NP is typically in the Ø-absolutive. There are situations, however, where it is demoted to the oblique essive case. This is a typical characteristic of antipassive constructions with expressed patient. As already mentioned, Hurrian only allows for double absolutive constructions in certain limited, non-ergative, constructions. Since the antipassive is a feature of ergativity, the promotion of the agent from the ergative to the absolutive in this construction means that slot in the clause filled by an absolutive NP (and typically reserved for P NPs) is filled by the A NP. The antipassive shifts focus away from the patient and onto either the verb or the agent, and so it is therefore not surprising that the P NP, when present, would be placed in an oblique case. This is much the same as the use of an oblique case to mark the agent in passive constructions.

[81] Bok-Bennema 1991: 50 (23c).

[82] It is typically assumed that the Akkadian is the original "Vorlage" and the Hurrian is a translation of it (Dijkstra 1993: 163). This is not the place to delve into the redactional history of RS 15.010, but I would like to make an observation.

[83] *Chicago Assyrian Dictionary* P *pagru* mng. 4.

[84] For more on *udr-*, see Wilhelm 2003: 343.

In those modal forms in *=i=* which require the A to be in the absolutive (see above), the patient is also typically in the absolutive. As mentioned, this results in a switch from the ergative system to a non-ergative one.[85] In fact, with these forms, it may be said that Hurrian operates under a nominative-accusative system. The situation is the usual set of relations A = S = P where all are in the Ø-absolutive. While certainly not ergative, there is nothing about this set of relations that immediately speaks for a nominative-accusative one. In certain situations, particularly when the verb is detransitivized, the P NP is demoted from the absolutive to the essive. This demotion of P was demonstrated in example [12] above. It is repeated here as [38]:

[38] *irdi=b* *urġ(i)=a* *tī(e)=a* *kad=i=l=ēž*
tongue+2SG.POSS+ØABS true[86] +ESS word+ESS speak+ACT+l+OPT
"May your tongue speak true word(s)!" (ChS I/1 9 iii 35)

The patient, *urġa tīa*, is non-specific here. It is not that the tongue is to speak any one particular true word, but all (and only) true words. The fact that P can be demoted from absolutive to essive indicates that it is to be differentiated from A and S, even though all are usually in the absolutive case. For this reason it is possible that with these non-ergative modal forms, Hurrian is operating under a nominative-accusative system.[87]

Beneficiary

The grammatical role of Beneficiary is used here in the wider sense to include not just beneficiaries, but also recipients and human goals:

[39] a. I baked a cake *for Mary* (beneficiary)
b. I gave the book *to Mary* (recipient)
c. I took flowers *to Mary* (human goal)[88]

The Beneficiary (or, perhaps better Dative-Beneficiary[89]) is the third argument of a tri-valent verb. In traditional grammar, the B NP is the indirect object, while P is the direct object. B NPs are typically animate and are affected by the action of the predicate, although less directly than P. In certain situations, Hurrian allows for dative shift, which is the promotion of B to direct-object position. In other words, in case-marking languages, B can be promoted from an oblique case to the case associated with the direct object (i.e., absolutive in ergative systems, accusative in nominative-accusative ones).

Dative shift appears to be pragmatically motivated in Hurrian.[90] That is to say, dative shift does not occur in Hurrian in order to fill syntactic pivots (e.g., to allow B NPs to function as heads of relative clauses). As with English, the promotion of B typically occurs when it is more topical than P.[91] In certain languages the shift of B from indirect object to direct object results in issues of recoverability. In English, when B is promoted, both B and P are grammatically unmarked (e.g., "John gave Mary the book").[92] There is no morphological distinction made between "Mary" and "the book." This issue of recoverability results in major restrictions on the use of dative

---

[85] Campbell 2008.

[86] Here *urġa* "truth" (cf. example [8] above) is being used attributively to modify *tie* "word," and so I have translated it as the adjective "true."

[87] I owe this observation to Petra Goedegebuure.

[88] Adapted from Givón 1984: 224.

[89] Palmer 1994: 31.

[90] There are two types of dative shift: one that is pragmatically motivated and one that is syntactic. In some languages, it is the B NP of tri-valent verbs that appears to be identified with the second term of a three-term verb, the spot that is normally held by the Patient. In such cases, the terms direct and indirect object no longer apply. Instead we are dealing with primary and secondary objects. In tri-valent constructions with obligatory dative shift, the P NP is the secondary relation, while B is the primary. The P NP of two argument verbs is a primary object (Blansitt 1984; Dryer 1986; Palmer 1994: 37–39).

[91] Depending on how the speaker wants to focus the discourse, the secondary topic can shift from P to B (primary topic is, at least in English, the A NP) (Givón 1984: 153–54). Givón notes that while dative shift in English is usually seen as "optional," there certain patterns do emerge, and B is more often promoted when it is a pronoun than when it is an NP (1984: 155–56).

[92] In Relation Grammar the P NP in a clause in which B has been promoted to direct object is actually a chômeur. A chômeur is an NP whose usual grammatical relation is taken by another NP (Dryer 1986: 808). In the phrase "John gave the book to Mary," "the book" is the direct object while "to Mary" is the indirect object. When the phrase undergoes dative shift, "John gave Mary the book," "Mary" becomes the direct object while "the book," even though it is the P NP, is now a chômeur.

shift in English.[93] Dative shift in Hurrian does not result in the same recoverability problems as it does in English. While B is promoted to the direct-object position and is therefore in the absolutive case, P does not remain in the absolutive. It is instead demoted to the essive (i.e., if B → ⸗Ø, then P → ⸗*a*). The result is that the two grammatical roles are kept morphologically distinct from each other, and recoverability is therefore not an issue.

The grammatical role of Beneficiary is typically marked by either the dative (⸗*va* with allomorph ⸗*wa*) or the directive (⸗*da*) case. The directive typically indicates the goal of an action, while the dative covers the roles typically ascribed to the indirect object in grammars. There is certainly overlap between the directive and the dative, but the exact nature of these cases requires further research. Note the following examples of B NPs in the dative/directive. The B NP is underlined, while P is in boldface:

[40] B = directive
*šēn(a)⸗iffu⸗da⸗***ll(a)***⸗ān* *nīrožae tiššan pašš⸗ož⸗āv*
brother+1SG.POSS+DIR+3PL.ENCL+*an n.* very send+PRET+1SG.AG.AGR
"I have sent **them** to my brother *in the best of ways*" (Mitt. iv 38–39)

[41] B = dative
ḫorā[di⸗l]l(a)*⸗ān* *šēn(a)⸗i[ffu⸗ž* *ᵐMan]ē⸗r[a]* ⸢*šō⸗va*⸣
soldier+ØABS+3PL.ENCL+*an* brother+1SG.POSS+ERG PN+COM 1SG.+DAT
pašš⸗ôž⸗a
send+PRET+3SG.AG.AGR
"M[y] brother has sent **soldi[er]s** to me with [Man]e" (Mitt. ii 108–09)

[42] B = dative, verb
*šēn(a)⸗iffu⸗wa⸗***ll(a)***⸗ān* *keb⸗ān⸗ož⸗āv⸗***šše⸗na**
brother+1SG.POSS+DAT+3PL.ENCL+*an* send(+*an*)+PRET+1SG.AG.AGR+REL+PL.RELAT
*keb⸗ān⸗ož⸗āv⸗***lla***⸗man*
send(+*an*)+PRET+1SG.AG.AGR+3PL.ENCL+*man*
"**Those** which I have sent to my brother, I have sent **them**!" (Mitt. iii 17–18)[94]

Several examples of the promotion of B from the dative/directive to the absolutive are found throughout the Hurrian text corpus. While infrequently attested, certain conclusions can be drawn. In every case, the patient is inanimate while the Beneficiary is animate. This does not mean, however, that the promotion of B to absolutive is conditioned by the empathy hierarchy.[95] The promotion of B to the absolutive is not mandatory when it is higher on the animacy scale than P. This promotion in Hurrian appears instead to have a topicalizing function. When B is promoted, it is because it is more topical than the actual patient in a particular clause. Dative shift places increased emphasis on B at the expense of P. This emphasis of B is further indicated by the demotion of P from the absolutive to the essive.

The promotion of B and subsequent demotion of P has certain implications for Hurrian grammar. Outside of the imperative and active optative, Hurrian does not allow for double-absolutive constructions. Although it has been claimed to the contrary, it can be demonstrated that all posited examples for double-absolutive constructions in the indicative can be attributed to either scribal error or the imperfect knowledge of Hurrian by a non-native speaker.[96] Either P or B must be in an oblique case if the other is in the absolutive, while A is always in the ergative:[97]

---

93 Givón 1984: 154.

94 Note the variable usage of the directive ⸗*da* [40] and the dative ⸗*wa* [41]–[42] with verbs of sending.

95 In certain languages B is promoted whenever it is higher on the empathy hierarchy than P.

96 Among the Hurrian mythological texts are a number of passages with verba dicendi introducing new quotes by the characters. This is typified by passages such as [61] below, with the basic structure A(⸗*ne*)(⸗*ž*)⸗*lla* P B⸗*da*⸗*l* V. The ergative ending is elided before the third-person plural enclitic ⸗*lla*, which is further specified as tive⸗*na* and again by the enclitic ⸗*l* after the directive ending, which marks the Beneficiary of the speech act (i.e., the listener). On several occasions an alternate construction is used where we find A⸗*ne* P B⸗*da*⸗*l* V, with the Agent followed by the singular relator ⸗*ne*, but not by any other morpheme (cf. ChS I/6 10 obv. 33', rev. 16'; I/6 23 ii 20'; I/6 30 i 6'; KBo 32 15 iv 12). This is taken by Wegner as an example of double-absolutive constructions with both A and P in the absolutive (Wegner 1994). Wilhelm demonstrates that these are *not* double absolutives but rather ungrammatical constructions that can be attributed to any one of a number of explanations (Wilhelm 2000: 204–05).

97 Word order in Hurrian is highly variable. The sequences in [43a–c] are meant to be representative of case morphology in trivalent constructions, but not necessarily indicative of actual word order.

[43] a. A_{ERG} $B_{DAT/DIR}$ P_{ABS} V_{TRAN}
b. A_{ERG} B_{ABS} P_{ESS} V_{TRAN}
c. *A_{ERG} B_{ABS} P_{ABS} V_{TRAN}

The following two rules hold for Hurrian:

[44] Rule 1:
When functioning according to the ergative system, Hurrian only allows for one absolutive case NP in a transitive clause.

[45] Rule 2:
If the indirect object is definite, animate, and highly topical, then it can be promoted from the dative or directive to the absolutive. This promotion results in the mandatory demotion of the direct object to the essive case.

Dative shift can occur in any clause where the verb is transitive, B is animate and P is inanimate. Although in all examples of dative shift P is inanimate, this may simply be due to the preserved corpus, and it may not reflect the entire range of this construction. It may be possible that dative shift could occur with animate P NPs.

The process of dative shift in Hurrian is not limited to tri-valent verbs such as "to give." The following examples with the verb *kul-* "to say, speak" show this syntactic shift. Examples [46] and [47] are taken from the Mittani Letter, while [48] is from the parable text KBo 32 14. In each example the B NP is underlined, while P is in boldface:

[46] *anammi=***ll(a)***=ān undo šēn(a)=iffu=da kul=ož=av*
so+3PL.ENCL+*an* now brother+1SG.POSS+DIR speak+PRET+1SG.AG.AGR
"So now I have spoken **them** (i.e., the words) to my brother." (Mitt. ii 56)

[47] *šēn(a)=iffu=dā=man* ***tive*** ***šukko*** *kul(=i)=le*
brother+1SG.POSS+DIR+*man* word+ØABS one+ØABS speak(+ACT)+1SG.JUSS
"I would like to say just **one thing** to my brother" (Mitt. ii 12)[98]

[48] *nāli fabanni=ž* ***šidarn(i)=a*** *kul=ōr=o=m*
deer+ØABS mountain+ERG curse+ESS speak(+or)+TRAN.PERF+3SG.AG.AGR
"The mountain told the deer **curses**" (i.e., "The mountain cursed the deer") (KBo 32 14 i 9–10)

In examples [46] and [47], B is in the directive case. In both examples, B is the "human" (or better, animate) goal of the act of speech. In contrast, the absolutive *nāli* in [48] cannot be the patient of the verb *kul=ōr=o=m*. It is not "the deer" that the anthropomorphized mountain speaks, but rather the curses. The clause underlying [48] would be something like

[49] ***šidarni fabanni=ž nāli=da kul=ōr=o=m*[99]
"The mountain spoke curses to the deer"

Based on [46] and [47], it can be assumed that B NPs are in the directive with the verb *kul-*. The motivation behind the use of dative shift in [48] is likely to place extra emphasis on the deer. Earlier in the parable, the deer had wished various evils upon the mountain upon which it was born. The mountain heard these invectives and proceeded to place a curse upon the impudent deer. By placing the deer in [48] in the absolutive, the author focuses the clause on it and not on the semantic patient, the curse.

Interesting parallels to the passage in [48] are found in KBo 15 1 (ChS I/5 46), the ritual of Ummaya. Wilhelm noted that three passages in this text are structurally similar to that of [48].[100] In the ritual text KBo 15 1, we find the following three passages:

[98] With slightly different word order: *tivē=mān šukko šēn(a)=iffu=da kul(=i)=le* (Mitt. iv 1).

[99] It is unclear whether the derivational morpheme *=ōr=* has anything to do with the dative shift in [48].

[100] He does not quote the exact passage in [48], but rather the parallel passage from the same text (KBo 32 14 i 54–55): *k[āz]i tab/val(i)=le(<ne)=ž šidarn(i)=a kul=ūr=o=m* "Der (Kupfer)-Gießer verfluchte den Becher" (Wilhelm 2002: 162).

[50] a. [d]*Šauška*[101] *=ve=n(a)=ž=a=n tōb/vi=n(a)=až=a=n*[102] / *kul=ed=āv* (ChS I/5 46 iv 29')

b. [. .] / [d]*Ninuwa=ġi=n(a)=až=a*[103] *=n tōb/vi=n(a)=až=a=n* / *kul=ed=āv šinzi* (ibid. iv 30')

c. [[d?]A]*llar=ve=n(a)=až=a* / *tōb/vi=n(a)=až=a* / *kul=ed=āv kiški* (ibid. iv 31')

The forms *šinzi* and *kiški* of [50b–c] indicate the temporal sequence of events and are to be translated as "second(ly)" and "third(ly)," respectively. In [48] we have the sequence *šidarna kul-*, with P (*šidarna*) in the essive.[104] In [50a–c] we find the parallel *tōb/vinaža kul-* "to speak incantations," with P (*tōb/vinaža*) in the plural essive[105] and modified by a preceding genitive (with plural essive *Suffixaufnahme*). Unlike [48], which has an expressed B (*nāli*) in the absolutive case, it is unclear what the B NP of [50a–b] is. A possible absolutive in [50a] is the enclitic *=n*, which may be the third singular enclitic pronoun. If so, then this pronoun, "him/her/it," would be the promoted B NP and would refer to something explicit in the phrases preceding [50a]. Then the B of [50a] would be carried through in the immediately following [50b–c]. The lines preceding [50a] are difficult to understand and contain a number of breaks.[106] The recipient of the speech act (B), must be highly understood here in order for it to be omitted. The passages in [50a–c] can be translated as

[51] "I will speak (to/for) him/her/it the incantations of Šauška. Secondly I will speak (to/for him/her/it) the Ninivite incantations. Thirdly I will speak (to/for him/her/it) the incantations of Allar(bi)?"[107]

The translation in [51] is stilted, but it best represents, in my opinion, the grammar of these passages.

Further examples of dative shift are found in both the Mittani Letter and the Hurrian texts from the Hittite capital of Hattusa. The recognition of dative shift in Hurrian clarifies the reading of a number of difficult passages. I give here some examples in order to better illustrate this syntactic operation. As with [46]–[48] above, the B NP is underlined, and P is given in boldface. The first example comes from the Mittani Letter and is straightforward:

[52] ***ḫiar=o=ḫḫ(i)=ā***=<u>*tt(a)*</u>*=ān* ***teōn(i)=a*** *šēn(a)=iffu=ž*
gold(+*o*+*ḫḫi*)+ESS+1SG.ENCL+*an* much+ESS brother+1SG.POSS+ERG
keb=ān=o=en
provide(+*an*)+PAT+JUSS
"May my brother provide <u>me</u> **much gold**!" (Mitt. iii 73–74)[108]

The essive *teōna* indicates that the final *-a* of clause-initial *ḫiaroḫḫa* is also to be understood as the essive case and not the result of vowel harmony with the following enclitic pronoun *=tta*.

---

[101] On the reading GAŠAN[!?] instead of *ḫi-*, see Wilhelm 2002.

[102] The form is actually spelled *tu-u-ub-bi-na-ša-an*. This is not *tuppi* "tablet," but rather a variant writing of *tob/vi* "incantation" (Wilhelm 2002: 160–61).

[103] The signs *-na-ša-* are written over an erasure.

[104] Wilhelm writes that "das Predikat durch einen Essiv semantisch modifiziert" (2002: 162). I prefer to see *šidarna* in [48] as parallel to the *tive* in [47] and the *=lla* (= *tive=na*) in [46]. In other words, in [46]–[48] we have "speak words," "speak a word," and *"speak a curse," respectively. While the combination **šidarni kul-* can be translated as "to curse," *šidarni* is to be taken as the semantic and grammatical patient of *kul-*. It is not in the essive in [48] because it is modifying *kul-*, but rather because the focus of the clause is on the recipient of the curse rather than the curse itself.

[105] On the form of the plural essive, see Wegner 2007: 66.

[106] Some observations about the preceding lines, iv 27'–29', can be made. The passages in iv 27' begin a new paragraph in the text. This new section begins with the antipassive clause [*aps*]*i* / *piradi* / *kud=all=i=b* "The *a.*(-)*p. kud-*." The verb, *kudallib*, may contain the root *kud-* "to fall (intran.), to fell (tran.)" known from the Hurro-Hittite bilingual (see Neu 1996: 158), or it may simply be a homophone. In KBo 32 14 i 19, the form *āmm=i=b* seems to be a verb of motion here, but is in the antipassive *=i*. It is unclear why certain motions are in *=i* while most are the intransitive (agentive) *=a*. The first passage in ChS I/5 46 iv 27' is followed by *apsi* / *piradi* / *kud=all=uwa*. The ending *=uwa* is elsewhere found with transitive verbs with ergative Agents (on this ending, see below). This means that *apsi piradi* in this second clause is not the agent of *kudalluwa*. Combing the two, we get something like "The *a.-p. kud-*. He *kud-* the *a.-p.*" Clearly this is not very helpful for understanding this section of the text. Further on we find the absolutive form *pāži* "mouth" (iv 28'). The form *ištenna* is of some interest. It can be parsed as *ište=nna*, the first-person singular pronoun *ište* with the third singular enclitic pronoun *=nna*. If *=nna* is the equative case, then we would expect a form *šō=nna* (Wegner 2007: 83).

[107] "Ich werde ihn/sie/es [erstens(?)] (mit der Beschwörung) der Šawuška beschwören; ich werde ihn/sie/es zweitens (mit der Beschwörung) der Niniviterin beschwören; ich werde ihn/sie/es drittens (mit der Beschwörung) der Allarbi(?) beschwören" (Wilhelm 2007: 162). From this translation, it seems as if the patient ("ihn/sie/es") is the thing that is conjured/incanted through the use of particular conjurations/incantations. I feel that the grammatical patient (i.e., the omitted absolutive NP) is the one for whom the speaker is doing the incantation (i.e., *"I will speak the conjurations/incantations of Šawuška *for X*" > "I will speak him the conjurations/incantations of Šawuška").

[108] This example appears earlier as [30] above.

A common example given as proof of split ergativity in Hurrian is as follows:

[53] *tivattān kurūwa šēniffuvemān keldi nīriže ñažile* (Mitt. iv 42–43)

The enclitic first-person pronoun *=tta* of *tivattān* has been taken by some as the subject of the first-person jussive verb *ḫaž=i=le* "May I hear."[109] The form *kurūwa* and the use of *=man* on *šēniffuvemān* are never sufficiently explained.[110] The enclitic particle *=mān* is almost always found on the first word of a clause (i.e., in Wackernagel position). This indicates that *tivattān kurūwa* should almost certainly be taken as a separate clause from what follows it. The second clause can be translated as "May I hear the well-being and *nīriže* of my brother!" All that remains is to explain the form *kurūwa*.

It is not possible to take *kurūwa* as an intransitive verb in *=a* with the first-person aboslutive *=tta* as S. The form does not fit our understanding of the intransitive, the use of the essive would be strange, and context speaks against it. Furthermore, other examples of verbs in *=uwa* with dative shift are known.

Before analyzing the *tivattān kurūwa* of [53], I would like to turn to the Hurro-Hittite bilingual. In the third parable of KBo 32 14, the topic, *kazi* "cup," is given as the absolutive P NP of the introductory transitive clause:

[54] *kāzi* *taval(i)=le(<ne)=ž* ... *tav=ašt=ō=m*
cup+ØABS smith+SG.RELAT+ERG ... cast+*ašt*+TRAN.PERF+3SG.AG.AGR
"The smith cast the cup (for glory)" (KBo 32 14 i 42–43)

When a new topic is introduced in this text, it typically appears as an absolutive NP (either S or P).[111] This introductory clause is followed by three asyndetic clauses with only expressed verbal forms (A and P are both omitted):

[55] :[112] *tav=ašt=ō=m* *muž=ōl=ō=m*
cast+*ašt*+TRAN.PERF+3SG.AG.AGR shape+*ol*+TRAN.PERF+3SG.AG.AGR
ēlg(i)=āe *tun=ūšt=o=m*
decoration+INST equip(?)+*ušt*+TRAN.PERF+3SG.AG.AGR
"(The smith) cast (the cup), he(*=m*) shaped (it), he (*=m*) equipped (it) with decoration" (KBo 32 14 i 43–44)

The same P NP (*kāzi*) and the same A NP (*tavallež*) from lines i 42–43 carry through these three verbs. The only reference to the core arguments is through the obligatory third singular agent-agreement marker *=m* on the verbs.

The various acts involved in the creation of the cup are continued by two more asyndetic clauses immediately following [55]:

[56] *agūrn(i)=a ag=ol=ūwa šīrn(i)=a=mma taž=ol=ūwa* (KBo 32 14 i 44–45)[113]

The *=mma* on *šīrna=mma* is a connective, indicating that this is the final clause in this group of asyndeton. The two clauses in [56] are grammatically more complex than the preceding ones in [54] and [55]. This is evinced by the different structure of the verb and the curious use of essive forms. The term *agurna* is the essive of a noun **agurni*,[114] and it is clearly cognate to the verb *ag=ol=ūwa*. The Hittite translates this first clause as "he engraved it (the cup)," translating the Hurrian complex *agurna agolūwa* with the Hittite preterit *gul-aš-ta*. One would expect a cognate form like *agurna* to occur as the patient of the verb and the cup as the indirect object (i.e., "he engraved engraving[s] [on the cup]").

The same situation holds for the second clause in [56]. The Hurrian *šīrna(=mma) taž=ol=ūwa* is translated into Hittite as *nu-uš-ši-eš-ta ma-iš-ti an-da la-a-lu-uk-ki-iš-nu-ut* "he illuminated it (or: made it shine) in/with gloss."[115] The essive form *širna*, like *agurna* in the immediately preceding clause, appears to be the semantic patient of the verb *taž-*.[116] A translation such as Neu's "Glanz(werk) aber fügte er hinzu"[117] likely catches the sense of this clause.

[109] Haas and Wegner 1997: 440; Hazenbos 2001: 172, 174.

[110] Haas and Wegner 1997: 440.

[111] For the use of S and P to introduce new topics in ergative languages, see Dixon 1994: 209 (following the work of Du Bois 1987).

[112] The text uses a diagonal stroke to separate the two verbal forms that begin line i 43.

[113] Translated by Neu as "Er ziselierte ihn und ließ sie (die Verzierungen) ihm im Glanz erstrahlen" (1996: 81).

[114] The form *agurna* cannot be analyzed as a plural absolutive, contra Neu 1996: 147. Following the pattern *everni* "king" > *evirna* "king(ESS)" and *everni* > *evrinna* "kings," *agurna* can only be an essive form. The expected plural would be ***agrun(i)=na* (the vowel is questionable; it may not be *u*). For *agūrna* as an essive form, see already Wilhelm 1992b: 128.

[115] Translated by Neu as "Glanz(werk) aber fügte er hinzu" (1996: 80; commentary 148–49)

I feel that *širna* and *agurna*, although in the essive case, are both the semantic patients of their respective verbs, and *kāzi*, "the cup," is the indirect object and recipient (or perhaps goal?) of the actions. A very likely reconstruction of the clauses underlying those in [56] is

[57] ***agurni taval(i)=le(<ne)=ž kāzi=va ag=ol=ō=m*
šīrni=mma taval(i)=le(<ne)=ž kāzi=va taž=ol=ō=m
"The smith engraved engravings on the cup. The smith *added gloss* to the cup"

The explanation for why the semantic patients in [56] are in the essive and not the expected absolutive can be explained by dative shift. The topic of these clauses and the parable as a whole is the *kāzi* cup. The primary case for topics is, at least in Old Hurrian, the absolutive.[118] This functions well with the first four verbs [54]–[55], where *kāzi* is both the grammatical and semantic patient. A potential problem arises with the clauses in [56]. The semantic patients are no longer the *kāzi*. Instead of functioning as the undergoer, it is now the recipient (or goal) of the action. If *agurni* and *širni* are given as the grammatical patients of their respective verbs, the author[119] risks placing undue focus off of the topic (*kāzi*) and onto contextually unimportant nouns. Through the use of dative shift, however, the author is able to maintain *kāzi* as the absolutive argument.[120] It follows, then, that he can continue to omit this form as the very given/known topic of this series of asyndetic clauses. Instead of the underlying clauses postulated in [57], we have

[58] ***kāzi taval(i)=le(<ne)=ž agurn(i)=a ag=ol=ūwa*
kāzi taval(i)=le(<ne)=ž šīrn(i)=a taž=ol=ūwa
"The smith engraved the cup (with) engravings. The smith added gloss (to) the cup"

As can be seen in [58], a one-to-one translation of the Hurrian into English is not possible. This is because dative shift is much more restricted in English than it is in Hurrian.

Before turning to the verbal morpheme *=ūwa*, I would like to return to the passage in [53] above. It is repeated here as [59]:

[59] *tivattān kurūwa* (Mitt. iv 42)

We have a verbal form in *kurūwa* that is parallel to *agolūwa* and *tažolūwa* in [51]. We also have an absolutive NP in the enclitic pronoun *=tta* and a potential essive in *tiva*. In order for *tiva(<e)* to be absolutive (with vowel change conditioned by the enclitic pronoun), the phrase must be non-ergative.[121] Verbs in *=ūwa* appear to all function according to the ergative system, thereby assuring that *tiva* is in the essive case. In all the examples given above, the verbs in *=ūwa* function as indicative transitives, and there is no evidence for it being used with intransitives. Therefore the absolutive pronoun *=tta* is most likely to be taken as the P NP of the transitive *kur=ūwa*. The Agent would be the Egyptian pharaoh. This results in a construction very similar to the ones in [48], [52], and [56] above. I would like to take *=tta* as the grammatical patient and semantic beneficiary of the verb *kur-*, with *tive* as the semantic patient and grammatical essive (chômeur). I would translate [59] as something like: "He (my brother) *will send* me word. (Let me hear of the well-being and *nīriže* of my brother!)."

The morpheme *=ūwa* on the verbs in [59] is difficult to explain. It has typically been analyzed as functioning as some kind of aspect marker.[122] It is my contention that its function has less to do with aspect than with topic focus. I would like to see the *u* of *=ūwa* as corresponding to the intransitive, patientive *=u* morpheme. The final *a* may perhaps be the third-person agent-agreement marker that is better known from forms such as *=i=a*. Note that in the above examples, when dative shift occurs in clauses with modal verbs, the patientive *=o=* morpheme is used and not the active *=i=*. In indicative clauses, dative shift is found once with a perfective verb [48] and three times with verbs in *=ūwa*. The perfective is by nature patient focusing as it indicates a completed state, and it is

[116] The analysis of *šīrna* as an absolutive plural form *šīr=na* by Neu (1996: 148–49) is not possible (see n. 114 above).

[117] Neu 1996: 80.

[118] Dixon 1994: 208 following Du Bois 1987.

[119] By author I am not referring to the text copyist but rather the original "author" or creator of the Hurrian text, who may or may not have been one person.

[120] This does not violate rule 2 given above in [45]. The parable text KBo 32 14 is highly literary in nature, and the cup is not inanimate here but rather anthropomorphized.

[121] It also makes no sense to take *tiva=tta* as "I, the word." There is no evidence in this text (or in any other Hurrian text, to my knowledge) of the speaker being equated with "the word."

[122] Neu 1988: 244–46; Wilhelm 1992b: 138.

possible that the perfective transitive *⸗o⸗* of the indicative may be one and the same with the patientive *⸗o⸗* of the modal system. The forms in *⸗ūwa* are either present or imperfective. In example [56] it is best taken as the latter. Although the action of the cup has been completed (note the form *tav⸗ašt⸗ō⸗m*), the act of engraving and putting gloss on the cup involves many steps and may even be seen as iterative. As such, the imperfective is used here to express a past action that had a long duration. Perhaps we are dealing with the perfective in *⸗o(⸗m)* used for telic past-tense events and *⸗ūwa* for atelic events in the past (both for third-person singular agents). In [59], the verb can be interpreted as present future.

A result of the above work on dative shift in Hurrian is that otherwise ambiguous passages can now be parsed. In the parable text KBo 32 14, between each story, the listeners (always second plural!) are encouraged to forget what they have just heard and listen to (and take to heart) the next one. This is accomplished through the use of a series of non-indicative clauses. Included among them we find the following:

[60] *ol(i)⸗a⸗ffa* *kad⸗ol(⸗o)⸗le* ... *mad(i)⸗ā⸗ffa*
other+ESS+2PL.ENCL tell+*ol*(+PAT)+1SG.JUSS ... wisdom+ESS+2PL.ENCL
kad⸗ol(⸗o)⸗le
tell+*ol*(+PAT)+1SG.JUSS
"Let me tell you(pl.) another! ... Let me tell you(pl.) wisdom (i.e., a parable)!"
(KBo 32 14 i 23–25)

The verb *kad-* typically takes what is spoken as its patient, while the person to whom one speaks is in the dative or directive:

[61] ^{d}*Kumarbi⸗nī(⸗ž)⸗l* *tive⸗[na]* *en(i)⸗n(a)⸗aš⸗ta⸗l*
DN+SG.RELAT(+ERG)+3PL.ENCL word+PL.ABS god+PL.RELAT+PL+DIR+3PL.ENCL
alu⸗māi[n *kad⸗i⸗a]*
speak+GERUND? tell+TRAN+3SG.AG.AGR
"Kumarbi speaks the word to the gods" (ChS I/6 12 iv 5'–6')

The verb *kadia* is restored in [61], but this is such a common turn of phrase in Hurrian mythology that its restoration is certain. The semantic patients of the two *kadolle* in [60] are *oli* "another" and *madi* "wisdom, parable(?)." The beneficiary/goal (B NP) of the speech act is the second person plural. Since B is the absolutive enclitic pronoun *⸗ffa*, then *ola* and *mada* must be taken as essive forms and not absolutives with *-i* > *-a* through vowel harmony with *⸗ffa*.[123]

Conclusion

There is no one-to-one correspondence between the grammatical roles of A, P, and B and case morphology in Hurrian, while S is limited to the absolutive case. The case that a particular grammatical role takes in a clause (with the exception of S) is controlled by either syntax or discourse. In the above sections, I have approached the issue from the vantage of the grammatical roles. I would like to take the opportunity here to summarize the situation from the perspective of the cases themselves.

ergative (⸗ž): The ergative in Hurrian appears to be limited to (animate) A NPs in active transitive constructions. Ergative NPs cannot be relativized. In order for the A NP to under go relativization, it must be demoted to the absolutive through the antipassive.

absolutive (⸗Ø): The absolutive case covers the largest number of grammatical roles, being found with A, S, P, and B NPs. Statistically speaking, however, this case is primarily found with S and P. The marking of these two grammatical roles by the absolutive, along with the concurrent marking of the A NP with the ergative case, is the hallmark of ergativity in Hurrian.

---

123 Even if Haas and Wegner (1997: 440) are correct in their claim that first-person jussive forms require absolutive subject (i.e., *ište* and not *ižaž*), the analysis of *olaffa* and *madāffa* as NP–ESS–2PL.ABS.PRONOUN still holds.

The absolutive is used with A NPs in a limited number of situations. In the antipassive, it is the case to which A is promoted. This is done in part to allow A NPs to function in certain syntactic operations, particularly relativization. The antipassive transforms a di-valent, transitive verb into a mono-valent one. The absolutive is also used to mark A NPs for transitive imperatives and active optatives. In these moods, Hurrian is no longer functioning as an ergative language but rather as a nominative-accusative one.

In active transitive constructions, the patient is typically in the absolutive. In certain situations, however, P can be demoted from the absolutive. The promotion of B to the absolutive requires that the patient be demoted to the essive. In the modal system, P is typically in the absolutive case. In the active optative, P can be demoted to the essive.

The single argument of a mono-transitive verb is always in the absolutive. At least two types of transitive verbs can be distinguished in Hurrian: those where S exhibits control over the action (i.e., agent-like S, or S_A) and those where S has little to no control over the action and typically undergoes a change of state (i.e., patient-like S, or S_P). There exists no special case marking to distinguish between these two different types of S NP. The distinction is only indicated by verbal morphology, the former by *⸗a* and the latter by *⸗e* and *⸗u*.

The B NP, or indirect object, can be promoted to the absolutive. As mentioned above, the grammatical role of Beneficiary covers a range of semantic roles. Animate, highly topical indirect objects that are in either the dative or directive case can be promoted. Hurrian seems to allow a rather broad range of roles to undergo this shift. The primary function of this "dative shift" is pragmatic and serves to place more emphasis or topicality on the indirect object.

essive (*⸗a*): The essive straddles the line between oblique (or inherent) and structural case. As the latter, it is involved with the core arguments of a clause. The essive is the case to which the patient can be demoted. Hurrian only allows for one argument to be in the absolutive (with the exception of the non-ergative constructions of the transitive imperatives and active optatives where both A and P are in the absolutive). When a non-P argument of a transitive verb is promoted to the absolutive (i.e., either A or B), it fills that particular syntactic slot. This requires that the P argument then be demoted to the essive, maintaining the "one absolutive" rule.

The transitive active optative typically requires that both A and P be in the absolutive. In situations where either the verb is detransitivized or the patient is general and non-specific, P can be demoted to the essive.

Case	*Grammatical Role(s)*	*Syntactic Situation(s)*
⸗ž (Ergative)	Agent	Transitive clauses in both the indicative and non-indicative (with the exception of the imperative and active optative)
⸗Ø (Absolutive)	1. Subject	Intransitive verbs (both active and patientive)
	2. Patient	Transitive verbs
	3. Agent	Antipassive, imperative, active optative
	4. Beneficiary	Through dative shift in transitive clauses
⸗a (Essive)	Patient[a]	1. In the antipassive
		2. In the active optative
		3. When B has been promoted to the absolutive

[a] Outside of marking the patient in certain situations, the essive also has an oblique function. For the topic at hand, I am only focusing on the use of this case as concerns the core arguments of a clause.

Abbreviations

KBo 15 Heinrich Otten. *Texte aus Gebaude A.* Keilschrifttexte aus Boghazkoi 15. Berlin: Gebr. Mann, 1965

KBo 32 Heinrich Otten and Christel Ruster. *Die hurritisch-hethitische Bilingue und weitere Texte aus der Oberstadt.* Keilschrifttexte aus Boghazkoi 32. Berlin: Gebr. Mann, 1990

Bibliography

Blake, Barry J.

2001 *Case.* 2nd edition. Cambridge Textbooks in Linguistics. Cambridge: Cambridge University Press.

Blansitt, Edward L., Jr.

1984 "Dechticaetiative and Dative." In *Objects: Towards a Theory of Grammatical Relations*, edited by F. Plank, pp. 127–50. London: Academic Press.

Bok-Bennema, Reineke

1991 *Case and Agreement in Inuit.* Studies in Generative Grammar 38. New York: Foris Publications.

Bush, F.

1964 A Grammar of the Hurrian Language. Ph.D. diss., Brandeis University.

Campbell, Dennis R. M.

2007a Mood and Modality in Hurrian. Ph.D. diss., University of Chicago.

2007b "The Old Hurrian Verb." In "VI Congresso Internazionale di Ittitologia, Roma, 5–9 settembre 2005," edited by A. Archi and R. Francia, special issue, *Studi Micenei ed Egeo-Anatolici* 49: 75–92.

2008 "Split-ergativity in Hurrian." *Zeitschrift für Assyriologie* 98/1: 262–94.

Diakonoff, Igor M., and S. A. Starostin

1986 *Hurro-Urartian as an Eastern Caucasian Language.* Munich: R. Kitzinger.

Dijkstra, Meindert

1993 "The Akkado-Hurrian Bilingual Wisdom-Text RS 15.010 Reconsidered." *Ugarit Forschungen* 25: 163–71.

Dixon, Robert M. W.

1994 *Ergativity.* Cambridge Studies in Linguistics 69. Cambridge: Cambridge University Press.

Dryer, Matthew S.

1986 "Primary Objects, Secondary Objects, and Antidative." *Language* 62: 808–45.

Du Bois, John W.

1987 "The Discourse Basis of Ergativity." *Language* 63: 805–55.

Friedrich, Johannes

1939 *Kleine Beiträge zur churritischen Grammatik.* Mitteilungen der Vorderasiatisch-Aegyptischen Gesellschaft 42, Volume 2. Leipzig: J. C. Hinrichs.

1969 "Churritisch." In *Altkleinasiatische Sprachen*, pp. 1–30. Handbook of Oriental Studies 1, Volume 2, Sections 1–2, Number 2. Leiden: Brill.

Giorgieri, Mauro

1999 "Die hurritischen Kasusendungen." In *Nuzi at Seventy-five*, edited by D. Owen and G. Wilhelm, pp. 223–56. Studies on the Civilization and Culture of Nuzi and the Hurrians 10. Bethesda: CDL Press.

2000 "Schizzo grammaticale della lingua hurrica." In *La Civiltà dei Hurriti*, edited by G. Macchiaroli, pp. 171–277. La Parola del Passato 55. Naples: G. Carratelli.

2003 "Zu den hurritischen Verbformen auf -i=a: Eine Berichtigung." *Studi Micenei ed Egeo Anatolici* 45: 128.

Girbal, Christian

1992 "Das hurritische Antipassiv." *Studi Micenei ed Egeo Anatolici* 29: 171–82.

Givón, Talmy

1984 "Direct Object and Dative Shifting: Semantic and Pragmatic Case." In *Objects: Towards a Theory of Grammatical Relations*, edited by F. Plank, pp. 151–82. London: Academic Press.

Haas, Volkert, and Ilse Wegner

1997 "Literarische und grammatikalische Betrachtungen zu einer hurritischen Dichtung." *Orientalistische Literaturzeitung* 92: 437–55.

Haas, Volkert, and Gernot Wilhelm

1974 *Hurritische und luwische Riten aus Kizzuwatna.* Hurritologische Studien I. Alter Orient und Altes Testament, Sonderreihe 3. Neukirchen-Vluyn: Neukirchener Verlag.

Hazenbos, Joost

2001 "Zur Syntax einiger modaler Formen im Hurritischen." In *Kulturgeschichten: Altorientalistische Studien für Volkert Haas zum 65. Geburtstag*, edited by T. Richter, D. Prechel, and J. Klinger, pp. 171–77. Saarbrücken: Saarbrücker Druckerei und Verlag.

2005 "Hurritisch und Urartäisch." In *Sprachen des Alten Orients*, edited by M. Streck, pp. 135–58. Darmstadt: Wissenschaftliche Buchgesellschaft.

Khačikjan, Margaret

1978 "Dialektnoje členenije khurritskogo jazyka." *Drevnij Vostok* 3: 39–46.

1999 "The Hurrian Verb Revisited." In *Nuzi at Seventy-five*, edited by D. Owen and G. Wilhelm, pp. 257–65. Studies on the Civilization and Culture of Nuzi and the Hurrians 10. Bethesda: CDL Press.

Manning, Christopher D.

1996 *Ergativity: Argument Structure and Grammatical Relations.* Dissertations in Linguistics. Stanford: Center for the Study of Language and Information Publications.

Messerschmidt, Leopold

1899 *Mitanni-Studien.* Mitteilungen der Vorderasiatisch-Aegyptischen Gesellschaft 4. Berlin: Wolf Peiser.

Mithun, Marianne

1991 "Active/Agentive Case Marking and Its Motivations." *Language* 67: 510–46.

Neu, Erich

1988 "Varia Hurritica: Sprachliche Beobachtungen an der hurritisch-hethitischen Bilingue aus Ḫattuša." In *Documentum Asiae Minoris Antiquae: Festschrift für Heinrich Otten zum 75. Geburtstag*, edited by E. Neu and C. Rüster, pp. 234–55. Wiesbaden: Otto Harrasowitz.

1996 *Das hurritische Epos der Freilassung*, Volume 1: *Untersuchungen zu einem hurritisch-hethitischen Textensemble aus Hattusa.* Studien zu den Bogazköy-Texten 32. Wiesbaden: Harrassowitz.

Otten, Heinrich

1965 *Texte aus Gebaude A.* Keilschrifttexte aus Boghazkoi 15. Berlin: Gebr. Mann.

Otten, Heinrich, and Christel Ruster

1990 *Die hurritisch-hethitische Bilingue und weitere Texte aus der Oberstadt.* Keilschrifttexte aus Boghazkoi 32. Berlin: Gebr. Mann.

Palmer, F. R.

1994 *Grammatical Roles and Relations.* Cambridge: Cambridge University Press.

Plank, F.

1988 "Das Hurritische und die Sprachwissenscaft." In *Hurriter und Hurritisch*, edited by V. Haas, pp. 39–93. Xenia 21. Konstanz: Universitätsverlag Konstanz.

Salvini, Mirjo

1998 "Earliest Evidence of the Hurrians before the Formation of the Reign of Mittanni." In *Urkesh and the Hurrians: Studies in Honor of Lloyd Cotsen*, edited by G. Buccellati and M. Kelly-Buccellati, pp. 99–115. Urkesh/Mozan Studies 3 = Bibliotheca Mesopotamica 26. Malibu: Undena.

Salvini, Mirjo, and Ilse Wegner

2004 *Die mythologischen Texte*. Corpus der hurritischen Sprachdenkmäler 1, Die Texte aus Bogazköy 6. Rome: CNR - Istituto di Studi sulle Civiltà dell'Egeo e del Vicino Oriente.

Speiser, E. A.

1941 *Introduction to Hurrian*. Annual of the American Schools of Oriental Research 20. New Haven: American Schools of Oriental Research.

Steinkeller, Piotr

1998 "The Historical Background of Urkesh and the Hurrian Beginnings in Northern Mesopotamia." In *Urkesh and the Hurrians: Studies in Honor of Lloyd Cotsen*, edited by G. Buccellati and M. Kelly-Buccellati, pp. 75–98. Urkesh/Mozan Studies 3 = Bibliotheca Mesopotamica 26. Malibu: Undena.

Tiffou, Étienne, and Yves-Charles Morin

1982 "A Note on Split Ergativity in Burushaski." *Bulletin of the School of Oriental and African Studies* 45: 88–94.

Van Valin, Robert D., Jr., and Randy J. LaPolla

1997 *Syntax: Structure, Meaning and Function*. Cambridge: Cambridge University Press.

Wegner, Ilse

1990 "Phonotaktischer n-Verlust in Jussivformen des Boğazköy-Hurritischen." *Orientalia*, n.s., 59: 298–305.

1994 "Hurritische Verb dicendi mit einfacher und doppelter Absolutiv-Rektion." *Altorientalische Forschungen* 21: 161–70.

2000 *Einführung in die hurritische Sprache*. Wiesbaden: Harrassowitz.

2007 *Einführung in die hurritische Sprache*, Volume 2: *Überarbeitete Auflage*. Wiesbaden: Harrasowitz.

Wilhelm, Gernot

1989 *The Hurrians*. Translated by J. Barnes. Warminster: Aris & Phillips.

1992a "Zum hurritischen Verbalsystem." In *Texte, Sätze, Wörter und Moneme: Festschrift für Klaus Heger zum 65. Geburtstag*, edited by S. Anschütz, pp. 659–71. Heidelberg: Heidelberger Orientverlag.

1992b "Hurritische Lexikographie und Grammatik: Die hurritisch- hethitische Bilingue aus Boğazköy." *Orientalia*, n.s., 61: 122–41.

1995 "Suffixaufnahme in Hurrian and Urartian." In *Double Case: Agreement by Suffixaufnahme*, edited by F. Plank, pp. 113–35. New York: Oxford University Press.

1998 "Die Inschrift des Tišatal von Urkeš." In *Urkesh and the Hurrians: Studies in Honor of Lloyd Cotsen*, edited by G. Buccellati and M. Kelly Buccellati, pp. 117–43. Urkesh/Mozan Studies 3 = Bibliotheca Mesopotamica 26. Malibu: Undena.

2000 "Die Absolutiv-Essiv-Konstruktion des Hurritischen." In *Europa et Asia Polyglotta-Sprachen und Kulturen-: Festschrift für Robert Schmitt-Brandt zum 70. Geburtstag*, edited by Y. Nishina, pp. 199–208. Dettelbach: J. H. Röll

2001 "Hurritisch naipti 'Weidung', 'Weide' oder eine bestimmte Art von Weide." In *Kulturgeschichten: Altorientalistische Studien für Volkert Haas zum 65. Geburtstag*, edited by T. Richter, D. Prechel, and J. Klinger, pp. 449–53. Saarbrücken: Saarbrücker Druckerei und Verlag.

2002 "Zur angeblichen Göttin Ḫiga." In *General Studies and Excavations at Nuzi 10/3*, edited by D. Owen and G. Wilhelm, pp. 159–62. Studies on the Civilization and Culture of Nuzi and the Hurrians 12. Bethesda: CDL Press.

2003 "Bemerkungen zu der akkadisch-hurritischen Bilingue aus Ugarit." In *Literatur, Politik und Recht in Mesopotamien: Festschrift für Claus Wilcke*, edited by W. Sallaberger, K. Volk, and A. Zgoll, pp. 341–45. Orientalia Biblica et Christiana 14. Wiesbaden: Harrassowitz Verlag.

2004 "Hurrian." In *The Cambridge Encyclopedia of the World's Ancient Languages*, edited by R. D. Woodard, pp. 95–118. Cambridge: Cambridge University Press.

4

DES CAS EN ÉLAMITE?

Florence Malbran-Labat, CNRS

L'élamite, langue de l'Iran préachéménide et achéménide, fait partie des langues encore imparfaitement comprises.

Le corpus en est à la fois limité et divers, réunissant des textes qui s'étalent sur près de deux millénaires et qui appartiennent à plusieurs variétés dialectales.[1] C'est la langue du premier millénaire qui est la mieux documentée mais c'est aussi probablement la moins représentative du génie propre de ses structures: elle est alors à la fois formulaire, stéréotypée et "décadente" dans la mesure où elle est très influencée par d'autres idiomes contemporains (araméen, vieux-perse) de structures radicalement différentes. Cette contamination est particulièrement nette pour certaines relations, comme celle d'appartenance. Cette disparité dans la documentation rend difficile de suivre l'évolution de l'élamite, notamment en ce qui concerne les états anciens, très peu attestés.

Quoi qu'il en soit des différents corpus, il est net que l'élamite évolua à partir d'une syntaxe de position, fortement nominale, au sein de laquelle la morphologie était très pauvre, vers une réorganisation des constituants — et de leurs marques — autour d'un noyau verbal, plus ou moins dynamique.

Je me contenterai ici d'essayer de mettre en lumière quelques-uns des facteurs sur lesquels repose le marquage des constituants nominaux de la phrase. Ces marques, je l'ai dit, sont dans l'état ancien de la langue, peu nombreuses et se confondent, lorsqu'elles apparaissent, avec les marques du genre.

Les oppositions fondamentales

Opposition animé-inanimé

En effet, l'élamite, langue agglutinante dont on discute le caractère ergatif,[2] présente au niveau du lexique une opposition entre substantifs animés et substantifs inanimés, les uns et les autres pouvant être "primaires" ou "dérivés."[3] Le substantif "primaire" ne comporte pas, dans sa formation lexicale, de marque de son caractère animé ou inanimé, à l'encontre du substantif "dérivé" qui en comporte une (-[*i*]*r* pour l'animé, -[*i*]*me* pour l'inanimé[4]).

---

[1] Outre les différences régionales, l'élamite distingue quatre grandes périodes: le paléo-élamite (fin du 3ème millénaire), le médio-élamite (2ème moitié du 2ème millénaire), le néo-élamite (début du 1er millénaire), et l'élamite achémide (2ème moitié du 1er millénaire). Les corpus sont de nature et d'importance variées. Cf. Stolper 2004.

[2] Wilhelm 1978; Steiner 1979; Khačikjan 1998: 63–66.

[3] Grillot-Susini 1987: 13–15.

[4] Plus rarement *-te*. La marque *-n* est considérée soit aussi comme une marque d'inanimé, soit comme une marque de localisateur.

Substantifs primaires				*Substantifs dérivés*			
Animés ø		Inanimés ø		Animés -r		Inanimés -me / -t / -n	
nap	dieu	*husa*	bois	*sunk.ir*	roi	*sunk.ime*	royauté
ruh	homme	*hiš*	nom	—	—	*siya.n*	temple
rutu	épouse	—	—	—	—	—	—
igi	frère	—	—	—	—	—	—
šak	fils	*men*	couronne	*men.ir*	souverain	*men.in*	souveraineté

Exemple 1

Dans le discours, les substantifs primaires animés sont caractérisés et marqués comme se rapportant soit au locuteur (-*k*), soit à l'allocuteur (-*t*), soit au délocuteur.[5] Dans ce dernier cas, pour les substantifs primaires, la marque est zéro; elle est -(*i*)*r* pour les dérivés. Au pluriel (uniquement animé), à la 3ème personne, apparaît la marque -(*i*)*p*.

Les inanimés ne sont pas susceptibles d'être caractérisés comme locuteur ou interlocuteur; ils n'ont pas de pluriel.

Lexique						
Inanimés		Animés				
Primaires	Dérivés	Primaires	Dérivés			
husa bois	*sunk.*(*i*)*me*	*nap* dieu	*sunk.*(*i*)*r*	Délocutif	Singulier	*Marques discursives*
		nap.(*i*)*t*	*sunk.*(*i*)*t*	Allocutif		
		nap.(*i*)*k*	*sunk.*(*i*)*k*	Locutif		
		nap.(*i*)*p*	*sunk.*(*i*)*p*	Délocutif	Pluriel	

Exemple 2

Opposition phrase statique–phrase dynamique

L'élamite présente deux types de phrases: la phrase statique, nominale, fréquente dans la langue ancienne, et la phrase dotée d'une forme verbale autour de laquelle s'organisent les constituants; cependant, dans ce second type, cette forme est plus ou moins dynamique (voire statique) suivant le type de conjugaison employée.

La phrase nominale est de type équatif et combine des syntagmes, plus ou moins complexes dans la mesure où ils comportent plus ou moins de déterminations. Ces syntagmes de détermination fonctionnent par inclusion: la marque du genre du terme déterminé clot le syntagme.

[5] Erica Reiner (1969) a proposé ces appellations pour les références aux différentes sphères du discours pour les distinguer des "personnes" qui appartiennent en propre au verbe dynamique (cf. ex. 6).

(a) sunk.ir Šušen.ir

roi Suse

roi de / à[6] *Suse*

(b) tak.me rutu (.r).u. ri.[7] me

vie épouse moi

la vie de mon épouse

Exemple 3

Les propositions

Proposition nominale

La phrase nominale, de type équatif, présente en tête le terme ou le syntagme qui en est le thème, suivi par le terme ou le syntagme qui le détermine, "accordé" et marqué par le morphème correspondant au genre du substantif initial, thème de la phrase.

délocutif délocutif

pitir Naram-Sin. ir.a = pitir- u. ri duktir Naram-Sin .ir.a = duktir- u.ri

ennemi NR ennemi moi ami NR ami moi

L'ennemi de Naram-Sin est l'ennemi de moi, l'ami de Naram-Sin est l'ami de moi
= l'ennemi de Naram-Sin est mon ennemi, l'ami de Naram-Sin est mon ami

Exemple 4

Les notions de localisation exprimant une relation spaciale ("sur," "sous," "devant," "derrière") sont exprimées par un double syntagme de détermination: le substantif exprimant le lieu spécifique ("le dessus," "le dessous," etc.) est le déterminant d'un des termes de la relation spaciale et il est déterminé par l'autre terme: "le ciel est sur moi" est exprimé par la proposition nominale "le ciel (est) le dessus de moi."

avant+arrière[8]
si+me .n kik. in zur-zur- u.n hala.t muru.t pat-pat-u.t

voûte ciel haut moi argile terre bas moi

La voûte du ciel (est) le haut de moi l'argile de la terre (est) le bas de moi
= la voûte du ciel est sur moi, l'argile de la terre sous moi.

Exemple 5

[6] Je ne discute pas ici la fonction de ce déterminant marqué lexicalement par *-n:* on peut le comprendre soit comme un inanimé (d'où une traduction "roi d'Anzan [et] de Suse") soit comme un localisateur (d'où une traduction "roi à Anzan [et] à Suse").

[7] Je ne prends pas ici en compte la voyelle qui précède (*-i-*) ou qui suit (*-a*) le morphème de genre.

[8] Le phénomène de composition est très important dans le lexique élamite: "l'avant" + "l'arrière" = "la voute."

Proposition verbale

Les propositions verbales font appel à plusieurs conjugaisons, dont on discute encore les significations respectives. Sans entrer ici dans leur étude, je me bornerai à souligner que la construction et le marquage des composants nominaux varient selon la conjugaison employée. Les conjugaisons varient en effet selon leur degré d'ergativité: elles peuvent exprimer l'état de ce / celui qui a subi une action, l'état de celui qui a la potentialité de réaliser une action (ce sont les conjugaisons dites "nominales" dont les marques personnelles sont celles des substantifs animés: *-r*, *-t*, *-k*, *-p*)[9] ou la réalisation d'un procès par un agent. Cette dernière conjugaison, dite "I," la plus dynamique, a pour sujet l'agent d'un procès réalisé sur un patient (conjugaison active-transitive ou "ergative"). Elle se caractérise par des suffixes personnels (renvoyant à l'agent du procès) qui lui sont propres.

	Singulier		*Pluriel*	
1ère personne	hutta-h	*j'ai fait*	hutta-hu	*nous avons fait*
2ème personne	hutta-t	*tu as fait*	hutta-ht	*vous avez fait*
3ème personne	hutta-š	*il a fait*	hutta-hš	*ils ont fait*

Exemple 6

Proposition avec verbe à la conjugaison active-transitive

Construction pré-définie

Dans les propositions dont le verbe est à la conjugaison I, la "conjugaison ergative," le sujet est par définition animé et le complément direct inanimé. Il n'y a pas, en ce cas, de marque de fonction. Seule apparaît, au singulier, la marque du genre animé (.(*i*)*r*) pour les substantifs dérivés ou, au pluriel, pour tous les substantifs animés, la marque -(*i*)*p*; Il y a alors accord des marques animées du substantif sujet avec le suffixe personnel du verbe:

	Substantif	*Verbe*
Singulier	-ø / -(*i*)r	-*h*
Pluriel	-(*i*)*p*	-*hš*

Lorsque le sujet de la phrase en représente le thème, l'ordre normal des constituants est: Sujet–Complément–Verbe.

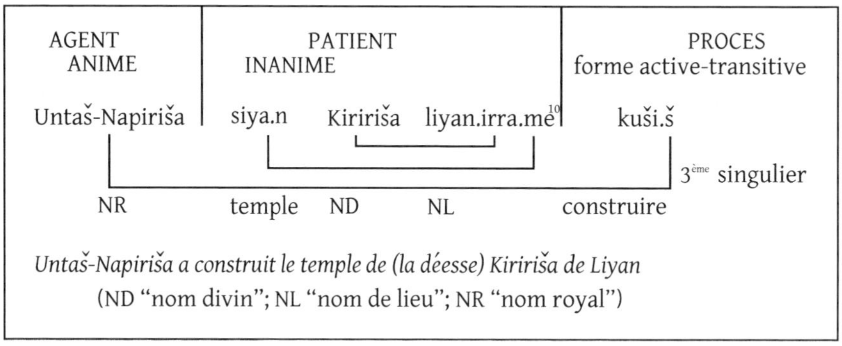

Exemple 7

[9] Cf. Grillot-Susini 1987: 34–35 pour la reconstruction théorique des conjugaisons "nominales," avec marqueur de diathèse: -*k* pour le passif, -*n* pour diathèse "neutre" (ni passif ni actif-transitif). Il convient de noter toutefois que toutes les formes indiquées pour le verbe *hutta*- "faire" ne sont pas effectivement attestées (cf. Hinz and Koch 1987: 729–32).

[10] Le syntagme dont le terme déterminé est un inanimé dérivé en -n est ici clos par un autre morphème marquant ce genre (-me).

Construction re-définie

Thématisant d'un déterminant

Cependant l'ordre peut être modifié si le complément représente le thème de la phrase, sans que les marques diffèrent: la forme du verbe implique toujours que l'animé est le sujet, l'inanimé le complément.[11]

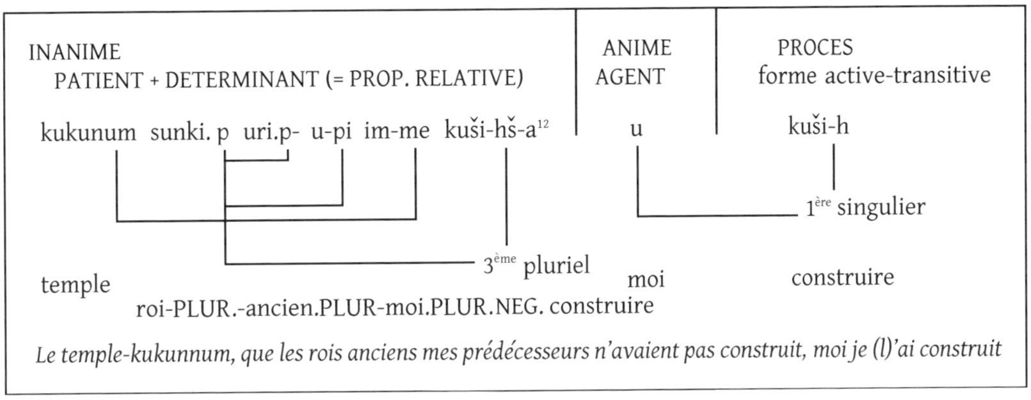

Exemple 8

Ce type de détermination de la fonction des constituants par leur genre peut aussi fonctionner dans des contextes plus complexes, notamment lorsque le thème de la phrase n'est ni le sujet (ce que marque le non-accord avec le suffixe personnel du verbe), ni le complément direct mais le déterminant de l'un de ces deux actants. Cette fonction de détermination est exprimée par un morphème résomptif caractéristique du genre (et du nombre) du déterminant; cet élément est placé après le substantif déterminé dans un syntagme clos par un élément démonstratif renvoyant au déterminé inanimé (déterminant déterminé-marque de genre du déterminant-référence au déterminé). Il n'y a aucune marque de fonction proprement dite; la construction repose sur l'ordre des éléments (avec prolepse du déterminant) et emploi résomptif de la marque de genre.

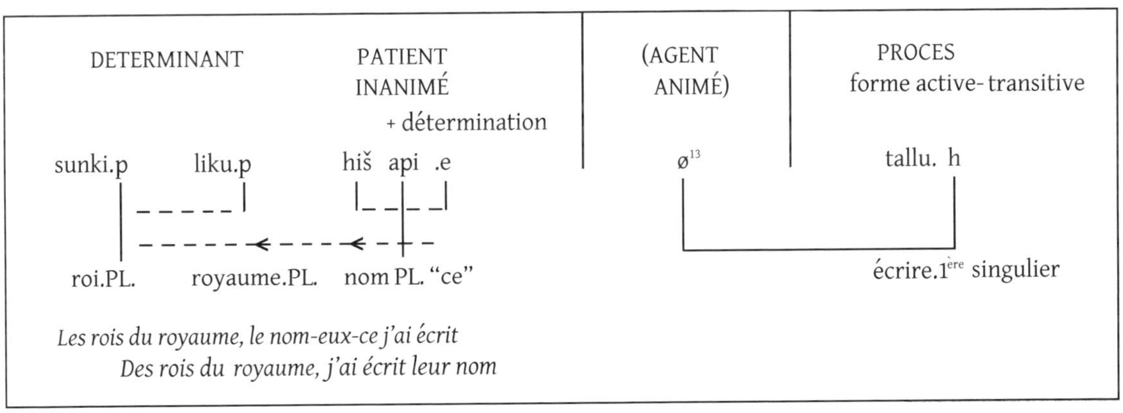

Exemple 9

Patient animé

Lorsqu'un animé est complément direct d'une forme de conjugaison-I, un marquage spécifique apparaît devant le verbe: c'est le morphème qui caractérise l'animé (*i*)*r*. Ce marquage au niveau du verbe vient requalifier le complément en indiquant qu'il appartient à la catégorie des animés. En ce cas, l'ordre des constituants est impératif: à l'initial, le sujet.

---

[11] Un inanimé ne peut pas être sujet d'une phrase avec verbe à la conjugaison-I. La construction avec un inanimé sujet entraîne une construction passive.

[12] Marque d'un syntagme de détermination verbal.

[13] Dans une phrase avec verbe à la conjugaison I, le pronom personnel *u* ("je") peut être absent quand la forme verbale comporte la marque de 1ère singulier.

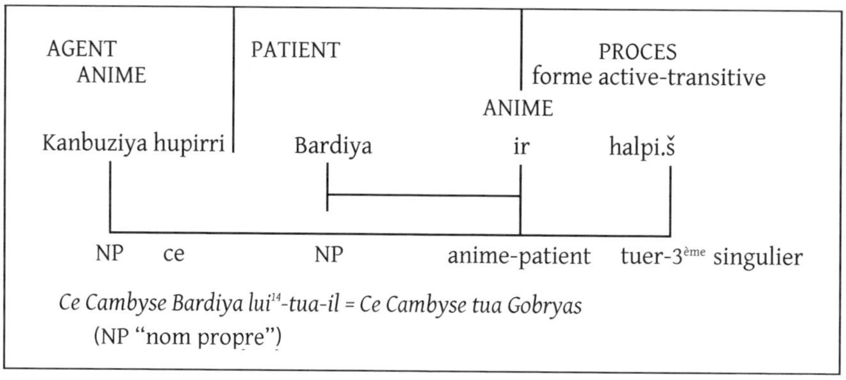

Exemple 10

Ainsi la marque de genre (animé) est utilisée pour indiquer la fonction de complément d'un animé dans une phrase avec une forme verbale active-transitive: dans ce cas, comme dans la phrase nominale, les marques sont celles du genre et non celles des fonctions en tant que telles. Le marquage concerne une anomalie par rapport à la construction de base (animé sujet–inanimé complément–conjugaison active-transitive), construction qui est liée à la nature agentive de l'animé.

Troisème actant

Pour ce qui concerne le troisième actant (le destinataire), il est en général animé; il est non-marqué (que ce soit un substantif ou un pronom de 1ère ou 2ème personne) et seul l'accord du verbe le distingue du sujet animé.

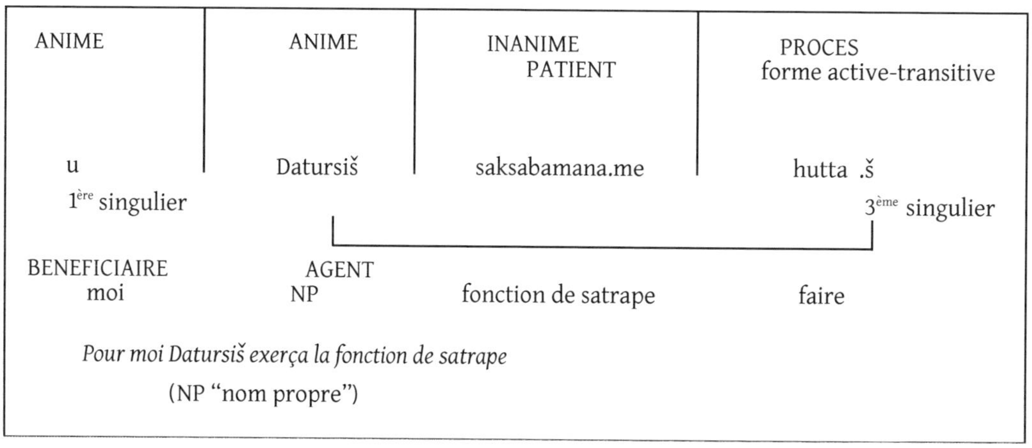

Exemple 11

Phrase complexe

Reférence au patient inanimé

Le marquage (*-ir*), au niveau de la forme verbale, d'un animé complément d'une forme de conjugaison I (cf. ex. 10) est distinct de celui qui indique, dans une phrase composée de plusieurs propositions, qu'un substantif inanimé de la première proposition est repris comme complément dans la seconde (*-in*).

[14] "lui" plutôt que "le" car il ne s'agit pas d'un pronom masculin à l'accusatif.

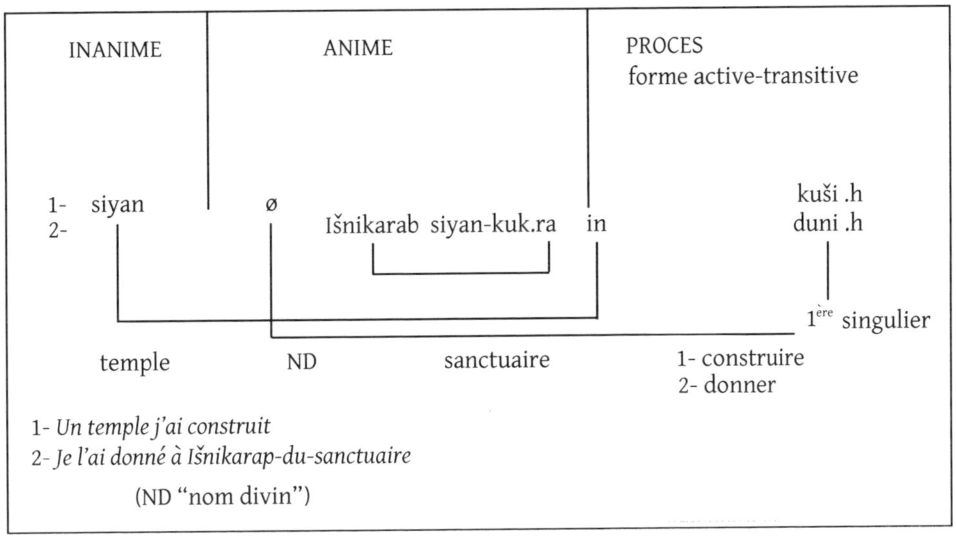

Exemple 12

Ces constructions restent fondamentales tout au long de l'évolution de l'élamite, même si des constructions marginales font leur apparition. Ce sont essentiellement les morphèmes de rappel de 3ème personne qui évoluent vers un fonctionnement de pronom,[15] la morphologie pronominale se renforçant progressivement.[16]

Référence en tant que localisation

L'expression de la localisation se diversifia selon qu'il s'agissait d'une localisation par référence (cf. ci-dessus, ex. 5) ou non. Dans le premier cas, dans la phrase verbale, elle est traitée comme déterminatif d'un terme nominal (substantif ou pronom) complément du verbe.[17]

Lorsqu'un terme exprime le lieu d'une action, sa fonction est déterminée par un élément placé devant le verbe, qui comporte une base (*aha-*) et un rappel du genre de ce qui y est localisé. Ce lieu peut être le thème de la phrase et être placé en tête.

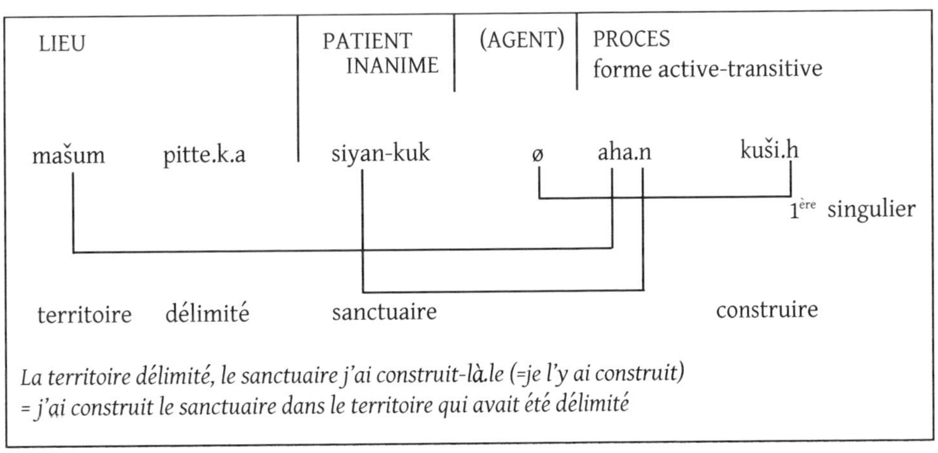

Exemple 13

Cet élément peut à lui seul évoquer un terme de la proposition précédente (quelle que soit sa fonction dans cette première proposition) en tant que lieu du second procès.

---

[15] Cette question, très délicate, mérite une étude pour elle-même: elle a jusqu'à présent été surtout traitée selon les structures existant dans les langues indo-européennes et sémitiques.

[16] Pour la 1ère et la 2ème personnes, des formes marquées d'"accusatif" sont attestées très tôt, avec une marque *-n* (singulier *u.n* ["me"], *nu.n* ["te"]; plur. *nuku.n* ["nous"], *numu.n* ["vous"]). Par exemple: *Napiriša u.n hani.š* "Napiriša m'aima"; *u nu.n kulla.h* "moi, je t'ai imploré."

[17] Cf. Grillot-Susini 1983.

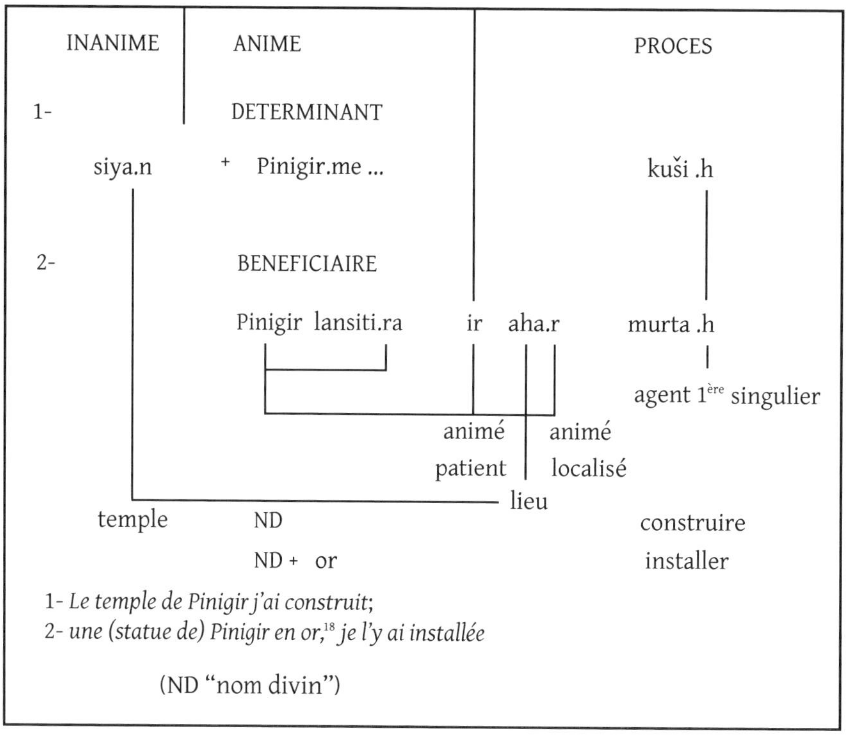

Exemple 14

Conclusion

La présentation que je viens de faire est très schématique et n'a que très peu pris en compte l'évolution qui s'est produite dans cette stratégie du marquage des actants, qui repose sur le sémantisme: lorsque le verbe est à une forme active-transitive ("ergative") l'animé est agent, l'inanimé est patient.

Notons seulement en guise de conclusion que l'on voit apparaître en néo-élamite, voire déjà en médio-élamite, des suffixes qui marquent des fonctions; c'est le cas d'une marque de génitif *-na:*[19] ex. *šak Kuraš-na* "le fils de Cyrus" (qui s'oppose à l'ancienne marque d'appartenance à un genre: *šak Ummanunu.ra* "fils de Ummanunu") et de locatif *-ma* ou *-ikki* (ex. *siyan* ^{d}*Inšušinak.ni.ma* "dans le temple du (dieu) Inšušinak"; *Pirrumartiš ... Mada.p.ikki ... sunki.me hupirri hutta.š* "Ce Pirrumartiš exerça la royauté chez les Mèdes."

Ainsi l'élamite semble bien avoir évolué vers une expression des cas, plus rapidement dans la morphologie pronominale (cf. note 14) que dans celle des substantifs. Cependant telles n'étaient pas les structures fondamentales de la langue: elles reposaient sur l'opposition animé–inanimé articulée avec l'opposition statique–dynamique. Dans la mesure où cet exposé s'est limité aux phrases dont le verbe est à une forme de la conjugaison active-transitive (conjugaison I), il ne donne qu'une vue partielle, les caractéristiques de ces phrases et la question des marques se comprenant en opposition avec celles des phrases "passives" et "non-ergatives."

Mais, dans l'étude des cas, il pouvait être intéressant d'évoquer un autre type de stratégie définissant les fonctions des constituants de la phrase.

---

[18] (la statue d')une divinité est considérée comme animée.

[19] Cf. Grillot 1973.

Bibliographie

Grillot, Françoise

1973 "La postposition génitive *-na* en élamite." *Cahiers de la Délégation Archéologique Française en Iran* 3: 115–69.

Grillot-Susini, Françoise

1983 "Le mécanisme des groupes nominaux en élamite." *Journal Asiatique* 271: 207–08.

1987 *Éléments de grammaire élamite*. Synthèse 29. Paris: Éditions Recherche sur les Civilisations.

Hinz, Walther, et Heidemarie Koch

1987 *Elamisches Wörterbuch*. Berlin: Dietrich Reimer.

Kammenhüber, Anelise

1974 "Historisch-geographische Nachrichten aus der althurritischen Überlieferung, dem Altelamischen und den Inschriften der Könige von Akkad für die Zeit vor dem Einfall der Gutäer (*ca* 220–213)." *Acta Antiqua Academiae Scientiarum Hungaricae* 22: 157–247.

Khačikjan, Margaret

1998 *The Elamite Language*. Documenta Asiana 5. Rome: Istituto per gli studi Micenei ed Egeo-anatolici.

Labat, René

1950/51 "Structure de la langue élamite." *Conférence de l'Institut de Linguistique de Paris* 10: 23–42.

Malbran-Labat, Florence

1989 "Autour des 'Éléments de grammaire élamite'." *Bulletin de la Société de linguistique de Paris* 84: 333–43.

1990 "Système pronominal et système verbal en élamite achéménide." *Bulletin de la Société de linguistique de Paris* 85: 61–90.

Reiner, Erica

1969 "The Elamite Langage." *Handbuch der Orientalistik* 2/1: 54–118.

Steiner, G.

1979 "The Intransitive-passival Conception of the Verb in Languages of the Ancient Near East." Dans *Ergativity: Towards a Theory of Grammatical Relations*, édité par F. Plank, pp. 185–215. Londres: Academic Press.

Stolper, Matthew W.

2004 "Elamite." Dans *The Cambridge Encyclopedia of the World's Ancient Languages*, édité par R. D. Woodard, pp. 60–94. Cambridge: Cambridge University Press.

Wilhelm, Gernot

1978 "Ist die Elamische eine Ergativsprache?" *Archäologische Mitteilungen aus Iran*, n.s., 11: 7–12.

5

ÉVOLUTION DES CAS DANS LE SÉMITIQUE ARCHAÏQUE: LA CONTRIBUTION DE L'ÉBLAÏTE

Pelio Fronzaroli, Università di Firenze

La position de l'éblaïte

La classification de l'éblaïte a suscité un vif intérêt dès le début de sa découverte. Quelques-uns estimèrent pouvoir considérer la nouvelle langue comme appartenant au sémitique occidental (Pettinato 1975: 373f.; Dahood 1978: 83f.), une hypothèse qui s'est avérée peu plausible au fur et à mesure que sa morphologie a été mieux connue. Bien qu'on ait souligné que la classification d'une langue ne peut pas être fondée sur son lexique,[1] encore récemment on a décrit l'éblaïte de la manière suivante: "L' éblaïte ... est une langue qui partage certains de ses traits tantôt avec l'ouest sémitique tantôt avec l'est sémitique. C'est le cas en particulier dans le vocabulaire" (Haelewyck 2006: 16).[2]

C'est à partir de l'affinité de la morphologie éblaïte avec celle du sémitique de la Mésopotamie, que d'autres ont considéré la nouvelle langue comme un dialecte de l'akkadien (e.g., Krebernik 1996: 249: "This language is so closely related to Akkadian that it may be classified as an early Akkadian dialect"; récemment, Edzard 2006: *Das Ebla-Akkadische als Teil des Altakkadischen Dialektkontinuums*), une hypothèse qui a été généralement bien accueillie par les assyriologues. Cependant, certaines innovations qui en caractérisent la morphologie (et la liberté syntactique propre aux textes narratifs et prescriptifs) me font préférer une classification moins tranchée où l'éblaïte apparaît comme une langue proche de l'akkadien mais indépendante de ce dernier (Fronzaroli 1994; Fronzaroli 2005: 159f.). Une classification de ce type a été récemment indiquée par Huenergard (2006: 5: "Eblaite and Akkadian should be considered separate, coordinate branches of East Semitic") de même que par Rubio, d'après qui "it is more accurate to refer to the Early East Semitic continuum as including two major segments: Eblaite and Early Dynastic Akkadian" (Rubio 2006: 112). Étant donné que la vaste aire linguistique où les deux langues étaient parlées s'étendait bien au-delà de la Mésopotamie, je préfère l'indiquer comme sémitique archaïque (plutôt que sémitique oriental).

Deux systèmes de cas

L'éblaïte, comme le paléoakkadien, connaît deux séries de terminaisons pour indiquer le cas. La première série est constituée par des désinences synthétiques (cas+nombre), trois pour le singulier et deux pour le duel et le pluriel. Pour le masculin les trois cas du singulier (conventionnellement dénommés nominatif, génitif, accusatif) sont exprimés par les trois voyelles brèves *-u*, *-i*, *-a*. Les cas du pluriel (nominatif, oblique) sont exprimés par les voyelles longues *-ū*, *-ē/ī*.[3] Les cas du duel ont les désinences *-ā*, *-ay* (akkadien *-ē*). Pour le féminin du singulier et du duel on place l'affixe *-(a)t* avant les désinences du masculin; pour exprimer le féminin du pluriel on allonge la voyelle de l'affixe, *-āt*.

[1] Déjà Gelb 1977: 17: "we must recognize that certain levels have precedence over others: grammar over lexicon and within grammar morphology over phonology."

[2] Haelewyck, qui suit la classification de Lipiński (2001: 51f.), considère l'éblaïte comme faisant partie d'un groupe "Paléosyrien" (2006: 15f.). Sur la même ligne Gordon, dans un article où, en général, les données exposées ne semblent pas suffisamment mises à jour, avait défini l'éblaïte comme une langue franque qui comprend des caractères orientaux et occidentaux, qui n'aurait pas été parlée comme une langue maternelle (Gordon 1997: 100–13).

[3] En paléoakkadien le plural oblique du masculin est exprimé par *-ē* (Hasselbach 2005: 179f.). En ce qui concerne l'éblaïte, les limitations du système graphique ne permettent pas de distinguer les voyelles /i/, /ī/ des /e/, /ē/; on ne peut donc pas exclure non plus une lecture /-ē/ en éblaïte.

Si l'on considère ce système dans son ensemble, il ressort que les désinences synthétiques du masculin pourraient être l'aboutissement d'un système analytique où les éléments sont encore en partie reconnaissables. Ce point de vue avait été développé par Gelb (1969) qui rétablissait à travers l'analyse séquentielle un protoakkadien préhistorique. La reconstitution proposée au moyen de l'analyse séquentielle indique, en identifiant la position dans la séquence, l'antériorité structurelle du genre et du nombre par rapport au cas. Comme tous les morphèmes ne sont pas immédiatement évidents, la régularité forcée de la reconstitution idéale est obtenue à travers la supposition de structures sous-jacentes. Ainsi, par exemple, dans *kalb+u+:+u+šu+ma* [thème+genre+nombre+cas+pronom +conjonction] "et ses chiens," l'attestation */kalbūšuma/* s'explique par la chute de l'affixe *u* du cas nominatif. Il est hors de question d'affronter ici les difficultés qu'engendre la double valeur de l'analyse. D'une part, elle est présentée comme tendant à la reconstitution de structures sous-jacentes qui pourraient être considérées d'un point de vue synchronique, d'autre part, le résultat de la reconstitution est appelé "protoakkadien," considéré comme une phase préhistorique de la langue examinée.[4] La reconstitution proposée par Gelb est restée sans suite mais certaines de ses observations sont probablement à retenir. Pour ce qui est de la morphologie du nom, Gelb considérait que le système des cas s'était développé plus tard par rapport au système du genre et du nombre; il soulignait que le diptotisme dominait complètement la structure du cas, et en affirmait la priorité chronologique par rapport au triptotisme.

Le système analytique décrit plus haut apparaît, dans les deux langues, pleinement développé. Le second système, caractérisé par des terminaisons indifférentes au genre et au nombre, apparaît au contraire comme un système en voie d'épuisement, dont les langues postérieures conservent seulement des traces. Kienast (2001: 164f.) classifie comme terminaisons de cas les postpositions suivantes:

Terminatif	*-hā, -āh*
Datif	*-iš*
Accusatif	*-ti, -atta*
Locatif	*-ū, -u*

Mais ce sont surtout les terminaisons *-iš, -u*, bien attestées en éblaïte et en akkadien, qui ont été fréquemment considérées. On peut voir, par exemple, l'opinion très prudente de Huehnergard et de Woods (2004: 243, §4.1.1.3): "It is not clear whether the terminative and the locative represent vestigial case markers or adverbial formatives." Or, si l'on admet que les deux suffixes sont des terminaisons de cas résiduelles, la coïncidence de la terminaison du nominatif (*-u*) avec celle du "locatif" ouvre la possibilité d'une hypothèse ergative à l'origine du système flexionnel sémitique.

L'hypothèse ergative

L'hypothèse ergative, émise à plusieurs reprises, par exemple par Diakonoff (1965: 58; 1988: 59f.), a été proposée à nouveau récemment par Kienast (2001: 179f.) et Lipiński (2001: 261–66). Des six caractéristiques du sémitique énumérées par Lipiński en faveur d'une structure ergative du protosémitique, quatre concernent la morphologie et la syntaxe du cas. Ce sont les suivantes: (1) la coïncidence de la terminaison du nominatif (*-u*) avec celle de l'"instrumental" (appelé "locatif" en assyriologie); (2) la fonction du cas non-actif en *-a* dans les phrases verbales intransitives et dans les phrases nominales; (3) l'usage de *-a* pour désigner l'état construit du nom; (4) l'existence d'une forme absolue du nom qui à l'origine correspondait au cas en *-a* (2001: 261).[5] Les deux chercheurs, et Lipiński en particulier, ont cité, pour étayer leurs propositions, quelques attestations provenant de textes éblaïtes. Il semble donc opportun d'essayer de vérifier les argumentations proposées au sujet de la documentation éblaïte dont l'intérêt est évident tant pour son caractère archaïque que pour son ampleur. On se contentera ici d'examiner les attestations qui pourraient fournir des arguments supplémentaires (par rapport au paléoakkadien) en faveur de l'hypothèse ergative.

[4] Gelb (1969: XI) précise qu'il a appelé "protoakkadien" le système reconstitué parce que la documentation utilisée est principalement akkadienne et parce que dans certains cas il est difficile d'identifier certains caractères protoakkadiens comme étant protosémitiques. Toutefois, indépendamment de ces réserves, il apparaît implicite tout au long de ce travail que le protoakkadien reconstitué équivaut à un protosémitique.

[5] Les deux autres caractéristiques (l'usage d'affixes pronominaux du verbe se référant non seulement à l'"agent" mais également à la composante non-active de la phrase et l'absence d'une forme passive sémitique commune) sont attestées aussi en éblaïte et il n'est pas nécessaire de s'y attarder ici.

Attestations d'ergatif?

Lipiński pense que dans les textes rituels éblaïtes il est possible de trouver trace de cas ergatifs en *-u* après une préposition et après un nom régissant (là où l'on attendrait un génitif), de même qu'après une forme verbale (ayant une valeur instrumentale) (2001: 261f.). Il est difficile cependant d'être d'accord avec les témoignages qu'il produit:

ba / ti-ʾà-ma-du ne peut être interprété comme /mā tihāmatu/ "l'eau de la mer." La graphie *ba* ne rend jamais /ma/ dans les textes éblaïtes, alors que la liste lexicale bilingue a les graphies *ma-wu* (A, B), /māwū/ "eau" (var. *ma-u*$_9$, D, /māyū/).[6] Par contre, les textes éblaïtes connaissent la graphie *ba* comme adverbe de lieu, /pā/ ou /paw/ "ici" (Fronzaroli 1985). En outre, la liste lexicale bilingue possède deux gloses comparables avec *ti-ʾà-ma-du*: *ti-ʾà-ma-tum* (= ab:a, g), /tihām-at-um/ "mer," et *ti-ʾà-ma-tum* (= níg-lu-lu, D), /tilḫam-(a)t-um/ "fourmillement." La glose du second sumérogramme est sans aucun doute applicable au contexte qui se réfère à des serpents ayant pris possession du pays: *ba-ša-nu / ba / ti-ʾà-ma-du* / ⌜*an*⌝*-na* "Vraiment, les serpents fourmillent ici!" (Fronzaroli 2003b: 97, 99f.).

si-in / I-li-lu "pour Enlil," é / *I-li-lu* "la maison de Enlil": ces deux attestations ne prouvent aucunement l'emploi d'une terminaison en *-u* là où l'on s'attendrait à un génitif, étant donné qu'à Ébla les noms divins transcrits phonétiquement ne sont pas déclinés. Il suffit de se référer par exemple à un texte soigné comme le rituel royal à l'occasion des noces du roi Yiṯgar-Damu, ú-il / *si-in* / GIŠ-gígir-sum / ᵈ*A-ni-lu* "ils portent vers le char (la statue du dieu) Anir" (ARET XI 2 // ⌜ú⌝-il / [*si-in*] / GIŠ-gígir-sum / ᵈ*A-ni-ir*, ARET XI 1). La graphie *I-li-lu* devra donc être interprétée comme /Illil/ ou /Ellil/ et la graphie *A-ni-lu* comme /Anir/, en total accord avec les normes des scribes éblaïtes.

i-na-ʾà-áš / na-ʾà-su / I-li-lu: Si ce passage devait être compris comme "he will certainly recover thanks to Enlil" (Lipiński), nous aurions une attestation de la terminaison *-u*(*m*) à valeur instrumentale, une fonction qui pourrait remonter à une valeur ergative. Mais, comme nous l'avons vu, la graphie du nom divin n'en atteste pas la terminaison mais seulement la consonne finale. De plus, dans le contexte du mythe de la construction de la maison de Enlil, le passage pourrait peut-être être mieux interprété comme "il vivra la vie de Enlil" (Fronzaroli 1988: 20).

La terminaison *-u*(*m*)

Pour ce qui est de l'utilisation du suffixe *-u*(*m*) dans les textes administratifs, l'usage de graphies logographiques empêche de comprendre s'il était utilisé pour indiquer l'objet ou la personne destinataires d'une attribution. A ce sujet, Lipiński considère que la graphie *ma-za-lum-sù* veut indiquer le suffixe instrumental *-um* suivi du suffixe pronominal ("for/with/ its/his messenger") comme dans l'akkadien *ṣupranuššu* < *ṣupr-ān-um-šu* ("with his claws") (Lipiński 2001: 268). Lorsque les graphies en *-u*(*m*) apparaissent dans des contextes où elles sont précédées par des quantités de métaux, on pourrait penser à un sens tel que "pour sa décoration" (*zi-du-sù*), "pour son bracelet" (*gú-li-lum-sù*) ou d'autres expressions du même genre, mais les paragraphes d'attribution de biens contenus dans les deux rituels qui racontent les noces royales, et qui peuvent être considérés comme représentatifs d'un modèle normatif, mettent gravement en doute l'hypothèse de Lipiński sur l'emploi du suffixe *-um* avec valeur "instrumentale" dans les textes administratifs. En effet, dans ce cas on a des graphies en *-u*(*m*) pour indiquer des objets offerts par la reine, donc des logogrammes sémitiques pour lesquels la langue requiert un accusatif et l'emploi du suffixe *-iš* pour en indiquer la destination. Le même suffixe *-iš* est employé occasionnellement dans une fonction analogue aussi dans les textes administratifs: *si-gi-iš* (/šikk iš/) "pour la pointe (d'une lance)" ou *ma-da-rí-iš* (/maṭr-iš/) "pour la bande (ou la corde)," qui alterne avec des graphies du singulier et du duel sans aucune préposition ni aucun suffixe *ma-da-lum*, *ma-da-ra* (/maṭr-um/, /maṭr-ā(n)/), en fonction logographique.[7]

---

[6] En ce qui concerne les entrées de la liste lexicale bilingue, les sigles A, B, C, D, A$_2$ font référence aux sources de la liste elle-même (Archi 1986: 83); les sigles en lettres minuscules font référence aux extraits selon l'édition préliminaire de Pettinato (1982: 345–81).

[7] Pour la documentation et pour l'interprétation de **maṭr-*, voir Conti (1997: 29–31).

État construit en *-a*

Lipiński (2001: 262) pense que dans un texte rituel éblaïte est attestée une forme d'état construit terminant par *-a* mais, comme Conti l'a montré, l'éblaïte dans la forme de l'état construit suit les mêmes normes que l'akkadien (Conti 1998: 11–14). Les quelques cas se terminant apparemment par -(C)*a* trouvent tous une explication plausible dans l'interprétation étymologique (e.g., *za-ra ba-tim*, /ṣaraḥ bayt-im/ "partie haute de la maison") et/ou dans les règles d'usage du syllabaire (e.g., *ga-a* /kal/ "la totalité de").[8]

Gloses éblaïtes en *-a* dans la liste lexicale bilingue

La liste lexicale bilingue[9] conserve des gloses se terminant en *-a*, qui alternent pour le même sumérogramme avec des gloses en *-um*. Ces gloses avaient été interprétées comme des formes de duel avec valeur d'abstrait.[10] Toutefois, Kienast (1987: 44; 2001: 158) a observé que dans les langues sémitiques le duel est utilisé seulement dans son sens spécifique, jamais avec une valeur d'abstrait. C'est pourquoi il a suggéré que ces gloses étaient au contraire des attestations d'"état déterminé," à interpréter comme *-ā* (comme l'état emphatique de l'araméen). Il convient donc d'examiner les gloses en question:

ma-ba-da-ra (A), [*m*]*a*-[*ba*]*-da-la* (B), *ma-ba-da-lum* (C) (= giš-saḫar-II)

La présence du numéral "deux" (-II) dans le sumérogramme rend très probable que les graphies en *-a* des deux sources A et B indiquent un duel (Krecher 1984: 152). Le sumérogramme a été expliqué par Sjöberg (2003b: 254) comme étant une forme abrégée de giš-saḫar-gi$_4$(-gigir) "running board, dust guard (of a chariot)" (akkadien *saḫargû*). Les gloses au duel pourraient donc indiquer les deux planches ayant fonction de pare-poussière disposées des deux côtés du char, probablement du sém. **btr* "couper," donc /mabtar-ā(n)/, /mabtar-um/.[11]

De même les gloses en *-a* de gù-dim-dim peuvent se référer à un véritable duel si à Ebla le sumérogramme pouvait appartenir, par exemple, au lexique des parties du corps et indiquer "les (deux) cordes vocales" (comme me le suggère M. Bonechi):

ḫu-ba-ra (A, C), *ḫu-ba-lum* (D) (= gù-dim-dim)

Les gloses, interprétables comme /ḫubr-um/, /ḫubr-ā(n)/ (ou même comme /ḫubār-um/, /ḫubār-ā(n)/, selon un schème utilisé pour former des adjectifs substantivés), peuvent dériver du verbe **ḫbr* "être bruyant" attesté en akkadien (Civil 1984: 83; Conti 1990: 93; Sjöberg 2003a: 540).[12]

La glose d'un extrait de la liste lexicale bilingue requiert une toute autre interprétation:

[*a-g*]*ú*-lu-um* (a), *a-gul-la* (b) (= ì-kú)

Le sumérogramme suggère que les deux gloses dérivent du sém. **ʾkl* "manger" (Krebernik 1983: 34; Civil 1984: 82). Elles peuvent être interprétées comme **ʾakull-āʾ-um* "provisions," comparable à l'akkadien *ukullûm*, médio-assyrienne *ukullāʾu*, néo-assyrienne *akullû*; pour le paléoakkadien, on se réfèrera à *ú-kúl-la-ì-su* "sa provision" (MAD V 20, 10). La glose de l'extrait a rendu la forme avec le suffixe contracté, [ʾakullūm]; la glose de b peut être une graphie incomplète de la forme non contractée, *a-gul-la<-um>*.

À côté de ces gloses où les formes en *-a* alternent avec les formes en *-um*, restent celles de deux sumérogrammes où les sources donnent seulement des gloses en *-a*:

da-la-za (A, B) (= á-e-GI$_4$.GI$_4$); *te-ra-za* (D) (= á-e-taḫ)

mar-ʾa$_5$-za (A), *mar-a-za* (B, C) (= á-e-taḫ); *mar-a-za* (D) (= á-e-GI$_4$.GI$_4$)[13]

---

[8] En ce qui concerne l'attestation de *ba* / *ti-ʾà-ma-du*, on se reportera à ce qui en a été dit plus haut à la p. 59.

[9] Pour les sigles qui se réfèrent aux sources et aux extraits de la liste lexicale bilingue, voir plus haut à la n. 6.

[10] C'est le cas de Krebernik (1983: 20 n. 69) se référant à *da-la-za*, *mar-a-za*, *ma-ba-da-ʾà* et à leurs variantes.

[11] Quant à leur interprétation, Sjöberg a rappelé l'aram. **bdr* "répandre, disperser." Mais le verbe araméen, qui prolonge un sém. **bḏr* "disperser" (comme le veulent l'hébraïque *pzr* et l'arabique *bḏr*), ne correspond pas à la graphie éblaïte qui rendait les interdentales /ḏ, ṯ/ avec les signes de la série ŠA.

[12] Voir aussi *ḫa-ḫa-na-tum* (= gù-é-dim-dim, D), interprété par Sjöberg (2003a: 540, contra Conti 1990: 93) comme /ḫanḫan-at-um/ à comparer avec ar. *ḫanḫana* "nasiller, parler du nez."

[13] La source D de la liste lexicale bilingue intervertit la position des gloses des deux sumérogrammes par rapport aux autres sources. Bien que la source D soit la plus ancienne, il est probable que ce sont les sources les plus récentes qui donnent la correspondance exacte des gloses.

La forme du sumérogramme á-e-GI$_4$.GI$_4$ est parallèle à celle de á-e-taḫ, qui peut être interprété comme "ajouter de la force; aider" (taḫ = akkadien *waṣābum* "ajouter").[14] Il est possible alors que GI$_4$.GI$_4$ ait été utilisé ici avec la valeur de gil(GI×GI), un sumérogramme équivalent à l'akkadien *egēru* "entrelacer," et que "entrelacer les bras" ait été compris par les scribes comme "unir les forces, s'entraider." La glose éblaïte *da-la-za* et sa variante *te-ra-za* de la source D peuvent être interprétées comme un nom d'action avec *t-* préfixe, /taḥrāṣ-/, /teḥrāṣ-/ (cf. Conti 1990: 156f., avec bibliographie). En akkadien le schème *ta12ā3-* fournit des noms d'action pour le thème verbal réciproque t/1. Si en éblaïte le schème avait eu la même valeur, le nom d'action aurait pu signifier "l'action de se venir en aide." La glose *taḥrāṣ-* serait donc appropriée par rapport au sumérogramme á-e-GI$_4$.GI$_4$ et la terminaison du duel pourrait se justifier à partir du sens d'action réciproque.

Comme équivalent de la forme verbale sumérienne á-e-taḫ, à la place de laquelle on attendrait un nom verbal éblaïte, les scribes ont choisi la glose *mar-ʾa$_5$-za* (et ses variantes) interprétable comme /marḥaṣ-/ "aide" (cf. Conti 1990: 155f., avec bibliographie). Si la graphie en *-a* de *mar-ʾa$_5$-za* indique un duel, cela pourrait peut-être se justifier par analogie avec la graphie de *da-la-za*.

L'intention de souligner le sens d'action réciproque pourrait peut-être justifier aussi la graphie en *-a* des gloses suivantes:

ma-ba-da-ʾà (A), *ma-ba-da-a* (B), *ma-ba-da-u$_9$* (D) (= ^{giš}GIŠKIM-ti)

Le sumérogramme et la racine **bṭḥ* réclament une interprétation /mabṭaḥ-/ "confiance," comparable à l'hébr. *mibṭāḥ* (Krebernik 1983: 17).

En conclusion, les gloses qui avaient été indiquées par Kienast comme des attestations d'"état déterminé," peuvent être des duels à tous les effets. Si quelques-unes d'entre elles, comme *ma-ba-da-ʾà*, pouvaient être expliquées comme des formes d'"état déterminé," il resterait à se demander pourquoi cette terminaison a été conservée dans un ou deux mots sur les 1000 environ contenus dans la liste lexicale bilingue.

Prépositions à suffixe *-u(m)*

À la lumière de ce que nous venons d'observer, il s'avère que les attestations éblaïtes citées par Kienast et Lipiński ne sont pas en mesure de fournir des arguments supplémentaires (par rapport au paléoakkadien) en faveur de l'hypothèse ergative. Au contraire, la contribution la plus intéressante de l'éblaïte en faveur de l'hypothèse ergative pourrait être l'attestation d'une ancienne valeur instrumentale de la terminaison *-u(m)* à l'origine de la formation d'adverbes et de prépositions aussi bien en akkadien qu'en éblaïte. Considérons les prépositions éblaïtes *áš-du* (var. *áš-tum*) "de" (valeur ablative); *ba-lu-* "sans"; *mi-nu* "de" (valeur partitive et valeur ablative).[15] Leur formation pourrait être reconduite à la valeur "locative" de la terminaison (**wašt-um* "*au milieu de"; cf. ar. *wasaṭ*, *wasṭ* "milieu, centre," ge'ez *wəsṭ* "partie intérieure"; **bal-um* "dans l'inexistence de"; **mīn-um* "dans le montant de"; cf. **mnw/y* "compter"). Mais cette interprétation ne s'accorde pas avec le fait que *aš-du* et *mi-nu* ont une valeur ablative ("de") et non une valeur locative ("dans"). L'éblaïte offre un élément ultérieur de jugement dans l'attestation, dans les mêmes textes, d'une graphie *mi-in* qui signifie "dans."[16] Toutefois, la graphie éblaïte constante *mi-in* "dans," vis-à-vis de *mi-nu* "de,"[17] ne nous oblige pas à admettre qu'il s'agit de deux étymons différents[18] mais oppose une forme d'état construit **mīn* à une forme à terminaison *-u(m)*. On notera que la forme à suffixe *-u(m)*, prétendu "locatif," est au contraire celle qui a une valeur partitive et ablative. Ceci semble suggérer que le suffixe *-u(m)* a eu vraiment une valeur primaire "instrumentale" comme l'exige l'hypothèse ergative. Donc, **m-n-um* "à partir du montant de," "au moyen de," "de"; **wašt-um* "à partir du milieu de," etc.[19]

[14] La graphie GI$_4$.GI$_4$ devrait donc représenter un verbe référé à "bras, force" (sumérienne á). À travers l'équivalence *sa-na* "sandales (du.)" (= ^{e}GI$_4$×GI$_4$, source A$_2$), la liste lexicale bilingue suggère pour GI$_4$×GI$_4$ (écrit aussi GI$_4$.GI$_4$) la lecture esir$_5$. Ceci ne peut être la valeur de la graphie dans notre sumérogramme où il est demandé une valeur verbale.

[15] Pour la valeur partitive de *mi-nu*, voir ARET XIII 21: "de son miel la moitié ... il donnera" (Fronzaroli 2003a: 209); le sens partitif originel de cette préposition était déjà admis par Brockelmann 1908–13: I 497f.

[16] Voir, e.g., Fronzaroli 1993: 160f., s.v.

[17] La préposition *mi-nu* n'a jamais le sens locatif "à, en," comme je l'avais cru possible (Fronzaroli 1993: 161, s.v. *mi-nu*, 2). Les attestations avec les noms géographiques, qu'on peut observer dans ARET XI 2, seront mieux interprétées par le sens ablatif "de" (Tonietti 1997: 84).

[18] Lipiński (2001: 470) pense à **bi-in* > *mi-in*.

[19] Pour la valeur locative de **mīn*, on pourra comparer l'emploi de *min*, attesté dans quelques langues sémitiques occidentales, pour indiquer le moment ou la période où l'action s'accomplit (significations dérivées de la valeur partitive originelle, selon Brockelmann 1908–13: II. 400, §§e β, f α).

Conclusions

L'évaluation des graphies éblaïtes requiert, comme nous l'avons vu, la connaissance des habitudes des scribes. Par exemple, l'emploi intermittent de la mimation (dans la flexion du singulier et du pluriel) et celui de la nunation (dans la flexion du duel) doit être fait remonter à ces habitudes, plutôt qu'à leur introduction récente dans l'usage linguistique. En tout cas, l'emploi intermittent pourrait suggérer la perte de la mimation et de la nunation (ou leur "optionality ... in some linguistic and socio-linguistic settings," comme le pense Rubio 2006: 136f.) plutôt que leur introduction récente. Au moment de la formation de l'éblaïte, et plus en général des dialectes nordsyriens du IIIe millénaire avant J.-C., l'évolution des cas devait être pleinement réalisée. Nos documents montrent au besoin l'intention des scribes de donner une forme unitaire à la langue de l'école, où coexistaient des modèles syriens et mésopotamiens différents (comme dans le cas de certaines prépositions). À ce propos le cas du suffixe *-iš* qui fut utilisé pendant quelque temps comme préposition à Tell Beydar et à Mari, innovation sans suite, est particulièrement significatif.

Abréviations

ARET XI	Fronzaroli 1993
ARET XIII	Fronzaroli 2003a
MAD V	Ignace J. Gelb. *Sargonic Texts in the Ashmolean Museum, Oxford.* Materials for the Assyrian Dictionary 5. Chicago: University of Chicago Press, 1970.

Bibliographie

Archi, Alfonso

1986 "The Archives of Ebla." Dans *Cuneiform Archives and Libraries* (Papers Read at the 30e Rencontre Assyriologique Internationale, Leiden, 4–8 July, 1983), édité par K. R. Veenhof, pp. 72–86. Uitgaven van het Nederlands Historisch-Archaeologisch Instituut te Istanbul 57. Leyde: Instituut voor het Nabije Oosten.

Brockelmann, Carl

1908–13 *Grundriß der vergleichenden Grammatik der semitischen Sprachen.* 2 volumes. Berlin: Reuther & Reichard.

Civil, Miguel

1984 "Bilingualism in Logographically Written Languages: Sumerian in Ebla." Dans *Il bilinguismo a Ebla: Atti del Convegno Internazionale, Napoli, 19–22 aprile, 1982*, édité par L. Cagni, pp. 75–97. Naples: Istituto Universitario Orientale di Napoli.

Conti, Giovanni

1990 *Il sillabario della quarta fonte della lista lessicale bilingue eblaita.* Miscellanea Eblaitica 3. Quaderni di Semitistica 17. Florence: Dipartimento di Linguistica, Università di Firenze.

1997 "Carri ed equipaggi nei testi di Ebla." Dans *Miscellanea Eblaitica* 4, édité par P. Fronzaroli, pp. 23–71. Florence: Dipartimento di Linguistica, Università di Firenze.

1998 "Problemi e metodi nella ricostruzione di una lingua morta: Il caso dell'eblaita." Dans *Grammatica e lessico delle lingue "morte,"* édité par U. Rapallo et G. Garbugino, pp. 1–21. Collana del Dipartimento di scienze glottoetnologiche dell'Università degli studi di Genova 3. Alessandria: Edizioni dell'Orso.

Dahood, Mitchell

1978 "Ebla, Ugarit and the Old Testament." *Vetus Testamentum. Supplements* 29: 81–112.

Diakonoff, Igor M.

1965 *Semito-Hamitic Languages: An Essay in Classification*. Moscou: Nauka.

1988 *Afrasian Languages*. Moscou: Nauka.

Edzard, Dietz Otto

2006 "Das Ebla-Akkadische als Teil des Altakkadischen Dialektkontinuums." Dans *The Akkadian Language in Its Semitic Context: Studies in the Akkadian of the Third and Second Millennium B.C.*, édité par G. Deutscher et N. J. C. Kouwenberg, pp. 76–83. Uitgaven van het Nederlands Instituut voor het Nabije Oosten te Leiden 106. Leyde: Nederlands Instituut voor het Nabije Oosten.

Fronzaroli, Pelio

1985 "L'avverbio eblaita *ba*." *Studi epigrafici e linguistici sul Vicino Oriente antico* 2: 25–35.

1988 "Tre scongiuri eblaiti (ARET 5, 1–3)." *Vicino Oriente* 7: 11–23.

1993 *Testi rituali della regalità (archivio L. 2769)*. Archivi reali di Ebla, Testi 11. Rome: Missione Archeologica Italiana in Siria.

1994 "Eblaic and the Semitic Languages." Dans *Studi in onore di Carlo Alberto Mastrelli: Scritti di allievi e amici fiorentini*, édité par G. Del Lungo Camiciotti, F. Granucci, M. P. Marchese, et R. Stefanelli, pp. 89–94. Quaderni del Dipartimento di Linguistica, Studi 1. Padoue: Unipress.

2003a *Testi di cancelleria: I rapporti con le città (archivio L. 2769)*. Archivi reali di Ebla, Testi 13. Rome: Missione Archeologica Italiana in Siria.

2003b "The Hail Incantation (ARET 5, 4)." Dans *Festschrift für Burkhart Kienast*, édité par G. J. Selz, pp. 89–107. Alter Orient und Altes Testament 274. Münster: Ugarit-Verlag.

2005 "Structures linguistiques et histoire des langues au IIIe millénaire av. J.-C." Dans *Proceedings of the 10th Meeting of Hamito-Semitic (Afroasiatic) Linguistics (Florence, 18–20 April 2001)*, édité par P. Fronzaroli et P. Marrassini, pp. 155–67. Florence: Dipartimento di Linguistica, Università di Firenze.

Gelb, Ignace J.

1969 *Sequential Reconstruction of Proto-Akkadian*. Assyriological Studies 18. Chicago: University of Chicago Press.

1977 "Thoughts about Ebla: A Preliminary Evaluation, March 1977." *Syro-Mesopotamian Studies* 1/1: 1–30.

Gordon, Cyrus H.

1997 "Amorite and Eblaite." Dans *The Semitic Languages*, édité par R. Hetzron, pp. 100–13. Londres: Routledge.

Haelewyck, Jean-Claude

2006 *Grammaire comparée des langues sémitiques: Éléments de phonétique, de morphologie et de syntaxe*. Langues et cultures anciennes 7. Bruxelles: Safran.

Hasselbach, Rebecca

2005 *Sargonic Akkadian: A Historical and Comparative Study of the Syllabic Texts*. Wiesbaden: Harrassowitz.

Huehnergard, John

2006 "Proto-Semitic and Proto-Akkadian." Dans *The Akkadian Language in Its Semitic Context: Studies in the Akkadian of the Third and Second Millennium B.C.*, édité par G. Deutscher et N. J. C. Kouwenberg, pp. 1–18. Uitgaven van het Nederlands Instituut voor het Nabije Oosten te Leiden 106. Leyde: Nederlands Instituut voor het Nabije Oosten.

Huehnergard, John, et Christopher Woods

2004 "Akkadian and Eblaite." Dans *The Cambridge Encyclopedia of the World's Ancient Languages*, édité par R. D. Woodard, pp. 218–87. Cambridge: Cambridge University Press.

Kienast, Burkhart

1987 "^{d}E-a und der aramäische 'status emphaticus'." Dans *Ebla 1975–1985: Dieci anni di studi linguistici e filologici*, édité par L. Cagni, pp. 37–47. Naples: Istituto Universitario Orientale di Napoli.

2001 *Historische Semitische Sprachwissenschaft.* Wiesbaden: Harrassowitz.

Krebernik, Manfred

1983 "Zu Syllabar und Orthographie der lexikalischen Texte aus Ebla, Teil II (Glossar)." *Zeitschrift für Assyriologie* 73: 1–47.

1996 "The Linguistic Classification of Eblaite: Methods, Problems and Results." Dans *The Study of the Ancient Near East in the Twenty-first Century*, édité par J. S. Cooper et G. M. Schwartz, pp. 233–49. Winona Lake: Eisenbrauns.

Krecher, Joachim

1984 "Sumerische und nichtsumerische Schicht in der Schriftkultur aus Ebla." Dans *Il bilinguismo a Ebla: Atti del Convegno Internazionale, Napoli, 19-22 aprile, 1982*, édité par L. Cagni, pp. 139–66. Naples: Istituto Universitario Orientale di Napoli.

Lipiński, Edward

2001 *Semitic Languages: Outline of a Comparative Grammar.* 2ème éd. Orientalia Lovaniensia Analecta 80. Louvain: Peeters.

Pettinato, Giovanni

1975 "Testi cuneiformi del 3. millennio in paleo-cananeo rinvenuti nella campagna 1974 a Tell Mardikh = Ebla." *Orientalia*, n.s., 44: 361–74.

1982 *Testi lessicali bilingui della biblioteca L. 2769.* Materiali epigrafici di Ebla 4. Naples: Istituto Universitario Orientale di Napoli.

Rubio, Gonzalo

2006 "Eblaite, Akkadian and East Semitic." Dans *The Akkadian Language in Its Semitic Context: Studies in the Akkadian of the Third and Second Millennium B.C.*, édité par G. Deutscher et N. J. C. Kouwenberg, pp. 110–39. Uitgaven van het Nederlands Instituut voor het Nabije Oosten te Leiden 106. Leyde: Nederlands Instituut voor het Nabije Oosten.

Sjöberg, Ake W.

2003a: "Notes on Selected Entries from the Ebla Vocabulary eš-bar-kin$_5$ (I)." Dans *Festschrift für Burkhart Kienast*, édité par G. J. Selz, pp. 527–68. Alter Orient und Altes Testament 274. Münster: Ugarit-Verlag.

2003b: "Notes on Selected Entries from the Ebla Vocabulary eš-bar-kin$_5$ (IV)." Dans *Literatur, Politik und Recht in Mesopotamien: Festschrift für Claus Wilcke*, édité par W. Sallaberger, K. Volk, et A. Zgoll, pp. 251–66. Orientalia Biblica et Christiana 14. Wiesbaden: Harrassowitz.

Tonietti, Maria Vittoria

1997: "Il sistema preposizionale nei tre testi del rituale di ARET XI: analogie e divergenze." Dans *Miscellanea Eblaitica* 4, édité par P. Fronzaroli, pp. 73–109. Florence: Dipartimento di Linguistica, Università di Firenze.

6

SOME CASE PROBLEMS IN UGARITIC

Robert Hawley, UMR 8167 Orient et Méditerranée, CNRS, Paris

Introduction

Among the obstacles that impede any attempt to reconstruct the case system of the language spoken in the city of Ugarit on the Mediterranean coast of Syria in the thirteenth century B.C., the following are of particular importance:

(1) Ugaritic is a "dead" language. It has been neither spoken nor read for several thousand years. Furthermore, the precise details of its genetic relationship with the modern Semitic languages of the area — or indeed, with any of the "classical" Semitic literary languages, ancient and modern — are not yet clearly understood. There are thus no native speakers who might have served as authoritative informants, no learned reading traditions that might have preserved — even in frozen form — some knowledge of the language, and no reliable intuitive approaches based on closely related cognate languages. Instead, virtually all information about Ugaritic derives from modern philological and contextual analyses of ancient texts.

(2) Ugaritic is poorly documented. The entire textual corpus is limited to about two thousand inscribed objects, of which many are fragmentary and many of uncertain interpretation. Thus, even with respect to those aspects of Ugaritic grammar and lexicon that *might have been* perceptible through the analysis of texts, a great many of these are simply undocumented.

(3) Ugaritic writing is defective. The Ugaritic writing system generally provides only the barest of indications of the phonological structure of words and phrases. It is essentially the consonantal skeleton that is represented; the vocalic structure of the language remains largely unknown and must be reconstructed on the basis of data that are often ambiguous or unreliable.

(4) The socio-linguistic status of written Ugaritic is unknown. The distinction, if any, between the everyday spoken language used by the residents of the Late Bronze kingdom, on the one hand, and the various literary idioms in which the texts were recorded, on the other, is not known. Comparative data suggest that such differences of register can be quite significant: the phenomenon of "diglossia" in the contemporary Arab world is an extreme example of many that could be cited.

In light of these difficulties, this paper reviews the essentials of what is and can be known about the Ugaritic case system, with special attention paid to some of the innovative proposals advanced by Josef Tropper in his *Ugaritische Grammatik*,[1] and to various methodological principles that may be of service in evaluating them. Since so much about Ugaritic remains unknown — and for the moment unknowable — such attention to methodology is important. In particular, this paper seeks (1) to highlight the risks of over-interpreting ambiguous graphic data, and, as direct consequences of such ambiguities, (2) to recommend solutions to grammatical problems that are based on more than one datum and (3) that do not create further grammatical irregularities or inconsistencies than those they pretend to solve.

[1] Tropper 2000: 302–38.

Three *ʾalif* Signs

Modern knowledge of the Ugaritic case system is based essentially, though not entirely,[2] on the distribution of three signs within the local thirty-sign inventory. As has long been recognized, the three *ʾalif* signs are not entirely alphabetic in nature, but rather syllabic. Moreover, they are polyvalent — each has several potential syllabic "values."

	Syllabic Values				
Sign 1	{𐎀}	ʾa	ʾā		
Sign 28	{𐎛}	ʾi	ʾī	ʾê	vʾ (syllable-final ʾ)
Sign 29	{𐎜}	ʾu	ʾū	ʾô	

Figure 6.1. Three polyvalent signs noting, among other things, consonantal *ʾalif*[3]

Each of these three signs designates not only the presence of consonantal /ʾ/, but also the particular vocalic phoneme (including "zero," that is, none) that follows the /ʾ/. Because the number of productive vocalic phonemes in Ugaritic is greater than three, there is necessarily a certain amount of subjectivity in determining the "reading" of each of these signs. Despite this inherent ambiguity, however, the distribution of the three ʾ signs provides a clear indication of the presence of case vowels attached to nominal and adjectival bases ending in /ʾ/. Figures 6.2 and 6.3 offer some examples:

kptr ksủ ṯbth (from the *Baʿlu Cycle, KTU*² 1.3 VI 14–15)

"(The island of) Crete (is) the seat of his residence."

{𐎜} is read with the value of /ʾu/ : /kussiʾu /, "(is) the seat"

(in the nominative function, in an equational sentence)

⌜yr⌝d l ksỉ ⌜y⌝ṯb l hd⌜m⌝ (from the *Baʿlu Cycle, KTU*² 1.5 VI 12–13)

"He descends from the chair; he sits on the footstool."

{𐎛} is read with the value /ʾi/ : /lê-kussiʾi /, "from the chair"

(in the genitive function, for a prepositional complement)

yʿdb ksả w yṯb (from RS 24.244:7, *KTU*² 1.100)

"He takes a chair and he sits"

{𐎀} is read with the value /ʾa/ : /kussiʾa/, "(he takes) a chair"

(in the accusative function, for a verbal complement)

Figure 6.2. Masculine singular nouns with bases ending in consonantal *ʾalif*

[2] The orthography of third-y nouns (with or without the *y*) may also provide indirect evidence for the case system; see Tuttle 1978: 260–63 and Huehnergard 1981: 199.

[3] Certain details regarding the exact nature and function of these three signs are not yet entirely resolved (see Tropper 2000: 33–39 and Pardee 2003/04: 26–31), but the views of Ginsberg (elaborated in a series of articles published between 1933 and 1938; for details, see Marcus 1968) appear to explain the data best and are therefore adopted here.

ảṯrh rpủm tdd (from *KTU*² 1.21 II 3–4 and parallels)

"The *Rapaʾūma*-divinities go after him."

{𐎜}is read with the value / ʾū / : / rapa̲ʾ̲ū̲ma /

(in the nominative function, as the grammatical subject of a verb)

qrủ rpỉm qdmym (from RS 34.126:8, *KTU*² 1.161)

"They have invoked the ancient *Rapaʾūma*-divinities."

{𐎛} is read with the value /ʾī/ : / rapa̲ʾ̲ī̲ma /

(in the accusative function, for a verbal complement)

Figure 6.3. Masculine plural nouns with bases ending in consonantal *ʾalif*

It was on the basis of this apparently patterned distribution of the three ʾ signs that the pioneers of Ugaritology, even as early as the 1930s,[4] were able to reconstruct the essentials of the system of productive case endings in Ugaritic nominal morphology. Figure 6.4 presents the Ugaritic case system, as classically understood:

Nouns and Adjectives of "Masculine" Morphology			
	Singular	Dual	Plural
"nominative" (subject and nominative predicate)	STEM-*u*	STEM-*ā*-(*mi*)	STEM-*ū*-(*ma*)
"genitive" (nominative or prepositional complement)	STEM-*i*	STEM-*ê*-(*mi*)	STEM-*ī*-(*ma*)
"accusative" (verbal complement)	STEM-*a*	STEM-*ê*-(*mi*)	STEM-*ī*-(*ma*)
Nouns and Adjectives of "Feminine" Morphology			
	Singular	Dual	Plural
"nominative" (subject and nominative predicate)	STEM-(*a*)*t*-*u*	STEM-(*a*)*t*-*ā*-(*mi*)	STEM-*āt*-*u*
"genitive" (nominative or prepositional complement)	STEM-(*a*)*t*-*i*	STEM-(*a*)*t*-*ê*-(*mi*)	STEM-*āt*-*i*
"accusative" (verbal complement)	STEM-(*a*)*t*-*a*	STEM-(*a*)*t*-*ê*-(*mi*)	STEM-*āt*-*i*

Figure 6.4. The Ugaritic case system

The system illustrated above represents a scholarly consensus, shared by virtually all students of Ugaritic. Comparison with the case systems of Akkadian and of classical Arabic reveals profound similarities; these parallels in turn are best explained by postulating a common "Proto-Semitic" prehistory for this system.[5]

Syllabic Spellings

In addition to the data mentioned above, which have been teased out of the alphabetic corpus, a great deal of pertinent information can also be gleaned from the analysis of Ugaritic words that crop up here and there in the corpus of texts written (logo-)syllabically in Mesopotamian cuneiform.[6]

[4] According to Cross (1989: 25), it was Albright who "was the first to describe fully the system of case-endings used in Ugaritic." Indeed, even if, at the time when Albright was writing, the phonological value of sign 29 (now transcribed with the {ủ} symbol) had not yet been recognized, he had already in 1932 isolated the specifically "accusative" and "genitive" forms of the common noun "chair," written {ksả} and {ksỉ}, respectively; see Albright 1932: 205–06.

[5] For the "classical" reconstruction of the Proto-Semitic case system, see Bergsträsser 1928: 14, and Moscati et al. 1964: 94–96. Attempts have also been made to reconstruct the Proto-Afroasiatic case system (of which the Proto-Semitic system would have been one subsequent development); see Sasse 1984, Blažek 2006, and the references cited below, note 65.

[6] Fundamental treatments of these data include the unpublished dissertation of Boyd 1975, and especially Huehnergard 1987.

If the productive status of the Ugaritic case system is only occasionally perceptible from a study of the alphabetic data, it is even more clear from the syllabic data. A telling illustration of the significance of this data may be drawn from the local school exercises copied and studied by local apprentice scribes learning to read (and write) the Mesopotamian writing system and the languages associated with it in the schools of Ugarit. Figure 6.5 is an example:

Line	*DIŠ Sign*	*Sumerian Word Sign*	*Syllabic Akkadian*	*Syllabic Hurrian*	*Syllabic Ugaritic*
II 17′	[1]	KA[R]	[missing]	*eḫ-lu-um-me*	*ḫu-wa-ú*
II 18′	[1]	KAR	*la-sà-mu*	*i-z[u]-ri*	*m[a]-al-sà-mu*
II 19′	1	KAR	*ap-pu*	*pu-u[ḫ]-ḫi*	*ap-pu*
II 20′	1	KAR	*šu-zu-bu*	*a-bu-uš-ku-me*	*pu-la-ṭu*
II 21′	1	KAR	*ka-a-ru*	*ma-ḫa-[z]i*	*ma-aḫ-ḫa-[du]*
II 22′	1	BAL	*pí-la-ak-ku*	*te-a-ri*	*pí-lak-ku*
II 23′	[1]	BAL	*na-bal-ku-tu₄*	*tap-šu-ḫu-[u]m-me*	*tu-a-pí-[ku?]*
II 24′	[1]	ŠUL	*eṭ-lu*	*uš-ta-an-ni*	*b[a]-aḫ-ḫu-rù*
II 25′	[1]	[ŠA]Ḫ	*še-ḫu-ú*	*ú-ḫi*	*ḫu-zi-rù*
II 26′	[1]	[ŠAḪ.TU]R?	*kur-ku-za-nu*	—	*ḫe-en-ni-ṣu*

Figure 6.5. Excerpt from the lexical exercise RS 20.123+ [7]

In addition to copying out (Sumerian) word signs and their translations in Akkadian (which was a foreign language for the Ugaritian scribes and had to be learned in school, along with the Mesopotamian cuneiform writing system), some particularly elaborate school exercises also contained a column (shown on the far right on the table above) containing the "translation" of the Mesopotamian logogram into the local language, Ugaritic. As this passage shows, all of these Ugaritic words are written syllabically, and all bear case vowels (in this case, in the nominative, this being the appropriate case for lists).

Of further interest in this regard is the occasional addition of a case vowel to foreign proper names, even those which are not normally inflected in other fully cased languages. The obscure deity *Dadmiš*, for example, is mentioned several times in the god lists in syllabic script from Ras Shamra, usually spelled without a case vowel ({*da-ad-mi-iš*} or the like). In two sources, however, the name is spelled with an added "nominative" case vowel in -*u*.[8] That this added vowel was perceived as being "Ugaritian" in some sense is shown by one of these sources: a local three-columned copy of the Mesopotamian god list called by modern scholars the "Weidner God list" (or "la liste AN"),[9] in which Hurrian and Ugaritic "readings" are provided for Mesopotamian deities.[10]

Line	*Sumerogram*	*"Hurrian" Writing*	*"Ugaritic" Writing*
IV^{b} 9′	[missing]	*[ta-at-]mi-iš*	*[da-ad]-mi-šu*

Figure 6.6. The divine name *Dadmišu* with a case vowel in Ugaritic (from the lexical exercise RS 20.123+)[11]

This tendency to add a case vowel, even to foreign proper names, illustrates the extent to which the local Ugaritic case system was productive. Yet another phenomenon that highlights the productivity of the Ugaritic

[7] See Nougayrol 1968: 242–43; Huehnergard 1987: 38–41.

[8] The first is RS 20.123+ IV^{b} 9' (see fig. 6.6, and n. 11); the second is from RS [Varia 39] (DO 6568 — this reference is provided courtesy of Carole Roche, whose edition is in preparation): an unpublished logo-syllabic example of the local Ugaritian god list called "The Gods of (Mount) Ṣapunu" (on this list, see Pardee 2002a: 12–16); in line 18 the list reads {^{d}*da-ad-me-šu*}.

[9] Weidner 1924/25; Lambert 1969: 474.

[10] For the likely purpose of such cross-cultural and cross-linguistic "equivalents" in the local scribal culture, see Roche 2008: 209.

[11] Nougayrol 1968: 248–49.

case system is a particular kind of grammatical error that is frequent in the Akkadian texts composed at Ugarit. In standard Akkadian morpho-syntax, the "construct" or "bound form" of the noun is not productively cased: it either contains no case vowel or an unchanging vowel. In many of the locally composed legal, epistolary, and lexical texts in Akkadian, however, the "bound forms" of Akkadian nouns do show a case vowel.[12] These "errors" (in terms of standard Akkadian morpho-syntax) thus reflect the underlying West Semitic vernacular of the local scribes, in which all common nouns, whether bound or unbound, were productively cased.[13]

Previous Discussions

The most recent comprehensive study of these data, in all of their complexity, is that of Tropper in his *Ugaritische Grammatik* (2000). Tropper's work is much more than a summary of previous scholarship, however; he has also offered a number of insightful and original proposals. For this reason, it seems appropriate to organize this presentation of the Ugaritic case system around Tropper's presentation, affirming or critiquing his interpretations where the data allow us to do so. Pardee (2003/04) has already begun this process, and in several of the points raised in the following pages it will be obvious to the attentive reader that I have benefited much from that discussion.

Thus, this paper is not so much a presentation of the basic case system in productive use at Ugarit, which seems to be as well understood as the available data permit, as it is a brief overview of several particular case problems that persist, with special attention paid to Tropper's treatment of them. In what follows, four types of case problems are addressed: (1) nouns with "incorrect" case endings, (2) nouns without case endings, (3) the question of the existence of additional cases beyond the "standard three," and (4) the distribution of the diptotic declension on singular nouns.

Case Problem 1: Spelling Errors

Even in a corpus as quantitatively limited as is Ugaritic, the presence of a few spelling errors is inevitable.[14] Such mistakes are potentially relevant to this study since it is obviously necessary to identify them in order not to attribute undue significance to unintentional writings in attempting to evaluate the Ugaritic case system.

Spelling Errors in Alphabetic Texts

Tropper has identified two examples (the second example is attested twice) of alphabetic spellings that constitute potential examples of "incorrect" case endings in the alphabetic corpus.[15] The forms in question do not employ the particular ʾ sign expected from context, given the system as outlined above.

ỉḫh yṯʿr mšrrm (from *KTU*² 1.24:35–36)

"(As for) her brother, he gets the (little) *mšrr*-(weight)s ready."

ảḫym ytn bʿl spủy (from the *Baʿlu Cycle, KTU*² 1.6 VI 10–11)

"(As for) my brothers, Baʿlu has given (them) (to me) (as) my sustenance."

ảḫym ytnt bʿl spủy (from the *Baʿlu Cycle, KTU*² 1.6 VI 14–15)

"(As for) my brothers, you have given (them) (to me), O Baʿlu, (as) my sustenance!"

Figure 6.7. Alphabetic data for "incorrect" case endings?

[12] For a list, see van Soldt 1991: 421–24 n. 46.

[13] Huehnergard 1989: 153.

[14] By "spelling error" I mean an unintentional writing that does *not* reflect the grammatical system as understood (and normally employed) by the scribe. On this, see already Segert 1958, 1959; and Dietrich and Loretz 1995.

[15] Tropper 2000: 305–06.

In the first passage, from an episode of narrative poetry describing the payment of a bride-price (setting up the scales, etc.), the noun *iḫh* "her brother" seems to be the grammatical subject of the following verb *yṯʿr* "he prepares" and one thus naturally supposes the former to be in the nominative case. Were the form genuinely in the nominative, however, one would expect it to be spelled *ủḫh*,[16] or perhaps *ảḫh*,[17] but certainly not *iḫh*.[18]

In the second and third examples, from an episode of narrative poetry in which the god *Môtu* complains that the (only) food provided for him to eat was his own kin, the noun *spủy* "my food" seems to play the adverbial role of an "accusative of specification": *ảḫy ytn(t) ... spủy* "He/(you) gave (me) my brothers (as) my food." As such, one would expect the noun to be written *spảy*, not *spủy*.

In the first example, the spelling *iḫh* could easily be a simple writing error. Thus, given the large number of examples in which the usage of the three *ʾalif* signs is consistent with the existence of a fully productive case system of the sort described above (see Tuttle 1978), a single form such as this one ought not have implications for the case system.[19] The second and third examples, however, cannot be explained away in this manner, since they both present the same form. If it is easy to imagine a scribal mistake (*spủy* instead of expected *spảy*) on one occasion, it is much more difficult to accept two identical examples of the same mistake within five lines: clearly the form *spủy* ought to be taken seriously, as a conscious and intentional writing. Still, the syntactic analysis of this phrase leaves some room for doubt: relative clauses in Ugaritic poetry are occasionally unmarked,[20] and the phrases *ytn bʿl* and *ytnt bʿl* could also be explained in this way.

ảḫym ytn bʿl spủy	(from the *Baʿlu Cycle*, *KTU*² 1.6 VI 10–11)
"My brothers, (whom) Baʿlu has given (me), (are) my sustenance!"	
ảḫym ytnt bʿl spủy	(from the *Baʿlu Cycle*, *KTU*² 1.6 VI 14–15)
"My brothers, (whom) you have given (me), O Baʿlu, (are) my sustenance!"	

Figure 6.8. Unmarked relative clauses in *KTU*² 1.6 VI?

If the syntactic ambiguity of these passages is granted,[21] their importance as evidence of scribal error, or of erroneous or vestigial usages[22] of the case system, is greatly reduced, even to the point of insignificance.[23]

In sum, then, the putative examples of "incorrect" case endings identified thus far in the alphabetic corpus may be deemed insignificant, due to their scarcity and/or their syntactic ambiguity.

[16] That is, one might have expected a spelling in which the initial *ʾalif* sign reflects the regressive assimilation of the quality of the following /ū/ vowel: *ʾuḫū-ha* < **ʾaḫū-ha*. On this phonological process, which is fairly well documented in Ugaritic, and the environments in which it is triggered, see Huehnergard 1987: 273, and Tropper 2000: 176.

[17] Assuming the regularity of the phonological rule described in the above note, *ảḫh* would be a historical spelling, reflecting not contemporary pronunciation, but rather an earlier stage (namely, **ʾaḫū-ha*).

[18] By the phonological process described above (n. 16), the writing with the {i} sign ought to imply the genitive case (*ʾiḫī-ha* < **ʾaḫī-ha*).

[19] The methodological principle evoked here is thus "*testis unus testis nullus*."

[20] See, for example, *KTU*² 1.3 I 13–14 (*ks qdš l tphnh ảṯt* "a holy cup [that] no woman may see") and *KTU*² 1.19 IV 58–59 (*yd mḫṣt ảqht* "the hand [that] struck ʾAqhatu").

[21] Another problem, which further highlights the ambiguity of these passages, should be also be mentioned here. A split paradigm is often reconstructed for the Ugaritic first-person singular pronominal suffix *-ya* (written {y}) when attached to singular nouns in the genitive case, but *-î* (not represented at all in alphabetic writing) when attached to singular nouns in the nominative case (there is disagreement about the form attached to singular nouns in the accusative case); see Gordon 1965: 36, Tropper 2000: 214–20 (where most of the pertinent data are cited). From this perspective, the form *spủy* here (interpreted as **sapʾu-ya* or the like, "my sustenance," in the nominative case) would seem to present an anomalous orthography (by the paradigm just described, one would expect **sapʾî*, written {spi}, for "my sustenance," in the nominative case). It should be noted, however, that the data on the basis of which the split paradigm described above was itself elaborated are notoriously heterogeneous (the first-person singular pronominal suffix is also written {y} [thus *-ya*] on some nominative singular nouns, especially in prose) and ambiguous (the examples often cited in favor of *-î* are often in poetic passages, and thus often of ambiguous morphological interpretation).

[22] See below, on the putative "locative" case in Ugaritic.

[23] The methodological principle evoked here is thus comparable to William of Occam's parsimony principle.

Spelling Errors in Ugaritic (and Akkadian) Words in Local Logo-syllabic Texts

Given the limited capacity for representing vowels in alphabetic script, it is no surprise that most of the examples of "incorrect" case vowels are to be found in the corpus of locally written texts in Mesopotamian cuneiform script. These have been gathered and analyzed in several previous studies.[24] They include not only Akkadian words, but also Ugaritic words used in Akkadian contexts. Here are some examples:

Contextual Function	*Spelling*	*Text Reference*
"genitive"	LÚ*mur-u*	RS 11.839:22 (*PRU* 3, pp. 194–95)
"genitive"?	*ṣí-ṣú-ma* (*an-nu-tu*$_4$)	RS 15.147:verso 4' (*PRU* 3, p. 125)
"genitive"	*kàs*?*-pu*	RS 16.145:14 (*PRU* 3, p. 169)
"genitive"	LÚ*a-ši-ru-ma*	RS 17.064:4 (*PRU* 6, no. 116)
"genitive"	LÚ*mur-ú-ma*	ibid., line 5

Figure 6.9. "Incorrect" case endings on Ugaritic words in syllabic script

Contextual Function	*Spelling*	*Text Reference*
"accusative" (in cstr.)	*pu-ḫu-ka*	RS 15.086:7 (*PRU* 3, pp. 51–52)
"accusative" (in cstr.)	É-*tu*$_4$	ibid., line 8
"accusative" (in cstr.)	É-*tu*$_4$	ibid., line 18
"accusative" (in cstr.)	É-*tu*$_4$	ibid., line 19
"genitive"	LÚ-*lu*$_4$	RS 15.090:12 (*PRU* 3, p. 54)
"genitive"	LÚ-*lu*$_4$	ibid., line 14
"accusative"	É-*tu*$_4$	RS 15.109+:29 (*PRU* 3, pp. 102–05)
"genitive" (in cstr.)	*ši-ip-ru*	ibid., line 54
"accusative"	*ṭup-pu*	ibid., line 56
"genitive"?	LÚ*na-ia-lu*	RS 15.122:8 (*PRU* 3, pp. 131–32)
"genitive" (in cstr.)	LÚ*ik-kà-ru-šu*	RS 15.132:23 (*PRU* 3, pp. 133–34)
"genitive"	LÚ*na-ia-lu*	RS 15.141:5 (*PRU* 3, p. 136)
"genitive"?	(*ṣí-ṣú-ma*) *an-nu-tu*$_4$	RS 15.147:verso 4' (*PRU* 3, p. 125)
"accusative"	É-*tu*$_4$	RS 16.150:5 (*PRU* 3, p. 47)
"accusative"	LÚ*ub-ru*	RS 16.157:23 (*PRU* 3, pp. 83–84)
"accusative" (in cstr.)	*píl-ku-šu*	RS 16.162:24 (*PRU* 3, p. 126)
"accusative" (in cstr.)	É-*tu*$_4$	RS 16.189:17 (*PRU* 3, pp. 91–92)
"accusative" (in cstr.)	É-*tu*$_4$	ibid., line 18
"accusative" (in cstr.)	*bu-la-šu*	RS 16.353:23 (*PRU* 3, pp. 113–15)
"accusative"	*za-ab-lu*	RS 17.378A:12' (*PRU* 6, no. 49)
"accusative"	GAL-*tu*$_4$	RS 20.184:verso 18' (*Ug* 5, no. 28)

Figure 6.10. "Incorrect" case endings on Akkadian words in locally composed documents

[24] See Nougayrol 1968: 35; Huehnergard 1981, 1987, 1989; van Soldt 1991; and Tropper 2000.

As the above list[25] makes clear, the vast majority of these forms are written incorrectly in the nominative case.[26] Examples of "incorrect" accusative and genitive spellings are much more rare.[27] How should such an uneven distribution of "mistakes" be explained? Huehnergard has observed that many of these incorrect nominative forms occur within long sequences of nouns,[28] the nominative case apparently being the result of a kind of unintentional reflex on the part of certain scribes of typical list-syntax. For other examples, the possibility of frozen forms has been suggested, especially with respect to legal formulas such as {LÚ-*lum a-na* UGU LÚ-*lum*} "each with respect to the other" and the like.[29]

Another line of explanation, closely related to the frozen-form suggestion mentioned above, is to be found in the circumstances of scribal training.[30] With the possible exception of a few wizened masters and seasoned diplomats, most of the scribes of Ugarit were probably not particularly fluent in Akkadian. They studied it in school, of course, and could read and even write it in the course of their daily administrative duties, but in most cases, the level of language involved consisted of stereotyped documents and formulaic phrases composed almost mechanically. A glance at the cursus of lexical exercises studied by the apprentice scribes of Ugarit suggests a plausible explanation for many, if not all, of these "incorrect" nominative writings. In copying and recopying the lexical lists, the scribes learned essentially (though, of course, not exclusively) Akkadian nominative forms. When a scribe's attention wandered or when fatigue set in, resulting in a grammatical error, it was thus especially the nominative forms that were wont to be reproduced mechanically, out of reflex and long habit from years of copying such nominative lists.

This explanation works well for the most frequent "mistakes" listed above in figure 6.10, such as {É-tu_4} and {LÚ-lu_4}, these spellings being quite common in the "Akkadian" column of those lexical lists most studied in the periphery.[31] The archaic nature of these spellings with mimation (tu_4 = *tum* and lu_4 = *lum*) seems to confirm their origin, since such archaisms are also found in the local lexical traditions, which almost certainly go back to Old Babylonian models.[32]

This same line of reasoning seems also to provide a plausible explanation for most of the "incorrectly" inflected Ugaritic words in syllabic script (fig. 6.9), all of which are also, mistakenly, written in the nominative case. For one of the mistakes catalogued by Tropper — for example, the spelling {*kàs*$^?$-*pu*},[33] with an apparent nominative-case vowel instead of the expected genitive — the rare orthography with the {kàs} sign may well have been mechanically reproduced from the lexical tradition.[34] The incorrect nominative cases on the syllabic spellings of

[25] For further details about the reading and interpretation of these texts, see the corresponding passages in Lackenbacher 2002 (where the anterior bibliography is also provided). For the problematic reading {kàs} in RS 16.145, see below, note 33.

[26] See Huehnergard 1989: 143 n. 101.

[27] Huehnergard 1989: 144. Such mistakes are also often easier to explain: Huehnergard points out that the scribe responsible for the nominative form *būla-šu*, for example, appears to have learned the inflection of that noun as if it belonged to the paradigm of nouns such as *libbu* (*libba-šu* in the nominative) rather than nouns such as *bēlu* (*bēl-šu* in the nominative), as in standard Akkadian. Note, however, the *yānu*-construction with an accompanying accusative (instead of expected nominative), for which see van Soldt 1991: 413 (and n. 33) and, more generally, Israel 2006.

[28] Huehnergard 1989: 144 n. 104; see also van Soldt 1991: 412.

[29] See Huehnergard 1989: 80, with references to Nougayrol 1968: 35 ("un pseudo-idg. issu de l'accadogramme hittite correspondant") and Arnaud 1979: 1352 ("Les 'compléments phonétiques' jouaient, d'une certaine manière aussi, le simple rôle de marqueurs d'idéogrammes dont les plus communs sont toujours suivis du même signe phonétique au point de faire un nouvel idéogramme, invariable à son tour ... reflétant la prononciation de l'époque où il a été emprunté au babylonien ancien.").

[30] Carole Roche has discussed this problem with me on several occasions, and much in these paragraphs reflects her thought (see Roche 2008: 207–08).

[31] For example, note the frequent presence of the spelling {É-tu_4} in the Akkadian column of the bilingual copies of the S^a Vocabulary from Emar (for example, see Arnaud 1987: 22–27).

[32] See Arnaud 1979: 1352 (see the passage cited above), and Civil 1989: 5.

[33] Tropper 2000: 305. Nougayrol's reading {kàs-pu} here (RS 16.145: 14) has been questioned, however (see *Chicago Assyrian Dictionary* Ṣ *ṣurpu* mng. 1; and Huehnergard 1989: 398, where a reading with the {ZUR} sign is favored: *kaspu ṣurpu* "refined silver"), and indeed the sign {kàs} elsewhere in the Ras Shamra corpus is generally much more "charged" than is this sign. Collation of the tablet (courtesy C. Roche), however, suggests that {ZUR} (whether it be read as *ṣur* or *ṣár*) is not entirely satisfactory either, (i) since other clear examples of the {ZUR} sign among the locally composed texts tend to have an initial *Winkelhaken* (see {^{d}AMAR.UTU} in RS 34.169: 14', RSO 7, no. 2) whereas this sign does not (but note that some examples of the {ZUR} sign from the Alalakh corpus do seem to lack the initial oblique; see Wiseman 1953, nos. 67: 5 and 68: 9), and (ii) since there are four oblique wedges in all at the end of the sign, and not three as Nougayrol's copy would suggest. Additionally, (iii) the values *ṣur* and *ṣár* are not common in the Ras Shamra corpus, and (iv) even though the interpretation "refined silver" does make good sense and has comparative parallels, it is otherwise unattested in the Ras Shamra corpus, which, given the number of times in which financial transactions involving silver are mentioned, makes a unique occurrence of the expression here surprising. If a new proposal is to be made on purely epigraphic grounds, Roche judges the most obvious reading to be {GAB}, though such an idiom ([number] KÙ.BABBAR *gab-bu i-na* ŠÁM.TIL.LA "[number] (shekels of) silver, (in) all, as the full price") seems odd and is not (to my knowledge) otherwise attested in the Ras Shamra Akkadian corpus either.

[34] See the writing {kàs-pu} in the Ugaritic column of a local copy of the *Syllabary A Vocabulary* (RS 20.123$^+$ II 2', *Ug* 5, no. 137; Huehnergard 1987: 39).

the local Ugaritic professions such as {^{LÚ}*a-ši-ru-ma*} (*ʿāširūma* for expected *ʿāširīma*) may also be explained in this way. Lists of words (local toponyms, kings, gods, professions, etc.) were copied (in both scripts) during scribal training,[35] and the "mistakes" attested here probably reflect spellings learned by rote in school.[36]

Taken as a group, the "incorrect" nominative forms attested in Mesopotamian cuneiform script, whether they reflect Ugaritic (fig. 6.9) or Akkadian words (fig. 6.10), are best explained not as productive "Akkadograms" (else they would have been used with greater frequency), but rather as unintentional reflexes, due to inattention or fatigue, of the spellings learned by rote during scribal training. The remaining case errors are exceedingly rare, and statistically comparable to the limited number of case errors in the alphabetic corpus. In other words, they are insignificant for the study of the case system.

Summary

The examples of "mistaken" case endings, in whatever script, seem thus best attributed to occasional, but inevitable, human error. They are not symptomatic of a wider phenomenon such as the general collapse of the Ugaritic case system. Had the Ugaritic case system been in the process of collapsing, one would expect to find (1) more inconsistencies in the distribution of the three ʾ signs on nouns and adjectives whose bases end in consonantal /ʾ/; (2) a greater number, and above all a more even distribution of the examples of "incorrect" case endings on Ugaritic (and Akkadian) words written in syllabic script; and (3) more examples of Ugaritic words written without any case ending whatsoever. This last point introduces our second problem.

Case Problem 2: Forms without Case Vowels

Huehnergard and Tropper have cataloged and discussed a number of examples of Ugaritic words appearing in syllabic script without case vowels.[37] Here are some examples:

Spelling	*Expected Form*	*Text Reference*
A.ŠÀ ^{MEŠ}*al-la-an* ^{m}*še-er-ta-an-ni*	**ʾallāni*	RS 15.118:4–5 (*PRU* 3, p. 131)
ma-kad	**maqqādi*	RS 17.064:1 (*PRU* 6, no. 116)
ku-ri-ka-a[*t*]? ⌜x⌝-*ṣi*	**kurikātu*	RS 19.023:3 (*PRU* 6, no. 157)
2 ^{URUDU}*ma-am-ṣa-ar-bu-li*	**mamṣārā*	RS 19.112:2 (*PRU* 6, no. 141)
pu-ḫur DINGIR^{MEŠ}	**puḫru*	RS 20.024:28 (*Ug* 5, no. 18)
ma-lik^{MEŠ}	**malikūma*	RS 20.024:32 (*Ug* 5, no. 18)
1 *ni-it*	**niʾītu*?	RS 20.235:13 (*Ug* 5, no. 84)
1 *mar-ḫi-iš-iš-ia-ti-mi*	**marḫišu*	RS 20.235:10 (*Ug* 5, no. 84)

Figure 6.11. Some Ugaritic words in syllabic script that apparently lack case endings

Superficially, the existence of such forms might seem to be an indication of the declining productivity, or even of the collapse, of the Ugaritic case system, but given the weight of the evidence that suggests instead the overall viability and continuing productivity of the local case inflection (see the *Introduction*, above), it appears more prudent to explain these few forms that lack case vowels in other ways, should such be possible.

Three types of alternative explanations may be evoked: (1) we may explain certain of the writings listed above in figure 6.11 as being "Akkadianizing" forms (words that are lexically Ugaritic, but imitate certain aspects of Akkadian morphology); (2) we may explain several other writings as being "capricious" in that they extend certain

[35] See Hawley 2008: 64–66.

[36] RS 17.131 (*PRU* 6, no. 93), which is not itself a school exercise, though the spellings used therein very probably do reflect (indirectly) the curriculum, contains the writing {^{LÚ}*a-ši-ru-ma*} (note the lack of the {MEŠ} sign, as in the example cited above in fig. 6.9).

[37] Huehnergard 1987: 300–01; Tropper 2000: 335–36. A distantly related, but not identical, problem is that of nouns in Akkadian texts that lack an expected case vowel, for which see van Soldt 1991: 414, and George 2007: 239 (on several such forms in one of the *Gilgamesh* manuscripts from Ras Shamra).

orthographic principles beyond their typically attested environments of usage; and finally, (3) we may explain the remaining writings as not necessarily pertinent to the discussion of case endings or of Ugaritic morphology. All of the examples of case-less Ugaritic words in syllabic script discussed by Huehnergard or Tropper can be easily grouped into one or another of these categories.

Ugaritic Words in Syllabic Script That Show "Akkadianizing" Morphological Features

Huehnergard (1987: 323) has described this category as follows: "A number of forms which reflect Ugaritic roots exhibit not Ugaritic morphology, but rather the morphology of the Akkadian dialects of the texts in which they occur." Four of the writings listed above in figure 6.11 may be explained under this rubric: {*ku-ri-ka-a*[*t*]$^{?}$ ⌜x⌝-*ṣi*}, {*ma-am-ṣa-ar bu-li*}, {*pu-ḫur* DINGIR^{MEŠ}}, and {*mar-ḫi-iš iš-ia-ti-mi*}.

In terms of interpretation, the clearest of these is {*pu-ḫur* DINGIR^{MEŠ}}, which occurs in one of the local god lists in Mesopotamian script, and which has a corresponding entry in the alphabetic god lists, written *pḫr ỉlm* "the Assembly of the gods." The "Akkadianizing" morphological feature involved is the absence of a case ending on the bound form of the Ugaritic noun, in accordance with Akkadian morphology. Since there are unambiguous examples of Ugaritic common nouns with case vowels in the construct state, unlike the situation in Akkadian,[38] either the spelling *pu-ḫur* reflects an inconsistency in the use of case vowels by Ugaritic speakers, or it represents the intentional use of an "Akkadianizing" construct state for a Ugaritic common noun. Since there is a great deal of evidence for the systemic and productive status of the Ugaritic case system, and since inconsistencies are relatively rare, examples such as {*pu-ḫur* DINGIR^{MEŠ}} and the other three writings cited above are most easily explained as syllabic writings of Ugaritic nouns that show "Akkadianizing" morphological features.

Still, the immediate textual context may not have been the only factor that conditioned the creation and use of such "Akkadianizing" forms; socio-linguistic factors may also have been involved. Since the Mesopotamian writing system and the Akkadian language had accumulated a great deal of prestige among the intellectual elite of the Late Bronze world, something to which the scribes of Ugarit were certainly not immune,[39] many of these "Akkadianizing" forms may in fact represent not errors in Ugaritic morphology committed by native speakers, but manifestations of the great prestige of Mesopotamian scribal practices among Western peripheral scribes. Such "errors" might have been, in a sense, indirect boasts aimed at other colleagues, and intended to affirm the level of mastery in the Mesopotamian scribal arts achieved by the scribe in question: writings such as these would have sent a message to colleagues to the effect that not only had the scribe responsible for this tablet mastered Akkadian, but he had also learned how to write local, Ugaritic words "correctly" (that is to say, "in a more prestigeous way") — in other words, according to the rules of Akkadian grammar rather than according to the local vernacular nominal declension.

Ugaritic Words in Syllabic Script That Are Written in "Capricious" Ways

Three writings, from figure 6.11 above, may be considered "capricious" in the sense that they employ certain scribal conventions outside of their usual contexts or in unexpected ways: {*ma-kad*}, {*ma-lik*^{MEŠ}}, and {*ni-it*}. Several types of "caprice" may be recognized here, all of which involve some form or another of graphic abbreviation.[40]

The writing {*ma-kad*} has been described as a "pseudo-logogram" (thus, {MA.KAD}),[41] by which is meant a logographic writing that has no precedent in mainstream Mesopotamian tradition, but rather developed secondarily, in a peripheral context. Given the existence of other "pseudo-logograms" in the locally composed Akkadian texts,[42] it seems likely that this interpretation is correct: {MA.KAD} was employed as a logogram for local *mqd*, perhaps

[38] In general, see Huehnergard 1981.

[39] See Arnaud 1982: 107, and Roche 2008.

[40] In this vein, see the remarks of Civil (1973): "[Students of cuneiform writing systems] ... have too often taken the written version of a text as transliterated by them at its face value, disregarding scribal conventions, and adopting, in practice, if not in theory, the principle that 'what is not in the written text is not in the utterance'" (p. 21); "a one-to-one correspondence between phonological and graphic elements is the ideal case never found in practice in 'natural' writing systems. The deviations from the norm are due to the historical observation that most languages have been reduced to writing by borrowing a foreign script, to an inertia in the spelling habits (historical writings), and last but not least to a tendency to simplify by omitting sets of phonological elements (e.g., tone or stress) which are more or less predictable for the native reader" (p. 24).

[41] Huehnergard 1987: 154; Huehnergard 1989: 77; van Soldt 1991: 268 n. 42.

[42] Huehnergard 1989: 77–78.

in the sense of "pasture (rights?),"[43] probably on the analogy of the use of the "classical" logogram {NA.KAD}[44] for designating the local profession *nqd* "shepherd" in the local professions lists.

Writings of the {*ma-lik*^{MEŠ}} type[45] represent another type of abbreviation: that in which the {MEŠ} sign replaces the syllabic rendering of the corresponding Ugaritic plural morpheme.

Finally, a third type of graphic abbreviation is represented by spellings of the {*ni-it*} type, in which a sign of the VC (or CVC) type is employed in a way that implies a bisyllabic local reading:

{1 *ni-it* 1 *me*}	(RS 20.235:13, *Ug* 5, no. 84)
"One *niʾītu*-(axe), (its weight being) one hun(dred shekels)"	

Figure 6.12. Abbreviated writings in the inventory RS 20.235

It is possible, of course, that the writing {*ni-it*} is an abbreviation in the same sense as the following {*me*} sign: the scribe simply left off the end of the word since it seemed clear from context. But it appears more plausible to explain the writing with the {ID} as a "capricious" one, as suggested by an analogous example of graphic abbreviation encountered in the Akkadian manifestations of certain stereotyped polite formulas characteristic of the Western peripheral epistolary tradition:[46]

(RS 34.141:8–10, RSO 7, no. 32)

{(8) *e-nu-ma it-ti-ia šul-ma aš*$^{!}$*-ra-nu* (9) *it-ti* ŠEŠ DÙG.GA-*ia mi-nu-um-me-e*
(10) *šul-ma-nu lu-ú ta-šap-pa-ra*}

"Here, with me, (things are) well. There, with my 'good brother,' (regarding) whatever is well, you should write (to me about that)!"

(RS 20.023:6–8, *Ug* 5, no. 54)

{(6) *e-nu-ma* ID-*ia šul-mu* (7) *aš-ra-nu* ID-*ka mi-nu-mé-e*
(8) *šul-ma-na ṭé-«ma» te*$^{!}$*-er-an-nu*}

"Here, with me, (things are) well. There, with you, (regarding) whatever is well, return word (to me about that)!"

Figure 6.13. {ID} with a bisyllabic "reading" *itti* in local epistolary usage?

In the second passage transcribed above, taken from the corpus of domestic correspondence (in Akkadian) at Ugarit in which the prefect writes to a high-ranking local official, the preposition *itti* "with, *chez*" is twice written by the scribe in a "capricious" manner, with the {ID} sign.[47] We have already seen that the scribes of Ugarit were not averse to showing off their facility in Mesopotamian cuneiform by engaging in a certain amount of capricious writings.[48] In this example, the scribe seems to be demonstrating (1) his knowledge that the {ID} sign can be "read" with the Akkadian word *idu* "hand," "arm," and so on (and its accusative and genitive equivalents, *ida* and *idi*) — something he may well have learned in copying (local forerunners of) *ḪAR-ra* = *ḫubullu* II[49] or some

[43] So Nougayrol 1970: 96; Huehnergard 1987: 154; del Olmo Lete and Sanmartín 2003: 567. Other solutions have also been proposed (von Soden 1959–81: 674b; Márquez Rowe 1995: 326).

[44] See van Soldt 1991: 268 (n. 42).

[45] C. Roche informs me that another example of this type occurs on an unpublished label from the "House of Urtenu": {4 GUR *gu-la-bu*^{MEŠ}}, "Four *dūdu*-(measures) of *gulabu*-(grain)" — that {GUR} is indeed the local logographic writing of the dry measure spelled *dd*(*m*) in the alphabetic texts (an equivalence already suspected by Liverani 1979: 61), is now established by a "near-bilingual" equivalence; see Malbran-Labat and Roche 2008: 251. The writing {*gu-la-bu*^{MEŠ}} would thus be an abbreviated writing of **gulabūma*; see Roche forthcoming.

[46] On the Akkadian, Hittite, and Ugaritic versions of this "reciprocal formula of well-being," see Pardee 2003 and Hawley 2003: 758–86.

[47] See already Berger 1970: 290, who cites a similar example in an international diplomatic letter (RS 21.183:16; *Ug* 5, no. 41, where Nougayrol had interpreted {ID LÚ^{KUR} *pa-a-l*[*i*]} as *it*(*ti*) *amīl pāli*, "[av]ec (?) l'homme du Pal[u]").

[48] See above, note 39.

[49] The "canonical" version of *ḪAR-ra* = *ḫubullu* II contains the equivalence {Á : i-du}, "the ({ID} sign, with the Sumerian value) Á (can be used for the writing of the Akkadian word) *idu* ('hand, arm, etc.')"; Landsberger 1957: 69. This section is attested as part of the curriculum in the Western periphery: for Ugarit, see Landsberger 1957: 49; van Soldt 1995: 198; and for Emar, see now Gantzert 2008: 70.

such similar pedagogical list — but with two added innovations, extended by analogy from similar principles in "classical" Mesopotamian scribal tradition; (2) that Mesopotamian VC signs tend not to distinguish graphically the voiced, unvoiced, and emphatic articulations of certain types of consonants (thus apparently allowing, for this scribe at least, *itu*, *ita*, and *iti* as theoretically possible readings of {ID}); and (3) that consonantal gemination need not be indicated graphically[50] (thus allowing *itti*).

The example of the writing {ni-ID} for Ugaritic *niʾītu*, cited above in figure 6.12, may reflect similar processes, though in this case with an analogical extension of yet other graphic principles: (4) that vocalic length need not be indicated graphically[51] (thus allowing *ītu*, *īta*, and *īti* as theoretically possible readings), and (5) that intervocalic ʾ may be unwritten[52] (thus allowing -*ʾītu*, etc.). In any case, whether or not this specific explanation for {ni-ID} be accepted, the innovative flexibility manifested by the local Ugaritian scribes' use of the Mesopotamian syllabary is significant enough for there to be considerable doubt that the spelling {ni-ID} reflects a case-less underlying form.

A final note should be added on the proper names at Ugarit, from which some of the clearest and most convincing examples of "capricious" writings derive.[53] Many (though not all) types of Ugaritian proper names, whether occurring in (vernacular) Ugaritic or in (international) Akkadian textual contexts, show a fully productive use of the local Ugaritic case endings.[54] In light of this tendency, especially on geographical names, the presence of "uninflected" forms is striking: a good example is the place name "Ugarit" itself, which is often written without an explicit indication of the attached case vowel.[55] Daniel Sivan has suggested that "the phenomenon [of proper nouns without case endings] can easily be explained as an attempt on the part of Western scribes to imitate the Akkadian forms (in which proper names have no case endings)."[56] For many of the apparent examples of undeclined proper names at Ugarit, this may well have been the case: these examples would thus belong among the "Akkadianizing" forms discussed above.[57] It is also possible, however, that these "case-less" writings are not so much "Akkadianizing" as they are "capricious" in the sense suggested for the writings ID (read as *itti*) and {ni-ID} (read as *ni-(ʾ)ītu*) discussed above. This would resolve the apparent discrepancy for the inflection of the place name *ʾUgārītu*;[58] for example, writings employing the ID sign as the final element may well have been intended to be "read" bisyllabically, with an implicit case vowel. Many of the other local place names that seem superficially to have been "undeclined"[59] may also be susceptible to such an explanation.[60] This topic, however, is very complex and requires much more study than can be accorded to it here.

Ambiguous Writings (in Alphabetic Ugaritic)

In the alphabetic corpus, examples of Ugaritic nouns without case vowels have also been proposed.[61] Since the only signs in the local alphabetic system that provide an explicit indication of associated vowels are the three

---

[50] See Huehnergard 1989: 47–48.

[51] Huehnergard 1989: 57.

[52] See Huehnergard 1987: 253.

[53] On "jeux graphiques" in the local (logo-syllabic) spellings of proper names (including both personal and geographical names), see the examples cited in Huehnergard 1989: 31, 67–69, and Roche 2008.

[54] For the productivity of the case inflections on geographical names, see van Soldt 2005: 160; for the personal names, see Gröndahl 1967: 49–51 (and see below, "Case Problem 4").

[55] For the problems presented by this geographical name and the gentilic form derived from it, see Pardee 2003/04: 102–03, and Hawley and Pardee 2007: 24 n. 23 (where the previous literature is cited).

[56] Sivan 1984: 114.

[57] In favor of such an interpretation is the archaic nature of the spelling {*ú-ga-ri-it*$^{(KI)}$}; it is attested already in the eighteenth-century documentation from Mari (see Groneberg 1980: 245) and in the Old Babylonian level (VII) from Alalakh (*AT* 358; see Belmonte Marín 2001: 305), and in the fourteenth-century Amarna corpus (ibid., p. 306). The frequency of this spelling among the local scribes of thirteenth-century Ugarit could thus be very plausibly explained as due to orthographic inertia (that is, as an old spelling habit) rather than as a meaningful reflection of how the proper name was inflected in the local vernacular.

[58] Such is the "classic" vocalization (see Astour 1972: 450, where previous bibliography is mentioned).

[59] For the list, see van Soldt 2005: 161.

[60] It is noteworthy, for example, that bisyllabic readings have already been documented for some of the signs involved, either specifically for the local cuneiform corpus (for AN read as *ilu*, see Huehnergard 1989: 31 — such a reading would allow for implicit case endings on the local village names *Maraʾilu* and *Ṯābaʾilu*), or from the broader Mesopotamian tradition (for AR read as *ara*$_8$ in first-millennium traditions, see Borger 2004: 31 — a bisyllabic reading of AR would not only allow for an implicit case ending on the local village name *Mi-rarâ*$^?$, but also suggest a solution to the problem of the syllabic spellings of the gentilic adjective "Ugaritian" in RS 19.042:15–16 (*PRU* 6, no. 79): {(PN) ^{URU}*u-ga-ar-ti*-PI} and {(PN) ^{URU}*u-ga-ar-ti*}; on these writings, see van Soldt 1999: 775; Tropper 2000: 182; Pardee 2003/04: 102–03; and Hawley and Pardee 2007: 24 n. 23 (in any case, it may be unwise to attribute undue significance to these two spellings, since they appear to have been the work of [or heavily influenced by] a foreign scribe; see van Soldt 2001, 2002). The local scribes may also have been "capricious" in their use of other CV signs, attributing to them bisyllabic values by the analogical extension of similar bisyllabic readings known to them for other essentially monosyllabic signs.

[61] Tropper 2000: 336.

ʾ signs, the only pertinent examples here are nouns derived from roots ending in ʾ.[62] Furthermore, since it is also widely acknowledged that neither the {ả} sign nor the {ủ} sign denote syllable-final ʾ, only words ending in {ỉ} are potentially of relevance.

The {ỉ} sign, however, also shows the greatest polyvalence of any Ugaritic sign (see above, fig. 6.1) — it is used not only to represent consonantal ʾ followed by a vowel, most probably a high front vowel (as in the spellings {ksỉ} for *kussiʾi*, {rpỉm} for *rapaʾīma*, and {ỉb} for *ʾêbu*), but also to represent syllable-final ʾ, regardless of the quality of the preceding vowel (as in the spellings {rỉš} for *raʾšu* and {mỉḫd} for *maʾḫadu*) — and from this polyvalence it follows that the morphological analysis of words ending in the {ỉ} sign is potentially ambiguous.

Another preliminary point to be made here involves the functional distribution of the putative examples of Ugaritic case-less nouns in the alphabetic corpus: a great many — indeed, the most plausible suggested examples of case-less nouns in alphabetic script — occur in a vocative functional context. The data discussed in this section thus have an added significance. They are the only "internal" Ugaritic data available for addressing one of the many as-yet unresolved questions regarding the Ugaritic case system: Had noun phrases in the vocative function in Ugaritic already been assimilated into one or another of the formal case categories, as they were to be in classical Arabic?[63] Or, were nouns in the vocative function still exempted from systematic case marking, as they were in Akkadian?[64]

The "internal" data (see below, fig. 6.14) thus being ambiguous and limited, and the pertinent comparative data being inconsistent, the most plausible way of addressing these questions is (1) by taking into consideration, in as holistic a manner as possible, the various morpho-syntactic ways in which vocative phrases were marked in Ugaritic, and then searching for commonalities; and (2) by attempting to evaluate the Ugaritic system thus revealed against the broader chronological and typological background sketched out on the basis of comparative Semitic data (and especially Akkadian and Arabic), and, where possible, comparative Afroasiatic data.

In general, preliminary considerations of the broader Afroasiatic data suggest that the inventory of forms and functions of the Proto-Afroasiatic case system were not directly comparable to the system reconstructed for Proto-Semitic.[65] In other words, the familiar "classical" Semitic system (triptotic in the singular [*-u, -a, -i*],

---

[62] There are also some forms derived from roots with Y as the final radical that may be pertinent here (Tuttle 1978: 260–63), though the interpretation of such forms (most of which derive from third-Y roots) remains in many cases unclear; Huehnergard's observation (1981: 199 n. 3) is still pertinent: "The appearance or non-appearance of final Y (or W) in both nominal and verbal forms in Ugaritic presents a problem that needs further investigation." Even forms derived from geminate (rather than third-weak) roots with final Y are potentially ambiguous. One such example is the oath formula "(By) the life of (my/your) soul!" twice written *ḥ npš-* in RS 94.2284:12 (soon to be published; see, provisionally, Pardee 2002b: 113 n. 205). It is possible that this writing of the word for "life"/"(is) alive" without the {y} sign reflects a particular Ugaritic morpho-syntactic phenomenon, perhaps akin to a certain extant to the idiomatic usage of the so-called absolute state on nouns in Syriac (where the absolute state on nouns was no longer productive; see, for example, Nöldeke 1904: 151–57). Still, given the uncertainties that persist regarding the behavior of the consonant *y* in Ugaritic phonology, and given the uncertain existence of an "absolute case" as a valid grammatical category in Ugaritic, one must be cautious about attributing too much significance to a form such as this one, especially in light of its formulaic nature. Indeed, among those linguistic environments most likely to preserve, in frozen form, archaic phonological and grammatical features (which are distinct from and not reflective of contemporary usage) are formulas, such as oath formulas. Thus, *a priori*, should an oath formula show "unexpected" phonological or morphological features, it is legitimate to suspect that these "unexpected" features are in fact archaic features, preserved in a particular frozen form derived from a particular context. Since the writing of the first noun in the oath formula *ḥ npš* in RS 94.2284:12, as *ḥ* rather than **ḥy*, is "unexpected" from the point of view of Northwest Semitic historical phonology (intervocalic, geminated *y* is almost always graphically represented), we may reasonably infer that its unusual writing here is to be explained as an archaism, reflecting not contemporary, but earlier phonological and morphological realities. Furthermore, since the extension of the case system into "peripheral" areas of syntax (such as vocative phrases, the bound forms of nouns, and predicate nouns/adjectives) appears to have been a relatively late development (a comparison of the Afroasiatic, East Semitic, and West Semitic data suggests that this paradigmatic extension of the case system was a West Semitic innovation; see in more detail below), the writing *ḥ npš* is most easily explained as a frozen form, reflecting a primitive Proto-West Semitic oath formula deriving from a period prior to the paradigmatic extension of the case system onto nouns in the construct state (Proto-West Semitic **ḥayy napši-ka* > **ḥay napši-ka* > Ugaritic *ḥê napši-ka*). In any case, the situation is not yet sufficiently clear for examples such as this one to serve as evidence for the recognition of new grammatical categories in Ugaritic such an "absolute case."

[63] See Fischer 2006: §157. The assimilation of the vocative function to one of the case categories is not entirely uniform, however. The most common inflection used for the vocative is the nominative (see *yā rağulu* "O Man!"), and the accusative is used when the vocative phrase is a construct chain (the head noun of the chain is marked with the accusative *-a*, as in *yā bna ʿummî* "O Son-of-my-uncle!"). A few other patterns seem to have been preserved, as in *yā rabbi* "O Lord!" with the following noun apparently in the genitive *-i* (unless this is a "shortened" form of the first common singular pronominal suffix *-î*, as Fischer suggests); but in any event, all examples show case endings.

[64] See Kraus 1976; von Soden 1995: §62j (note, however, that later dialects show a tendency for the nominative).

[65] See already Diakonoff 1965: 58; for further discussion and subsequent bibliography, see Sasse 1984; Müller 1995; Satzinger 2002, 2004a, and 2007.

diptotic in the dual [-ā, -ay] and plural [-ū, -ī]) appears not to have been the result of a direct linear inheritance from Proto-Afroasiatic, but rather the result of innovation, re-analysis, and subsequent analogical extension and leveling. The new system seems also to have been accompanied by a shift in perspective, from an ergative orientation (distinguishing essentially *patient* and *agent*) to an accusative orientation (distinguishing *grammatical subject* from *verbal and nominal complements*).[66]

Indeed, judging from the (admittedly meager) available data, the spread of the "classical" Semitic system, described above — and the concomitant displacement of earlier/variant systems — was a slow and gradual process.[67] In East Semitic, which tended to preserve more archaic patterns owing to the conservative influence of the writing system, the "classical" Semitic system is present, but has not yet entirely displaced the vestiges of the more archaic system found on (1) nouns used as predicates in nominal sentences, (2) nouns in the construct (or "bound") state, and (3) vocative phrases, to cite just a few examples. In West Semitic, in contrast (represented by classical Arabic[68] and, less explicitly, Ugaritic), in which chronologically later, more thoroughly leveled stages tend to be represented, the process of assimilation of these three vestigial forms to the "classical" case system was far more complete: nominal predicates, construct forms, and vocatives tend to show a full integration into the "classical" system.[69]

Should this general outline be correct, one would have expected Ugaritic, as a relatively early manifestation of West Semitic, to show a level of development more akin to Arabic, not Akkadian. With respect to nominal predicates and the construct forms of nouns, at least, such appears to be the case. It would be odd if the vocative construction were different.

lk bty rpỉm	(from *KTU*² 1.21 II 9 and parallel)
"Come to my house, O *Rapa ʾūma*-(divinities)!"	
l r[p]ỉ ảrṣ	(from RS 24.252:23'–24', *KTU*² 1.108)
Possibly: "O *Rapa ʾūma*-of-the-Earth!"	
qrỉtm rpỉ ảrṣ	(from RS 34.126:2 and 9, *KTU*² 1.161)
"You are (hereby) invoked, O *Rapa ʾūma*-of-the-Earth!"	
ksỉ nqmd ỉbky	(from RS 34.126:13, *KTU*² 1.161)
"O Throne of Niqmaddu! Be bewailed!"	
ảṯr bʿlk l ks⸢ỉ⸣	(from RS 34.126:20–21, *KTU*² 1.161)
ảṯr bʿlk ảrṣ rd	
"After your master, O Throne! After your master descend (into) the Earth"	

Figure 6.14. Plausible examples of vocative phrases spelled with the {ỉ} sign[70]

[66] There is disagreement on this; see Waltisberg 2002, Satzinger 2004a (both with bibliography).

[67] Indeed, the process was not entirely thorough. Traces of earlier "ergative" stages are perceptible in some Semitic languages: the diversity of functions attested for the Semitic suffixing conjugation is one such vestige (see Müller 1995: 265); the pronominal paradigm is another (see Satzinger 2004b, esp. pp. 495–96).

[68] As Robert Hetzron demonstrated in the 1970s (for references and discussion, see Faber 1997: 6–12), from a typological perspective, classical Arabic is much more closely related to the Northwest Semitic branch than had previously been recognized.

[69] In other words, the "case-less" state has all but disappeared in early West Semitic, the forms in question (nominal predicates, construct forms, and vocatives) having been shuffled into whatever formal case category of the newer system that seemed appropriate.

[70] The final passage follows the interpretation of de Moor 1976: 344 (so also Tropper 2000: 314); it was interpreted differently in the *editio princeps*, where the editors took the phrase *l ksỉ* as prepositional ("... from the throne ... go down!"), on the analogy of a lexically comparable idiom (YRD + *l* in the sense of "to descend from"), which is attested elsewhere in Ugaritic poetry (see, for example, the passage from the *Baʿlu Cycle* [*KTU*² 1.5 VI 12–14] cited above in fig. 6.2); see Bordreuil and Pardee 1991: 155, 159. De Moor's suggestion is plausible, however, since poetic structures of this type (a tricolon in which the lines 1 and 2 begin identically and show grammatical enjambment, and line 3 is semantically parallel to lines 1–2) often contain vocatives at the end of line 1.

Such a purely theoretical approach as this must obviously be confronted against the available data, however. Even if the {ỉ} sign is polyvalent (and the pertinent writings thus formally ambiguous[71]), nevertheless certain inferences can be made regarding the examples cited here.

That a single explanation (rather than multiple explanations) should be sought for the whole class of vocative forms (whether singular or plural, whether preceded by a particle [*l*, *y*, etc.]) is suggested by the consistency with which the III-ʾ nouns shown above are written with the {ỉ} sign.

Furthermore, the fact that this solution must involve a vowel of some sort following the nominal base seems clear, not only for (dual and) plural nouns (see examples such as *l dgy ảṯrt* "O Fishermen of ʾ*Āṯiratu*!,"[72] as well as *rpỉm* "O *Rapaʾūma*-(divinities)!" and *rpỉ ảrṣ* "O *Rapaʾūma*-of-the-Earth!,"[73] both cited above in fig. 6.14), but also for nouns in the singular (see examples such as *y ymm* "O Yammu!"[74] and the various other vocative forms with attached pronominal suffixes such as *ủmy* "O my Mother!"[75]).

The likely existence of vowel-less forms being thus excluded, the only single explanation available for all of the forms is the hypothesis according to which all nouns and noun phrases in the vocative function in Ugaritic were formally marked by a type of inflectional vowel otherwise typical of the "genitive" (or, for the dual and plural, the "oblique") case.[76] What is admittedly unexpected about this explanation is the fact that, in Arabic, it was not into the "genitive" formal category to which vocative phrases were assimilated but rather the nominative (with a minor subset in the accusative). Apparently the analogies that triggered the assimilation of nouns in the vocative function into one of the formal case categories were always not the same in the prehistories of Ugaritic and classical Arabic. For Ugaritic, a plausible "rationale" for the analogical extension of the genitive/oblique case as the basic marker of vocative function may be found in the occasional vocative usage of the preposition *l*.[77]

Even if we admit, with many authors, that there existed a vocative construction in Proto-Semitic that carried no case vowel, the uniformity of the alphabetic data suggests that, by the fourteenth–thirteenth centuries B.C., this ancient usage had disappeared from (the) Ugaritic (branch of West Semitic). The older construction without a case vowel seems to have been replaced by an analogical extension of the genitive/oblique case.

Summary

Of the known examples of Ugaritic nouns represented graphically by spellings (in either syllabic or alphabetic script) that suggest the absence of a case vowel, essentially two different lines of interpretation are possible. Either the absence of a case vowel is *genuine* (the spelling in questions thus being superficially straightforward in terms of their interpretation), or absence is only *apparent*, being the result of certain graphic conventions employed by the scribes of Ugarit. Given the evidence for the productivity of the Ugaritic case system, surveyed in this article's introduction, common sense would suggest setting aside the first line of explanation, since such a solution would introduce more problems into an attempted synthesis on the Ugaritic case system than those it pretends to solve, and instead favoring the second line of explanation (where such alternative explanations are possible, and provided that plausible evidence for such exists).

For Ugaritic nouns in syllabic script, two such graphic conventions must be considered plausible, on the basis of present data: (1) some Ugaritic words are represented in morphological patterns inappropriate for Ugaritic but appropriate for Akkadian ("Akkadianizing" forms), the reason for this probably being the cultural prestige of the latter; and (2) some Ugaritic words are written in abbreviated form, usually according to some principle familiar

---

[71] The phrase *ksỉ nqmd* (see above, fig. 6.14) is one such example (see Taylor 1986). If one adopts a vocative interpretation for this noun phrase ("O Throne of Niqmaddu!"), one must conclude either (1) that the sign {ỉ} must here be read with the value /ʾi/, and that the vocative function in Ugaritic was marked with something resembling the genitive case vowel, or (2) that the sign {ỉ} must here be read as denoting syllable-final ʾ, and that vocative function in Ugaritic was marked by the absence of a case vowel.

[72] See *KTU*² 1.3 VI 10 (and comparable passages); the vocative here is probably in the dual, as is appropriate for addressing the pair of messengers. Had the form been without a final vowel, the {y} would likely not have been written.

[73] As Tropper (2000: 316), has explained, in these plural forms the nominal base was followed by a vowel (marking gender, number, and case). In the phrase *lk bty rpỉm*, for example, there was clearly a case vowel present in this form between the nominal base *rapaʾ*- and the final *-ma* morpheme marking the "non-bound" state.

[74] See *KTU*² 1.2 I 36. Had the noun *ym* (**yamm*-) been vowel-less, one wonders why the following enclitic *-m* should have been written separately.

[75] See the forms cited by Tropper 2000: 319; Pardee (2003/04: 188) has argued that "there is no evidence that pronominal suffixes were attached to zero-ending forms."

[76] See already Bordreuil and Pardee 1991: 158; Pardee 2003/04: 188–89.

to the Ugaritic scribes from their study of Mesopotamian scribal tradition, and then extended by analogy to the Ugaritic form. For Ugaritic nouns in alphabetic script, the graphic convention involved is the polyvalency of the {i} sign: since plausible solutions are available that do not involve positing the existence of case-less common nouns, these ought to be favored.

Case Problem 3: "Additional" Cases

The "classical" Semitic case system, as reconstructed essentially on the basis of Arabic, Akkadian, and, less directly, Ugaritic (see above, fig. 6.4), consists of two inflectional categories for dual and plural nouns (distinguishing *grammatical subject* and *verbal/nominal complement*), and three for singular nouns (in which *verbal* and *nominal complements* are further formally distinguished).[78] Beginning in the mid-twentieth century, however, and especially in discussions involving Akkadian grammar, two additional cases came often to be posited for Proto-Semitic: a "terminative" case, formally marked (in Akkadian, at least) by the suffix *-iš*, and a "locative" case, formally marked (again, in Akkadian) by *-u*(*m*) (this morpheme would thus have often been formally identical with that of the "nominative" case in Akkadian).[79] The third case "problem" addressed in this article is the potential existence of these two "additional" cases in Ugaritic, possibilities that must be taken seriously, in light of the fact that Tropper devoted sixteen pages to them in his *Ugaritische Grammatik*.[80] The theoretical bases employed here for evaluating these possibilities will be derived from the following two premises:

(1) *It is useful to distinguish cases from other types of postpositional elements.* Comparative study of the languages of the Afroasiatic family suggests that the reconstruction of Proto-Semitic cases must, to a certain extent, be linked with the study of various adpositional systems (prepositions and postpositions).[81] Permutations on the distribution of these three phenomena (cases, prepositions, and postpositions) evolved in the different language families as different strategies for marking the major syntactic and semantic functions of noun phrases within utterances. Indeed, traces of all three of these strategies (cases, prepositions, postpositions) may even be found in Ugaritic:

šả ydk šmm	(from the *Kirta Text*, *KTU*[2] 1.14 II 22–23)
"Lift your hands in the direction of the heavens!"	
nšả ⸢*y*⸣*dh šmmh*	(from the *Kirta Text*, *KTU*[2] 1.14 IV 4–5)
"He lifted his hands in the direction of the heavens."	
**nšả ydh l šmm*	(UNATTESTED)
*"He lifted his hands in the direction of the heavens."	

Figure 6.15. Three possible morpho-syntactic strategies for expressing "terminative" nuances[82]

Apparently at a rather early stage in the development of Semitic, the processes of grammaticalization, analogical extension, and subsequent leveling heavily favored the increasing productivity of the case and prepositional

[77] Pardee 2003/04: 188–89. It is not entirely certain that the vocative particle *l* is identical with the preposition *l* (see Huehnergard 1983: 581, 584; Testen 1998: 205–06; and Tropper 2000: 804). No pre-nominal particles other than the preposition *l* are yet certainly known for Ugaritic, however.

[78] See above, note 5.

[79] See von Soden 1932: 90–130; Young 1950; Speiser 1954; Gelb 1961: 142–45; Moscati et al. 1964: 94–95; Diakonoff 1965: 58–59; Gelb 1969: 87–98.

[80] Tropper 2000: 320–35.

[81] The Cushitic data are especially important; see Sasse 2003: 139–40.

[82] In appropriate contexts, adverbial nuances could be marked by the accusative/oblique case, as in the first example (where the adverbial terminative nuance is presumably expressed by the oblique case inflection of **šamīma*). The broad range of functions subsumed under this inflectional category (the accusative/oblique case), however, no doubt encouraged the development and/or preservation of more highly marked formulations, such as the second (*šmmh*) and third (**l šmm*) examples cited above. Of these two, however, it was the prepositional strategy that became the most widespread in the end; postpositions have only been preserved in Ugaritic in isolated, lexicalized instances. The third phrase (**l šmm*), by the way, is unattested as such, but was very probably grammatical in Ugaritic, in light of other "terminative" usages of the preposition *l* with verbs involving movement as, for example, *yql l ảrṣ* "He falls to the ground" in *KTU*[2] 1.2 IV 25–26, and *ʿnt l bth tmġyn* "*ʿAnatu* goes to her house" in *KTU*[2] 1.3 II 17 (see Tropper 2000: 759).

systems and at the same time led to a greatly reduced usage of postpositional systems, ultimately resulting in the historically attested stages, in which postpositions are generally limited to a few isolated frozen forms. It is thus theoretically possible that the putative "additional" cases under discussion here had not, in fact, been integrated as productive elements of a case system of inflectional categories (whether in Proto-Semitic, in Ugaritic, or anywhere in between), but were instead frozen, lexicalized postpositional elements.

(2) *It is possible to distinguish cases from (frozen) postpositions.* As an inflectional category, case markers may be expected to be found in complementary distribution. In other words, if a given noun in the role of grammatical subject, for example, is marked with the "nominative" case vowel *-u*, then by definition it is not marked with the accusative vowel *-a* or the genitive *-i*: the presence of one case vowel excludes the possibility that another is present. Thus, if the "terminative" and "locative" suffixes are indeed cases, one would expect them to appear in complementary distribution with other inflectional cases. Furthermore, in terms of morphology, the sequential ordering of case morphemes is quite regular and consistent in Semitic. Should the "terminative" or "locative" suffixes show positional distributions inconsistent with the normal "case slot," this would imply that they had not been assimilated as fully productive inflectional categories in the case system.

A "Terminative" Case in Ugaritic?

There is little doubt about the existence in Ugaritic of a post-positive particle attached to noun phrases, written *-h*, which functions adverbially, most often specifically in a locative or terminative sense.[83] What *is* in doubt is whether this particle is a case ending, or rather some other type of postpositional element. Regarding the possibility of distinguishing inflectional cases from other types of postpositional elements, two types of arguments suggest that Ugaritic adverbial *-h* is not a case: (1) inner-Ugaritic morphological data, and (2) comparative Semitic and Afroasiatic considerations.

A relatively large number of (certain or possible) occurrences of post-positive adverbial *-h* exist in Ugaritic,[84] but the key data are those occurrences in which adverbial *-h* is attached to a masculine plural (or dual) noun in the "unbound" state:

nšả ⌜y⌝dh šmmh (from the *Kirta Text*, *KTU*^{2} 1.14 IV 4–5)

"He lifted his hands in the direction of the heavens."

yšủ y⌜r⌝ šmmh (from *Dawn and Dusk*, *KTU*^{2} 1.23:37–38)
yr b šmm ʿṣr

"He lifts (the rod and) casts (it) into the heavens;
he casts (it at) a bird in the heavens."

ql bl ʿm šḥr w šlm šmmh (from RS 24.244:51–52, *KTU*^{2} 1.100)

"Carry (my) cry to Dawn-and-Dusk, (located) in the heavens!"

Figure 6.16. Examples of post-positive adverbial *-h* attached to masculine plural nouns in the "unbound" state

Even though these occurrences all involve the same noun, *šmmh*, "toward/in the heavens," they are nevertheless sufficient to illustrate that in Ugaritic the sequential position of post-positive adverbial *-h* was *after*, and not before, the slot attributed to the *-ma* morpheme, which marks (un)boundness.[85] Furthermore, in the slot between

[83] See already Speiser 1954; Tropper 2000: 320–25. Within the Semitic family, the particle is etymologically related to the Akkadian suffix *-iš* and to the Hebrew "*he locale*," unaccented *-ə* (written *-h*); for the conditioned nature of this correspondence, see Voigt 1987: 58–59 (when Gensler [1997: 134] writes that "Akkadian *š* : West Semitic *h* is not a *normal* sound correspondence" (my italics), he appears to mean that the correspondence is not *unconditioned*).

[84] See the discussion in Tropper 2000: 320–25.

[85] See already Pardee 2003/04: 189. Since this was also the case in Hebrew (see Gelb 1969: 91–92: "The fact remains that Hebrew ah is an enclitic which functions as a postposition placed after the inflectional elements"), it was probably a feature of common Proto-Northwest Semitic (perhaps even more broadly West Semitic), and not an inner-Ugaritic innovation.

the noun base *šam-* and the boundness marker *-ma,* there was certainly a vowel (else the *m* would not have been written twice), and this vowel indubitably marked the inflectional category of case (along with those of gender and number). Were the *-h* suffix to be interpreted as a genuine case, one would then be obliged to conclude that the form *šmmh* contained not one, but two case morphemes, one in the expected slot, and a second one following the *-ma* morpheme. Since it is unsound to postulate that some nouns bore more than one case morpheme (this would be inconsistent with the notion that case is an inflectional category), it would appear that, whatever the enclitic *-h* morpheme in examples such as *šmmh* might be, it was not a "case" — that is, the Ugaritians did not themselves understand or employ this suffix in the same (morpho-syntactic) way that they employed the inflectional cases. Classifying *-h* as a case marker, similar to other case markers, creates more problems for a coherent understanding of the case system than those it pretends to solve.

The comparative data, from within the Semitic family and from Afroasiatic more generally, are consistent with the conclusion reached above on the basis of the inner-Ugaritic evidence: they suggest the existence of a floating adpositional element (perhaps phonologically **s* at some very early stage), which would have been historically assimilated into the various morpho-syntactic systems of the individual Semitic (and Afroasiatic) languages as a postposition or as a preposition.[86] This adpositional particle **s* thus seems to have been distinct from the more primitive inflectional categories of case. As Sasse has pointed out for the Cushitic family,[87] so also for Semitic, it is, of course, possible for postpositional elements to become secondarily assimilated into case systems. Such a secondary development may explain what happened in East Semitic where the level of productivity eventually acquired by the *-iš* case-like suffix is relatively high.[88]

West Semitic, however, appears not to have assimilated postpositional *-h* into the inflectional case categories. Where preserved, it is instead a lexicalized adverbial postpositional particle, separate from the inflectional morphemes.

A "Locative" Case in Ugaritic?

Tropper has also suggested the existence in Ugaritic of a productive locative case, formally marked as *-u*. The nature of the evidence — both internal and comparative — with regard to this suggestion is here reviewed under the following rubrics:

(1) *Distinguishing formal categories and functional categories.* In fully cased Semitic languages like classical Arabic or Akkadian, several distinct semantic and syntactic functions may be attributed to a single formal case category. To cite just one example, the inflectional morpheme *-a* (the "accusative") may be used to mark a noun as the direct object of a transitive verb (the so-called objective accusative), but it may also be used to mark a noun with an adverbial nuance such as location (the so-called local or directive accusative).[89] These two (and many other) functions may be duly distinguished and catalogued in descriptive grammars,[90] but each syntactic/semantic function is not generally considered a case in and of itself, but rather one of several functions grouped together under a single formal case category. Along these lines, if indeed unambiguous examples can be found of Ugaritic nouns that function as locatives but bear a case vowel *-u* (and this is far from certain; see below, fig. 6.17), even then it is still not clear why such forms constitute evidence for a distinct "locative" case over and above the "nominative"

[86] For traces of prepositional elements containing this particle in Semitic, see the concise summary in Fronzaroli 2006: 43–44. The third-millennium examples there cited include Eblaite *šin* and Mariote *ʾiš*, both meaning "toward, intended for"; the *ʾiš* form is also attested in the texts from Tell Beydar (on this particle, see also Gensler 1997, who arrives at different conclusions). Ancient and modern South Semitic parallels are also mentioned by Fronzaroli (ibid.): Sabaic *šwn*, Ḥadramitic *h-*, Minaic *h-*, as well as possible cognates in modern South Arabic (for which see also Simeone-Senelle 1997: 410). Why this preposition should show up in Proto-Akkadian as **hana* (written {a-na}) instead of expected **šana* is a mystery; but in any case, other such inconsistencies in the history and writing of this same historical phoneme (**s*) are also known from West Semitic (see the causative stem in Ugaritic, with preposed *š-* instead of "expected" *h-*). On the conditioned correspondences in the distribution of this phoneme, see above, note 83.

[87] Sasse 2003: 135: "If [pre- or post-positions] are formed at all, the normal place of the adpositional elements is after the noun. In the majority of the language groups investigated, this has led to various systems of secondary case endings; the postpositional elements become encliticized to the final elements of the NP, and in a more advanced stage of grammaticalization they turn into suffixes constituting parts of the nominal declension paradigms."

[88] See Gelb 1969: 88–93.

[89] For these two "functions" of the accusative in classical Arabic, see, for example, Wright 1898: 45–47, 111–12; and Fleisch 1968: 177–80; for the same two "functions" in Akkadian, see von Soden 1952: 198–200.

[90] Tropper (2000: 309–13) has done this for the various functions of the accusative case in Ugaritic, for example.

case marked with *-u*. Given the identity of the putative formal marker (*-u*), it would be more feasible to posit not two cases ("subject" and "locative") but rather two functions of a single case.[91] The broader Afroasiatic evidence in favor of an early (pre-Semitic) case system in which "locative" and "agent" functional categories were grouped together under a single formal case would not be inconsistent with such a view.[92]

(2) *Comparative evidence for locative -u(m)*. A basis for suggesting the existence in Ugaritic of a "locative" case marked *-u* cannot be derived from the internal Ugaritic data, which are meager and ambiguous (see below); such can only be argued from comparative evidence. Furthermore, the only Semitic language in which the locative suffix *-u(m)* is even marginally productive is Akkadian,[93] and even there the *-u(m)* suffix shows a morphological distribution at odds with what one would expect for an inflectional category such as case: it is present on nouns in morpho-syntactic environments in which case endings are generally lacking (in the "bound" state or in the "predicative" state, for example), and it combines with other postpositions.[94] Such features may be explained as retained archaisms inherited from Afroasiatic, or as inner-Akkadian developments (reanalysis, innovation, and subsequent analogical extension)[95] — but in either case, unless clear analogues can be found in related Semitic languages, they probably ought not be assumed for Proto-West Semitic.

Outside of Akkadian, the evidence for a Semitic locative case in *-u(m)* consists of a handful of lexicalized fossil forms culled from the grammars and lexica of various Semitic languages,[96] but in none of them can locative *-u(m)* be said to be productive. Since Ugaritic tends to resemble other West Semitic languages in terms of morphology and syntax far more closely than it resembles Akkadian, this lack of productivity for adverbial *-u(m)*, in and of itself, raises considerable doubt about the *a priori* likelihood of the productivity of such a morpheme in Ugaritic.

Finally, the comparative data generally cited for Semitic adverbial *-u(m)* are extremely heterogeneous from a formal point of view. Some forms contain mimation, while others do not. Some forms suggest an underlying historically long *ū* vowel, others suggest an underlying short *u* vowel, and still others preserve no trace of an *u* vowel.[97] Even within a single given corpus, divergent forms are cited.[98] Are these diverse data remnants of a single grammatical phenomenon, or of several? Is the "unexpected" presence of a vowel of /u/ quality at the end of an adverbial form sufficient evidence for their inclusion in this category? Given the attested heterogeneity, it may well be that some of the comparative data are genuinely fossilized remnants of an archaic locative *-u(m)* suffix, but others could be the result of analogical innovations and reanalysis, or even chance resemblance. Separating the first category of data from the others on empirical grounds may not be possible.

(3) *Internal Ugaritic evidence for locative -u(m)*. In light of the diverse comparative data, if Ugaritic had indeed inherited a post-positive locative suffix (whether or not this be considered as a marker of the inflectional category of case), one would *a priori* expect its formal marking to consist of either the vowel /u/ (long *ū* or short *u*), or the consonant *m*, or both (in that order). Attempts have been made to find traces of locative adverbial *-m* (whether or not this be explained as *-um*) in Ugaritic,[99] but the wide variety of syntactic environments in which one encounters enclitic *-m*, along with the dizzying number of plausible semantic nuances attributable to these

[91] The historical unity of nominative *-u(m)* and locative *-u(m)* is often argued by comparative Semitists (see Lipiński 1997: 261, Kienast 2001: 179), though not all agree on this (Müller 1995: 264, Waltisberg 2002: 21–22).

[92] See already Diakonoff 1965: 58–61, and the references cited above, note 91. For reactions to the thesis of Waltisberg (2002) from an Afroasiatic perspective, see Satzinger 2004a and Satzinger 2007 (with bibliography).

[93] See von Soden 1952: 87–88; for a detailed survey of occurrences of adverbial *-u(m)* (and *-iš*) in Old Babylonian literary texts, see Groneberg 1978/79: 24–29.

[94] For a survey of these differences, see especially Groneberg 1978/79: 16–17, and Buccellati 1996: 151–52.

[95] Since some of these features are already present in Old Akkadian (see Gelb 1961: 144–45; Hasselbach 2003: 236–37), these putative innovations would have already taken place prior to the late third millennium.

[96] See Young 1950, and, for a more comprehensive survey of the data, Kienast 2001: 172–73 (the languages mentioned include Arabic, classical Ethiopic, Syriac, Hebrew, certain Old South Arabian dialects, Ugaritic, Amarna Cannanite, and even a possible occurrence in Eblaite). As for the data derived from the Amarna corpus (see the discussion in Rainey 1996: 5–6), they do not necessarily reflect the "Canaanite" linguistic substrate — they might very well be invented "Akkadianizing" forms, imitating certain aspects of Akkadian morphology encountered by the scribes during elementary training in Akkadian.

[97] On the quantity of the *u* vowel of the locative, long or short, Gelb (1969: 96–98) surveys the inconsistencies, among both the comparative Semitic data and the modern scholarly proposals; he himself admits, "For years I have been writing long u̱ in u̱m of the Loc. for no other reason than to differentiate it from u̱m̱ of the Nom." (p. 97).

[98] For Syriac, for example, see *kadu*, "enough" (the *ʿṣāṣā* vowel in this environment ought to correspond to historical long **ū*), but *mtom*, "never" (the *ʿṣāṣā rwiḥā* vowel [see Manna 1900: 423] prior to the final *m* suggests historical *-um*, with short *u*). For classical Arabic, see *halumma*, "hither," but *baʿdu*, "afterwards," and so on.

[99] A potential example would be the locative adverbial *mrḥqtm* "from afar" in the local Ugaritic epistolary tradition (on which, see Hawley 2003: 332–38, with selective anterior bibliography). For other suggested examples of locative *-um* in Ugaritic, see Tropper 2000: 327–28.

diverse constructions, has led to a general abandonment of the suggestion that the adverbial semantics are to be understood as being "encoded" in the enclitic particle.[100] Thus, the presence of enclitic *-m* on a noun with adverbial meaning need not indicate the presence of "locative *-u*."[101]

Had there existed in Ugaritic a locative-adverbial suffix without enclitic *-m*, thus *-u*, as Tropper has proposed,[102] the internal evidence for such would necessarily be limited to those third-ʾ nouns written with the {ủ} sign for which a non-nominative function seems clear from textual context. Such forms are few in number, and Tropper has discussed them all. Here are some examples:

ġmủ ġmỉt	(from the *Baʿlu Cycle, KTU*² 1.4 IV 34)
"You must be really thirsty!" (lit. "Being thirsty, you are thirsty")	
ṣbủ špš w ḥl mlk	(from RS 1.003:53, *KTU*² 1.41)
"The rising-of-the-sun (happens), and (then) the king (is) de-sanctified."	
ảḫym ytn bʿl sʹpủy *bnm ủmy klyy*	(from the *Baʿlu Cycle, KTU*² 1.6 VI 10–12)
"My own brothers, (whom) Baʿlu gave (me), are my sustenance! My mother's sons — (they are) (what) I consume!"	

Figure 6.17. Possible occurrences of adverbial *-u*

The first example (with *ġmủ*) serves to illustrate the so-called paronomastic infinitive construction in Ugaritic, in which a finite verbal form is preceeded by a cognate verbal noun: the Ugaritic forms show that the verbal noun was inflected, not with the "adverbial accusative" (in *-a*), but rather with a vowel of /u/ quality.[103] The fact that the fronted verbal noun in this particular construction carried a case vowel of /u/ quality, however, does not necessitate, or even justify, postulating the existence of a locative case. Since the logical subject of the non-finite verb is the same as that of the following finite form, the *-u* case vowel is best explained as simply being the nominative case, used in apposition with the grammatical subject of the following finite verbal form.[104]

The second example (with *ṣbủ*) is representative of a formulaic syntagm employed occasionally in the laconic prescriptive sacrificial "aides mémoires" reflecting the month-to-month administration of the local cult.[105] Tropper's interpretation of the inflectional suffix *-u* on the noun *ṣbủ* as an example of locative-adverbial *-u*[106] is more plausible here than in the preceding example, since (1) variant writings of the syntagm are attested in which the noun is written *ṣbả* (and thus apparently to be interpreted as an "adverbial accusative"),[107] and since (2) such overlap might be expected should there have existed in Ugaritic not one, but two "adverbial" cases that were (even marginally) productive. Even so, however, since the examples of this syntagm (whether *ṣbủ* or *ṣbả*) appear in the almost syntax-less "aides mémoires" of the ritual corpus,[108] there can be very little certainty that an explicitly

[100] See Pope 1951: 125, and Tropper 2000: 826 (with references).

[101] Pardee (2003/04: 194) has expressed this clearly: "It cannot be admitted that 'Eine Hilfe bei Identifikation [des Lokativs] ist das häufig als Erweiterung des Lok. bezeugte enklitische *-m*' [citation of Tropper 2000: 328]. The enclitic *-m* is attached to all parts of speech, and it provides no help whatever in distinguishing between an adverbial accusative and a putative locative."

[102] Tropper 2000: 326–27.

[103] For other examples of verbal nouns of third-ʾ roots attested in this construction (all of which are written with {ủ}), see Tropper 2000: 326.

[104] See Tropper 2000: 482, where the ambiguity of forms of this type is explicitly admitted ("Lok. oder Nom."); see also Pardee 2003/04: 193. Indeed, these Ugaritic data have heavily influenced the discussion of the parallel phenomenon in biblical Hebrew; see Meyer 1972: 75 ("Analogien wahrscheinlicher, daß es sich hierbei eher um eine verbal-nominale Apposition handelt, die im isolierten Nom. steht"); Waltke and O'Connor 1990: 584.

[105] For the occurrences, see Tropper 2000: 327, and especially Pardee 2000: 1199–1200; for philological discussion and interpretation, see Pardee 2000: 199–206.

[106] Tropper 2000: 327; such a solution is also imagined as a possibility by Pardee 2000: 202 ("un nom portant un éventuel suffixe proprement adverbial").

[107] RS 24.256:14–15 (*KTU*² 1.112; *b ʿšt ʿšrh ṣbả špš w ḥl mlk*, "On the eleventh [day of the rite]. At the rising-of-the-sun, the king [is] no [longer] sanctified"); see Pardee 2000: 630–34.

[108] The occurrences of the "rising-of-the-sun" idiom (*ṣbʾ* + *šmš*) in the mythological corpus (see Pardee 2000: 200–02) are thus useful for establishing the semantics of this formula, but not necessarily for establishing the precise syntactic relationship between *ṣbủ špš* (or *ṣbả špš*) and the following clause *w ḥl mlk* (and *w ḥl ym*) in the ritual corpus.

adverbial usage of *ṣbủ* was intended at all: the syntagm could simply indicate, in the laconic, telegraphic style typical of these documents, that the rising-of-the-sun was followed by the de-sanctification of the king (or of the day).

Given our relative ignorance of the niceties of ritual syntax in Ugaritic, then, it seems problematic to place the burden of the existence of a locative case on the two occurrences of this formula. Indeed, given the pervasive list structure of this and similar texts, it is difficult to exclude definitively the less exotic analysis of *ṣbủ* as being simply in the nominative case, as one would expect in a list. In any case, for this example to carry weight in a discussion of case, it ought to occur in a clear, unambiguous, and well-understood syntactic environment; this is not the case.

Finally, the third example (with *spủy*) has already been discussed (see above, figs. 6.7–8).[109]

Summary

Having thus attempted to distinguish cases from postpositions, two questions must now be asked: (1) Do traces of (an) early postpositional system(s) exist, as frozen vestigal forms, in Ugaritic? The answer appears to be "yes," the post-positive adverbial particle *-h* being one such example. (2) Should such postpositional elements be considered to be "cases"? Here, the answer appears to be "no," in light of the sequential position of adverbial *-h* (as revealed by the occurrences on masculine plural nouns in the unbound state), which is not consistent with the sequential position of the markers of case and other inflectional categories.

The situation is somewhat different for the problem of the productive existence in Ugaritic of a locative case, marked *-u*. In order to posit such, at least some direct evidence is required. The most important body of evidence advanced thus far has been comparative in nature and essentially restricted to East Semitic (Akkadian being the only other Semitic language in which adverbial *-u[m]* comes close to being productive). It is theoretically possible that the West Semitic languages preserve fossilized and lexicalized traces of such a suffix, but these data are heterogeneous and not certainly of identical origin. The inner-Ugaritic data are also of ambiguous interpretation and as such insufficient to posit the existence of an otherwise unattested inflectional case. The existence in Ugaritic of a productive locative case in *-u* thus must be said to be unlikely on present evidence.

Case Problem 4: The Distribution of the Diptotic Declension on Singular Nouns

One of the apparent incongruities of the "classical" Semitic case system is the fact that two formal inflectional case categories exist for dual nouns and plural nouns, but three formal categories for singular nouns. Indeed, this disparity has led some linguists to suspect that the diptotic declension was the older, more "original" pattern, and the triptotic declension a more recent secondary innovation.[110] Such a view would not, in fact, be inconsistent with some of the preliminary reconstructions emerging for the case system of Proto-Afroasiatic, which also suggest a diptotic system, though of an ergative orientation, essentially distinguishing *patient* (*-a*) from *agent* (*-u*).[111] A diptotic pattern such as this, accompanied by a gradual perspective shift, away from ergativity and in the direction of accusativity, may very well have provided the template for what would become the Semitic *subject* (*-u*) and *object* (*-a*) cases on singular nouns.[112]

Moreover, not only is the triptotic declension limited to singular nouns in all of the Semitic languages that possessed productive case systems, but also in classical Arabic — the Semitic language for which a productive case system is best documented — it is only one of two declensions found on singular nouns, the other declension being diptotic, distinguishing the roles of *subject* (*-u*) and *verbal/nominal complement* (*-a*).[113] The distribution of the two declensions on singular nouns in classical Arabic is essentially morphologically conditioned.[114]

---

[109] In addition to the proposals discussed above, another possible alternative syntactic interpretation of *ảḫym ytn bʿl spủy* (and the parallel passage) that does not introduce the problem of "adverbial *-u*" would be to divide the poetic line into two utterances: "My (own) brothers has Baʿlu provided (for me)! (That is what) my sustenance (is to be)!"

[110] See Kuryłowicz 1962: 194; Gelb 1969: 73–74; Rabin 1969: 193; Kuryłowicz 1972: 125.

[111] Diakonoff 1965: 58; Lipiński 1997: 253–54; Satzinger 2004a: 2 (and see above, notes 65–66).

[112] See already Diakonoff 1965: 58 (and see the preceeding note).

[113] See Fleisch 1961: 277–80; Fischer 2006: 82–83. Lak'iašvili 1971 includes a discussion of the comparative Semitic data.

[114] See the references cited in the preceeding note. A few examples of morphological classes that show the diptotic declension in the indeterminate state (lacking *ʾal-*) include nouns and adjectives of

In 1940 Cyrus Gordon described possible traces of such a diptotic declension on certain types of proper nouns at Ugarit.[115] The apparent productivity of this declension was only fully demonstrated twenty years later, however, when Mario Liverani identified (some of) the morphological conditions governing its distribution.[116] The existence of such a declension in Ugaritic — in and of itself — would suggest the strong likelihood that the diptotic declension on singular nouns in classical Arabic was not an innovation in Proto-Arabic, but rather an inherited feature of considerable antiquity, dating back at least to Proto-West Semitic, and perhaps even (in some form or another) as far as Proto-Afroasiatic.

The fourth and final "case problem" addressed in this article deals with the productivity and distribution of this diptotic declension on singular nouns in Ugaritic.

How Productive Was the Diptotic Declension on Singular Nouns in Ugaritic?

The data assembled and analyzed by Liverani show that a considerable number of proper names appearing in the Akkadian texts from Ras Shamra employ a case vowel in *-a* (rather than the expected *-i*) in genitive environments. Since such a declension is unknown in Akkadian, one may legitimately conclude that this feature of morpho-syntax — a diptotic declension on singular nouns that distinguished a *subject* case (*-u*) and a *complement* case (*-a*) — must have been due to substrate interference. As in classical Arabic, the distribution of this declension in Ugaritic is apparently limited to only certain classes of nouns (and especially certain classes of proper names), though the particular morphological classes involved are only remotely similar, and not exactly the same, in Arabic and Ugaritic. In the Ras Shamra corpus, the proper names that show traces of a diptotic declension contain the suffixes *-ān*, *-ēn*, *īn*, and *-ūn*. The following statistics describe the proportional distribution of the diptotic declension in such environments:

Personal names ending in *-ān* afformative, used in a genitive environment:			
95.5%: *-āna*	3.5%: *-āni*	1%: *-ānu*	(263 examples)
Personal names ending in *-ēn* afformative, used in a genitive environment:			
86%: *-ēna*	14%: *-ēni*	—	(28 examples)
Personal names ending in *-īn* afformative, used in a genitive environment:			
92%: *-īna*	8%: *-īni*	—	(37 examples)
Personal names ending in *-ūn* afformative, used in a genitive environment:			
83%: *-ūna*	8.5%: *-ūni*	8.5%: *-ūnu*	(35 examples)

Figure 6.18. The proportional distribution of genitive *-a* on certain classes of personal names (in syllabic script)[117]

The amount of data that Liverani was able to marshal in favor of the productive existence of the diptotic declension on certain types of singular nouns is significant, and, moreover, the data have increased considerably in the intervening years.[118] It is thus not feasible to deny the existence of traces of such a diptotic declension on certain personal names in the Ras Shamra Akkadian corpus. What is in doubt is the productivity and distribution of this declension.

---

the pattern *ʾaQTaL-* (often "elative"); nouns of the patterns *QuTaL-*, *QuTLān-*, *QuTāL-*, and *maQTaL-*; feminine nouns ending in the afformative *-āʾ-* (such as *ʾašyāʾ-* "things"); and proper names of foreign origin (such as *dimašq-* "Damascus") and/or complex morphology (that is, more than three consonants), and/or feminine gender (such as *makkat-* "Mekka," or *hind-* "[the feminine personal name] Hind").

[115] Gordon 1940: 39; see also Gordon 1955: 45; Nougayrol 1955: xxxvi.

[116] Liverani 1963.

[117] These data have been adapted from Liverani 1963: 148, and Tropper 2000: 304.

[118] A preliminary (and necessarily incomplete!) consideration of the data published since the mid-1960s (essentially Nougayrol 1968, 1970; Arnaud et al. 1991, 2001) would suggest that the percentages resulting from Liverani's study are still basically valid (note also the coherency with which the diptotic declension is used on the syllabic manuscripts of the *Ugaritic King List*; see Arnaud 1999: 159). A more thorough reexamination of all of the syllabic data will be necessary, especially once the important batch of Akkadian texts recovered in 1994 is published (provisionally, see Malbran-Labat 1995 and 2008).

Regarding productivity, for example, even if the proportion of genitive forms in *-a*, illustrated above in figure 6.18, is significant and must be taken seriously, nevertheless a significant percentage (roughly 10%) of morphologically comparable (or identical) forms occasionally show a genitive in *-i*.[119] Such variation might be interpreted as an indication that the diptotic declension on singular nouns was not (or no longer) fully productive, even in those particular morphological classes for which it is best attested. Here are some examples:

RS 16.162:5 (PRU 3, p. 126): {... (4) *it-ta-ši* É ᵐDUMU-DINGIR (5) *ù* A.ŠÀ$^{\text{ḪI.A ÍD}}$ *ra-aḫ-ba-ni* (6) *ù* A.ŠA$^{\text{ḪI.A}}$ DUMU-*la-ab-na-a* (7) *ù it-ta-din-šu* (8) *a-na* ᵐ *a-ma-ta-ru-na* ...}

"(As of today, ʿAmmiṯtamru ... King of Ugarit) hereby seizes (the property known as) 'The-House-of-*Bini-ʾIlu*' — (including) 'The-Fields-of-the-*Raḫbānu*-River' and 'The-Fields-of-*Binu-Labnâ*' — and he hereby grants it to *ʾAmatarunu* ..."

Ibid., line 12: {... (11) É^{m} DUMU-DINGIR (12) *ù* A.ŠA$^{\text{ḪI.A ÍD}}$ *ra-aḫ-ba-na* (13) *ù* A.ŠA$^{\text{ḪI.A}}$ ᵐDUMU-*la-ab-na* (14) *ṣa-mi-id a-na* (15) ᵐ*a-ma-ta-ru-na* ...}

"(The property known as) 'The-House-of-*Bini-ʾIlu*' — (including) 'The-Fields-of-the-*Raḫbānu*-River' and 'The-Fields-of-*Binu-Labnâ*' — is hereby (legally) bound to *ʾAmatarunu* ... "

RS 16.267:15 (PRU 3, p. 110): { ... (15) $^{\text{NA}_4}$KIŠIB ᵐ*a-miš-tam-ri* ...}

"(Here follows) the Seal of *ʿAmmiṯtamru* ..."

RS 15.126:13 (PRU 3, p.112): { ... (13) $^{\text{NA}_4}$KIŠIB ᵐ*a-miš-tam-ra* ...}

"(Here follows) the Seal of *ʿAmmiṯtamru* ..."

Figure 6.19. Genitive forms in *-a* or in *-i* for the proper names *Raḫbānu* and *ʿAmmiṯtamru*?

The first two examples are derived from the same juridical document (and thus may be presumed to be the work of the same scribe); the grammatical variation encountered leads one to wonder what the "standard" genitive form actually was in the local vernacular for the proper name "*Raḫbānu*-(River)." Was the "standard" genitive form *raḫbāni*, as might be expected from the triptotic declension and as attested in the first example, or was it *raḫbāna*, as in the second passage?

The third and fourth examples[120] are derived from two other texts in the juridical corpus, from the formulaic seal-identification clause frequently appended to juridical (and especially royal) acts bearing a seal impression.[121] They show that this type of grammatical variation was possible even among the scribes of the palace chancery: some scribes wrote the genitive form of the king's name with an *-i* case vowel, others with *-a*.

The declensional "flexibility" attested by these and similar examples could be interpreted in light of linguistic evolution: one of the forms could be the "historical" form, and the other a "contemporary" form, reflecting more recent secondary developments. If we evoke the widespread phenomenon of analogical leveling in language evolution, on the one hand, and the assumption of "archaic heterogeneity," on the other,[122] it is fairly straightforward to propose that at one point prior to the fourteenth century, the diptotic declension was fully productive within certain, specific morphological classes of singular nouns, but that over time, the "standard" triptotic declension was extended by analogy across the paradigms, even into those morphological categories which were historically diptotic. Thus, from this perspective, forms like {*a-na* ᵐ*ur-te-na*}[123] would be "historical" or learned spellings, reflecting an older established usage, but spellings like {*a-na* ᵐ*ur-te-ni*}[124] would reflect a more contemporary state of the declensions in the vernacular language, showing that the diptotic declension was in the process of disappearing from productive use.

[119] See Liverani 1963: 148, and Tropper 2000: 305: "Nominalformen [und Eigennamen] mit Vorliebe für diptotische Flexion werden sporadisch auch triptotisch flektiert."

[120] Tropper (2000: 304) drew attention to these.

[121] Márquez Rowe (2006: 203–05) characterizes this element as the "statement specifying the owner of the seal."

[122] For accessible general presentations of these phenomena, see Campbell 2004: 106–09, and Hetzron 1976.

[123] See, for example, RS 34.173:2 (RSO 7, no. 33), RS 86.2232:2 (RSO 14, no. 10), RS 88.2009:2 (RSO 14, no. 2), and RS 92.2017:1 (RSO 14, no. 9).

[124] For example, RS 34.134:2 (RSO 7, no. 31).

This scenario is one possibility for explaining the variation, but it is not the only one. Another of the suggested possibilities attempts to take account of the fact that the linguistic environment in which most of the examples occur is not Ugaritic, but Akkadian. In this light, the apparent declensional "flexibility" can be easily explained as an illusion: the genitive forms in *-a* would reflect the fully productive diptotic declension in Ugaritic (since no such declension is known in standard Akkadian), but the genitives in *-i* would simply reflect "standard" Akkadian morpho-syntax.[125] When writing Akkadian documents that contained "local" proper names, some scribes simply followed their "Akkadian" training and employed the "standard" genitive case ending in *-i*, while others tended to follow local declensional habits, with the Ugaritic genitive in *-a* in pertinent morphological categories. Indeed, the existence of "Akkadianisms" in Ugaritic texts, and conversely, of "Ugariticisms" in local Akkadian texts is well documented, and in any case to be expected in a "mixed" scribal tradition such as that of Ugarit: the former since Mesopotamian scribal traditions had a great deal of cultural prestige in the Late Bronze Western periphery, and the latter since the local scribes had to learn Akkadian (along with the Mesopotamian writing system) more or less as a foreign language in school — and in the case of many scribes, this education was partial and incomplete (and therefore "errors" conditioned by substrate usage all the more common). Given the limited nature of the data (and especially the fact that no data from the alphabetic corpus exist), it is this line of explanation that provides the simplest (and therefore most prudent) explanation of the data and is thus favored here.

What Was the Distribution of the Diptotic Declension on Singular Nouns in Ugaritic?

The basic data regarding the distribution of the diptotic declension on singular nouns in Ugaritic have already been cited (see above, fig. 6.18). The conditioning factors governing the use of the diptotic or triptotic declension on Ugaritic singular nouns seem to have been partly morphological and partly semantic: the morphological class for which the data are clearest is that of personal names containing the suffix *-ān* (for which Liverani was able to sample nearly three hundred occurrences), but those proper names containing similar types of onomastic afformatives (*-ēn*, *-īn*, and *-ūn*) should very probably be included as well. Moreover, the diptotic declension was almost certainly not limited to these and only these morphological categories of proper names, as the frequent presence of a genitive case vowel in *-a* on other types of personal names shows.[126] Finally, whatever the precise distribution of the diptotic declension on proper names in Ugaritic may have been, there is clear evidence that this particular phenomenon is not specifically Ugaritic, but more broadly West-Semitic.[127] Special care must thus be taken when evaluating the implications of diptotic personal names in international correspondence: they might reflect Ugaritic usage,[128] but they might also reflect other local West-Semitic vernaculars other than Ugaritic, whether these be contemporary[129] or ancient.[130] Given the limited nature of the data, however, as well as the potential difficulties involved in interpreting them, little more can be said at present.

---

[125] Liverani 1963: 148 ("anche all'influsso della norma accadica, specialmente per alcuni scribi"); Pardee 2003/04: 184 ("Is it not possible, since all such data come from syllabic texts, that the triptotic inflection reflects the language in which the texts were written, the diptotic inflection the local language? If the diptotism of nouns of these types is a West-Semitic phenomenon, one would expect it to influence the use of these words in Akkadian but not necessarily that it should totally replace the proper Akkadian inflection").

[126] See the examples cited in Tropper 2000: 304, as well as the following: genitive *ʾEwrimuḏa* ({*iš-tu* ŠU-*ti* ^{m}EN-*mu-za*} in RS 16.189:11–12; PRU 3, p. 91) but nominative *ʾEwrimuḏu* ({^{m}EN-*mu-šu*} in RS 34.169:11; RSO 7, no. 2); genitive *ʾEwriḫuṭa* ({*a-na* ^{m}EN-*ḫu-ṭa*} in RS 34.161:2; RSO 7, no. 22) but nominative *ʾEwriḫuṭu* ({^{m}EN-*ḫu-ṭu*} in RS 34.169:10; RSO 7, no. 2); genitive *Lulla* ({É ^{m}*lu-ul-la*} in RS 16.133: verso 9', PRU 3, p. 59) but nominative *Lullu* ({*um-ma* ^{m}*lu-ul-lu*} in RS 17.142:1, PRU 6, no. 4). Much more work on this problem is needed (see already Hess 1999: 515), but given the centrality of the syllabic data, the comprehensiveness of any such future investigation will depend on the publication of the 1994 texts (see above, note 118). For some very provisional treatments, see the syllabically written names marked as "(G)" in the index of Gröndahl 1967: 315–59 (see also the remarks of Sivan 1984: 114–17).

[127] On the presence of the diptotic declension on personal names in Akkadian documents from the Hittite world, see already Liverani 1963: 149 ("È tuttavia interessante notare che anche nei testi di provenienza hittita si incontrano talvolta dei nomi in *-ān*, *-īn*, ecc. con flessione diptota. Abbiamo così i genitivi ^{I}*i-bi-ra-na*..., ecc. Sembra che la spiegazione del fatto vada cercata nella utilizzazione di scribi semitici nord-occidentali de parte delle corti hittite: tali scribi erano forse utilizzati particolarmente nella corrispondenza con gli stati siriani").

[128] This could apply to the diptotic inflection found on some of the personal names in the correspondence between high-ranking officials from Emar and Ugarit (see Arnaud 1991; 2001: 260–64): judging from the regularity and tone of their exchanges, even if the local Emariote West Semitic vernacular did not productively use the diptotic declension on proper names (and this is not known), learned Emariotes like *Dagan-bēlu* were probably well aware of the fact that in Ugaritic the genitive form of *ʾUrtēnu* (for example) was *ʾUrtēna* (and not *ʾUrtēni*); when such spellings show up in letters sent from Emar, they may very well represent such "learned" writings of the local "Ugaritian" form, used out of courtesy.

[129] Few unambiguous traces of the diptotic declension on singular nouns are discernible for Emariote (see Pentiuc 2001: 244–45 [possible traces on common nouns]; and Pruzsinszki 2003: 72–73 n. 15

Was the Diptotic Declension on Singular Nouns in Ugaritic Limited to Personal Names?

Tropper was probably correct to suggest the productive existence of the diptotic declension on singular nouns other than proper names.[131] The Ugaritic word *Raḥbānu*, however, is very probably not merely a common noun (meaning "wide [place]") but the proper name of (1) one of the major rivers in the kingdom of Ugarit (probably the modern *Nahr el-Kabīr*), and, by extension, (2) part or all of the agricultural district on the surrounding flood-plain.[132] As such it does not provide unambiguous evidence for the diptotic declension on singular common nouns, though it does demonstrate that the diptotic declension was not limited to personal names, but also included other types of proper names, in this case, geographical names.[133] Since, however, most of the other geographical names within the kingdom of Ugarit show a triptotic declension,[134] it is probable that the same or similar morphological conditions apply to the presence of the diptotic declension on geographical names as those observed by Liverani for personal names (see above, fig. 6.18).

A much more compelling potential example of the diptotic declension on a singular common noun is provided by the syllabic writings of the Ugaritic noun **silʿu*, perhaps "cliff, rock, crevice."[135] Such a possibility is all the more interesting, since the noun in question follows the QiTL morphological pattern, in which the stem does not have a long vowel in the final syllable (unlike the onomastic patterns ending in *-ēn*, *-īn*, and *-ūn*, discussed above), thus suggesting the possibility that the morphological conditions governing the distribution of the diptotic declension on singular nouns in Ugaritic were in fact broader than what has been hitherto imagined.

RS 16.204:5 (PRU 3, p. 119): { ... (5) [ù] A.ŠÀ$^{\text{ḪI.A}}$ ^{m}EN-LUGAL *ša i-na* A.ŠÀ: *sí-il-a* ... }

"... [and] the (property known as) 'The-Fields-of-ʾ*Ewriḏarru*,' which is (situated) within (the larger agricultural area known as) 'The-Field-of-the-Crevice' ..."

Ibid., line 9: {(9) [*â*] A.ŠÀ$^{\text{ḪI.A}}$ DUMU ^{m}*ur-ḫi-ia-na š* A.ŠÀ: *sí-il-a*}

"... [and] (the property known as) 'The-Fields-of-*Binu-ʾUrḫiyāna*,' which is (situated) within (the larger agricultural area known as) 'The-Field-of-the-Crevice' ..."

RS 16.249:5 (PRU 3, p. 96): {... (4) *it-ta-ši* É *GIBIL* (5) A.ŠÀ KAR A.ŠÀ *sí-il-a â gáb-bá* A.ŠÀ^{MEŠ} *ša* ^{m}*ša-i-ya* (6) *â id-din-šu a-na* ^{m}*kal-be-ya* ...}

"(As of today, Niqmêpaʿ ... King of Ugarit) hereby seizes (the property known as) 'The-House-of-*Šaʾiyu*' — (which includes) 'The-New-House,' 'The-Field-of-the-Harbor,' 'The-Field-of-the-Crevice,' and all (other) fields of *Šaʾiyu* — and he hereby grants it to *Kalbiya* ..."

RS 16.363: recto 4 (PRU 3, p. 163): {... (4) [*it-ta-aš-*]*ši* A.ŠÀ$^{\text{ḪI.A}}$ *sí-il-a* [... (broken) ...]}

"(As of today, Niqmêpaʿ ... King of Ugarit) [hereby sei]zes (the property known as) 'The-Fields-of-the-Crevice' [... (broken) ...]"

Ibid., verso 8: {...(7') [... broken ...] (8') [... A.ŠÀ$^{\text{ḪI.A}}$ *sí-i*]*l-a*$^{?}$ [... (broken) ...]}

"[... 'The-Field-of-the-Crevi]ce' [... (broken) ...]"

Figure 6.20. Occurrences of the Ugaritic word **silʿu* (in Akkadian texts) with a genitive in *-a*

[brief overview]). For the Amarna corpus, see already Liverani 1963: 154–55; the data for personal names are very mixed (and do not regularly show case inflection), but can be conveniently consulted in the tables of occurrences and comments provided in Hess 1993.

[130] On the latter, note, for example, the regularity of the diptotic declension on the royal names ending in the *-ān* suffix in the *Ugaritic King List* (the onomastic tradition represented by this list is not so much local "Ugaritic" as it is more broadly "Amorite"); see Arnaud 1999: 159 (on the "Amorite" stratum in the local Ugaritian onomasticon, see also Israel 2008). On the apparent existence of a diptotic declension on some proper names in "Amorite," see Liverani 1963: 153, and Huffmon 1965: 123–24 (both with anterior bibliography); and for the more recent study of Amorite onomastics generally (whether "Amorite" be a dialect, a language, or a family of languages), see Gelb 1980, Streck 2000 (esp. pp. 257–309), and O'Connor 2004. Note that the interpretation of the (various types of) case endings is particularly complex (for the reasons described in Streck 2000: 257), and the data regarding a putative diptotic declension are controversial (ibid., p. 287).

[131] Tropper 2000: 304.

[132] See the syntagm in RS 17.001:6 (PRU 6, no. 27), generally used in local juridical acts for further specifying the geographical location of the properties concerned.

Even here, however, it appears more likely that all of the passages in which the word is attested reflect not the common noun "crevice" (though such a Ugaritic common noun may very well have existed), but rather the proper name of a larger agricultural area (whose name just happened to contain this West Semitic common noun).

That the noun phrase *Šadû Silʿa* was indeed a proper name seems clear from its usage in the juridical corpus in the formulaic motif in which the precise geographical location of the property of concern in the act is specified; this motif has the form "(Property such-and-such) *ša ina* (Area such-as-such)," and that the second slot contains a proper name is shown by the frequent presence of village names there.[136]

Even granting that the phrase *Šadû Silʿa* is a proper name, it is still not clear what formal aspects conditioned the presence of the diptotic declension here. Possibly it was simply the morphological pattern *QiTL-* that did so, but it appears more likely to have been triggered instead by the compound nature of the toponym.[137]

Summary

Since the diptotic declension on singular nouns (distinguishing *grammatical subject* in *-u* and *grammatical complement* in *-a*) is otherwise unknown in standard Akkadian, its statistically undeniable presence on certain types of proper nouns in the Akkadian texts from Ras Shamra should be explained as due to syntactic interference of an underlying substrate vernacular. Since, however, such genitive forms in *-a* (this being the most easily observable diagnostic sign of the diptotic declension) are not limited to Akkadian documents composed locally at Ugarit, but include also those composed at other Western peripheral scribal centers, such as Carchemish and Ḫattuša, this feature of morpho-syntax was probably not limited to Ugaritic, but was also found in other West Semitic dialects. Finally, the symmetry that may be observed with both the forms and the distribution of this diptotic declension on singular nouns in classical Arabic[138] suggests (1) that this declension was an archaic feature of Proto-West Semitic, and (2) that it was probably at least as productive in Ugaritic (and related West Semitic dialects of the second millennium B.C.) as it was in classical Arabic, its true distribution in the former being largely hidden by the ambiguities inherent in the contemporary writing systems.

Conclusions

In conclusion, the available data, such as they are, allow us to affirm the vitality and productivity of the Ugaritic case system, since there is no unambiguous evidence of its decline. In the absence of more abundant and explicit data, however, the number of productive cases in Ugaritic morphology ought to be limited to three in the singular (nominative, accusative, and genitive) and two in the dual and plural (nominative and oblique). The existence of distinctive "terminative" and "locative" cases in Ugaritic — be they productive or vestigial —

[133] For examples of the writing {ÍD*ra-aḫ-ba-na*} in genitive context, see RS 16.131:16,21 (PRU 3, p. 138), RS 16.162:12 (PRU 3, p. 126), RS 16.189:6 (PRU 3, p. 91), RS 17.001:6 (PRU 6, no. 27), RS 17.121:verso 2' (PRU 6, no. 56), and very probably RS 16.371:8,11. The writings of the type {ÍD*ra-aḫ-ba-ni*} are most easily explained as "Akkadianisms" (see above, note 125).

[134] So van Soldt 2005: 160–67 (the data are complex — the apparent examples of genitive forms of toponyms ending in an *-a* vowel reflect, in most cases, not a case vowel, but the "phonetic" writing of the contracted toponymic suffix **-ā(yv)* (thus, **-āyv* > **-â*), which is written "historically" in alphabetic Ugaritic with the final {*y*}; see van Soldt 2005: 160–67.

[135] So, apparently, Boyd 1975: 178 (unavailable to me). For the etymological arguments for the semantics of this noun, see Huehnergard 1987: 157. I cannot agree with Tropper (2000: 304), that this example is "nicht zwingend" — or at least not for the reasons he cites ("Sie dürfte eine Form ohne Flexionsendung darstellen") — I know of no clear, unambiguous examples of Ugaritic (common) nouns without case endings (see above, "Case Problem 2").

[136] See, for example, {[A].ŠÀ ḪI.A m*ḫu-dá-ši* ... *ša i-na* URU*ḫu-ul-da*} (RS 15.132:5–7, PRU 3, p. 133), "(the property known as) 'the Fields-of-*Ḫudaši*,' ... which (is located) in the (vicinity of the village of) *Ḫuldâ*" (and many more); this syntagm is also known in alphabetic script: *bt ånndr* ... *d b riš*, "(the property known as) 'the House-of-*ʾAnaniḏarru*' ... which (is located) in the (vicinity of the village of) *Raʾšu*" (RS 15.111:5–7, *KTU*^{2} 3.2).

[137] In other words, one might speculate that had the putative proper name been merely **Silʿu*, it would have been declined as a triptote, but as an element in a compound name, the entire name was treated as a diptote (I tend to agree with Tropper 2000: 304, "Die diptotische Flexion läßt sich ferner auch bei gewissen anderen (sem.) Eigennamen von komplexerer Gestalt nachweisen"). Furthermore, that compound proper names (even those which contain a construct chain) attached their inflectional endings at the end of the compound (and not on the first element of the construct chain) is shown by gentilic forms such as *gt mlkym* "residents of the (farm known as) 'Press-of-*Mulukku*'" in RS 11.845 (*KTU*^{2} 4.99), RS 14.084 (*KTU*^{2} 4.126), and elsewhere.

[138] See the references cited above, note 113. Among the shared distributional traits of the diptotic declension in classical Arabic and Ugaritic are its presence on (1) certain noun patterns containing the *-ān* suffix (including the pattern *QaTLān-*), and (2) proper names, including those of complex morphology or foreign origin.

cannot be demonstrated on present data; such is possible from the perspective of comparative Semitic data, but the available Ugaritic data oblige us to pronounce it improbable. Finally, a reconstruction of a diptotic declension (nominative *-u* and oblique *-a*) for certain categories of singular nouns, and especially proper names, can be solidly justified by the available syllabic data. The distribution of this declension is uncertain, however, though it seems to have been productive for proper names containing the suffixes *-ān*, *-ēn*, *-īn*, and *-ūn*, on proper names of complex morphology, and perhaps on other morphological categories.

Advances in the study of poorly documented ancient languages like Ugaritic come only with the asking of key questions on the basis of renewed study of the available data, ideally resulting in the subsequent proposal of innovative responses. Moreover, scholarship in such areas is always provisional, a perpetually incomplete discovery process. Epigraphers and grammarians alike know all too well just how difficult it is to forge a new path, and correspondingly, how easy it is to do follow-up work in the wake of a pioneer, tidying up discrepancies here and there. In this sense, Josef Tropper's *Ugaritische Grammatik* represents one of the most significant contributions to date for the study of Ugaritic in general, and of the Ugaritic case system in particular, not only because of the almost comprehensive treatment and citation of the available date, both alphabetic and syllabic, but also and especially because of the great originality of many of the proposals advanced.[139] Indeed, *Ugaritische Grammatik* is a milestone of sorts; subsequent grammatical studies will inevitably stand on its shoulders to a certain extent.

As is to be expected in any work of great originality, however, not all the propositions in *Ugaritische Grammatik* are correct. If one is to generalize on the basis of this study's findings, improvements to the presentation of the case system may be made in two ways: (1) by privileging *probable* solutions over those which are merely *possible* in situations where several alternatives are available, and (2) by paying close attention to subtleties and ambiguities inherent in both of the writing systems in use at Ugarit. Since all textual data are not of equal value for philological interpretation, they cannot be manipulated without a sensitive consideration of the complex scribal environment in which writing was taught, learned, and used at ancient Ugarit.[140]

Abbreviations

AT	Wiseman 1953
*KTU*²	Deitrich, Loretz, and Sanmartin 1995
PRU 3	Nougayrol 1955
PRU 6	Nougayrol 1970
RS	field numbers of tablets excavated at Ras Shamra
RSO 7	Arnaud et al. 1991
RSO 14	Arnaud et al. 2001
Ug 5	Nougayrol 1968

Bibliography

Albright, William F.

1932 "The North-Canaanite Epic of ʾAlʾêyan Baʿal and Môt." *Journal of the Palestine Oriental Society* 12: 185–208.

Arnaud, Daniel

1979 "La culture suméro-accadienne," in the article "Ras Shamra." In *Supplément au Dictionnaire de la Bible*, edited by J.-C. Courtois et al., cols. 1348–59. Paris: Letouzey & Ané.

[139] The attention accorded to *Ugaritische Grammatik* by its reviewers is ample testimony, not only to the difficulty of the task, but also to the significance of the contributions presented; see especially the comments of Pardee 2003/04: 1–5.

[140] This is reminiscent of Civil's reflections on the problems of Sumerian grammar (see above, note 40).

1982 “Une lettre du roi de Tyr au roi d’Ougarit: Milieux d’affaires et de culture en Syrie à la fin de l’âge du Bronze Récent.” *Syria* 59: 101–07.

1987 Emar VI/4. *Textes de la bibliothèque: Transcriptions et traductions.* Recherches au pays d’Aštata: Mission Archéologique de Meskéné-Emar. Paris: Éditions Recherche sur les Civilisations.

1991 “Une correspondance d’affaires entre Ougaritains et Emariotes (n° 30–36).” In *Une bibliothèque au sud de la ville: Les textes de la 34e campagne (1973)*, edited by P. Bordreuil, pp. 65–78. Ras Shamra-Ougarit 7. Paris: Éditions Recherche sur les Civilisations.

1999 “Prolégomènes à la rédaction d’une histoire d’Ougarit II: Les bordereaux de rois divinisés.” *Studi Micenei ed Egeo-Anatolici* 41: 153–73.

2001 “Lettres (nos 5–21).” In *Études ougaritiques*, Volume 1: *Travaux 1985–1995*, edited by M. Yon and D. Arnaud, pp. 257–322. Ras Shamra-Ougarit 14. Paris: Éditions Recherche sur les Civilisations.

Arnaud, Daniel; B. André-Salvini; S. Lackenbacher; and Florence Malbran-Labat

2001 “Textes syllabiques.” In *Études ougaritiques*, Volume 1: *Travaux 1985–1995*, edited by M. Yon and D. Arnaud, pp. 237–337. Ras Shamra-Ougarit 14. Paris: Éditions Recherche sur les Civilisations.

Arnaud, Daniel; Florence Malbran-Labat; S. Lackenbacher; and B. André-Salvini

1991 “Première partie: Les textes akkadiens.” In *Une bibliothèque au sud de la ville: Les textes de la 34e campagne (1973)*, edited by P. Bordreuil, pp. 11–138. Ras Shamra-Ougarit 7. Paris: Éditions Recherche sur les Civilisations.

Astour, M. C.

1972 “Some Recent Works on Ancient Syria and the Sea People.” *Journal of the American Oriental Society* 92: 447–59.

Belmonte Marín, Juan Antonio

2001 *Die Orts- und Gewässernamen der Texte aus Syrien im 2. Jt. v. Chr.* Répertoire Géographique des Textes Cunéiformes, Volume 12, Number 2. Beihefte zum Tübinger Atlas des Vorderen Orients, Reihe B (Geisteswissenschaften) 7. Wiesbaden: Reichert.

Berger, P.-R.

1970 “Zu den ‘akkadischen’ Briefen Ugaritica V.” *Ugarit-Forschungen* 2: 285–93.

Bergsträsser, Gotthelf

1928 *Einführung in die semitischen Sprachen: Sprachproben und grammatische Skizzen.* Munich: Max Hueber.

Blažek, Václav

2006 “Traces of a Common Case System in Afroasiatic.” In *Loquentes linguis: Studi linguistici e orientali in onore di Fabrizio A. Pennacchietti*, edited by P. G. Borbone, A. Mengozzi, and M. Tosco, pp. 91–101. Wiesbaden: Harrassowitz.

Bordreuil, Pierre, and Dennis Pardee

1991 “Les textes en cunéiforme alphabétique (no 85–96).” In *Une bibliothèque au sud de la ville: Les textes de la 34e campagne (1973)*, edited by P. Bordreuil, pp. 139–68. Ras Shamra-Ougarit 7. Paris: Éditions Recherche sur les Civilisations.

Borger, Riekele

2004 *Mesopotamisches Zeichenlexikon.* Alter Orient und Altes Testament 305. Münster: Ugarit-Verlag.

Boyd, J. L., III

1975 A Collection and Examination of the Ugaritic Vocabulary Contained in the Akkadian Texts from Ras Shamra. Ph.D. dissertation, University of Chicago.

Buccellati, Giorgio

1996 *A Structural Grammar of Babylonian.* Wiesbaden: Harrassowitz.

Campbell, Lyle

2004 *Historical Linguistics: An Introduction.* 2nd edition. Cambridge: MIT Press.

Civil, Miguel

1973 "The Sumerian Writing System: Some Problems." *Orientalia*, n.s., 42: 21–34.

1989 "The Texts from Meskene-Emar." *Aula Orientalis* 7: 5–25.

Cross, Frank Moore

1989 "The Contributions of W. F. Albright to Semitic Epigraphy and Paleography." In *The Scholarship of William Foxwell Albright: An Appraisal*, edited by G. W. van Beek, pp. 17–31. Harvard Semitic Studies 33. Atlanta: Scholars Press.

de Moor, J. C.

1976 "Rāpiʾūma — Rephaim." *Zeitschrift für die Alttestamentliche Wissenschaft* 88: 323–45.

del Olmo Lete, Gregorio, and J. Sanmartín

2003 *A Dictionary of the Ugaritic Language in the Alphabetic Tradition.* 2 volumes. Handbuch der Orientalistik, Section 1: Der Nahe und Mittlere Osten 67. Brill: Leiden.

Diakonoff, Igor M.

1965 *Semito-Hamitic Languages: An Essay in Classification.* Moscow: Nauka.

Dietrich, M., and O. Loretz

1995 "Rasuren und Schreibfehler in den keilalphabetischen Texten aus Ugarit: Anmerkungen zur Neuauflage von KTU." *Ugarit-Forschungen* 26: 23–61.

Deitrich, Manfried; Oswald Loretz; and Joaquín Sanmartin

1995 *The Cuneiform Alphabetic Texts: From Ugarit, Ras Ibn Hani and Other Places.* Abhandlungen zur Literatur Alt-Syrien-Palästinas und Mesopotamiens 8. Münster: Ugarit-Verlag.

Faber, A.

1997 "Genetic Subgroupings of the Semitic Languages." In *The Semitic Languages*, edited by R. Hetzron, pp. 3–15. New York: Routledge.

Fischer, Wolfdietrich

2006 *Grammatik des Klassischen Arabisch.* 4th edition, revised. Porta Linguarum Orientalium, n.s., 11. Wiesbaden: Harrassowitz.

Fleisch, Henri

1961 *Traité de philologie arabe*, Volume 1: *Préliminaires, phonétique, morphologie nominale.* Recherches publiées sous la direction de l'Institut de Lettres Orientales de Beyrouth 16. Beirut: Imprimerie Catholique.

1968 *L'arabe classique: Esquisse d'une structure linguistique.* Revised edition. Recherches publiées sous la direction de l'Institut de Lettres Orientales de Beyrouth, Series 2: Langue et Littérature Arabes 5. Beirut: Dar el-Machreq Éditeurs (Imprimerie Catholique).

Fronzaroli, Pelio

2006 "La langue d'Ébla: Découverte et interprétation." *Lalies* 26: 7–53.

Gantzert, M.

2008 *The Emar Lexical Texts*, Part 1: *Text Edition.* Maastricht: Uitgeverij Boekenplan.

Gelb, Ignace J.

1961 *Old Akkadian Writing and Grammar.* 2nd edition, revised. Materials for the Assyrian Dictionary 2. Chicago: University of Chicago Press.

1969 *Sequential Reconstruction of Proto-Akkadian.* Assyriological Studies 18. Chicago: University of Chicago Press.

1980 *Computer-aided Analysis of Amorite.* Assyriological Studies 21. Chicago: University of Chicago Press.

Gensler, O. D.

1997 "Mari Akkadian IŠ 'to, for' and Preposition-hopping in the Light of Comparative Semitic Syntax." *Orientalia,* n.s., 66/2: 129–56.

George, A.

2007 "The Gilgameš Epic at Ugarit." *Aula Orientalis* 25: 237–54.

Gordon, Cyrus H.

1940 *Ugaritic Grammar: The Present Status of the Linguistic Study of the Semitic Alphabetic Texts from Ras Shamra.* Analecta Orientalia 20. Rome: Pontificium Institutum Biblicum.

1955 *Ugaritic Manual: Newly Revised Grammar, Texts in Transliteration, Cuneiform Selections, Paradigms, Glossary, Indices.* Rome: Pontificium Institutum Biblicum.

1965 *Ugaritic Textbook.* Analecta Orientalia 38. Rome: Pontificium Institutum Biblicum.

Groneberg, Brigitte

1978/79 "Terminativ- und Lokativaverbialis in altbabylonischen literarischen Texten." *Archiv für Orientforschung* 26: 15–29.

1980 *Die Orts- und Gewässernamen der altbabylonischen Zeit.* Répertoire Géographique des Textes Cunéiformes 3. Beihefte zum Tübinger Atlas des Vorderen Orients, Reihe B (Geisteswissenschaften) 7. Wiesbaden: Reichert.

Gröndahl, Frauke

1967 *Die Personennamen der Texte aus Ugarit.* Studia Pohl 1. Rome: Pontificium Institutum Biblicum.

Hasselbach, Rebecca

2003 A Historical and Comparative Study of Sargonic Akkadian. Ph.D. dissertation, Harvard University.

Hawley, Robert

2003 Studies in Ugaritic Epistolography. Ph.D. dissertation, University of Chicago.

2008 "On the Alphabetic Scribal Curriculum at Ugarit." In *Proceedings of the 51st Rencontre Assyriologique Internationale, Held at the Oriental Institute of the University of Chicago, July 18–22, 2005,* edited by R. D. Biggs, J. Myers, and M. T. Roth, pp. 57–67. Studies in Ancient Oriental Civilization 62. Chicago: Oriental Institute.

Hawley, Robert, and Dennis Pardee

2007 "Le texte juridique RS 16.382: Nouvelle étude épigraphique." *Semitica* 52–53: 15–35.

Hess, Richard S.

1999 "The Onomastics of Ugaritic." In *Handbook of Ugaritic Studies,* edited by W. G. E. Watson and N. Wyatt, pp. 499–528. Handbuch der Orientalistik, Section 1: Der Nahe und Mittlere Osten 39. Leiden: Brill.

1993 *Amarna Personal Names.* American Schools of Oriental Research Dissertation Series 9. Winona Lake: Eisenbrauns.

Hetzron, R.

1976 "Two Principles of Genetic Reconstruction." *Lingua* 38: 89–108.

Huehnergard, John

1981 "Akkadian Evidence for Case-vowels on Ugaritic Bound Forms." *Journal of Cuneiform Studies* 33: 199–205.

1983 "Asseverative *la and Hypothetical *lu/law in Semitic." *Journal of the American Oriental Society* 103/3: 569–93.

1987 *Ugaritic Vocabulary in Syllabic Transcription.* Harvard Semitic Studies 32. Decatur: Scholars Press.

1989 *The Akkadian of Ugarit.* Harvard Semitic Studies 34. Atlanta: Scholars Press.

Huffmon, H. B.

1965 *Amorite Personal Names in the Mari Texts: A Structural and Lexical Study*. Baltimore: Johns Hopkins Press.

Israel, F.

2006 "*Yānu* + accusativo nel semitico siro-palestinese e il sincretismo dei casi nel semitico." In *Loquentes linguis: Studi linguistici e orientali in onore di Fabrizio A. Pennacchietti*, edited by P. G. Borbone, A. Mengozzi, and M. Tosco, pp. 337–53. Wiesbaden: Harrassowitz.

2008 "Études amorrites III: La couche amorrite de l'onomastique ougaritique." In *D'Ougarit à Jérusalem: Recueil d'études épigraphiques et archéologiques offert à Pierre Bordreuil*, edited by C. Roche, pp. 351–66. Orient & Méditerranée 2. Paris: De Boccard.

Kienast, Burkhart

2001 *Historische Semitische Sprachwissenschaft*. Wiesbaden: Harrassowitz.

Kraus, F. R.

1976 "Der akkadische Vokativ." In *Kramer Anniversary Volume: Cuneiform Studies in Honor of Samuel Noah Kramer*, edited by B. L. Eichler, pp. 293–97. Alter Orient und Altes Testament 25. Kevelaer: Butzon & Bercker.

Kuryłowicz, Jerzy

1962 *L'apophonie en sémitique*. Prace jezykoznawcze 24. Mouton: S-Gravenhage.

1972 *Studies in Semitic Grammar and Metrics*. Breslau: Wydawnictwo Polskiej Akademii Nauk.

Lackenbacher, Sylvie

2002 *Textes akkadiens d'Ugarit: Textes provenant des vingt-cinq premières campagnes*. Littératures anciennes du Proche-Orient 20. Paris: Cerf.

Lak'iašvili, A.

1971 "Das diptotische System in klassischen Arabisch." *Archiv Orientální* 39: 57–61.

Lambert, W. G.

1969 "Götterlisten." *Reallexikon der Assyriologie* 3/6: 473–79.

Landsberger, Benno

1957 *The Series ḪAR-ra* = ḫubullu, *Tablets I–IV*. Materialien zum Sumerischen Lexikon 5. Rome: Pontificium Institutum Biblicum.

Lipiński, Edward

1997 *Semitic Languages: Outline of a Comparative Grammar*. Orientalia Lovaniensia Analecta 80. Leuven: Peeters.

Liverani, Mario

1963 "Antecedenti del diptotismo arabo nei testi accadici di Ugarit." *Rivista degli Studi Orientali* 38: 131–60.

1979 "Economia delle fattorie palatine ugaritiche." *Dialoghi di Archeologia* 1/2: 57–72.

Malbran-Labat, Florence

1995 "La découverte épigraphique de 1994 à Ougarit (les textes akkadiens)." *Studi Micenei ed Egeo-Anatolici* 36: 103–11.

2008 "Catalogue raisonné des textes akkadiens de la 'Maison d'Urtēnu'." *D'Ougarit à Jérusalem: Recueil d'études épigraphiques et archéologiques offert à Pierre Bordreuil*, edited by C. Roche, pp. 21–38. Orient & Méditerranée 2. Paris: De Boccard.

Malbran-Labat, Florence, and Carole Roche

2008 "Bordereaux de la 'Maison d'Ourtenou (*Urtēnu*)': À propos de la gestion des équidés et de la place de cette maison dans l'économie palatiale." In *Ougarit au Bronze moyen et au Bronze récent: Actes du Colloque international tenu à Lyon en novembre 2001, "Ougarit au IIe millénaire av. J.-C., état des recherches,"* edited by Y. Calvet and M. Yon, pp. 243–75. Travaux de la Maison de l'Orient et de la Méditerranée 47. Lyon: Maison de l'Orient et de la Méditerranée.

Manna, Jacques Eugène

1900 *Vocabulaire chaldéen-arabe*. Mosul: Imprimerie des Pères Dominicains.

Marcus, D.

1968 "The Three Alephs in Ugaritic." *Journal of the Ancient Near Eastern Society* 1: 50–60.

Márquez Rowe, Ignacio

1995 "More Evidence of the Grazing Tax in Ugarit." *Ugarit-Forschungen* 27: 317–31.

2006 *The Royal Deeds of Ugarit: A Study of Ancient Near Eastern Diplomatics*. Alter Orient und Altes Testament 335. Münster: Ugarit-Verlag.

Meyer, R.

1972 *Hebräische Grammatik*, Volume 3: *Satzlehre*. Sammlung Göschen 5765. Berlin: Walter de Gruyter.

Moscati, Sabatino; A. Spitaler; E. Ullendorff; and W. von Soden

1964 *An Introduction to the Comparative Grammar of the Semitic Languages*. Porta Linguarum Orientalium, n.s., 6. Wiesbaden: Harrassowitz.

Müller, Hans-Peter

1995 "Ergative Constructions in Early Semitic Languages." *Journal of Near Eastern Studies* 54/4: 261–71.

Nöldeke, Theodor

1904 *Compendious Syriac Grammar*. Translated by J. A. Crichton. London: Williams & Norgate.

Nougayrol, Jean

1955 *Le Palais Royal d'Ugarit* 3. *Textes accadiens et hourrites des archives est, ouest et centrales*. Edited and translated by C. F.-A. Schaeffer. Mission de Ras Shamra 6. Paris: Imprimerie Nationale and Klincksieck.

1968 "Textes suméro-accadiens des archives et bibliothèques privées d'Ugarit." In *Ugaritica* 5, edited by J. Nougayrol, E. Laroche, C. Virolleaud, and C. F.-A. Schaeffer, pp. 1–446. Mission de Ras Shamra 16. Bibliothèque Archéologique et Historique 80. Paris: Imprimerie Nationale and Geunther.

1970 *Le Palais Royal d'Ugarit* 6. *Textes en cunéiformes babyloniens des archives du Grand Palais et du Palais Sud d'Ugarit*. Mission de Ras Shamra 12. Paris: Imprimerie Nationale and Klincksieck.

O'Connor, M.

2004 "The Onomastic Evidence for Bronze-age West Semitic." *Journal of the American Oriental Society* 124/3: 439–70.

Pardee, Dennis

2000 *Les textes rituels*. Ras Shamra-Ougarit 12. Paris: Éditions Recherche sur les Civilisations.

2002a *Ritual and Cult at Ugarit*. SBL Writings from the Ancient World 10. Leiden: Brill.

2002b "Ugaritic Letters." In *The Context of Scripture*, Volume 3: *Archival Documents from the Biblical World*, edited by W. Hallo and K. Younger, pp. 87–116. Leiden: Brill.

2003 "Une formule épistolaire en ougaritique et accadien." In *Semitic and Assyriological Studies Presented to Pelio Fronzaroli by Pupils and Colleagues*, edited by P. Marrassini et al., pp. 446–75. Wiesbaden: Harrassowitz.

2003/04 Review of *Ugaritische Grammatik*, by J. Tropper. *Archiv für Orientforschung* online version 50 (2003–2004): 1–404, http://orientalistik.univie.ac.at/publikationen/archiv-fuer-orientforschung/

Pentiuc, Eugen J.
2001 *West Semitic Vocabulary in the Akkadian Texts from Emar.* Harvard Semitic Studies 49. Winona Lake: Eisenbrauns.

Pope, M.
1951 "Ugaritic Enclitic -m." *Journal of Cuneiform Studies* 5/4: 123–28.

Pruzsinszki, Regine
2003 *Die Personennamen der Texte aus Emar.* Studies on the Civilization and Culture of Nuzi and the Hurrians 13. Bethesda: CDL Press.

Rabin, C.
1969 "The Structure of the Semitic System of Case Endings." In *Proceedings of the International Conference of Semitic Studies, Held in Jerusalem, 19-23 July 1965*, pp. 190–204. Jerusalem: Israel Academy of Sciences and Humanities.

Rainey, Anson F.
1996 *Canaanite in the Amarna Tablets: A Linguistic Analysis of the Mixed Dialect Used by the Scribes from Canaan, Volume 3: Morphosyntactic Analysis of the Particles and Adverbs.* Handbuch der Orientalistik, Section 1: Der Nahe und Mittlere Osten 25. Leiden: Brill.

Roche, Carole
2008 "Jeux de mots, jeux de signes en Ougarit, ou de l'influence des textes lexicaux sur les scribes de périphérie." In *D'Ougarit à Jérusalem: Recueil d'études épigraphiques et archéologiques offert à Pierre Bordreuil*, edited by C. Roche, pp. 205–14. Orient & Méditerranée 2. Paris: De Boccard.
Forthcoming "Language and Script in the 'Akkadian' Economic Texts from Ras Shamra." In *Proceedings of the Symposium on Society and Administration in Ancient Ugarit*, edited by W. van Soldt. Leiden: NINO.

Sasse, H.-J.
1984 "Case in Cushitic, Semitic and Berber." In *Current Progress in Afro-Asiatic Linguistics: Papers of the Third International Hamito-Semitic Congress*, edited by J. Bynon, pp. 111–26. Amsterdam: John Benjamins.
2003 "Cushitic Adpositions and Their Possible Relatives in Semitic." In *Selected Comparative-historical Afrasian Linguistic Studies in Memory of Igor M. Diakonoff*, edited by M. L. Bender, G. Takács, and D. L. Appleyard, pp. 123–42. Lincom Studies in Afroasiatic Linguistics 14. Munich: Lincom Europa.

Satzinger, Helmut
2002 "The Egyptian Connection: Egyptian and the Semitic Languages." *Israel Oriental Studies* 20: 227–64.
2004a "Some Remarks on the Afroasiatic Case System." *Wiener Zeitschrift für die Kunde des Morgenlandes* 94: 1–7.
2004b "Statuses and Cases of the Afroasiatic Personal Pronoun." In *Egyptian and Semito-Hamitic (Afro-Asiatic) Studies in Memoriam W. Vycichl*, edited by G. Takács, pp. 487–98. Studies in Semitic Languages and Linguistics 39. Leiden: Brill.
2007 "Absolute State and Absolute Case in Afro-Asiatic." In *XII Incontro Italiano di Linguistica Camito-semitica (Afroasiatica): Atti*, edited by M. Moriggi, pp. 63–69. Medioevo Romanzo e Orientale, Colloqui 9. Soveria Manelli: Rubbettino.

Segert, S.
1958 "Die Schreibfehler in den ugaritischen literarischen Keilschrifttexten." In *Von Ugarit nach Qumran*, edited by J. Hempel and L. Rost, pp. 193–212. Beihefte zur Zeitschrift für Alttestamentlische Wissenschaften 77. Berlin: Töpelmann.
1959 "Die Schreibfehler in den ugaritischen nichtliterarischen Keilschrifttexten in Anschluß an das textkritische Hilfsbuch von F. Delitzsch." *Zeitschrift fur die Alttestamentliche Wissenschaft* 71/1–4: 23–32.

Simeone-Senelle, M.-C.
1997 "The Modern South Arabian Languages." In *The Semitic Languages*, edited by R. Hetzron, pp. 378–423. New York: Routledge.

Sivan, Daniel

1984 *Grammatical Analysis and Glossary of the Northwest Semitic Vocables in Akkadian Texts of the 15th–13th c. B.C. from Canaan and Syria.* Alter Orient und Altes Testament 214. Kavelaer: Butzon & Bercker.

Speiser, E. A.

1954 "The Terminative-adverbial in Canaanite-Ugaritic and Akkadian." *Israel Exploration Journal* 4: 108–15.

Streck, Michael P.

2000 *Das amurritische Onomastikon der altbabylonischen Zeit.* Alter Orient und Altes Testament 271. Münster: Ugarit-Verlag.

Taylor, J. G.

1986 "A Long-awaited Vocative Singular Noun with Final *Aleph* in Ugaritic (KTU 1.161.13)?" *Ugarit-Forschungen* 17: 315–18.

Testen, David

1998 *Parallels in Semitic Linguistics: The Development of Arabic la- and Related Semitic Particles.* Studies in Semitic Languages and Linguistics 26. Leiden: Brill.

Tropper, Josef

2000 *Ugaritische Grammatik.* Alter Orient und Altes Testament 273. Münster: Ugarit-Verlag.

Tuttle, Gary A.

1978 "Case Vowels on Masculine Singular Nouns in Construct in Ugaritic." In *Biblical and Near Eastern Studies: Essays in Honor of William Sanford LaSor*, edited by G. A. Tuttle, pp. 253–68. Grand Rapids: Eerdmans.

van Soldt, Wilfred

1991 *Studies in the Akkadian of Ugarit: Dating and Grammar.* Alter Orient und Altes Testament 40. Kevelaer: Butzon & Bercker.

1995 "Babylonian Lexical, Religious and Literary Texts and Scribal Education at Ugarit and Its Implications for the Alphabetic Literary Texts." In *Ugarit: Ein ostmediterranes Kulturzentrum, Ergebnisse und Perspektiven der Forschung*, Volume 1: *Ugarit und seinem altorientalische Umwelt*, edited by M. Dietrich and O. Loretz, pp. 171–212. Abhandlungen zur Literatur Alt-Syrien-Palästinas 7. Münster: Ugarit-Verlag.

1999 "Studies in the Topography of Ugarit (4). Town Sizes and Districts." *Ugarit-Forschungen* 31: 749–76.

2001 "Naḫiš-šalmu: An Assyrian Scribe Working in the 'Southern Palace' at Ugarit." In *Veenhof Anniversary Volume: Studies Presented to Klaas R. Veenhof on the Occasion of His Sixty-fifth Birthday*, edited by W. van Soldt, J. G. Derckson, N. J. C. Kouwenberg, and T. J. H. Krispijn, pp. 429–44. Uitgaven van het Nederlands Historisch-Archaeologisch Instituut te Istanbul 89. Leiden: Nederlands Instituut voor het Nabije Oosten.

2002 "The Orthography of Ugaritic Words in Texts Written by the Assyrian Scribe Naḫiš-šalmu." In *Ex Mesopotamia et Syria Lux: Festschrift für Manfried Dietrich zu seinem 65. Geburtstag*, edited by O. Loretz, K. A. Metzler, and H. Schaudig, pp. 685–97. Alter Orient und Altes Testament 281. Münster: Ugarit-Verlag.

2005 *The Topography of the City-State of Ugarit.* Alter Orient und Altes Testament 324. Münster: Ugarit-Verlag.

Voigt, R.

1987 "Die Personalpronomina der 3. Personen im Semitischen." *Die Welt des Orients* 18: 49–63.

von Soden, Wolfram

1932 "Der hymnisch-epische Dialekt des Akkadischen (2)." *Zeitschrift für Assyriologie und verwandte Gebiete* 41: 90–183.

1952 *Grundriss der akkadischen Grammatik.* Analecta Orientalia 33. Rome: Pontificium Institutum Biblicum.

1959–81 *Akkadisches Handwörterbuch*. 3 volumes. Wiesbaden: Harrassowitz.

1995 *Grundriss der akkadischen Grammatik*. 3rd edition. Analecta Orientalia 33. Rome: Pontificium Institutum Biblicum.

Waltisberg, M.

2002 "Zur Ergativhypothese im Semitischen." *Zeitschrift der Deutschen Morgenländischen Gesellschaft* 152: 11–62.

Waltke, Bruce K., and Michael O'Connor

1990 *An Introduction to Biblical Hebrew Syntax*. Winona Lake: Eisenbrauns.

Weidner, E. F.

1924–25 "Altbabylonische Götterlisten." *Archiv für Keilschriftforschung* 2: 1–18, 71–82.

Wiseman, D. J.

1953 *The Alalakh Tablets*. Occasional Publications of the British Institute of Archaeology at Ankara 2. London: British Institute of Archaeology at Ankara.

Wright, W.

1898 *A Grammar of the Arabic Language*, Volume 2. 3rd edition. Translated by W. Wright. Cambridge: Cambridge University Press.

Young, E. J.

1950 Adverbial -*u* in Semitic. *Westminster Theological Journal* 13: 151–54.

7

EARLY CANAANITE AND OLD ARAMAIC CASE IN THE LIGHT OF LANGUAGE TYPOLOGY

*Rebecca Hasselbach, University of Chicago**

Introduction

The most commonly found definition of "case" is that case marks dependent nouns for the type of relationship they bear to their heads.[1] There are three main ways in which case can be marked, first by synthetic constructions, which are represented by morphological marking, second by analytical constructions, which primarily consist of adposition plus noun, and third by position.[2]

In languages that use inflectional marking, case forms can be neutralized. This neutralization results in the formal merger of two or more inflectional endings, a process called "syncretism."[3] Across the world's languages, syncretisms occur according to certain typological tendencies. In Latin, for example, the nominative and accusative tend to merge morphologically in the neuter declination and form a clear opposition to the dative and ablative, which likewise tend to merge.[4] The merger of nominative and accusative versus dative and ablative can be explained on a functional basis. The nominative and accusative primarily encode verbal complements, while the dative and ablative are less often used as verbal complements and are more frequently found after prepositions.[5] The morphological merger or syncretism of these cases therefore reflects a hierarchy in verbal complementation; that is, cases that are closer to one another in frequency as verbal complements are more likely to fall together morphologically than those that vary greatly in this respect. Cases that merge, consequently, often have a functional overlap that facilitates the morphological merger.[6]

When the morphological case markers of a language are subject to reduction or loss due to phonological processes, the loss of these morphemes is not prevented. This means that no functionally conditioned preservation of case morphemes occurs when they correspond to phonemes that are otherwise subject to change or loss. Grammatical relations in such instances are expressed by alternate means, such as word order and adpositions.[7] When the inflectional case system is lost on nouns, by either syncretism or phonological processes, case marking tends to be preserved in the pronominal system, especially on bound pronouns. Thus, morphological case marking does not have to occur on both nouns and pronouns to the same degree in any given language. It frequently occurs that case is only morphologically marked in the pronominal system — reflecting the vestige of an originally

* I would like to sincerely thank Dennis Pardee for his helpful comments and corrections for improving this essay. All opinions and errors are, of course, my responsibility alone.

[1] Blake 2001: 1.

[2] Blake 2001: 10–12. Anderson (2006: 23) provides the following definition based on traditional theories of case: "A grammar of case gives an account of the syntax of the relations that are typically expressed by case inflection or adpositions or position." Most languages use both analytical and synthetic case marking. Analytical case markers are more likely to be found with non-core cases, such as the ablative, instrumental, locative, and so on, while synthetic markers are more likely to be used for core cases, which include the nominative, ergative, accusative, and dative (Blake 2001: 90).

[3] Blake 2001: 19.

[4] Blake 2001: 21.

[5] Blake 2001: 22, 30; Anderson 2006: 2. The genitive is primarily adnominal, that is, it is not used as verbal complement and thus differs in use from the nominative, accusative, dative, and ablative (Blake 2001: 149).

[6] Blake 2001: 173. In addition, the nominative and accusative are what is often referred to as "core" cases, also called "grammatical cases" — see also note 2 above — while the ablative, instrumental, and so on are referred to as "semantic" cases, which primarily express location, putting the nominative and accusative again closer together on a functional basis (Blake 2001: 31–33). The grammatical relations pertaining to case can be ordered hierarchically. Inflectional systems tend to build up in the order *nominative > accusative > genitive > dative > locative > ablative/instrumental > others*. This hierarchical order means that languages that have an inflectionally marked locative also have a nominative and at least one other core case (Blake 2001: 89). When there is an unmarked case within a language that has an inflectional case system, it is usually the nominative, rarely the accusative.

[7] Blake 2001: 169.

more productive case inflection — as can easily be exemplified by English, which, for example, only distinguishes the accusative in independent pronouns, as in "I (nominative) saw him (accusative)" and "He (nominative) saw me (accusative)" versus "The man (nominative) chased the dog (accusative)" and "The dog (nominative) chased the man (accusative)."[8]

In Semitic languages, we have evidence for an original triptotic inflectional case system in the singular, and a diptotic inflection in the dual and plural. The triptotic inflection consists of a nominative, marked by suffixed *-u*, a genitive, expressed by *-i*, and an accusative, marked by *-a*. The diptotic inflection of the dual and plural has a contrast between a nominative versus oblique, the masculine nominative plural being marked by *-ū* and the oblique by *-ī*, while the dual is expressed by *-ā* in the nominative and *-ay* in the oblique, resulting in the following paradigm,[9] which reflects the Proto-Semitic case system of masculine nouns according to traditional reconstructions:[10]

	Singular	Dual	Plural
Nominative	*-u*	*-ā*	*-ū*
Genitive	*-i*	*-ay*	*-ī*
Accusative	*-a*	*-ay*	*-ī*

The Semitic sub-branch relevant for the present investigation is Northwest Semitic, which consists of Ugaritic, Aramaic, and Canaanite.[11] Canaanite in turn includes Hebrew, Phoenician, Punic, Moabite, and a few other sparcely attested languages/dialects. Of the Northwest Semitic languages, Ugaritic preserves the full inflectional case system, while Aramaic — in most of its attested stages — and Hebrew completely lost morphological case distinction. The preservation of the case system in Ugaritic allows us to reconstruct the same fully productive inflectional case system for Proto-Northwest Semitic as for Proto-Semitic that then underwent reduction and loss in some of its descendant branches. The various stages of case marking attested in the Northwest Semitic languages make this sub-branch of Semitic of special interest for the study of case inflection and loss thereof, not only for the understanding of the developments underlying the nominal inflection of Northwest Semitic, but also for Semitic in general.

The main question to be asked is whether it is possible to trace the loss of morphological case markers in those Northwest Semitic branches that clearly show a reduction of inflectional case marking, that is, Aramaic and Canaanite, and, more importantly, whether the process underlying this loss conforms to the typological tendencies outlined above. The remainder of this article focuses on these questions.

Evidence

The following sections discuss the evidence for case marking in Old Aramaic, Amarna Canaanite, and Phoenician. These earliest stages of Aramaic and Canaanite reflect the periods in which we can still either trace a productive inflectional case system, or case was in the process of being lost. In general, the loss of case inflection in these languages is dependent on the loss of final short vowels that resulted in the collapse of the case system in the singular, and subsequently in the plural by analogy to the singular.

---

[8] Blake 2001: 170.

[9] A nominative ~ oblique distinction is common cross-linguistically. In fact, when a language only has a two-case system, it usually consists of a nominative versus oblique distinction — rather than a nominative versus accusative — with the oblique covering a wide range of functions (Blake 2001: 156).

[10] For this reconstruction and presentation of the case system of classical Semitic languages, see, for example, Lipiński 2001: 267; Huehnergard 2004: 149. Nouns in Proto-Semitic also exhibit final mimation and nunation. Mimation and nunation can be neglected in the present study since they have no direct impact on the issue discussed. The full case inflection in the singular, dual, and plural as presented here is, for example, preserved in Classical Arabic and Akkadian. Other Semitic languages, such as Geʿez, have a reduced system of case inflection. Geʿez distinguishes an accusative in *-a* from a non-accusative in *-Ø*. This reduced system is the result of a series of sound changes in which short /i/ and /u/ were reduced to /ə/ and /ə/ was subsequently lost in word-final position — a process that affected the morphological markers of the nominative and genitive singular.

[11] The Semitic language family is subdivided into two main branches: East Semitic, consisting of Akkadian and Eblaite, and West Semitic, which includes all other Semitic languages. West Semitic in turn branches off into Ethiopian Semitic, Modern South Arabian, and Central Semitic. Central Semitic is subdivided into Arabic, Old South Arabian, and Northwest Semitic. Northwest Semitic also includes the evidence from Amorite personal names, but since the case system in these names still defies certain interpretation, it is not discussed in the present context. For the classification of Semitic as outlined above, see Huehnergard 2004: 141.

Old Aramaic

The earliest Aramaic textual material — usually referred to as "Old Aramaic" — comes from inscriptions dating to the ninth to eighth centuries B.C. that were primarily found in Syria and southern Anatolia.[12] The script used in these inscriptions is a consonantal alphabet that does not mark short vowels in any position, which makes it impossible to say anything conclusive about the status of morphological case marking in the singular.[13] Contrary to short vowels, long vowels are usually indicated at least word-finally by certain consonants functioning as what is commonly called *matres lectionis* — the two important ones in our context are <W> for /ū/ and <Y> for /ī/. The only environment in which we would expect an orthographic reflex of different cases — if the underlying Aramaic still distinguished case morphologically — is therefore in the nominative and oblique masculine plural. Most Old Aramaic texts do not show any orthographic distinction of masculine plural nouns according to syntactic context. In the Zakkur, Bar-Haddad, Barrakib, and Sefire inscriptions, the absolute masculine plural usually ends in nunation without any indication of the preceding vowel, as in *ʾlhn* "gods," *mln* "words," and so on, while the construct regularly ends in *-y*, as in *bʿly* "lords of," *mqny* "possessions of," and *nšy* "women of."[14] Based on these spellings, particularly the uniform spelling of the masculine plural construct as <Y> independent of case, it is fairly certain that morphological case marking was lost in the Aramaic dialects reflected by these texts. The only Old Aramaic sub-corpus that uses different forms in the nominative and oblique masculine plural is the texts from the ancient site of Samʾal, modern Zinçirli.[15] In these texts, the nominative absolute is written with <W> and the oblique with <Y>, as in *ʾlhw* "gods," *zkrw* "men," *mlkw* "kings" (nominative), and *ʾbny* "stones," *ʾlhy* "gods," and *zkry* "men" in the oblique.[16] The distinction of the two forms of the masculine plural according to syntactic context seems to be regular in Samʾalian. Another indication that Samʾalian had most likely not yet completely lost its inflectional case system is the absence of a direct-object marker used to distinguish between S and O after the loss of morphological case marking in clauses in which the two could be confused. Other Old Aramaic texts, such as the Zakkur and Sefire inscriptions, use the direct-object marker *ʾyt*, although its use seems to be optional in these texts.[17] Nevertheless, there are also indications that case was not always fully preserved in Samʾalian. In the words for "father" and "brother," a long /ū/ written as <W> is found as a linking vowel between the nominal base and the pronominal suffix, as in *ʾabūhi*, written *ʾbwh*, which is a reflex of the original nominative case vowel. Interestingly, this form is clearly representing the genitive in the phrase *bbyt ʾbwh* "in the house of his father."[18] Occurrences like this indicate that the pre-suffix form of this noun was most likely already fixed with the vowel that originally represented the nominative, which, in turn, suggests at least a partial loss of morphological case distinction.[19]

It is clear from the evidence mentioned so far that the earliest forms of Aramaic, represented by the inscriptions from Samʾal, preserved morphological case marking at least in certain instances. In other Old Aramaic corpora, which reflect different and more innovative dialects of Aramaic, morphological case marking was lost; in these texts, we find the first occurrences of a direct-object marker, which indicates that at least nominative and accusative must have been undistinguishable morphologically. Despite the fact that we can notice different stages of case marking in these early Aramaic dialects, it is difficult to say anything about the exact process underlying

---

[12] For the definition of "Old Aramaic" as reflecting the inscriptions down to the eighth century B.C., see Degen 1969: 2.

[13] There are vestiges in both Old Aramaic and later Aramaic of original singular case endings in certain frozen forms, such as the original nominative case vowel /ū/ in the words for "father" and "brother" before pronominal suffixes, and the accusative ending /a/ in certain adverbial expressions, such as *lylʾ* "at night," *brʾ* "outside," and *ʾrʿʾ* "below" (Segert 1975: 193).

[14] Degen 1969: 52.

[15] The linguistic classification of the non-Phoenician and non-Standard Aramaic texts from Zinçirli is still a matter of dispute, although most scholars tend toward an interpretation of the language/dialect as an archaic form of Aramaic; see, for example, Brockelmann 1954: 135; Dion 1974: 331, 340; Garr 1985: 231; Fales 1996: 52.

[16] Segert 1975: 192; Tropper 1993: 200. The situation in the construct plural is less clear. There is hardly any evidence for nouns in the nominative construct. There seems to occur one case of Ø-marking for the nominative plural and one in <Y>. The latter might indicate a shift of the construct marking in the nominative to *-y* (for **-ay*), which is the regular way to mark the oblique masculine plural construct (Tropper 1993: 200). Before pronominal suffixes, there seems to be a distinction between a nominative plural in /-ū/ written defectively, as in *ʾyḥh* "his brothers" (nominative), and an oblique masculine plural in /-ay/ written as <Y>, as in *ʾyḥyh* "his brothers" (oblique) and *ywmyh* "his days" (oblique) (Tropper 1993: 200).

[17] Garr 1985: 192.

[18] Tropper 1993: 199.

[19] Tropper 1993: 189. The same fixed vowel /ū/ before pronominal suffixes is known from later Aramaic dialects such as Biblical Aramaic and Syriac, where we regularly find *ʾᵃḇūhî* "his father" (Biblical Aramaic) and *ʾaḇū(h)î* (Syriac) for all cases. Samʾalian does not distinguish case in independent, anaphoric, demonstrative, and suffixed pronouns, which all have a single form independent of case (Tropper 1993: 189). The same is true for all other Old Aramaic texts (Segert 1975: 165–79).

the loss of inflectional case marking. Whether the loss first resulted in a merger of nominative and accusative or also included the genitive, cannot be determined on the basis of the available evidence.[20]

Early Canaanite

The earliest evidence for Canaanite, letters written in a Canaanizing form of Akkadian found at El-Amarna dating to the fourteenth century B.C., exhibits a fully productive case system that is in accordance with the case system reconstructed for Proto-Northwest Semitic — that is, we find a triptotic inflection in the singular and a regular diptotic case distinction in the dual and plural.[21]

The fact that the attested case inflection is part of the underlying Canaanite and not merely a feature of Akkadian is proven by occurrences of Canaanite glosses that show morphological case inflection, such as *ru-šu-nu* "our head" in the nominative, and *ta-aḫ-ta-mu* "beneath them" and *le-lá-ma* "at night" in the accusative. The first gloss cannot be interpreted as reflecting Akkadian morphology, since normative Akkadian would not mark the masculine singular nominative in the construct before a pronominal suffix with *-u* in this nominal pattern.[22] Furthermore, the Akkadian of the Amarna letters also sometimes has case vowels on singular constructs with and without pronominal suffixes that cannot be attributed to Akkadian usage. These occurrences are commonly attributed to West Semitic influence; examples include *a-wa-tu* LUGAL "the word of the king" in the nominative (El-Amarna 136: 23), *a-ma-ta*$_5$ LUGAL "the command of the king" in the accusative (El-Amarna 147: 40), *a-di ka-ša-di* LUGAL "until the arrival of the king" in the genitive (El-Amarna 227: 14), and others.[23] These occurrences suggest that the underlying Canaanite most likely preserved case inflection on singular constructs, contrary to Akkadian, which lost any kind of case distinction in this environment after the Old Akkadian period.[24]

Contrary to Old Aramaic, the Amarna letters also exhibit case distinction in the pronominal system. The masculine singular anaphoric pronoun, for example, has distinct forms for the nominative, for which we find *šu-ut*, and the oblique, which is attested as *šu-a-ta* and *šu-a-ti*.[25]

The regular distinction of cases in both the nominal and pronominal system in Amarna Canaanite allows us to reconstruct a productive inflectional case system for Proto-Canaanite with a triptotic inflection in the singular on both bound and unbound nouns and a diptotic inflection in the plural and dual.[26] This reconstruction of Proto-Canaanite also implies that the ancestor(s) of both Hebrew and, more importantly, Phoenician exhibited the same productive case-marking system.

Phoenician

Phoenician is the most informative corpus with regard to case marking and loss thereof discussed in the present context.

---

[20] Aramaic dialects after the eighth century B.C. clearly do not preserve any morphological case distinction. For the texts from the seventh and sixth centuries B.C., see Hug 1993: 65; for the material from the Achaemenid period, see Muraoka and Porten 2003: 61. The writing of masculine plural nouns in these corpora follows the same principles found in Old Aramaic inscriptions other than those from Zinçirli.

[21] Rainey 1996: vol. 1, 162–65. The functions of the cases also conform to the functions known from other Semitic languages that preserve morphological case marking, such as Akkadian and Classical Arabic. The nominative is used to express the subject of a clause and as a predicative form in nominal clauses (Rainey 1996: vol. 1, 162). The genitive marks a *nomen rectum* in the construct and is used after prepositions in addition to marking possession. The accusative is primarily used to indicate the direct object, but also shows the same adverbial and temporal uses as the accusative in Akkadian and Classical Arabic, as in *le-lá-ma* "at night" and *ta-aḫ-ta-mu* "beneath them." The accusative is also used to mark the subject after the existential negative particle *yānu*, which reflects West Semitic usage (Rainey 1996: vol. 1, 165, 167–68). Despite the fact that case marking by morphological affixes is generally preserved in the Canaanizing Amarna letters, errors do occur. It is a matter of dispute whether these instances represent scribal errors or mark the beginning of the breakdown of the case system. Rainey favors the interpretation as scribal errors (Rainey 1996: vol. 1, 170), although in my opinion this question requires further investigation.

[22] For the attestations, see Rainey 1996: vol. 1, 164.

[23] For more examples, see Rainey 1996: vol. 1, 174–75.

[24] For the distinction of a genitive on singular constructs in Sargonic Akkadian, see Hasselbach 2005: 183. The preservation of case vowels on the construct is also known from Classical Arabic and Ugaritic. For Ugaritic, see Tropper 2000: 338.

[25] Rainey 1996: vol. 1, 96–97. The question naturally arises whether these forms reflect genuine Canaanite or Akkadian distinctions, however, there is no certain answer to this question. The forms are Akkadian — Assyrian in the case of *šu-ut* — although given the occurrences of seemingly genuine Canaanite case marking in the nominal system, it is also possible that these forms reflect Canaanite usage with regard to the distinction of case.

[26] The dual is primarily used for paired body parts in Amarna Canaanite. The nominative is attested as *-ā* in the gloss *ḫe-na-ia* "my eyes" and the oblique as *-ē* in *i-na qa-te-ka* "in your hands" (Rainey 1996: vol. 1, 136–38).

During the over thousand years of its attestation, the Phoenician language underwent several noticeable changes and is commonly subdivided into various periods and dialects.[27] The most important periods/dialects for the present investigation are Old Byblian, that is, the inscriptional material from the tenth and ninth centuries B.C. from Byblos that reflects an archaic dialect of Phoenician, Byblian, and Standard Phoenician.

Old Byblian and Standard Phoenician are written in an entirely consonantal script. There is no indication of either short or long vowels, and, consequently, no direct evidence for the vocalic case affixes of either the singular or plural. Nevertheless, there are several inner Phoenician features that indicate the status of the original vocalic case markers.

In Old Byblian and Old Phoenician, nouns in the construct state in which the first noun ends in /n/ assimilate the /n/ to the first consonant of the next word, as in *byḥmlk* /biyyaḥūmilk/ "son of Yaḥūmilk" < **bin-Y.* (KAI 6, I. 7, 3, Old Byblian) and *bklby* /bikkalbay/ "son of Kalbay" < **bin-K.* (KAI 8, Old Byblian). The assimilation of /n/ can only be accounted for by the absence of the final case vowel in the singular construct. A similar phenomenon can be observed in words that end in an original triphthong including /y/ or /w/ that was monophthongized, as in *qn ʾrṣ* for /qōnV ʾarṣ/ "the creator of the earth" < **qōniyV ʾarṣ* (KAI 26 A III. 18, Old Phoenician), which likewise indicates the absence of a final case vowel.[28] Consequently, the loss of final vowels in the construct must have occurred no later than the late eleventh or early tenth century B.C.,[29] and it is possible to state with relative certainty that neither Old Byblian nor Old Phoenician preserved case marking on singular nouns in the construct without pronominal suffixes.

In Standard Phoenician, we find variant forms of certain pronominal suffixes — the suffixes of the first common singular, third masculine singular, and third feminine singular — which are dependent on syntactic contexts. When the noun is in the nominative, these suffixes are not indicated in the writing, while, when the noun is in the genitive, they are represented by final <Y>.[30] The orthographically unmarked forms reflect final vowels, while the writing with <Y> stands for a consonant:[31]

[27] Phoenician attestations reach from approximately the eleventh century B.C. down to the fourth century A.D. and cover a wide geographical area that reaches from the Phoenician homeland, with its cities Sidon, Tyre, and Byblos, to Samʾal in southern Anatolia, to Egypt, North Africa, Cyprus, and so on (Segert 1976: 24–26; Friedrich, Röllig, and Amadasi-Guzzo 1999: 1–3). The two main dialects distinguished are Phoenician, the language of the homeland, and Punic, the variant of Phoenician used in the Mediterranean colonies, particularly in the Carthaginian empire (Segert 1976: 26). Phoenician itself is subdivided into the dialect from Byblos — a dialect that is markedly different from the rest of Phoenician — that has two main stages, Old Byblian (ca. tenth–eighth centuries B.C.) and Byblian (ca. sixth–fourth centuries B.C.). Most other Phoenician inscriptions are written in what is called "Standard Phoenician." Standard Phoenician can, again, be subdivided into different periods: "Old Phoenician," which stands for the earliest attestations from the ninth century to approximately the seventh century B.C., "Middle Phoenician" from the sixth to fourth century B.C., and Late Phoenician, from the third to first century B.C. (Segert 1976: 28). The inscriptions written in Standard Phoenician reflect a standardized dialect of the language and are linguistically relatively homogeneous (Hackett 2004: 367). Punic is attested from approximately the fifth century B.C. to the fourth century A.D. It is divided into "Punic," comprising the textual material from the fifth century B.C. to the fall of Carthage in 146 B.C., and "Late" or "Neo-Punic," which designates the language of the texts from North Africa after the fall of Carthage (Segert 1976: 30).

[28] The phrases in KAI 6 and KAI 26 are in the nominative, designating the subjects of their clauses, while the example from KAI 8 is in the genitive.

[29] Friedrich, Röllig, and Amadasi-Guzzo 1999: §92.

[30] The genitive is used after a noun in the construct, after prepositions such as *b-*, *l-*, and *ʿl*, and after the direct-object marker *ʾyt* (Friedrich, Röllig, and Amadasi-Guzzo 1999: §§234, 255).

[31] For the following reconstruction, see Huehnergard 1991: 187. The distinction between a nominative ~ genitive in the first common singular is only preserved in the earliest stages of Phoenician, that is, Old Phoenician and the Kilamuwa inscription from Samʾal. In the rest of Phoenician, starting with the Karatepe inscription, the first common singular suffix is always written <Y> independent of case (Friedrich, Röllig, and Amadasi-Guzzo 1999: §234). The distinction in the third-person singular suffixes remains throughout Phoenician but is lost in Late Punic (Friedrich, Röllig, and Amadasi-Guzzo 1999: §234). Old Byblian differs from the presentation above in that it does not have distinct forms for pronominal suffixes in the nominative and genitive (Hackett 2004: 375). The third masculine singular possessive suffix in Old Byblian is generally written with <H>, reflecting the original suffix consonant /h/. Friedrich, Röllig, and Amadasi-Guzzo assume that the original case vowels were preserved before this suffix (Friedrich, Röllig, and Amadasi-Guzzo 1999: §234), although there is no direct evidence for the preservation of the presuffix vowels. However, Old Byblian had two distinct forms for the third masculine singular independent pronoun, *hʾ* and *hʾt*, both of which are used for the nominative, while Old and later Phoenician only have *hʾ*. All Phoenician dialects have a third masculine plural independent pronoun *hmt*, used for all cases, which goes back to an original oblique form of the pronoun; for the forms, see Friedrich, Röllig, and Amadasi-Guzzo 1999: §234. The existence of the independent pronouns *hʾt* and *hmt* shows that Phoenician originally distinguished case in the anaphoric pronouns. The originally syntactically differentiated pronouns were then leveled in favor of the nominative forms, except in the third masculine plural. The occurrence of both *hʾ* and *hʾt* in Old Byblian reflects an intermediate stage, in which the oblique function of *hʾt* was lost already, while the form itself was still preserved.

first common singular nominative: -C-Ø = /-ī/
first common singular genitive: -*i*-Y = /-iya/

third masculine singular nominative: -C-Ø = /-ō/[32]
third masculine singular genitive: -*i*-Y = /-iyu/

third feminine singular nominative: -C-Ø = /-ā/
third feminine genitive: -*i*-Y = /-iya(:)/

The pronominal suffixes of the third masculine singular and third feminine singular on nouns in the nominative are the result of vowel contractions, while after the high front vowel /i/ of the genitive, the original /h/ of the suffix was palatalized to /y/ and no vowel contraction occurred. The phonological processes underlying orthographic <Ø> versus <Y> can be summarized as follows:[33]

third masculine singular accusative: **malkahu* > **malkaw* > *malkō*
third feminine singular accusative: **malkaha* > **malkā*
third masculine singular genitive: **malkihu* > *malkiyu*
third feminine singular genitive: **malkiha* > *malkiya(:)*

Since this reconstruction is based on a nominal base ending in the accusative case vowel /-a/, we still have to account for the orthographic and phonological merger of the suffix attached to an original base in the nominative ending in /-u/ with the form of the suffix derived from the accusative. The vowel contractions in the accusative and the palatalization of /h/ to /y/ must have occurred before the loss of final short vowels. After these forms developed, final /a/ and /u/ were lost, while final /i/ was preserved, which caused the accusative and nominative of singular nouns to merge. The syncretism of the nominative and accusative in the nominal system then caused the analogical extension of the third-person singular accusative suffixes to the nominative, resulting in the binary system of nominative/accusative versus genitive attested in the pronominal suffixes.[34]

The important question that still requires clarification is whether this binary case distinction was a general feature of Standard Phoenician morphology or whether it was restricted to occurrences before pronominal suffixes. Huehnergard assumes that the binary inflection attested in the pronominal system was also preserved in the nominal inflection since it would not make sense to preserve case marking only before pronominal suffixes.[35] The argument that case distinction should be preserved on nouns because it is attested in the pronominal system is not a necessary conclusion, though. As mentioned before, it is a cross-linguistic phenomenon that pronouns tend to preserve case distinction for a longer period of time than nouns. Consequently, the preservation of a genitive versus non-genitive distinction in parts of the pronominal system, in this case pronominal suffixes, is no indication that the same distinction is also present in the nominal system. The question of whether the genitive was preserved on nouns, therefore, requires further investigation.

---

[32] The vocalization of the third masculine singular suffix as /-ō/ is taken from Greek transcriptions (Huehnergard 1991: 186).

[33] A similar distinction is found in the third masculine plural suffixes, for which the nominative is written <M> and the genitive <NM>. Huehnergard vocalizes the former as /-ōm/ and the latter as /-nōm/. This vocalization is derived from **qōlahum* > **qōlawm* > *qōlōm* and originally **qōlihum* > **qōliyum*. The /n/ of the genitive is presumably taken from the long imperfect *yaqtulu* plus suffix in the plural, that is, **yiqtulūn-ōm* was reanalyzed as **yiqtulū-nōm* after the morphological merger of *yaqtul* and *yaqtulu*. The form *-nōm* was then leveled to all nominal and verbal forms ending in a vowel (Huehnergard 1991: 187, 192), and consequently, the accusative suffixes show a similar distinction based on the form of the verb to which they are attached as the possessive suffixes. When the verbal stem ends in a consonant, the third masculine singular suffix is not written, while when the verbal form ends in a vowel, the suffix is written as <Y> (Hackett 2004: 376). This distribution shows the same phonologically motivated palatalization of /h/ after vowels as suggested for nouns. Thus, the palatalization occurred after /i/, /ī/, and /ū/ (Friedrich, Röllig, and Amadasi-Guzzo 1999: §187–90).

[34] Huehnergard 1991: 188.

[35] Huehnergard 1991: 188 n. 11. Recent treatments of Phoenician grammar, such as Hackett 2004, follow Huehnergard's analysis. Friedrich, Röllig, and Amadasi-Guzzo assume that the opposition of genitive versus non-genitive was only preserved before pronominal suffixes on singular nouns (1999: §217). Harris suggested that the distinction in Standard Phoenician is a purely orthographic feature that was established when the case distinction was still present, but, at the same time, he assumed that cases were confused after the fourteenth century B.C. (Harris 1936: 61). This date is derived from the Canaanizing Amarna letters. This interpretation is problematic since it assumes a period of about three hundred years or longer in which morphological case marking was lost, but the orthographic distinction between genitive and non-genitive was preserved, which is rather unlikely. Harris' explanation likewise does not account for the regular distribution of the different forms according to syntactic context.

The status of case marking in Phoenician is, of course, dependent on the loss of final short vowels. Inner-Phoenician evidence for this sound change is found in the transition from Old Byblian to Byblian. In Old Byblian, III-*w/y* roots are usually written with final glide, as in *ʿly* "he ascended" and *bny* "he built," which indicates the preservation of the original final vowel of the third masculine singular perfect. The verbal forms can therefore be vocalized as /ʿalaya/ and /banaya/, respectively. In all other dialects of Phoenician, the third root letter is not indicated in the writing, as in *ḥz* "he saw," commonly vocalized as /ḥazō/.[36] The absence of any orthographic representation of the glide indicates that the original final short vowel was lost. Another indication that Old Byblian preserved final short vowels at least to a certain degree are occurrences of what seems to be accusatives of direction, such as *gbl* "to Byblos," to be vocalized as /gubla/ with the final /a/ representing the accusative case vowel.[37]

Although the aforementioned changes only occur in the transition from Old Byblian to Byblian, they fit into certain phenomena that developed in Phoenician in general, such as the emergence of a direct-object marker. The Phoenician direct-object marker *ʾyt* is not attested in the earliest inscriptions from the tenth to late ninth century B.C., which include the Old Byblian inscriptions and the Kilamuwa inscription from Samʾal. It first occurs in an inscription from Cyprus that dates to the end of the ninth century B.C. The loss of both the nominative and accusative case vowels, that is, the loss of final short /a/ and /u/, and the subsequent morphological merger of these cases must have preceded the emergence of the direct-object marker.[38] The first emergence of this morpheme in the late ninth century B.C. fits well into the time frame when Byblian lost final short vowels. Based on these data, Friedrich, Röllig, and Amadasi-Guzzo suggest that all short vowels were lost at the beginning of the first millennium B.C.[39] I would agree with this analysis, with one minor modification.

Despite the fact that all the data represented above indicate the loss of final short /a/ and /u/ in the early first millennium B.C., it is important to note that none of the aforementioned cases concerns the loss of final short /i/. Thus, based on the evidence provided so far, the status of the inflectionally marked genitive is still uncertain. Unfortunately, there is no inner Phoenician evidence that might help to establish the status of this vowel in word final position. Instead, one has to refer to evidence from outside the Phoenician inscriptional material, such as transcriptions of Phoenician proper names into writing systems such as Akkadian cuneiform. Transcriptions into Akkadian cuneiform are attested from the Neo-Assyrian and Neo-Babylonian periods, that is, from the ninth to fifth century B.C.[40]

Friedrich, Röllig, and Amadasi-Guzzo state that cuneiform transcriptions of Phoenician names from this time show no evidence for a productive system of inflectional case marking.[41] On the basis of my own investigation of

[36] Friedrich, Röllig, and Amadasi-Guzzo 1999: §92.

[37] Friedrich, Röllig, and Amadasi-Guzzo 1999: §280.

[38] The direct-object marker is also attested in the Karatepe inscription from the late eighth century B.C., although its use is not obligatory. It is primarily used before definite nouns, but even here it seems to be optional (Friedrich, Röllig, and Amadasi-Guzzo 1999: §275). Garr assumes that the direct object is usually unmarked in Standard Phoenician and that the direct-object marker is used to mark contrast and emphasis. Garr states, "In Standard Phoenician, then, the *nota accusativi* marked objects that were of particular interest to the author, its use was subject to individual style" (Garr 1985: 192). One reason for the irregular use of the direct-object marker might be that it was redundant in many instances since grammatical relations were primarily expressed by word order. The common word order in Phoenician is verb-subject-object for verbal clauses, with the possibility to front either the subject or object for emphasis/topicalization, and subject-predicate in nominal clauses, predicate-subject when the subject is an independent pronoun (Friedrich, Röllig, and Amadasi-Guzzo 1999: §316). Subject and object were therefore distinguishable by position, unless either of them was fronted for emphasis/topicalization.

[39] Friedrich, Röllig, and Amadasi-Guzzo 1999: §217.

[40] The use of Akkadian transcriptions is, of course, problematic and can only lead to tentative results since it is often difficult to distinguish between genuine Phoenician forms and forms that represent Neo-Assyrian and Neo-Babylonian morphology. In order to make a statement about Phoenician case inflection, one has to find usages and spellings that do not conform to the Akkadian morphology of the respective time period. One example of a name transcribed into Neo-Assyrian (seventh century B.C.) that does not reflect Neo-Assyrian morphology is *ᵈmi-il-qar-tu* /Milqart/ "king of the city." This name shows several features that should be different if it conformed to Neo-Assyrian: the form of the construct should be different and not show the assimilation of the final /k/ of *milk* "king" to the first consonant of the following noun /q/, which also clearly shows that the final vowel of the construct was lost. In addition, the seeming case vowel /u/ on *-qartu* should be a genitive, not a nominative if it corresponded to Neo-Assyrian morphology. The final vowel /u/ on *qart-* is an orthographic device to represent the final consonant cluster and does not reflect a case vowel (for the attestations, see Friedrich, Röllig, and Amadasi-Guzzo 1999: §92). Since the same basic form of this name is also found in Phoenician inscriptions where it is written *mlqrt* (KAI 201: 2; ca. 800 B.C.), the transcription in Neo-Assyrian most likely reflects the closest variant of the Phoenician form of the name that could be expressed in syllabic cuneiform. Latin and Greek transliterations from the fifth century B.C. on clearly do not reflect case vowels.

[41] Friedrich, Röllig, and Amadasi-Guzzo 1999: §§92bis, 217, 256. According to Friedrich, Röllig, and Amadasi-Guzzo, final vowels that were written in cuneiform sources do not reflect case vowels. Consonant-Vowel signs at the end of a word were often used when the Phoenician word ended in a consonant cluster that could not be expressed in cuneiform writing, as in *ba-ʾa-li/lu* for /baʿl/ "lord" and *mil-ki* for /milk/ "king." The use of Consonant-Vowel signs for final syllables without consonant clusters presumably reflects the attempt to clearly express the quality of the final consonant, that is, the sign

Phoenician personal names in Neo-Assyrian sources dating from the reign of Shalmanezer III down to the reign of Ashurbanipal, that is, from 858 to 631 B.C., I offer the following observations.[42] In the earliest transcriptions from the mid-ninth century B.C., case endings are mostly, although not always, employed correctly.[43] The nominative tends to be written incorrectly more frequently than the genitive. In inscriptions from the eighth century on, the nominative is generally not expressed by the correct vowel.[44]

The representation of the genitive differs from that of the nominative. In the earlier material, dating to the reigns of Shalmanezer III down to Sennacherib, the genitive is usually employed correctly.[45] From the reign of Esarhaddon on, we find wrong spellings of the genitive and more frequent omissions of vowels. At the time of Ashurbanipal, no correct indication of a genitive with final /i/ is attested in the names that were available for my investigation. If we can trust the evidence from the Neo-Assyrian transcriptions, the following picture emerges: the nominative case vowel *-u* seems to have been lost from basically the earliest attestations on, a fact that conforms to inner Phoenician evidence. Neo-Assyrian, in contrast, preserved the original *-u* of the nominative at this period, which could strengthen the interpretation that the spelling of the nominative in Neo-Assyrian transcriptions reflects a genuine Phoenician feature. The genitive *-i* was at least in part preserved up to the late eighth century B.C. but probably disappeared by the early to mid-seventh century B.C., after which it is not attested in cuneiform transcriptions any longer.[46]

Conclusions based on transcriptions into Assyrian and Babylonian have, of course, to remain tentative. Before reaching even tentative conclusions, it is important to distinguish between forms and spellings that could reflect Neo-Assyrian and Neo-Babylonian morphology and those that cannot. Divergences of the case marking from Neo-Assyrian and Neo-Babylonian norms, such as the irregular spelling of the nominative in the earlier Neo-Assyrian material, might indicate that we are at least in part dealing with Phoenician morphology. In this case, the names in transcription confirm that Phoenician had a binary case inflection, genitive versus non-genitive, in both the nominal and pronominal system in the early first millennium B.C., but that this system was lost on unbound nouns earlier than on bound nouns with pronominal suffixes, contrary to previous assumptions that the genitive was preserved throughout the history of Phoenician.

PA was chosen for the syllable Consonant-P instead of AB to emphasize that the final consonant was /p/, not /b/, as in *mil-ki-a-šá-pa* for /Milk-yasáp/ (Friedrich, Röllig, and Amadasi-Guzzo 1999: §92bis).

[42] The Phoenician names in Assyrian transcriptions used for the present investigation are primarily taken from Benz 1972.

[43] This observation has already been made by Segert, who states that "case endings may be reflected in some transcriptions" (Segert 1976: 114). Segert quotes names transcribed at the time of Shalmanezer III, such as *ma-ti-nu-ba-ʾa-li* "gift of Baʿl" and *a-du-nu-ba-ʾa-li* "Baal is lord." The first name employs the nominative and genitive correctly in the first and second elements, respectively, while the second name seems to have a correct spelling of the nominative in the first element. In addition, the case marking in the first name cannot reflect Assyrian usage since Assyrian would not mark case on singular constructs.

[44] Although there are cases in which the nominative is used correctly in both the first and second element of a name in transcriptions of the eighth century B.C., there is an equal number of cases in which the nominative is represented by the wrong vowel in the same position. From the reign of Esarhaddon on, wrong markings of the nominative far outweigh the correct markings in both the first and second element of a name. At the time of Ashurbanipal, the nominative is never indicated with the correct vowel, independent of position. Spellings without final vowels increase from the time of Tiglath-Pileser III and represent by far the most frequently found spelling convention at the time of Ashurbanipal — zero-marking is, again, found indiscriminately of whether we are dealing with the first or second element of a name, as in *ba-ʾa-al-ḫa-nu-nu* "Baal has shown favor" (Ashurbanipal ii 84) and *ša-pa-ṭú-ba-ʾa-al* "Baal has judged" (Ashurbanipal ii 83). It is important to note that Neo-Assyrian preserved a nominative/accusative in *-u* and a genitive in *-i* during most of this time. Only at the time of Esarhaddon and Ashurbanipal do we notice the beginning collapse of the entire case system that is reflected by occasional wrong spellings of the genitive; however, it is important to note that this loss is not yet fully developed in the textual material (Hämeen-Anttila 2000: 77). The representation of nominative and genitive in Phoenician names thus differs from the representation of case in the contemporary Neo-Assyrian sources, which suggests that the wrong spellings of the nominative in Phoenician names might indeed reflect the loss of the nominative case vowel /u/ in Phoenician. That final short /a/ was most likely lost as well is shown by the representation of the final vowel on the perfect, original **qatala*, which is never, except once, spelled as final /a/, but usually as /u/, as in *ba-ʾa-al-ma-lu-ku* /Baʿl-malók/ "Baal has reigned" (Ashurbanipal ii 84). This /u/ has no basis in either Assyrian or Phoenician morphology and thus clearly indicates the loss of the final vowel.

[45] There is one occurrence of a genitive spelled without final vowel in an inscription from Tiglath Pileser III [*ma*]*-ta-an-bi-ʾi-il* "Gift of Bēl" (III 67. 60).

[46] The loss of the genitive is also attested in the nouns *ʾb* and *ʾḥ* before pronominal suffixes, which regularly use the nominative vowel /ū/ before suffixes from the second half of the first millennium B.C. on, independent of case (Krahmalkov 2001: 128). This might likewise indicate that the case distinction of nominative/accusative versus genitive was lost in most of the nominal inflection before Late Punic. As mentioned in note 44 above, Neo-Assyrian preserved the genitive during most of its attestation and had only started to lose it at the time of Esarhaddon and Ashurbanipal. Despite the fact that the situation regarding the genitive is not as clear as with regard to the nominative, it is still possible that the names in Neo-Assyrian transcriptions reflect Phoenician forms, especially in conjunction with the inner-Phoenician evidence just mentioned, although Assyrian influence cannot fully be excluded.

Conclusion

In conclusion, Aramaic and early Canaanite originally had a productive case inflection that was lost in both branches of Northwest Semitic in the early first millennium B.C. In both Aramaic and Canaanite, the loss of case inflection was caused by a phonological process, the loss of final short vowels. Phoenician is of particular interest since it is possible to trace this loss and, thus, the changes in the nominal inflection. The loss of final short vowels initially only occurred with final short /u/ and /a/, which resulted in the merger of nominative and accusative versus a still distinct genitive, a distinction that is preserved in the pronominal system throughout most stages of the language. This type of development has parallels in other Semitic languages, particularly Akkadian, where we find a similar merger of nominative and accusative versus a distinct genitive at various stages of the language. In Old Akkadian, the genitive was preserved on construct nouns in the singular, while the nominative and accusative were lost.[47] In Neo-Assyrian, the same type of binary system developed, although the nominative/accusative merged into the original nominative ending *-u*, while the genitive kept its original marking. A similar situation is also found in Neo-Babylonian.[48]

It is no coincidence that all these Semitic languages and dialects behave in basically the same manner with regard to case syncretisms. As stated in the introduction, the nominative and accusative generally tend to merge because they both represent core arguments and primarily verbal complements, as opposed to the genitive, which is adnominal. Semitic languages, such as Phoenician, thus conform to the behavior of languages regarding morphological case marking suggested by typological studies.

Abbreviations

Ashurbanipal ii	R. Borger. *Beiträge zum Inschriftenwerk Assurbanipals.* Wiesbaden: Harrassowitz 1996
KAI	Herbert Donner and Wolfgang Röllig. *Kanaanäische und aramäische Inscriften.* 2nd edition. Wiesbaden: Harrassowitz, 1966–1969

Bibliography

Anderson, John M.
2006 *Modern Grammars of Case: A Retrospective.* Oxford Linguistics. Oxford: Oxford University Press.

Benz, Frank L.
1972 *Personal Names in the Phoenician and Punic Inscriptions: A Catalog, Grammatical Study and Glossary of Elements.* Studia Pohl 8. Rome: Biblical Institute Press.

Blake, Barry J.
2001 *Case.* 2nd edition. Cambridge Textbooks in Linguistics. Cambridge: Cambridge University Press.

Brockelmann, Carl
1954 "Aramäisch und Syrisch." *Semitistik* 3: 135–62.

Degen, Rainer
1969 *Altaramäische Grammatik der Inschriften des 10.–8. Jh. v. Chr.* Abhandlungen für die Kunde des Morgenlandes 38, 3. Wiesbaden: Franz Steiner.

[47] For examples, see Hasselbach 2005: 183.

[48] Von Soden 1995: §63e.

Dion, Paul-Eugène

1974 *La langue de Ya'udi: Description et classement de l'ancien parler de Zencirli dans le cadre des langues sémitiques du nord-ouest.* Ontario: Editions SR.

Fales, Frederick M.

1996 "Most Ancient Aramaic Texts and Linguistics: A Review of Recent Studies." *Incontri Linguistici* 19: 33–57.

Friedrich, Johannes; Wolfgang Röllig; Maria Giulia Amadasi-Guzzo

1999 *Phönizisch-Punische Grammatik.* 3rd edition. Analecta Orientalia 55. Rome: Pontificium Institutum Biblicum.

Garr, W. Randall

1985 *Dialect Geography of Syria-Palestine, 1000–586 B.C.E.* Philadelphia: University of Pennsylvania Press.

Hackett, Jo Ann

2004 "Phoenician and Punic." In *The Cambridge Encyclopedia of the World's Ancient Languages*, edited by R. D. Woodard, pp. 365–85. Cambridge: Cambridge University Press.

Hämeen-Anttila, Jaakko

2000 *A Sketch of Neo-Assyrian Grammar.* State Archives of Assyria Studies 13. Helsinki: Neo-Assyrian Text Corpus Project.

Harris, Zellig S.

1936 *A Grammar of the Phoenician Language.* American Oriental Series 8. New Haven: American Oriental Society.

Hasselbach, Rebecca

2005 *Sargonic Akkadian: A Historical and Comparative Study of the Syllabic Texts.* Wiesbaden: Harrassowitz.

Huehnergard, John

1991 "The Development of the Third Person Suffixes in Phoenician." *Maarav* 7: 183–94.

2004 "Afro-Asiatic." In *The Cambridge Encyclopedia of the World's Ancient Languages*, edited by R. D. Woodard, pp. 138–59. Cambridge: Cambridge University Press.

Hug, Volker

1993 *Altaramäische Grammatik der Texte des 7. und 6. Jh.s v. Chr.* Heidelberger Studien zum alten Orient 4. Heidelberg: Heidelberger Orientverlag.

Krahmalkov, Charles R.

2001 *A Phoenician-Punic Grammar.* Handbuch der Orientalistik. Section 1, Nahe und Mittlere Osten 54. Leiden: Brill.

Lipiński, Edward

2001 *Semitic Languages: Outline of a Comparative Grammar.* 2nd edition. Orientalia Lovaniensia Analecta 80. Leuven: Peeters.

Muraoka, T., and Bezalel Porten

2003 *A Grammar of Egyptian Aramaic.* 2nd edition, revised. Handbuch der Orientalistik, Section 1, Der Nahe und Mittlere Osten 32. Leiden: Brill.

Rainey, Anson F.

1996 *Canaanite in the Amarna Tablets: A Linguistic Analysis of the Mixed Dialect Used by the Scribes from Canaan.* 4 volumes. Handbuch der Orientalistik, Section 1, Der Nahe und Mittlere Osten 25. Leiden: Brill.

Segert, S.

1975 *Altaramäische Grammatik.* Leipzig: Verlag Enzyklopädie.

1976 *A Grammar of Phoenician and Punic.* Munich: C. H. Beck.

Tropper, Josef

1993 *Die Inschriften von Zincirli*. Abhandlungen zur Literatur Alt-Syrien-Palästinas 6. Münster: Ugarit.

2000 *Ugaritische Grammatik*. Alter Orient und Altes Testament 273. Münster: Ugarit-Verlag.

von Soden, Wolfram

1995 *Grundriss der akkadischen Grammatik*. 3rd edition. Analecta Orientalia 33. Rome: Pontificium Institutum Biblicum.

8

VESTIGES DU SYSTÈME CASUEL ENTRE LE NOM ET LE PRONOM SUFFIXE EN HÉBREU BIBLIQUE

Dennis Pardee, University of Chicago

En hébreu biblique, un état antérieur de la langue est parfois conservé dans des formes consistant en un élément de base auquel un pronom suffixe est attaché. Notoire est l'exemple de la 2e personne du féminin singulier de l'accompli dont la terminaison normale est /-t/, alors qu'on trouve /-tī-/ lorsqu'un pronom suffixe est attaché au verbe:

/qātalt/ "tu (fém. sing.) as QTL"
/*q^{ə}taltīhū/ "tu (fém. sing.) l'as QTL."[1]

La forme verbale archaïque étant /qatalti/, il paraît évident que la forme à suffixe pronominal reflète une évolution de /qatalti/ à / qataltī/ qui précédait chronologiquement la forme de l'hébreu classique où la voyelle finale est tombée, sans doute par interférence avec la 1ère personne du singulier. Cette dernière forme était en proto-ouest sémitique /qataltu/, mais elle est devenue /qataltī/ sous l'influence des nombreux exemples de /ī/ comme voyelle finale d'un élément pronominal de la 1ère personne. Une évolution similaire est attestée pour le pronom indépendant de la 1ère personne du singulier, /ʾanāku/ > /ʾānōkī/,[2] développement assez tardif, du moins en ce qui concerne l'accent sur la syllabe finale, puisque le passage de /a/ à *qameṣ* dans la première syllabe selon la tradition massorétique reflète l'étape où l'accent était encore sur la voyelle longue primitive de la deuxième syllabe. La conservation de la forme de la 2e personne du singulier appartenant à un état précédent de la langue a eu pour effet de créer une ambiguïté, /q^{ə}taltīhū/ signifiant, selon le contexte, "tu (fém. sing.) l'as QTL" ou "je l'ai QTL." Les principales étapes de l'évolution de ces formes devaient donc être:

(1)	/qataltu/	"j'ai QTL"
	/qatalti/	"tu (fém. sing.) as QTL"
(2)	/qataltī/	"j'ai QTL"
	/qataltī/	"tu (fém. sing.) as QTL"
(3)	/qataltī/	"j'ai QTL"
	/qatalt/	"tu (fém. sing.) as QTL"

C'est la deuxième de ces étapes qui est conservée dans la forme composite /q^{ə}taltīhū/ signifiant soit "tu (fém. sing.) l'as QTL," soit "je l'ai QTL," selon la situation.[3]

Les grammaires de l'hébreu biblique citent des exemples ponctuels plus ou moins vraisemblables de vestiges du système casuel,[4] par exemple /ḥayṯo ʾareṣ/, litt. "les bêtes de la terre" (Genesis 1:24 ...) ou /b^{ə}nī ʾaṯōnō/, litt.

---

[1] Ces formes sont peu attestées dans le petit corpus fourni par la Bible hébraïque, mais le paradigme complet est extrapolé des quelques formes réelles: voir Gesenius, Kautzsch et Cowley 1910: 158 (§59a1[e]), 512–13; Bauer et Leander 1922: 341 (§48f), 16*–17*.

[2] Cette évolution s'explique soit par dissimilation: /ʾanāku/ > /ʾanōku/ (> /ʾanōkō) > /ʾanōkī/ (Blau 1980: 146–48), soit par analogie après la chute de la voyelle courte à la fin du mot: /ʾanāku/ > /ʾanōku/ > /ʾanōk/ > ʾānōk/ > /ʾānōkī/. Dans un cas comme dans l'autre, la voyelle /ī/ était sûrement choisi par analogie avec /î/, pronom de la 1ère personne du singulier attaché au nom commun au singulier (avec fonction du génitif), et avec /ni/ > /nī / pronom de la même personne attaché au verbe (avec fonction de l'accusatif); la voyelle est longue parce qu'elle est située à la fin du mot.

[3] L'usage du mot "étape" ne signale pas l'existence chez nous d'une hypothèse détaillée du développement des voyelles courtes entre le proto-hébreu et l'hébreu biblique; nous constatons simplement que l'identité des formes en hébreu biblique remonte à une étape précédente de la langue où les deux formes en question étaient identiques.

[4] Gesenius, Kautzsch, et Cowley 1910: 248–54 (§90); Bauer et Leander 1922: 522–30 (§65); Joüon 1923: 222–28 (§93); cf. Brockelmann 1908: 464–65 (§245h).

"le fils de son ânesse" (Genesis 49:11). Je n'ai pas l'intention de traiter ici ce genre de données dont au moins deux catégories entières sont rendues caduques par les données de l'ougaritique.[5]

En revanche, il me paraît nécessaire d'expliquer la voyelle entre le nom commun et un pronom suffixe, qu'elle soit conservée comme l'une des voyelles du système massorétique ou comme *š^{ə}wa medium*, en fonction du système casuel du proto-hébreu. Les systèmes casuels des langues sémitiques où cette déclinaison est conservée se ressemblent tous, et cette ressemblance confirme que le nom commun en proto-hébreu devait se décliner selon les catégories de nombre, genre et cas de la manière suivante:

Singulier		*Duel*	*Pluriel*
Nom. masc. sing.	/malku/	Nom. masc. duel /malkāma/	Nom. masc. plur. /malakūma/
Gén. masc. sing.	/malki/	Obl. masc. duel /malkayma/	Obl. masc. plur. /malakīma/
Acc. masc. sing.	/malka/		
Nom. fém. sing.	/malkatu/	Nom. fém. duel /malkatāma/	Nom. fém. plur. /malakātu/
Gén. fém. sing.	/malkati/	Obl. fém. duel /malkatayma/	Obl. fém. plur. /malakāti/
Acc. fém. sing.	/malkata/		

Trois remarques à propos de ce tableau: (1) le système est triptotique au singulier, diptotique au duel et au pluriel; (2) le duel était productif en ougaritique, comme en arabe, c'est-à-dire qu'il s'employait avec tous les noms communs pour distinguer deux objets de l'unité, d'un côté, et du groupe de trois objets ou plus, de l'autre, et il l'était certainement en proto-hébreu; (3) le mot choisi pour ces exemples, *malku*, "roi," est à base de /qatl/, et les schèmes /qatl/qitl/qutl/ manifestent un schème bisyllabique au pluriel.

L'hypothèse proposée ici est la suivante: le système des noms communs auxquels un pronom suffixe est attaché représente l'étape où la voyelle marquant le nominatif a entièrement disparu, c'est-à-dire au singulier, au duel et au pluriel, et où le duel n'était plus productif, ce qui a permis la redistribution des formes obliques du pluriel selon le critère de l'état grammatical, absolu ou construit. Au singulier, le principe de la distribution des formes de l'accusatif et du génitif était celui de l'harmonie vocalique. Les principales étapes sont donc:

(1) L'état primitif qui devait être commun au proto-nord-ouest sémitique:

Nom. masc. sing.	/malku/	Nom. masc. duel /malkāma/	Nom. masc. plur. /malakūma/
Gén. masc. sing.	/malki/	Obl. masc. duel /malkayma/	Obl. masc. plur. /malakīma/
Acc. masc. sing.	/malka/		
Nom. fém. sing.	/malkatu/	Nom. fém. duel /malkatāma/	Nom. fém. plur. /malakātu/
Gén. fém. sing.	/malkati/	Obl. fém. duel /malkatayma/	Obl. fém. plur. /malakāti/
Acc. fém. sing.	/malkata/		

(2) L'état où le nominatif est perdu, étant remplacé par l'un ou l'autre des deux autres cas; à en juger d'après l'état pronominal en phénicien, le nominatif et l'accusatif auraient fusionné, et, par conséquent, dans le tableau suivant "A./N." désigne la conservation de la voyelle de l'accusatif dans ce qui aurait été au moins à l'origine un système diptotique où l'ancien accusatif remplaçait le nominatif par opposition au génitif. Autrement dit, si le système à cette étape fonctionnait comme en phénicien, ce qu'il est impossible de savoir, le génitif gardait sa fonction alors que le sujet et le complément d'objet direct étaient tous deux exprimés par la forme se terminant en /a/:

~~Nom. masc. sing.~~	~~/malku/~~	~~Nom. masc. duel /malkāma/~~	~~Nom. masc. plur. /malakūma/~~
Gén. masc. sing.	/malki/	Obl. masc. duel /malkayma/	Obl. masc. plur. /malakīma/
A./N. masc. sing.	/malka/		
~~Nom. fém. sing.~~	~~/malkatu/~~	~~Nom. fém. duel /malkatāma/~~	~~Nom. fém. plur. /malakātu/~~
Gén. fém. sing.	/malkati/	Obl. fém. duel /malkatayma/	Obl. fém. plur. /malakāti/
A./N. fém. sing.	/malkata/		

[5] Le *hê* locatif/directif n'est pas un vestige de l'accusatif mais d'une particule afformante /ha/ et le *yod compaginis* n'est pas un vestige du génitif, du moins dans toutes les occurrences, mais d'une particule enclitique /ya/.

(3) L'état que reflète le système connu par l'hébreu biblique où les voyelles marquant primitivement le génitif et l'accusatif au singulier ont perdu cette fonction et où, à l'état pronominal, l'une ou l'autre de ces voyelles est retenue par harmonie vocalique avec soit la consonne (1ère personne du sing.) soit la voyelle de l'élément pronominal; si la voyelle du pronom ne trouve pas de correspondant entre les deux voyelles casuelles primitives qui sont conservées, le choix est ouvert entre les deux. Voici la déclinaison du nom masculin (les terminaisons sont identiques avec le nom féminin):

/malkî/ "mon roi" < /malk + i + ya/
/malkᵊkā/ "ton (masc. sing.) roi"[6] < /malk + a + ka/
/malkēk/ "ton (fém. sing.) roi" < /malk + i + ki/
/malkô/ "son (masc. sing.) roi" < /malk + a + hu/ (cf. araméen /malkēh/ < /malk + i + hu/)[7]
/malkâ/ "son (fém. sing.) roi" < /malk + a + ha/

/malkēnū/ "notre roi" < /malk + i + nū/
/malkᵊkem/ "votre (masc. plur.) roi" < /malk + ? + kumu/ (/e/ < féminin)
/malkᵊken/ "votre (fém. plur.) roi" < /malk + i + kini/
/malkām/ "leur (masc. plur.) roi" < /malk + a + humu/[8]
/malkān/ "leur (fém. plur.) roi" < /malk + i + hini/ (/ā/ < masculin)

— Il est à remarquer que la présence d'une voyelle entre la base nominale et l'élément pronominal aussi bien que l'aspiration du /k/ des pronoms de la 2e personne ne laissent pas de doute que, à l'époque où ces formes étaient courantes, les pronoms étaient attachés à une forme du nom qui comportait encore une voyelle casuelle. Cela étant, si l'état construit du nom avait à cette époque perdu la voyelle casuelle (/malk + V/ > /malk + Ø/), les pronoms suffixes n'étaient pas attachés au nom à l'état construit. À cette manière de formuler la situation, on doit préférer celle-ci: le nom à l'état construit a perdu la voyelle casuelle à un moment où la déclinaison des noms avec pronom suffixe était déjà figée en place. Il faut donc envisager une étape où le nom à l'état absolu retenait une de ces voyelles casuelles ou toutes les deux, où le nom à l'état pronominal retenait ces deux voyelles redistribués selon le principe de l'harmonie vocalique et où le nom à l'état construit avait perdu toute voyelle finale:

— état absolu: schème nominal + /a/i/, d'abord comme voyelles casuelles en système diptotique, ensuite en variation libre lorsque la fonction casuelle était perdue;

— état construit: schème nominal + Ø;

— état pronominal: schème nominal + /a/i/ distribués par harmonie vocalique.

Les formes en hébreu biblique des noms communs à schème de base comportant deux /a/ exigent cette hypothèse: /dābār/ à l'état absolu, /dᵊbar/ à l'état construit, /dᵊbār/ ou /dᵊbar/ à l'état pronominal selon le "poids" du suffixe (/dᵊbārî/, /dᵊbarḵem/). On doit sans doute expliquer la disparition de la voyelle finale à l'état construit avant cette même perte à l'état absolu en fonction de la différence d'accent entre les deux formes, un nom à l'état construit portant un accent faible du fait de sa liaison au mot suivant.

— L'élément le plus disputé de ce tableau sera /malk + a + hu/, car Cross soutient depuis bientôt quarante ans que cette forme reflète en fait la voyelle casuelle du nominatif: /malk + u + hu/.[9] Les principaux éléments de la

[6] /malkékā/ en pause; on trouve /āk/ en pause avec certaines prépositions (par ex., /bāk/ "en toi [masc. sing.]") et avec le nom *kōl*, attesté sous la forme /kullāk/ avec ce suffixe — voir Huehnergard 1987: 189 n. 47).

[7] Il est légitime d'affirmer que l'étape conservée par le système des noms communs + pronom suffixe était identique en araméen et en hébreu, à savoir que le nominatif avait disparu à l'époque que reflète le système des noms communs + pronom suffixe. Que le /a/ soit retenu en hébreu, le /i/ en araméen, dans cette forme alors que ces deux voyelles sont distribuées par harmonie vocalique dans d'autres formes dans les deux langues est un indice clair que le choix était ouvert entre les deux voyelles lorsque la voyelle du pronom était /u/. Le seul indice du contraire en araméen se trouve dans la petite classe constituée par les noms /ʾab/, "père," /ʾaḥ/, "frère," et /ḥam/, "beau-père": /ʾᵃbî/ à l'état construit mais /ʾᵃbû/ avec les pronoms suffixes, où la voyelle conservée est en effet celle du nominatif (Brockelmann 1908: §247ha [p. 479]). C'est vraisemblablement la particularité de ces formes, à savoir des noms se terminant par une voyelle longue au singulier, qui a contribué à la conservation d'une forme particulière lorsque le système casuel a simplifié.

[8] Simplification radicale, à savoir, sans contraction des voyelles /a/ et /u/.

[9] Cross 1970: 305 n. 3; 1985: 45 n. 3; 2003a: 18*–24*, esp. p. 19* (réimpression dans 2003b: 352). In 2000, Fassberg a affirmé que "The development *uhu* > *uh* > *ô* is just as feasible as *ahu* > *aw* > ô for the 3 masc. sing. pronominal suffix" (Fassberg 2000: 649) et l'explication à partir du nominatif a été adoptée par Hasselbach 2003 (nous tenons à remercier notre collègue de Chicago d'avoir attiré notre attention sur cette étude, et d'avoir lu et critiqué la nôtre).

discussion sont: (a) de savoir si l'hypothèse de la conservation du nominatif dans le système tel qu'on le connaît en hébreu biblique est à retenir; (b) les données des inscriptions hébraïques d'avant l'exil babylonien (début VIe siècle avant J.-C.), où le suffixe de la 3e personne du singulier s'écrit toujours avec {h}; (c) la comparaison avec ce même suffixe lorsqu'il est attaché à un verbe à l'accompli. Voici nos réponses brèves aux questions que soulèvent ces points de discussion:

(a) L'absence de tout autre vestige du cas nominatif dans le système qui fait l'objet de cette étude fait préférer une hypothèse dans laquelle le morphème du nominatif est exclu. On remarquera d'emblée que la présence de la voyelle /a/ dans d'autres formes de la déclinaison[10] exige l'alternative suivante: soit le système visible en hébreu biblique remonte à l'état triptotique, et le seul vestige du nominatif serait devant le pronom de la 3e personne du masculin singulier (la thèse de Cross et de Hasselbach),[11] soit la forme /malkô/ reflète l'étape diptotique que nous préconisons. Autrement dit: la présence de /a/ dans d'autres formes élimine l'hypothèse selon laquelle c'est la voyelle du nominatif, et non pas celle de l'accusatif, qui aurait été conservée à l'étape diptotique.[12] L'existence d'une étape diptotique du nom suivi des pronoms suffixes est certaine pour le phénicien classique, ce qui rend au moins plausible que l'hébreu ait suivi une évolution similaire — la question que l'on se pose est de savoir s'il est plus plausible de faire remonter le système connu par l'hébreu biblique à l'étape primitive ou si on doit préférer que ce soit le système secondaire qui serait conservé. Le fait que le système des noms aux duel et pluriel suivis de pronoms suffixes en hébreu biblique reflète manifestement une étape secondaire (voir la suite) nous paraît un argument en faveur de la même reconstitution du système des noms au singulier.[13] Il est aussi légitime, bien que moins évident, d'ajouter l'argument fourni par les formes verbales auxquelles nous avons fait allusion en guise d'introduction à ces quelques propos: /q^{a}taltīhu/ est une forme tardive de la 1ère personne du singulier. Enfin, l'argument selon lequel la voyelle du pronom /hu/ aurait dû tomber comme celles de /ki/ et de /ha/[14] rencontre deux objections: (1) au moins dans certains dialectes, la voyelle du pronom /ka/, 2e personne du masculin singulier, est aussi retenue,[15] et (2) on peut conjecturer qu'en hébreu la forme entière du suffixe /-hu/ était retenue justement parce que cette voyelle n'était pas identique à la précédente.

(b) S'il est à peu près certain que le {h} des inscriptions ne fonctionne pas comme *mater lectionis* pour /ô/ (en accord avec Cross et Hasselbach), on peut retenir l'explication par orthographe historique: la simplification en /ô/ aurait eu lieu avant l'exil babylonien,[16] la modification de l'orthographe par laquelle le {h} était remplacé

[10] On remarquera surtout /malkām/, où le /ā/ constitue un vestige de la voyelle marquant l'accusatif alors que l'élément pronominal comportait probablement des voyelles /u/ (/*humu/). Les reconstitutions de l'élément pronominal aux 2e et 3e personnes du pluriel varient selon le spécialiste consulté, mais on est en général d'accord que la première voyelle était /u/ dans les formes du masculin, /i/ dans celles du féminin. On est aussi généralement d'accord pour expliquer l'identité de la voyelle dans les formes du masculin et du féminin dans la déclinaison de l'hébreu biblique (ou de l'araméen) comme fusion sur le modèle de l'une ou de l'autre des deux formes primitives.

[11] Cross 2003a: 19*; Hasselbach 2003: 46–54.

[12] Si une étape bien attestée dans l'évolution des systèmes casuels est celle de la diptosie, avec opposition nominatif/oblique, l'élément marquant le cas dans le nouveau système peut provenir de l'un ou l'autre des cas qui ont fusionné (voir Blake 2001: 175–83). La présence de /ā/ (*qameṣ* selon la tradition massorétique) dans plusieurs formes de la déclinaison de l'hébreu biblique ne laisse aucun doute quant à la présence du /a/ provenant de l'ancien accusatif dans l'étape de la langue que reflète l'hébreu biblique tel qu'on le connaît.

[13] Selon McCarter (2004: 338), c'est la perte des voyelles courtes marquant le cas au singulier qui a provoqué la disparition du nominatif au pluriel (à ce que nous voyons, ce spécialiste n'explique pas la perte du nominatif du duel). L'existence de vestiges de ces voyelles du singulier dans la déclinaison du nom + pronom suffixe en hébreu biblique exige pourtant cette alternative: soit le système du nom au singulier date d'avant celui du duel/pluriel (ce serait l'hypothèse qu'entraîne forcément l'explication de McCarter) soit le système casuel était encore diptotique au singulier lorsque la déclinaison du nom au singulier et celle du nom au duel/pluriel fusionnés + pronom suffixe se sont figées sous la forme que représente l'hébreu biblique. L'évolution du duel comme nombre grammatical productif doit aussi compter dans la reconstitution de l'évolution de ces formes (élément que McCarter n'adresse pas), car la prise de nouvelles fonctions par le morphème de l'oblique duel, remplaçant le morphème du pluriel aux états construit et pluriel, n'a pu se réaliser que lorsque le duel n'était plus productif (voir plus en détail ci-dessous, en particulier la note 24).

[14] Cross 2003a: 19*; Hasselbach 2003: 48–49.

[15] Quoi qu'on fasse des données de l'hébreu judéen, il faut trouver une origine pour la forme /kā/ de la tradition massorétique: Hasselbach, 2003: 48–49. Cross (2003a: 19*) propose l'existence de l'orthographe pleine /kh/ dans une inscription de Jérusalem et dans une autre de Horvat Uza, où se pratiquait peut-être un autre dialecte (à en juger d'après l'usage du Hiphil de BRK à la place du Piel dans la formule de bénédiction attestée dans un document épistolaire du même site: Beit-Arieh et Cresson 1985: 96–101). Nous avons une fois pris l'exemple de l'inscription de Jérusalem comme indice de variation dans les conventions de l'orthographe plutôt que de preuve de deux prononciations (Pardee 1988: 279).

[16] Il n'existe aucune donnée épigraphique prouvant de manière certaine que la diphtongue /aw/ avait été simplifiée avant l'exil en position non accentué. Pourtant, à ce que nous sachions, les données les plus tardives s'identifient dans les formes {ʾwd} et {mwṣʾ} datant d'environ 700 avant J.-C. (l'inscription de Siloam: voir Cross et Freedman 1972: 416). Toutefois, si on tient compte de l'onomastique, le nombre augmente (voir Renz 1995: II/1 53–87; Gogel 1998: 56–74). Certaines données de l'hébreu biblique indiquent que /aw/

par {w} seulement après.[17] Quoi qu'il en soit, si l'on admet que la forme /āw/ du suffixe de la 3e personne du masculin singulier attaché à un nom au duel/pluriel selon la tradition massorétique reflète la prononciation de l'hébreu judéen, il est nécessaire de postuler que la forme /ô/ l'ait précédé; sinon, on n'explique pas l'absence de l'évolution /āw/ > */ô/, évolution qui, selon cette hypothèse, aurait été empêchée par l'existence du suffixe /ô/ attaché au nom au singulier.[18]

(c) Dans le système de l'accompli du verbe + pronom suffixe, on rencontre deux cas où la forme verbale se terminait en /a/ et où la forme en hébreu biblique avec complément d'objet direct sous forme de suffixe pronominal de la 3e personne du masculin singulier attaché directement au verbe manifeste la voyelle /ô/: 3 masc. sing. /qatala/ + /hu/ > /qᵊtālô/ et 2m. sing. /qatalta/ + /hu/ > /qᵊtaltô/. Soit ces formes résultent de la même évolution que celle que nous préconisons pour le système nominal, soit elles ont été adoptées dans le système verbal par analogie avec le système nominal.[19] La seconde explication fait partie intégrale de l'hypothèse que fait dériver le suffixe /ô/ en hébreu biblique de la combinaison de la voyelle casuelle du nominatif et le pronom /hu/, car, dans ces formes verbales, on n'a pas de choix théorique entre trois voyelles, le /a/ fonctionnant comme marqueur de la personne grammaticale dans ces formes. En faveur de la seconde explication, on doit compter la forme de la 3e personne du singulier masculin de l'accompli avec le suffixe de la 2e personne du féminin singulier, /qᵊtālēk/, car ce /ē/ ne peut pas dériver directement de /qatala/ + /ki/.[20] Le fait de cet emprunt n'entraîne cependant pas nécessairement la conclusion que les deux formes comportant le pronom suffixe de la 3e personne du masculin singulier, /qᵊtālô/ et /qᵊtaltô/, soient le résultat du même processus. Les données des inscriptions sont identiques pour le verbe et pour le nom: seule la forme verbale de la 3e personne est attestée certainement avec ce pronom suffixe, mais on trouve des cas clairs de l'orthographe du suffixe avec {h}.[21]

En somme, le seul argument de poids contre la reconstitution de /malkô/ de /malk + a + hu/ s'identifie dans l'orthographe des inscriptions où le {h} serait orthographe historique représentant non pas la prononciation /malkô/ déjà en usage mais l'étape précédente lorsque la forme était prononcée /malkahu/. Nous préférons cette explication à celle qui voit en /malkô/ une preuve que la déclinaison à laquelle cette forme appartient remonte à l'étape primitive du système casuel alors que les duel/pluriel reflètent manifestement une étape secondaire.

(3bis) L'état que reflète le système du duel et du pluriel en l'hébreu biblique où le nominatif avait disparu et où le duel ne fonctionnait plus comme nombre grammatical productif: à l'état absolu, les formes du duel et du pluriel restent distinctives, mais la voyelle du duel oblique est utilisée à l'état construit et à l'état pronominal des noms qu'ils soient à l'origine duels ou pluriels:

---

a vraisemblablement été simplifié avant /ay/, notamment le fait que la forme secondaire /qôl/ est beaucoup plus fréquente à l'état absolu dans les noms du type /qawl/ (par ex. /šôr/ < /šawr/) que ne l'est la forme secondaire /qêl/ de /qayl/ (par ex. /ḥêl/ < /ḥayl/, qui existe à côté de /ḥáyil/ avec un sens particulier) — cf. Pardee 1990: 91–92.

[17] En ce qui concerne l'orthographe {h} des inscriptions pré-exiliques en hébreu judéen, il est nécessaire de poser la question suivante, à laquelle nous n'avons pas de réponse qui nous paraisse sûre, mais qui mérite réflexion: est-il plus plausible de voir en cette consonne une réalité phonétique (/uh/ ou /ōh/ selon l'hypothèse de Cross et de Hasselbach), une orthographe historique selon cette même reconstitution de la forme originale (Hasselbach 2003: 56 laisse cette possibilité ouverte: "/u/") ou une orthographe historique selon l'explication d'après l'élision intervocalique du /h/ (/ahu/ > /au/aw/ > /ô/)? Tout compte fait — on connaît la tendance de la consonne /h/ à disparaître en fin de mot lorsqu'elle n'est pas protégée par une voyelle suivante — l'hypothèse faisant appel à la survie d'un /h/ consonantique depuis l'époque où les trois voyelles casuelles du singulier existaient jusqu'au moment où l'orthographe de l'hébreu judéen fut fixée (probablement au début du premier millénaire avant J.-C.) nous paraît plus difficile à défendre que celle qui fait appel à la survie de la triphtongue /ahu/ jusqu'à cette époque. L'exemple de l'araméen, où le /h/ des pronoms suffixes de la 3e personne du masculin et du féminin singulier est encore consonantique selon la tradition massorétique (/ēh/ et /āh/ respectivement), indique que les triphtongues (/ihu/ et /aha/ — avec voyelles finales courtes! — ont survécu jusqu'à très tard dans l'histoire de la langue, et il faut en dire de même du suffixe de la 3e personne du sing. attaché à un nom au singulier en hébreu (/a + ha/ > /āh/). Selon cette restitution, les formes correspondantes en hébreu judéen étaient encore prononcées /ahu/ et /aha/ autour de l'an 1000 avant J.-C. et la survie de la voyelle courte à la fin du mot s'explique par morpho-phonologie (il s'agit de pronoms).

[18] Pardee 1990: 92 n. 9.

[19] Cross 1985: 45 (limite l'emprunt à l'hébreu massorétique); Hasselbach 2003: 52–53.

[20] Hasselbach, ibid.

[21] Gogel (1998: 164) cite deux exemples certains des textes de Lakish: {lqḥh}, "il l'a pris" et {šlḥh}, "il l'a envoyé," aussi bien qu'un exemple moins pertinent du fait que l'interprétation du texte est moins sûre ({ktbh} à la première ligne de l'inscription principale de Khirbet el-Kom). Il est clair que dans d'autres environnements phonétiques, la voyelle de l'ancien élément pronominal de la 3e personne du masculin singulier s'était déjà allongée au début du VIe siècle avant J.-C.: lorsque ce pronom est attaché à l'impératif + *n*, l'orthographe est {šlḥnw}, qui correspond à /šəlāḥennū/ dans la vocalisation massorétique (</šalaḥ + an + hu/). On connaît aussi la forme qui correspond à /enhū/ dans la tradition massorétique: {ʾtnnhw} serait /ʾettənenhū/ selon cette tradition, à l'origine /ʾattin + anna + hu/.

État absolu: /birkayim/, "deux genoux," /m^{ə}lāḵīm/, "des rois"
État construit: /birkê/, "deux genoux de," malḵê, "des rois de"
État pronominal: /birkay/, "mes deux genoux," m^{ə}lāḵay, "mes rois."[22]

Voici la déclinaison entière avec l'exemple d'un nom au pluriel:

/m^{ə}lāḵay/ "mes rois" < /malak + ay + ya/
/m^{ə}lāḵéḵā "tes (masc. sing.) rois" < /malak + ay + ka/
/m^{ə}lāḵáyiḵ "tes (fém. sing.) rois" < /malak + ay + ki/
/m^{ə}lāḵā(y)w "ses (masc. sing.) rois" < /malak + ay + hu/[23]
/m^{ə}lāḵéhā/ "ses (fém. sing.) rois" < /malak + ay + ha/

/m^{ə}lāḵēnū/ "nos rois" < /malak + ay + nū/
/malḵēḵem "vos (masc. plur.) rois" < /malak + ay + kumu/ (/e/ < féminin)
/malḵēḵen "vos (fém. plur.) rois" < /malak + ay + kini/
/malḵēhem "leurs (masc. plur.) rois" < /malak + ay + humu/ (/e/ < féminin)
/malḵēhen "leurs (fém. plur.) rois" < /malak + ay + hini/

Les reconstructions sont ici moins compliquées du fait que le système casuel au duel et au pluriel était diptotique et par conséquent, une fois le nominatif disparu, il ne restait que les morphèmes obliques du duel et du pluriel — et ce dernier n'a été retenu qu'avec le pluriel à l'état absolu.[24] On remarque aussi que les difficultés posées par le fait que le cas était exprimé au singulier par une voyelle courte et que les voyelles courtes avaient tendance à disparaître en hébreu biblique sont absentes ici: la structure d'un nom était forcément identique à l'état construit et à l'état pronominal, à savoir schème nominal + /ay/. Les deux schèmes que l'on constate dans les formes telles qu'on les connaît en hébreu biblique (/m^{ə}lāḵ/ et /malḵ/) relèvent, comme au singulier, de l'accent: la réduction de la deuxième voyelle du schème nominal n'ayant lieu qu'à l'état construit et, à l'état pronominal, devant les pronoms qui à l'origine étaient composés de deux syllabes.

L'explication que nous venons d'esquisser diffère de celles de nos prédécesseurs soit par le fait d'insister sur la présence partout d'une voyelle en proto-hébreu entre le nom et le pronom,[25] soit par le fait d'identifier cette

[22] L'ensemble "voyelle casuelle + pronom" est identique que le nom soit au pluriel ou au duel; pourtant, le schème nominal reflète la règle selon laquelle la base des noms /qatl/qitl/qutl/ est identique au singulier et au duel, différente donc de celle du pluriel où le schème est bisyllabique, comme nous l'avons déjà indiqué plus haut.

[23] Admettant que le {y} de l'orthographe massorétique est secondaire, élément purement graphique permettant de distinguer la forme suffixée du nom singulier, passé de {QTLh} à {QTLw} dans l'orthographie post-exilique (Andersen et Forbes 1986: 62; cf. Pardee 1988: 279–80; Cross 2003a: 19*, 21*), il reste à expliquer la forme /āw/. Nous ne voyons qu'une explication plausible qui tienne compte des données. Elle se fond sur la faiblesse des deux consonnes qui se rencontraient dans la forme primitive /ayhu/: celle-ci a dû provoquer la chute du /h/ à une époque où la diphtongue /ay/ était maintenue, et la chute du {h} a eu pour résultat que la diphtongue /ay/ est devenue triphtongue (/ayu/), qui a simplifié en /au/ ≈ /aw/ (Pardee 1990: 92 n. 9), d'où le *qameṣ* en hébreu biblique. L'appel à une terminaison du pluriel /aw/ qui se trouverait uniquement dans cette forme de la déclinaison (Cross 2003a: 20*–21*) nous paraît invraisemblable (voir la note suivante).

[24] Cette explication, fondée sur le redistribution de la fonction des formes après la chute du nominatif et après la disparition du duel comme nombre grammatical productif, ne pose aucun problème linguistique — ce qui n'est pas le cas de la proposition récente de Cross (2003a: 20*–21*) qui explique la déclinaison des noms au pluriel comme reflétant un morphème du pluriel qui serait identique à celui du duel, à savoir /ay/, ce morphème étant remplacé devant /hu/, et seulement devant ce pronom, par un autre morphème du pluriel qui aurait été /aw/. On ne peut pas admettre la formulation selon laquelle le morphème /ay/ aurait été "borrowed ... from the dual" (p. 21*) par laquelle Cross critique l'explication que nous préférons. Il faut insister sur le fait que, selon cette hypothèse, les formes se seraient redistribuées après la disparition du duel comme nombre grammatical utilisable avec tous les noms communs. Reconnaître que cette disparition a eu lieu à un moment de l'histoire de la langue qui se situait forcément avant l'étape que nous connaissons comme l'hébreu biblique est essentiel pour comprendre l'évolution des formes du nom commun au duel et au pluriel qui a abouti au système de l'hébreu biblique. On remarquera en outre que la reconstitution de Cross ne tient pas compte du fait que la forme du suffixe est identique qu'il soit attaché à un nom au pluriel ou à un nom au duel. La motivation de l'hypothèse de Cross est d'éviter l'analyse par la confusion des morphèmes du duel et du pluriel; mais il donne son explication du pronom attaché à un nom au pluriel sans aborder la question de l'identité de ce suffixe attaché à un nom au duel. On dirait que l'hypothèse de Cross le contraindrait à soutenir que le nom au pluriel comportait un morphème particulier à l'état pronominal, à savoir /ay/, *sauf* devant le pronom de la 3e personne du masculin singulier, où le morphème était /aw/; alors que le nom au duel comportait le morphème /ay/ partout, *sauf* à l'état pronominal suivi du pronom de la 3e personne du masculin singulier, où le morphème était /aw/.

[25] Dans Gesenius, Kautzsch et Cowley 1910: §91 (pp. 254–59), la discussion des "connecting vowels" est limitée aux cas où il s'agit d'une des principales voyelles du système massorétique.

voyelle partout comme la voyelle casuelle,[26] soit par le fait de proposer une explication des variantes dans la qualité de cette voyelle d'après l'harmonie vocalique pour la déclinaison entière du nom au singulier,[27] soit par le fait d'exclure le morphème du nominatif de la restitution des formes connues en hébreu biblique aussi bien au singulier que dans le paradigme unique créé dans cette langue lorsque le duel et le pluriel ont fusionné à l'état pronominal,[28] soit, enfin, par le fait que cette exclusion du nominatif nous a amené à une formulation de la règle selon laquelle le choix de la voyelle casuelle serait ouvert lorsqu'une différence existait entre celle-ci et celle de l'élément pronominal. En comparaison avec les théories des grands grammairiens du passé, cette explication des formes du nom + pronom suffixe en hébreu biblique est possible grâce à la découverte de l'ougaritique, dont les textes datent des XIIIe–XIIe siècles avant J.-C., donc bien avant les formes attestées de l'hébreu. En effet, on est à peu près d'accord aujourd'hui que le nom à l'état construit aussi bien qu'à l'état pronominal se déclinait en ougaritique pour le cas grammatical.[29]

Bibliographie

Andersen, Francis I., et A. Dean Forbes

1986 *Spelling in the Hebrew Bible: Dahood Memorial Lecture.* Biblica et Orientalia 41. Rome: Institut Biblique Pontifical.

Barth, J.

1901 "Beiträge zur Suffixlehre des Nordsemitischen." *American Journal of Semitic Languages and Literatures* 17: 193–208.

Bauer, Hans, et Pontus Leander

1922 *Historische Grammatik der hebräischen Sprache des Alten Testamentes.* Hal: Niemeyer.

Beit-Arieh, I., et B. Cresson

1985 "An Edomite Ostracon from Ḥorvat ʿUza." *Tel Aviv* 12: 96–101.

Blake, B. J.

2001 *Case.* 2ème éd. Cambridge Textbooks in Linguistics. Cambridge: Cambridge University Press.

Blau, J.

1980 "Some Philological Notes on the Inscription of Mešaʿ." *Maarav* 2/2: 143–57.

---

[26] Pour Barth (1901: 198), le "Bindelaut" serait /a/, qui correspondrait à la voyelle de l'accusatif; Brockelmann (1908: §247ga [p. 478]) ne parle que de l'accusatif dans les cas où la voyelle /a/ est conservée sous forme de *qameṣ* (3 fém. sing., 3 masc./fém. plur.) ou bien a disparu par contraction (3 masc. sing.) et du génitif pour les noms du type /ʾāḇîhū/; pour Joüon (1923: §94b [p. 229]), le /a/ que l'on trouve dans plusieurs formes refléterait la voyelle de l'ancien accusatif, mais /e/ et /ê/ proviendraient "probablement des noms de racine ל"ה"; Huehnergard (1987: 189 n. 47) cite Brockelmann et ajoute quelques formes; Cross (2003a: 18*) va un peu plus loin en citant quelques formes de plus (il est question des "so-called connecting vowels, mostly originating in lost case endings"); Hasselbach (2003: 46–54) a poursuivi cette approche en citant les formes des 2e et 3e personnes du singulier.

[27] Bauer et Leander (1922: §29f' [p. 254]) ont remarqué que la qualité de la voyelle entre le nom et l'élément pronominal ressemble parfois à la voyelle du pronom; mais, prenant l'accadien, où l'état construit ne comporte pas de voyelle casuelle, comme indicateur de la situation en proto-hébreu, ils repoussent formellement l'identification de cette voyelle comme étant à l'origine voyelle casuelle (§65c [p. 523]), préférant le terme "Svarabhaktivokal," et ils expliquent la ressemblance entre cette voyelle et celle du pronom comme la "coloration" ("Färbung") de la première par la seconde. Les spécialistes de ce qu'on pourrait appeler l'école de Harvard cités à la note précédante ont tous évoqué le principe de l'harmonie vocalique (selon Huehnergard, l'idée remonte à T. O. Lambdin), mais sans proposer la restitution de toutes les formes.

[28] Comme nous l'avons vu plus haut, Cross et Hasselbach reconstituent le nom au singulier + pronom de la 3e personne du singulier comme comportant la voyelle du nominatif et Cross en fait de même du nom au pluriel, refusant de voir dans cette déclinaison la fusion des anciens morphèmes du cas oblique du duel et du pluriel sur le modèle du duel (voir plus haut, la note 24). La plupart des spécialistes, depuis Bauer et Leander (1922: §64f [p. 521]) jusqu'à McCarter (2004: p. 338, 343) admettent que le morphème du pluriel était remplacé par celui du duel à l'état pronominal, mais sans tirer les conséquences pour la restitution de l'état pronominal du nom au singulier.

[29] Tuttle 1978; Steiner 1979: 166 n. 20; Huehnergard 1981; Pardee 1997: 135; idem 2004: 296; Bordreuil et Pardee 2004: 45–46; Tropper 2000: §55.2 (p. 338–40).

Bordreuil, Pierre, et Dennis Pardee

2004 *Manuel d'ougaritique*. Paris: Geuthner.

Brockelmann, Carl

1908 *Grundriß der vergleichenden Grammatik der semitischen Sprache*, Volume 1: *Laut- und Formenlehre*. Berlin: Reuther & Reichard.

Cross, Frank Moore

1970 "The Cave Inscriptions from Khirbet Beit Lei." Dans *Near Eastern Archaeology in the Twentieth Century: Essays in Honor of Nelson Glueck*, édité par J. A. Sanders, pp. 299–306. Garden City: Doubleday.

1985 "A Literate Soldier: Lachish Letter III." Dans *Biblical and Related Studies Presented to Samuel Iwry*, édité par A. Kort et S. Morschauser, pp. 41–47. Winona Lake: Eisenbrauns.

2003a "Some Problems in Old Hebrew Orthography with Special Attention to the Third Person Masculine Singular Suffix on Plural Nons [âw]." *Eretz Israel* 27: 18*–24*.

2003b *Leaves from an Epigrapher's Notebook: Collected Papers in Hebrew and West Semitic Palaeography and Epigraphy.* Harvard Semitic Studies 51. Winona Lake: Eisenbrauns.

Cross, Frank Moore, et David Noel Freedman

1972 "Some Observations on Early Hebrew." *Biblica* 53: 413–20.

Fassberg, S. E.

2000 "Recension." *Journal of the American Oriental Society* 120: 647–49.

Gesenius, Wilhelm; E. Kautsch; et A. E. Cowley

1910 *Gesenius' Hebrew Grammar*. 2ème éd. angl. Oxford: Clarendon Press.

Gogel, Sandra Landis

1998 *A Grammar of Epigraphic Hebrew*. SBL Resources for Biblical Study 23. Atlanta: Scholars Press.

Hasselbach, Rebecca

2003 "The Pronominal Suffix of the Third Person Masculine Singular in Hebrew." *Harvard Working Papers in Linguistics* 8: 45–66.

Huehnergard, John

1981 "Akkadian Evidence for Case-vowels on Ugaritic Bound Forms." *Journal of Cuneiform Studies* 33: 199–205.

1987 "Three Notes on Akkadian Morphology." Dans *"Working with No Data": Semitic and Egyptian Studies Presented to Thomas O. Lambdin*, édité par D. Golomb, pp. 181–93. Winona Lake: Eisenbrauns.

Joüon, Paul

1923 *Grammaire de l'hébreu biblique*. Rome: Institut Biblique Pontifical.

McCarter, P. K.

2004 "Hebrew." Dans *The Cambridge Encyclopedia of the World's Ancient Languages*, édité par R. D. Woodard, pp. 319–64. Cambridge: Cambridge University Press.

Pardee, Dennis

1988 "Recension." *Catholic Biblical Quarterly* 50: 276–80.

1990 "Recension." *Journal of Near Eastern Studies* 49: 88–94.

1997 "Ugaritic." Dans *The Semitic Languages*, édité par R. Hetzron, pp. 131–44. Londres: Routledge.

2004 "Ugaritic." Dans *The Cambridge Encyclopedia of the World's Ancient Languages*, édité par R. D. Woodard, pp. 288–318. Cambridge: Cambridge University Press.

Renz, Johannes

1995 *Handbuch der althebräischen Epigraphik*. Darmstadt: Wissenschaftliche Buchgesellschaft.

Steiner, R.

1979 “From Proto-Hebrew to Mishnaic Hebrew: The History of ךָ- and הָ-.” *Hebrew Annual Review* 3: 157–74.

Tropper, Josef

2000 *Ugaritische Grammatik*. Alter Orient und Altes Testament 273. Münster: Ugarit-Verlag.

Tuttle, Gary A.

1978 “Case Vowels on Masculine Singular Nouns in Construct in Ugaritic.” Dans *Biblical and Near Eastern Studies: Essays in Honor of William Sanford LaSor*, édité par G. A. Tuttle, pp. 253–68. Grand Rapids: Eerdmans.

9

GENÈSE ET ÉVOLUTION DU SYSTÈME CASUEL INDO-EUROPÉEN: QUESTIONS ET HYPOTHÈSES

Jean Haudry, École Pratique des Hautes Études (Paris)

La présente étude vise à interpréter conjointement diverses données morphologiques, syntaxiques et sémantiques relatives au système casuel indo-européen. Il s'agit pour l'essentiel de données connues, et dont plusieurs ont été correctement interprétées dans le passé, mais qui sont aujourd'hui méconnues ou occultées, soit parce qu'elles ne s'intègrent pas dans le système reconstruit, soit parce qu'elles se répartissent sur plusieurs secteurs qu'on a coutume d'étudier séparément: morphologie des signifiants casuels et paradigmes nominaux, syntaxe casuelle, sémantique lexicale font l'objet d'une étude distincte en synchronie, mais la diachronie ignore les frontières. L'approche d'ensemble proposée conduit à poser plusieurs questions, et tente d'apporter quelques réponses.

1. Les caractères principaux du système casuel reconstruit

1.1. Les formes casuelles

Le système casuel de l'ensemble des langues indo-européennes anciennes, et donc de l'indo-européen reconstruit, est un système flexionnel, dans lequel on constate nombre de discordances entre les signifiants et les signifiés: une même forme correspond à des sens différents, un même sens s'exprime par des formes différentes. Les situations d'amalgame (latin *bonārum*, génitif + pluriel + féminin), d'allomorphisme (les différentes déclinaisons, avec leurs divers types accentuels), d'homonymie (latin *dominō*, datif ou ablatif singulier) sont omniprésentes. Cette situation indique qu'aucun principe directeur ne préside à l'organisation de la flexion, c'est-à-dire, au plan diachronique, que les signifiants casuels ne sont pas issus d'une réfection analogique d'ensemble, qui aurait abouti à une simplification de leur morphologie. Ils sont pour l'essentiel le produit de l'évolution phonétique et de processus agglutinatifs, avec quelques réfections analogiques isolées. Ainsi pour la désinence du nominatif pluriel de la flexion thématique, indo-européen **-o-es*, issue de l'addition de la désinence athématique **-es* à la voyelle thématique **-o-* (sur ce processus, voir ci-dessous §6). Il en est résulté d'abord une forme dissyllabique, reflétée notamment par la désinence indo-iranienne **-aas*, puis une forme contractée. Tout donne à penser qu'il en va de même pour les désinences des flexions athématiques. On relève aussi quelques exemples de réfection analogique comme pour la désinence latine de génitif pluriel des masculins et neutres en **-o-*, *-ōrum*, sans correspondants, qui a été faite sur le modèle de la forme féminine *-ārum*, qui est héritée. Mais de telles réfections isolées ne pouvaient conduire à une régularisation du système des formes casuelles.

1.2. Les fonctions casuelles

Considéré du point de vue de la fonction, le système casuel de l'indo-européen reconstruit, qui réunit sept unités, ou huit si on lui attribue un directif (ci-dessous §§3.2, 5.11, et 8.3), apparaît comme un système hybride : il sert à l'expression des quatre fonctions grammaticales, le sujet, l'objet premier, l'objet second des verbes bivalents (*donner ... à*), le complément des substantifs qui impliquent une relation (*père de*, etc.), mais aussi de quelques relations comme l'appartenance (le génitif en dépendance des autres substantifs), la prospectivité (le datif dans ses emplois libres), la localisation (le locatif), la situation de contact et la possession (l'instrumental), les mouvements d'éloignement (l'ablatif) et de rapprochement (l'accusatif directif et l'éventuel directif). Cette limitation étroite, qui exclut la grande majorité des relations, locales ou autres, ordinairement exprimées par des outils grammaticaux (en français, des prépositions ou des syntagmes prépositionnels), fonde la nature hybride du système: il se situe entre les systèmes à faible effectif casuel, qui se limitent à deux, trois ou quatre cas grammaticaux, et ceux dans lesquels un grand nombre de relations sont exprimées par des postpositions. D'autre part, la logique du système n'apparaît pas: pourquoi ces quelques relations ont-elles été privilégiées aux dépens de toutes les autres? La répartition de l'effectif casuel en "cas grammaticaux (= sans contenu sémantique)" et "cas à contenu sémantique" est approximative, et manifestement récente: il existe dans toutes les langues indo-européennes anciennes, au moins à l'état de traces, une valeur directive de l'accusatif (latin *eo Romam*); inversement, plusieurs langues, notamment le groupe des "langues du nord," germanique, baltique, slave, ont un "instrumental de l'objet," qui semble ancien. Et comme il a été indiqué ci-dessus, la frontière passe également au travers du génitif et du datif. La structuration du système casuel établie par Hewson (Hewson et Bubenik 2006: 20) sous la forme d'un tableau à double entrée repose sur une simplification mutilante de la réalité des emplois (Haudry 2007). Le caractère hybride et non naturel du système casuel ressort de la comparaison avec le système des désinences personnelles du verbe, dont la logique est celle des relations discursives. Le système casuel, qui ne repose sur rien de tel, a donc de fortes chances de représenter le résultat fortuit d'une évolution aussi aveugle que celle des phonèmes. Une évolution dont il reste à déterminer le sens.

2. Les évolutions ultérieures du système

Avant de tenter une reconstruction des états les plus anciens de ce système, il n'est pas inutile de jeter un coup d'œil sur ses évolutions ultérieures. Il existe un sens de l'évolution linguistique (Haudry 1997b): certains changements sont irréversibles, comme les processus agglutinatifs, qui réduisent le nombre des unités dans le syntagme, la tendance à la rétrogradation des unités dans le paradigme, et à la perte ou au transfert du contenu sémantique des unités, notamment par grammaticalisation. D'autre part, il est admis généralement que les langues ont fonctionné et évolué dans le passé selon les mêmes modalités qu'aujourd'hui; c'est le "principe d'uniformité," *Uniformitarian Principle*, que les sociolinguistes ont emprunté aux géologues. Or il apparaît qu'à partir du système casuel reconstruit, l'évolution est allée dans toutes les directions:

- Disparition complète de la flexion dans la plupart des langues romanes, des langues germaniques, ainsi qu'en albanais et dans certaines langues indo-iraniennes.
- Réduction dans certaines des langues qui ont maintenu une flexion (roumain; haut-allemand et islandais; grec). Il est à noter que la réduction aboutit souvent à un système à quatre cas, celui des quatre cas grammaticaux de l'organisation récente du système reconstruit, ou à deux, un cas direct et un cas oblique, comme en ancien français et en hindi.
- Maintien presque intégral dans les langues slaves, à l'exception du bulgaro-macédonien, et dans les langues baltiques.
- Extension dans plusieurs langues comme l'ossète, ou le lituanien au XVIe siècle, avec le renouvellement de la forme du locatif et la création de trois cas nouveaux, adessif, allatif, illatif, qui se sont maintenus en partie dans certains parlers (voir l'article de Daniel Petit dans ce même recueil).

A côté de ces variations de l'effectif casuel, on relève des restructurations, qui, en ossète, en tokharien et en arménien moderne, manifestent une tendance à l'agglutination, avec les cas secondaires du tokharien, dont la marque peut se limiter au dernier terme d'un syntagme coordinatif (phénomène de "flexion de groupe," ci-dessous §5.8), *kuklas yukas oṅkälmās-yo* "avec chars, chevaux et éléphants," et les formes casuelles du pluriel en arménien moderne: en arménien occidental, le pluriel se forme par l'infixation de *-(n)er-* entre le radical et les désinences, qui sont en partie identiques à celles du singulier.

La seule conclusion que l'on peut tirer de ces observations est que le système reconstruit s'est conservé dans les langues qui présentent aujourd'hui la plus forte proportion de vocabulaire hérité, c'est-à-dire les langues slaves et les langues baltiques, mais on n'en tire aucun enseignement sur l'effectif casuel ni sur la structure du système dans les états antérieurs: à en juger par les évolutions qui ont mené à l'état actuel des diverses langues de la famille, l'effectif ancien a pu être supérieur (c'est le plus probable), mais aussi inférieur, à en juger par les données baltiques; sa structure a pu être flexionnelle, mais rien n'indique qu'elle l'ait été de toute éternité. Les notions anciennes d'un "état préflexionnel," et de "cas indéfini," que mentionne encore Benveniste (1935: 98) ne sont pas à rejeter, mais elles sont purement négatives : la question est de savoir par quels moyens étaient exprimées les relations syntaxiques et sémantiques des divers constituants de la phrase entre eux et avec le prédicat.

Enfin, en ce qui concerne la structure de l'énoncé, à laquelle celle du système casuel est étroitement liée, si la plupart des langues indo-européennes actuelles sont à sujet unique ("langues accusatives"), plusieurs langues indo-iraniennes ont une expression du sujet qui diffère selon le temps du verbe. Il n'y a donc pas de raison de considérer que le sujet unique soit un caractère permanent et constitutif des langues indo-européennes. On constate par ailleurs une tendance à substituer des constructions personnelles (avec sujet au nominatif dans les langues à flexion casuelle) aux constructions impersonnelles dans lesquelles l'actant unique a la forme d'un complément (à un cas autre que le nominatif dans les langues à flexion casuelle) : latin *me paenitet* > *paeniteo* "je me repens," *mihi videtur* > *videor* "il me semble," *mihi est* > *habeo* "j'ai," français *il me souvient* > *je me souviens*, etc., avec toutefois des évolutions à contre-courant, notamment en allemand.

3. Vestiges d'un effectif casuel supérieur

3.1. Formes casuelles figées

Les langues actuelles qui ont perdu la flexion casuelle en présentent quelques résidus, comme le nom français de la "fête des chandelles," la *Chandeleur*, qui est une ancienne forme de génitif pluriel. Des faits de ce genre se rencontrent un peu partout. Il est donc possible que d'anciennes formes casuelles se cachent dans les invariants, notamment dans les adverbes. Si des formes comme le latin *domī* "à la maison" sont considérées du point de vue synchronique comme des adverbes et non comme des locatifs, c'est seulement parce que les autres paradigmes ne présentent pas de formes correspondantes.

3.2. Le cas "directif"

Les adverbes à valeur directive en *-ō comme les formes latines *eō* "là (avec mouvement)," *quō* "où?" *quoad* "jusqu'où?" peuvent refléter un ancien cas directif, représenté en hittite dans les textes les plus anciens (Laroche 1970); ce cas, concurrent de l'accusatif directif, pouvait s'en différencier comme le latin *ad urbem* "vers la ville" de *in urbem* "dans la ville (avec mouvement)" (Meier-Brügger 2002: 271). Il en existe également des formes en *-ē comme le gotique *hidrē* "vers ici" (ci-dessous §3.4). Sa désinence doit donc être apparentée à la particule directive *ē-/*ō- (ci-dessous §5.11). Certaines formations en *-ē/*-ō, avec leurs variantes brèves, posent un problème sémantique sur lequel on reviendra §§3.5 et 8.3: *dō signifie "vers," *dē "venant de."

3.3. Les adverbes en *-tos et le cas "extractif"

Il en va probablement de même, à une époque antérieure, pour les adverbes en *-tos, grec ἐκτός, ἐντός, latin *intus*, *funditus*, *caelitus*, et leurs correspondants indo-iraniens, concurrents (et ultérieurement substituts) de l'ablatif. On voit par ces deux derniers exemples que le morphe ne s'ajoute pas uniquement à des invariants: il peut s'ajouter au thème d'un substantif, comme une désinence de la flexion nominale. Il en va de même pour son représentant indien *-tas*, *dakṣiṇatás* "de droite," "à droite." D'autre part, *-tas* fonctionne parfois comme une désinence d'ablatif, *Pañcatantra*, 286, *kuto'pi dhanikāt ... ādāya* "ayant reçu ... d'un usurier": *kutas* équivaut à l'ablatif *kasmāt*. En arménien, *-tos a eu le statut de désinence d'ablatif, si *-oy* repose sur *-o-tos et *-ê* sur *-e-tos (Schmitt 1981: 113). Il a pu en aller de même antérieurement. Et comme la désinence d'ablatif est en *-os, il est tentant d'interpréter *-tos comme un ablatif en *-os qui aurait été bâti non pas sur le thème, mais sur une forme fléchie en *-t, à rapprocher de la désinence hittite d'instrumental et des adverbes védiques du type *dakṣiṇít* "à droite," parallèlement aux formes en *-bh(y)-os, *-m-os (futures désinences d'ablatif pluriel, et secondairement de datif pluriel) qui semblent avoir été initialement des "extractifs" bâtis sur une forme signifiant "entre plusieurs, parmi," comme on verra ci-dessous §7.4.

Des hypothèses de ce genre sont certes par nature indémontrables, car ce qui différencie la désinence casuelle du morphe adverbial est, comme on l'a rappelé précédemment, son caractère régulier, qui ne peut être mis en évidence dans un état de langue reconstruit. Mais il est possible de réunir quelques indices en leur faveur.

3.4. Les adverbes en **-tr-*

La situation des adverbes en **-tos* n'est pas isolée. Outre le parallèle signalé ci-dessus avec **bh(y)-os*, **-m-os*, elle se retrouve dans les adverbes en **-tr-* dont le morphe, à rapprocher des divers invariants signifiant "à travers" tirés de la racine **treH₂-* "traverser" (vieil-indien *tirás* et ses correspondants iraniens, latin *trans*, germanique **þerh*, *þurh*, vieil-irlandais *tre*, *tar*), présente la particularité supplémentaire de fonctionner comme un suffixe: la formation réunit des formes inessives en **-tr-ā* (latin *intrā*), des formes directives (ci-dessus §3.2) en **-tr-ō* (latin *intrō-*), **-tr-ē* (gotique *hidrē* "vers ici") et, en indo-iranien, des formes inessives à voyelle brève à côté de formes à voyelle longue, védique *átra*, *átrā* "ici." Elles aussi peuvent être bâties sur des thèmes nominaux, védique *purutrā́* "en beaucoup d'endroits," *devatrā́* "parmi les dieux," et même *śayutrā́* "sur la couche," comme dans les formes gotiques bâties sur le nom de la vallée, *dalaþ* "vers le bas," *dalaþa* "en bas," *dalaþro* "d'en bas," qu'étudie André Rousseau dans son article de ce même recueil. Et les formes sanscrites en *-tra* peuvent fonctionner en position d'épithète dans un syntagme nominal, *tatra* (= *tasmin*) *vane* "dans ce bois." Naturellement, la forme pouvait initialement représenter une fonction casuelle différente, avant de passer par le statut adverbial et de devenir à nouveau, de façon sporadique, une désinence.

3.5. Les adverbes en dentale: **-t-*, **-th-*, **-d-*, **dh-*

On peut citer également plusieurs autres formations, comme celle de védique *devátā* "parmi les dieux," *r̥tuthā́* "au moment propice," *bahudhā́* "multiplement," ou les adverbes grecs en -θι et -θεν, souvent classés parmi les "adverbes pronominaux," mais qui, comme les formes védiques précédentes, figurent également sur des bases nominales, comme les formes homériques οὐρανόθεν "du ciel," οὐρανόθι "dans le ciel"; on notera en passant que cette dernière, *Iliade* 3.3, est suivie de l'adverbe πρό qui semble jouer le rôle d'une postposition: Paul Mazon (Collection des Universités de France) traduit: "devant le ciel," c'est-à-dire "up in the air, with the vault of sky as background," commente Kirk (1985: 264), qui cite deux exemples parallèles. Une finale similaire fonctionne comme désinence de locatif singulier dans l'arménien *-oǰ* < **-o-dhy* + voyelle (Schmitt 1981: 113). L'hypothèse d'une extension à partir des formations sur base d'invariant ou de pronom est certes envisageable, mais cette extension ne se produit pas partout: l'hypothèse inverse n'est donc pas improbable.

Les adverbes en **d*, liés à la particule déictique **de*, **di* "ici," et à la désinence de l'ablatif singulier de la flexion thématique, posent un problème particulier (signalé ci-dessus §3.2) sur lequel on reviendra §8.3.

3.6. Locatifs surdéclinés

Le caractère apparemment "suffixal" signalé ci-dessus §3.4 du morphe **-tr-* qui se combine avec différentes désinences vocaliques suggère l'existence d'une flexion comportant des formes casuelles secondaires bâties sur des formes casuelles préexistantes, comme l'étrange forme védique de locatif pluriel *pr̥tsú-ṣu*, *R̥gveda* 1.129.8 de *asmā́kam bráhma ūtáye áva pr̥tsúṣu kā́su cit* "Viens en aide à notre formule dans tous les combats, quels qu'ils soient!" Forme étrange, mais garantie par le mètre, et qui n'est pas isolée: sur le locatif pluriel *patsú* de *pád-* "pied" a été formé un adverbe *patsu-tás* "aux pieds" *R̥gveda* 8.43.6 a qui figure également en premier terme dans le composé *patsutaḥ-śī́-* *R̥gveda* 1.32.8 d "étendu aux pieds de (génitif)." Comme ce procédé flexionnel de surdéclinaison n'apparaît pas dans les états ultérieurs du vieil-indien, on a le choix entre une innovation sans lendemain et la conservation d'un archaïsme: l'hypostase d'une forme de locatif, semblable à celle sur laquelle reposent les formes en *-ēy-* de la flexion des thèmes en *-i-* (type πόλις) du grec (Rix 1992: 146). Une hypostase similaire peut être à l'origine de la voyelle **-i-* du grec πόλις et du baltique **pili-* (lituanien *pilìs*, *pìl-*; lette *pils*; noms de lieu prussiens en *Pil-*), qui doit s'identifier à la désinence de locatif singulier, védique *pur-í*. L'hypostase d'une forme casuelle ou d'un syntagme prépositionnel à valeur inessive est fréquente dans les toponymes, comme le rappellent Solmsen et Fraenkel (1922: 65f.): toponymes allemands en *-baden*, *-felden*, *-hausen*, anciens datifs pluriels de *Bad*, *Feld*, *Haus*; *Wittenberge*, *Hohenfelde*, anciennes formes de datif singulier, qui perdent la désinence du second terme (ci-dessous §5.6), mais conservent celle du premier terme dans leurs doublets *Wittenberg*, *Hohenfeld*; les toponymes italiens *Rimini*, *Girgenti*, *Tivoli*, *Chiusi* (= *Clusii*) reposent sur un ancien locatif en *-ī* du type *domī* (ci-dessus §3.1), et une hypostase similaire est attestée dans un passage d'une inscription latine, *CIL* VI, 461, 10 *qui locus appellatur Memphi*. Les locatifs surdéclinés du védique ne sont donc pas une innovation isolée.

Le système casuel reconstruit serait donc le résidu d'un système beaucoup plus développé, comportant divers cas locaux, dont un directif — et à plusieurs étages.

3.7. Génitifs surdéclinés?

L'hypostase du génitif en hittite, *waštul-* "faute" > *waštul-aš* "de la faute" > *waštula-* " celui de la faute, le fautif" (Friedrich 1960: 123) peut être une innovation anatolienne; mais si l'on en rapproche une ancienne interprétation du latin *reus* "accusé" par l'hypostase d'un ancien génitif singulier **rēy-os* "celui de l'affaire," il s'agit d'une conservation.

4. Le témoignage des flexions hétéroclitiques

A cette seconde hypothèse, les flexions hétéroclitiques apportent une confirmation décisive. Ces flexions ne représentent pas la conservation d'un système antérieur fixé, mais témoignent d'un système en évolution, comme l'a exposé Benveniste (1935: 186f.) en conclusion à son étude:

> Les efforts employés à interpréter directement la flexion en **r/n* (**i/n*) ont donc été dépensés en vain; ils devaient échouer, puisque le problème était mal posé. Si cette flexion, par rapport à celle des états historiques, semblait archaïque, c'est qu'en effet elle a conservé quelques vestiges d'une préhistoire généralement abolie. Mais ces vestiges ne recouvrent leur valeur que dans une théorie qui éclaire les traits fondamentaux de leur structure. Considérée sous ce jour, la flexion hétéroclitique apparaît pour ce qu'elle est : une tentative faite pour intégrer aux cadres nouveaux de la flexion les multiples dérivés anciens qui se constituaient sur la racine, sur les thèmes radicaux ou sur des formes déjà dérivées. Ce n'est pas une flexion organique, mais un assemblage de formes empruntées à des systèmes très différents, unifiées après coup, et souvent sans cohérence. Malgré leur aspect rigide, ces ensembles nouveaux ne doivent plus être transposés tels quels en indo-européen. Il faut les dissocier pour les comprendre. Alors, pris séparément, les éléments de cette flexion révèlent autant de choses que, par leur liaison, ils en ont offusqué.

De ce système en devenir, on ne retiendra qu'un trait pour la présente étude: l'existence de plusieurs thèmes pour un même paradigme. Il convient de déterminer la nature de ces thèmes et l'origine de leurs variations. Il ne peut pas s'agir de variantes phonétiques, car on n'imagine pas un phonème qui pourrait évoluer tantôt en *r*, tantôt en *n*, tantôt en *i*. Mais il ne peut pas davantage s'agir de formes dérivées, comme le suggère Benveniste à partir de la morphologie, car elles n'auraient pas le même sens que la forme de base, et ne pourraient donc pas constituer avec elle une unité lexicale. On est donc conduit à les identifier comme d'anciennes formes casuelles surdéclinées, semblables aux formes *pr̥tsúṣu* et *patsútas* du védique, et à conclure que dans un état antérieur le système casuel a pratiqué l'hypostase, et comporté des suffixes de flexion comme en possède le verbe dans les diverses langues indo-européennes. Que la base soit en **-i*, **-r* ou **-n-*, elle présente l'aspect d'un locatif singulier, dont la désinence est **-i*, d'un adverbe de lieu du type du lituanien *kur̃* "où?" et, pour **-n-*, celui de la particule **en* qui deviendra préverbe et préposition (Hirt 1921–37: vol. 3, 48f.): est-ce une simple coïncidence?

5. Des postpositions aux désinences

5.1. Les numéraux cardinaux

Ces premières observations permettent de se faire une idée plus précise de ce qui a précédé immédiatement l'état reconstruit: il apparaît que les désinences de la flexion reconstruite ont pu être ajoutées à des désinences antérieures ou à des "suffixes de flexion," et qu'avant de s'agglutiner elles étaient initialement mobiles. C'est ce que confirment certains faits résiduels de l'indo-iranien, avec ceux qui leur sont liés, et aussi les numéraux cardinaux. Comme l'indique Meier-Brügger (2002: 236) "les numéraux cardinaux étaient probablement indéclinables à l'origine...mais pour marquer l'accord les désinences nominales ont été ajoutées aux nombres inférieurs." Le contraste entre **pénkʷe pód-es* "cinq pieds" et **tréy-es pód-es* "trois pieds," et l'évolution postulée **tréy pód-es* > **tréy-es pód-es* s'inscrivent dans un vaste ensemble de données concordantes qui montrent que certaines désinences casuelles du système reconstruit ont eu initialement le statut de postpositions figurant une seule fois dans le syntagme nominal, comme nos prépositions. Ainsi que l'ont montré divers auteurs, en dernier lieu Blažek (1999), les numéraux cardinaux sont issus de lexèmes ordinaires, désignant le plus souvent une partie du corps: leur morphologie reflète la règle ancienne de la répartition des désinences dans le syntagme nominal.

5.2. Le type védique *návyas-ā vácas*: les attestations

Au centre de cet ensemble, que j'ai étudié jadis dans un article sur la "syntaxe des désinences" (Haudry 1980) puis intégré à un essai de préhistoire de la flexion nominale indo-européenne (Haudry 1982), il y a un fait, déjà noté par Sāyaṇa dans son commentaire du *R̥gveda*, connu depuis le début des études védiques, et correctement interprété par Kuhn (1852): les syntagmes nominaux épithétiques du type *návyas-ā vácas*, 2.31.5c et parallèles "avec une parole nouvelle, sous une forme renouvelée," au lieu de *návyas-ā vácas-ā*, ou coordinatifs asyndétiques comme 8.3.6a *mahn-ā́ ... śávas* (= *śávas-ā*), "par sa grandeur...par sa force." La forme sans désinence peut aussi précéder, comme 3.4.1ab *samít-samit ... śucā́-śucā* "bûche après bûche, flamme après flamme" On trouve des exemples au datif singulier athématique, comme *mahó* (= *mahás-e*) *rāyé*, 5.15.5d et parall.; un exemple au locatif singulier athématique, la formule récurrente du livre 9 *ádhi sā́no ávye* (= *ávyay-e*) "sur le dos de la brebis"; de nombreux exemples à l'instrumental pluriel athématique, 1.186.1a *íḷābhiḥ ... suśastí* "avec réconforts (et) bonnes paroles," 7.83.4a *vadhánābhir apratí* "avec des armes imparables"; à l'accusatif athématique, 7.34.16ab *áhim ... sī́dan* (= *sī́dan-tam*) "le serpent installé"; un exemple au nominatif pluriel athématique, 5.47.2a *ajirā́sas tádapas* (= *tádapas-as*), deux qualificatifs des chevaux du Soleil "agiles" et "dont c'est la fonction"; Geldner note: "*tádapaḥ* ... Nom. Pl. mit Abfall der Endung." Un exemple à l'ablatif singulier athématique est probable 6.3.1cd *yám ... pā́si tyájasā mártam áṃhaḥ*: le sens est manifestement "le mortel que tu protèges de l'abandon (et) de l'angoisse," mais le texte, tel qu'il nous est parvenu, est intraduisible, car on ne sait que faire d'un second accusatif *áṃhaḥ* ni de l'instrumental *tyájasā*. La solution consiste à corriger en *tyájasas*, ablatif, dont la désinence vaut pour *áṃhaḥ* (= *áṃhas-aḥ*). L'état du texte ("schwierig und vielleicht nicht ganz korrekt überliefert," selon Geldner) permet d'envisager une telle correction.

Dans tous ces exemples, qui impliquent des formes athématiques, la forme courte s'identifie au thème. Il en va différemment pour le locatif pluriel de la flexion thématique de 1.81.1cd *mahátsu ājíṣu utém árbhe* (= *árbhe-ṣu*) "dans les grandes compétitions et dans les petites" ou de 1.105.5b et parall. *triṣú ā́ rocané* (= *rocanéṣu*) *diváḥ* "dans les trois espaces lumineux du ciel": la forme en *-e*, *árbhe*, *rocané* n'est pas le thème principal, qui est en *-a-*, mais le thème secondaire des cas obliques du pluriel, qui s'identifie à la forme du locatif singulier. Cette observation montre que le phénomène ne représente pas l'origine de la flexion, mais s'insère dans une flexion, ou un embryon de flexion.

La limitation à certains cas est également significative: on ne relève pas d'exemples sûrs pour le nominatif singulier ni pour le génitif singulier, ce qui suggère que ces formes casuelles se seraient fixées antérieurement au phénomène étudié. Mais comme on l'a vu dès l'abord avec les numéraux cardinaux, la désinence du nominatif pluriel est mobile.

On note aussi que le phénomène concerne beaucoup plus souvent les formes athématiques en consonne ou sonante que les formes thématiques et celles de la flexion en *-ā-*; plusieurs exemples impliquant des formes thématiques retenus par Roth (1888) sont à rejeter. Il en est toutefois, comme on l'a vu, quelques exemples assurés. Le phénomène semble donc de peu postérieur à la constitution de la flexion thématique. Indépendamment de toute comparaison, et de toute hypothèse sur son origine, il représente manifestement un archaïsme du védique.

La nature particulière de la désinence de locatif pluriel *-su* et des désinences de cas obliques de duel et de pluriel en *-bh-* que les grammairiens classiques nommeront désinences *pada* "mot" ressort de l'application qui leur est faite des règles phonétiques du *saṃdhi*, qui valent pour l'intermot et par extension pour quelques morphes agglutinés (Renou 1952: 87f.).

5.3. Parallèles avestiques

L'Avesta présente quelques faits semblables; quelques-uns ont été relevés par Bartholomae (1904: 1544 sous gâthique *urvāθā-*). En ce qui concerne l'Avesta récent, l'état du texte jette parfois un doute sur leur authenticité. Mais on peut difficilement récuser l'exemple de *Yasht* 10.117 *antarə pitarə puθrəm ca* "entre père et fils," où *pitarə* tient la place de *pitarəm*. La forme est celle que donnent la plupart des manuscrits, et les deux variantes retenues par Geldner, *paitarə* (L 18) et *patare* (J 10) sont manifestement aberrantes. L'interprétation de *pitarə* comme un accusatif duel signifiant "les parents" (Bartholomae 1895–1901: 178f.) est peu vraisemblable en raison des parallèles du syntagme *pitar- puθra-*, dans lequel les deux formes sont toujours au singulier. Cet exemple est particulièrement significatif pour l'appréciation de la nature du phénomène, comme on verra ci-dessous §5.7.

L'exemple gâthique retenu par Bartholomae, *Yasna* 51.14 *urvaθā* (=*urvaθā-byō*) *dātōibyascā* est incertain; l'interprétation de *urvaθā* comme une forme de nominatif pluriel, adoptée par les plus récents traducteurs, semble préférable. En revanche, bien que *savayō* puisse également être une forme personnelle, l'interprétation des deux substantifs à rection verbale, classés comme infinitifs par Bartholomae, *rāšayeŋhē drəgvantəm savayō ašavanəm*, *Yasna* 51.9c comme /*rāšayah-ai*/ .../*savayah*(-*ai*)/ "pour nuire au partisan du mensonge, (pour) favoriser le partisan de la vérité" me semble confirmée par le parallèle de *Yasna* 30.11bc *darəgə̄m drəgvō.dəbyō rašō savacā ašavabyō* "longue nuisance pour les partisans du mensonge, profit pour les partisans de la vérité"; *Yasna* 49.3ab *ašəm sūidyāi* ... *rāšayeŋhē druxš* "la vérité pour favoriser, le mensonge pour nuire"; et *Yasna* 34.4, que Kellens et Pirart traduisent: "Et nous voulons, ô Maître, que ton feu puissant, instructeur et fort par l'Harmonie soit d'une faveur remarquable pour le secourable, mais d'une malveillance visible pour l'hostile, ô Mazdā, par l'intervention de (tes) mains."

5.4. Parallèles extérieurs à l'indo-iranien

A partir de cette base que constituent les données indo-iraniennes, j'ai proposé (Haudry 1980; 1982) d'interpréter directement un certain nombre d'anomalies apparentes dans les règles d'accord de diverses langues indo-européennes anciennes: en vieil-irlandais pour l'adjectif antéposé, *il chatraig* mais *catraig ili* "de nombreux pays"; en arménien classique pour l'adjectif polysyllabique, *bazum zawrut'iwn-k̇* "avec de nombreuses merveilles"; en hittite pour quelques flottements comme MI-*an hūman* ou *hūmand-an* "toute la nuit"; et le syntagme nominal épithétique mycénien PY Ta 702 et 708 *e-re-pa-te-ja-pi o-pi-ke-re-mi-ni-ja-pi* ... *qe-qi-no-me-na* "avec un dos d'ivoire gravé" (ci-dessous §5.9). D'autre part, avec ses "cas secondaires," le tokharien reproduit la répartition originelle des désinences dans le syntagme coordinatif.

5.5. Interprétation: agglutination ou suppression euphonique?

Mais — mis à part le fait tokharien, qui s'explique directement à partir de la réorganisation du système casuel sur le modèle agglutinatif des langues voisines géographiquement — cette interprétation des anomalies de l'accord suppose que l'on adopte pour les faits indiens et iraniens celle que donnait Kuhn (1852: 275) des syntagmes védiques du type de *mahó rāyé*: "ces formes sont, je crois, à considérer comme effectivement dépourvues de flexion, la langue se contentant d'exprimer la flexion sur un seul des noms du syntagme." Mais dans une étude ultérieure, Roth (1888) proposa une interprétation différente: "une règle d'euphonie, non pas de nature grammaticale, mais à qualifier plutôt de rhétorique." Cette conception s'est imposée depuis; on la retrouve par exemple chez Renou (1957: 6), qui ajoute l'influence du mètre: "Il est dans l'ordre d'une langue artificielle que, pour le choix entre des formes de même signification, ce soit souvent le mètre qui décide." Mais il ajoute:

> Sur un point au moins, les poètes védiques sont allés particulièrement loin: ils se sont permis d'omettre des désinences casuelles ou de les mutiler, mais seulement dans la mesure où la portion subsistante du mot constituait une forme pleine [Wackernagel 1930] III §32. Ils se sont autorisé cette licence notamment là où un mot afférent ou parallèle était situé immédiatement avant ou après, portant la même désinence: ainsi *návyasā vácas* au lieu de *n° vácasā*.

Dans le passage auquel renvoie Renou, Wackernagel cite les principaux faits védiques et les interprétations qui en ont été proposées depuis Kuhn.

5.6. Les parallèles

5.6.1. *Le parallèle allemand*

Il convient de s'interroger sur la validité de la conception de Roth, qui semble lui avoir été suggérée par le tour allemand *die kaiserlich deutsche Reichpost*, *in still und feuchten Buchten* (cités p. 10), un tour qui s'explique tout autrement (Steglich 1902: 10). Le tour allemand est une innovation: inconnu du vieux-haut-allemand, il apparaît en moyen-haut-allemand pour se réduire progressivement en allemand moderne; en védique, comme l'indique Renou (1952: 84): "on ne trouve guère de faits de quelque probabilité après la Ṛk Saṃhitā." Le tour allemand se limite aux syntagmes coordinatifs; le tour védique concerne aussi et surtout les syntagmes épithétiques. Le tour allemand provient d'une extension analogique à partir de la double forme du nominatif singulier et pluriel de la flexion forte de l'adjectif en vieux-haut-allemand (au singulier: masculin *blint/blinter*, neutre *blint/blintaz*, féminin *blint/blintiu*); le védique n'a rien de tel. Enfin, en allemand, la disparition de la désinence résulte souvent d'une syncope (Steglich 1902: 3); or les voyelles des syllabes finales du védique sont stables.

5.6.2. *Un parallèle latin?*

Si l'on en croit Cicéron, *Orator* 45.153, le latin ancien aurait pratiqué une syncope de finales homophones dans le débit rapide: *Saepe brevitatis causa contrahebant ut ita dicerent multi modis.* Il s'agit en fait d'une confusion: l'adverbe *multimodīs* ne repose pas sur un syntagme *multīs modīs*, mais sur l'ablatif pluriel de l'adjectif composé *multimodus*, comme *omnimodīs*, et le singulier correspondant *omnimodō*, sur le composé *omnimodus*. En revanche, l'absence, probablement fortuite, de la base adjectivale pour l'adverbe *mīrimodīs*, qui peut avoir été bâti sur les précédents, crée l'illusion d'une réduction de la désinence du premier terme d'un syntagme *mīrīs modīs*.

5.7. Critique de l'hypothèse d'une suppression euphonique de la désinence casuelle

D'autre part, avant d'attribuer un usage védique à l'euphonie — un critère dont nous sommes mauvais juges — il conviendrait à tout le moins de s'assurer que les poètes ont évité les successions de finales semblables. Un coup d'œil au texte du premier hymne du *Ṛgveda* montre à l'évidence qu'il n'en est rien, 1abc *puróhitam ...devám ṛtvíjam hótāraṃ ratnadhā́tamam*, 2a *pū́rvebhir ṛ́ṣibhir*, 3bc *póṣam ... yaśásaṃ vīrávattamam*, 4a *yáṃ yajñám adhvarám*, 5b *satyáś citráśravastamaḥ*. Il semble même parfois que l'effet de rime ait été recherché par exemple 1.7.9 *carṣaṇīnā́m ... vásūnām ... kṣitīnā́m*. Il en va de même chez les auteurs latins, y compris les poètes (Maurach 1995: 213f.), qui ne craignent pas l'homéotéleute, ainsi Plaute, *Poenulus* 229 *ornantur, lavantur, tergentur, poliuntur.* On en connaît notamment la présence aux extrémités des deux hémistiches du distique élégiaque, Properce 4.3.4 *haec erit e lacrimis facta litura meis.* D'autre part, s'il s'agissait d'une suppression euphonique, elle affecterait les finales homophones, quelle que soit leur nature morphologique, par exemple la finale *-as* d'un invariant et la désinence d'un génitif singulier athématique, d'un nominatif singulier thématique ou une désinence verbale. Or on n'observe rien de tel. Et si, comme le reconnaît Renou, la suppression s'opère "seulement dans la mesure où la portion subsistante du mot constituait une forme pleine," il ne s'agit pas de "mutilation": la suppression d'une syllabe finale respecte la morphologie. Il en va de même en avestique. L'exemple retenu ci-dessus pour l'Avesta récent *antarə pitarə puθrəmca* ne doit rien à l'euphonie, car la suppression de la "rime" *pitarəm puθrəm* aboutit à une "rime" *antarə pitarə*. Il apparaît que l'euphonie n'a aucune part dans ces faits, qui sont purement grammaticaux. Nul, de nos jours, ne décrirait l'injonctif, **bhér-t*, comme un imparfait, **é-bher-t*, tronqué de son augment, ou un présent, **bhér-ti* dont le **i* final serait "syncopé" pour une raison euphonique ou autre; curieusement, on continue à le faire pour les formes nominales. A ma connaissance, aucune étude des origines de la flexion nominale indo-européenne (Villar Liebana 1974; Shields 1982; Beekes 1985), ni aucune présentation récente de l'indo-européen reconstruit (Adrados 1975; Schmalstieg 1980; Szemerényi 1990; Beekes 1995; Gamkrelidze et Ivanov 1995; Meier-Brügger 2002) ne fait état de ces données essentielles pour la préhistoire du système casuel. Seul Erhart (1993: 32, 42, 65) admet "une couche ancienne de formes casuelles indo-européennes qui se sont constituées par l'agglutination de postpositions," processus révélé par les vestiges d'une "flexion de groupe."

5.8. La "flexion de groupe"

On ne saurait écarter ces faits en les cataloguant "exemples banals de la flexion de groupe" attestée aussi bien en latin tardif qu'en tokharien, comme on l'a vu ci-dessus: en soi, le fait est banal, comme l'est dans les langues du monde la structuration agglutinative de l'énoncé; sa présence à date ancienne dans un système par ailleurs typiquement flexionnel est au contraire significative. Les exemples du *Ṛgveda* ancien ne sont pas ceux d'un système flexionnel qui se défait sous l'influence de changements phonétiques affectant les finales, ou se restructure sous l'influence de langues agglutinantes en contact. Si le système casuel védique, par ailleurs fidèle reflet de celui de l'indo-européen reconstruit, présente des traces de "flexion de groupe," c'est nécessairement un fait de conservation, probablement un archaïsme de la langue poétique. Sur ce point, et sans doute pour cette raison, le védique (ou l'indo-iranien, si l'on admet les exemples avestiques) se montre plus conservateur que l'anatolien, qui n'en a guère de traces (ci-dessus §5.4).

5.9. Examen de quelques faits analogues

Le tour grec ἱππότα Νέστωρ, μητίετα Ζεύς dans lequel une forme de nominatif singulier en -ης est remplacée par celle du thème ne doit rien à l'euphonie lui non plus: mais cette forme est initialement celle du vocatif (Risch 1954). Il ne constitue donc pas un parallèle aux faits étudiés ci-dessus.

Pour l'exemple mycénien cité ci-dessus §5.4, qui en constitue un, Ventris et Chadwick (1973: 343f.) présentent — sans référence à l'euphonie - une justification surprenante de prime abord, mais suggestive: "*qe-qi-no-me-na* in line 2 evidently agrees in sense with *opikelemniāphi...* but the ending *-phi* has been suppressed from the participle in order to make clearer the relation to its own subordonate instrumentals." Pour que — paradoxalement — la suppression d'une désinence sur l'un des termes renforce la cohésion d'un syntagme nominal, et permette d'établir une différence avec des formes subordonnées au même cas, cette suppression doit se fonder sur un règle préexistante suffisamment bien établie.

L'exemple de l'inscription latine archaïque (VIIème siècle) citée par Michèle Fruyt dans son article de ce même volume, où la désinence du génitif singulier figure une seule fois dans le syntagme nominal, *TITA VENDIAS* "de Tita Vendia," est particulièrement intéressant: il est apparu ci-dessus §5.2 qu'en védique le fait n'apparaît pas au génitif singulier. L'exemple latin, s'il est retenu, représente donc une extension analogique à partir d'autres emplois, non attestés jusqu'à présent.

5.10. Les finales élargies

Parallèlement aux "finales syncopées," on connaît des "finales élargies" notamment dans la flexion thématique et celle des thèmes en **-ā-* en indo-iranien: le datif singulier vieil-indien en *-āy-a*, le locatif singulier en *-āy-ām*, etc. qui ont manifestement agglutiné une postposition, conformément à la règle antérieure, ne doivent rien elles non plus à l'euphonie. Il en va de même pour le doublet en **-ās-as* du nominatif pluriel en **-ās*, et ses correspondants des langues germaniques de l'ouest (probablement issus d'une évolution parallèle indépendante), ainsi que du renouvellement de la forme du locatif en lituanien (ci-dessus §2). Ces "finales élargies" reproduisent directement les faits d'hypostase et de surdéclinaison signalés ci-dessus §3 (védique *patsú-ṣu, patsu-tás*), et représentent une contrepartie récente des "finales syncopées."

5.11. L'origine de la désinence du directif

L'hypothèse développée ci-dessus engage à identifier la désinence **-ē/*-ō* du directif (§3.2) à la particule directive **ē-/*ō-* (**e/o-H*$_1$), indo-iranien **ā́-*, qui figure notamment dans les verbes indiquant un mouvement, **ā́-gam-* "aller vers," et peut-être sous la forme brève **o-* dans le verbe grec ὀκέλλω "j'aborde," mais aussi dans le verbe **ē-/*ō-deH*$_3$*-* (moyen) "recevoir," indo-iranien **ā́-da-*, et les anciens composés latin *hērēd-* "héritier," grec χηρωσταί "héritiers collatéraux." Cette particule semble issue d'une forme casuelle du pronom démonstratif et anaphorique **e/o-*, ci-dessous §6: celle de l'instrumental singulier, dont la désinence est homophone (Mayrhofer 1986–2001: vol. 3, 158), ou, ce qui serait préférable pour le sens, celle d'un plus ancien directif en **-H*$_1$? Il apparaît donc que certaines formes de la flexion nominale reconstruite sont issues d'un processus agglutinatif, mais pour une part, comme on l'a vu ci-dessus §§3 et 4, à partir d'une flexion antérieure.

6. La flexion thématique

C'est également un processus agglutinatif qui a conduit à la constitution de la flexion thématique, qui utilise les désinences de la flexion athématique, combinées, éventuellement contractées, avec la "voyelle thématique" **e/o* (Meier-Brügger 2002: 200). Cette flexion est issue de syntagmes composés d'un thème nominal suivi du pronom démonstratif et anaphorique*e/o- (Schmalstieg 1980: 179; Haudry 1982: 30f.), dans lesquels la désinence figure une seule fois, selon la règle décrite ci-dessus §5, et s'attache au pronom qui devient la "voyelle thématique," comme dans la liaison d'une préposition et de l'article, français *au*, allemand *zum*, etc. Les substantifs thématiques sont donc issus d'anciens substantifs articulés; de là provient la valeur "individualisante" qu'on leur reconnaît généralement. Les adjectifs thématiques sont issus d'une ancienne "flexion longue" (Haudry 1981). La nature première de la "voyelle thématique" apparaît clairement dans la formation des ordinaux comme **septm̥-o-* "le sept" sur **septm̥* "sept," et dans l'adjectif en valeur de complément circonstanciel, ξ 344 ἑσπέριοι ... ἀφίκοντο "ils arrivèrent le soir" (Chantraine 1953: 8), qui repose sur une ancienne séquence **wesperi oy* "eux, le soir," avant de s'étendre analogiquement à des immotivés, latin *ībant obscūrī* "ils allaient dans l'obscurité."

La flexion thématique présente un exemple de "finale élargie" (ci-dessus §5.10) au génitif singulier: la forme originelle **-os*, conservée dans quelques formes comme le védique *ráthas-páti-* "maître du char," a été remplacée par **-os-o* ou **-os-yo*.

La voyelle thématique **-e/o-* a un doublet **-i-* dont le latin conserve des traces dans les composés du type *imbell-i-s* "inapte à la guerre," en face de *bell-u-m* "guerre," dans les participes présents en *-nt-i-*, dans les anciens adjectifs en **-u-* du type de *suāvis* "doux," de **swādú-*. Comme le rappelle Lamberterie (1990: 11f.), ce ne sont pas d'anciens féminins, mais des formes élargies en **-i-* (védique *ghṛ́ṣvi-* : *ghṛ́ṣu-* "excité") parallèles à des formes élargies en **-e/o-* (baltique **tẽnvas*, de **tenH$_2$-w-o-s* en face du latin *tenuis*, de **tenH$_2$-w-i-s*). Cette voyelle thématique **-i-* s'identifie au pronom **i-* proche du pronom **e/o-* auquel il semble s'être associé à la fois dans le paradigme et dans le syntagme: diverses flexions comme celle du latin *is* comportent des formes reposant sur **e/o-* (*ejus*, de **e-syo-*) et d'autres sur **i-*, et le pronom relatif **yo-* peut représenter la combinaison des deux formes. Il n'y a aucune raison de supposer pour ces deux pronoms une laryngale initiale, comme le font certains auteurs.

Suivie de la laryngale **H$_2$*, ou d'autres consonnes (**-t*, **-d*), ce pronom **i-* a servi à la formation du féminin avec les deux types principaux *vṛkī́-* et *devī́-* et le sous-type *pátnī-* (Debrunner 1954: 368f.), mais aussi **-it-*, vieil-indien *rohít-* "gazelle" (Debrunner 1954: 321f.), **-id-*, grec ἀτλαντίς "fille d'Atlas" (Chantraine 1933: 339f.), tout comme la base pronominale **-e/o-* à la formation des féminins en **-ā-* (**-eH$_2$-*). Ces différentes marques du cas direct singulier peuvent refléter une ancienne classification (Erhart 1993; ci-dessous §10).

La constitution de la flexion thématique et la réduction de l'effectif casuel (ci-dessus §§3 et 4) semblent liées, comme le sont l'apparition de l'article défini et la réduction ou la disparition du système casuel dans plusieurs langues indo-européennes actuelles, lien sur lequel Hewson (Hewson et Bubenik 2006: 21) attire à juste titre l'attention. Mais contrairement à l'article défini de ces différentes langues, celui de l'indo-européen n'a abouti qu'à compliquer la morphologie avec la création d'une nouvelle flexion.

7. Genèse de l'expression du nombre

7.1 Indices du caractère récent de l'expression du nombre

Ce qui, dans la flexion nominale, s'est constitué le plus tard est l'expression du nombre. Contrairement à l'arménien moderne où, dans ses deux variantes principales, il s'exprime par un morphe spécial suffixé au thème et porteur des désinences, les langues indo-européennes anciennes n'ont pas de marque unique du pluriel.

Alors qu'au singulier les correspondances entre formes sont rigoureuses, à quelques exceptions près, des flottements importants s'observent au pluriel et au duel. Ainsi la dualité **bh*: **m* dans les désinences de trois cas (datif, ablatif, instrumental).

En hittite, la flexion du pluriel est réduite, et une même désinence *-an* issue de **-om/n* ou **-ōm/n*, qui est affectée partout ailleurs au génitif pluriel, sert aussi au singulier, à côté de *-aš*, désinence issue de **-os*.

On a vu ci-dessus §§5.1 et 5.2 que la désinence du nominatif pluriel est mobile. Le caractère récent de l'expression du nombre est également confirmé par l'absence d'accord en nombre dans quelques exemples védiques comme *triṣú ā́ rocané*, ci-dessus §5.2.

7.2. Les cas directs du duel

La désinence des cas directs du duel de la flexion athématique est identique à celle de l'instrumental singulier (Haudry 1994a: 33, 37), et signifie initialement "deux avec," valeur représentée directement dans le "duel elliptique," védique *váruṇā* "(Mitra) et Varuṇa." Erhart (1993: 54, 70) y voit au contraire une désinence propre, anciennne marque d'une classe "parale." Sur la question, voir en dernier lieu Matthias Fritz chez Meier-Brügger (2002: 192f.).

7.3. Les cas directs du neutre pluriel

On sait que la règle grammaticale de l'accord au singulier des pluriels neutres, illustrée par l'exemple grec τὰ ζῷα τρέχει, que les morphes des cas sont issus de ceux d'un collectif, d'où sont issues par ailleurs des formes de singulier, le type grec ὕδωρ. Or, dans les langues indo-européennes anciennes, le collectif est une catégorie dérivationnelle: il s'exprime par un suffixe comme **-ā-*, **-iyā-*, **-tā-*, **-tāt-*, **-ti-*, **-tūt(i)-*, **-o-*, **-iyo-*. Cette évolution d'un collectif en pluriel doit donc être considérée comme un fait de grammaticalisation, dans lequel l'expression d'un signifié est passée de la dérivation à la flexion. La seule question qui se pose est celle de sa portée: l'évolution s'est-elle limitée à diversifier le signifiant d'une catégorie déjà installée dans la flexion, ou a-t-elle été le point de départ de l'expression du pluriel?

7.4. L'instrumental pluriel

Une évolution analogue, mais quelque peu différente, est à l'origine de l'instrumental pluriel. J'ai jadis (Haudry 1970: 66f.; 1977: 100f.) attiré l'attention sur une valeur de l'instrumental pluriel dont l'importance a été méconnue, celle de "entre, parmi," à partir d'exemples incontestables tels que *Ṛgveda* 1.100.4abc (Indra) *só áṅgirobhir áṅgirastamo bhūd vṛ́ṣā vṛ́ṣabhir sákhibhiḥ sákhā sán ṛgmíbhir ṛgmī́ gātúbhir jiyésthaḥ*, que Renou (1969: 34) traduit: "Lui, il est parmi les Aṅgiras le meilleur Aṅgiras, le mâle parmi les mâles, étant un ami parmi les amis, un détenteur-de-strophes parmi les détenteurs-de-strophes, la meilleure (voie) parmi les voies" ou 1.76.5b *kavíbhiḥ kavíḥ sán* "(Agni) poète parmi les poètes," "poète par excellence" (c'est aussi l'interprétation de Geldner: "unter Sehern selbst ein Seher"). Certains sont moins évidents à première vue: 1.12.12 *ágne ... víśvābhir deváhūtibhir imáṃ stómaṃ juṣasva na* "ô Agni, apprécie notre éloge *entre* (et non *avec, ainsi que*) toutes les invocations aux dieux!" Ce passage, et les passages similaires comme 2.10.2 ont posé un sérieux problème aux traducteurs qui attribuent à l'instrumental une valeur sociative ou une valeur médiative, aussi mal adaptées l'une que l'autre dans cette situation: il n'est pas concevable que dans une compétition poétique le poète espère gagner *grâce aux* prestations de ses concurrents, ou qu'il demande au dieu d'apprécier *aussi* ces dernières. De plus, dans cette interprétation, l'instrumental s'appliquerait à l'associé de l'objet, emploi peu fréquent au singulier (Haudry 1977: 99). Ce sens de "entre, parmi" est à considérer comme une valeur autonome; ce n'est pas le pluriel de "avec," ainsi qu'on vient de le voir. Mais il peut y conduire dans certaines situations autres que celles de la concurrence: "un parmi plusieurs" peut équivaloir à "un avec plusieurs" s'ils sont dans un même groupe, agissent dans le même sens, et si on ne les dénombre pas. J'ai proposé ibid. d'interpréter par cette valeur "sociative-exclusive" le régime instrumental des verbes "commander" ("être chef *parmi*"), l'instrumental de l'attribut des langues balto-slaves ("être *parmi les ...*"), et les numéraux personnels du vieil-irlandais. Ces interprétations supposent que la valeur est ancienne, et ne résulte pas d'une innovation propre au védique. De fait, la valeur "entre, parmi" s'observe également en vieil-avestique, *Yasna* 34.5c *parə vå vīspāiš [parə.]vaoxəmā daēvāiščā xrafstrāiš mašyāiščā* que Kellens et Pirart, en accord sur l'essentiel avec Insler et Humbach, traduisent: "nous vous avons toujours déclarés supérieurs à tous les dieux infects et aux (mauvais) hommes." Cette construction avec l'instrumental de *para-* "supérieur" se retrouve en védique, *Ṛgveda* 6.48.19a *paró hí mártiyair ási* "car tu es supérieur aux hommes"; le vers suivant, *samó devaír utá śriyā́* "et égal aux dieux en éclat" illustre à la fois la différence entre la valeur sociative-inclusive du régime instrumental de *samá-* "égal à" et la valeur sociative-exclusive de celui de *pará-* "supérieur à," la même qu'en dépendance des verbes "commander," et l'identité de leur expression. Cette valeur se retrouve peut-être dans quelques autres passages du même texte comme 2c *vahmē ... garōbīš stūtąm* "dans l'hommage ... *parmi* les chants de louanges," comme dans le passage védique cité ci-dessus, plutôt que "*avec* ou *grâce aux*," et pour les mêmes raisons; 4c *zastāištāiš dərəštā. aēnaŋhəm* "un mal visible *parmi* ceux qui viennent de ta main," plutôt que "*par l'intervention de* tes mains" (Kellens et Pirart; similaire, Humbach). Aussi *Yasna* 29.2c *drəgvō.dəbīš aēšməm vādāya-* "abattre la fureur *parmi* les partisans du mensonge" (plutôt que *ainsi que* ou *causée par*), et peut-être *Yasna* 44.11 d *āiš pouruyō* qui signifie probablement "le premier *parmi* eux," et non "*ex æquo* avec eux," comme l'implique la traduction de Humbach, "*along with* these"; mais l'interprétation de la forme verbale *fra.vōivīdē* est incertaine.

L'emploi homérique du cas en -φι en valeur de singulier est une innovation (Rix 1992: 159).

Si, comme il ressort de ces exemples, le sens de "entre, parmi" n'est pas une innovation du védique, et peut donc servir à interpréter les divers emplois réunis ci-dessus, cette valeur de la forme doit être considérée comme la plus ancienne, et celle d'instrumental pluriel comme le résultat d'une réinterprétation à partir des emplois dans lesquels le sens de "parmi" et celui d'"avec plusieurs" étaient susceptibles de s'identifier. Ici encore, le processus a pu s'insérer dans une catégorie déjà constituée, ou participer à sa constitution.

8. Le cas de l'objet

Si, comme il ressort des précédents exemples, le système casuel s'est constitué à partir d'unités porteuses d'une signification précise, locale ou autre, telle que "collectivité," " sociativité externe (ou extractive)," "contact" (pour l'instrumental singulier), "direction vers" (pour l'accusatif) ou encore, pour le datif, "prospectivité," il est probable que — si elles existaient - les fonctions grammaticales comme celles de sujet, d'objet et de complément des substantifs impliquant une relation devaient rester en dehors de ce système en voie de constitution par l'intégration des résidus de systèmes antérieurs (ci-dessus §§3 et 4), l'agglutination de postpositions (§5), de pronoms (§6) et la mise en relation de formes dont le signifié implique la pluralité avec des formes dont le signifié, de sens voisin, ne l'implique pas (§7).

8.1. La théorie des deux modèles

En ce qui concerne l'objet premier, il semble que deux cas du système nouveau, ceux dont le signifiant est une ancienne postposition figurant une seule fois dans le syntagme nominal, soient entrés en concurrence: l'instrumental exprimant le contact et l'accusatif "directif." L'accusatif, comme on sait, l'a emporté partout, mais l'instrumental de l'objet est assez largement représenté en germanique, en baltique et en slave. Il pourrait s'agir d'une innovation commune des "langues du nord," éventuellement d'un emprunt à des langues non indo-européennes. Mais dans les travaux précités (Haudry 1970; 1977), j'ai montré que dans nombre de constructions qui réunissent un instrumental et un accusatif, comme celle des verbes signifiant "lancer," la forme à l'accusatif exprime au départ non pas l'objet du procès, mais la direction, comme dans le français *lancer à, vers, sur*, etc. La fonction de la forme à l'instrumental, qui exprime le "contact" (en particulier avec le sujet) et un accusatif directif, le contenu sémantique de ce dernier avait tendu à se combiner à celui du verbe, les verbes *lancer* devenant des verbes *atteindre*, et ainsi de suite. Dès lors, l'accusatif directif en dépendance d'un verbe qui a absorbé la directivité se trouve par là même vidé de son contenu et devient donc l'objet premier de ce verbe. A partir de là, l'accusatif de l'objet premier a pu s'étendre à d'autres verbes qui n'impliquent pas une relation directive, et même ceux qui impliquent la relation opposée, comme les verbes *quitter*. Par la suite la directivité, qui se maintient en partie au moins avec les verbes de déplacement, latin *eo Romam*, s'exprime par d'autres moyens dans les constructions où l'accusatif est passé de la valeur directive à la fonction d'objet: datif, locatif, tour prépositionnel. C'est ce que j'ai nommé la "théorie des deux modèles." Cette théorie permet également de rendre compte du fait qu'un même verbe puisse présenter deux sens étroitement liés entre eux par le référent, mais dont la construction sont différentes: un verbe *lancer/atteindre*, comme le verbe βάλλειν, qui se rapporte dans ses deux emplois à une situation identique, sans qu'il soit possible de passer de l'objet lancé à l'objet atteint ou inversement: βάλλειν λίθον "lancer une pierre" ne peut pas s'interpréter à partir d'un accusatif directif. C'est ainsi par exemple que l'arménien *keł* "plaie" peut être l'équivalent du grec βέλος "trait," comme l'a montré récemment Charles de Lamberterie (2006: 343f.): l'un et l'autre reposent sur *$*g^{w}élH_1$-e/os-*, mais le premier se rattache au sens de "atteindre, blesser," le second au sens de "lancer." Il en va de même pour les verbes qui signifient à la fois "atteindre" et "porter" comme deux des trois racines *nas-* du vieil-avestique (Kellens et Pirart 1990: 275), de *$*H_1$neḱ-*, et bien d'autres. Mais on doit admettre que syntaxe casuelle et sémantique lexicale sont mutuellement perméables, comme il ressort des emplois dans lesquels un régime datif transforme un verbe "dire" en "dire de, ordonner" en s'intégrant à son contenu sémantique (Haudry 1994b: 2f.). Si elles sont considérées comme étanches, il faut chercher d'autres étymologies pour chacune des racines concernées, comme le regroupement des formes signifiant "atteindre" sous une racine *$*H_2$neḱ-* "erreichen" (Kümmel chez Rix et al. 2001: 282), distincte de la racine *$*H_1$neḱ-* "erhalten, nehmen" (Kümmel chez Rix et al. 2001: 250).

8.2. Création de la fonction ou renouvellement de son expression?

Il n'est certes pas exclu que la fonction objet soit ancienne en indo-européen. Si, par exemple, les présents infixés représentent une "conjugaison objective," dans laquelle l'infixe nasal est un indice d'objet, le passage de l'accusatif directif au complément d'objet constitue un simple renouvellement formel, analogue à celui qui a affecté une partie de la Romania occidentale, notamment la péninsule ibérique, où l'accusatif d'objet a été remplacé par une construction directive de l'accusatif précédé de la préposition *ad*. Mais le parallèle avec les faits mentionnés ci-dessus est de pure apparence. Le renouvellement de l'expression qui conduit du latin *filius amat patrem suum* à l'espagnol *el hijo ama a su padre*, selon un conditionnement complexe (Pottier 1968), n'affecte en rien le sens du verbe, alors que l'intégration de la valeur directive au sens du verbe régissant transforme, comme on l'a vu, un verbe "lancer" en un verbe "atteindre." Dans ces conditions, la concurrence entre instrumental et accusatif peut avoir été à l'origine de la fonction objet. On peut envisager un état de langue analogue à celui du vogul (voir l'article de Jean Perrot dans ce même volume), où ce qui semble tenir lieu d'objet est un "possédé."

8.3. Une difficulté imprévue: la mobilité des valeurs locales

La théorie est confrontée au problème de l'homophonie entre la désinence de l'instrumental et celui du directif, *-(*e*/*o*)H_1 (ci-dessus §§3.2 et 5.11): si, comme il est possible, l'homophonie révèle une identité originelle (García Ramón 1997), et si donc l'instrumental est proche du directif, l'écart sémantique entre les deux cas du modèle 1 se réduit considérablement. Mais une évolution ancienne de la valeur directive à celle de proximité, comme pour le latin *ad* dans *ad urbem esse* "être près de la ville" est concevable: l'expression de l'objet en contact peut donc avoir été assumée par un ancien directif. Avant de devenir successivement l'un et l'autre le cas de l'objet, le directif-instrumental et l'accusatif directif ont donc connu des évolutions parallèles, mais décalées dans le temps. Par là s'explique leur commune valeur perlative : l'accusatif d'extension spatiale, latin *fossa tres pedes alta* "fossé de trois pieds de profondeur" et temporel, latin *regnavit tres annos* "il a régné trois ans," répond à l'instrumental perlatif. L'un et l'autre peuvent provenir d'une ancienne valeur directive, latin *ad quodam tempus* "pour un certain temps." Un problème similaire, signalé ci-dessus §§3.2 et 3.5, affecte les invariants formés sur la particule déictique **de*, **di*, qui s'ajoute à des thèmes pronominaux (grec ὅδε, vieil-irlandais *sin-d*) et qui en constitue un en iranien ancien: ils présentent deux valeurs opposées, l'une directive, grec οἶκόνδε, avestique récent *vaēsmən da* "vers la maison," grec ἡμέτερον δῶ "vers chez nous," l'autre ablative, **dē* (latin *dē*, vieil-irlandais *dī*), **de* (gaulois -δε), valeur qui se retrouve dans le *-*d* de l'ablatif singulier de la flexion thématique. Ces valeurs opposées ne sont pas inconciliables: issus d'une formation à valeur extractive (ci-dessus §3.3), les adverbes latins en *-tus* ont pris une valeur directive: *funditus* "jusqu'au fond," *rādīcitus* "jusqu'aux racines," et la construction au génitif (ancien ablatif) des verbes grecs signifiant "tendre vers un contact" s'explique de la même façon. L'évolution paradoxale des formes qui expriment des relations locales est une constante: issu de **dē-dē-intus*, l'adverbe français *dedans* aurait deux ou trois bonnes raisons (*dē* "venant, descendant de" et le suffixe extractif *-tus*) de signifier "dehors." C'est pourquoi les formes qui portent ces valeurs ne doivent jamais être traitées indépendamment de leurs liaisons syntagmatiques et paradigmatiques.

9. Le cas du sujet

9.1. Les cas directs des animés et des inanimés

La donnée de base permanente, mise en évidence par Uhlenbeck (1901), est le fait qu'au singulier et au pluriel le signifiant du nominatif diffère de celui de l'accusatif dans les animés (masculins et féminin, pour les langues qui ont un féminin) et s'identifie à lui dans les neutres. Cette répartition suggère que l'indo-européen opérait une distinction entre deux types de sujet, ou plutôt de premier actant (ou d'actant unique) selon que celui-ci exerçait ou non son contrôle sur le procès, comme le rappelle, après d'autres, Martinet (1986: 21): "On a depuis longtemps envisagé, pour les stades très anciens de l'indo-européen, une construction ergative, c'est-à-dire l'emploi d'une marque positive pour désigner l'agent lorsqu'il figure dans le même contexte qu'un patient, alors que ce dernier apparaît sans aucune indication de fonction, ni désinence ni particule." Si l'on ne prend pas en compte la chronologie, cette hypothèse se heurte au fait que l'indo-européen reconstruit ne présente pas les caractères typologiques principaux des langues ergatives, en particulier dans le verbe.

9.2. Le cas en *-anz* des neutres hittites

L'hypothèse de Laroche (1962) qui proposait de voir dans les doublets en *-ant-* de certains substantifs neutres du hittite le vestige d'un ergatif indo-européen a été réfutée par Benveniste (1962), qui a observé que ces substantifs se conforment en tout point à la syntaxe du hittite, qui n'est pas une langue ergative, ce qui est incontestable au plan synchronique, mais reconnu (p. 51) qu'ils désignent "des notions matérielles transférées au rang de puissances actives," ce qui pour l'état antérieur ouvre la porte à l'hypothèse d'un ergatif, comme le fait la morphologie des cas directs. Ce débat est emblématique: les adversaires de l'hypothèse ergative se concentrent sur la synchronie, où elle est exclue par la structure du système verbal, et ses partisans se projettent dans la diachronie, en imaginant un système verbal tout différent, qu'ils sont en peine de reconstruire. Quelques années plus tôt, Lewy (1954: 310f.) avait observé en grec homérique une incompatibilité partielle entre les neutres en *-o-* et la position de sujet d'un verbe transitif, sans proposer d'interprétation du fait, ni de sa limitation; il indiquait par ailleurs que malgré sa désignation de genre neutre, πῦρ, le feu était considéré comme un être animé. Comparée aux données hittites étudiées par Laroche, cette observation est significative: il apparaît que l'accession des neutres à la fonction sujet des verbes transitifs, et donc la constitution de la fonction sujet proprement dite, a été graduelle ; les neutres les plus anciens y auraient accédé en premier. Craig Melchert précise dans ce même volume que la situation hittite n'est pas celle d'une dérivation aboutissant au "transfert d'un inanimé dans la classe animée," selon les termes de Laroche, mais celle dans laquelle les neutres conservent leur genre originel aux cas obliques, comme il ressort d'un exemple où le nom de l'eau qui figure à l'"ergatif" *wetena(n)z* est repris par le pronom anaphorique neutre *-at*. Une telle "ergativité partielle" (*split-ergativity*) n'exige pas un système verbal semblable à celui des langues ergatives proprement dites.

9.3. Le nom iranien du feu

Autre indice d'ergativité : le nom iranien du feu, **ātar-*, initialement de genre neutre, passé au masculin quand il a été substitué à **agni-*, dont il reste une trace dans l'onomastique ; au nominatif singulier, une désinence **-s* a été ajoutée conformément à la règle générale, mais contrairement à la règle particulière aux thèmes en **-r-* et **-n-*: un ancien masculin aurait eu la forme **ātā*. Il peut certes s'agir d'un banal passage à l'animé d'un théonyme issu d'un abstrait, comme pour *Venus*, et le *Mitra* indo-iranien, mais à en juger par *Aṣ̌əm* Vérité, *Vohu Manō* Bonne Pensée, *Vohu Xšaθrəm* Bon Pouvoir, le genre neutre n'était pas incompatible avec le statut d'Entité dans les gâthâs. Ces faits concordants semblent significatifs, mais ne permettent pas d'aller plus loin que l'hypothèse suggérée par la morphologie des cas directs. Le problème reste entier.

9.4. Les structures intermédiaires

Pour tenter d'apporter un début de solution, il faut d'abord sortir du dilemme. On sait par l'étude de Lazard (1978) que la typologie des structures d'actance ne se réduit pas au contraste entre langues ergatives et langues accusatives: il existe des structures "neutres" où les deux actants de la phrase biactancielle sont traités comme l'actant unique de la phrase monoactancielle, des structures "mixtes" dans lesquelles chacun possède une partie des propriétés de l'actant unique et des structures "disjointes" où aucun des deux n'a rien de commun avec lui. D'autre part, comme c'est le cas dans les langues iraniennes, la structure d'actance est accusative au présent, ergative au prétérit, et plusieurs langues iraniennes actuelles sont revenues, par diverses voies, à la structure accusative pour le prétérit.

9.5. Les cas en concurrence pour l'expression du sujet

Il faut donc reprendre la question à la base, et sans *a priori*. On constate tout d'abord que plusieurs cas se sont trouvés en compétition pour la position de premier actant (la future fonction de sujet indifférencié), comme pour celle d'objet premier: l'accusatif, dans les tours comme le latin *me paenitet* "je me repens de" et son correspondant gotique *kar'ist ina* (construit également avec le génitif) "il se soucie de," ainsi que le védique *kitaváṃ tatāpa* "le joueur a du remords"; l'instrumental, latin *pluit lapidibus* "il pleut des pierres" (et ses correspondants); le datif, latin *mihi videtur* "il me semble," *est mihi* "j'ai." Il a été signalé ci-dessus §2 une tendance à leur remplacement par le tour personnel correspondant et le cas de leur premier actant par le nominatif. Si cette tendance a concerné un grand nombre de types d'énoncés, et pas seulement quelques expression isolées, il s'ensuit que l'indo-européen n'a pas toujours été une langue à sujet unique.

La double désignation du feu et de l'eau évoquée par Klimov (1974), Gamkrelidze et Ivanov (1995: vol. 1, 238), Lehmann (2002: 67) fournit également un indice qui paraît significatif. On reconstruit pour chacune de ces deux notions deux désignations anciennes, l'une neutre, **p(é)H_2w-r-/-n-* pour le feu, **w(é)d-r-/-n-* pour l'eau, et deux désignations animées, respectivement **égni-*, masculin, et **H_2(é)p-* féminin, forme remplacée dans les langues occidentales par **akwā-* ou **akʷā-*, latin *aqua*, germanique **ahwō.* Il s'agit de deux notions universelles, représentées l'une et l'autre dans la "liste des deux cents" de la lexicostatistique, et pour lesquelles on s'attend à trouver une désignation unique. Or la raison de cette dualité apparaît clairement: par opposition à l'eau "inactive" (l'eau stagnante, l'eau contenue dans un récipient)**w(é)d-r-/-n-*, **H_2(é)p-* et **akwā-* ou **akʷā-* désignent l'eau "active," c'est-à-dire l'eau courante, à en juger par le védique *ā́paḥ* "les cours d'eau," le vieux-prussien *ape* "ruisseau," le lituanien *ùpė* et le letton *upe* "cours d'eau," et d'autre part le gotique *ahva* qui traduit ποταμός, etc.; le tokharien AB *āp-* désigne à la fois l'eau et le cours d'eau. De la même façon, le feu avait des formes latentes, feu des eaux, des plantes, des pierres et divers "feux du corps" comme le feu de la vue, et jusqu'à des "feux froids" comme le *phlegme* de la médecine grecque. Il est probable que ces feux latents devaient être désignés par le substantif neutre, tandis que le substantif masculin devait s'appliquer au feu visible. Si ces deux couples de formes sont les vestiges d'un vaste ensemble de couples similaires, ceci oriente vers l'hypothèse d'une langue "active," au sens de l'étude de Klimov (1974), dont Schmidt (1980), Gamkrelidze et Ivanov (1995: vol. 1, 233f.) et Lehmann (1995; 2002) reprennent les conclusions. Mais est-ce le cas? Les raisons invoquées ci-dessus suggèrent plutôt une situation particulière. D'autre part, il apparaît immédiatement à la lecture de ces études que la structure de l'indo-européen reconstruit est fort éloignée de celle des langues de ce type; en particulier, l'importance qu'y tiennent les adjectifs ne concorde pas avec un type linguistique dans lequel la qualité est exprimée par des verbes intransitifs. Faut-il admettre, avec Bauer (2000: 69f.), Lehmann (2002: 187f.) que les adjectifs sont récents en indo-européen? C'est peu probable, car si les adjectifs primaires y sont effectivement assez peu nombreux et tendent à se renouveler, il existe deux classes anciennes d'adjectifs, les adjectifs d'appartenance et les adjectifs de possession, deux notions centrales, qui se retrouvent à la base des voix verbales (Haudry 1994a: 71f.), où elles ont plus d'importance que le contraste entre verbes d'action et verbes d'état. L'adjectif en valeur de complément circonstanciel, le tour latin *ībant obscūrī* (ci-dessus §6), est une singularité, même dans les langues qui utilisent largement les adjectifs. Autre objection à l'hypothèse d'une langue "active," qui comporte normalement un système casuel réduit: les vestiges d'un effectif casuel supérieur à celui de l'indo-européen reconstruit dans l'état antérieur du système (ci-dessus §3).

10. Vestiges d'autres structures?

Les observations faites sur l'expression du sujet ne permettent pas de ranger définitivement l'indo-européen parmi les langues "actives" ni, à plus forte raison, d'en tirer argument pour la localisation de l'habitat originel, comme le font Gamkrelidze et Ivanov. En effet, d'autres données orientent vers des structures toutes différentes : une langue à classes (Erhart 1993: 33), ou une langue à constructions sérielles (Haudry 1997a).

L'hypothèse de la classification se fonde sur la pluralité des marques du cas direct du singulier (Erhart 1993: 39). Cette conception, qui écarte l'ergativité, se concilie avec celle qui a été présentée ci-dessus §5.

L'hypothèse de constructions sérielles pour un état antérieur du système m'a été suggérée par l'étymologie du verbe germanique **breng-a-* "apporter," dans lequel on s'accorde à reconnaître, depuis Brugmann (1901: 156), un ancien composé verbal de **bher-* "porter" et **H_1neḱ-* "porter/atteindre" (sur ce double sens, voir ci-dessus §8.1), deux racines liées dans le paradigme du verbe grec φέρειν, ou selon d'autres **H_2neḱ-* "atteindre." Insolite dans les langues indo-européennes, une telle construction est caractéristique de certaines langues isolantes comme le chinois ou les langues kwa de l'Afrique occidentale, yoruba *ó gbé e wá* "lui porter cela venir" = "il l'apporte." L'hypothèse ancienne d'un état isolant de l'indo-européen antérieur à l'état agglutinant et à l'état flexionnel pourrait donc être reprise en considération. Ce n'est pas le lieu de discuter du bien-fondé de cette hypothèse, qui ne concerne pas directement le système casuel reconstruit ni sa préhistoire immédiate. Son rappel n'a pour but que d'illustrer l'objet du présent exposé: montrer que la reconstruction du système casuel indo-européen doit rejeter l'idée préconçue d'un équilibre originel qui ne se serait rompu qu'à date récente. Bien au contraire, les données réunies suggèrent un système en évolution, et des changements beaucoup plus profonds qu'on ne l'admet communément.

Abréviation

CIL *Corpus Inscriptionum Latinarum*, 1853–

Bibliographie

Adrados, Francisco R.

1975 *Lingüística indoeuropea*. Madrid: Gredos.

Bartholomae, Christian

1895–1901 "Awestasprache und Altpersisch." Dans *Grundriss der iranischen Philologie*, édité par W. Geiger et E. Kuhn, pp. 152–248. Strasbourg: K. J. Trübner.

1904 *Altiranisches Wörterbuch*. Réimpression 1961. Berlin: Walter de Gruyter.

Bauer, Brigitte

2000 *Archaic Syntax in Indo-European: The Spread of Transitivity in Latin and French*. Trends in Linguistics, Studies and Monographs 125. Berlin: Mouton de Gruyter.

Beekes, Robert S. P.

1985 *The Origins of the Indo-European Nominal Inflection*. Innsbrucker Beiträge zur Sprachwissenschaft 46. Innsbruck: Institut für Sprachwissenschaft der Universität Innsbruck.

1995 *Comparative Indo-European Linguistics*. Amsterdam: John Benjamins.

Benveniste, Émile

1935 *Origines de la formation des noms en indo-européen*. Paris: Adrien-Maisonneuve.

1962 "Les substantifs en *-ant-* du Hittite." *Bulletin de la Société de linguistique de Paris* 57/1: 44–51.

Blažek, Václav

1999 *Numerals*. Brno: Masarykova Univerzita.

Brugmann, Karl

1901 "Homerisch μενοινάω und gotisch *briggan*, zwei Fälle von Wurzelangleichung." *Indogermanische Forschungen* 12: 150–58.

Chantraine, Pierre

1933 *La formation des noms en grec ancien*. Paris: Klincksieck.

1953 *Grammaire homérique*, Volume 2. Collection de Philologie Classique 1. Paris: Klincksieck.

Debrunner, Albert

1954 *Altindische Grammatik*, Volume 2, Part 2: *Die Nominalsuffixe*. Göttingen: Vandenhoeck & Ruprecht.

Erhart, Adolf

1993 *Die indogermanische Nominalflexion und ihre Genese*. Innsbrucker Beiträge zur Sprachwissenschaft 73. Innsbruck: Institut für Sprachwissenschaft der Universität Innsbruck.

Friedrich, Johannes
1960 *Hethitisches Elementarbuch*, Volume 1. Heidelberg: Carl Winter.

Gamkrelidze, Thomas V., et Vjačeslav V. Ivanov
1995 *Indo-European and Indo-Europeans*. 2 volumes. Berlin: Mouton De Gruyter.

García Ramón, José Luis
1997 "Adverbios de dirección e instrumental indoeuropeo." Dans *Berthold Delbrück y la sintaxis indoeuropea hoy* (Actas del coloquio de la Indogermanische Gesellschaft Madrid, 21–24 de septiembre de 1994), édité par E. Crespo et J. L. García Ramón, pp. 113–41. Madrid: Ediciones de la UAM.

Haudry, Jean
1970 "L'instrumental et la structure de la phrase simple en indo-européen." *Bulletin de la Société de linguistique de Paris* 65/1: 44–84.
1977 *L'emploi des cas en védique: introduction à l'étude des cas en indo-européen*. Les Hommes et les Lettres 5. Lyon: Hermès.
1980 "La 'syntaxe des désinences' en indo-européen." *Bulletin de la Société de linguistique de Paris* 75/1: 131–66.
1981 "Les deux flexions de l'adjectif germanique." *Bulletin de la Société de linguistique de Paris* 76/1: 191–200.
1982 *Préhistoire de la flexion nominale indo-européenne*. Lyon: Institut d'Études Indo-Européennes.
1994a *L'indo-européen*. 3ème éd. Paris: Presses Universitaires de France.
1994b "Der Ursprung des gemeingermanischen Infinitivs und des westgermanischen Gerundiums." Dans *Philologische Forschungen: Festschrift für Philippe Marcq*, édité par Y. Desportes, pp. 1–17. Germanische Bibliothek, n.F., 3, Untersuchungen; Heidelberg: Carl Winter.
1997a "Vestiges de constructions sérielles en indo-européen?" *Actes du XVIe congrès international des linguistes, Paris, 20-25 juillet 1997*, édité par B. Caron. CD-ROM.
1997b "Le sens de l'évolution linguistique." Dans *Mélanges de linguistique offerts à Jacques Goudet*, édité par B. Horiot et J. Haudry, pp. 83–113. Lyon: Centre d'Études Linguistiques Jacques Goudet.
2007 "Compte-rendu de John Hewson et Vit Bubenik 2006." *Bulletin de la Société de linguistique de Paris* 102/2: 200–04.

Hewson, John, et Vit Bubenik
2006 *From Case to Adposition: The Development of Configurational Syntax in Indo-European Languages*. Current Issues in Linguistic Theory 280. Amsterdam: John Benjamins.

Hirt, Hermann
1921–37 *Indogermanische Grammatik*. 7 volumes. Heidelberg: Carl Winter.

Kellens, Jean, et Éric Pirart
1988–91 *Les textes vieil-avestiques*. 3 volumes. Wiesbaden: Reichert.

Kirk, Geoffrey Stephen
1985 *The Iliad: A Commentary*, Volume 1: *Books 1-4*. Cambridge: Cambridge University Press.

Klimov, G. A.
1974 "On the Character of Languages of Active Typology." *Linguistics* 131: 11–25.

Kuhn, Adalbert
1852 "Ueber das alte S und einige damit verbundene Lautentwicklungen." *Zeitschrift für Vergleichende Sprachforschung* 1: 270–77.

Lamberterie, Charles de
1990 *Les adjectifs grecs en -υς: sémantique et comparaison*. Bibliothèque des Cahiers de Linguistique de Louvain 54–55. Louvain: Peeters.

2006 "Le verbe arménien *unim/kalay*." Dans *Indogermanica: Festschrift Gert Klingenschmitt*, édité par G. Schweiger, pp. 333–58. Taimering: Schweigert VWT-Verlag.

Laroche, Emmanuel

1962 "Un 'ergatif' en indo-européen d'Asie Mineure." *Bulletin de la Société de linguistique de Paris* 57/1: 23–43.

1970 "Études de linguistique anatolienne, III 9: le directif." *Revue hittite et asianique* 28: 22–49.

Lazard, Gilbert

1978 "Éléments d'une typologie des structures d'actance: structures ergatives, accusatives et autres." *Bulletin de la Société de linguistique de Paris* 73/1: 49–84.

Lehmann, Winfred P.

1995 *Residues of Pre-Indo-European Active Structure and Their Implications for the Relationships among the Dialects.* Innsbrucker Beiträge zur Sprachwissenschaft 61. Innsbruck: Institut für Sprachwissenschaft der Universität Innsbruck.

2002 *Pre-Indo-European*, Washington, D.C.: Institute for the Study of Man.

Lewy, Ernst

1954 "Lesefrüchte." Dans *Sprachgeschichte und Wortbedeutung: Festschrift Albert Debrunner, gewidmet von Schülern, Freunden und Kollegen*, pp. 307–12. Berne: Francke.

Martinet, André

1986 *Des steppes aux océans: l'indo-européen et les "Indo-européens."* Paris: Payot.

Maurach Gregor

1995 *Lateinische Dichtersprache.* Darmstadt: Wissenschaftliche Buchgesellschaft.

Mayrhofer, Manfred

1986–2001 *Etymologisches Wörterbuch des Altindoarischen.* 3 volumes. Heidelberg: C. Winter.

Meier-Brügger, Michael

2002 *Indogermanische Sprachwissenschaft.* Berlin: Walter de Gruyter.

Pottier, Bernard

1968 "L'emploi de la préposition *a* devant l'objet en espagnol." *Bulletin de la Société de linguistique de Paris* 63: 83–95.

Renou, Louis

1952 *Grammaire de la langue védique.* Lyon: IAC.

1957 *Introduction générale à Jacob Wackernagel, Altindische Grammatik.* Göttingen: Vandenhoeck & Ruprecht.

1969 *Études védiques et pāṇinéennes*, Volume 17. Paris: E. de Boccard.

Risch, Ernst

1954 "Der homerische Typus ἱππότα Νέστωρ und μητίετα Ζεύς." Dans *Sprachgeschichte und Wortbedeutung: Festschrift Albert Debrunner, gewidmet von Schülern, Freunden und Kollegen*, édité par G. Redard, pp. 389–97. Berne: Francke.

Rix, Helmut

1992 *Historische Grammatik des Griechischen.* 2ème éd. Darmstadt: Wissenschaftliche Buchgesellschaft.

Rix, Helmut, et al.

2001 *Lexikon der indogermanischen Verben.* Wiesbaden: Reichert.

Roth, Rudolf von

1888 "Ueber gewisse Kürzungen des Wortendes im Veda." Dans *Verhandlungen des VII. Internationalen Orientalisten-Congresses*, Volume 2: *Arische Section*, pp. 1–10. Vienne: Alfred Holder.

Schmalstieg, William R.

1980 *Indo-European Linguistics.* University Park: Pennsylvania State University Press.

Schmidt, Karl-Horst

1980 "Zur Typologie des Vorindogermanischen." Dans *Linguistic Reconstruction and Indo-European Syntax,* édité par P. Ramat et al., pp. 91–112. Amsterdam: John Benjamins.

Schmitt, Rüdiger

1981 *Grammatik des Klassisch-armenischen.* Innsbruck: Innsbrucker Beiträge zur Sprachwissenschaft.

Shields, Kenneth

1982 *Indo-European Noun-inflection.* University Park: Pennsylvania State University Press.

Solmsen, Felix, et Ernst Fraenkel

1922 *Indogermanische Eigennamen als Spiegel der Kulturgeschichte.* Heidelberg: Carl Winter.

Steglich, Wilhelm

1902 "Über die Ersparung von Flexions- und Bildungssilben bei copulativen Verbindungen." *Zeitschrift für deutsche Wortforschung* 3: 1–52.

Szemerényi, Oswald

1990 *Einführung in die vergleichende Sprachwissenschaft.* Darmstadt: Wissenschaftliche Buchgesellschaft.

Uhlenbeck, C. C.

1901 "Agens und Patiens im Kasussystem der indogermanischen Sprachen." *Indogermanische Forschungen* 12: 170–71.

Villar Liebana, Francisco

1974 *Origen de la flexión nominal indoeuropea.* Madrid: Instituto "Antonio de Nebrija."

Ventris Michael, et Chadwick John

1973 *Documents in Mycenaean Greek.* 2ème éd. Cambridge: Cambridge University Press.

Wackernagel, Jacob, et Albert Debrunner

1930–64 *Altindische Grammatik.* Göttingen: Vandenhoeck & Ruprecht.

10

ALLATIVE IN INDO-EUROPEAN

Folke Josephson, University of Gothenburg

In a system of concrete cases, the fundamental spatial opposition is where-whence-whither-which way. According to the analysis of Indo-European cases in Kuryłowicz 1964, the role of goal with verbs of movement is filled by the accusative of direction, which is a marginal role of the accusative case. This use of the accusative is recessive in Greek and marginal in Latin. In classical Latin it is used only with place names. Syncretism may be expected to occur between the accusative of goal and the locative. Dative is considered to be a subspecies of locative. Allative case is not mentioned by Kuryłowicz. In his analysis, the fourth member of the spatial opposition, "which way," is expressed in Indo-European by the instrumental of traversed space.

In Greek, where the genitive carries the ablative value and the accusative case has allative function, where-whence-whither is expressed by dative-genitive-accusative. In Homer, all those three cases occur with prepositions such as *pará* and *metá* (see Luraghi 2006: 133–36). The goal expressed by the accusative case can be a person, as in *Iliad* 18.143.

There are languages that mark recipient in the same way as allative (see van Langendonck 1998: 213 and Newman 1998: 13f.) When transfer is intended the otherwise competing roles are united in the role of recipient. The Latin expression *alicui auxilio esse* shows two datives with the respective roles of beneficiary and abstract goal (see van Langendonck 1998: 213). The Latin dative case can also refer to a concrete goal. In *it clamor caelo*, the dative refers to a concrete non-human goal, and in *alicui auxilio esse*, the dative *auxilio* refers to an abstract non-human goal. These forms have allative function and can be distinguished from those datives that have a human endpoint role for which the analysis is more complicated as the person involved can have several subroles. In the case of an intransitive verb such as (*ob*)*venire*, the dative of *ei obvenit* has locative function because of the meaning of the verb (see van Langendonck 1998: 218). Dative stands for human target, human endpoint, beneficiary, experiencer, possessor, goal as a typically inanimate attractor, and a combination of the latter two roles when the person involved is acting as a goal. The dative case thus expresses a combination of "goal" and a human role. The prototypical dative role configuration is goal + possessor, namely, the recipient of the *dativus dandi*. There can also be a combination of the sub-roles of experiencer and agent in the case of forms related to the passive as in *faciendum est mihi illud* (see also Melis 1998: 263ff.).

A trace of an inherited combination of allative form and function is found in pronominal forms such as Latin *quo* and *eo*.

In a language like Finnish, the recipient role is expressed by the allative case, "to something," "onto something," which is opposed to the illative case, "movement into" (see Newman 1998: 12–14). Similarly, the English preposition *to* has a combined allative (path leading to a goal as the landmark) and recipient function. Newman (1998: 25) discusses the polysemy of recipient marking and allative/locative in the case of the Russian dative. Except for the cited remarks by Newman, allative is not discussed anywhere in the two volumes of *The Dative* edited by van Langendonck and van Belle (1996, 1998).

In Indo-European linguistics, allative function has mainly been discussed in Hittite and Tocharian studies because both languages have an allative case, though of different origin and with rather different semantics in the two languages. Other terms have been used in earlier research for the cases that are nowadays being called "allative" in Hittite and Tocharian. "Terminative" and other terms have been used for the Hittite allative and "dative" for the Tocharian allative.

Waanders, in his study of Greek expressions of perlative function (1988), uses the term "directional" rather than "allative," which he considers to be a subcategory of directional. For the same reason, he uses the term "separative" rather than "ablative."

Tocharian has a perlative case, which can have allative and adessive function, and the locative case has illative as well as inessive function. The Tocharian allative case is directional but not terminative. The common Tocharian oblique and allative cases were both directional. The perlative case, which was a kinetic extensional, had allative as well as adessive meaning. The locative case could be used with terminative and illative meaning (see Josephson and Carling 1999: 96).

Old Hittite is the only Indo-European language to possess dative, allative, and locative as separate cases. The allative form became vestigial in Middle and Late Hittite and was replaced by the locative. A set of directive local adverbs kept their allative form, but the difference in meaning among several of those adverbs and the corresponding locative set of adverbs/preverbs gradually became uncertain or effaced (see Salisbury 1999). The dative case form was replaced by the locative. The dative/locative therefore often has the dative meaning of recipient, a meaning that is related to an allative submeaning (see Blansitt 1988).

In an analysis of the meaning of Hittite local cases, an additional factor has to be taken into account, which is the set of clitics that are most commonly placed in final position in the chain of Wackernagel clitics and are usually called "sentence particles" or "local particles." Those clitics also occur in other positions in the sentence and some of them can qualify local adverbs and case forms. The most important clitics of this kind are *-san* and *-kan* which are mutually exclusive and can form a link between case and verbal actionality (see Josephson 1995). They are of vital importance for an analysis of the allative and dative functions of the locative and of allative, adessive, illative, and inessive meaning.

The clitics *-san* and *-kan* were not closely linked to the local adverbs in Old Hittite. At a later stage of the language, they came to play important specifying and limiting roles with local adverbs/postpositions and became obligatory with certain prepositional locative syntagms. They became necessary semantic qualifications of several local adverbs. Some of those local adverbs that have directional meaning and allative form such as *parā* "forth" often occur with an initially limiting *-kan* and are in significant cases accompanied by *-san*, which specifies perlative as well as allative meaning. *-kan* has its initially (and finally) limiting function in common with the etymologically related Latin preverb *con-*. The adessive and allative meaning that belongs to *-san* is similar to the meaning of the Latin preposition and preverb *ad*, which is also found in Celtic (and other Indo-European languages), but it is not found in Hittite, where there is no local adverb with a corresponding adesssive/allative meaning (see Josephson forthcoming).

There was a relation of the clitics to the semantics and spatial function of local adverbs, and they also had an important relation to case. *-san* and *-kan* are similar to postpositions when they are placed immediately after an inflected noun as in the commonly occurring combinations ablative *-az* + *-kan*, locative *-i* + *-kan*, allative *-a* + *-san*, and dative *-i* + *-san*. Clitic *-kan* in this position is similar to *-kum* after a preceding ablative or locative case in Sabellian (see Josephson forthcoming.).

There is a general relationship of *-san* and *-kan* to the shape of material objects, places, persons and so on: *-san* is used rather than *-kan* when mountains, cities and shores are mentioned as location or goal. The semantics (*typage*) of nouns indicating localities or areas thus influenced the choice between the inessive *-kan* and the adessive *-san*. This can be observed in Middle Hittite texts, but the opposition between the two clitics was effaced when *-kan* came to reign practically alone in Late Hittite.

Because the entire Tocharian system of local cases was rebuilt after a prehistoric loss of the original Indo-European local cases, the comparison with other Indo-European languages will have to be of a typological nature and cannot serve the purpose of reconstruction of the Indo-European system. The use of the Tocharian local cases was thoroughly investigated by Carling (2000) in a study that will prove useful for our purposes. I will therefore summarize some of her results.

The Tocharian *allative* case is directive and also has dative functions, as that of an indirect object. This particular function was obtained by grammaticalization by way of direction and goal. The allative case is used with the meaning of "toward" with words referring to living creatures and abstracts (Carling 2000: 53–54). The allative case shares directive function with the locative, the oblique, and the perlative cases. The allative case is used when the reference object is a person and the movement toward the goal is being focused. There is no distinction between illative and allative functions (see Carling 2000: 53–54). The *locative* case is used when the goal is seen as reached (terminative function). The Tocharian perlative case has adessive and allative as well as perlative functions. An expression like *tkanā* "on the earth" shows the adessive function of the perlative case that is found when an object is adjustable in relation to the reference object. The perlative is extensional, both kinetic and static (see Carling 2000: 385; and Waanders 1988). The perlative is used in expressions like "beside the river" or "on the mountain," where the nature of the landmark plays a role. Carling calls this the adessive function of "Zustand oder Bewegung" (Carling 2000: 48). The Tocharian locative case in its local use has illative and inessive functions. The ablative case indicates the point of origin. It has separative meaning and possesses elative as well as ablative functions. The Tocharian ablative case is irrelevant for localization and direction (Carling 2000: 46). The dative function of an indirect object is expressed by the genitive and allative. The genitive alone is used for the function of dative subject.

Mycenaean Greek had an instrumental case of Indo-European origin with a comitative and a quasi-locative meaning. This has been explained as a reflex of an original adessive meaning of the Indo-European instrumental ("près de, avec"), whereas the locative had inessive meaning (see Ruijgh 1994: 146–47). Mycenaean *opí* with instrumental case means "près de."

An extensional and perlative role ("prolative" in Anderson 1971: 169) that developed sociative and comitative functions explains the instrumental meaning of an instrumental case (see Josephson and Carling 1999: 100–01). The expression of directed path (in accordance with Casad 1993) that belongs to Indo-European adverbial forms with the ending **-e/oh$_1$* seems to be at the origin of the Indo-European instrumental. (For the problems of using extensional as a separate main category, see Waanders 1988: 316–17: A static extensional is a kind of locative.)

The semantic role of a Hittite dative/locative can be specified in the language in several ways. The recipient role of a person in the dative/locative case is specified by the local adverb *ser* with the meaning of "for" in a passage of the epic of liberation where it translates a Hurrian word. *Ser* may be present because of the translation and be superfluous in Hittite, as stated by Neu in his edition of the text (Neu 1996), but its presence probably shows that its use for specification is not alien to the Hittite language. Specification of semantic case function is a regular feature when an allative meaning of a dative/locative form is identified by the use of the directive clitic *-san* that forms a link between verbal actionality and the goal toward which the action is directed. It is an important fact that *-san* can be combined with the allative case but not *-kan* to which *-san* is opposed because of its fundamentally adessive function. Besides being adessive, *-san* is also directive to a position of adjacency. As directivity and allative motion were meanings of *-san*, it was apt to be connected with the allative and dative and with the locative when it has allative or dative function. It is also *-san* and not *-kan* that is used with the adessive locative in expressions such as "beside the river" and "on the mountain." This use of *-san* was caused by the shape of the object, as the *typage* of nouns indicating localities or areas influenced the choice between inessive *-kan* and adessive *-san*. Tocharian uses perlative case for this kind of adessive or static extensional function.

The meaning of forward motion that is proper to the adverb *parā* is directive. When the motion is marked as initially limited, the clitic *-kan* is used with *parā*, often in combination with an ablative case form. Perlative function is probably present in expressions like ^{TÚG}GADA.GAM.GE$_6$*-ia-si-ssan* GÌR*-az parā dai* "she takes the black gaiters away from his feet" (KUB 7 53+ ii 41f.). The intial limitation is not stressed in spite of the presence of the dative/locative pronoun *-si* and the ablative GÌR*-az* "from the feet." Forward motion leading to a complete removal is emphasized as a perlative, and directive meaning gets stressed by the clitic *-san* rather than the abandonment of the point of origin that would have been stressed by *-kan* which is common with the ablative. For perlative function of *-san* with *parā*, see *parā-ma-ssan QATAMMA memai* KI.MIN "he continues to speak in the same way as follows" (KUB 15 34 iv 15+), where no case form is present, but the protraction of the action is stressed (see Boley 2000: 143). This is an example of a formal link between perlative and durational expression of the kind mentioned by Waanders (1988: 323–24). Perlative protraction becomes quite obviously directive when a goal is indicated by an allative case form as in §100 of the Hittite Law Code: *nu-ssan parā hameshanda arnuzi* "he shall bring them through to the spring" (KBo 6 3 iv 60–81).

A perlative function of an allative form is probably present in *innarā* "on one's own authority." The meaning of the allative *taknā* in *taknā hariemi* "I bury in the ground" (StBoT 8 iii 8–9) is not illative as might be an expected sense, but this allative is probably of a fundamentally perlative meaning of the kind that Tocharian expresses by a perlative case (as in *tkanā*) that has to do with the shape of the landmark.

In contrast with Tocharian, Hittite possesses an ablative case that can indicate the point of origin of a movement or an action. The initially limiting clitic *-kan*, which is found with directional adverbs/preverbs and with certain verbs when combined with such adverbs/preverbs, is normally used together with the ablative form to which it can be clitically juxtaposed in a manner that makes it similar to a postposition of the kind found in Sabellian, where the related postposition *-kum* can be attached to an ablative. That Hittite *-kan* has an initially limiting function in regard to verbal action is particularly clear in the case of its use with verbs of motion occurring with or without a local adverb/preverb and by its use with the verb *dā-* "take." The clitic *-kan* can also indicate the final limitation of an action or motion. It refers to a point and never has directive meaning. When *-kan* is found with a locative, the meaning of the combination is therefore inessive or illative but never adessive or allative.

The behavior of the clitics *-san* and *-kan* and the opposition of meaning between those clitics show that adessive and inessive are categories that are present in Hittite as well as allative and illative, though the clitics do not belong to the morphological case system. This kind of semantic opposition is not found in a regular manner in Tocharian, as shown in Carling 2000, except in cases when "the located object is adjustable in relation to the reference object," and the perlative case is used because of the shape of the object (see Carling 2000: 393–94). The allative use of the perlative case in adpositional phrases with verbs of motion as in Tocharian A: *kässina karmem käm-* "come to the proximity of the teacher" (see Carling 2000: 395) should also be noticed.

The Hittite allative has directive function. It is also used temporally, with abstract meaning, and in order to express purpose. The clitic *-san* occurs in sentences that contain an allative case when a directional adverb such as *parā* or *katta* is present, and a directive meaning of the adverbs/preverbs is in evidence. There are examples of the directive verb of motion *pai-* being used without accompaniment of a local adverb but with an allative (or locative) case and the clitic *-san.* I emphasize once again the important fact that the limiting clitic *-kan* is never found with the allative case.

In contrast with the Tocharian allative, the Hittite allative case does not have the dative function that is connected with the category of person. The clitic *-san* is, however, compatible with the dative and with the dative meaning of the locative, whereas *-kan* is not, which shows that the directive meaning of goal was common to the allative and the dative. The role played by the locative case in combination with *-san* is that of a *dativus dandi* in a passage such as III 13 of the Appu story: *nu-ssi-ssan sanizzi laman* [LÚ]HUL*-lu dais* "and she gave him (litt., 'put to him') the sweet name Evil." The role of the dative/locative in this mention of a bestowal of a name is the human endpoint role combined with affectedness for the recipient (see van Langendonck 1998: 222f.). It is a weaker and more abstract form of "internal contact" that implies affectedness for the recipient. Van Langendonck's example is the Dutch phrase *Ze planten (bij) hem een hart in.* The action results in possession, and the role of *-san* is the normal allative/ adessive one. A bestowal of a name recurs in III 20 of the same text with another verb: *-san ... ŠUM-an halzessandu* "may they call him by the name Just!" where the calling of the name implies the attribution that will result in possession of the name as it stays by the child. *-san* thus marks the goal (recipient) at the end of a spatio-temporal path ending in adessive location at the goal (see Newman 1998: 13). The opposite of possession, being bereft of something, is found in II 3 of the Appu story: nu-m]u-us-sa-an 1-an ut-tar wa-aq-q[a-r(i) "one thing is lacking (by/to) me," which shows a dative/locative of adessive function and the clitic *-san.*

Hittite has a *Dativus iudicantis*, which is expressed by the dative/locative. See *takku atti-ma anni UL assu* "but if it is not agreeable to the father and mother" (KBo 6 5 III 2 = Code 1:28) and *mahhan-wa-tta assu nu-wa QATAMMA iya* "as it is agreeable to you, do so!" (KUB 14 1 obv. 36). No *-san* is present in these passages where there is no directionality or transfer.

Purpose was a function of the Hittite allative as evidenced by infinitives and allatives of verbal nouns such as *adanna* "for eating" and *warra (halzai-)* "(call) for help" as well as *waganna (wagata) halziya*, which refers to an invitation for a bite, just as there can be a summons to the inner chamber, where the allative case is used for the goal (*tunnakisna halziya*). See also *kunanna sanh-* "seek to kill" and *kunanna pai-* "deliver for killing" and *arrusa pai-* "resort to secession."

In Tocharian the allative case is also used in order to to indicate purpose. Infinitives showing allative case are common in Tocharian B and are found in Tocharian A (see Thomas 1954: 751–55; Carling 2000: 22).

The Tocharian allative is used in the function of an indirect object as with A *tsäk-* and B *sälk-* (Carling 2000: 21). The genitive case can also be used for indirect object as with "give" in Tocharian B.

The function of an indirect object is *not* a characteristic of the Hittite allative. The reason for this could be the presence of a dative case in Old Hittite: the Tocharian use of the allative in order to refer to a person as a goal corresponds to a function of the Hittite dative and of the the locative case when it replaced the dative.

That the Tocharian perlative case can be used with allative function conforms typologically to a prehistoric tendency in Indo-European where a perlative **-e/oh*$_1$ developed the allative meaning of Latin *quo* and the Hittite allative case by way of the notion of directed path.

The allative function of the Indo-European accusative case was treated in García Ramón 1995 and 1997.

Summary

Proto-Indo-European had locative-ablative-accusative-instrumental answering to where-whence-whither-which way (locative-ablative-allative-perlative). Greek dative-genitive-accusative have locative-ablative-allative functions. Mycenaean Greek and Sanskrit have an instrumental of traversed space. Allative case is found in two Indo-European languages: Tocharian and Hittite. Old Hittite had locative-ablative-allative cases with locative-ablative-allative functions.

Recipient marking is a salient function of a dative case. It is an extension of allative/locative sense (see Finnish, Russian). The Finnish allative case is allative but not illative. Illative is a case in Finnish. Old Hittite is the only Indo-European language that shows dative, allative, and locative cases. An indirect object is expressed in Old Hittite by the dative, later by the dative/locative. The goal of the Old Hittite allative is succeded by the locative. Transfer is allative, then locative + *-san*. *Dativus iudicantis*: no directionality or transfer. Common combinations are ablative *-az* + *-kan*, inessive *-i* + *-kan*, allative *-a* + *-san* (Old Hittite, later *-i* + *-san*), adessive *-i* + *-san*.

Tocharian allative is directive like the Hittite allative. Tocharian also uses perlative, oblique, and locative for directive function. See Hittite, which expresses directive by allative (+/- *-san*) and locative + *-san*. Tocharian allative has dative function. Hittite uses dative, later dative/locative. Tocharian has no dative case. Use of the allative case (goal and human endpoint [= recipient]) and genitive. In Hittite human endpoint is expressed by dative/locative (often with *-san*). *Dativus iudicantis* is normally without *-san*. Tocharian perlative is used for allative motion (with animated and abstract goal). Tocharian perlative is extensional and adessive. Hittite uses *-san* to specify perlative and adessive meaning. Tocharian locative is inessive and illative. Hittite specifies inessive meaning by *-kan* or *-i* + *-kan*. Hittite ablative commonly occurs with *-kan*, which is normally used for leaving a point or passing a limit. When a locative is used with ablative meaning, it is accompanied by *-kan*. Tocharian uses the locative for "Abgrenzung": reaching a goal and passing a limit. Hittite uses (*-i*)*-kan*. Tocharian uses the perlative for "Nicht-Abgrenzung" ("along, over"). Hittite: (*-i*)*-san*. Landmark "at": Tocharian perlative case, Hittite specifies by *-san*. Landmark "in": Tocharian locative case, Hittite specifies by *-kan*.

Hittite had an adessive and comitative clitic *-san*. It was also directive to a position of adjacency (allative meaning) and was applicable to perlative meaning. Allative motion and direction were meanings of *-san* that made it suitable to be connected to the allative case and to locative case forms having dative function. Allative sense is the bridge to dative sense. (See Newman 1998: 16.)

The situative *-kan* had inessive and limitative function and could accompany ablative and locative case forms. It functioned within the system of aspectual polarity: "polarité aspectuelle initial, final, médian, lieu par rapport auquel est situé la cible pendant le déplacement" (Boons 1987) and referred to "changement de lieu de réference." Within the same system, the clitic *-san* was adaptable to "réalisation entre deux états 'marcher, s'éloigner, s'approcher'." Both clitics qualified verbal action and local adverbs as well as case. In a modified Kuryłowicz system, we find the following relations of the clitics to case:

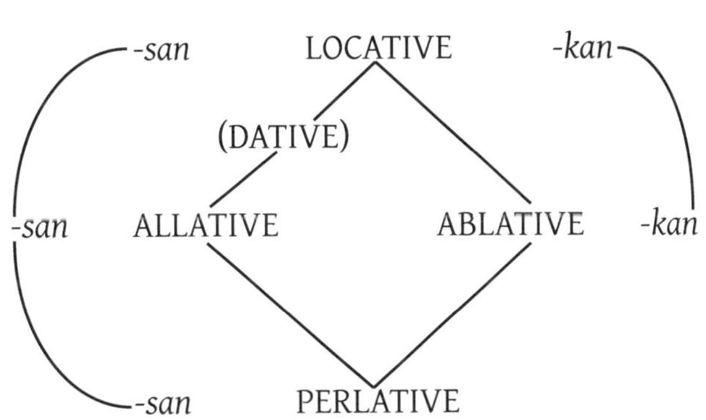

In this system the directive Tocharian *allative* case covers the area from allative to locative with the dative function of goal + human endpoint included. The Tocharian *perlative* case covers the area of perlative, allative motion and adessive locative but is exclusive of dative.

Hittite *-san* can qualify the three positions that are covered by the Tocharian perlative case inclusive of the adessive locative but can also accompany the dative case of Old Hittite and the locative of dative meaning as it refers to humans. Hittite *-kan* is applicable to the ablative case when it induces initial limitation. It can express an inessive locative meaning and completed establishment in an inessive position. *-kan* is also found with a locative case in ablative position referring to a human point of origin. In Hittite the ablative *case* is not normally used for humans. *Dativus iudicantis* occupies the locative position but does not normally occur with a particle.

The use of *-san* and *-kan* was not very frequent in Old Hittite. That the directional and local functions that belonged to those clitics could be used for specification of the meaning of cases becomes evident in Middle Hittite, which is also the period during which the number of case forms were reduced. In Late Hittite the employment of *-san* was much reduced, the system of local adverbs was changed, and the entire system of case and clitics was lost.

A full treatment of the function of the clitics with local adverbs has not been presented here, but the fundamental principles of their relations were studied in Tjerkstra 1999. The actional function of the system of clitics and the manner in which their directive and limiting functions served as a link between case and verbal actionality is not a topic of the present article, but see the general treatment in Josephson 1995.

Abbreviations

KBo 6 Friedrich Hrozný. *Keilschrifttexte aus Boghazköi* 6. Osnabrück: Otto Zeller, 1970

KUB 7 Staatliche Museen zu Berlin. Keilschrifturkunden aus Boghazköi 7. Berlin: Staatliche Museen, 1923

KUB 14 Albrecht Götze. *Historische Texte.* Keilschrifturkunden aus Boghazköi 14. Berlin: Staatliche Museen, 1926

KUB 15 Joachim Schiele. *Religiöse Texte.* Keilschrifturkunden aus Boghazköi 15. Berlin: Staatliche Museen, 1926

StBoT 8 Heinrich Otten and Vladimir Souček. *Ein althethitisches Ritual für das Königspaar.* Studien zu den Boğazköy-Texten 8. Wiesbaden: Otto Harrassowitz, 1969

Bibliography

Anderson, John M.

1971 *The Grammar of Case: Towards a Localistic Theory.* Cambridge: Cambridge University Press.

Blansitt, Edward L.

1988 "Datives and Allatives." In *Studies in Syntactic Typology*, edited by M. Hammond, E. A. Moravscik, and J. A. Wirth, pp. 173–91. Amsterdam: John Benjamins.

Boley, Jacqueline

2000 *Dynamics of Transformation in Hittite: The Hittite Particles -kan, -asta and -san.* Innsbruck: Innsbrucker Beiträge zur Sprachwissenschaft.

Boons, Jean-Paul

1987 "La notion sémantique de déplacement dans une classification syntaxique des verbes locatifs." *Langue française* 76: 5–50.

Carling, Gerd

2000 *Die Funktionen der lokalen Kasus im Tocharischen.* Berlin: Mouton de Gruyter.

Casad, Eugene H.

1993 "'Locations,' 'Paths' and the Cora Verb." In *Conceptualizations and Mental Processing in Language*, edited by R. A. Geiger and B. Rudzka-Ostyn, pp. 593–645. Berlin: Mouton de Gruyter.

García Ramón, José Luis

1995 "Zum Akkusativ der Richtung im Vedischen und im Indogermanischen." In *Verba et Structurae: Festschrift für Klaus Strunk zum 65. Geburtstag*, pp. 33–52. Innsbrucker Beiträge zur Sprachwissenschaft 83. Innsbruck: Institut für Sprachwissenschaft der Universität Innsbruck.

1997 "Adverbios de dirección e instrumental indoeuropeo." In *Berthold Delbrück y la sintaxis indoeuropea hoy* (Actas del coloquio de la Indogermanische Gesellschaft Madrid, 21–24 de septiembre de 1994), edited by E. Crespo and J. L. García Ramón, pp. 113–41. Madrid: Ediciones de la UAM.

Josephson, Folke

1995 "Directionality in Hittite." In *Kuryłowicz Memorial Volume,* Part One, edited by W. Smoszyński, pp. 165–76. Analecta Indoevropaea Cracoviensia 2. Kracow: Universitas.

Forthcoming "Directionality, Case and Actionality in Hittite." In *Proceedings of the Second Colloquium on Language Typology in a Diachronical Perspective held at Göteborg University* (provisional title), edited by F. Josephson and I. Söhrman.

Josephson, Folke, and Gerd Carling

1999 "Perlative and Instrumental in Sanskrit and Indo-European." In *Categorisation and Interpretation: Indological and Comparative Studies from an International Indological Meeting at the Department of Comparative Philology, Göteborg University*, edited by F. Josephson, pp. 77–105. Meijerbergs arkiv för svensk ordforskning 24. Göteborg: Meijerbergs institut.

Kuryłowicz, Jerzy

1964 *The Inflectional Categories of Indo-European*. Heidelberg: C. Winter.

Luraghi, Silvia

2006 "The History of the Greek Preposition *metá*: From Polysemy to the Creation of Homonyms." *Glotta* 81: 130–59.

Melis, Ludo

1998 "From Form to Interpretation." In *The Dative*, Volume 2: *Theoretical and Contrastive Studies*, edited by W. van Langendonck and W. van Belle, pp. 261–91. Amsterdam: John Benjamins.

Neu, Erich

1996 *Das hurritische Epos der Freilassung*, Volume 1: *Untersuchungen zu einem hurritisch-hethitischen Textensemble aus Hattusa*. Studien zu den Bogazköi-Texten 32. Wiesbaden: Harrassowitz.

Newman, John

1998 "Recipients and 'Give' Constructions." In *The Dative*, Volume 2: *Theoretical and Contrastive Studies*, edited by W. van Langendonck and W. van Belle, pp. 1–28. Amsterdam: John Benjamins.

Ruijgh, Cornelis J.

1994 "La préposition *epí*: Valeurs sémantiques et choix des cas." In *Cas et prépositions en grec ancien* (Actes du colloque international de Saint-Étienne, 3–5 juin 1993), edited by B. Jacquinot, pp. 133–48. Saint-Étienne: Publications de L'Université de Saint-Étienne.

Salisbury, Donna

1999 "*anda* and *andan* in Neo-Hittite." *Journal of Cuneiform Studies* 51: 61–72.

Starke, Frank

1977 *Die Funktionen der dimensionalen Kasus und Adverbien im Althethitischen*. Wiesbaden: Harrassowitz.

Thomas, Werner

1954 "Die Infinitive im Tocharischen." In *Asiatica: Festschrift Friedrich Weller zum 65. Geburtstag, gewidmet von seinen Freunden, Kollegen und Schülern*, edited by J. Schubert and U. Schneider, pp. 701–64. Leipzig: Harrassowitz.

Tjerkstra, Françoise A.

1999 *Principles of the Relation between Local Adverb, Verb and Sentence Particle in Hittite.* Cuneiform Monographs 15. Groningen: Styx Publication.

van Belle, Wilhelm, and W. van Langendonck, editors

1996 *The Dative*, Volume 1: *Descriptive Studies.* Amsterdam: John Benjamins.

1998 *The Dative*, Volume 2: *Theoretical and Contrastive Studies.* Amsterdam: John Benjamins.

van Langendonck, Willy

1998 "The Dative in Latin and the Indirect Object in Dutch." In *The Dative*, Volume 2: *Theoretical and Contrastive Studies*, edited by W. van Langendonck and W. van Belle, pp. 185–259. Amsterdam: John Benjamins.

Waanders, Frederik M. J.

1988 "Ancient Greek Perlative Expressions." In *In the Footsteps of Raphael Kühner* (Proceedings of the International Colloquium in Commemoration of the 150th Anniversary of the Publication of Raphael Kühner's *Ausführliche Grammatik der Griechischen Sprache*, Volume 2: *Syntaxe, Amsterdam, 1986*), edited by A. Rijksbaron, H. A. Mulder, and G. C. Wakker, pp. 318–44. Amsterdam: J. C. Gieben.

11

ANOMALIES GRAMMATICALES À BĪSOTŪN

É. Pirart, Université de Liège

La version indigène des inscriptions cunéiformes achéménides constitue un témoignage linguistique fort malaisé à utiliser dans le cadre de la linguistique comparative indo-européenne. Tout d'abord, la quantité de textes est fort peu étendue si nous tenons compte du très grand nombre de répétitions de phrases qu'ils contiennent. Ensuite, le système d'écriture n'est guère explicite puisque la voyelle brève ă n'est jamais notée si ce n'est en fin de mot où elle se confond avec ā, que les voyelles i et ī sont confondues, que les voyelles u et ū le sont aussi le plus souvent, que les voyelles finales i et u sont notées *i-y* (mais *y* derrière h) et *u-va*, que y et iy se confondent derrière consonne pour être écrits tous deux *i-y* sauf après h où l'on ne trouve que *y*, que la voyelle r̥ se confond avec ara, ra et ar, que les diphtongues initiales au et āu se confondent avec u, que plusieurs consonnes finales ne sont pas notées telles t, n ou h, que la graphie de h est fortement aberrante, que la nasale n'est pas notée devant occlusive ou devant m, etc. La liste est longue. Et, bien sûr, il y a des erreurs, qui peuvent être des coquilles mais aussi de véritables fautes d'orthographe.

Le système graphique de base est le suivant: certains signes consonantiques ne sont utilisables que devant voyelle a, ā ou Ø. Je les transcris *Ca*. D'autres signes consonantiques ne sont utilisables que devant voyelle a, ā, Ø, i, ī. Je les transcris C^a. D'autres encore sont utilisables devant n'importe quelle voyelle. Je les transcris C. Il existe aussi des signes qui ne sont utilisables que devant i et ī ou devant u et ū. Je les transcris respectivement *Ci* et *Cu*.

Les signes sont:

a	*i*	*u*	—
k^a *ku*	*x*	g^a *gu*	—
c^a	—	*ja ji*	—
t^a *tu*	*θ*	*da di du*	n^a *nu*
p	*f*	*b*	*ma mi mu*
y	r^a *ru*	*l*	*va vi*
s	*z*	*š*	h^a

Exemples:

Valeurs	*Graphies médiales*
da	*da*
dā	*da-a*
dara, dra, dar, dr̥	*da-*r^a
di, dī	*di-i*
dai	*da-i*
dāi	*da-a-i*
du, dū	*du-u*
dru	*du-(u-)ru-u*
na	n^a

Valeurs	*Graphies médiales*
nā	n^a*-a*
ni, nī, nai	n^a*-i*
nu, nū	*nu-u*
pa	*p*
pā	*p-a*
ha	*a* ou h^a
hau, hāu	h^a*-u*
hu	*u*

Enfin, la langue de la version indigène des inscriptions achéménides est le mélange arbitraire de deux dialectes,[1] que je nommerai A et B. Le dialecte A est habituellement considéré comme étant le perse proprement dit, mais ceci n'est jamais qu'une profession de foi. Ce dialecte partage certaines isoglosses avec la bhāṣā, le dialecte des Brāhmaṇa,[2] et d'autres avec les prâcrits.[3] Pour sa part, le dialecte B, proche de l'avestique[4] — mais ceci est laconique puisque l'avestique reçoit son nom de notre incapacité de savoir de quelle région d'Iran c'était le dialecte — a été considéré comme étant le mède,[5] mais là aussi ce n'est que profession de foi.

En outre, nous devons signaler que le texte de la version indigène des inscriptions achéménides apparaît généralement sous cette forme que la tradition grammaticale indienne appelle padapāṭha, c'est-à-dire en donnant les mots sous la forme qu'ils présentent en finale absolue, autrement dit: un texte ânonné, sans observation des règles de sandhi ou de liaison. Néanmoins, çà et là certains sandhi sont opérés.

Et ceci n'épuise pas la liste des embûches auxquelles la lecture de tels textes nous confronte. En effet, de nombreuses anomalies grammaticales, tant syntaxiques que morphologiques ou phonétiques, affectent les textes achéménides, une situation que nous connaissons aussi dans les textes avestiques comme je l'ai mis en lumière (Pirart 2000).

Face à autant d'obstacles, nous ne pouvons que nous considérer heureux de disposer de traductions accadienne, élamite ou araméenne et de l'aide que nous fournit la linguistique comparative des langues indo-iraniennes anciennes. Sans de tels secours, notre compréhension de la version indigène des inscriptions cunéiformes achéménides resterait sans nul doute bien approximative.

Comme le thème du présent colloque concerne l'emploi des cas, c'est, parmi ces anomalies grammaticales, de l'une de celles qui affectent les déclinaisons que je me propose de vous entretenir.

Le problème que nous allons examiner se situe dans certaines phrases du texte de la grande inscription[6] que Darius le Grand fit graver sur le rocher de Bīsotūn en 519 avant notre ère: les phrases qui expriment des dates. Toutes ces phrases stéréotypées sont presque identiques.[7]

Pour le type général que caractérise la mention d'un nombre de jours égal ou supérieur à trois, illustré 17 fois, l'exemple est DB I 42 ***g^{a}-r^{a}-ma-p-da-h^{a}-y : ma-a-h^{a}-y-a : IX : r^{a}-u-c^{a}-b-i-š: θ-k^{a}-t^{a}-a : a-h^{a} :***.

Les types exceptionnels ou isolés sont au nombre de trois:

— DB III 7–8 où le nombre mentionné est "un" (*g^{a}-r^{a}-ma-p-da-h^{a}-y: ma-a-h^{a}-y-a :* ***I : r^{a}-u-c^{a} : θ-k^{a}-t^{a}-ma : a-h^{a} :***);

— DB I 96 qui, vu le nombre mentionné de "deux," devrait être une exception (*a-n^{a}-a-ma-k^{a}-h^{a}-y : ma-a-h^{a}-y-a :* ***II*** *: r^{a}-u-c^{a}-b-i-š :* **θ**-*k^{a}-t^{a}-a: a-h^{a} :*);

— DB II 61-62 où apparaît un syntagme différent et particulier (*θ-u-r^{a}-va-a-h^{a}-r^{a}-h^{a}-y : ma-a-h^{a}-y-a :* ***ji-i-y-ma-n^{a}-ma : p-t^{a}-i-y :***) et dont, pour cette raison, nous ne traiterons pas ici.

Dans ce type de phrases, comme dans beaucoup d'autres, chaque mot fait difficulté ou, tout au moins, peut appeler un commentaire. Car, si le sens ne fait bien évidemment aucun doute — nous disposons de traductions en accadien, en élamite et en araméen — le justifier phonétiquement, graphiquement, syntaxiquement et morphologiquement peut rester problématique dans le détail.

Commençons par le premier mot: c'est le nom propre d'un mois de l'année employé au génitif. Comme ce nom présente le plus souvent un thème en °a-,[8] le génitif singulier en est donc en °ahya.[9] Jusqu'ici, tout va bien si ce n'est que nous ignorons pourquoi, dans le cas d'un nom propre, la graphie élude souvent la voyelle finale °a du génitif singulier en °ahya : nous trouvons ici les signes *°-h^{a}-y :* au lieu de *°-h^{a}-y-a :*.

Le deuxième mot, celui qui nous permet d'identifier le premier comme étant le nom propre d'un mois, est māha- masc. "le mois,"[10] mais, comme vous le voyez, la graphie de son génitif pose problème: *ma-a-h^{a}-y-a :* (voir

[1] Comme Lecoq (1974) l'a démontré.

[2] C'est ainsi, par exemple, que le nominatif féminin pluriel *a-θ-g^{a}-i-n^{a}-i-y* (aθanginyah) "(colonnes) en pierre" est du type *deví-* :: *devyáḥ* contre le védique chāndasa *deví-* :: *devī́ḥ* ou l'avestique *vaŋ^{v}hī-* :: *vaŋ^{v}hīš* (voir Hoffmann et Forssman 1996: 126).

[3] C'est ainsi, par exemple, que *a-s-* "cheval" rappelle le prâcrit *assa-*.

[4] Tous deux montrent le même traitement des consonnes.

[5] Skjærvø (1996: 4) affirme que "Median strongly influenced the vocabulary of Old Persian."

[6] Édition de référence: Schmitt 1991.

[7] Sur toutes ces dates, voir Lecoq 1997: 93–94.

[8] Il n'y a qu'une seule exception: DB II 46–47 *θ-a-i-g^{a}-r^{a}-c^{a}-i-š : ma-a-h^{a}-y-a : IX : r^{a}-u-c^{a}-b-i-š : θ-k^{a}-t^{a}-a : a-h^{a} :*.

[9] Proto-indo-européen *°*osi̯o*, védique °*asya*, vieil-avestique °*ahiiā*.

[10] Védique *mā́sa-*, avestique *mā̊ŋha-*.

Kent 1953: 203). De deux choses l'une, ou bien nous devons lire māhya haplologique pour māhahya, ou bien considérer que la graphie *ma-a-h*^{a}*-y-a :* représente bel et bien la forme attendue māhahya, que ce soit par le biais d'une haplographie pour **ma-a-h*^{a}*-h*^{a}*-y-a :* ou en vertu du fait que °h̲° ne s'écrit pas toujours entre deux voyelles de timbre a̲ — il y a l'exemple fameux *a-r*^{a}*-t*^{a}*-a-c*^{a}*-a:* univerbation de r̥tāt hacā "sur base de l'harmonie" (avestique *aṣ̌āt̰ hacā*) (voir Pirart 2000: 392f.).

L'hypothèse du locatif māhi+ā d'un thème māh-[11] peut se défendre morphologiquement sur base du védique *mā́s- : : māsí*,[12] mais ce serait un emploi inusuel du locatif en combinaison avec le génitif du nom propre du mois qui serait alors d'apposition.

Nous arrivons au troisième mot. Il est le plus souvent impossible de le prononcer avec certitude puisqu'il est noté au moyen d'un idéogramme et que, dès lors, nous ne pouvons savoir s'il était à lire selon le dialecte A ou le dialecte B. Il s'agit d'un numéral. Si, par exemple, c'est *IX :* "neuf," il n'y a guère de doute à le prononcer nava vu la coïncidence théorique des deux dialectes et du sanscrit, mais, si c'est *XIV :* "quatorze," sachons que la forme en serait *caçudaθa[13] dans le dialecte A, mais *caθrudasa[14] dans le dialecte B.[15]

Ce numéral, si c'en est un du pluriel ou le nombre "deux," est suivi de *r*^{a}*-u-c*^{a}*-b-i-š :*, mais, si c'est le nombre "un," nous trouvons *r*^{a}*-u-c*^{a}*:* à sa suite. On dit ainsi "deux ou plusieurs raucabiš," mais "un raucah." Car, de toute évidence, nous sommes en présence du mot raucah- nt. "jour."[16] Avant de discuter l'emploi des terminaisons +biš pour le pluriel ou le duel et +Ø pour le singulier, voyons la suite.

Nous y trouvons d'abord *θ-k*^{a}*-t*^{a}*-a :* lorsque le numéral est égal ou supérieur à deux, mais *θ-k*^{a}*-t*^{a}*-ma :* lorsque c'est "un." Si, comme on le conjecture habituellement, ce mot dérive de la racine qui, en avestique, est √ *sac* "passer" (en parlant du temps; voir Bartholomae 1904: col. 1553f.), nous sommes en présence d'un mot appartenant au dialecte A en vertu de la correspondance établie que voici (voir Pirart 2000: 393 n. 88) et que nous avions déjà entrevue à propos du nombre "dix":

proto-indo-européen	**k̂*
védique	*ś*
achéménide A	θ
achéménide B	s
avestique	*s*

Si *θ-k*^{a}*-t*^{a}- est l'adjectif verbal ou participe passé en -ta- de cette racine, la forme avestique correspondante est *saxta-*, mais, pour le dialecte A, nous ne possédons pas d'exemple du traitement du sandhi interne de proto-indo-européen *°*k*$^{(u̯)}$*-t*° : était-ce °xt° avec vélaire spirantisée comme pour le dialecte B et l'avestique? Au contact de la dentale sourde du suffixe primaire -ta- (< proto-indo-européen **-to-*) de participe passé, la vélaire **k*$^{(u̯)}$ devait-elle aussi se spirantiser dans le dialecte A? Dans l'ignorance — c'est la seule occurrence de pareille séquence — pourquoi ne décréterions-nous pas que non et n'assoirions-nous pas la correspondance que voici:

proto-indo-européen	**k*$^{(u̯)}$*-t*
védique	*kt*
achéménide A	kt?
achéménide B	xt
avestique	*xt*

[11] Bartholomae 1904: col. 1171; Schmitt 1991: 51. La forme *ma-a-h*^{a}*-y-a :* pourrait aussi se lire māhai+ā.

[12] Exemple: RS 10.184.3.

[13] Schmitt 1991: 51. En outre, nous ne pouvons savoir si telle était bien la forme du premier terme du composé numéral "quatorze" dans le dialecte A: était-elle bien parallèle à celle de l'avestique *caθru+* < proto-indo-iranien **catru+* plutôt qu'à celle du védique *catur+* < proto-indo-iranien **catu̯r̥+*?

[14] Cf. avestique *caθrudasa* (V 1.17, Yt 1.8).

[15] Cf. proto-indo-européen **dék̂n̥*, grec *déka*, védique *dáśa*, avestique *dasa*. On pose habituellement **dék̂m̥* (voir Mayrhofer 1992–2001: vol. 1, 709), mais *°*m̥* aurait dû donner *°*am* en proto-indo-iranien. La finale °*em* du latin *decem* doit être analogique de *decimus*.

[16] < proto-indo-européen **léukes-*; cf. avestique *raocah-*, persan rōz: voir Mayrhofer 1992–2001: vol. 2, 464.

En effet, l'ignorance dans laquelle nous nous trouvons ici avait poussé Kent (1953: 187) à admettre que le traitement devait être semblable entre les deux dialectes et qu'il fallait, pour rendre compte du °k° non spirantisé, poser un dérivé en -ata- de √ θac dont le type morphologique devait être celui du védique *pacatá-* "nourriture cuite" (< proto-indo-européen **pekᵘ̯etó-*), mais, pour que pareille alternative fût recevable, il eût fallu, au vu du védique, que l'ie. **k*$^{(u̯)}$ y devînt °c° plutôt que °k°. Pour sa part, Bartholomae (1904: col. 784) pensait au locatif singulier du dérivé en -ati- de la même racine: "im Monat des *G.* gingen neun Tage zu Ende," mais le singulier *θ-k*^{a}*-t*^{a}*-ma :* s'y oppose déjà.

Par le décret que, dans le dialecte A, le traitement était °kt° sans spirantisation, nous nous autorisons donc à poser un adjectif verbal ou participe passé en -ta- θakta- "étant passé, étant écoulé," lequel apparaît sous la forme θaktā au nominatif-accusatif neutre pluriel ou duel et sous la forme θaktam au singulier. Une difficulté grave se fait jour ici puisque l'avestique et le védique s'accordent sur un nominatif-accusatif neutre duel en °*e* plutôt qu'en °ā̆. Nous attendions *θaktai (**θ-k*^{a}*-t*^{a}*-i-y :*). Que s'est-il donc passé? Sans doute devons-nous admettre ou bien une analogie avec le pluriel ou bien une simple erreur de copiste, une persévération du pluriel utilisé si souvent ailleurs. Le singulier, par contre, a bel et bien été respecté qui pourtant n'était requis qu'en DB III 7–8: θaktam.

Par contre, la variation numérique reste invisible pour le verbe conjugué qui est ici la troisième personne de l'indicatif imparfait de √ ah "être"[17] puisque nous lisons invariablement les signes *a-h*^{a}*:* . La question qu'il faut se poser ici est celle de savoir quelles sont, au regard du védique et de l'avestique, les formes attendues pour le singulier, le duel et le pluriel de cette troisième personne de l'indicatif imparfait achéménide. Nous sommes assez démunis pour le duel et le pluriel de la troisième personne de l'indicatif imparfait du verbe "être" puisque l'Avesta n'en atteste pas les formes. Néanmoins, il n'est guère aventureux de les reconstruire:

Nombre	*Védique*	*Avestique*
Singulier	*āsīt* et, de rares fois, *āḥ*	*ā̆s*[18]
Duel	*āstām*	**ā̆stəm*[19]
Pluriel	*āsan*	**ā̊ŋhən*

Comme de nombreuses consonnes finales sont régulièrement éludées dans la graphie, les signes *a-h :* peuvent parfaitement représenter le pluriel āhan, mais, comme il est tout à fait impossible qu'ils représentent la forme attendue pour le duel, force nous est de reprendre l'idée, formulée à propos de θaktā duel (au lieu de θaktai attendu), d'une analogie ou d'une erreur. Quant à la forme du singulier, nous ne pouvons nullement nous tourner vers l'avestique et penser ainsi être en présence d'une forme du dialecte B puisque °*-h*^{a}*:* ne peut que difficilement noter la sifflante finale que suggère l'avestique *ā̆s*. Le védique *āsīt*, dont la morphologie s'inspire de l'aoriste en *-iṣ-*, montre que la langue dut se défendre devant une usure phonétique qui pouvait obscurcir la compréhension auditive de la troisième personne du singulier de l'indicatif imparfait du verbe "être" qui, sous sa forme archaïque attestée de rares fois dans RS, est *āḥ* (< proto-indo-iranien **āst* < proto-indo-européen **e-H*$_{1}$*es-t*). En avestique, le groupe consonantique final **°st* se réduit régulièrement à °*s* (Hoffmann et Forssman 1996: 98), du moins dans l'orthographe qui, comme on sait, ne reflète jamais que la prononciation médiévale, mais, en védique, ce groupe se réduit davantage: seule en subsiste une légère aspirée sourde que les grammairiens indiens ont appelée visarga ou visarjanīya °*ḥ*, pour autant, bien sûr, que nous fassions confiance à la tradition védique qui n'est pas non plus de première main. Nous opérons donc "comme si." Vu que la route nous est barrée si nous cherchons à nous baser sur l'avestique, il convient d'essayer de suivre celle que nous suggère le védique archaïque *āḥ*. Autrement dit: les signes achéménides *a-h*^{a}*:* peuvent-ils représenter āh? Il est ici à souligner que la possibilité en reste faible puisque toutes les autres occurrences d'une finale °āh sont notées °*-a :*, c'est-à-dire en éludant l'aspirée finale,

[17] < proto-indo-européen √ **H*$_{1}$*es*; cf. védique *AS*, avestique √ *ah*.

[18] Le dissyllabisme de la seule attestation gâthique (Y 31.9aa'b *θβōi as ārmaitiš θβə̄ ā gə̄uš tašā aš..xratuš mainiiuš mazdā ahurā* "Ta (fille) la Déférence et ton (fils) le Charpentier de la Vache étaient le très intelligent état d'esprit, ô Maître Mazdā" [traduction Kellens et Pirart 1988–91: vol. 1, 115]) reste invérifiable puisqu'il y a coordination par répétition du préverbe ā (voir Kellens et Pirart 1988–91: vol. 3, 66) et que ce dernier, à fusionner avec lui, se confond avec l'augment de *as* (aas) : θvai **āas** aramatiš θvah **ā** gauš taxšā aš-xratuš manyuš mazdā ahura.

[19] Étant entendu que l'avestique recourt pour la troisième personne du duel à la même désinence que pour la deuxième (voir Kellens 1984: 232 §3.4), sans doute artificiellement.

sauf au génitif singulier ahuramazdāh du théonyme ahuramazdā- qui, le plus souvent, est écrit *a-u-r*^{a}*-ma-z-da-a-h*^{a}*:* contrairement au nominatif qui, théoriquement ou apparemment, a pourtant la même forme. Or il existe une légère différence étymologique entre ce nominatif et le génitif de +mazdā-:

— nominatif proto-indo-européen **mn̥sdheH*$_1$***-s***
> vieil-avestique *mazdā̊* avec °*ā̊* monosyllabique;
> achéménide *a-u-r*^{a}*-ma-z-da-a :;*

— génitif proto-indo-européen **mn̥sdheH*$_1$***-os***
> vieil-avestique *mazdā̊* avec °*ā̊* dissyllabique (Pirart 1986: 169);
> achéménide *a-u-r*^{a}*-ma-z-da-a-h*^{a}*:*

Cette légère différence du génitif s'explique donc par une séquence dans laquelle nous trouvons une laryngale intervocalique, ce qui est précisément aussi la caractéristique de l'étymon de la troisième personne du singulier de l'indicatif imparfait du verbe "être":

— proto-indo-européen **mn̥sdh**eH**$_1$**o**s*
> achéménide *°-ma-z-da-a-h*^{a}*:;*

— proto-indo-européen *****eH**$_1$**e**s-t*
> achéménide *a-h*^{a}*:*

Aussi bizarre que ce puisse paraître, le signe *h*^{a} ne serait donc employé pour noter l'aspirée finale que si la voyelle qui le précédait était un ā dissyllabique, °aa°:

— ahuramazd**aah** "d'Horomazès";

— **aah** "il était."

Je ne pense plus que nous tenions la solution à faire ce raisonnement: le dissyllabisme ne devait plus s'être maintenu pour la finale °āh de ces deux exemples puisque l'avestique récent ne le confirme pas et que la décomposition de la langue des inscriptions achéménides était trop avancée pour que pareil archaïsme phonétique y subsistât. Je préfère donc considérer que la graphie du génitif achéménide du théonyme, *°-ma-z-da-a-h*^{a}*:*, relève du diacritisme ou même réhabiliter la vieille solution qui consistait à donner de *a-u-r*^{a}*-ma-z-da-a-h*^{a}*:* une lecture en °+mazdāhah, mais pour y reconnaître un génitif formé à partir de la forme du nominatif, *°+mazdā-h-ah, plutôt qu'à partir du thème, pareille monstruosité restant envisageable dans le cadre d'une langue aussi abâtardie que celle des inscriptions achéménides.

Il faut donc rechercher aussi une autre interprétation de la forme *a-h*^{a}*:* que montre la troisième personne du singulier de l'indicatif imparfait du verbe "être." En effet, l'état de décomposition avancé de la langue suggère qu'une analogie avait pu avoir lieu avec la forme de la troisième personne du singulier de l'indicatif imparfait achéménide des verbes thématiques. Si "il devenait" était abavat écrit *a-b-va :*, il est sans doute économique d'admettre que *a-h*^{a}*:* est la graphie de āhat.

Tous les autres mots ayant pu être commentés et tant bien que mal élucidés à de multiples points de vue, revenons à celui qui nous intéresse le plus dans le cadre de l'emploi des cas et que nous avions provisoirement laissé de côté, "jour," *r*^{a}*-u-c*^{a}*:* au singulier et *r*^{a}*-u-c*^{a}*-b-i-š :* au pluriel ou au duel. Nous pouvons sans difficulté interpréter ces graphies comme représentant respectivement raucah et raucabiš, les formes respectives du nominatif-accusatif singulier et de l'instrumental pluriel de raucah- nt. "jour." Le pluriel et le duel recourraient donc à une forme d'instrumental pluriel en +biš[20] alors même que le singulier ferait usage de celle, attendue, du nominatif-accusatif:

— Du mois de Garmapada, un seul jour était passé;

— Du mois d'Anāmaka, avec deux jours était passé;

— Du mois d'Anāmaka, avec vingt-sept jours était passé.

Comme ces deux dernières traductions et la variante "of the month Anāmaka, 15 by days were past" que Kent en proposait (Kent 1953: 82) sont bien évidemment insupportables, il faut, avec Bartholomae,[21] bien se rendre

[20] Proto-indo-européen **+bhis*, védique *+bhiḥ*, avestique *+biš*.

[21] Bartholomae 1904: col. 1490; cf. Schwyzer 1929: 214–71; Skjærvø 1996: 50.

à l'évidence que la forme d'instrumental pluriel est mise respectivement pour celles du nominatif duel et du nominatif pluriel:

— Du mois de Garmapada, un seul jour était passé;

— Du mois d'Anāmaka, deux jours étaient passés;

— Du mois d'Anāmaka, vingt-sept jours étaient passés.

Précisons que l'emploi attendu de +biš en tant que marque d'instrumental pluriel existe bel et bien aussi. Exemples:

— DB I 56–57 h^{a}*-da-a :* k^{a}*-ma-*n^{a}*-i-b-i-š : ma-*r^{a}*-*t^{a}*-i-y-i-b-i-š :*
hada kamnaibiš martiyaibiš
avec peu d'hommes;[22]

— DNb 47–49 *va-š-*n^{a}*-a : a-u-*r^{a}*-ma-z-da-a-*h^{a} *:* t^{a}*-y-ma-i-y :* k^{a}*-*r^{a}*-t-ma : i-ma-i-b-i-š : u-va-*n^{a}*-*r^{a}*-i-b-i-š : a-ku-u-n*v^{a}*-va-ma :*
vašnā ahuramazdāhah tayat-mai kr̥tam imaibiš hūnaraibiš akunavam
Par la volonté d'Ahura Mazdā, ce que je fis,[23] avec ces compétences je (le) fis.

Nous avions vu que le syntagme pluriel "étaient passés" θaktā āhan, avec θaktā nominatif neutre pluriel et āhan troisième personne du pluriel, était sauvagement employé aussi pour le duel. Nous pouvons donc considérer qu'il en va de même pour raucabiš, le pluriel pour le duel. Ceci étant admis, il nous reste à comprendre comment la forme d'instrumental pluriel a pu servir de forme de nominatif-accusatif pluriel.

Il ne faut pas penser à un phénomène linguistique naturel ou raisonnable, à une confusion ou à un recouvrement des deux cas marquant l'objet en contact dans le cadre de la théorie des deux modèles.[24] Selon cette théorie, l'objet en contact figure à l'accusatif si l'objet prospectif est exprimé au locatif, mais à l'instrumental si l'objet prospectif est exprimé à l'accusatif:

— Je frappe la table **du marteau;**
— Je frappe **le marteau** sur la table.

Pour le védique, l'exemple classique bien connu est le suivant:

— RS 1.33.13c *sám* ***vájreṇā****sr̥jad vr̥trám índraḥ*
Indra atteignit Vr̥tra avec le foudre;

— RS 1.52.6d *nijagántha hánvor indra* ***tanyatúm***
Indra, tu abattis le tonnerre sur les mâchoires (de Vr̥tra).

Au lieu de nous inviter à envisager pareille bizarrerie, la lecture de l'Avesta nous propose une autre solution, celle que j'ai mise en évidence en 1999 au colloque de Würzburg (Pirart 2000). L'Avesta avait subi de nombreuses retouches grammaticales dans les écoles sacerdotales, et les diascévastes issus de ces écoles avaient ainsi introduit de nombreuses anomalies grammaticales dans les textes, anomalies auxquelles je fais une chasse sans merci depuis plusieurs années. De nombreux cas sont mis l'un pour l'autre, et cela de façon complètement artificielle étant donné l'ampleur presque systématique du phénomène et le fait que les anomalies ne concernent pas seulement l'emploi des cas, mais tous les chapitres de la grammaire: phonétique, syntaxe, morphologie. C'est ainsi que la morphologie des thèmes verbaux et l'emploi des désinences sont eux aussi fort touchés.

La retouche précise d'un nominatif-accusatif pluriel consistant à lui donner les habits de l'instrumental pluriel est massivement présente dans l'Avesta comme je l'ai montré en dressant la liste de ses occurrences pour le corpus des Yašt (Pirart 2000: 380f., 384ff.). Cependant, les raisons pour lesquelles les textes furent de la sorte si gravement cryptés nous sont inconnues.

[22] L'avestique récent ne fait usage de °*aēibiš* (proto-indo-iranien *°*ai+biš*) que pour le démonstratif *a-*, mais, en chāndasa, °*ebhiḥ* concurrence complètement °*aiḥ* (exemple: RS 9.91.2c *mártyebhiḥ*). Sur l'emploi de hada avec l'instrumental, voir Skjærvø 1996: 49.

[23] Mis pour "ce que j'avais à faire"?

[24] Sur cette théorie, Haudry 1977.

Comme parallèles avestiques de la situation que nous avons rencontrée dans l'expression achéménide de la date où un nominatif neutre pluriel θaktā s'ordonne avec un instrumental pluriel raucabiš, il y a, parmi ceux que j'ai signalés (2000: 384ff.), les exemples suivants:

— Yt 10.143.2

yeŋ́he vāṣ̌əm haŋgrəβnāiti (= Yt 10.68.1a)
aδauuiš[25] *paoiriš*[26] [*spitama*]
yaθa ***dāmąn sraēštāiš*** (= H 2.9.3b)
[27]*hū* ***bāmiia*** *xšaētāi*

(Nous offrons le sacrifice à Miθra) les (rênes) du char de qui, tenues sans erreur par (la déesse Ārti), sont aussi nombreuses que les êtres très beaux et lumineux (= aussi nombreuses que les rayons) du splendide Soleil[, ô descendant de Spitāma] (voir Pirart 2006: 157);

— Yt 13.38.3

[28]***xrūmå asə̄biš*** **frajiṇta*[29]
dānunąm[30] *baēuuarə.paitinąm* °₀°

(Déesses Fravr̥ti,) Mettez à feu et à sang les zones (qui sont aux mains) des myriarques Dānava!

Dans le premier exemple, les formes de nominatif-accusatif neutre pluriel *dāmąn* (dāmān) et *bāmiia* (bāmayā)[31] s'ordonnent avec celle d'instrumental neutre pluriel *sraēštāiš* (srayištāiš). Dans le second, celle de nominatif-accusatif féminin pluriel *xrūmå* (xrūmāh) est accordée avec celle d'instrumental neutre pluriel *asə̄biš* (āsah+biš > āsabiš). Car, faut-il savoir, les formes de nominatif-accusatif féminin pluriel sont tout aussi souvent utilisées pour le nominatif-accusatif neutre pluriel que celles d'instrumental neutre pluriel.

L'hypothèse d'un emploi diascévastique de la terminaison d'instrumental pluriel pour marquer le nominatif-accusatif pluriel permet de rendre compte de la syntaxe étrange que montrent d'autres passages de l'inscription de Bīsotūn. Exemples:

— DB I 64–66 *a-da-ma : n^a-i-y-ç-a-r^a-y-ma : k-a-r^a-h^a-y-a : a-b-i-c^a-r^a-i-š : g^a-i-θ-a-ma-c^a-a : ma-a-n^a-i-y-ma-c^a-a : vi-θ-b-i-š-c^a-a : t^a-y-a-di-i-š : g^a-u-ma-a-t^a : h^a-[y :] ma-gu-u-š : a-di-i-n^a-a :*

adam nīçārayam[32] kārahya abicariš[33] gaiθāmca **nmāniyamca viθbišca tayā**[34] diš *g^a-u-ma-a-t^a :* hayah maguš adināt
moi je rendis à l'armée les champs et les troupeaux, les esclaves et les domaines dont Cométès le Mage l'avait dépossédée;

— DB I 85–86 *u-t^a-a: a-b-i-š: n^a-a-vi-i-y-a: a-h^a :*

uta **abbiš nāviyāh** āhan

et les eaux (du Tigre) étaient grosses;

---

[25] Cité par Yt 1.14a.

[26] Si la place syntaxique de ce mot "nombreuses" est indéterminable, c'est que la phrase est une toile d'Arlequin faite d'une ligne reprise à Yt 10.68.1a, d'une ligne reprise à un frašna inconnu que l'auteur du Yt 1.14 connaissait sans doute et d'un ensemble de deux lignes dont la première apparaît aussi, mais avec davantage d'à-propos grammatical, dans le H 2.9.3b.

[27] Langue originale huvanh bāmayā xšaitahya (Pirart 2000: 386). Piras (2000: 95) analyse mal cette ligne: *bāmiia* est épithète de *dāmąn*, et *xšaētāi*, génitif à forme dative, s'accorde avec *hū*.

[28] Cf. Yt 10.38.1a.

[29] Impératif présent 2e plur. activ de *frā*+√ *djī* (= védique *prá KṢĪ*), contre Geldner (1885–95) *fraziṇta*.

[30] Langue originale dānūnām. Les Dānu = les Dānava, les descendants de Dānu.

[31] *bām(a)iia-* est le participe présent en °*a-* du dénominatif tiré de *bāma-* "éclat."

[32] Causatif de proto-indo-iranien **ní*+√ *śri* :: **ní śrāyayam* avec résorption de **śr*° en *ç* et dissimilation de *°*yaya*° en °*raya*°?

[33] Ce mot et les deux suivants sont des singuliers collectifs.

[34] Accusatif neutre pluriel ou, moyennant sandhi, féminin.

— DB I 95–96 *a-n^{a}-i-y : a-p-i-y-a : [a]-h^{a}-[y-t^{a}]-a [:]*[35] *a-p-i-š-i-ma : p-r^{a}-a-b-r^{a} :*

anyah api ā āhyata ˣ**abbiššim** parābaran

(comme) l'autre (partie de l'armée) fut jetée à la rivière, les eaux l'emportèrent.

Dans le premier de ces passages, la coordination de viθbiš°,[36] forme d'instrumental pluriel de viθ- fém. "clan,"[37] avec les accusatifs qui précèdent, boiteuse du fait de la différence de cas, mais pourtant acceptée par Kent qui voulait y voir un instrumental employé "as a general case-form, added as the last of a series of accusatives,"[38] en est éclairée;[39] le manque de concordance en cas du syntagme abbiš nāviyāh du deuxième, tout aussi bien; il en va aussi de même dans le troisième pour la marque instrumentale en +biš du sujet ˣabbiš° de parābaran pour autant que nous acceptions de corriger l'aberrant *a-p-i-š-i-ma :* en ˣ*a-b-i-š-i-ma :*. La faute serait due à une persévération depuis api ā, locatif singulier de ap- fém. "rivière"[40] étoffé de la postposition ā.[41]

Bartholomae (1904: col. 329) ou Kent (1953: 168) proposaient, pour les deux formes attestées en DB I 95–96, de reconnaître un thème en °ĭ-, lequel, pour être insolite au regard de la comparaison des langues indo-iraniennes anciennes, est ad hoc: *a-p-i-(š)*° en serait le nominatif singulier; et, selon une morphologie et une phonétique mal explicitées, *a-p-i-y-a :*, le locatif singulier.

Pour Rüdiger Schmitt (1991: 55), les formes *a-p-i-y-a :* et *a-p-i-*° représentent toutes deux le locatif singulier api(+ā) de ap-"rivière": la seconde phrase *a-p-i-š-i-ma : p-r^{a}-a-b-r^{a} :* serait construite impersonnellement ("(and) in the water it carried it away"), bizarrerie bien ad hoc.

Dans le deuxième exemple, Kent faisait (1953: 82) de *a-b-i-š :* un instrumental de cause[42] et de *n^{a}-a-vi-i-y-a :*, contre ce que suggère la comparaison des langues indo-iraniennes, un abstrait féminin singulier: "on account of the waters there was navigability."

Pour moi, le syntagme abbiš nāviyāh marie la forme d'instrumental pluriel en +biš du substantif ap- "eau"[43] avec celle attendue de nominatif de son attribut nāviyāh "nécessitant une barque"[44] tout comme le syntagme raucabiš θaktā qui nous a occupé combinait l'instrumental pluriel en +biš du substantif raucah- avec celle attendue de nominatif de son attribut θaktā.

Ajoutons que l'emploi non attendu de +biš existe aussi pour l'ablatif pluriel tant à Persépolis que dans l'Avesta:

— DPh 4–9 *i-ma: x-š-ç-ma : t^{a}-y : a-da-ma : da-a-r^{a}-y-a-mi-i-y : h^{a}-c^{a}-a: s-k^{a}-i-b-i-š : t^{a}-y-i-y : p-r^{a} : s-u-g^{a}-da-ma : a-ma-t^{a} : y-a-t^{a}-a : a: ku-u-š-a : h^{a}-c^{a}-a : h^{a}-i-da-u-va : a-ma-t^{a} : y-a-t^{a}-a : a : s-p-r^{a}-da-a : t^{a}-y-ma-i-y : a-u-r^{a}-ma-z-da-a : f-r^{a}-a-b-r^{a} : h^{a}-y : ma-θ-i-š-t^{a} : b-g^{a}-a-n^{a}-a-ma :*

imat xšaçam tayat adam dārayāmi hacā sakaibiš tayai parah sugdam: *a-ma-t^{a}: y-a-t^{a}-a:* ā kūšāt hacā hindau :[45] *a-ma-t^{a} : y-a-t^{a}-a :* ā spardāt tayat-mai ahuramazdāh frābarat hayah maθištah bagānām

Voici l'Empire que moi je tiens: depuis les Scythes qui sont au delà de la Sogdiane jusqu'à la Nubie (et) depuis l'Inde jusqu'à la Lydie, (l'Empire) qu'Ahura Mazdā le plus grand des dieux me confia;

---

[35] La reconstitution reste fort douteuse: la forme aurait échappé à la vigilance de la diascévase qui avait systématiquement changé en actives les désinences moyennes du passif.

[36] Le sandhi entre viθ- et +biš n'a pas été effectué.

[37] < proto-indo-européen *u̯ík̑-; cf. védique *víś-*, avestique *vīs-* (voir Mayrhofer 1992–2001: vol. 2, 561).

[38] Kent 1953: 82, ce que Skjærvø (1996: 50f.) réfute en disant "If 'together with the houses' were intended, we would not expect another -cā."

[39] Skjærvø (1996: 50) dit explicitement que "viθbiš clearly functions as acc. plur. parallel with the other accusatives."

[40] Proto-indo-européen *H_2*ep-*; hittite *hap-*; védique *ap-*; avestique *ap-* (Mayrhofer 1992–2001: vol. 1, 81).

[41] = avestique *apąiia* (Yt 8.43.2b).

[42] Cf. Schmitt 1991: 55: "and because of the waters (the river) was passable (only) by boat"; Skjærvø 1996: 49: "And it (= the Tigris) was deep with waters," "had to be crossed by ship because of the waters." On pouvait encore imaginer un instrumental de limitation complément de l'adjectif: "Et (le Tigre) était gros en eau."

[43] = védique *adbhíḥ*, cf. avestique *aiβiiō* (voir Kellens 1974: 372).

[44] = védique *nāvyà-*, avestique *nāuuąiia-*. Littérature chez Schmitt 1991: 55.

[45] Pirart 2000: 390.

— Y 9.28.1 *vī nō t̰bišuuatąm t̰baēšā.bīš vīmanō bara gramantąm* ∴.

(Ô Hauma,) toi qui as le mental déployé, sépare-nous des nuisances des nuisibles qui sont furieux![46]

Cette autre anomalie de l'emploi de +biš partagée par les inscriptions vieux-perses et les textes avestiques nous conduit à penser que leurs diascévases respectives relèvent d'une seule et même tradition ou école grammaticale.

Deux conclusions importantes sont à tirer de cet emploi diascévastique de la finale +biš d'instrumental pluriel. D'une part, nous devons bien admettre que de telles inscriptions constituent un bien mauvais témoignage de ce qu'avait pu être la langue, déjà ancienne, à laquelle Darius le Grand voulut recourir au sixième siècle avant notre ère. D'autre part, si ceci met en évidence que des faits de diascévase parallèles à ceux que nous rencontrons dans l'Avesta existent dans de telles inscriptions, nous détenons un bel argument concernant la datation des textes avestiques récents: leur composition, forcément antérieure à de telles retouches diascévastiques, doit avoir le début du sixième siècle ou la fin du septième pour *terminus ante quem*, pour autant, bien sûr, que, comme il est, me semble-t-il, raisonnable de le penser, de telles pratiques ne fussent pas récurrentes sur de nombreux siècles.

Abréviations

DB	Grande inscription de Darius Ier à Bīsotūn
DNb	Inscription b de Darius Ier à Naqš e Rostam
DPh	Inscription h de Darius Ier à Persépolis
H	fragments du Hādōxt Nask (Avesta)
RS	Śākalyasaṁhitā (R̥gveda)
V	Vidēvdād (récitatif avestique de la liturgie longue)
Y	Yasna (récitatif avestique de la liturgie longue)
Yt	Yašt (recueil avestique des liturgies brèves)

Bibliographie

Bartholomae, Christian

1904 *Altiranisches Wörterbuch.* Strasbourg: K. J. Trübner.

Geldner, Karl Friedrich

1886–95 *Avesta, die heiligen Bücher der Parsen.* 3 volumes. Stuttgart: W. Kohlhammer.

Haudry, Jean

1977 *L'emploi des cas en védique: introduction à l'étude des cas en indo-européen.* Les Hommes et les Lettres 5. Lyon: L'Hermès.

Hoffmann, Karl, et Bernhard Forssman

1996 *Avestische Laut- und Flexionslehre.* Innsbrucker Beiträge zur Sprachwissenschaft 84. Innsbruck: Institut für Sprachwissenschaft der Universität Innsbruck.

Kellens, Jean

1974 *Les noms-racines de l'Avesta.* Beiträge zur Iranistik 7. Wiesbaden: Reichert.

1984 *Le verbe avestique.* Wiesbaden: Reichert.

[46] Traduction Pirart 2004: 85.

Kellens, Jean, et Éric Pirart
1988–91 *Les textes vieil-avestiques*. 3 volumes. Wiesbaden: Reichert.

Kent, Roland G.
1953 *Old Persian Grammar, Texts, Lexicon*. 2ème éd. American Oriental Series 33. New Haven: American Oriental Society.

Lecoq, Pierre
1974 "La langue des inscriptions achéménides." *Acta Iranica* 2: 55–62.
1997 *Les inscriptions de la Perse achéménide: traduit du vieux perse, de l'élamite, du babylonien et de l'araméen, présenté et annoté*. Paris: Gallimard.

Mayrhofer, Manfred
1992–2001 *Etymologisches Wörterbuch des Altindoarischen*. 3 volumes. Heidelberg: C. Winter.

Pirart, Éric
1986 "Le traitement des laryngales intervocaliques en vieil avestique métrique." *Münchener Studien zur Sprachwissenschaft* 47: 159–91.
2000 "Anomalies grammaticales avestiques." *Journal Asiatique* 288: 369–409.
2004 *L'éloge mazdéen de l'ivresse: édition, traduction et commentaire du Hōm Stōd*. Paris: L'Harmattan.
2006 *Guerriers d'Iran: traductions annotées des textes avestiques du culte zoroastrien rendu aux dieux Tištriya, Miθra et Vr̥̄θragna*. Paris: L'Harmattan.

Piras, Andrea
2000 *Hādōxt Nask 2: Il racconto zoroastriano della sorte dell'anima. Edizione critica del testo avestico e pahlavi, traduzione e commento*. Rome: Istituto Italiano per l'Africa e l'Oriente.

Schmitt, Rüdiger
1991 *The Bisitun Inscriptions of Darius the Great Old Persian Text*. Corpus Inscriptionum Iranicarum, Part 1: Inscriptions of Ancient Iran, Volume 1: The Old Persian Inscriptions, Texts 1. Londres: Corpus Inscriptionum Iranicarum.

Schwyzer, Eduard
1929 "Die sog. mißbräuchlichen Instrumentale im Awesta." *Indogermanische Forschungen* 47: 214–71.

Skjærvø, Prods Oktor
1996 *An Introduction to Old Persian*. Cambridge: Harvard University Press.

12

THE PROBLEM OF THE ERGATIVE CASE IN HITTITE

Craig Melchert, University of California, Los Angeles

As established by Laroche (1962), a grammatically neuter noun cannot function in Hittite as the subject of a transitive verb, but must be replaced by a special form in *-anza* (/-ants/) in the singular and *-anteš* in the plural.[1] Thus the regular neuter nominative-accusative singular *kī tuppi* "this tablet" in [1] is replaced by *kāš tuppianza* in [2]:

[1] *kāša=kan kī tuppi kuedani* UD-*ti parā neḫḫun*

"On the day on which I sent you this tablet"

[2] *maḫḫan=ta kāš tuppianza anda wemiyazzi*

"When this tablet reaches you"

Likewise the regular neuter nominative-accusative plural *uddār* "words" in [3] is replaced by *uttanānteš* in [4]:[2]

[3] *kēl=kan tuppiyaš uddār waḫnuši*

"(And if) you alter the words of this tablet"

[4] *namma=ya ammel ŠA* DUMU.LÚ.U$_{19}$.LU.MEŠ *uttanānteš* [d]*Telepinui karpin kardimmiyattan šāwar QATAMMA arandu*

"Further may my, the mortal's, words likewise halt the ire, anger and resentment of Telipinu."[3]

All synchronic analyses of this phenomenon known to me take one of two basic approaches: (1) the forms in *-anza* and *-anteš* are nominatives of animate stems derived from the neuters with a suffix *-ant-*, (2) they are case forms of the underlying neuter nouns themselves. There are two versions of the derivational analysis. The first and most popular proposal claims that the *-ant-* suffix "animatizes" or "personifies" the concept expressed by the base noun: see among others Benveniste (1962: 47–48), Neu (1989: 1-3), and Tchékoff (1978: 229).

As already argued by Garrett (1990: 268–71), this analysis is patently false, because it makes wrong predictions in two directions. First, if the function of *-anza* and *-anteš* were to imbue with "active force" nouns with semantically inanimate referents, then all such nouns should appear in this form when functioning as agents. This is falsified by numerous examples such as [5]:

[5] *parnanza=at tarnau ištarniyaš=at annašnanza tarnau* [GIŠ]*luttanza=at tarnau... ištarniyaš=at ḫilaš tarnau*

"May the house release it, may the inner *a.* release it, may the window release it,... may the inner courtyard release it."

---

[1] This study focuses solely on the synchronic status of "NP split ergativity" in Hittite. No stance is taken on its prehistory, for which besides Garrett 1990, see among others Benveniste 1962: 48–51, Tchékhoff 1978, Oettinger 2001b: 311-12 (with referemces), and especially Josephson 2004. See Rumsey 1987 against Proto-Indo-European as an ergative language.

[2] Neuter nouns also appear in their regular nominative-accusative form as the subjects of intransitive verbs. Illustrations seem unnecessary.

[3] There are also matching forms in Luvian (singular *-antiš*, plural *-antinzi*) and in Lycian (plural *-ēti*). I know of no evidence in Palaic or Lydian to suggest that this feature is not already Proto-Anatolian.

All four subjects of the transitive verb *tarnau* "let release" refer to inanimate objects, a house, and various parts of the house. If the function of *-anza* were personifying, then it should appear on all four, and we would expect **ḫilanza* for the last. In fact, however, only grammatically neuter nouns appear in the form *-anza* when they are the subject of a transitive verb, while the grammatically animate noun *ḫila-* appears as an ordinary nominative singular.

The claim that the function of the suffix *-ant-* is to make a noun *semantically* animate, "active," or "personified" also predicts that nouns with animate referents should not require the suffix, since they are animate already. However, we find *antuḫšannanza* to *antuḫšatar* "populace," $^{\text{MUNUS.MEŠ}}$*ḫazkara(ya)nza* to the collective $^{\text{MUNUS.MEŠ}}$*ḫazkara(i)* "female musicians," and $^{\text{LÚ.MEŠ}}$*walwalla(n)za* to the collective $^{\text{LÚ.MEŠ}}$*walwalla* "lion-men" (see for the last two Hoffner 1998: 38–40). These examples confirm that it is the *grammatical* gender of the noun that is the determining factor, not the animacy of the referent (see the correct observation of Patri 2007: 22 n. 6). For an additional argument that the forms in *-anza* and *-anteš* cannot be animate, see immediately below.

Sporadic use of the *-anza/-anteš* forms for genuine personification is an entirely distinct matter that does not alter their fundamental grammatical status. The difference was quite clear to the Hittites. The word *lingāi-* "oath" (animate gender) was written Akkadographically as *NIŠ* DINGIR-*LIM* and had an ordinary nominative plural *lingāeš* "oaths." However, oaths as deities that pursue those who break an oath were *linkiyanteš*, written *NIŠ* DINGIR.MEŠ, a combination that makes no sense in Akkadian, but reflects the Hittites' sense that the *linkiyanteš* were personified deities, thus DINGIR.MEŠ (see Güterbock and Hoffner 1980: 67–68). As expected, grammatical animate gender is also used for the same purpose: ^{GIŠ}*ḫatalkiš* "hawthorn" (neuter) is replaced by ^{GIŠ}*ḫatalkišnaš* (animate) when addressed as an actor in a myth. I stress that neither of these uses is obligatory (see KUB 43 62 ii 5–7, where "fire, son of the Sun-god" appears as neuter *paḫḫur*), nor are they limited to the role of subject of transitive verb. These two features clearly distinguish such examples from the grammatically required substitution being analyzed here.

A further difficulty with the derivational analysis is that if the *-anza/-anteš* forms built to neuter nouns belong to a derived stem, then that stem should inflect freely in all cases and occur in all environments expected of a grammatically animate noun. Compare fully inflected *utne(y)ant-* "population" or names of seasons like *zenant-* "autumn." The latter may reflect the same suffix *diachronically* (see the references in note 1 above), but they cannot be equated synchronically due to their totally different behavior, contra Laroche (1962: 35–36), Benveniste (1962: 46), and others. Such forms in *-anza/-anteš* built to neuters occur only as subjects of transitive verbs. Furthermore, they are in strict complementary distribution with all (other) forms of the paradigm of the neuter noun.[4] The putative derived animate nouns would thus have a suspiciously defective paradigm. See Patri (2007: 23–25) for similar arguments.

The second version of the derivational analysis claims that the suffix *-ant-* seen in *-anza/-anteš* alters the grammatical gender of the base noun from neuter to animate. In the traditional terminology of Indo-European linguistics, it is thus a "motion suffix." Despite his use of the term "ergative," this is clearly the analysis of Laroche (1962: 41): "le suffix *-ant-* est le marque du *transfert d'un inanimé dans la classe animée*" (emphasis in the original). See likewise Luraghi (1997: 7 n. 9). This analysis is false for the same reason as the first proposal: a true animate gender noun should fully inflect as such (compare Latin *dea* "goddess" < *deus* "god" and other genuine motion suffixes). Once again there is no explanation for the complementary distribution with all other forms of the neuter noun.

There is a further argument against the claim that the transitive subject forms in *-anza* are animate gender. The only relevant examples of anaphoric reference affirm that the grammatical gender of the noun remains neuter. Garrett (1990: 291) cited one instance:

[6] *šuḫḫa=ma=kan* **A-*az*** *ārri n=**at**=kan* GAM ^{GIŠ}ŠEN-*az āršzi*

"The water washes the roof, and it flows from the drainpipe."

A-*az* is a writing for *wetena(n)z*, the transitive subject form of neuter *wātar* "water," which is resumed by *-at*, neuter nominative-accusative singular of the enclitic anaphoric pronoun "it." Garrett expressed regret that he

---

[4] The contrary claim by Luraghi (1997: 8) is patently false and is due to her failure to distinguish the examples restricted to the role of transitive subjects from the truly derived type.

could provide only a single example, but in fact there is at least one other that he overlooked (KUB 14 14 verso 10–12):

[7a] *nu≈kán ᵐDutḫaliyan kuiēš kuenner nu ēšḫar apūš šarni[inker]*

"Those who killed Tuthaliya have made restitution for the bloodshed."

[7b] *nu* KUR ᵁᴿᵁ*Ḫatti≈ya* (*Ḫattušaš utnē**) *apāš* ***išḫananza*** *arḫa namma zinn[it]*

"That **bloodshed** further finished off the land of Hatti too,"

[7c] *n≈**at*** KUR ᵁᴿᵁ*Ḫatti≈ya* (*Ḫattušaš utnēyanza**) *karū šarnikta*

"so that the land of Hatti too has made restitution for **it**."

Any attempt to discount this example by claiming that the *-at* of clause [7c] is directly resuming the neuter form *ēšḫar* of [7a] is refuted by the overall rhetorical structure of the text. The repetition of the phrase KUR ᵁᴿᵁ*Ḫatti≈ya* "and also the land of Hatti" — with fronting of the direct-object occurrence in [7b] so as to achieve a precise match in word order with the subject occurrence in [7c] — makes it absolutely clear that [7c] is resuming [7b]. Furthermore, since the Hittite would have read *Ḫattušaš utnē** *išḫananza* in [7b] and *Ḫattušaš utnē(y)anza** *ēšḫar* in [7c], the two clauses would also have been reciprocal in form as well as content.

Neither version of the derivational analysis is viable; however we are to explain the formal *resemblance* between the special transitive subject forms of neuter nouns and the nominatives of regular animate stems in *-ant-*, the former are neuter, not animate!

We turn now to the second alternative: *-anza/-anteš* in the forms under discussion are inflectional endings, marking a case of the neuter nouns. Here again we have two competing proposals. The first is that of Patri (2007: 34–49),[5] who argues that *-anza* is an allomorph of the ablative-instrumental ending. He cites extensive cross-linguistic evidence for the presumed syntax: that is, where one might expect an inanimate noun to appear as the subject of a transitive verb, it appears instead in the ablative-instrumental. This analysis is quite compatible with the Hittite facts in syntactic terms, but it is wholly impossible on formal grounds.

First, *-anza* is an allomorph of the Hittite ablative ending for only a handful of neuter nouns (securely fewer than ten). Patri's claim that *-anza* is the preferred ablative ending for Hittite neuter nouns is simply false. The vast majority of Hittite neuter nouns are attested only with the regular ending *-az*. The fact that due to "nasal reduction" the transitive subject ending *-anza* ([-ants]) occasionally appears as *-az* in no way alters the fact that its underlying form is /-ants/, while that of the regular ablative ending, including for almost all neuter nouns, is /-ats/.[6]

Second, the Hittite ablative is indifferent to number. The plural is also only *-az*, never *-anteš*. Hence a plural like *uttanānteš* in example [4] above cannot possibly be an ablative. The attempt of Patri (2007: 57) to treat such forms in *-anteš* as belonging to derived stems in *-ant-* is not remotely credible. All belong to neuter nouns that show no other case forms in *-ant-*. The relationship of regular neuter nominative-accusative plural *widār* "waters" to the exclusively transitive subject form *witenanteš* is absolutely parallel to that of regular nominative-accusative singular *wātar* "water" to transitive subject form *witenanza*. Any viable analysis of this phenomenon must treat them alike.

Third, the true Hittite ablative always shows regular agreement with pronominal and other modifiers. Contrast ablative *kēz tuppiyaz* "with/from this tablet" versus *kāš tuppianza* in [1] and *ištarniyaš annašnanza* in [4] above. I find Patri's attempt (2007: 52–53) to explain the latter pattern entirely circular. See further below on the agreement pattern of the transitive subject forms of neuter nouns.

---

[5] I am immensely grateful to Sylvain Patri for generously making available to me in advance of publication the complete text of his monograph that treats the present topic among other aspects of alignment in Hittite and the other ancient Indo-European languages of Anatolia. He also patiently tried to explain to me in e-mail correspondence certain details of his analysis that I found puzzling. I regret that I cannot remotely accept his analysis and that despite his best efforts, I still do not fully understand some aspects of his proposal. Fortunately, those interested can now read his work in full for themselves.

[6] Nasal reduction in Hittite affects /n/ before all stops and the affricate /ts/. It may reflect a pronunciation with a nasalized vowel (in the present instance [ãts]) or total loss ([ats]). In either case, the underlying form remains unaffected. Compare the case of the present indicative active third plural ending /-antsi/, which sometimes appears as *-Ca-zi*, in some stem classes homonymous (or merely homographic?) with the present third singular ending /-atsi/. No one would on this account seriously propose that the singular and plural endings are the same.

Finally, as indicated above (note 3), the appearance of special transitive subject forms for neuter nouns is a feature shared with Hittite by Luvian and Lycian. The only attested form of the ablative-instrumental in Luvian is /-adi/ and in Lycian *-e/adi*. It is quite impossible that the neuter transitive subject forms *-antis/-antinzi* of Luvian and *-ẽti* of Lycian are synchronic ablative-instrumentals. This fact and the others just cited definitively exclude Patri's analysis in terms of an ablative-instrumental.

We come finally to the analysis of Garrett (1990), by which the Hittite transitive subjects in *-anza/-anteš* and the matching forms in Luvian and Lycian are ergative case forms of neuter nouns — as part of a system of "NP split ergativity." Despite widespread but specious arguments to the contrary, all attested Hittite facts are fully compatible with such an analysis. First, neuter nouns do show the expected behavior of ergative alignment: they appear in one form in the role of transitive object and intransitive subject ("O" and "S" functions), but in another in the role of transitive subject ("A" function). One may without harm retain the traditional label nominative-accusative for the former, but Hittite forms like singular *wātar* "water" and plural *widār* "waters" are properly absolutives (with Garrett 1990), contrasting with the ergative singular and plural *witenanza/witenanteš*.[7]

Second, the Hittite alignment system follows the well-established animacy hierarchy of Silverstein (1976: 122) for NP split ergativity, by which the lower on the animacy scale, the more likely a nominal will follow an ergative-absolutive pattern, the higher the animacy, the more likely it will follow a nominative-accusative pattern (see also Dixon 1979: 86, repeated 1994: 85; and Lazard 1998: 194–95; contra Benveniste 1962: 45). As noted by Rumsey (1987: 312[12]), the Hittite pattern is thus typologically trivial. Hittite/Anatolian is unusual only in making the split at the very lowest possible point on the scale, with only neuter nouns taking ergative-absolutive alignment, while all other nominals take nominative-accusative alignment. Nevertheless, the Australian language Mangarayi furnishes a close parallel, likewise showing ergative-absolutive alignment only for inanimate nouns. Patri (2007: 27) denies the validity of this comparison, claiming that in Hittite the basis for the split is grammatical gender, while in Mangarayi the split reflects the semantic animacy/inanimacy of the noun. The validity of the latter claim is belied by the fact that in Mangarayi dogs and wind are grammatically animate, while children, dead people, wallabees, and kangaroos are not (I cite these examples at random from Merlan 1982). It is true that in Hittite, as in most Indo-European languages, the number of nouns with inanimate referents that show animate grammatical gender is unusually high, but the difference versus a language like Mangarayi is merely a matter of degree.

Mangarayi also confirms that a language can easily show NP split ergativity without any ergative verbal morphology (see the examples cited below). The absence of ergative verbal morphology in Hittite is thus not a valid argument against assuming NP split ergativity (contra Carruba 1992: 65).

Although few scholars have made the point explicit (apparently finding the matter self-evident), there can be little doubt that the key factor contributing to the widespread view that the transitive subjects in *-anza* are animate nominatives (despite the clear evidence to the contrary cited above) is the attested agreement pattern with demonstratives and adjectives. In *kāš tuppianza* "this tablet" in example [1], the form of *kāš* "this" is that of an animate nominative singular — likewise that of *ištarniyaš* "interior" in *ištarniyaš annašnanza* in example [5]. I follow Garrett (1990: 289–90) in regarding this agreement pattern as suppletive, reflecting paradigmatic gaps. Despite the protests of Patri (2007: 54), there is nothing problematic in this interpretation. One may compare for similar suppletion within Hittite itself the system of Old Hittite enclitic possessive adjectives, where the instrumental is used for the ablative and the neuter nominative-accusative singular for the plural: *iššaz=(s)mit* "from their mouths" (there being no ablative possessive form **-šmaz*) and *šākuwa=šmet* "their eyes" (for non-occurring **šākuwa=šma*). There is no basis for claiming that *iššaz* meaning "from the mouth" is an instrumental because the agreeing possessive *-šmit* is an instrumental (in Old Hittite the instrumental never means "from") — nor for supposing that *šākuwa* "eyes" is singular because *-šmet* is a formal singular. Likewise, then, there is also no justification for interpreting the neuter ergative *tuppianza* as animate noun because of the agreeing demonstrative *kāš*.[8]

In a language with NP split alignment, it is normal that each class of nominal follows its own alignment system, including mixing the two alignment systems *in the same clause*. That is, in a transitive sentence we expect to find all four logical combinations: animate subject (nominative) + animate direct object (accusative); animate subject

[7] The contrary claim of Patri (2007: 17, 21, 26–27, 30–32) is based entirely on his presumption (for which he offers no explicit arguments) that the *-anza/-anteš* are grammatically animate, which we have seen above is false.

[8] I stress again that the arguments here are meant to apply purely to the synchronic status of the forms in question. I personally view the attested agreement pattern as problematic for the diachronic account of Garrett (1990), but that remains an entirely separate issue.

(nominative) + neuter direct object (absolutive); neuter subject (ergative) + animate direct object (accusative); neuter subject (ergative) + neuter direct object (absolutive). Since in my experience some colleagues appear to find this unnatural, I cite Mangarayi parallels for the respective Hittite constructions. I include also intransitive sentences, in part to show that in both languages the verbal morphology is the same for both nominative and ergative subjects. The Mangarayi facts are taken from Merlan (1982: 56–57 and passim):

S-function

Animate (Nominative)

Hittite:	^{d}*Telipinuš*	*lēlaniyanza*	*uet*
	Anim.Nom.Sing.	Anim.Nom.Sing.	Pret.3Sing.
	"Telipinu came in a fury." (lit. "Telipinu, furious, came.")		

Mangarayi:	*ŋaḷa-gaḍugu*	*Ø-ya-j*
	Fem.Nom.-woman	3Sing.-go-PP
	"The woman went."	

Inanimate (Absolutive)

Hittite:	BÀD-*eššar=ma*	ŠA IṢṢI	40 *gipeššar*	*katta*	*uet*
	Neut.Abs.Sing.-part.	of wood	measure	down	Pret.3Sing.
	"The fortification of wood came down (i.e., fell) 40 g."				

Mangarayi:	*Ø-wumbawa*	*Ø-ḷandi*	*jir*	*Ø-jaygi-ni*	*wuburga*	*ṇa-bundal-an*
	Neut.Abs.-one	Neut.Abs.-tree	stand	3Sing.-Aux.-PC	halfway	NLoc.-billabong-NLoc.
	"One tree was standing in the middle of the billabong."					

A-function and O-function

Animate Subject and Animate Object (Nominative and Accusative)

Hittite:	*nu*	*kuitman*	*mēyawaš=teš*	*ḫalkin*	*karippanzi*
	conj.	while	Anim.Nom.Plur.-poss.	Anim.Acc.Sing.	Ind.Pres.3Plur.
	"And while your four (horses) devour the grain ..."				

Mangarayi:	*ŋaḷi-na*	*ŋaḷa-bugbug*	*wuran-jirag*	*malam-gara-ŋan*
	Fem.Nom.-Dis.	Fem.Nom.-oldperson	3Sing./3Dual-eat-PP	man-Dual-Acc.
	"That old woman ate the two men."			

Animate Subject and Inanimate Object (Nominative and Absolutive)

Hittite:	*nu=za*	^{LÚ}*patiliš*	*wātar*	Ì.DÙG.GA	*dāi*
	conj.-refl.	Anim.Nom.Sing.	Neut.Abs.Sing.	Neut.Abs.Sing.	Pres.3Sing.
	"The *patili*-priest takes water (and) fine oil for himself."				

Mangarayi:	*Ø-ḷandi*	*mod*	*Ø-may*	*ṇa-malam*
	Neut.Abs.-tree	cut	3Sing./3Sing.-Aux.-PP	Masc.Nom.-man
	"The man cut the tree down."			

Inanimate Subject and Animate Object (Ergative and Accusative)

Hittite:	*nu*	^{m}*Keššin*	*idālalawanza*	GIG-*anza*	*ḫarzi*
	conj.	Anim.Acc.Sing.	Erg.Sing.	Neut.Erg.Sing.	Pres.3Sing.
	"An evil sickness holds Kessi." (N.B. adjective also shows ergative ending)				

Mangarayi: no example cited in Merlan 1982, but see comment on p. 148 and compare examples with animate pronominal objects:

<u>*ṇa-baḍa*</u>	***ŋan**-ga-ŋiñ*	<u>*ṇa-ŋugu*</u>	*ñim*	***ŋan**-ga-ŋiñ*
Masc.Nom.-father	3Sing./1Sing.-take-PP	Neut.Erg.-water	submerge	3Sing./1Sing.-Aux.-PP
"<u>My father</u> took **me**."		"<u>The water</u> covered **me**."		

Hittite:	*nu=wa=**ta***	*kuedani mēḫuni*	LÚ.MEŠ *ṬEME*	*anda*	*wemiyazi*
	conj.-part.-thee(ASing.)	at what time	messenger Anim.Plur.	preverb	find Pres.3Plur.

"When the messengers reach **you**..."

*maḫḫan=**ta***	*kāš tuppianza*	*anda*	*wemiyazzi*
when-thee(ASing.)	this tablet Erg.Sing.	preverb	find Pres.3Sing.

"When this tablet (Erg.Sing.) reaches **you**..."

Inanimate Subject and Inanimate Object (Ergative and Absolutive)

Hittite:	*nu*	*ḫannišnanza*	DI-*eššar*	EGIR-*pa*	*pēḫutet*
	conj.	Neut.Erg.Sing.	Neut.Abs.Sing.	back	Pret.3Sing.

"The lawsuit brought a lawsuit in return." (i.e., a countersuit)

Mangarayi:	*ṇa-ḷandi*	*ja-o-ṇidba*	*o-maṇ*
	Neut.Erg.-tree	3-3Sing./3Sing.-have	Neut.Abs.-gum

"The tree has gum."

(N.B.: prefix *ṇa-* in Mangarayi marks Masc.Nom., Neut.Erg., and Neut.Instr.)

In sum, of the analyses presented thus far for Hittite transitive subjects in *-anza/-anteš* built to neuter nouns, only the NP split ergativity analysis of Garrett (1990) is compatible with all the attested facts.

Abbreviations

KUB 14 Albrecht Götze. *Historische Texte*. Keilschrifturkunden aus Boghazköi 14. Berlin: Staatliche Museen, 1926

KUB 43 Kaspar K. Riemschneider. *Omina, Rituale und literarische Texte in hethitischer Sprache, zum Teil im alten Duktus*. Keilschrifturkunden aus Boghazköi 43. Berlin: Akademie Verlag, 1972

Bibliography

Benveniste, Émile

1962 "Les substantifs en *-ant* du Hittite." *Bulletin de la Société de linguistique de Paris* 57: 44–51.

Carruba, Onofrio

1992 "Le notazioni dell'agente animato nelle lingue anatoliche (e l'ergativo)." In *Per una grammatica ittita*, edited by O. Carruba, pp. 61–98. Pavia: Iuculano.

Dixon, Robert M. W.

1979 "Ergativity." *Language* 55: 59–138.

1994 *Ergativity*. Cambridge: Cambridge University Press.

Garrett, Andrew

1990 "The Origins of NP Split Ergativity." *Language* 66: 261–96.

Güterbock, Hans, and Harry Hoffner

1980 *The Hittite Dictionary of the Oriental Institute of the University of Chicago*. Chicago: The Oriental Institute.

Hoffner, Harry

1998 "From the Disciplines of a Dictionary Editor." *Journal of Cuneiform Studies* 50: 35–44.

Josephson, Folke

2004 "Semantics and Typology of Hittite *-ant-*." In *Indo-European Word Formation* (Proceedings of the Conference Held at the University of Copenhagen, October 20th–22nd, 2000), edited by J. Clackson and B. A. Olsen, pp. 91–118. Copenhagen Studies in Indo-European 2. Copenhagen: Museum Tusculanum Press.

Laroche, Emmanuel

1962 "Un 'ergatif' en indo-européen d'Asie Mineure." *Bulletin de la Société de linguistique de Paris* 57/1: 23–43.

Lazard, Gilbert

1998 *Actancy*. Empirical Approaches to Language Typology 19. Berlin: Mouton de Gruyter.

Luraghi, Silvia

1997 *Hittite*. Munich: Lincom Europa.

Marazzi, Massimilano

1996 "Hethitische Lexikographie: *CHD* L–N, Fasz. 4." *Orientalia*, n.s., 65: 157–65.

Merlan, Francesca

1982 *Mangarayi*. Lingua Descriptive Studies 4. Amsterdam: North-Holland.

Neu, Erich

1989 "Zum Alter der personifizierenden *-ant-* Bildung des Hethitischen: Ein Beitrag zur Geschichte der indogermanischen Genuskategorie." *Historische Sprachforschung* 102: 1–15.

Oettinger, Norbert

2001 "Neue Gedanken über das *nt*-Suffix." In *Anatolisch und Indogermanisch/Anatolico e Indoeuropeo*, edited by O. Carruba and W. Meid, pp. 301–16. Innsbrucker Beiträge zur Sprachwissenschaft 100. Innsbruck: Institut für Sprachen und Literaturen der Universität Innsbruck.

Patri, Sylvain

2007 *Les structures d'alignement dans les langues indo-européennes d'Anatolie*. Studien zu den Bogazkoy-Texten 49. Wiesbaden: Harrassowitz.

Rumsey, Alan

1987 "The Chimera of Proto-Indo-European Ergativity." *Lingua* 71: 297–318.

Silverstein, Michael

1976 "Hierarchy of Features and Ergativity," In *Grammatical Categories in Australian Languages*, edited by R. M. W. Dixon, pp. 112–71. Canberra: Australian Institute of Aboriginal Studies.

Tchékoff, Claude

1978 "Le double cas-sujet des inanimées: un archaïsme de la syntaxe Hittite?" *Bulletin de la Société de linguistique de Paris* 73: 225–42.

13

A PROPOS DE L'OPPOSITION ENTRE LE STATIQUE ET LE DYNAMIQUE EN HITTITE

Michel Mazoyer, Université de Paris I-Panthéon-Sorbonne

Le hittite à la suite d'une évolution phonétique a réuni sous une forme unique un cas abstrait, le datif proprement dit et un cas concret, le locatif. Le groupe ainsi constitué a évincé le directif, l'accusatif de direction restant embryonnaire. L'extension du datif-locatif au détriment du directif a eu pour effet comme le souligne E. Laroche de ruiner le système anatolien des cas concrets qui reposait sur l'opposition entre le statique et le dynamique (Laroche 1970: 21–49). Les étapes de cette transformation ont été reconstituées ainsi par E. Laroche.

Voici très succinctement la situation du hittite:

1. Le datif en *-ei* évolue en *-i* de même le locatif en *-i/-ei* évolue en *-i*. Le même cas en hittite exprimerait donc au terme de cette évolution le statique et le dynamique.
2. Le directif ne survit que comme un archaïsme bien attesté en vieux-hittite; il est remplacé systématiquement par le datif-locatif.
3. Le vieux locatif sans désinence ne subsiste que dans quelques mots. Le passage du locatif absolu à la postposition s'observe dans les rections possessives du type *ammel peran* "devant moi." Partout ailleurs le datif-locatif s'impose.
4. L'accusatif de direction attesté ne se développe pas, il est relativement rare, son extension semble bloqué par la place considérable que prend le datif-locatif.

La question qui se pose est de savoir comment une telle transformation a été possible, quels sont les facteurs qui entraînent la ruine de l'ensemble du système. Nous partirons d'un exemple emprunté à E. Laroche dans le même article:

Nebiš- "le ciel"
Le directif ***nebiš-a*** utilisé à l'époque vieux-hittite est remplacé par la datif-locatif ***nebiš-i*** **à** l'époque récente
Un locatif ancien se présente sous la forme *nebiš*
Les textes récents ont ***nebiši***

Le *directif* époque ancienne
ta namma ^{MUSEN}*haranan* ***nebiša*** *tarnahhi*
"Et je laisse encore l'aigle aller **au ciel"**
nebiša est un directif

Le *datif-locatif* à l'époque récente:
"Ad caelum"
uk=wa=ššan ***nebiši*** *paimi*
"et moi, je vais au ciel"
nebiši est un datif-locatif. Il est associé à un verbe de mouvement *pai-*. La particule *-ššan* suggère la réalisation du mouvement, absente avec le directif dans l'exemple précédent.

takku D.SIN SI GÙB-*ŠU* UGU *nebiši*/AN-*ni neyan*
"Si la corne gauche est tournée en haut vers le ciel"
Le verbe implique une direction

"in caelo"
nebiši LUGAL-*uš ešta* "il fut roi au ciel"
uk=wa=ššan ***nebiši*** *paimi*
"et moi, je vais au ciel"

Ces exemples appellent les remarques suivantes: A l'époque récente le datif-locatif est utilisé régulièrement à la place du directif. Ainsi le même cas, le datif-locatif exprimerait des notions contradictoires: le mouvement et le statique ou bien ne donnerait plus qu'une indication de lieu en dehors de l'opposition entre le statique et le dynamique.

Il ressort de cette évolution les points suivants:

1. Le datif-locatif est un cas hétérogène: il réunit un cas abstrait (le datif) et un cas concret (le locatif). Le datif exprime le mouvement et le locatif qui situe un objet dans l'espace ou dans le temps exclut la direction d'un mouvement, une orientation vers un but.

Ainsi le syncrétisme a eu pour effet que le même cas est apte à exprimer le mouvement et l'absence de mouvement. On peut imaginer que, partant de la valeur fondamentale du datif, le datif-locatif ait pu exprimer le mouvement dans l'espace.

2. Certaines formules pourraient avoir été favorables à cette évolution. Les verbes signifiant "verser, jeter" pouvaient être suivis à l'époque ancienne d'un datif-locatif exprimant le résultat de l'action.

Ainsi dans l'exemple LUGAL-*uš huppari šipanti* "le roi verse une libation dans un bol." Cette tournure qui se trouve couramment dès le vieux-hittite pourrait évoquer le résultat statique du mouvement: le liquide est dans le bol, l'action est perçue comme statique. Ainsi le datif-locatif dans cet exemple pourrait indiquer le résultat de l'action et serait un locatif.

De même dans la phrase *takku* LÚ-*an pahhueni kuiški peššizzi* "si quelqu'un précipite un homme dans le feu." (KBo 6 2 II 33),[1] datif-locatif peut exprimer le résultat de l'action.

En revanche, on emploie le directif ***parna***- pour exprimer le terme du mouvement dans *takku* LÚ.U$_{19}$.LU-*an kuiški parkunuzzi kuptarr-a uk[turiaš pedai*[2]*] takku-wa-ta-an* ***parna***-*ma kuelka peššezi alu[wanzatar DIN* LUGAL] "Si quelqu'un purifie (magiquement) un homme, il apportera les déchets dans le foyer à incinérer. Mais s'il les jette dans la maison de quelqu'un, c'est de la sorcellerie (et) c'est un cas pour le roi" (KBo 6 2 II 34–35). Mais on souligne le résultat de l'action avec ***ukturiaš*** (datif-locatif pl. de *ukturi*- "foyer à incinérer")

Les duplicats plus récents substituent le datif-**locatif** A.ŠÀ-*ni* au directif *parna* (KBo 6 3 II 55-56; KBo 6 5 IV 17-20),[3] à une époque où l'opposition entre le datif-**locatif** et le directif n'existe plus

Le directif semble moins souvent employé avec le verbe de sens analogue *šuhhi* mais attesté également:

> DUTU-*uš memal išša=šša su[h*- "la divinité du Soleil verse du *memal* dans sa bouche" (KBo 3 38 Ro 4)

C'est le terme du mouvement qui est envisagé.

L'exemple du grec et du latin pourrait confirmer cet emploi. Pour nous en tenir au grec ancien, on sait que cette langue emploie couramment le datif-locatif avec les verbes signifiant "verser, donner, jeter, tomber":

Ainsi pour nous en tenir au grec:

> I 220 *ἐν πυρὶ βάλλε θυηλάς* "il jetait dans le feu le lot réservé aux offrandes";
>
> E 82 *πεδίῳ πέσε.* "il tomba dans la plaine";
>
> Eschyle, *Les Choéphores* 48 *πεσόντος αἵματος πέδῳ* "le sang étant tombé sur le sol"; Euripide, *Oreste Πόσον χρόνον δὲ δεμνίοις πέμπτωχ' ὅδε* "Depuis combien de temps celui-ci tomba sur la couche?";
>
> Δ 182 *χαμαὶ πέσεν* "il tomba par terre."

Dans *Πόσον χρόνον δὲ δεμνίοις πέμπτωχ' ὅδε* par exemple le datif signifie que l'individu dont on parle est tombé et qu'il est demeuré sur la couche. On notera que dans ces exemples le datif-**locatif** est en concurrence avec *ἐν*+ datif et accessoirement avec la forme figée du locatif.

Il en résulte pour certains verbes de mouvement une grande variété de constructions.

---

[1] *uk[turiaš]* est restitué d'après KBo 6 3 II 55; voir Hoffner 1997: 52, 189, 258; Francia 1996: 139.

[2] Hoffner 1997: 52 [*peššezzi*].

[3] Hoffner 1997: 52, 53, 256.

Pourtant le fait que le grec dispose de plusieurs expressions voisines n'implique pas que le sentiment linguistique soit perturbé. La ligne qui sépare le datif-locatif et l'accusatif de direction serait donc très nette en grec homérique comme en grec classique.

La ligne de démarcation entre le datif-locatif et l'accusatif de direction ne tendra à s'effacer qu'à partir du premier siècle de notre ère, date à laquelle la notion statique est exprimée par l'accusatif en dehors de toute valeur motionnelle.

Pour revenir à notre exemple initial dans la phrase LUGAL-*uš huppari šipanti* "le roi verse une libation dans un bol," selon notre interprétation précédente le datif-locatif pourrait indiquer le résultat de l'action et serait lié au locatif.

Pourtant on peut estimer aussi que, dès l'époque ancienne, la distinction entre le mouvement et l'absence de mouvement était caduque et que dans cette expression vieux-hittite déjà le datif-locatif n'exprime plus l'aspect statique. On remarque en effet que dès le vieux-hittite cette distinction est caduque dans un certain nombre de cas.

Ainsi URU-*ri*, est bien attesté avec les verbes *pai-* "aller" et *uwa-* "venir," même si URU-*ya* en directif est fréquent.

Surtout avec les noms de villes, rares sont les textes à l'époque archaïque qui maintiennent l'opposition du directif et du locatif comme c'est le cas pour Hattuši/Hattuša. Les noms de ville ont donc contribué à perturber la distinction linguistique.

Dans ces conditions on peut supposer que dès l'époque ancienne LUGAL-*uš huppari šipanti* n'exprime plus déjà la notion de statique et que le sentiment linguistique est déjà perturbé.

On observe dès l'époque archaïque des emplois qui suggèrent que la distinction entre le mouvement et l'absence de mouvement était caduque. Mais URU-*ri* présenterait la même fréquence en fonction de directif, à côté de son emploi directif propre.

Dans ces conditions dès l'époque ancienne la distinction entre le mouvement et le statique cesserait d'être performante. Le datif-locatif n'exprimant qu'une localisation dans l'espace. La valeur motionnelle ou statique n'étant plus exprimée que par la sémantique du verbe.

Conclusion

Au terme de cette analyse, on a mis en évidence le fait que le système anatolien a exprimé une transformation radicale, qui a eu pour effet de ruiner l'opposition entre le statique et le dynamique. Le datif-locatif qui est employé systématiquement à la place du directif a empêché l'accusatif de direction de se développer. Cette extension du datif pour exprimer le mouvement s'explique par la valeur de base de ce cas qui inclut fondamentalement la direction.

Des tournures ambiguës avec certains verbes ont contribué peut-être à cette extension.

Mais on observe fondamentalement que dès l'époque archaïque l'opposition mouvement / absence de mouvement présentait des faiblesses. Ce qui n'a pas peu contribué à ruiner le système d'opposition à tel point qu'on trouve des directifs exprimant le locatif, des locatifs employés systématiquement à la place du directif. On peut donc voir le caractère très particulier de l'évolution du hittite. Malgré des tournures analogues, le latin et le grec ont maintenu intacte l'opposition du statique et du dynamique alors que le hittite l'a supprimée très rapidement au bénéfice du datif-locatif.

Inversement à une époque récente les formes figées avec le directif se sont maintenues. Ainsi *lahha halzeššai-* "appeler aux armes" se trouve à une époque récente.

Par ailleurs dès l'époque ancienne les trois formes *lukata*, *lukati*, et *lukat* "à l'aube" sont équivalentes. Tous ces exemples tendent à suggérer que le cas dans certaines tournures dès l'époque ancienne n'exprime plus alors les notions de statique ou de dynamique mais seulement une localisation dans l'espace.

Abréviations

KBo 3 H. H. Figulla. *Autographien.* Keilschrifttexte aus Boghazköi 3. Leipzig: J. C. Hinrichs, 1923

KBo 6 Friedrich Hrozný. *Autographien.* Keilschrifttexte aus Boghazköi 6. Leipzig: J. C. Hinrichs, 1921

Bibliographie

Francia, Rita

1996 "Funzioni sintattiche nei test dell'antico ittita: il locativo di meta e scopo e l'accusativo di direzione." *Incontri Linguistici* 19: 137–53.

Hoffner, Harry A.

1997 *The Laws of the Hittites: A Critical Edition.* Documenta et Monumenta Orientis Antiqui 23. Leyde: Brill.

Laroche, Emmanuel

1970 "Etude de linguistique anatolienne III." *Revue hittite et asianique* 28: 21–49.

14

SUR L'ÉVOLUTION DU LOCATIF EN ARMÉNIEN

Matthias Fritz, State Linguistic University of Yerevan

Le cas locatif, dont l'arménien dispose comme catégorie grammaticale, est hérité de la langue-mère indo-européenne. Alors qu'il n'existe comme cas à part entière dans aucune autre langue indo-européenne actuelle, l'arménien de la branche orientale l'a non seulement conservé jusqu'à l'heure actuelle, mais il a même élargi son éventail de fonctions par-delà le nom jusqu'à la flexion verbale. Au travers de cet exposé, je vais tenter de retracer cette évolution du locatif des débuts indo-européens à l'usage actuel en arménien oriental moderne en passant par la préhistoire gréco-arménienne et par l'histoire des langues arméniennes ancienne et moyenne.

Au tout début, le locatif de l'indo-européen est présent avec ses terminaisons reconstituables au singulier et au pluriel, au singulier par **-i* et au pluriel par **-su*. Au singulier, il existe de plus le locatif sans terminaison ou locatif avec la terminaison *-Ø.[1] En gréco-arménien, le locatif doit encore avoir existé puisqu'il subsiste dans la branche arménienne alors qu'en grec mycénien, attesté de plus longue date, il a disparu comme catégorie de cas indépendante par syncrétisme de cas.

En arménien ancien,[2] du point de vue de la forme le locatif au pluriel est toujours identique à l'accusatif (terminaison -ս *-s*, quant au locatif provenant du proto-indo-européen **-su*) alors qu'au singulier, il présente différentes terminaisons selon la structure du thème du nom, sachant qu'ici aussi, il est formellement identique à au moins un autre cas:

Les thèmes en *-a-* ont comme terminaison au locatif -ի *-i* (ազգ *azg* "peuple": ազգի *azg-i*; formellement identique avec le génitif et le datif); les noms propres à thème en *-a-* ont -այ *-ay* (*Titan*: *Titan-ay*; formellement identique avec le génitif, le datif et l'ablatif), et le type en *-i-* des thèmes en *-a-* présente la terminaison -ոջ *-oǰ* (տարի *tari* "année": տարւոջ *tarw-oǰ*) qui est la seule terminaison spécifique du locatif (cf. մի *mi* "un": միոջ *mi-oǰ*); celle-ci a probablement une origine adverbiale et doit vraisemblablement être reliée aux adverbes locaux tels que le grec *ouranótʰi* "dans le ciel." Dans le cas des thèmes en *-o-*, la terminaison du locatif est souvent -ի *-i*, sachant que parallèlement, on trouve une forme sans terminaison et de plus la forme marquée en -ոջ *-oǰ* (ձի *ji* "cheval": ձիոջ *ji-oǰ*; մարդ mard "homme": մարդոջ *mard-oǰ*; ջերմ *ǰerm* "chaud": ջերմոջ *ǰerm-oǰ*). Si le locatif est formé sans terminaison, alors il est formellement identique au nominatif et à l'accusatif (գետ *get* "rivière"); la même chose est également valable pour le type en *-i-* des thèmes en *-o-* si leur locatif se termine en -ի *-i* (հոգի *hogi* "esprit"; որդի *ordi* "fils" par son locatif marqué որդւոջ *ordw-oǰ*, constitue une exception).

Le locatif des thèmes en *-i-* se termine également en -ի *-i* et est formellement identique au génitif et au datif (բայ *bay* "mot": բայի *bay-i*). Les thèmes en *-u-* présentent un locatif avec la terminaison *-ow* (ժամ *žam* "temps": ժամու *žam-ow*) qui de même est formellement identique au génitif, au datif et à l'instrumental. Les types en *-r-* des thèmes en *-u-* dispose également de la terminaison du locatif -ու *-ow* et de l'identité formelle du locatif avec les trois cas cités à l'instant (ասր *asr* "toison": ասու *asow*).

Dans le cas des thèmes en *-r-*, le locatif se termine par -եր *-er* et est formellement identique au génitif et au datif (ոսկր *oskr* "os": ոսկեր *osk-er*); les noms en *-ewr* appartenant aux thèmes en *-r-* présentent aussi la même situation (աղբեւր *ałbewr* "source": աղբեր *ałb-er*), et dans le cas des termes de parenté à thème en *-r-*, le locatif est de même formellement identique au génitif et au datif (հայր *hayr* "père": հաւր *hawr*). Pour les thèmes en *-ł-*, le locatif se termine par -եղ *-eł* et il formellement identique au génitif et au datif (աստղ *astł* "étoile": աստեղ *ast-eł*). Dans le cas des thèmes en *-n-*, le locatif présente comme terminaison soit -ին *-in* (ազն *azn* "sexe": ազին *az-in*; մասն *masn* "partie, pièce": մասին *mas-in*), soit -(ե)ան *-(e)an* (ատամն *atamn* "dent": ատաման *ataman*; անկիւն *ankiwn* "angle": անկեան *ankean*; տուն *town* "maison": տան *tan*), à chaque fois avec identité formelle avec le génitif et le datif.

---

[1] Mais dans les thèmes ainsi-dits thématiques le locatif sans terminaison n'existe pas; cf. Meier-Brügger 2010: 330, 332.

[2] Pour les dates concernantes l'arménien ancien voir par exemple les manuels de Meillet (1913) et Schmitt (2007).

Même pour les termes irréguliers, on rencontre une identité formelle du locatif avec le génitif et le datif (աւր *awr* "jour": աւուր *awowr*; քոյր *kʿoyr* "sœur": քեռ *kʿeṙ*; ակն *akn* "œil": ական *akan*; ունկն *ownkn* "oreille": ունկան *ownkan*; կին *kin* "femme": կնոջ *knoǰ*; այր *ayr* "homme": առն *aṙn*; տիւ *tiw* "plein jour": տուընջեան *towənǰean*), sauf pour գեւղ *gewł* "village" où, hormis la forme du locatif գեղջ *gełǰ*, il existe aussi une forme du locatif identique au nominatif et à l'accusatif; ceci est également le cas pour նու *now* "belle-fille."

Le pronom personnel de la 1ère personne (իս *is*) connaît au singulier une identité de forme du locatif avec l'accusatif, à la 2ème personne (քեզ *kʿez*) et au pluriel (մեզ *mez* et ձեզ *jez*) également avec le datif. Pour les pronoms de la 3ème personne, les formes suivantes sont identiques au singulier (au pluriel, de manière générale le locatif et l'accusatif sont formellement identiques à l'instar de la flexion nominale): dans le cas du pronom réfléchi (իւր *iwr*), locatif avec génitif et datif; dans le cas du pronom d'identité ("soi-même") (ինքեան *inkʿean*) de même; pour les pronoms possessifs, qui sont en fait des adjectifs possessifs, locatif avec datif (իմ-ում *im-owm*; նորայ-ում *noray-owm*); pour les pronoms démonstratifs (այ-ս-մ *ay-s-m*; այ-սմ-իկ *ay-sm-ik*; ս-մ-ին *s-m-in*; ս-մ-ա *s-m-a*) locatif avec datif et en partie aussi avec ablatif (այս-մ[-անէ] *ays-m[-anê]*; այ-սմ-իկ *ay-sm-ik*; ս-մ-ին *s-m-in*); dans le cas des pronoms interrogatifs (ում *owm*; որում *orowm*; իմի-ք *[h]im*) locatif avec datif; pour les pronoms indéfinis (ումե-մն *owme-mn*; ումե-ք *owme-kʿ*; իմի-ք *imi-kʿ*) de même.

Enfin, il existe un groupe d'adjectifs qui ne suivent pas comme les adjectifs courants les paradigmes nominaux, mais au contraire les paradigmes pronominaux, et sont pour cela appelés adjectifs pronominaux. Parmi ceux-ci, on compte մի *mi* "un/-e," այլ *ayl* "autre," միւս *miws* "autre" dont le locatif en -ում *-owm* est formellement identique au datif (pour մի *mi*, il existe aussi une forme secondaire de locatif, datif et génitif միոջ *mioǰ*). De plus, font partie des adjectifs pronominaux առաջին *aṙaǰin* "premier/première," յետին *yetin* "dernier/dernière," վերին *verin* "supérieur/-e," կրկին *krkin* "double," աջ *aǰ* "droit/-e," ձախ *jax* "gauche," հին *hin* "vieux/vieille," նոր *nor* "nouveau/nouvelle" et en partie les nombres ordinaux en -րորդ *-rord*, chacun avec leur propre locatif en -ում *-owm*.

Au niveau de la forme, il est possible d'établir les terminaisons de locatif suivantes en arménien ancien (les formes sans terminaison analysable sont hors considération): -ի *-i*, -ու *-ow*, -ոջ *-oǰ* pour le nom, -ում *-owm* pour le pronom, -ոջ *-oǰ* et -ում *-owm* aussi pour l'adjectif pronominal. Au singulier, dans le cas du nom, la terminaison du locatif est souvent identique à celle du datif et du génitif ou uniquement à celle du datif, dans le cas de l'adjectif pronominal, elle est identique à celle du datif; ou alors le locatif a une terminaison propre, pour le substantif -ոջ *-oǰ*, pour l'adjectif pronominal -ում *-owm*. Au singulier, le locatif présente le plus d'affinités avec le datif, au pluriel, presque exclusivement avec l'accusatif. En raison de ces faits, des hésitations existent dans la grammaire locale en ce qui concerne le statut du locatif comme étant celui d'un cas indépendant, hésitations qui ne se sont toutefois pas exprimées dans les manuels.

Alors que l'origine de -ոջ *-oǰ* ne doit pas être recherchée dans le domaine de la flexion, la question se pose alors concernant les correspondances de -ի *-i*, -ու -ow et -ում *-owm*. Pour -ի *-i* et -ու *-ow*, nous pouvons partir d'une origine des thèmes en *-i-* ou en *-u-* (et d'un transfert ultérieur aux autres classes thématiques), sachant que le signe casuel en arménien correspondrait au suffixe de formation de thème originel **-i-* ou **-u-* et que la véritable terminaison du datif ou du génitif seraient tombée pour des raisons d'accentuation (cf. le locatif des thèmes en *-i-* et *-u-* du vieil-indien). Pour -ում *-owm*, nous pouvons partir d'une création résultant de la combinaison du son final du thème pronominal **-o-* et de l'extension de thème pronominal **-sm-*, à laquelle se serait ajoutée une terminaison de datif ou de locatif (**-o-sm-ei*, **-o-sm-i*), quoique de même, la véritable terminaison aurait disparu pour des raisons d'accentuation et la séquence phonologique **-osm-* aurait changé en -ում *-owm* [*-um*]. L'extension du thème **-sm-* se retrouve par exemple en vieil-indien, chez les pronoms démonstratifs uniquement au singulier dans les cas datif, ablatif et locatif (*tasmāi*, *tasmāt*, *tasmin*).

La terminaison du locatif en arménien oriental apparaît donc déjà en arménien classique, toutefois en tant que terminaison de datif chez les pronoms et les adjectifs pronominaux, ce qui, en combinaison avec la préposition ի *i*, revient alors à la signification du locatif:[3] յերկրորդում *yerkrordowm* "deuxièmement."[4]

Déjà en arménien post-classique, on rencontre également des exemples de formes de datif-locatif en -ում *-owm* pour le substantif: Հայոց յերկրում *Hayocʿ yerkrowm* "dans le pays des Arméniens."[5]

---

[3] Cf. Meillet 1913: 66.

[4] Cf. Eznik Kołbacʿi 1869: 225, l. 7 (= IV 1).

[5] Cf. Movses Xorenacʿi 1889: 66, l. 26 (= I 26).

Au VIème siècle, cette forme de datif-locatif est très fréquemment employée aussi avec le substantif par les hellénistes: Les Uniteurs utilisent également très souvent le datif-locatif, et en outre, en relation avec de nouveaux préfixes: ընդ թղթում *ənd tʿłtʿowm* "dans la lettre," ներհնձում *nerhnjowm* "dans la récolte," etc.[6]

Il existe néanmoins quelques formes en -ում *-owm* qui, dans ce contexte, nécessitent certaines explications. Chez le philosophe Davitʿ Anyałtʿ (ainsi-dit "David philosophus"), dont les traductions à partir du grec remontent sans doute au VIème siècle et présentent des caractéristiques de l'arménien du nord-ouest, dans l'analyse de l'Isagogue de Porphyre, il existe le datif-locatif en -ում *-owm* (մարդում *mardowm*[7] "dans l'homme"; նիւթում *niwtʿowm*[8] "dans la matière"; սեռում *seṙowm*[9] "dans le genre, le sexe"), principalement en relation avec la préposition locative ի *i*: ի մարմնում *i marmnowm*[10] "dans le corps" et plus encore.

Ce morphème correspond formellement au locatif ultérieur de l'arménien oriental qui apparaît chez l'historien Vardan Vardapet, qui écrit en arménien ancien au XIIIème siècle; on trouve dans son "Recueil d'histoires" un passage en arménien vulgaire qui présente des traits de l'arménien oriental moyen; dans cette langue, il existe également des formes de locatif telles que ի սրտումս *i srtowms* "dans mon cœur"[11] et c'est là qu'est attestée pour la première fois la nouvelle formation du présent en arménien oriental: աղօթք են առնում *ałōtʿkʿ en aṙnowm*[12] (à côté de l'arménien ancien աղօթք առնեն *ałōtʿkʿ aṙnen*[13]) "ils prient." Aussi bien le locatif en -ում *-owm* que le présent en -ում *-owm* sont alors très courants dans les extraits que Johann Joachim Schröder présente dans son thésaurus dans la partie Synopsis linguae civilis Armenorum: մին ձկնում *min jknowm*[14] "dans un poisson" (dit commorativus au lieu de locativus) et գովումեմ *govowmem*[15] "je loue" (ecrit en un mot au lieu de *govowm em*).

C'est ainsi que l'on trouve en arménien moyen — comme nous l'avons expliqué à l'instant — également chez certains auteurs et dans certains textes des formes de datif en -ում *-owm* chez le substantif.

Seulement, l'arménien moyen n'est pas, pour ce qui nous en a été transmis, le descendant direct de l'arménien ancien qui nous a été transmis. L'arménien ancien était déjà divisé en dialectes et de même, l'arménien moyen connaissait différents dialectes, et les textes qui nous ont été transmis de diverses époques ne présentent pas les mêmes caractéristiques dialectales. Ainsi, l'arménien cilicien — c'est ainsi que s'appelle l'arménien de l'époque moyen-arménienne qui nous a été transmis car les témoignages linguistiques proviennent en grande partie de Cilicie — n'est pas l'ancêtre direct de l'arménien occidental moderne bien que l'arménien cilicien appartienne tout autant au groupe dialectal de l'arménien occidental. Comme l'arménien cilicien appartient à l'arménien occidental qui n'a pas perpétué le cas locatif, l'arménien moyen ne devrait donc disposer d'aucune forme de locatif.

En guise d'exceptions apparaissent des formes de locatif également dans un arrêté de Rashkhov en arménien kiptchak: ի Կամենից քաղքում *i Kamenicʿ kʿałkʿowm*[16] "dans la ville de Kamenecʿ," Քութերում *Kʿowtʿerowm*[17] "à Kuty," մայրաքաղաքում *mayrakʿałakʿowm*[18] "dans la métropole."

Même pour la formation des nombres ordinaux, l'arménien kiptchak utilise comme suffixe -ում *-owm*. Cette formation des nombres ordinaux a peut-être à voir non seulement avec le datif-locatif en -ում *-owm* mais aussi avec celle du nouveau persan (*-um*) et était déjà une caractéristique du dialecte d'Ani. On rencontre les premières attestations de l'ordinal en *-owm* dans un manuscrit astrologique en arménien moyen contenu dans le manuscrit des Méchitaristes de Vienne no. 88 (feuillet 31f.: առաջին տունն *aṙajin townn*, բ.ում տունն *b.owm townn*, գ.ում տունն *g.owm townn*, դ.ում տունն *d.owm townn*, ե.ում տունն *e.owm townn*, զ.ում տունն *z.owm townn*, է.ում տունն *ē.owm townn*, ը.ում տունն *ə.owm townn*, թ.ում տունն *tʿ.owm townn*, ժզ.ում տունն *žg.owm townn*, ժզ.ում տունն *žz.owm townn*, ժդ.ում տունն *žd.owm townn*, ժե.ում տունն *že.owm townn*).[19] À l'époque suivante, on retrouve des nombres ordinaux en *-owm* dans des manuscrits en arménien kiptchak (երկուսում *erkowsowm* "deuxième";[20] իրեքում *irekʿowm* "troisième";[21] չորսում *čʿorsowm* "quatrième"[22]). De plus, il existe au stade précoce de l'arménien kiptchak des formes de nombres ordinaux en -որդում *-ordowm*: երկրորդում *erkrordowm* "deuxième, deuxièmement"[23]; Երրորդում

---

[6] Cf. Abeghian 1936: 13.

[7] Davitʿ Anyałtʿ 1976: 146, l. 8.

[8] Davitʿ Anyałtʿ 1976: 44, l. 27; p. 146, l. 14.

[9] Davitʿ Anyałtʿ 1976: 138, ll. 1, 2, 16; p. 142, ll. 7, 15.

[10] Davitʿ Anyałtʿ 1976: 22, l. 14.

[11] Vardan Vardapet 1862: 157, l. 28.

[12] Vardan Vardapet 1862: 158, l. 3f.

[13] Vardan Vardapet 1862: 158, l. 8f.

[14] Schröder 1711: 307.

[15] Schröder 1711: 314.

[16] Minas Bžškeancʿ 1830: 162, l. 29.

[17] Minas Bžškeancʿ 1830: 163, l. 6.

[18] Minas Bžškeancʿ 1830: 163, l. 12.

[19] Cf. Karst 1901: 222 n. 3.

[20] Minas Bžškeancʿ 1830: 178, ll. 16, 37.

[21] Minas Bžškeancʿ 1830: 179, l. 7.

[22] Minas Bžškeancʿ 1830: 170, l. 21; p. 178, l. 6.

[23] Minas Bžškeancʿ 1830: 146, l. 10.

errordowm "troisième, troisièmement."[24] Ainsi, la formation du nombre ordinal avec -ում *-owm* en arménien oriental peut être mise en rapport d'une part avec le dativ-locatif en -ում *-owm* et d'autre part avec le contact avec le persan et sa formation des nombres ordinaux en *-um*.

L'arménien oriental moderne, pour sa part, ne connaît pas la combinaison du nombre ordinal avec la terminaison du locatif. Cependant, le locatif est considéré en arménien oriental moderne comme cas prototypique des indications de lieu. La terminaison du locatif y est toujours -ում *-owm*: Ես աշխատում եմ *Es ašxatowm em hamalsaranowm* "Je travaille à l'université"; Այս գրքում կա նկար *Ays grkʿowm ka nkar* "Dans ce livre, il y a une image." Dans le cas d'êtres vivants, le locatif n'est bien sûr pas usité, mais à la place on a recours à un groupe postpositionnel composé du génitif et de la postposition մեջ *meǰ*.

Le mot pour maison constitue une exception d'importance. Celui-ci est en effet une désignation prototypique pour un lieu. À partir de տուն *town* "maison" n'est formé aucun locatif (*տնում **tnowm*), mais à la place est utilisé le datif տանը *tanə* avec le sens "à la maison." Le datif, en fait, est en arménien oriental moderne un cas aux fonctions multiples que l'on soupçonnerait en réalité comme propres au locatif. Ainsi, de nombreuses indications temporelles sont formées à partir du datif: գարնանը *garnanə* "au printemps" (գարուն *garown*); ամռանը *amŕanə* "en été" (ամառ *amaŕ*); աշնանը *ašnanə* "en automne" (աշուն *ašown*); ձմռանը *jmŕane* "en hiver" (ձմեռ *jmeŕ*). La même chose est également valable pour les mois (ապրիլին *aprilin* "en avril"), les jours (ապրիլի մեկին *aprili mekin* "le premier avril"), les moments de la journée (կեսօրին *kesōrin* "à midi, le midi") et les heures (ժամը մեկին *žamə mekin* "à une heure"). Dans le cas de données temporelles moins précises désignant moins une date qu'une période, on utilise d'ailleurs l'accusatif: այս/մյուս շաբաթը/ամիսը/տարին *ays/myows šabatʿə/amisə/tarin* "ce(tte) semaine/mois/année, la semaine/le mois/l'année prochain(e)." Cependant, le datif n'est pas utilisé en fonction de locatif uniquement pour des indications de temps, mais aussi dans le cas d'indications locales bien concrètes: Քանի գիրք կա այս սեղանին *Kʿani girkʿ ka ays sełanin* "combien de livres il y a sur cette table"; parallèlement, l'expression utilisant un groupe postpositionnel est également possible Քանի գիրք կա այս սեղանի վրա *Kʿani girkʿ ka ays sełani vra* "combien de livres il y a sur cette table." En outre, l'éventail de fonctions locatives du datif est encore plus large: Ուսուցիչը գրում է գրատախտակին *Owsowcʿičʿə growm ē grataxtakin* "Le professeur écrit au tableau"; Ինչ (որ) գրված է գրատախտակին *inčʿ (or) grvac ē grataxtakin* "ce qui est écrit au tableau."

Ainsi, en arménien (oriental) moderne, il existe à côté du réel cas de lieu, le locatif, un autre cas qui lui fait concurrence au niveau de la fonction, et il s'agit du datif.

À présent, durant ce bref aperçu de l'évolution du locatif, nous avons déjà observé que le locatif et le datif en arménien ont toujours été très étroitement reliés l'un à l'autre. Déjà en arménien ancien, l'identité formelle du locatif et du datif, que l'on peut constater dans de nombreux paradigmes, est notable. On remarque bien sûr en particulier que même la terminaison du locatif -ում *-owm*, même en arménien, peut avoir été à l'origine aussi formellement identique à la terminaison du datif. À l'inverse, on s'aperçoit alors qu'en arménien actuel la terminaison du datif -ին *-in*, qui est ici fixée pour le cas datif, a repris de nombreuses fonctions du locatif et que naturellement, elle coïncide aussi par sa forme avec les terminaisons correspondantes du locatif en arménien ancien. Enfin, il revient à l'esprit de l'indo-européaniste qu'en grec, qui semble être étroitement apparenté à l'arménien, le locatif a coïncidé dès le départ avec le datif par l'effet de syncrétisme. Et c'est au plus tard à ce moment-là que se pose la question du type d'existence que mène réellement le locatif en arménien.

Afin de ne mettre en opposition que l'arménien ancien et l'arménien moderne: En arménien ancien, le locatif a une position déterminée dans le paradigme nominal qui est avant tout soutenue par le fait que le locatif est toujours formellement identique à l'accusatif au pluriel et qu'il ne l'est pas dans certains paradigmes au singulier. Ici, le locatif mène pour ainsi dire une existence relative résultant de sa relation aux autres cas qui occupent une position absolue au sein du paradigme. Il semble toutefois qu'il y ait eu un besoin de marquer le locatif ce pour quoi deux signes ou morphèmes distincts ont été créés et utilisés pour le locatif. En arménien moderne, l'un de ces signes ressort comme étant LE signe linguistique du locatif et est même utilisé pour la formation d'un nouveau présent qui est né en quelque sorte d'une "forme progressive" ("je suis en train de parler") reposant à la base sur un concept locatif. En arménien moderne, le locatif occupe donc une position absolue dans le paradigme par le fait qu'il existe un signe qui lui est exclusivement attribué et qui marque de manière univoque le locatif au singulier comme au pluriel. Le locatif, avec son signe distinct, ne couvre cependant pas toutes les fonctions locatives. Celles-ci sont alors reprises, parmi d'autres cas, avant tout par le datif. Dans quelle mesure ces deux

[24] Minas Bžškeancʿ 1830: 146, l. 12; p. 150, l. 36.

points finaux d'une évolution doivent être rapprochés, cela sera la tâche des recherches futures qui devront faire porter leur attention sur les textes en arménien moyen. Si les documents écrits disponibles seront en mesure de fournir des renseignements exacts sur ce sujet, cela est une toute autre question.

Bibliographie

Abeghian, Artasches
1936 *Neuarmenische Grammatik: Ost- und Westarmenisch*. Berlin.

Anyałtʿ, Davitʿ
1976 *Վերլուծութիւն «Ներածութեանն» պորփիւրի*· Erevan.

Bžškeancʿ, Minas
1830 *Ճանապարհորդութիւն ի Լեհաստան*. Venise.

Karst, Josef
1901 *Historische Grammatik des Kilikisch-Armenischen*. Strasbourg.

Kołbacʿi, Eznik
1869 *Եղծ աղանդոց*. Constantinople.

Meier-Brügger, Michael
2010 *Indogermanische Sprachwissenschaft*. 9ème éd. Berlin.

Meillet, Antoine
1913 *Altarmenisches Elementarbuch*. Heidelberg.

Schmitt, Rüdiger
2007 *Grammatik des Klassisch-Armenischen mit sprachvergleichenden Erläuterungen*. 2ème éd. Innsbruck.

Schröder, Johann Joachim
1711 *Theasaurus linguae Armenicae, antiquae et hodiernae, Cum varia Praxios materia, cujus elenchum sequens pagella exhibet*. Amsterdam.

Vardapet, Vardan
1862 *Հաւաքումն պատմութեանց*. Venise.

Xorenacʿi, Movses
1889 *Հայկական պատմութիւն*. Saint-Pétersbourg.

15

ÉNIGMES AUTOUR DU DATIF ET DE L'INSTRUMENTAL

Françoise Bader, École Pratique des Hautes Études (Paris)

Les poètes de langues indo-européennes ont cherché à forger toutes sortes d'énigmes. Le montrent, par exemple, les noms que certains d'entre eux se sont donnés. Ainsi, celui du poète de *l'Hymne védique aux énigmes*, *Rgveda* 1.164, *Dīrghá-tamas* "aux longues ténèbres," ténèbres métaphoriques de l'énigme, qui valent à Héraclite de s'appeler *skoteinós* "obscur," et qui peuvent recouvrir des choses aussi cachées que l'inventaire-miniature du système consonantique, i.e., qu'offre le nom reconstruit ("miniature" en ce qu'il peut procéder par exemplaires d'une série de phonèmes): **dl̥h$_1$gh-o-temh$_1$-es*, à occlusives de deux points et trois modes d'articulation, *d/t* sonore et sourde en paire, **gh*; liquide et nasale **l/m*, l'une voyelle et l'autre consonne; spirantes **h$_1$*, laryngale, et *s*, sifflante. Le procédé est hérité comme le montrent les noms d'*Homère* et d'*Hésiode*: **sh$_2$-om̥-+h$_2$r-o* "qui ajuste les liages" (que sont les chants: hittite *ishamiya-*, etc.); **seh$_2$-ti- +sod-o- > Hēsí-(h)odos* "qui lie les routes" (premiers membres de **s(e)h$_2$-* "lier," à suffixes *-om-* et *-ti-*), noms créés en polarité: le premier a la paire de nasale et liquide **m̥/r* (voyelle et consonne), les spirantes **s* et **h$_2$*, mais est dépourvu d'occlusives; le second a au contraire ces dernières, par **t/d*, et les spirantes **s* et **h$_2$*, mais est dépourvu des nasales et liquides. Les trois noms offrent de plus la caractéristique générale des composés qu'est l'instauration de liens phonologiques entre leurs deux membres: *d/t* initiaux pour le premier; pour le second, **h$_2$* allitérant (et le second élément des groupes **sh$_2$-* et **mh$_2$-*, à **m̥* devant la laryngale consonne); pour le troisième, **s* allitérant à l'initiale et **t/d* à l'intérieur; la synchronie conserve *d/t*, *r/m* à l'intérieur pour le védique; *m/r* pour *Hómēros*; *h* allitérant pour *Hēsí-hodos*, et s'opposant au *-s-* intérieur. Ces exemples, et bien d'autres, montrent qu'il faut compter non seulement avec les allitérations, mais avec les paires phonologiques. Et les "routes" des poètes sont pavées d'"énigmes," grec *aînos*, *aínigma*, de **sh$_2$-ei-* à psilose, comme dans le doublet *Aisí-odos* de *Hēsí-hodos*, fixation du syntagme de l'*Hymne à Hermès* 226, *ainà mèn énthen hodoîo, tà d'ainóter ' énthen hodoîo*, "énigmatique d'un côté de la route, plus énigmatique de l'autre," dit Apollon (*Loxias* "oblique," épiclèse s'appliquant encore à l'énigme) en parlant des "choses liées" par l'"hermétique" Hermès (à nom de **ser-* "lier, tresser"), qui a brouillé la piste des vaches razziées à son frère.

Les énigmes forgées par les poètes sont de formes très diverses. Il en est de phonologiques, comme les noms de poètes cités; d'autres, syntaxiques, comme celles que je me propose d'étudier à propos de manipulations de finales casuelles, et qui ne sont pas les seules de cet ordre: une forme privilégiée en est celle des phrases nominales à sujet et prédicat disjoints par la composition discontinue (elle-même source d'énigmes), comme *hòs póda téndei / en... woíkōi* "celui qui tend son pied dans sa maison," Hésiode, *Les travaux et les jours* 524–25, (est) l'"escargot," *pheré-woikos* "qui porte sa maison," *Les travaux* 571, reliés par la récurrence lexicale du nom de la "maison," avec un inventaire des occlusives *p*, *t/d*, *k* dans le premier, à compléter par la paire de *p* du premier / *ph* du second, autre liage. Une autre forme est celle de formulaires à asyndète, du type de *gerēnios hippóta Néstōr* "vieux (bien qu') homme de char" (en sa jeunesse, ce dont il aurait pu mourir), (et donc) "Survivant," *Nes-tōr* (de **nes-* "survivre").

Il en est aussi de *lexicales*, comme celles dont le rêve de Pénélope offrira trois sortes: une forme de conservatoire devenue immotivée en grec, *amenēnós* "obscur"; une homonymie *ainós* "énigmatique" et "redoutable"; une *kenning*, forme à feuilletage hermétique, *teteúkhatai*, appliquée en surface aux "portes," mais en structure profonde au poète qui "a forgé" les énigmes.

Il peut arriver que le poète donne, hermétiquement, les moyens de comprendre ses énigmes, par la langue et/ou le mythe. Dans la langue, ils sont de trois sortes: soit une glose, comme celle d'*Iliad* 16.433...436-37, *Sarpēdóna zōòn anarpáxas*, "Razzié: razzié vivant," dit d'un jeune guerrier "fauché" (cf. *hárpē* "faucille"): le poète sait que le *s-* de ce qui est pour nous **sr̥p-* est conservé hors du grec, comme dans le nom qu'il attribue au lycien Sarpédon, mais altéré en grec, comme dans *harpázō, hárpē*; soit par le type *Troíē erí-bōlos*, formulaire dont l'adjectif, "aux mottes qui se soulèvent" grâce à l'agriculture développée dans la plaine herbeuse, glose, en le complétant, le nom épichorique *(W)ílion*, dont le poète sait qu'il signifie "prairie" dans l'aire géographique de Troie (hittite *wellu-*, louv.

Wilu-sa (pour ne rien dire de grec *Elúsion pedíon* "Champs-Elysées," etc.), en une situation de bilinguisme; soit par une antonymie du type *amenēnôn* "obscur," terme obsolète, auquel le poète oppose *tis idētai* à propos des rêves de Pénélope, comme on le verra. Par ailleurs, le mythe peut être un moyen d'expliquer le nom: *Akhileús* (*$*\text{m̥}gh_2$-il-*), est un "Mahābahārata" (*Akhileû, méga phértate, Iliad* 16.21, etc., un "grand pourvoyeur de butin" (sanskrit *Bhára-*), butin décrit en 9.326–31. Langue et mythe s'uniront pour la résolution de l'énigme des soi-disant portes des songes "en corne et en ivoire" par les récurrences lexicales joignant l'énigme au mythe de l'ordalie par l'arc d'Ulysse.

C'est le cas particulier d'énigmes syntaxiques organisées autour du *datif* que je vais illustrer ici par quelques exemples, l'un avestique, deux autres grecs pour montrer le caractère hérité du procédé. Celui-ci consiste en manipulations fondées sur le syncrétisme du datif proprement dit (d'intérêt, de direction, etc.), du locatif, de l'instrumental, formes à particules flexionnelles, **-ei* de datif, **-i* de locatif (deux formes alternantes, scindées syntaxiquement pour les deux cas), *$*\text{-}eh_1$*, d'instrumental.

Je commencerai par l'avestique, parce que l'exemple à discuter relève du transfert au dualisme mazdéen de la "langue des dieux," c'est-à-dire de la forme de poésie indo-européenne qui se proclame hermétique par l'emploi pour un référent unique de deux noms, l'un "donné par les hommes," qui est le nom usuel, l'autre "par les dieux" qui est un nom poétique, toujours motivé, le premier pouvant l'être ou non, du type *Iliad* 14.291, *khalkída kiklēskousi theoí, ándres dè kúmindin*; entre les deux noms peut-être instaurée une énigme du type de la phrase nominale; *anósteos ... pheréwoikos*, ici pour l'oiseau auquel est comparé le Sommeil, frère jumeau de la Mort, "(l'oiseau) *kúmindis* (deviendra) (l'oiseau) *khalkís*," *kenning* fondée sur *khálkeon húpnon, Iliad* 11.241, "sommeil par le bronze," "mort par l'épée" dirions nous. En avestique, le dualisme mazdéen fait qu'il n'y a plus de spécification de la dation du nom par les dieux, disparus de cet état de religion, au contraire de ce qui se passe pour les hommes, proprement "mortels" (*mašyaka-* cf. védique *mártya-* de **mr̥-*) "au mauvais langage," opposé, dans le cadre du mazdéisme, "au bon langage," implicite, des poètes. L'exemple est celui du "hérisson": (l'animal à nom usuel) *dužaka-* "aux mauvais piquants" (est bon en tant que) *vaŋhāparəm-* "traversant par sa vêture pour la vêture (des hommes)."

Voici le texte (trad. Benveniste), Vidēvdād 13.2: "le canin peureux au museau pointu (*spānəm sīždrəm urvīsarəm*), le hérisson (*yim vaŋhāparəm*) que les hommes au mauvais langage (*yim mašyāka avi dužvacaŋhō*) appellent *dužaka*" (*dužakəm nąma aojaite*). Dans le détail, le texte commence par l'éthologie de l'animal (en trois noms à *s* allitérants et palindrome *sī/īs*): au centre, son comportement "peureux" c'est-à-dire défensif par sa mise en boule (implicitement en relation avec ce qui lui vaut son nom donné par "les hommes au mauvais langage"), trait psychophysiologique, et, l'entourant (pour mettre en relief une succession de deux bisyllabes et d'un quadrisyllabe), une notation anatomique codant le cycle annuel de sa vie par son hibernation (et, implicitement opposée à elle, sa reproduction), "le chien au museau pointu": encore aujourd'hui les Tsiganes (d'origine indienne, si bien que l'énigme est indo-iranienne) distinguent entre hérissons (dont ils sont friands) à museau de chien et à museau de porc: quand l'animal se réveille au printemps, il est maigre, ayant épuisé ses réserves, et son nez ressemble à celui d'un chien; en revanche, après l'époque de sa reproduction, il a amassé beaucoup de graisse en prévision de l'hiver, il double de volume, et son nez devient comparable au groin d'un porc (renseignements dûs à J. M. Lamblard, que je remercie). Après l'éthologie vient la double nomination: le nom usuel, *duž-aka-* désigne l'animal comme "aux mauvais piquants," le nom poétique au bon usage qui en est fait, à comprendre par un passage de Pline qui donne des correspondants étymologiques du second membre de *duž-aka-*, *aculeī*, et du premier de *vaŋhāparəm*, *uestēs*: *Histoire naturelle* 8.134–35 (trad. Ernout), "Quand (les hérissons) sentent le chasseur, rentrant leur tête, leurs pattes, et toute leur partie inférieure, où ils n'ont qu'un duvet rare et inoffensif, ils se roulent en boule, afin de ne présenter à la prise que leurs aiguillons" (*aculeos*); puis, ayant décrit les moyens cruels employés par les chasseurs pour les tuer en épargnant leur peau, Pline ajoute: "cet animal n'est pas, comme nous le croyons généralement, une créature superflue pour l'homme: sans ces aiguillons, c'est en vain que la molle toison des brebis nous eût été donnée; c'est avec cette peau qu'on laine les étoffes," *uestēs* (par le cardage). Dans la double nomination *duž-aka-/vaŋhā-parəm* sont répartis l'instrument du cardage, *-aka-*, et sa destination, *vaŋhā-*, qui est une forme casuelle d'*instrumental* auquel peut être superposé un *datif.*

Il ne faut pas méconnaître l'importance des formes casuelles en premier membre de composé, en particulier d'instrumental.

Soit l'épithète d'Apollon *lukēgenēs*, *Iliad* 4.101. Le contexte est lycien par l'épisode de Pandare (fils de Lycaon, roi lycien) à l'arc longuement décrit, attaquant et blessant Ménélas (4.93–147), et faisant voeu d'immoler une hécatombe d'agneaux premier-nés à son retour à Zélée, ville de la vallée de l'Aisēpos, du territoire de Cyzique en Mysie, attribué aux Lyciens par Homère (selon le scholiaste à 2.826f., les Anciens attribuaient le nom de Lycie à deux territoires, l'un au sud-ouest de l'Asie Mineure, l'autre au nord de la Troade). Ce contexte n'oblige pas à comprendre comme "né en Lycie" l'épithète d'Apollon, pour le premier membre de laquelle ont été proposées trois explications (*Lexikon des frühgriechishen Epos*, s.u. [W. Beck]): par le nom de "Lycie," à exclure parce qu'on attendrait alors *Lukíā-*, *Lukíē-* (à supposer qu'un nominatif soit légitime); par le nom du "loup" du type grec *lúkos*, qui peut être à la base de toponymes "aux loups" comme *Lukíā* lui-même; d'anthroponymes, alors de sens "loup-garou" comme *Lukāwōn*; enfin, par le nom de la "lumière," **luk-* (passé aux thèmes en *-ā* dans grec *Amphi-lúkē núx*, moment liminal entre la nuit et le jour, *Iliad* 7.433), qui doit être à la base de l'épithète du dieu *Lúkeios*, plus sûrement "lumineux" qu'"ayant affaire aux loups." C'est l'explication que j'adopterai ici, en faisant de *luk-ē-* un *instrumental-comitatif* correspondant étymologiquement à sanskrit *ruc-ā*: Apollon est "né avec la lumière," ce qui convient au dieu solaire, apparaissant à l'aube, revenant au printemps à Delphes, et marqué par les deux toponymes qui allitèrent *Délos* et *Delphes*: Astéria-Délos "Astre (qui devint) visible" à la naissance du dieu; Delphes "Matrice" et "Embryon" (**gʷel-bh-*; sanskrit *gárbha-*, etc.), sortant de l'obscurité de la matrice pour voir la lumière du jour (*zōei kaì horâi pháos Helíoio*, *Iliad* 18.61, etc.), deux toponymes renvoyant celui-ci au microcosme (de la naissance mammifère), celui-là au cosmos. À la sphère d'Apollon appartient un autre composé à premier membre *instrumental*, *hekē-bólos* "qui lance à volonté" (ses flèches) où *hekē-* est l'instrumental d'un **wek-ā* (**-a-h_1*), cf. dor. *hekā-bólos*, plutôt que d'un *wek-o-* comme avestique *vasə*, *vasō*.

On ne saurait voir une désinence d'instrumental dans tous les *-ē-* intérieurs de composés, par exemple l'épiclèse de Poséidon *gaiē(w)okhos* "qui ébranle la terre" vient de **gaîa* [**geh$_2$-ya*] + **h$_1$w-ogh-o-* [**h$_1$w-egh-* "mettre en branle," spécialement un "véhicule"] à **-ah$_1$-* > *-ā-* (ion. *-ē-*) en sandhi de composition (composé aux deux membres reliés par les paires phonologiques **g/gh*, **h$_2$/h$_1$*, **y/w*, exemplaires d'occlusives, spirantes, sonantes-consonnes). Mais c'est un instrumental qu'offre le premier membre *vaŋhā-* du nom avestique poétique du "hérisson," de **wes-o-*, attesté au second membre d'avestique *mašyō.vaŋha-* Yasht 14.11, dit de la laine des chameaux "qui vêt les mortels." De plus, à *vaŋhā-para-* correspondent les composés grecs à second membre identique, **-por-o-*, Empédocle, *glaukē-póros*, Empédocle, *Sphaero* 143, *potamē-póros*, Opp., *C.* 2, 178, "qui traverse par la mer" (thème en **-ā*, *glaukā*), "par le fleuve" (créé sur le premier, avec un **-ē* qui en est analogique, au lieu de **-ō-* < **-o-h$_1$-*). Le nom poétique du "hérisson" est donc à comprendre comme "qui traverse par sa vêture" (les piquants, "aiguillons," de son nom usuel), et peut-être mieux "qui traverse *par* sa vêture *pour* la vêture" (étoffes qui n'existeraient pas sans cardage), si à la désinence d'instrumental avestique *-ā* on superpose le doublet *-ā* de la désinence d'instrumental *-āya* de datif, connue en védique (Wackernagel and Debrunner 1930: vol. 3, 92); elle peut elle-même provenir d'un syncrétisme ancien du datif et de l'instrumental, ensuite scindés par agglutination au second d'une postposition casuelle **-yo*, connue par ailleurs au génitif thématique en **-os-yo* < **-os* désinence de génitif +*-yo* (en glottogonie, thématisation d'une postposition en **-i*, cf. **-i/-ei* de locatif et datif?). Ces faits, propres aux différenciations progressives des finales de cas obliques, appelleraient une autre étude. Dans cet exemple, la possible énigme syntaxique se greffe sur une énigme lexicale certaine, la référence implicite au cardage du nom. Les deux exemples grecs qui suivent se caractérisent, de la même façon, par des énigmes syntaxiques accompagnées d'énigmes d'autre nature.

Le premier figure au début de la généalogie de Bellérophon, grand-père de Glaukos II, le narrateur, de la cinquième génération d'une famille qui comprend en descendance paternelle Sisyphe-Glaukos I-Bellérophon-Hippoloque-Glaukos II. Le domaine de l'aïeul est défini, au début, par un vers holodactylique (procédé de focalisation), *Iliad* 6.153:

ésti pólis Ephúrē mukhôi Árgeos hippobótoio.

Au centre, se trouve l'énigme de trois mots, deux toponymes de trois syllabes entourant le datif de deux syllabes à discuter, énigme que je comprendrai comme: "La Taxaie qui s'étend de Corinthe jusqu'au fond d'Argos et de Tirynthe" (en d'autres termes, du golfe de Corinthe au golfe d'Argolide), et non "Ephyre, au fond de l'Argolide" (Mazon), ni comme les interprétations diverses qui en ont été données (voir Kirk 1990: *ad Iliad*: "Leaf and others [including Bethe 1891: 182; Malten 1944: 8] saw difficulty in the description of Korinthos as 'in a corner, or recess, of Argos ...' but that is appropriate provided we take Argos to refer either mainly to the Peloponnese ... or to Agamemnon's kingdom as defined in the Catalogue.")

Je pense pour ma part que *Ephúrē mukhôi Árgeos* contient autant d'énigmes que de mots, une lexicale (*Ephúrē*), deux syntaxiques (*mukhôi*: datif de direction, non locatif, *Árgeos* par inclusion linguistique pour "Argos et Tirynthe") et, de plus, deux énigmes dans l'énigme: une référence au diptyque en if inscrit en linéaire B, apporté de Tirynthe en Lycie par Bellérophon; une autre aux correspondances royales relative aux alliances matrimoniales connues en Asie Mineure à la fin de l'âge du bronze.

Ephúrē est une “Taxaie,” tirée d’un nom de l’“if” *(*h_1*)ebhuros* (v. irl. *ibar.*, etc.), qui subsiste encore dans de nombreux toponymes, du type de *Evreux* (France), *Evora* (Portugal), *Yverdon* (Suisse), *Brno* (Moravie), *York* (Angleterre), etc.: nombreux, ils témoignent de l’importance des forêts d’ifs, déboisées dès la préhistoire pour la fabrication d’arcs et de leurs flèches empoisonnées. De l’arbre, Homère connaît la sempervirescence et la toxicité. La première est attestée par la comparaison qui précède immédiatement l’énigme, 6.146–49 (Mazon): “comme naissent les feuilles (*phúllōn geneē*), ainsi font les hommes (*andrôn*). Les feuilles, tour à tour, c’est le vent qui les épand sur le sol, et la forêt verdoyante qui les fait naître, quand se lèvent les jours du printemps,”

147 *phúlla tà mén t’ánemos khamádis khéei álla dé th’húlē*

148 *télethóōsa phúei, éaros d’epigínetai hōrē,*

comparaison des “générations” de feuilles et d’hommes dans deux vers holodactyliques, dont le premier disjoint les deux syllabes de son premier mot *phúlla* en *phú...lla* (*álla*), et *phú...lē*, pour les “feuilles” et la “race” des hommes, et dont le second, qui s’y rattache par l’allitération en *phu-*, donne, par les deux syllabes disjointes *phú*(*ei...hō*) *rē* les deux dernières syllabes de *Ephúrē*: il y a donc là des paronomases *phúlla, phūlē, -phurē* pour les feuilles, les hommes, le toponyme.

Du caractère toxique de l’arbre (entièrement vénéneux sauf par son arille) témoigne dans l’*Odyssée* une autre *Ephúrē* que celle-ci, Corinthe (ci-dessous), probablement en Elide, celle où Ulysse va chercher du poison pour en enduire ses flèches (1.259–62), et d’où les prétendants craignent que Télémaque ne leur rapporte de quoi leur faire un breuvage empoisonné (2.328–30), deux formes d’empoisonnement par l’if qu’offre aussi la fin de l’*Hamlet* de Shakespeare. Ce caractère toxique rend compte de l’étymologie de deux des noms de l’if. L’un est du type *ephú-rē*, de *$*h_1ebh$-* “frapper à mort,” de forme *$*h_1bh$-en-* (v. isl. *bani* “mort, meurtrier,” etc.) comme *Reimwortbildung* de *$*g^when$-* “frapper pour maîtriser” (grec *-phonós* étant à cet égard ambigu); la solution du problème du rapport entre l’“if” et le “sanglier” (type allemand *Eber*, gaulois *Aulerci Eburouices* dont les monnaies représentent un sanglier et le nom signifie “vainqueurs par l’if,” métonymique de l’arc) passe donc par deux applications métaphoriques de “qui frappe” à un phytonyme et à un zoonyme, et même deux si au “sanglier” on ajoute le “bouc,” thrac. *ébros*. L’autre nom de l’if (d’où est tiré “taxaie”) est latin *taxus* de la racine *$*th_2$-* “frapper” de hittite (à redoublement) *te-th-a*, dit du tonnerre, et dont le dérivé *$*th_2$-u-* a donné, avec les deux traitements *$*t(h_2)$-u-* > **tŭ-*, et *$*tuh_2$-* > **tū-* par métathèse, des formes à élargissements des trois points et trois modes d’articulation: en *-d-*, sanskrit *tudáti*, latin *tundō*, grec *Tūdeús*, *Tundáreōs* (“Tydée,” “Tyndare”); en **-bh-*, *Tupháōn*, *Tūphōn* (“Typhée”); en **-k-*, grec *túkos* “hache,” v. sl. *tuknǫtĭ* “frapper” (ŭ), *tykati* (ū); en **teu-* développé sur **tu-* < *$*t(h_2)$u-*, *Teûkros*, à formulaire *tóxōn eû eidōs*, *Iliad* 12.350, etc., “expert en l’arc,” *tóxos*, dont le nom, *$*th_2$-ok-so-*, est ainsi relié à celui de l’if, *$*th_2$-ek-so-* > latin *taxus*, matériau avec lequel sont empoisonnés les flèches et le breuvage “toxique” d’*Ephúrē* et fait l’arc de *Teûkros*, qui “frappe” par son *tóxos* fait en bois de *taxus*.

Ephúrē est le nom ancien de Corinthe, connu d’Homère (*Kórinthon*, *Iliad* 2.570, *Korinthóthi*, 13.664). S’il est conservé dans le passage du mythe de Bellérophon qui est un mythe d’écriture, c’est en fonction de celui-ci. D’une part, on connaît la relation de l’if à l’écriture, en germanique où la rune 13 du *futhark* porte le nom de l’“if,” et en celtique, par le mythe de Baillil: après la mort du héros, due à des calomnies en rapport avec une histoire d’amour — ce qui évoque le mythe de Bellérophon, envoyé en Lycie par le roi de Tyrinthe Proitos à la suite des calomnies faites à l’encontre du héros par l’épouse de ce dernier, du type Putiphar —, un if s’éleva sur sa tombe, et on en fit des tablettes en *ogam*. D’autre part, la toxicité de l’if a pu être mise en rapport par le poète avec le message de mort — sa propre mort — que Bellérophon doit apporter au père d’Anteia-Putiphar roi de Lycie, si bien que peut être en if le diptyque sur lequel Proitos a inscrit de nombreux “signes” (*sēmata*, 168) meurtriers: 169, *grápsas en pínaki ptuktôi thumophthóra pollá*, où les *sēmata thumophtóra* renvoient, en intertextualité, aux *thumophtóra phármak(a)* (en chiasme), les poisons meurtriers (*Odyssée* 2.329) ramenés d’une autre Ephyre par Télémaque pour empoisonner les prétendants, selon les craintes de ces derniers. Les signes inscrits sur le diptyque en if par le futur beau-frère (par les femmes) de Bellérophon, deux générations avant la guerre de Troie, doivent appartenir au linéaire B, inscrit sur des tablettes mycéniennes trouvées à Tirynthe, ce qui, comme le bois d’if du diptyque, est une énigme dans l’énigme.

Le second toponyme, troisième mot de l’énigme, contient une autre énigme, non plus lexicale comme *Ephúrē*, forme de conservatoire avec son arrière-plan culturel, mais syntaxique, une inclusion linguistique. Déjà, dans le ventre de leur mère, les jumeaux Acrisios et Proitos se disputèrent la souveraineté d’Argos et de Tirynthe. La première échut à Acrisios, la seconde à Proitos. Des deux villes jumelles *Árgos ... Tirúntha te*, *Iliad* 2.859, seule la première est nommée dans l'énigme; la seconde est cachée par une inclusion linguistique du type de *tóxa* pour "arc (et flèches)." On est d'autant plus enclin à croire que Bellérophon s'est embarqué pour la Lycie à Tirynthe que le nom est "lieu de Traversée" < **tr̥h₂-u-n-+-dho-* avec même traitement de **r̥* que dans sanskrit *tiráti*, et même thème en *-u* que hittite *tarh-u-* < **tr̥h₂-u-*; cf. *Tarantum* < **tr̥h₂-ént-o-*; Troie, *Troíā* < **troh₂-yā*; etc.; quant à *mukhôi*, on ne peut le comprendre comme un locatif, pour lequel on attendrait la préposition *en*, comme chez Pindare, dans un passage qui se rapporte à l'espace défini par l'énigme homérique (en sens inverse du point de vue de l'ordre des toponymes), N. 10, 41–42, *ástu tò Proí|toio ... Korínthou t'en mukhôis.* Cet espace est, avec un *datif de direction*, celui de l'extension d'une ancienne "*Taxaie* (nom ancien de Corinthe) *jusqu'au fond d'Argos et de Tirynthe*," soit du golfe de Corinthe au golfe d'Argolide. *Ephúrē* a changé son nom de *Taxaie* en *Corinthe* après les bouleversements qu'ont entraînés pour l'économie les déboisements de la forêt d'ifs dont l'activité a été remplacée par les activités maritimes des "cornes" (**kori-n-dho-*) que sont les golfes, cf. *Hali-karnassós* "Corne de la Mer," etc.

L'espace ainsi défini par l'énigme est celui des deux exploits de Bellérophon dans son mythe: le domptage de Pégase à Corinthe; son départ de Tirynthe pour la Lycie muni d'un diptyque en if, témoin d'une correspondance entre le roi de Tirynthe et celui de Lycie; c'est une transposition mythique d'un fait historique connu par des archives d'Asie mineure: l'existence de correspondances royales à la fin de l'âge de bronze, concernant notamment des alliances matrimoniales. L'espace défini par l'énigme est alors celui où s'unirent les maisons de Tirynthe, Corinthe, ainsi que de Lycie, destination du porteur de la tablette: Proitos, roi de Tirynthe, avait pour épouse une fille du roi de Lycie; et Bellérophon, issu d'une famille de Corinthe, épousera une soeur de cette dernière; encore des énigmes dans l'énigme syntaxique.

Il va en être de même dans l'exemple, à deux datifs, des portes des songes *keráessi...eléphanti*, prétendûment "en corne et en ivoire," en fait *datif et instrumental*, portes ouvertes *pour* les deux *cornes* (ajustées) de l'arc d'Ulysse *par* la clé à poignée *d'ivoire* de la clé de Pénélope ouvrant le trésor où se trouve l'arc de l'ordalie d'Ulysse, comme j'essaierai de le montrer, en commençant, comme dans l'exemple précédent, par l'élucidation d'énigmes autres que celle des datifs.

Ces portes sont les "portes jumelles des songes," *doiaì... púlai... oneírōn*, *Odyssée* 19.562, par un transfert des "songes jumeaux" de l'avestique, *Yasna* 30.3, *yəmā xᵛafənā*. La gémellité des songes est pour ainsi dire triple: ils peuvent être de bons rêves ou des cauchemars pour le dormeur; obscurs ou clairs pour celui-ci à son réveil avec ou non l'aide d'un(e) oniromancien(ne); se réaliser ou non, ou, comme dit le grec, être trompeurs, *ónar*, ou véridiques, *húpar* (cf. hittite *suppar-iya-*, d'un thème en **-r* hétéroclitique du thème en **-n-* grec *húpnos*, avestique *xᵛafəna*, latin *somnus* <**sw(e) p-r/n.*).

Peut être iconique de cette triplicité le fait que, dans l'*Odyssée* Pénélope fait trois rêves; les deux premiers ont la forme de dialogues entre la rêveuse et un(e) oniromancien(ne), dans le premier sa sœur dans le rêve, dans le second Ulysse, dans le rêve puis dans la réalité. Les trois rêves (*Odyssée* 4.793–841, 19.535–69, 20.85–90) sont articulés les uns aux autres de deux façons: par le thème de l'*hḗdumos húpnos* du premier, 793, "sommeil doux" en ce qu'il "fait oublier les bonnes et mauvaises choses" de la réalité, comme dit le troisième, 85–86, *epélēsen.../ esthlôn ēdè kakôn*, et par des récurrences lexicales et des antonymes concernant:

(a) la clarté du premier rêve, *enargés* 4.841, l'obscurité des rêves *amenēnôn, ainón* de 19.562, 568 (second rêve);

(b) les songes trompeurs ou véridiques, *ónar* ou *húpar*, 19.547, 20.90;

(c) la "clé de la porte des songes," *oneireíēisi pulēisi ... klēîda*, donnée de manière cumulative par le premier rêve en composition discontinue, 4.809 ... 838, et dissociée en *púlai oneírōn*, 19.562 (second rêve) et *klēîda* (action différée: 21.6.47).

Et l'affabulation du premier rêve nous livre la triplicité des songes jumeaux. Dans l'ordre du texte vient en premier la non-réalisation du rêve, un cauchemar qui fait de Pénélope une *oduroménēn* "se lamentant" (800; 819, 828); en second, le récit du cauchemar, fait des *odunāōn* (812) -en rapport étymologique avec le participe- des "douleurs" conformes dans le rêve à la réalité de ce que souffre Pénélope non endormie, par les soucis que lui donne le voyage de Télémaque parti s'informer du sort de son père (787–92 pour l'état de veille; 817–23 pour le rêve); en troisième, la clarté du songe (*enargès óneiron*) pour Pénélope réveillée, après les explications de l'oniromancienne.

Le troisième rêve (20.85–90), examiné ici avant le second en raison des énigmes nombreuses de ce dernier, donne le thème de l'oubli des bonnes et mauvaises choses procuré par le sommeil, "doux" dans le premier rêve; quant aux trois aspects des songes jumeaux, nous n'en connaissons que deux: Pénélope fait un bon rêve en voyant

Ulysse tel qu'il était à son départ (20.88–90), mais elle craint qu'il fasse partie des *oneírat(a) ... kakà*, 87; elle ne sait en effet pas s'il est un *ónar* ou un *húpar*, en l'absence d'un(e) oniromancien(ne), qui lui ferait comprendre s'il est clair (*enargès*) ou obscur (*amenēnós*).

C'est dans le second rêve que figure, parmi d'autres, l'énigme syntaxique des *keráessi...eléphanti*, " gémellaire " parce qu'elle est elle même double: par l'emploi de deux datifs (un datif et un instrumental) et par celui d'un pluriel (pluralisation d'un duel) et d'un singulier.

J'étudie, avant de la résoudre, la triplicité des songes jumeaux dans ce passage, délimité par les *óneirōn* de 535 et 538.

Vient en premier le caractère de cauchemar du rêve narré par Pénélope à Ulysse qu'elle n'a pas reconnu — un aigle a tué les vingt oies de son troupeau, 535–43. Mais ce cauchemar, dans le rêve même, est contraire à sa réalisation, comme le lui annonce l'oniromancien, l'aigle lui-même, 544–50: 547, *ouk ónar, all' húpar esthlón, hó toi tetelesménon éstai* "ce n'est pas un rêve trompeur, mais un rêve véridique qui se réalisera pour toi": les prétendants seront ces oies, et l'aigle, l'époux de Pénélope qui les tuera. À son réveil, la réalité est bien contraire au cauchemar: ses oies sont vivantes (551–53); et l'oniromancien Ulysse confirme l'oniromancie de l'aigle du rêve (555–58).

Vient ensuite la dissertation rhétorique de Pénélope sur les rêves en général, de dix vers (560–69) (traduction de Jacottet): "Les songes étrangers, sont confus et parlent peu clair (*óneiroi amēkhanoi akritómuthoi*, 560). Ils sont bien loin de tous se réaliser (*teleíetai*, 561) pour les hommes. Car, pour les songes vacillants, il est deux portes: l'une est faite de corne et l'autre l'est d'ivoire (562–63, *doiaì gár te púlai amenēnôn eisìn oneírōn*; | *hai mèn gàr <u>keráessi</u> teteúkhatai, hai d'<u>eléphanti</u>*); les rêves arrivant par l'ivoire scié (*eléphantos*, 564) sont rêves dérisoires, n'apportant que paroles vaines (*hoí r'elephaírontai épe' akráanta phérontes*, 565); mais ceux qui entrent par la corne bien polie (*xestôn keráōn... thúraze*, 566) cornent la vérité (*étuma kraínousi*, 567) au mortel qui les voit. Or, je doute que soit venu par là ce redoutable songe (*ainòn óneiron*, 568)."

L'énigme syntaxique (*keráessi/eléphanti*) n'est que l'une des nombreuses énigmes du passage, icôniquement adaptées au caractère énigmatique d'un rêve dont on ne sait si, *ónar* ou *húpar*, il se réalisera et, si oui, sous la forme d'un bon ou d'un mauvais rêve. La réponse sera donnée par la composition différée par laquelle sera expliquée l'énigme syntaxique, et qu'indique le futur *éstai* de 547.

La triplicité des songes jumeaux est traitée, au plan linguistique, par la gémellité des termes, antonymes, répétés, en paronomase, homonymes.

L'accomplissement est incertain: le rêve sera un *húpar*, selon l'oniromancien, 547, *ouk ónar, all' húpar esthlón, hó toi tetelesménon éstai*; mais la rêveuse n'en est pas sûre puisque, 561, *oudé ti pánta teleíetai anthrōpoisi*, avec répétition du verbe au parfait indiquant l'accompli. Ce thème est mis en rapport avec l'énigme syntaxique par l'instauration d'une relation entre la tromperie de l'*ónar* et la véracité de l'*húpar*, respectivement avec la corne et l'ivoire, en chiasme avec les *keraéssi...eléphanti* de l'énigme syntaxique: relation de la tromperie et de l'ivoire (*pristoû*, 564, "scié" au sens technique," mais aussi, en feuilletage hermétique, pour un espoir "scié") par la paronomase des eléphanti, eléphantos (répétition), 563, 564, et de *elephaírontai*, 565, pour les rêves "qui trompent"; de la véracité et de la corne par ce qui est plus qu'une paronomase, un rapport étymologique (au moins pour nous) entre *kéras* "corne," et, par métonymie de la "corne" pour la tête, *kraínō* "a-chever" (cf. français "chef" de *caput*), lui aussi d'une répétition gémellaire, par antonymie des deux formes verbales entourant *keráōn*, 566: *épe(a) akráanta*, 565 (opposition des paroles à l'action) dans le vers qui contient *elephaírontai*, et *étuma kraínousi*, 567, qui oppose à cette tromperie la vérité (*étuma*).

Le thème du bon et du mauvais rêve est inclus dans celui de l'accomplissement en *húpar*, opposé à *ónar* par l'onicromancien (547), mais aussi à la fin du passage, en gémellité, par la rêveuse, opposant, toujours en gémellité, son cauchemar, *ainòn óneiron*, 568, et la joie (*aspastón*) que leur apporterait, à elle et son fils, comme elle le souhaite, une réalisation de son rêve conforme aux prédictions de l'oniromancie (569, *aspastòn emoì kaì paidì génoito*): "je doute que soit venu par [la porte *keráessi*] ce redoutable songe: nous en aurions, Télémaque et moi, trop de joie" (trad. Jacottet).

En troisième lieu, le thème de l'obscurité des rêves, énigmatiques, est traité, encore en gémellité, par deux lexèmes et un distique. Les premiers, *amenēnôn* et *ainón*, reliés par *a-...no-*, sont aussi chacun le siège d'une gémellité, le premier par antonymie, le second par homonymie. *Amenēnôn...oneírōn*, 562, s'oppose non seulement à l'*enargés óneiron* du premier rêve (4.841), mais, dans la tirade de Pénélope, à l'isosyllabique *brotôn hòte kén tis idētai*, 567 ("quand l'un des mortels voit"). Il s'applique aux "songes obscurs," proprement "non visibles," privatif d'un dérivé de **men-* qui a gardé le sens ancien de la racine, "voir" (cf. anatol. *meni-/a-*), avant d'être employé pour la pensée dont le mode privilégié est la vision (cf. latin *mentis oculī*, etc.). Ce dérivé de **men-es-* (grec *ménos*, sanskrit *mánas*, etc.) en nasale est hérité: à côté de ce **menes-no-* le latin a *Menēnius* (Agrippa) < **menes-ni-o-* "doué de pensée"; leur est apparenté gr. *meneaínō* < **menes-°n-yo-* "être pris de fureur" (cf. *ménos*, qui montre que, comme d'une autre façon *autó-matos*, il s'agit d'une pensée en mouvement, cf. *menoináō* "être plein d'ardeur," étymologiquement "avoir l'élan de la pensée," composé de **men-*, nom-racine, et d'un dérivé en nasale lui aussi, de la racine de l'"élan," *$h_2$oi-*, à vocalisme *-o-*; cf. grec *hieròn ménos*, sanskrit *iṣirá- mánas*, à adjectif de *h_2i-s-*). "Obscur," un songe l'est par son caractère "énigmatique," ainón en lequel le poète a superposé deux homonymes: "redoutable" (cauchemar) et "énigmatique" (proprement "lié," cf. *Aínippos* "aux chevaux liés, harnachés"), adjectif oxyton à côté du substantif baryton *aînos* "énigme," de **sh$_2$-ei-* "lier" à psilose comme dans *Aisí-odos*, *Aísōpos* "Hésiode," "Esope"; un scholiaste a bien vu l'homonymie: *ainòn óneiron tòn thaumastòn ē phoberòn ē tòn skoteinón.*

Le distique 562 *doiaì gár te púlai amenēnôn eisìn oneírōn*
563 *hai mèn gàr keráessi teteúkhatai, hai d'elèphanti*

est truffé d'énigmes: deux lexicales, *amenēnôn* déjà vues, de plus *teteúkhatai* en feuilletage hermétique pour les portes et le poète, on le verra; deux syntaxiques, le pluriel du nom de la "corne" (pluralisation d'un duel, on le verra aussi et la paire de datifs *keráessi/eléphanti* par laquelle je commencerai).

Une traduction comme "l'une (des portes) est faite de corne, l'autre l'est d'ivoire" (Jacottet) est impossible pour des raisons syntaxiques très simples: elle ne tient pas compte de la différence entre pluriel et singulier; et la forme casuelle employée pour indiquer la matière n'est pas le datif, mais le génitif, comme l'*eléphantos* de 21.7, employé pour la poignée en ivoire de la clé de Pénélope, une "clé de l'énigme." Cette dernière ne pourra être résolue qu'en composition discontinue, par l'action différée du chant 21 (après les rêves de 19 et 20): clé à poignée d'ivoire par laquelle l'ex-rêveuse va agir en ouvrant la porte du trésor pour y prendre l'arc d'Ulysse fait de l'assemblage de deux cornes.

Cette action (qui s'oppose au rêve) est le troisième volet de la triade générale pensée-parole-action; des deux premiers, la pensée est représentée par le rêve, vision en pensée, cf. (*a-*)*menēnós*; la seconde l'est par les dialogues entre la rêveuse et les oniromanciens; la troisième est annoncée, bien avant d'être réalisée par ce que dit Pénélope juste après sa tirade sur les rêves: c'est l'ordalie d'Ulysse par l'arc, en fait par la flèche unique que lui seul sait faire passer par les trous de douze haches, leurs "yeux" par lesquels on enfonce les manches (*steileiês*, 21.422), 572–76; par la bouche de l'héroïne, la poète joue des deux sens de *áethlon*, "jeu" pour Ulysse, "épreuve" pour les prétendants: (trad. Jacottet): "je vais proposer une épreuve, celle des haches que ce héros naguère en son palais alignait, douze en tout...; et debout assez loin, il les traversait de sa flèche! Voilà l'épreuve que j'imposerai aux prétendants," et qui, comme chacun sait, n'a pu être réussie que par Ulysse.

Des récurrences lexicales relient les rêves à l'action différée en deux actes: pour Pénélope clé et ivoire; pour Ulysse cornes, et portes (*thúrai*, non *púlai*) reliant, dans le déroulement de l'énoncé, la rêveuse, l'héroïne en action, l'auteur de l'ordalie.

Et, d'abord, Pénélope: 21.6–12 (Jacottet) Elle "prit ... une belle clé (*kleîd*(*a*), 6) recourbée, tout en airain; la poignée en était d'ivoire (*eléphantos*, 7). Elle gagne la chambre ... tout au fond: là se trouvait les trésors du seigneur, le bronze, l'or et le fer bien battu. Là se trouvait aussi son arc ... et son carquois, où les flèches ... en grand nombre étaient logées." Puis (42–54), "lorsque la merveilleuse femme eut atteint le trésor et approché le seuil de chêne ... promptement, elle détacha la courroie du corbeau, introduisit la clé (*klēîd*(*a*), 47), poussa le verrou de la porte (*thuréōn*, 47) ... les beaux battants (*thúretra*, 49) mugirent sous le heurt de la clé (*klēîd*(*i*), 50), et s'ouvrirent bientôt tout grands ... Tendant la main, elle décrocha l'arc de sa cheville avec l'étui brillant dont il était entouré."

Puis Ulysse (21.393–95) "déjà, maniait son arc, le tournait en tout sens, le tâtait de côté et d'autre, craignant qu'en son absence les vers n'eussent rongé la corne" 395 (*mē kéra îpes édoien*). Le *kérā* donne "le mot de l'énigme" du pluriel de l'énigme *keráessi-eléphanti* dans laquelle il est enchâssé: avec abrègement de *-*ā* devant voyelle dans le vers, il s'applique à "deux cornes," duel *kérā* (< **-as-e* à désinence de duel < *-h_1*, comme dans *pód-e* "les deux pieds," latin *cornū* à *-ū* < **-u-h$_1$*), les deux cornes d'un animal ajustées ensemble pour faire un arc comme celui de Pandare, *Iliad* 4.109–10, passage qui offre aussi *kéră* < *kérā* devant voyelle. Ce duel est pluralisé dans les *keráessi* du rêve de 19.563, pour l'énigme des datifs *keráessi...eléphanti*, et, de là, dans *keráōn*, 566.

Enfin vient l'ordalie: "Quand il eut soupesé et examiné le grand arc ..., Ulysse sans la moindre peine tendit l'arc (409). De la main droite il prit la corde et l'essaya: elle rendit un bon son .... Il prit la flèche ... aiguë qui était auprès sur la table, hors du carquois .... La posant sur le manche, il tira la corde et l'encocha; sans même se lever de son siège, il lança le trait, en visant droit, il ne manqua pas une hache depuis le premier trou" (*steileiês*, 422, trad. Jacottet); et le trait chargé de bronze *dià diamperès êlthe thúraze*, 422, "alla tout au travers jusqu'à leurs portes," un *thúraze* qui se relie au *thúraze* de la dissertation de Pénélope: 19.566, *hoi dè dià xestôn keráōn élthōsi thúraze,* dit des songes "qui entrent par les deux cornes bien polies," par annonce des cornes bien polies de l'arc d'Ulysse auquel pourrait s'appliquer ce qui est dit de l'arc de Pandare, 4.109–10, *kéra.../askēsas keraoxóos ērare téktōn* "les cornes (de l'isard), un artisan, un polisseur de cornes, les a travaillées, puis ajustées ensemble" (Mazon).

Ce *thúraze* fait partie des récurrences lexicales qui, unissant rêve et action différée, permettront de résoudre l'énigme des datifs. Elles s'appliquent aux portes, à la clé, aux cornes, à l'ivoire. Parce que les portes ont deux noms, on s'arrêtera d'abord à ceux-ci et au problème de nombre qu'il pose au traducteur: *thúrai, púlai* sont des duels appropriés aux deux battants de la porte (*thúretra*, 21.49); mais, parce que *thúraze* s'applique aussi aux portes des douze haches et *doíai púlai* aux deux portes des songes (en quelque sorte deux fois un duel), j'ai par commodité traduit *les* portes. Pour le sens, *thúrai* est le vieux nom de la "porte" (cf. latin *forēs*, pluralisation d'un duel, etc.), *púlai* est d'emploi marqué pour des mythes de temps (porte des heures, *Iliad* 5.744, etc.), lui-même marqué comme temps de la nuit par des songes, non seulement *Odyssée* 4.809, 19.562, mais 24.12 pour Hermès psychopompe, ce qui nous achemine vers la nuit infernale et ses "portes d'Hadès"; *púlai Aídao, Iliad* 5.646, etc., *Aídao pulártao, Iliad* 2.367 (renouvelées dans l'énigme *Lēthoio...Pulaiméneos* d'*Iliad* 2.843...85, "qui attend à la porte du Lèthè"), cela jusque dans l'usage toponymique de *Púlōi en nekúessi, Iliad* 5.397, à peu près "à la porte (Pylos) chez les morts."

Les deux noms font partie des récurrences lexicales; celles-ci assurent une liaison d'autant plus solide qu'elles sont à la même forme casuelle, ce qui est le cas pour la "clé," *klēîda; "l'ivoire," eléphantos;* "vers les portes," *thúraze.* Les récurrences utiles à l'interprétation de l'énigme syntaxique sont absentes du troisième rêve (relié en second par *ónar...húpar*, 20.90 et 19.547). Je les indique donc pour:

A. Le premier rêve	**B. Le second rêve**	**C. L'action différée**	
oneireiēisi pulēisi	*púlai oneírōn*		
4.809	19.562		
klēîda		*thúras ... klēîd(a)*	} Pénélope
4.838		21.46...47	
	eléphantos	*eléphantos*	
	19.564	21.7	
	eléphanti		
	19.563		
	thúraze	*thúraze*	} Ulysse
	19.366	21.422	

J'ai encadré les récurrences qui expliquent l'énigme de l'"ivoire" (au génitif de matière en C, au datif pour l'énigme et au génitif par récurrence déictique en B) et des "cornes" (au datif pluriel en B, à l'accusatif duel en C, pluralisé en B). L'ivoire et les cornes de B sont à expliquer par l'ivoire et les cornes de C, l'ivoire de la poignée de la clé par laquelle Pénélope ouvre la porte du trésor où elle prend l'arc d'Ulysse, en corne — deux matériaux ouvrés, l'ivoire scié, 19.564, les deux cornes polies, 19.566, et ajustées comme celle de l'arc de Pandare, 4.109–10. Les portes des songes, jumelles par un transfert des "songes jumeaux" qu'offre l'avestique (transfert destiné à l'énigme *keráessi...eléphanti*) seront ouvertes comme la porte du trésor de l'action différée *"par l'ivoire de la clé"* cf. 21.7 *"pour les deux cornes (de l'arc),"* cf. 21.395, avec un chiasme entre les deux noms dans l'ordre des mots de l'énigme et le déroulement de l'action.

La manipulation des deux *datifs*, *datif* proprement dit "pour les cornes" et *instrumental* "par l'ivoire" a un signifiant dans l'énigme, *teteúkhatai*: le verbe s'applique à la fabrication non des portes mais de l'énigme, que le poète "forge," comme un forgeron une clé en bronze, telle celle de Pénélope (*khalkeíēn*, 21.8).

Les portes sont en effet métaphoriques: "la clé de la porte des songes" du premier rêve procède en effet de "la clé de l'énigme." Au départ, "on ouvre l'énigme comme une porte," en védique (où on ne connaît pas le nom de la "clé"), *Rgveda* 4.5.8, *gúhā hitám ápa vâr iva vrán*, avec un verbe (composé de **apo*) et un nom de la "porte" de

*h_1*w-er-* "ouvrir/fermer" (deux opérations complémentaires), cf. latin *aperiō* "ouvrir," osco-ombr. *ueru-*, litt. *vaȓtas*, etc., "porte." Cette métaphore, scindée en "porte" et "clé" ("porte de l'énigme" en védique, "clé de l'énigme" en français) en a engendré d'autres, en fonction de la nature des énigmes. Il peut s'agir de celle des mystères, que l'initié ne doit pas révéler, restant "langue liée," comme nous disons, ou "mettant une clé sur sa langue," comme Eschyle, *fragment* 316, *klēís epì glōssēi;* ou de celles d'un rêve "énigmatique," *ainón* (d'une racine "lier" [**sh*$_2$*-ei-*] cf. notre "langue liée"), comme dans "les portes des songes" du grec, ou notre "clé des songes."

Par la dernière des gémellités à apparaître ici, le poète a fait converger deux sortes d'énigmes dans la dissertation de Pénélope: énigmes syntaxiques posées par *keráessi...eléphanti,* concernant le nombre (duel pluralisé et singulier) et le syncrétisme d'un datif proprement dit et d'un instrumental; énigme des *oneireíēsi púlēisi... klēîda*, à laquelle on s'arrêtera une dernière fois pour la dissociation, en composition discontinue, de la porte et de sa clé: elle est conforme à l'action de Pénélope qui, en 21.43–47, s'arrête au seuil, *oudón* 43, de la porte, *thúras* 45, installée par un charpentier (43–45), avant d'introduire sa clé, *klēîd(a)*, 47. De même, au seuil de la porte métaphorique des songes, le rêveur n'en a pas encore la clé (celle d'un verrou à liens dont est métaphorique l'énigme-liage).

Tout le passage s'accroît d'énigmes par sous-entendus, omissions, de ce qui sera dit dans l'action différée. On doit donc comprendre le passage à "cornes et ivoire" d'*Odyssée* 12.562–67 ainsi:

> jumelles ont été forgées (par énigme) les portes des songes obscurs (dans la réalité, celles du trésor ouvert par Pénélope) *pour* (y prendre) les deux *cornes* (de l'arc d'Ulysse) *au moyen de* l'ivoire (de sa clé); des rêves, les uns vont par l'intermédiaire de l'ivoire strié: ce sont ceux qui le trompent en apportant des paroles sans réalisation; les autres vont par l'intermédiaire des deux cornes polies vers les portes (des haches); eux réalisent des choses véritables.

"Belles infidèles," les traductions? La mienne est moins belle que celle de Jacottet; plus fidèle je l'espère, à ce qu'a voulu dire le poète par des énigmes, compréhensibles seulement par l'action qui complète le discours. Infidèle aussi, la traduction de l'énigme de Bellérophon qui, posée à partir de la fonction d'un datif, nous a conduits non vers l'imaginaire comme les portes jumelles des songes, mais jusqu'au seuil de l'histoire, par l'écriture et les alliances matrimoniales préparées par des correspondances royales.[1]

Bibliographie

Bader, Françoise

2003 "Voyages d'Ulysse à Ephura: l'if, le poison et la nécromancie." *Ollodagos* 18: 41–76.

2005 "Songes jumeaux de l'avestique et clé des songes aux portes jumelles de l'Odyssée." *Journal Asiatique* 293/2: 397–457.

2006 "Bellérophon et l'écriture dans l'Iliade." Dans *Studi Linguistici in onore di Roberto Gusmani*, édité par by R. Bombi, pp. 41–71. Alexandrie: dell' Orso.

2009 "Frappes: du tonnerre à l'if, l'arc, le sanglier, l'ivoire, le bouc, la corne." *Bulletin de la Société de linguistique de Paris* 104/1: 107–26.

sous presse "Triades animales en avestique et en grec." *Studia Indo-Europaea.*

Bethe, Erich

1891 *Thebanische Heldenlieder: Untersuchungen über die Epen des thebanisch-argivischen Sagenkreises.* Leipzig: S. Hirzel.

Kirk, Geoffrey Stephen

1990 *The Iliad: A Commentary*, Volume 2: *Books 5–8*. Cambridge: Cambridge University Press.

Malten, Ludolf

1944 "Homer und die Lykischen Fürsten." *Hermes* 79: 1–12.

[1] Je remercie Raphaël Nicolle d'avoir mis en forme ce difficile manuscrit. J'ai exploité ici d'un point de vue syntaxique des faits tirés d'études consacrées à d'autres données: Bader 2003; 2005; 2006; 2009; et sous presse.

Wackernagel, Jacob, and Albert Debrunner
1930 *Altindische Grammatik*. 3 volumes. Göttingen: Vandenhoeck & Ruprecht.

16

LES MARQUES CASUELLES DANS LES DOCUMENTS PALÉO-SABELLIQUES ET LA MORPHOLOGIE DU GÉNITIF PLURIEL SUD-PICÉNIEN

Vincent Martzloff, Université de Paris IV - Sorbonne

Depuis la publication, en 1985, du livre fondateur d'Anna Marinetti, la communauté scientifique dispose d'une édition satisfaisante du corpus dit *sud-picénien*, documenté par 23 inscriptions, dont plusieurs datent de la fin du VIe siècle avant notre ère, ou du début du Ve. Des découvertes plus récentes, comme le cippe de Tortora, ont permis de dégager une province nouvelle de la dialectologie italique, le *paléo-sabellique*, dont le sud-picénien ne forme qu'un rameau. Nous acceptons la distinction, terminologique et conceptuelle, établie par Helmut Rix et Gerhard Meiser, entre *sabellique*, notion linguistique qui fait référence à l'osque, à l'ombrien et au paléo-sabellique (corpus sud-picénien, œnôtre, et autres inscriptions présamnites), et *italique*, entité linguistique plus vaste, qui englobe le latin, le falisque et les dialectes sabelliques, idiomes auxquels il faut peut-être joindre des langues dont la position linguistique reste controversée, comme le vénète et le sicule. Alors que le *paléo-sabellique* est attesté par plus d'une quarantaine d'inscriptions, le *proto-sabellique*, état de langue d'où procèdent les différents parlers sabelliques, n'est pas documenté, mais uniquement *reconstruit*. Si l'*existence* du proto-sabellique fait l'objet d'un large consensus qui en légitime la reconstruction, celle du *proto-italique* n'est pas admise de tous, même si l'on peut avancer de bons arguments en sa faveur. Rappelons, pour prévenir d'éventuelles confusions, que certains savants appellent *italique* ce que nous désignons, à la suite de Rix et de Meiser, sous le nom de *sabellique*.

Il est légitime d'étudier pour lui-même le corpus sud-picénien, qui forme un ensemble nettement à part dans l'épigraphie sabellique, à la fois pour le type d'alphabet employé, pour la longueur et la nature des documents, comportant des phrases aux structures élaborées, qui invitent de ce fait à une réflexion syntaxique, pour leur contenu aussi (allitérations et séquences isosyllabiques trahissent en effet parfois des textes poétiques), pour leur phraséologie, difficilement réductible aux formulaires habituels que présente l'épigraphie des autres parlers de l'Italie pré-romaine, et surtout pour la langue, singulière, dans laquelle ils ont été rédigés.

Les textes sud-picéniens sont nommés d'après les sigles de l'édition de Marinetti (1985), dont la nomenclature a été reprise dans les *Sabellische Texte* de Rix (2002: 67–70). La désignation des autres textes sabelliques se fonde également sur le recueil de Rix. Nous joignons, quand il existe, le numéro que porte l'inscription dans le recueil de Vetter (1953; en abrégé, Ve). Nous emploierons à l'occasion, pour désigner la langue considérée, le terme de "picénien," concurremment à celui de "sud-picénien." Le "nord-picénien" *pourrait* en effet être un corpus fantôme, comme l'a suggéré Agostiniani, avec des arguments qui ne laissent pas indifférent, dans plusieurs publications (1999 et 2003), si bien que l'opposition terminologique entre "nord-" et "sud-picénien" serait caduque. Il est néanmoins prudent d'attendre que des études ultérieures confirment, ou infirment, le point de vue d'Agostiniani. Mais, même si l'on prenait en compte les documents nord-picéniens,[1] il serait en droit préférable de réserver la dénomination simple, maniable et économique de "picénien" à notre corpus (en employant le terme *non marqué* pour l'entité courante), en l'opposant au "nord-picénien" (terme marqué pour une entité moins souvent citée). Toutefois, l'expression de sud-picénien s'étant aujourd'hui imposée aussi bien parmi les comparatistes des langues indo-européennes que chez les spécialistes de l'Italie préromaine, il nous semble raisonnable de la maintenir ici, d'autant qu'elle allie les mérites de la clarté et de l'exactitude géographique (même si certaines inscriptions ont été retrouvées fort loin de la partie méridionale du Picénum, comme le cippe RI 1 de Cures).

---

[1] En faveur de l'authenticité de la stèle de Novilara, voir, en dernier lieu, l'hypothèse de Lhôte (2006: 320–21).

Le présent travail a pour objet une question délicate de *morphographémie*, celle que pose le génitif pluriel. À ce point du paradigme nominal, on rencontrerait, selon l'opinion commune, une finale indifféremment épelée <-**om**>, <-**úm**> ou <-**um**>. Une analyse attentive du système *phonologique* de cette langue, combinée à des réflexions générales de *phonétique articulatoire*, et une approche *philologique* des textes doivent contribuer, malgré l'étroitesse du corpus, à remettre de l'ordre dans cette apparente anarchie graphique.[2]

Le génitif pluriel en sud-picénien: état de la question

Arrière-plan phonologique: les voyelles postérieures du sud-picénien

Dans l'état actuel de nos connaissances, le sud-picénien est le seul dialecte sabellique dans le système vocalique duquel se prolonge, encore à l'époque historique, la *distinction* des trois timbres des voyelles postérieures qui était caractéristique du proto-sabellique. Cet état de langue possédait en effet les voyelles /o/ ouvert bref, /ọ:/ fermé long, /u/ bref, et /u:/ long. En proto-sabellique, le timbre [ọ] fermé était normalement celui d'une voyelle longue, /ọ:/, issue de */o:/ italique à la suite de la *mutation vocalique* qui a également touché /e:/.[3] Dans sa préhistoire immédiate, le sud-picénien possédait quant à lui les voyelles postérieures /o/ et /o:/, /ọ/ et /ọ:/, /u/ et /u:/, et peut-être encore /å(:)/.[4] Or, à ce triplet *phonologique* correspond un triplet *graphique*, <**o**>, <**ú**>, <**u**>. Les locuteurs ont donc un répertoire graphique suffisamment riche pour que l'on soit en droit d'attendre d'eux une notation rigoureuse des voyelles d'arrière.

Cette triple représentation constitue un archaïsme remarquable, mais la perpétuation en sud-picénien de la *distinction phonologique* entre les reflets de ces trois timbres, bien qu'elle ne soit guère contestable, n'implique pas nécessairement le maintien, dans les *réalisations phonétiques*, des trois timbres en question sous une forme identique. Deux conceptions touchant l'organisation synchronique du système des voyelles d'arrière en picénien paraissent en effet recevables. D'un côté, il serait certes légitime de considérer que, pour la série postérieure, les *timbres* proto-sabelliques sont continués de façon linéaire en sud-picénien, et que, par conséquent, /o/ et /o:/ ouverts sont notés au moyen de <**o**>, /ọ/ et /ọ:/ fermés au moyen de <**ú**>, et /u/ et /u:/ au moyen de <**u**> (les lettres en question ne notent pas, en elles-mêmes, la quantité; l'indication de longueur semble être rendue par l'adjonction *facultative* de <**h**>, en fin de mot). On pourrait donc admettre, semble-t-il, une parfaite *symétrie* entre la série d'arrière et la série d'avant: /e/ et /e:/ ouverts seraient notés par <**e**>, /ẹ/ et /ẹ:/ fermés par <**í**> (du moins dans les inscriptions qui utilisent <**í**> avec une valeur vocalique), /i/ et /i:/ par <**i**>.

D'un autre côté, deux types de considérations déconseillent en réalité l'hypothèse d'une stricte homologie entre les deux séries. D'une part, une raison de *droit*. Comme l'ont fort justement souligné, à la suite des travaux d'André Martinet (1955: 99), plusieurs linguistes versés dans la dialectologie grecque, comme Ruipérez (1956: 69), Brixhe (1976: 31; 1989: 37 n. 46) et Bile (1988: 95 n. 92), l'espace articulatoire imparti aux voyelles postérieures est, à cause de l'*asymétrie* des organes de la parole, bien moindre que celui dont disposent les voyelles d'avant. Par conséquent, un système mettant en jeu /o(:)/ ouvert, /ọ(:)/ fermé, et /u(:)/ était, dans une certaine mesure, instable. On pourrait objecter, contre l'idée de cette instabilité, que le sud-picénien a hérité du proto-sabellique uniquement /o/ ouvert bref, /ọ:/ fermé long (issu de /o:/ ouvert long par mutation), /u/ bref, et /u:/ long. Mais la langue a recréé un /o:/ long ouvert (attesté dans les datifs singuliers en -**oh**, comme **puqloh** "pour le fils" en AQ 1, mais qui devait se rencontrer ailleurs dans la langue[5]), et a complété la série en introduisant un /ọ/ bref fermé (par exemple dans la désinence verbale -**túr** issue, par changement conditionné, de *-*tor*, et dans la finale

[2] L'auteur tient à remercier les organisateurs et les participants pour leurs observations, notamment Messieurs les Professeurs Luciano Agostiniani (Pérouse), Dominique Briquel, Charles de Lamberterie, Georges-Jean Pinault (tous trois Paris) et Paolo Poccetti (Rome). Nous devons également à Michael Weiss (Cornell University) d'appréciables échanges de points de vue par courriels interposés (juillet 2007): qu'il trouve ici l'expression de notre vive reconnaissance.

[3] Sur la mutation vocalique, voir Rix 1983: 95–100, repris dans *Kleine Schriften*, 2001: 140–45, Meiser 1986: 39–52, et Adiego Lajara 1993: 13–15.

[4] Nous laissons ouverte la question de la possible présence de /å(:)/, dont Meiser a montré l'existence et le statut *phonématique* pour l'ombrien (1986: 44, 151–52). L'évolution *-*ā* > *å*(:) a dû avoir lieu à un moment donné de la préhistoire du sud-picénien à en juger par **haliβatú** de AQ 3 (-**tú**, correspondant au morphème ombrien -**ta**, -**tu**, -*to* de valeur séparative, implique *-*tå*(:) < *-*tā*), mais on ignore si ce */å(:)/ a gardé son timbre spécifique jusqu'à l'époque de nos inscriptions, ou s'il s'est confondu avec le reflet de /ọ(:)/ en AQ 3 (d'où la notation par <**ú**>) ou de /a(:)/ dans les inscriptions autres que AQ 3 (ainsi dans le nominatif singulier **qora** de CH 1b). L'existence de /å(:)/ n'aurait aucune incidence sur le raisonnement exposé ici. Nous n'abordons pas non plus la description des diphtongues, aspect qui est sans conséquence pour notre argumentation.

[5] Notamment en cas d'allongement compensatoire, par exemple dans une ancienne séquence **okt*-.

-úm qui, nous le verrons, s'oppose à **-om**). En outre, si, mais c'est incertain, le picénien a connu, comme l'osque et l'ombrien, une tendance à neutraliser les oppositions de quantité en syllabe atone,[6] il y avait sur le long terme, du fait de l'espace articulatoire restreint, un risque d'empiètement entre les domaines de /o/ ouvert et de /ọ(:)/ fermé, et aussi entre ceux de /ọ(:)/ fermé et de /u(:)/. La fragilité d'un tel système, entièrement symétrique, est donc bien réelle. On s'attend donc à ce qu'une restructuration le modifie en profondeur.

D'autre part, une raison de *fait*. Plusieurs indices phonétiques, décelables à l'examen du corpus, portent à croire que le <**u**> sud-picénien pouvait être réalisé soit [^{i}u(:)] (voyelle d'attaque palatale), soit [ü(:)] (voyelle fermée antérieure arrondie[7]), soit même [^{i}ü(:)]. En premier lieu, /u(:)/ palatalise /l/, dont la réalisation contextuelle est alors notée <**d**>, ce qui permet de rendre compte des séquences graphiques <**kd**>, <**qd**> et <**pd**> qui seraient difficilement explicables sinon. Rix (1994) a ainsi pu établir les correspondances entre le picénien **kduíú** (P1 sing. indicatif présent) et le latin *clueō* (**kluēō*) d'une part, et entre **qdufeniúí**, datif d'un constituant onomastique, et le latin *Clufennius* / *Clúfennius* (*CIL* III, 4793, 4897, 11512) d'autre part. Dans son étude de 1994, Rix a suggéré, sans la développer, une interprétation de **pdufem** (CH 1a) à partir de la racine **plew* "couler" (p. 117). Bien que la morphologie de **pdufem** reste mystérieuse, cette hypothèse ne manque pas d'attrait, vu la présence, à proximité, du mot **bie** qui rappelle les désignations sabelliques de la "fontaine": ombrien *bia* (Um 6: Ve 234), *bio* (Um 7: Ve 233), pélignien *biam* (Pg 1: Ve 212), nord-osque *bea* (MV 3).[8] Dans ce cas, ce qui est noté <**u**> aurait modifié /l/ aussi bien après /p/ qu'après /k/. En revanche, on n'observe pas une telle évolution de /l/ devant les voyelles notées <**ú**>, <**oh**> ou <**a**> puisqu'on rencontre **múfqlúm** (TE 5), **puqloh** (AQ 1), **praistaklasa** (TE 5). Comme l'a bien vu Rix, il est très probable que c'est un mécanisme de *palatalisation* qui a été à l'œuvre dans l'altération de /l/, puisque la même transformation est déclenchée également par /e/ dans **d[i]kdeintem** (AP 3). Reprenant à notre compte ce point de l'argumentation de Rix, nous avons proposé[9] d'analyser **d[i]kdeintem** comme l'univerbation par sandhi d'un syntagme **dikelā agentem* ("qui fait montre [des exploits]"). Dans ce cas, le yod secondaire, issu de l'altération de **-g-* (alors que la *sourde* **-k-* résiste dans **dikelā*), palatalise le **-a-* qui précède en **-e-* (**-ā-agentem* > **-a(:)g'entem* > **-a(:)j(e)ntem* [ou **-a(:)jintem*] > **-**eintem**,[10] mais en TE 5 **aitúpas**, issu de **agetā hapās*, préserve son *ai-* à l'initiale[11]), si bien que, après l'élision de **-ā* ou sa contraction avec le **a-* consécutif, et après la syncope de **-e-* dans **dikelā*, le **-l-* s'est retrouvé placé entre **-k-* et **-e-*, position dans laquelle il a été sujet à la palatalisation (comme dans **kduíú**). Cette analyse de **d[i]kdeintem** est justifiée par le remarquable parallèle phraséologique qui en résulte entre les inscriptions AP 3 et TE 5. En effet, la figure étymologique que présente **[dikd]eintem atím** (**[dikelā] **ag**-e-nt-em **ag**-ti-m*[12]) d'AP 3 correspond à celle de TE 5: **[pov]aisis [pid]aitúpas** (**[k^{w}ō] **ag**-sī-s [k^{w}id] **ag**-et-ā hap-ā-s*[13]) "[afin que] tu fasses [ce que] tu as fait." L'accusatif neutre pluriel **dikelā* ("démonstration, fait de montrer"), apparenté à **deiktam** de CH 1a, répond à **múfqlúm** de TE 5, qui signifie également "démonstration." Pour expliquer l'élimination du *-e-* qui suit le *-j-*, une première possibilité serait d'admettre une syncope, en polysyllabe syntaxique long, de *-e-* devant *-nt-*, soit que la syncope ait été occasionnellement possible devant *nasale* plus occlusive comme elle l'est devant *sifflante* suivie d'occlusive et de sonante (**múfqlúm** < **monestlom*),

---

[6] Si l'on accepte un tel abrègement, il faut admettre qu'il est antérieur à l'allongement compensatoire dû à la chute de *-d* (qui a produit **-úh**) et à la monophtongaison des diphtongues (qui a donné lieu à **-oh** et à **-eh**), phénomènes par lesquels la langue a réintroduit des oppositions de quantité en syllabe finale atone. Mais il se peut qu'une seconde vague d'abrègements ait eu lieu bien plus tard, ce qui expliquerait l'absence de **-h** dans l'ablatif **spolítiú** (BO 1).

[7] Sur l'articulation du /ü/ français (noté /y/ dans les conventions de l'*Alphabet Phonétique International*), voir Grammont 1950: 90–91.

[8] Sur ces termes, voir Lejeune 1976: 560–70 et De Simone 1962: 64–66.

[9] Martzloff 2008: 82.

[10] Cette évolution est exactement comparable à celle que connaît l'ombrien dans **feitu**, **fetu**, *feitu*, *fetu* et dans **eitipes**. Ainsi, **feitu** s'explique comme le reflet régulier de **fakitōd*, avec une évolution **faki-t*^{o} > **faχ'ẹt*^{o} > **faχ't*^{o} > **fajt*^{o} > *fejt*^{o} (Meiser 1986: 124). De même, en s'inspirant de l'analyse de Meiser (1986: 128), on peut transposer la P3 plur. de parfait **eitipes** "*egerunt*" en une périphrase verbale **agetā hēpens*.

[11] En réalité, on ne peut déterminer à coup sûr si le maintien de *ai-* à l'initiale de **aitúpas** dans *cette* inscription est un phénomène *phonétique*, ou si le vocalisme radical a été retouché par *analogie* de l'indicatif présent (*ej-* refait en *aj-* d'après *ag-*). Comme l'explique Meiser (1986: 124–25), une telle réfection du vocalisme est attestée en ombrien dans **aitu** issu de **agetōd*. On attendait en effet **age-t*^{o} > **aγ'ẹt*^{o} > **aγ't*^{o} > **ajt*^{o} > *ejt*^{o}. Les locuteurs de l'ombrien ont pu sentir le besoin d'une restitution du vocalisme dans **aitu** parce que c'est l'*initiale* du mot qui est concernée (à la différence de **feitu**), et qu'il s'agit du thème de *présent* (ce qui justifie que l'initiale de **eitipes** n'ait pas été remaniée).

[12] L'accusatif sud-picénien **atím** est à comparer à l'ablatif pluriel ombrien **ahtis(per)**. Sur cette forme, voir Meiser 1986: 250 n. 3, "die Handlungen," et Weiss 2007: 369, "the acts". La séquence [**dikd**]**eintem atím** signifierait "le fait de faire montre," "l'acte de faire montre."

[13] Cette interprétation fait l'objet d'une discussion détaillée dans notre étude de 2008 (pp. 75–77 et 82): **aisis** s'explique comme une deuxième personne sing. du type *āxim*, *faxim*. Sur ces formes du latin archaïque, qui d'un point de vue formel et descriptif ne relèvent ni de l'*infectum*, ni du *perfectum*, on consultera l'ouvrage de De Melo (2007: 191–223, 306–27, 371–72).

soit que la syllabation ait été remodelée ici suivant la frontière de morphèmes (*a.ge.-nt-em*, plutôt que *a.gen.tem*). Néanmoins, qui doute de la possibilité d'une telle syncope pourra, alternativement, supposer une fermeture de -*e*- en syllabe fermée sous l'effet du -*j*- qui précède: *-*a*(:)*g'entem* > *-*a*(:)*jentem* > *-*ejintem* > -**eintem.**[14] On constate que l'altération de -*l*- a dû avoir lieu *après* la syncope de -*e*- entre -*k*- et -*l*-, et sous l'effet d'une voyelle palatale elle-même *secondaire*: il doit donc s'agir d'un phénomène relativement tardif dans la préhistoire de la langue, ce qui ne surprend pas, vu que le *fronting* de /u/ que suppose **kduíú** est certainement lui-même récent. Finalement, puisque l'altération de /l/ après /k/ ou /p/ est possible devant les voyelles notées <**u**> et <**e**>, mais non devant <**a**>, <**ú**>, <**oh**>, nous tenons un indice significatif qui porte à croire que les voyelles notées <**u**> doivent sinon appartenir à la série antérieure, à l'instar de <**e**>, du moins posséder une attaque palatale. Or cette hypothèse est confirmée par d'autres observations.

En second lieu, c'est <**u**> qui note le reflet [ü:] de *-*oi*- dans **persukant** de TE 6 (dénominatif de **soikā*; le sens est incertain, mais l'on a comparé avec vraisemblance les verbes ombriens **prusikurent** et **sukatu**,[15] d'une racine **seik*-, *LIV*² p. 522), alors que *-*ou*- se monophtongue en une voyelle notée <**ú**>, comme le montrent **tútas** et **panivú**[16] sur un autre cippe de Penna S. Andrea (TE 5). Une telle monophtongaison de *-*oi*- en [ü:] est acceptable en elle-même, et trouverait un parallèle en béotien.[17]

En troisième lieu, il n'est guère satisfaisant, malgré les apparences, de considérer que la forme **esum** (TE 4) "je suis" soit exactement identique à *esom* du latin archaïque.[18] En effet, /o/ n'est jamais noté <**u**>, et si l'on supposait une fermeture de /o/ due à l'enclise, on aurait plutôt attendu **<**esúm**>.[19] Ainsi <**súhúh**> (TE 1) "*suo*" implique-t-il une évolution **sowōd* > **sowọ*(:)*d* > **sọ*(*w*)*ọ*(:)*h* [enclise] > /*sọọ*:/ noté <**súhúh**> (Weiss 2002: 357). Il en va de même pour **súaís** (AP 2). À cet argument, en lui-même non dirimant, car <**u**> pourrait être, à la rigueur, une simple négligence pour <**ú**>, s'ajoute l'existence d'une forme -**sim** (CH 1a, indicatif) de même sens, avec élision inverse,[20] dans **ekúsim** ("*ego sum*") et **rufrasim** ("je suis **rufra**"[21]). Or, tout comme **meitims** "présent," issu de **meitmos* (gotique *maiþms* "don"), -**sim** témoigne du dégagement par -*m*- d'un point d'appui vocalique de timbre [i]: **esmi* > *(*e*)*sm*(*i*) > **s*ᵒ*m* > **sim.**[22] La dualité, apparemment irréductible, de -**sim** et de **esum** disparaît dès lors que l'on admet que <**u**> note ici un phonème dont la réalisation peut être proche de [i] (selon que les lèvres sont plus ou moins étirées). Le couple -**sim** / **esum** rappelle donc extérieurement le binôme *maxime* / *maxume* du latin.[23] De façon analogue, mais pour les longues, on trouve employé, en béotien récent, <ει> (valant normalement /ī/) pour noter /ü:/, reflet de /oi/ (Ruipérez 1956: 80; Buck 1955: 32). Notre analyse du picénien **esum** (TE 4), dans lequel nous nous refusons à voir une notation de /esom/, ne préjuge en rien de celle du présamnite **esum** (Ps 4, 5).

Ajoutons, en quatrième lieu, un témoignage indirect: si l'on était en droit de tirer de l'indication de Varron (*ciprum Sabine bonum*, *LL* 5, 159) des conclusions applicables au sud-picénien (on sait en effet que, dans certaines inscriptions picéniennes au moins, "Sabin" semble fonctionner comme autoethnonyme: **safinús** et **safinas** en TE 5), alors on aurait, apparemment, une confirmation de ce que le <**u**> des adverbes **qupíríh** (AP 2) et **kuprí** (AQ 2) note un phonème réalisé par un son intermédiaire entre [i] et [u].[24]

---

[14] On citera, comme parallèle approximatif, les formes ombriennes **herinties** (Um 21: Ve 229a) et **herintie** (Um 22: Ve 229b) fondées sur le participe présent d'un thème **her-ye/o*-: */heryent-/. Dans cette variété d'ombrien, le -*e*-, placé entre -*ry*- (ou -*r'*-) et -*nt*-, a pu se fermer en [i] selon un changement conditionné. Cette analyse, de nature phonétique, paraît préférable à l'hypothèse d'une réfection morphologique de **heryent*- en **herẹnt*- sous la pression du thème de présent **herĭ*- > **herẹ*- (Meiser 1986: 112).

[15] Sur ces formes, voir Meiser 1986: 87–88; Meiser 1987b: 115; Rix 1994: 107; et García Castillero 2000: 338–39.

[16] Il n'est pas nécessaire de voir en **tútas** de TE 5 une faute pour ***toútas** (possibilité suggérée par Janson 1993: 157 n. 15 et par Schrijver 2005: 585) car TE 5 fournit un second exemple de monophtongaison dans **panivú** que Meiser (1987a: 118) a comparé, avec beaucoup de vraisemblance, à la conjonction *quamdiū* du latin: */kʷām+dieu/ > */pāndiou/ > */pandiou/ (loi d'Osthoff) > */panniou/ (assimilation) > */panniọ:/ réalisé [pan(n)iwọ(:)].

[17] Ruipérez 1956: 80; Lejeune 1972: 231; Schmitt 1977: 70. Le passage de *-*oi*- à [ü:] a eu lieu en béotien alors que ce dialecte ne connaît pas de palatalisation générale de /u(:)/ en /ü(:)/ (Buck 1955: 28; Brixhe 1996: 120). Sur la représentation de /u(:)/ par <ιου> après apicale uniquement, à partir du IIIᵉ siècle, voir Brixhe (1978: 69; 1996: 133–36): le yod est un son de transition devant la voyelle d'*arrière* /u(:)/.

[18] Sur cette forme, voir Vine 1998: 261.

[19] Rix (1996: 252) écrit par erreur "*esúm* AP 4." Il faut lire "*esum* TE 4."

[20] Sur cette notion, voir Lejeune 1972a: 320.

[21] Eichner (1993: 62), à qui l'on doit cette analyse, considère que **rufra** signifie "rouge." Sans nous prononcer ici sur l'exactitude de cette étymologie, bornons nous à signaler, à propos du cippe AQ 3 de Casteldieri, que "[u]na pulitura delle incrostazioni che coprivano la superficie ha rivelato l'esistenza di tracce di colore rosso che, originariamente, doveva coprire tutta la faccia della pietra" (Cianfarani 1969: 82). Sur les valeurs symboliques dont la couleur rouge pouvait être porteuse, voir les réflexions de Petersman (1991, *Kleine Schriften*, 2002: 94 n. 7).

[22] Eichner 1993: 62 n. 47.

[23] Voir Sommer et Pfister 1977: 88–89. On trouvera chez Goidanich (1950) une présentation, avec un essai d'interprétation, des témoignages des grammairiens relatifs à ce problème.

[24] Néanmoins, la force de l'argument doit être relativisée, car il pourrait s'agir d'un changement *contextuel*: *-*u*- > -*i*-, *au contact d'une*

Ces considérations phonologiques inviteraient, en cinquième lieu, à repenser la distribution graphique de <q> et de <k>. Le sud-picénien ne paraît pas suivre avec constance la "loi *kacriqu*" qui règle la distribution de <**k**, **c**, **q**> dans une partie de l'épigraphie étrusque. Si on laisse de côté le gamma (qui apparaît dans **trebegies** TE 5, mais qui a la valeur de *β* dans **úlúβerna** de BA 1) pour se concentrer sur <**q**> et <**k**>, on observe des flottements. On trouve ainsi **kduíú** (CH 1b) en regard de **qdufeniúí** (TE 7). En réalité, le <**u**> notant probablement, en sud-picénien, une voyelle à attaque palatale, c'est paradoxalement **kuprí** (AQ 2) et **kduíú** (CH 1b) qui doivent être considérés comme réguliers dans la mesure où le choix de <**k**> y est phonétiquement motivé (**kduíú** jouxte d'ailleurs le non moins régulier **qora** en CH 1b, l'opposition entre <**qo**> et <**kdu**> étant ici significative), tandis que **qupat** (MC 1, AP 3), **qupíríh** (AP 2) et **qdufeniúí** (TE 7) résultent d'une application mécanique, non réfléchie, de la loi *kacriqu* transposée en sud-picénien, à moins que l'initiale de **qdufeniúí** ne soit due à l'analogie du *double* <**q**> de <**[o]psúq qoras**> qui précède immédiatement (cela est d'autant plus probable que la même inscription présente l'opposition graphique attendue dans **brímeqlúí** et **okreí**). Mais il faut reconnaître que certains flottements ne semblent répondre à aucune logique simple, notamment devant <**o**> et <**ú**>: on trouve **koram** (AQ 2) à côté des graphies attendues **qolofítúr** (AP 2), **qoras** (TE 7), **qora** (CH 1b), **puqloh** (AQ 1). Devant <**ú**>, on attend <**q**> (**aúdaqúm** AP 1, **múfqlúm** TE 5, **brímeqlúí** TE 7), mais l'on trouve aussi <**k**> sans raison apparente dans **knúskem** CH 2 et dans **ekúsim** (CH 1a) dont l'orthographe est inexplicable dans le cadre de cette analyse. Mais, dans la plupart des cas, on peut entrevoir une justification pour ces caprices. Ainsi **knúskem** *pourrait* être analogique de **postiknam** qui précède, et l'on *pourrait* expliquer l'initiale inattendue de **koram** (AQ 2) en alléguant l'influence de **kuprí** (régulier) qui figure juste avant. De même, **qupíríh** pourrait imiter **qolofítúr** qui précède.[25] Il est possible que les auteurs de certaines inscriptions aient ignoré toute opposition entre <**k**> et <**q**>, comme CH 2 et CH 1a (mais pas CH 1b dont le système orthographique est très différent). On insistera sur CH 1b qui présente manifestement un *contraste* graphique, traduisant certainement une opposition significative, entre **qora**, avec <**q**> devant voyelle d'arrière, et **kduíú** avec un <**k**> justifié, car <**u**> doit noter une voyelle antérieure (en tout cas une voyelle d'attaque palatale).

Soulignons que l'utilisation de <**u**> pour noter /w/ consonne dans **uepetí[** RI 1, **uepetín** MC 2, **suaipis**, **ehuelí** TE 1, **[u]elíúm**, **uelaimes** CH 1b et **taruis** AP 4 n'est pas une objection, au contraire, car il ne s'agit pas d'un usage général, puisque beaucoup d'inscriptions utilisent soit <**v**> (**veiat**, **vepetí** MC 1; **viam**, **videtas**, **vepses**, **vepeten** TE 2; **povaisis**, **panivú** TE 5), soit <**ú**> (**noúínis** AP 5; **poioúefa** CH 1a; **[k]aúieh**, **kaúieis** AQ 1; **boúediín** AQ 3). Les graphies du type **uelaimes** (avec <**u**>) sont mécaniques, tandis que l'emploi de <**ú**> pour /w/, surprenant au premier abord, est en fait réfléchi: <**ú**>, qui, en fonction vocalique, rendait une voyelle d'arrière assez fermée, était senti comme une notation plus appropriée que <**u**> pour noter /w/ dans les inscriptions qui ignoraient l'usage de <**v**>.

Finalement, en sud-picénien, <**u**> doit noter [ⁱu(:)], ou même [ü(:)]. Si c'est le cas, il est loisible de supposer que le passage de [u] à [ü] a eu pour fonction de *délester la série postérieure surchargée*, et d'éviter l'empiètement des champs de dispersion de /o/, de /ọ/ et de /u/ (de même pour les voyelles longues correspondantes). Par conséquent, si l'on va jusqu'à considérer non pas simplement que /u/ était réalisé [ü], mais que le phonème */u/ du pré-picénien est représenté par un phonème /ü/, alors rien n'interdit (mais rien n'impose non plus) de considérer que <**ú**> note non pas [ọ(:)], mais [u(:)], réalisation de /ọ(:)/. Cette prononciation [u(:)] serait naturelle, en ce qu'elle permettrait d'accroître le contraste acoustique entre les deux voyelles qui restent dans la série postérieure, et donc de minimiser les risques d'empiètement sur leurs champs de dispersion respectifs, en assurant les marges de sécurité suffisantes[26] pour éviter toute confusion. Il en résulte, et c'est là un point essentiel, que des confusions, de la part des locuteurs, entre les timbres des voyelles notées <**o**>, <**ú**> et <**u**> sont *a priori* très improbables.

---

labiale. Un tel changement phonétique est précisément attesté en nord-osque dans *cibat* (MV 7), par opposition à la forme *incubat* (Pg 10) du pélignien, un autre dialecte nord-osque (De Simone 1962: 68, Jiménez Zamudio 1986: 44, Meiser 1987b: 110).

[25] Cela n'aurait rien de surprenant, puisque sur la face A du cippe AP 2, <**h**> a été consciemment ajouté, sans valeur phonétique propre, à **matereíh** et à **patereíh** d'après l'analogie graphique de **qupíríh**, **arítih**, **ímih** et **puíh**, si bien que, sur la face du cippe où ils figurent, tous les mots, en dehors du verbe (**qolofítúr**), se terminent par **-h**. Sur la face B, à part **estufk** et le verbe **adstaíúh** (qui lui se finit justement par <**h**>), tous les mots se terminent soit par <**m**> (**púpúnum**, **meitimúm** aux deux extrémités), soit par <**s**> (**apaiús**, **súaís**, **manus**), les lettres <**s**> et <**m**> donnant à l'œil l'impression d'être identiques, à une rotation près. Les deux termes exclus, **estufk** et **adstaíúh** présentent d'ailleurs une séquence <**st**>, et les trois derniers termes (**súaís**, **manus**, **meitimúm**) commencent par <**s**> ou par <**m**>. Les initiales identiques de **qupíríh** et de **qolofítúr** contribueraient à cette recherche esthétique de l'harmonie graphique, frappante à la seule vue d'une photographie du cippe.

[26] Martinet (1955: 47) appelle "champ de dispersion" la latitude qu'a un sujet pour réaliser un phonème dans un contexte donné. Le champ de dispersion d'un phonème n'est normalement pas immédiatement contigu à celui de ses voisins : ces phonèmes sont séparés par ce que Martinet nomme une "marge de sécurité" (1955: 47–48).

En conclusion, il nous semble nécessaire de renoncer, pour le système vocalique du sud-picénien, à l'hypothèse d'un système strictement *symétrique* qu'illustrerait le schéma suivant, qui se limite aux voyelles brèves[27] (diagramme A):

Diagramme A:

/i/ <**i**>						/u/ <**u**>
	/ẹ/ <**í**>				/ọ/ <**ú**>	
		/e/ <**e**>		/o/ <**o**>		
			/a/ <**a**>			

Toutefois, le diagramme A n'est pas pour autant dénué de toute valeur linguistique: simplement, il reflète l'état instable qui a pu être celui du vocalisme sud-picénien à un moment qui a *précédé de peu l'époque historique*. Pour le sud-picénien tel qu'il est attesté dans les inscriptions, nous préférons adopter le système, plus réaliste, reflété par le diagramme B ci-dessous:

Diagramme B:

/i/ <**i**>		/ü/ <**u**>			
	/ẹ/ <**í**>				/ọ/ <**ú**>
		/e/ <**e**>		/o/ <**o**>	
			/a/ <**a**>		

Il est également possible, mais non nécessaire, que la recherche d'un contraste plus net entre les deux voyelles d'arrière ait conduit les locuteurs à une réalisation, générale et non pas occasionnelle, [u] de /ọ/, et [u:] de /ọ:/, voire à un déplacement des phonèmes /ọ/ et /ọ:/ vers /u/ et /u:/.[28] On aboutirait au système représenté par le diagramme C:

Diagramme C:

/i/ <**i**>		/ü/ <**u**>			/u/ <**ú**>
	/ẹ/ <**í**>				
		/e/ <**e**>		/o/ <**o**>	
			/a/ <**a**>		

Dans la suite de notre étude, nous admettons que le modèle proposé dans le diagramme B reflète adéquatement le système vocalique picénien (abstraction faite des quantités et des diphtongues). Nous aurons toutefois l'occasion de tester la validité du diagramme C.

Soulignons avec force qu'il existe un lien structurel entre le *maintien* en sud-picénien de trois reflets *différenciés* des trois timbres des voyelles postérieures du proto-sabellique d'une part, et d'autre part le *déplacement vers l'avant* des voyelles /u/ et /ū/, au timbre le plus fermé. Sans ce *fronting*, /ọ:/ se serait probablement confondu avec /ū/, comme c'est le cas en ombrien.[29] L'*archaïsme* phonologique de la triple représentation n'a donc pu se maintenir qu'au prix d'une *innovation*, celle d'un *allègement* de la série postérieure qui a enrichi la série des voyelles d'avant.

Il résulte de ces réflexions préliminaires que les champs de réalisation des timbres vocaliques notés <**o**>, <**ú**>, <**u**> devaient être séparés les uns des autres par des marges de sécurité suffisamment grandes pour que l'on puisse écarter d'emblée tout risque de confusion phonétique entre eux. On est donc en droit de supposer une utilisation non arbitraire des lettres <**o**>, <**ú**> et <**u**>.

[27] Nous laissons de côté la possible présence de /å(:)/.

[28] Adiego Lajara (1990: 11) estime que l'utilisation de <**ú**> pour noter /w/ consonne dans plusieurs inscriptions (là où d'autres emploient <**v**> ou <**u**>) serait un indice du caractère très fermé de <**ú**> voyelle, valant quasiment [u(:)]. Toutefois, en ombrien écrit en alphabet latin, le produit de la monophtongaison de *-*ou*- est rendu par <*o*> (*tota, totam*). Il en va de même pour le nord-osque (*totai* à côté de *toutai*, Rapino, MV 1: Ve 218). Puisque c'est <**ú**> qui note le fruit de la monophtongaison de *-*ou*- en sud-picénien (**tútas** TE 5), ce <**ú**> devrait correspondre plutôt à un [ọ:] très fermé qu'à un véritable [u:].

[29] Comme l'a souligné à juste titre Meiser (1986: 50-52), le sort de */ọ:/ dans la préhistoire de l'osque est beaucoup plus difficile à cerner.

Le problème morphonologique posé par la finale de génitif pluriel en sud-picénien

Du point de vue diachronique, on a considéré que les aboutissements des voyelles /o/ et de /ọ:/ (issu de */ō/ italique) du proto-sabellique n'étaient pas les mêmes en sud-picénien, selon que les voyelles en question figuraient en syllabe finale ou non. C'est le point de vue défendu par Michael Weiss dans un article récent et fondamental, au titre significatif: "On Some Problems of Final Syllables in South Picene" (1998). Pour les syllabes non finales, les correspondances entre proto-sabellique et sud-picénien sont claires.[30] Quand il n'est pas premier élément de diphtongue, *-*o*- bref est reflété, sauf conditionnement particulier, par /o/ noté <**o**>: **postin** TE 2 (latin *post*), **tokam** TE 2 (latin *toga*), **posmúi** TE 5, TE 7 (datif singulier masculin du pronom relatif: *k^w*osm*-), **qoras** TE 7, **qora** CH 1b, **koram** AQ 2 ("effigie de pierre" [?], racine *(*s*)*ker*- "couper" avec la même matrice métaphorique[31] que celle que l'on trouve dans *signum* vis-à-vis de *secāre* "couper"), <**opesa**[> RI 1 (latin *operārī*), **okreí** TE 7, **ok**[**r**] **ikam** CH 1a (mots apparentés au latin *ocris* "éminence" et à divers toponymes de l'Italie ancienne présentés par Calzecchi-Onesti 1981), **qolofitúr** AP 2 ("[le cippe] se dresse"; présent déponent ou passif, qui procède ou bien de **kolfẹ:tor* < **kolifētor* < *$kol\text{-}id^h\text{-}\bar{e}\text{-}tor$, dénominatif d'un adjectif *$kolh_3\text{-}i\text{-}d^h(h_1)\text{-}o\text{-}$, ou bien de **kolfẹ:tor* < *$kol\text{-}d^h\text{-}\bar{e}\text{-}tor$, dénominatif de *$kolh_3\text{-}d^h(h_1)\text{-}o\text{-}$,[32] avec degré /o/ radical,[33] ou bien, à la rigueur, de **kolfētor* < *$k\!\!\!\!\circ l d^h\text{-}\bar{e}\text{-}tor$, statif d'une néo-racine avec degré réduit radical; le second **-o-** s'explique dans tous les cas par anaptyxe; comme l'a établi Vine, la forme de fondation de ce verbe est apparentée au grec κολοσσός, reflet de *$kolot^h\text{-}yo\text{-}$, terme qui désigne, en contexte funéraire, des substituts rituels d'aspect humanoïde), **noúínis** AP 5 (**nowēn*(*i*)*yo*-), **boúediín** AQ 3 (à rapprocher du *pagus boedinus*[34] de *CIL* IX, 3311; le radical pourrait être identique à celui de l'osque **búvaianúd** Sa 7: Ve 150). Ajoutons à cette liste une forme de AQ 3 que nous restituons [**q**]**oharme** (ou [**k**]**oharme**) "pour le porteur d'armes" ou "pour le compagnon d'armes" (datif; la structure est celle du latin *inermis*), avec la variante antévocalique **ko*- du préfixe **kom*-.[35] En ce qui concerne **múfqlúm** TE 5 "fait de montrer," la comparaison avec *monstrum* invite à poser **monestlom*, mais le traitement de *-*o*- en syllabe fermée (après syncope de -*e*-) y est, pour l'heure, mal expliqué, sans que cette incertitude affecte la validité générale de la loi de représentation de *-*o*- par <**o**>, car l'environnement phonétique propre pourrait avoir imposé un changement conditionné dont le détail nous échappe encore.

Le */ọ:/, fermé et long, du proto-sabellique, issu du proto-italique */ō/, est représenté par <**ú**> en sud-picénien dans les syllabes non finales: **puúde** TE 1 (*k^w*uwō+de*, dont le premier élément est comparable au védique *kvà* avec une finale de directif;[36] le sens est celui du latin *quoad*[37]), **nemúneí** TE 5 (**nem-ōn*- "occupant [de la tombe]"[38]), **múreis** CH 1b ("grand," "excellent"; apparenté au second membre du composé grec ἐγχεσίμωρος), **dúnoh** CH 2 (latin *dōnum*). Il est inutile de considérer que l'inscription CH 1a fait un usage incohérent de <**ú**> et de <**o**>. En effet, rien n'oblige à supposer un *-*ō*- dans le prototype de **oftorim**, qui remonte à l'adjectivation d'un syntagme prépositionnel **ob itor* (de **op*(*i*) *itor*) comparable au latin *obiter*, et qui signifie "situé le long du chemin"[38] (**itor* < **itr̥*, réfection de *$h_1ei\text{-}tr\!\!\!\circ$, avec un degré réduit suffixal, comme le hittite <*i-tar*>,[40] et non un degré /ō/ comme le tokharien A *ytār*[41]). Par ailleurs, même si l'on rattache le premier membre du composé **iokipedu** au latin *lūcus*, en posant **lewk*- > **lowk*- > **yo:k*-, le fait que le résultat de la contraction soit noté <**o**>, et non <**ú**> comme dans **útas** de TE 5, ne permet pas de conclure à un flottement orthographique. Simplement, les résultats des contractions sont différents dans le picénien de CH 1a et dans celui de TE 5, et l'on sait que les langues de ces deux inscriptions divergent sur d'autres points encore.

---

[30] Le premier essai d'étude systématique est celui d'Adiego Lajara (1990).

[31] Sur cette notion, voir Taillardat 1977.

[32] Ici, la laryngale tombe au voisinage du vocalisme /o/, conformément à l'*effet Saussure* (sur ce phénomène, voir Nussbaum 1997 et Lamberterie 2005).

[33] Vine 2006a: 504–05.

[34] Morandi 1983: 225–26; Janda 1993: 154.

[35] Dunkel (2004: 289–92) réfute avec raison l'idée d'une genèse intérieure au latin du préfixe *co*- et plaide pour la coexistence, dès l'indo-européen, de **kom*- et de **ko*-. Le prototype est **ko-arm-ei*, avec monophtongaison de la finale. Le <**h**>, qui figure devant l'initiale <**a**> du second membre de composé, souligne l'hiatus à la frontière de composition, et n'a pas plus de valeur phonétique propre que le <**h**> initial dans **haliβatú** (apparenté au toponyme *Allifae*) de la même inscription.

[36] Nous ne discutons pas ici l'origine indo-européenne de cette finale *-*ō*, et renvoyons à l'étude de García-Ramón (1997).

[37] Martzloff 2006: 124 n. 71 (prolongeant, en la modifiant, une suggestion de Weiss 2002: 363).

[38] Pour une discussion de cette forme et des différentes interprétations possibles, voir Martzloff 2008: 83–84.

[39] La séquence **deiktam** ... **pim oftorim** ... **adstaeoms** se traduit alors "le monument ... que nous avons dressé ... au bord du chemin." Cette indication est comparable à **postin viam** "au-delà du chemin" de TE 2. Bien que l'antécédent **deiktam** du relatif **pim** soit féminin, c'est la forme masculine de l'adjectif qui est employée (**oftorim**), car elle s'accorde avec **pim** (qui n'a qu'une forme de masculin).

[40] Dans la forme anatolienne, le degré plein radical a été secondairement remplacé par le degré réduit (Rieken 1999: 376).

[41] Wodtko, Irslinger, et Schneider 2008: 220 et 225 n. 15.

Quant à l'ablatif du toponyme **spolítiú**[42] qui figure sur le casque BO 1, le <o> est problématique, mais non inconciliable avec le latin *Spōlētium*,[43] car l'auteur de cette inscription récente n'était peut-être plus au fait des conventions orthographiques picéniennes. Comme Meiser, Weiss (1998: 704, 709) pose toutefois **Spolēt(i)yōd* (avec brève). Autre difficulté: la similitude entre ce qu'on a lu <**petieronis**>[44] en AP 5 et le **petrúnis** de AP 4 pourrait suggérer que le **-o-** de **petieronis** remonte à une longue. Si le rapprochement des deux formes était exact, il faudrait admettre que la voyelle d'anaptyxe *-*e*- a palatalisé la dentale précédente (d'où le <**i**>). Le timbre [e] de l'anaptyxe ne correspond pas à la voyelle de la syllabe où figurait le *-r-*, mais est identique à celui de la voyelle située par-delà l'occlusive, comme c'est le cas dans **arítih** de AP 2 (où <**í**> note toutefois un son plus ouvert que <**i**>). En fait, **petieronis** appartient-il au fonds onomastique proprement picénien? Rappelons qu'on a proposé de voir en **taruis** (AP 4) un anthroponyme d'origine celtique (Weiss 2002: 358 cite *Taruius CIL* V, 4092). En tout cas, **spolítiú** et **petieronis** (de lecture au demeurant incertaine) sont de peu de poids, et ne contraignent pas à supposer un manque de rigueur *général* dans l'emploi de <**o**> et de <**ú**> pour les inscriptions les plus anciennes. C'est au contraire une impression globale de forte cohérence orthographique qui se dégage.

Enfin, les reflets de */u/ (qui n'est pas second élément de diphtongue) et de /ū/ sont notés <**u**>: **qupat** MC 1, AP 3 "il est couché, il repose" (comparable au latin *cubāre*, à ses correspondants falisques, et au nord-osque *cibat*), **puqloh** AQ 1 "au fils,"[45] **kuprí** AQ 2, **qupíríh** AP 2 ("de façon belle"; de **kuprēd*, avec la racine du latin *cupere*), **kduíú** CH 1b (superposable au latin *clueō*: **kluēō*), **puíh** AP 2 ("*piē*," de **pūyēd*,[46] avec la racine de *pūrus*). Rappelons que **fitiasom** TE 5 et **fítias** RI 1 (et peut-être AP 3) ne reposent pas sur *b^h*ū-ti-* mais sur *d^h*ē-ti-* (racine *$d^h eh_1$-).

En revanche, pour les syllabes finales, les faits sont beaucoup plus difficiles à décrire.[47] Certes, le reflet de */ū/ semble être noté <**u**>,[48] si du moins **iokipedu** (CH 1a) signifie "depuis la partie basse (le *pied*) constituée par le *lucus*" (par opposition au mot consécutif **ok[r]ikam** qui désigne la "partie haute," la "citadelle"), et si le second terme de composé remonte à **pedūd*, un ablatif qui suit la flexion en *-u-* par analogie du nom de la "main," comme c'est précisément le cas en ombrien (Meiser 1986: 114). Mais retracer la préhistoire des terminaisons où interviennent les voyelles */o/ ou */ō/ de l'italique paraît plus complexe. Il faut probablement faire intervenir des mécanismes d'analogie intraparadigmatique pour expliquer certaines finales. À nos yeux, abstraction faite des diphtongues, les seuls cas *assurés* de représentation *phonétique*[49] sont les suivants: */o/ bref est reflété par <**ú**> en syllabe finale devant *-*r* (**qolofítúr** AP 2), devant *-*nd* issu de *-*nt* (**adstaíúh** AP 2, **[p]raistaíúh** RI 1, le

---

[42] L'absence de <**h**> final soit est une simple négligence graphique, soit traduit une évolution qui tient au caractère tardif de l'inscription: dans ce cas, ou bien *-*h* final, consonne à part entière, est tombé, ou bien la longue secondaire, issue d'un allongement compensatoire causé par la chute de *-*h*, et notée ailleurs <**úh**> par graphie étymologique, a été abrégée en finale à cette époque.

[43] L'*Oxford Latin Dictionary* indique une longue pour la première voyelle de ce mot.

[44] La lecture est en réalité incertaine. On se reportera au commentaire de Marinetti (1985: 193–95).

[45] Indo-européen **putlo-* (voir Hajnal 1993: 130–31 n. 24).

[46] Cette étymologie, due à Adiego Lajara (1992: 93–94), a été acceptée à juste titre par Vine (2006a: 501). Nous admettons que la chute de yod intervocalique devant *-e-* est, en proto-italique, chronologiquement antérieure à la loi de Thurneysen (*-*ūy-* > *-*īy-*), qui précède elle-même la chute de yod intervocalique devant *-o(:)-* et *-a(:)-*. Il est possible que celle-ci ait eu lieu dans la préhistoire commune du latin et du sabellique, mais non du vénète. Cette chronologie relative aurait l'avantage d'expliquer le maintien du yod intervocalique dans $^+$**horeionte**, correction très plausible de Michel Lejeune (1972c: 101) pour ^{X}**horvionte** transmis (nous songerions à comparer, pour la forme, le thème *keriye-* "rire" du tokharien B issu de *$\hat{g}^h$*or-éyo-* ou de *$\hat{g}^h$*ore-yo-*; Hilmarsson 1996: 136; Ringe 2000: 123; Kim 2003: 223 n. 70), sans pour autant exclure le vénète du groupe italique. La légitimité d'une inclusion du vénète parmi les langues italiques est d'ailleurs confortée par l'anthroponyme **hostihavos** (Lejeune 1974: no. 137), s'il signifie "qui met l'ennemi en déroute" (*-$\hat{g}^h$*ow-o-s*; la racine élargie apparaît dans le latin *fundere*): pour le sens, on comparera l'ombrien *hondu* "disperse!" (*$\hat{g}^h$*u-n-d-e-tōd*) et le latin *hostes fundit fugatque* (Tite-Live 3.8.5). Du point de vue phonétique, l'évolution *-*ow-* > *-aw-* semblerait être *typiquement* proto-italique (en ce sens, Vine 2004a, qui a reconnu dans l'ombrien *sauitu* le reflet d'un itératif **ksowéye-* apparenté au latin *saucius* "blessé"). Cette analyse phonétique reste inchangée si l'on préfère voir dans le nom propre **hostihavos** un composé signifiant "qui honore l'étranger" (Vine 2006b: 235). Le vocalisme de l'*adverbe* osque πεhεδ (Lu 13: Ve 183) est, quant à lui, analogique de l'*adjectif*. En sud-picénien, la loi de Thurneysen pourrait avoir joué dans **defia** (CH 2), s'il s'agissait bien d'un subjonctif préverbé, correspondant à *fiat*, selon un développement *-b^h*ūyād* > *-*fīyād* > *-*fīyāh* > -**fia** (la désinence secondaire n'a pas été remplacée ici par une désinence primaire). Finalement, on admettra que sont *compatibles* les deux évolutions **pūyēd* > **pūēd* > **puíh** et **pū-yo-s* > **pīyos* > *pius*. L'adverbe **puíh** peut donc nous renseigner sur traitement de /ū/ en sud-picénien.

[47] Un premier essai d'analyse, touchant la distribution de **-om**, **-úm** et **-um**, se trouve chez Adiego Lajara (1992: 40–46).

[48] Contrairement à une opinion parfois exprimée, rien n'autorise à admettre que l'évolution de /ū/ en /ī/ en syllabe finale qu'atteste l'ablatif osque *castrid* (thème en *-u-*) ait été achevée en proto-sabellique.

[49] Nous appelons ici *représentation phonétique* l'aboutissement de transformations qui ont mené, au cours de l'histoire de la langue, d'un segment à un autre, dans un contexte donné, suivant un ensemble de phénomènes de nature *uniquement* phonétique. Nous opposerons, dans la suite, ces représentations phonétiques à celles qui résultent de *réfections* morphologiques où interviennent des processus analogiques.

morphème de prétérit -**ú**- étant issu de la voyelle thématique **-o-*, pourvue d'une fonction nouvelle[50]), et */ō/ long italique est reflété par <**ú**> devant **-s* (nominatifs pluriels **apaiús** AP 2, **safinús** TE 5) et devant **-d* (ablatifs singuliers **titiúh**[51] CH 2, **spolítiú**[52] BO 1). Les P3 sing. de prétérit **opsút** AQ 2 et **[o]psúq** TE 7 pourraient avoir un vocalisme analogique de la troisième personne du pluriel.[53] Dans le cas de la P1 plur. **adstaeoms** (CH 1a), le vocalisme originel /o/ a probablement été préservé (répétons qu'il n'est pas nécessaire de considérer que CH 1a fait un usage incohérent et non systématique de <**ú**>).

Un problème épineux, que Weiss (1998) a repéré et décrit avec beaucoup de perspicacité, est posé par les finales de génitif pluriel d'un côté, et d'accusatif masculin et de nominatif-accusatif neutre singuliers des substantifs thématiques d'un autre côté. La difficulté est double. D'une part, si en syllabe non finale, **-o-* bref est reflété par -**o**- en picénien, on attend que les terminaisons d'accusatif masculin et de nominatif-accusatif neutre singuliers des substantifs thématiques soient en -**om**. Or, on trouve -**úm**, mais jamais *-**om**. D'autre part, si en syllabe non finale, **-ō-* est reflété par -**ú**-, on attend que la finale de génitif pluriel, généralement reconstruite **-ōm*, soit reflétée par -**úm**. Or, non seulement la désinence normale de génitif pluriel est -**om**, mais, selon Weiss, la graphie de cette finale *hésiterait* entre <-**om**>, <-**úm**> et <-**um**>. Au génitif pluriel picénien seraient donc attachées deux énigmes, l'une touchant la synchronie (l'usage des trois lettres <**o**>, <**u**> et <**ú**> semble fluctuer dans une, et une seule, position: celle du génitif pluriel), l'autre la diachronie (comment expliquer l'inversion des finales, -**om** pour -**úm** attendu au génitif pluriel, -**úm** pour -**om** attendu à l'accusatif singulier?). Le présent exposé se concentrera sur ce flottement, réel ou apparent: a-t-on affaire à une variation phonologique ou morphologique, à l'intérieur de la langue? Ou bien la variation est-elle seulement graphique? Mais il se pourrait également que cette prétendue variation ne soit, à bien y regarder, qu'un mirage de la philologie.

Les formes en -om, et les génitifs pluriels présumés en -úm et en -um

Nous commencerons par un relevé exhaustif des données pertinentes. Nous disposons de trois exemples *sûrs* de génitifs pluriels en -**om**. D'abord, **fitiasom múfqlúm** en TE 5: "le monument (**múfqlúm**) des hauts faits (**fitiasom**)," avec une finale -**asom** superposable au latin *-ārum*. Comme **fítias** de RI 1 et de AP 3 (lecture de Meiser 1987a: 113), **fitiasom** repose sur **d^heh_1-ti- + -ā-*, thème comparable au latin *fēti-ā-li-s*, au gotique *-dēþs*, au vieux haut allemand *tāt* (thème en *-i-* "action, conduite," allemand *Tat*[54]). **Alíntiom okreí**, ensuite, en TE 7, "sur/pour la citadelle des *Al(l)entēs*," où **alíntiom** semble être un dérivé en **-ti-* d'un toponyme **al(l)ēnom* (Weiss 1998: 711). Enfin, **ekú-sim raeliom** "j'appartiens aux *Ra(i)elii*" sur CH 1a, tournure associant le verbe "être" à un nom au génitif (Weiss 1998: 711).

Il existe encore trois autres candidats potentiels, bien plus incertains, au titre de génitif pluriel en -**om**. D'abord, **titienom** TE 3 (sans contexte). Ensuite, sur CH 2, une forme, de lecture incertaine et de sens inconnu, **lufaniom**[55] ou **rutaniom**.[56] Enfin, le segment <]**orom**> sur l'inscription CH 1a où nous avons déjà décelé un exemple sûr de génitif pluriel, **raeliom**. Faut-il isoler, dans la séquence **upeke[-(-)-]orom**, un substantif **ke[-(-)-]orom**, le compléter en **ke[n(a)t]orom** "des ancêtres, des aïeux" (la sonore /g/ étant notée <**k**> en CH 1a, comme le montre **ekú** "*ego*"), le comparer au latin *genitor* (issu de **genatōr*[57] < **ĝenh*$_1$*-tōr*[58]), et supposer une disjonction **ke[n(a)t]**

---

[50] Rix 1993: 337–39 et 2003: 157 n. 27.

[51] Le voisinage du datif **tefeh** (CH 2) ne prouve en aucun cas que **titiúh** soit lui aussi un datif. La proximité des deux formes s'explique non seulement par la recherche de l'allitération, mais aussi pour des raisons de sens, car elles pourraient représenter les deux pôles d'un échange: "de la part de Titius, pour toi."

[52] Pour l'analyse comme ablatif, voir Meiser 1987b: 116, 119, d'après Rix, et Weiss 1998: 703–04 et 709 n. 40.

[53] L'extension analogique des marques formelles de la P3 plur. à la P3 sing., voire aux trois personnes du singulier, a de bons parallèles typologiques dans le domaine italique, notamment en latin (Watkins 1965: 184–85).

[54] Eichner 1993: 55 n. 29; sur cette famille, voir Vine 2004b: 368 où sont cités d'autres correspondants, notamment le lydien *ta(a)c-* "offrande" (Gérard 2005: 46).

[55] Stuart-Smith 2000: 100–01 et 103.

[56] Clackson (2004: 401 n. 7) fait remarquer que le "**rutniom**" de Rix (2002: 69) est un lapsus, comme en témoigne le lexique (pp. 172 et 202), où la forme est correctement citée.

[57] Si l'on retient **ke[nat]orom** (en quatre syllabes), l'absence de syncope du *-a-* bref médian serait imputable à l'analogie de formes où le suffixe apparaît au degré réduit: **-tr-*. De telles formes existaient certainement, à en juger par le latin *genetrīx*. On notera, en tout cas, que l'osque **genetaí** (Sa 1: Ve 147) conserve lui aussi sa voyelle intérieure par *analogie* d'autres formes (voir, en dernier lieu, Haug 2004: 243).

[58] Sur les fondements indo-européens de cette reconstruction, voir Wodtko, Irslinger, et Schneider 2008: 140. En picénien même, on trouve **amgenas** (AP 3), qu'on a proposé de rattacher à cette racine. Marinetti (1985: 146) compare, pour la formation, le latin *indigena*. En réalité, **amgenas** serait plutôt un adjectif de première classe, à l'accusatif féminin pluriel (comme **qoras** de TE 7) ou au génitif féminin singulier (**amb^h(i)-gen-o-*). Mais le signe "<" ou ">" (valant gamma en TE 5 dans **trebegies**, comparable à *Trebe/icius*, *Trebecianus*, voir Schulze 1904: 467, 480) note [β] (spirante sonore bilabiale [?]) en

orom ... raeliom? La suite **ke[n(a)t]orom ... ekúsim raeliom** serait à comprendre "j'appartiens aux aïeux, les *Ra(i) elii*." Insistons toutefois sur les incertitudes bien évidemment attachées à une telle conjecture,[59] qui aurait pourtant l'avantage de faire appel à un matériel lexical bien attesté en latin. Mais, indépendamment de toute recherche étymologique, l'interprétation de <**]orom**> comme finale nominale de génitif pluriel paraît assez probable.

Les spécialistes citent *un*, et un seul, exemple de génitif pluriel en **-um**. Il s'agit de **púpúnum** en AP 2b. En outre, on aurait *trois* spécimens de génitifs pluriels en **-úm**: **safinúm** TE 6, **maroúm** CH 1b (on a proposé diverses corrections pour cette forme), et **[u]elíúm** CH 1b. Le texte AP 1 nous livre également quatre mots en **-úm**, dont certains au moins *pourraient* passer pour des exemples supplémentaires de génitifs pluriels.

Dans la discussion minutieuse qu'il a consacrée au problème, Weiss admet, à juste titre croyons-nous, que **-om** est la désinence normale de génitif pluriel, et pense que la finale **-úm** est simplement due à l'analogie *graphique* du nominatif pluriel du type **apaiús**, avec **-ús** issu régulièrement de **-ōs* (Weiss 1998: 712). Quant à l'unique occurrence de génitif pluriel en <**-um**>, il s'agirait d'une simple négligence pour **-úm**, par omission de la haste verticale.

Le même type d'analyse a été proposé pour l'osque du *Cippus Abellanus*, où la déclinaison thématique présente un ablatif singulier en <**-úd**> et un nominatif pluriel en <**-ús**>, qui suivraient le modèle *graphique* de l'accusatif masculin et des nominatif et accusatif neutres singuliers écrits <**-úm**> (rappelons que <**ú**> note normalement une voyelle d'arrière de timbre ouvert en alphabet national osque réformé, [o], par opposition à ce qui est noté <**u**>, alors qu'en picénien <**ú**> note un timbre fermé par rapport à <**o**>; les conventions graphiques de ces deux langues sont donc entièrement différentes). Comme le reflet de la désinence d'impératif **-tōd* est noté <**-tud**> sur le Cippe d'Abella, il pourrait sembler que c'est l'appartenance à un paradigme nominal thématique qui entraîne une graphie <**-úd**> (Meiser 1986: 52). Comme le souligne Weiss (1998: 712), le nivellement intraparadigmatique en question semble appuyer l'hypothèse qu'il formule pour le sud-picénien, en lui donnant un parallèle osque. Mais Rix (1996: 254–55) a exploré, avec succès croyons-nous, une alternative. Constatant que l'ablatif singulier en <**-úd**> et le nominatif pluriel en <**-ús**> n'étaient pas limités à la zone d'Abella mais embrassaient une vaste zone qui s'étendait jusqu'à Agnone (Sa 1: Ve 147), Rix considère explicitement qu'il ne s'agit pas seulement d'un phénomène orthographique, mais d'une innovation *morphologique*, de caractère dialectal, bien *réelle* dans la langue. Le plus simple est d'admettre qu'à une époque récente de la préhistoire de l'osque, une fois que les voyelles brèves et longues héritées furent devenues isochrones en finale, le nominatif pluriel en */-us/ (de **-ōs*) et l'ablatif singulier en */-ud/ (de **-ōd*) ont été refaits en /-os/ (noté <**-ús**> en alphabet national) et en /-od/ (noté <**-úd**>) d'après l'accusatif singulier en /-om/ (noté <**-úm**> et venant de **-om*), tandis que le reste du territoire oscophone a conservé les anciennes finales /-us/ (<**-us**>) et /-ud/ (<**-ud**>). Le prétendu parallèle *orthographique* osque invoqué pour rendre compte des faits picéniens pourrait donc être trompeur.

À vrai dire, abstraction faite de la question d'un parallèle extérieur, si l'on se recentre sur le sud-picénien, on comprend assez mal la raison d'être de cette influence graphique présumée qui serait la source du génitif pluriel en <**-úm**>. Une telle analogie serait même franchement problématique, car elle aurait conduit, lors de la lecture, à une confusion entre le génitif pluriel et l'accusatif singulier thématique, qui est précisément en **-úm**, comme le prouvent **meitimúm** et **múfqlúm**. Cette analogie contredirait le principe de morphographémie formulé par Brixhe (1989: 26): on n'attend pas d'écarts orthographiques pour un segment qui véhicule une charge informative

AQ 3 et en BA 1 (Janda 1993). La valeur phonétique du signe "<" est en fait ambiguë dans **am<enas**, où /m/ devrait être, en principe, suivi d'un phonème consonantique possédant un trait labial. Une conclusion définitive n'est naturellement pas possible, car <**m**> pourrait en droit noter /mm/ maintenu en position implosive, comme dans l'osque *pomtis* TB 15 (< **-mpt-*): **amb*^{h}*i-g*^{o} (ou **amb*^{h}*(i)-ag-*) > **ambg*^{o} > **ammg*^{o} noté <**amg**>. Rix (2002: 68) a donc raison d'éditer **amgenas** *uel* **amβenas**. Deux usages semblent coexister: /β/ (lecture de Janda 1993, hors TE 5) et [γ] / [g] (TE 5 et peut-être AP 3). Notons que, *si* l'étymologie de Marinetti est exacte, alors **-g-* appuyé par *-m-* résiste à la palatalisation, à la différence de **-g-* intervocalique dans **-ā-agentem* > **-a(:)jintem* > **-eintem** (AP 3 également).

[59] Il faudrait encore admettre que l'allomorphe **-tŏr-* avec brève (et non **-tōr-*) du suffixe a été généralisé (sur ce point, voir l'avis de Meiser 1986: 51) et expliquer **upe** (**utV-k*^{w}*e*, ou **utV-k*^{w}*id*, ou encore **utV-pe* avec le même élément que dans le latin *quippe*, le premier membre étant à rapprocher de l'avestique *uiti* [?]). En outre, il se pourrait que la lacune, difficile à estimer, couvre deux, trois, voire quatre lettres (l'inscription semble amorcer un coude à cet endroit, si bien que le nombre de caractères manquants ne doit pas être très élevé). Malgré l'absence d'interponction, il n'est pas illégitime de supposer une frontière de mots après <**upe**> puisque l'on ne trouve aucune interponction entre **esmen** et **adstaeoms**. Vu le passage remarquable de la première personne du pluriel (**adstaeoms**) à la première du singulier (**ekú sim**), il serait concevable que le mot-outil proclitique **upe** ait pour rôle d'indiquer le début d'un discours direct, appelé par **deiktam**: sa fonction serait alors comparable au *iti* sanskrit, qui, lui, clôture une citation ou l'expression d'une pensée. Le sujet implicite de **adstaeoms** ferait-il référence aux membres vivants de la lignée des *Ra(i)elii*? Ces réflexions doivent inévitablement rester hypothétiques.

aussi importante qu'un morphème casuel, où la graphie est en général particulièrement conservatrice, à plus forte raison si ces écarts conduisent à une ambiguïté fâcheuse qui pourrait être *facilement* levée. Il ne serait pas légitime d'invoquer, comme objection de méthode, les variations graphiques que présente la désinence de datif issue de *-*ei* dans le syntagme latin <*Iunone Seispitei Matri*>.[60] D'abord, ce polymorphisme tient à l'existence en latin d'une longue tradition épigraphique, qui justifie la concurrence entre graphies historiques et graphies innovantes. Ensuite, le latin ne possédait pas de graphème spécifique pour noter /ẹ:/, alors que le picénien a la possibilité d'opposer <**o**>, <**ú**> et <**u**>. Enfin, et surtout, alors qu'en latin, la désinence de datif a effectivement connu successivement des phases /-ei/, puis /-ẹ:/, puis /-i:/, notées respectivement <*ei*>, <*e*>, <*i*> (avec des possibilités de graphies inverses), nous n'avons aucune preuve que la tradition épigraphique picénienne ait connu un stade où la finale de génitif pluriel était notée <-**úm**> ou <-**um**>. Il n'est donc pas possible d'expliquer les fluctuations en question en recourant à l'hypothèse de graphies historicisantes. On est donc en droit d'affirmer que, pour les graphèmes <**o**>, <**ú**> et <**u**> du picénien, on se trouve en situation d'*insécurité orthographique* minimale.[61]

En réalité, contrairement à l'avis quasi unanime des exégètes, il n'est pas du tout sûr que **[u]elíúm** et **púpúnum** soient des génitifs pluriels. Nous proposons donc de reprendre ici l'analyse philologique et syntaxique des contextes où ces formes apparaissent.

Un élément philologique nouveau

Présentation de l'inscription CH 1b et l'interprétation de Rix

Nous commencerons par l'inscription CH 1b, car celle-ci est censée livrer *deux* formes de génitif pluriel en **-úm**, **maroúm** et **[u]elíúm**. Il s'agit de l'inscription la plus brève du grand cippe de Crecchio. L'initiale de **[u]elíúm** est endommagée, mais la restitution de **u**-, d'ailleurs acceptée par tous, se justifie par l'allitération, qui est systématique en dehors du second nom propre, **staties**, où son absence est excusable.[62] Notons d'emblée qu'en raison du caractère manifestement poétique du texte, que l'allitération permet de déceler, l'étude syntaxique devra tenir compte de la possibilité de *disjonctions* et d'*insertions parenthétiques*, dont on a d'ailleurs d'autres exemples sûrs en picénien. Le texte est le suivant:

múreis : maroúm : [u]elíúm: uelaimes : staties : qora : kduíú.

Comme l'a montré Helmut Rix dans une étude qui a fait date (1994), **kduíú**, en fin de phrase, est une première personne du singulier d'indicatif présent actif et signifie "je m'appelle." **Qora**, qui le précède, est un nominatif singulier féminin signifiant "statue," "monument" ou "effigie." **Uelaimes staties** est une désignation d'homme, au génitif singulier, qui détermine **qora**. **Múreis**, en tête de phrase, est un adjectif au génitif singulier masculin, apposé à **uelaimes staties**, que sa parenté avec le second membre du composé grec ἐγχεσίμωρος "fameux par sa lance," avec le gotique *merjan* "annoncer" et avec les anthroponymes *Volkmār* du vieux haut allemand et *Vladiměrŭ* du slave,[63] invite à comprendre comme "fameux, célèbre, excellent, éminent" (*moh_1*-ro-* ou *moh_1*-ri-*). La finale **-eis** de **múreis** est une notation *faussement* archaïsante (on aurait attendu *-**eís**, avec un second élément de diphtongue noté <**í**> en syllabe finale), ce qui implique que la désinence de génitif singulier a *déjà* été monophtonguée, comme l'attestent précisément les reflets **-es** de *-*eis* dans **uelaimes** et **staties**. Deux hypothèses sont à écarter: d'une part, **uelaimes** et **staties** ne peuvent pas être des nominatifs singuliers[64] (car on a déjà un nominatif, **qora**, et il n'est guère satisfaisant de faire de **uelaimes** et de **staties** des appositions à ce substantif); et, d'autre part, les finales

---

[60] *CIL* I², 1430 (Dessau no. 3097); Warmington 1940: 80; Leumann 1977: 64; Bartoněk 1999: 97.

[61] Expression empruntée à Brixhe (1989: 25).

[62] Sur l'inscription TE 2, tous les termes allitèrent par paire, à l'exception du premier, **postin**. Mais il est remarquable que les consonnes de **postin**, hormis le *-s-* implosif, sont reprises dans cet ordre par le dernier mot, **vepeten** (*p*, *t*, *n*). Sur les effets phoniques dans cette inscription, voir Martzloff 2007: 184–85.

[63] Lühr (2000: 26) sépare l'irlandais *már* "grand" et le gallois *mawr* (*LEIA* M-18), qui seraient issus de *meh_2*-ro-*. Mais Vine (2002: 344) pose *moh_1*-ro-*.

[64] Les formes **apaes** MC 1 et **pompúnies** (lecture incertaine) MC 2 sont des nominatifs singuliers. En revanche, **alies** TE 2, **apies** TE 4, **staties** CH 1b, $^{+}$**tites** (pour ^{x}**tetis**, erreur probable) TE 2, **trebegies** TE 5, **uelaimes** CH 1b, et **vepses** TE 2 sont, pour des raisons syntaxiques, certainement des génitifs singuliers, avec une ancienne terminaison *-*eis* monophtonguée (un autre point de vue a été formulé par Agostiniani 2006). Cette analyse est également possible, mais non certaine, pour **iorkes** CH 1a. La forme **heries** de AP 6, sans contexte, n'est pas exploitable. Pour la coexistence de <-**eis**> et de <-**es**> en CH 1b, la comparaison typologique avec le latin <*Iunone Seispitei Matri*> (avec flottement orthographique en finale) est licite.

-es de génitif ne peuvent en aucun cas être des traces du génitif des thèmes consonantiques (**-es*), car la voyelle brève aurait été syncopée. On ne peut donc pas faire l'économie de l'hypothèse d'une monophtongaison de **-eis*.[65]

Restent les deux termes **maroúm** et **uelíúm** que Rix (1994: 120) interprète comme deux génitifs pluriels dépendant de **múreis**. C'est probablement vrai pour ce qui est noté <**maroúm**>, génitif pluriel d'un substantif apparenté à l'étrusque *maru* et au latin *marō*,[66] dont le sens approximatif doit être "chef, magistrat." La présence de ce mot en sud-picénien semble infirmer le jugement d'Enrico Campanile, pourtant fondé sur une critique raisonnée des attestations apparentes du mot en falisque (Ve 287) et en sicule (askos de Centuripe): "nel mondo extra-etrusco non si hanno, in realtà, tracce di maroni al di fuori dell'Umbria" (1996: 182). Si l'on fait abstraction du mot, pour le moment obscur, **uelíúm**, on obtient la traduction provisoire suivante: "Je suis / je suis nommé(e) la statue de *Velaims Statis*, un personnage éminent parmi les chefs." Helmut Rix voit en **uelíúm** un génitif pluriel apposé à **maroúm**, et donc accordé avec lui. Il s'agirait d'un adjectif dérivé d'un toponyme en *-(*i*)*yo*-.

Mais cette analyse de **maroúm uelíúm** se heurte à des objections insurmontables. En premier lieu, on a supposé une erreur dans **maroúm**, en raison de l'hiatus inattendu entre **-o-** et **-ú-**, mais aucune des corrections apportées n'est pleinement convaincante. On a amendé ^{x}**maroúm** soit [1] en $^{+}$**maronúm** (Marinetti 1985: 232), soit [2] en $^{+}$**marúm** (Rix 1994: 120, ^{x}**marúm** devant lui-même provenir de $^{+}$**mar(ún)úm** par pseudo-haplographie, selon le terme de Kent 1926: 71), dans les deux cas en supprimant le <**o**>, soit encore [3] en $^{+}$**marúnom** (Weiss 1998: 712 n. 54). La simple restitution de **-n-** dans $^{+}$**maronúm** [1] serait économique, mais l'on attend pour le suffixe une forme *-*ōn*-, qui aurait été reflétée par **-ún-** (***marúnúm**). Si l'on admettait la correction [2], le mécanisme de la faute serait rigoureusement incompréhensible. D'où viendrait donc le <**o**>? Tout essai de correction doit précisément rendre compte de ce <**o**>. Quant à $^{+}$**marúnom** [3], cette forme est morphologiquement acceptable, mais il faudrait supposer *deux* erreurs, l'omission de <**n**> et la permutation des lettres, ce qui est assez difficile à admettre. En second lieu, le <**í**> de **uelíúm** ne peut pas noter le reflet de yod ou de *-*ĭ*- bref. Dans **kduíú** de la même inscription, <**í**> est le reflet de *-*ē*- long (**kluēō*). Dans **fítias** de AP 3 et de RI 1, le reflet de *-*iy*- est noté <**i**>. Dans toutes les inscriptions picéniennes qui possèdent cette lettre, hormis CH 2, <**í**> note soit un second élément de diphtongue, soit une voyelle de timbre [ẹ] fermé (/ẹ/ ou /ẹ:/). Et dans CH 2, où /ẹ/ et /ẹ:/ sont notés <**e**>, les conventions orthographiques sont entièrement différentes de celles de CH 1b. La valeur de glide, d'ailleurs exceptionnelle, qu'a <**í**> dans **ombriíen** en CH 2 *n'*implique donc *pas* que <**í**> joue un rôle de consonne en CH 1b. En troisième lieu, le rattachement de **uelíúm** au toponyme *Velia* ou à l'hydronyme *Velinus*[67] proposé par Rix (1994: 120) est certes concevable, mais de toute façon invérifiable. La comparaison, également invoquée par le savant allemand, avec le substantif osque **velliam** (Cp 36: Ve 4) "*voluntatem*" ne convainc pas non plus. Nous rechercherons donc une étymologie alternative pour **uelíúm**, en proposant au préalable une nouvelle analyse de la finale.

Analyse orthographique et morphologique de la finale -íúm (P1 sing. prétérit de statif)

Le sud-picénien possède un prétérit en **-ú-**, exemplifié par **ad-staí-ú-h** et **ops-ú-t**. Or le texte de CH 1b contient une première personne du singulier de l'indicatif présent, **kduíú** "je me nomme," où le <**í**> est le reflet de *-*ē*-. Par conséquent, nous proposons d'analyser **uelíúm** comme une forme verbale également, une première personne du singulier d'un indicatif *prétérit* actif en **-ú-**, tiré d'un thème en *-*ē*-, dont le sens reste à préciser. En tout cas, la finale **-íúm** est l'avatar de *-*ē-om*. Précisons que **-úm** n'est pas nécessairement ici le produit *phonétique* de *-*ŏm* en finale. La fermeture, selon un processus phonétique, de *-*o*- en -*ọ*- noté <**ú**> peut avoir eu lieu uniquement en P3 plur.: *-*ont* > *-*ond* > *-*ọ*$^{(n)}$*h* > *-*ọh* (> -*ọ:*) noté <-**úh**>. Ce vocalisme /ọ(:)/ fermé a pu être ensuite étendu au singulier, à la troisième personne (**ops-ú-t** AQ 2 et [**o**]**ps-ú-q** TE 7), et à la première (dans **uelí-ú-m**). Finalement, et c'est un point capital, notre analyse de **uelíúm** ne prouverait nullement que ce qui est noté **-úm** soit le produit *phonétique* de *-*om* final de mot. En ce qui concerne **adstaeoms** (CH 1a), il faut considérer ou bien que -*o*- ne se

[65] Nous développons la question dans Martzloff 2008: 84–92. Schrijver (2005: 585–86) explique lui aussi les finales de **uelaimes** et de **staties** à partir de *-*eis*, tout en estimant que le processus à l'œuvre dans l'évolution *-*eis* > **-es** n'est pas une monophtongaison. L'auteur préfère considérer que le second élément de diphtongue a été réinterprété comme un "automatischer Gleitlaut" puis supprimé.

[66] Sur ce terme, voir Lassère 2005: 310–11.

[67] Le *Velinus* est certes présenté comme un lac picénien par l'*Histoire Naturelle* de Pline (*in Piceno lacu Velino lignum deiectum lapideo cortice obducitur* "dans le lac Vélin du Picénum un morceau de bois jeté dans l'eau se couvre d'une écorce pierreuse," II, 226, traduction de Beaujeu 1950), mais, selon Radke (*Paulys Realencyclopädie der classischen Altertumswissenschaft, 15. Halbband*, s.v. "*velinus*," col. 627), le passage pourrait présenter une confusion. Quoi qu'il en soit, le texte de Pline n'est pas susceptible d'éclairer le mot sud-picénien.

ferme pas spontanément devant **-ms* secondaire (issu de **-mes* ou de **-mos*) et que le vocalisme de la terminaison de P3 plur. n'a pas pénétré dans celle de P1 plur. (c'est la position que nous préférons adopter), ou bien que *-o-* s'est certes fermé spontanément devant *-ms* secondaire ou que le vocalisme de la terminaison de P3 plur. a bien pénétré dans celle de P1 plur. par *analogie*, mais que CH 1a fait un usage capricieux et inconstant de <**ú**> (cette hypothèse serait toutefois étayée par ce seul exemple, à moins que dans <]**orom**> de CH 1a ne se cache le génitif pluriel d'un nom en **-tōr-* avec généralisation de la longue du suffixe, mais cela reste très incertain, car rien n'empêche d'admettre la généralisation de **-tŏr-*). En tout cas, quelle que soit l'interprétation qu'il faille retenir pour la graphie <**adstaeoms**>, les terminaisons -**eoms** (P1 plur.), -**íúh** (P3 plur.) et -**íúm** (P1 sing.) appartiennent au même paradigme de prétérit actif des verbes en *-ē-*.

Il est dès lors aisé d'appréhender la genèse de la forme écrite <**maroúm**>. Il s'agit bien d'un génitif pluriel, mais d'un nom *thématique*, et non pas d'un thème en *-n-*. À l'instar de Rix et de Marinetti, nous proposons une correction, mais différente, laissant apparaître le mécanisme de la faute. La forme attendue est +**marom**, avec -**o**-, mais, par une anticipation fautive de la finale du verbe qui suit, **uelíúm**, où le -**ú**- est justifié du point de vue morphologique, un -**ú**- a été introduit avant le -**m**, d'où <**maroúm**>.

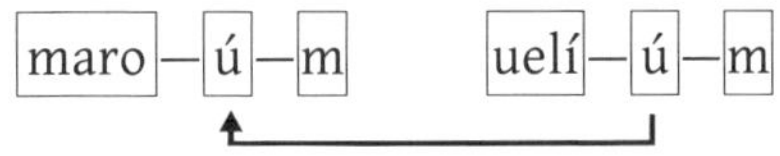

Il s'agit d'une télédittographie régressive, banale en son principe (Kent 1926: 72). C'est donc le -**ú**- qui est un intrus, et non pas le -**o**-. Il faut donc écarter ce qu'on a considéré comme les deux meilleurs exemples de génitifs pluriels en <-**úm**> du sud-picénien. Et nous gagnons un spécimen supplémentaire de génitif pluriel en -**om**, d'un nom thématique: +**marom**. Dans un autre cas encore, le sud-picénien atteste la base thématique (en **-o-*) d'un substantif, existant à côté d'un dérivé en **-ōn-* de type productif. Il s'agit du datif **petroh** TE 1 (d'un thème **petro-*[68]), forme de fondation du nom en **-ōn-* supposé par **petrúnis** AP 4. Nous devons toutefois laisser ouverte la question du rapport morphologique exact existant entre +**marom** et l'étrusque *maru*. Si la forme sud-picénienne est bien un emprunt à l'étrusque (emprunt direct? ou par l'intermédiaire du sabin de la zone tibérine?), il se peut que le mot, pour une raison qui nous échappe, ait été intégré aux thèmes en *-o-*.

Étymologie de [u]elíúm

L'interprétation avancée ne pourra être recevable que si nous sommes en mesure de proposer une analyse sémantique et une étymologie plausibles pour **uelíúm**. Une première hypothèse, que nous formulons pour l'écarter, consisterait à rapprocher le verbe latin *uallesit*, amendé en *uallessit* par Lachmann (1855: 191), qui est glosé *perierit* dans P.F. 519, 3. Un passage d'Accius (*Trag.* 271 Ribbeck) conserverait peut-être une trace supplémentaire du verbe en question: *passimque e(x) praeda pecua uallebant agris* "il bestiame della / proveniente dalla razzia moriva qua e là nei campi" (Nosarti 1987: 316). Dans ce cas, **uelíúm** serait le terme propre pour "mourir." Bien que le sens littéral ainsi obtenu pour **uelíúm** ("je suis mort") convienne assez bien au contexte, qui est certainement celui d'une inscription funéraire, on reconnaîtra qu'il manque singulièrement de panache. En outre, on ignore si le *u-* initial de *uallessit* remonte à un **w-* indo-européen, ce qui permettrait de rapprocher la famille du vieil islandais *valr* "mort," "(héros) tombé sur le champ de bataille" (Lühr 2000: 37), ou s'il procède de **g^w-*. On pourrait alors comparer, en suivant le dictionnaire de Walde et de Hofmann, l'irlandais *atbaill* "il meurt" (*LEIA* A-98, Schumacher 2004: 212) et l'allemand *Qual*. D'un autre côté, même si l'on acceptait l'existence d'une parenté entre *valr* et *uallessit*, elle n'impliquerait pas que **uelíúm** appartienne à cette famille. De fait, une analyse concurrente, et préférable, existe pour le verbe picénien.

Nous rattachons **uelíúm** au latin *ualeō* "être fort, être bien portant, prévaloir, être efficace," dont on connaît plusieurs correspondants exacts en sabellique. La forme osque *Fαλε* apparaît dans une formule de salutation (Lu 40: Ve 185) sur une inscription de sens très discuté (voir Poccetti 1994: 125-126 et Lejeune 1972b: 135). Le verbe est également attesté en nord-osque par *uali* (MV 6). L'inscription Pg 11 (Ve 209) porte à la troisième ligne <*h*[*os*] *pus ual*[*i*]> (ou <*ual*[*e*]>[69]). Il s'agit probablement d'une adresse au lecteur ("*hospes vale*"). À cette famille appartiennent *Valerius* (< **walesiyo-*), *Volusus*, *Volesus* (< **weleso-* [?]) et, en pélignien, *ualesies* (Pg 3: Ve 212a). Il faut ajou-

---

[68] Klingenschmitt 1992: 89; Weiss 1998: 703 n. 2; Weiss 2002: 352–53.

[69] Voir Jiménez Zamudio 1986: 12, 160, et, sur l'ensemble des formes sabelliques citées, García Castillero 2000: 375–76.

ter, en osque, *ualaemom* (TB 10) et **valaimas** (Cp 37: Ve 6), en œnôtre, les adjectifs (substantivés [?]) Ϝολαισυμος (superlatif) et Ϝολος (Lazzarini et Poccetti 2001: 133–38) et, en picénien, précisément sur notre inscription CH 1b, l'anthroponyme **uelaimes**. Le latin atteste également le nom *uolaemum* d'une *grosse* poire, "poire volème" (Weiss 2002: 353 n. 12).

Pour le sens à donner à **uelíúm**, le contexte de l'inscription permet au moins trois interprétations. Ou bien le sens serait celui du latin *uīxī* "j'ai vécu," et donc "je suis mort," sens qui ne surprendrait nullement dans l'épigraphie sud-picénienne, essentiellement funéraire. On pourrait alors traduire l'ensemble en rendant **uelíúm** par une incise: "D'un grand parmi les *maro-*, — j'ai vécu —, de Velaims Statis, je suis le monument." Cette traduction échappe au reproche d'incongruité, que nous avons évoqué à propos de l'étymologie par *uallessit*, car, bien qu'il y ait une litote ("j'ai vécu" → "je suis mort"), les connotations attachées à **uelíúm** ne sont pas du tout les mêmes puisque le sens fondamental de la racine était "être dans sa fleur." Ou bien le verbe actualiserait un sens politique, qu'on retrouve en tokharien dans A *wäl*, B *walo* "roi," en irlandais dans *flaith* "souveraineté." Mais, dans un domaine linguistique beaucoup plus proche encore du picénien que le celtique, il faut citer le superlatif œnôtre Ϝολαισυμος qui pourrait bien être une désignation comparable à celle du latin *optimātēs* (Lazzarini et Poccetti 2001: 138). En CH 1b, ce sens serait appelé par ⁺**marom** qui précède immédiatement et ferait référence aux élites: "D'un grand parmi les *maro-*, — j'ai détenu le pouvoir —, de Velaims Statis, je suis le monument." Ou bien **uelíúm** fait référence à la valeur guerrière du personnage célébré, sens que justifierait **múreis** qui doit appartenir au lexique héroïque: "D'un (homme) illustre parmi les *maro-*, — j'ai été valeureux —, de Velaims Statis, je suis le monument." Dans tous les cas, la juxtaposition, sur CH 1b, du verbe **uelíúm** et du nom propre **uelaimes** conduit à un renouvellement de la motivation sémantique de cet anthroponyme, historiquement apparenté, par réactivation du sens étymologique. C'est un cas particulier d'antanaclase, appelé annomination, une figure dont Watkins a su déceler un autre exemple sud-picénien en TE 2, où **tetis ... alies** s'interprète à la fois comme "de Titus Alius" et comme "du génie / des mânes d'un autre."[70]

Il reste à résoudre le problème du vocalisme radical.[71] Pour un statif, on attend un degré réduit radical, précisément comme dans le latin *ualeō* qui suppose un thème **wḷH-eh*$_1$*-ye/o-* (Meiser 1998: 109; *LIV*^{2} p. 677). Nous écartons résolument l'hypothèse d'une introduction *analogique* de *-e-* dans le radical, car on ne voit pas quelle serait la source de ce transfert, et le recours au thème fort d'un éventuel aoriste radical, aoriste qu'on a cherché à retrouver dans le nom tokharien du "roi" (B *walo*, oblique *lānt*), serait assez spéculatif. Nous pensons au contraire que le *-e-* radical de **uelíúm** a une origine *phonétique*, et qu'il est dû au caractère palatal du /l/ (réalisé [l']) consécutif:

wal-ē- > *wal-ẹ:- > *wal'-ẹ:- > *wel'-ẹ:-* (noté <uelí-**>).

Cette hypothèse se heurte en apparence à une objection immédiate: le timbre de la voyelle /ă/ brève est stable en picénien, à plus forte raison sous l'accent, en syllabe initiale. On possède même un exemple de la séquence <**alí**>, dans **alíntiom** de TE 7, à Penna S. Andrea. En TE 2, **alies** reflète **alyeis* ou **aliyeis*. Un éventuel prototype */walẹ:ọm/ (pour lequel on attend un reflet graphique *<**ualíúm**>) n'aurait par conséquent jamais dû, semble-t-il, évoluer en **uelíúm**.

Pourtant, cette objection de bon sens méconnaît une donnée linguistique fondamentale: on dispose en effet d'un indice clair suggérant qu'à Crecchio, et à Crecchio *seulement*, /l/ avait une réalisation palatale. On sait que dans le reste du domaine picénien, **l-* initial a été vélarisé en *w-* (**l- > *ł- > w-*), comme le montre le nom de la "pierre tombale," **vepetí** MC 1, **uepetín** MC 2, **vepeten** TE 2, et **uepetí**[RI 1. Or sur l'inscription CH 1a, écrite sur le *même* support que CH 1b, on lit **iepeten**, avec yod initial. Non seulement la lecture **iepeten** est indubitable d'un point de vue paléographique, mais il ne peut s'agir d'une erreur, car **iepeten** allitère avec **iorkes**. Il faut donc conclure qu'à Crecchio /l/ est palatalisé en [l'], et que, si, à l'initiale, [l'] palatal va jusqu'à rejoindre /y/ (à coup sûr dans **iepeten**, et probablement dans **iokipedu**, dont le premier membre doit être apparenté au latin *lūcus* et au paléo-volsque **iúkúh** ou **iúkúí**[72] VM 1), à l'intervocalique en revanche, ce [l'] provoque la métaphonie d'un /a/ précédent en [æ] (ou même en [e]) noté <**e**>. C'est justement le cas dans **uelíúm**.[73] Il existe d'ailleurs dans le corpus picénien un autre cas vraisemblable d'altération du timbre [a] par *fronting*, sous l'effet d'un phonème consécutif.

---

[70] Watkins 1995: 132 n. 12; Martzloff 2007: 179.

[71] La question ne se pose pas de façon aussi aiguë pour **uelaimes**, car il s'agit d'une formation nominale, qui, en tant que telle, doit être traitée séparément.

[72] Comme l'ont souligné Rocca (1997: 197) et Maggiani (1999: 66), la lecture la plus probable pour le signe en forme de carré à cloison intérieure est <**í**>.

[73] Il faut abandonner l'hypothèse de Gert Klingenschmitt (1992: 98 n. 19) qui, sans mentionner d'ailleurs la forme **iepeten**, pose un **w-*

Il s'agit de **dikdeintem**, si cette forme reflète bien le syntagme **dikelā agentem* univerbé par sandhi: **ag'entem* > **ay'entem* > **ajentem* qui évolue ensuite ou bien en **ej(e)ntem* (avec syncope), ou bien en **ejintem* (avec fermeture du *-e-* médian sous l'effet de *-j-*), d'où **-eintem**. Finalement, derrière le voile des évolutions phonétiques, le sud-picénien **uelíúm** possède exactement le même thème verbal de présent que le latin *ualeō*.

La correction $^{+}$**marom** et notre analyse de **uelíúm** présenteraient en outre l'avantage de permettre le rapprochement, pour la facture poétique, de CH 1b et d'une autre inscription picénienne, MC 1: **apaes qupat esmín púpúnis nír mefiín veiat vepetí** "Ci-gît (un) *apaes*, un prince *púpúnis*; (qu')il repose au milieu de la tombe." La construction syntaxique de MC 1 est surprenante en ce que **esmín** et **vepetí** semblent former un syntagme disjoint, si bien que MC 1 ne doit constituer qu'une seule phrase, avec deux verbes *en asyndète* (**qupat** et **veiat**), comme c'est justement le cas dans CH 1b, avec **uelíúm** et **kduíú**. En outre, puisque la séquence écrite <**maroúm**> est en fait dissyllabique, on obtient une colométrie comparable, en trois membres: 7+3+7 dans un cas, 7+4+7 dans l'autre.

múreis $^{+}$**marom uelíúm**	**uelaimes**	**staties qora kduíú**
7 syllabes: 2+2+3	3 syllabes	7 syllabes: 2+2+3
[séquence A]	[séquence B]	[séquence C]
apaes qupat esmín	**púpúnis nír**	**mefiín veiat vepetí**
7 syllabes: 3+2+2	4 syllabes	7 syllabes: 2+2+3
[séquence A]	[séquence B]	[séquence C]

Notons que le texte de MC 1 est davantage fondé sur la *symétrie* (A: 3+2+2 *versus* C: 2+2+3, le verbe occupant la même position centrale en A et en C) tandis que CH 1b est structuré selon un parallélisme (A: 2+2+3 *versus* C: 2+2+3, les mots étant rangés suivant un volume syllabique croissant, avec le verbe en fin de groupe[74]). Naturellement, *à supposer que* CH 1b soit "métrique," on pourrait, en théorie, aussi segmenter en 7+5+5. Surtout, et c'est là le point commun le plus frappant, dans les deux inscriptions, on constate la présence d'un syntagme nominal à cheval sur les deux séquences périphériques, A et C: **esmín ... {mefiín ... vepetí}** au locatif, **múreis ... uelaimes staties** au génitif, l'un des éléments figurant aussi en B dans ce dernier cas. La technique de composition de chacun de ces deux textes présente donc, paradoxalement, sinon un conflit, du moins une forte tension, entre cohésion textuelle et cohérence syntaxique.

Retour à la problématique du génitif pluriel

Mise en question de l'existence, en sud-picénien, de génitifs pluriels en -um et en -úm

On peut maintenant reprendre la problématique du génitif pluriel sur de nouvelles bases, en montrant que **púpúnum** de AP 2b, contrairement à l'opinion reçue, n'est pas non plus un génitif pluriel, mais un accusatif singulier. La séquence **púpúnum estufk apaiús adstaíúh súaís manus meitimúm** est généralement traduite "Les **apaiús** des **púpúnum** ont ici élevé [le cippe] de leurs mains, comme présent." Nous ignorons les sens exacts de **apaiús** et de **púpúnum**.[75] L'inscription MC 1 (où figure d'ailleurs un thème en *-(*i*)*yo*-, **púpúnis**) ne permet pas de conclure que **apaiús** désigne un sous-ensemble des **púpúnum**. Il est préférable de considérer que **púpúnum** est un accusatif singulier, attribut de l'objet **meitimúm**, ou que **meitimúm** est l'attribut de l'objet **púpúnum**: "Les **apaiús** ont ici élevé le **púpúnum** de leurs mains, comme présent." Le cippe, qui est le présent, a été élevé pour *représenter* le **púpúnum**, en effigie. Comme Eichner[76] l'a bien vu à propos de TE 5, il y a en AP 2 *assimilation*

étymologique et compare **vepeten** au védique *vápra-* "Erdaufwurf." À la différence du tokharien B, le picénien de Crecchio ne connaît probablement pas de loi **w-* > **y-* devant voyelle antérieure, et l'idée, formulée par Eichner (1993: 65 n. 58), d'une altération de l'initiale de **iepeten** d'après le mot **iorkes** qui précède est entièrement arbitraire. Étrangement, Eichner admet pourtant, et cela à juste titre, une évolution **l-* > *y-* à Crecchio, puisqu'il ramène **iorkes** à **lorgeis* (v. isl. *lurkr* "Knüttel"), mais cette dernière étymologie est contestable, alors que, paradoxalement, Eichner rejette le seul exemple inattaquable à l'appui de cette loi, à savoir **iepeten**.

[74] Sur la loi des membres croissants, voir Behagel 1909.

[75] Sur **apaiús**, voir Marinetti 1982. Il n'est pas démontrable, malgré les allégations d'Eichner (1993: 61 n. 38), que **púpúnis** et **púpúnum** signifient "picénien" et soient génétiquement apparentés à l'allemand *Specht* "pivert" qu'il faudrait alors séparer de *pīcus* "pivert." Comme l'observe La Regina (1981: 132), **púpúnis** et **púpúnum** ne sont pas nécessairement des gentilices.

[76] Ainsi que l'écrit Eichner (1993: 53), "Der Geehrte steht hier gleichsam *in persona* als Denkmal vor uns." Comme parallèle latin, on citera Horace qui s'adresse ainsi à Vénus: *te ... ponet marmoream* "il te dres-

du cippe au défunt (ce qui explique également que sur CH 1b, au sein d'une même phrase, la première personne de **uelíúm** fasse référence au personnage nommé, au génitif, **uelaimes staties**, tandis que la première personne de **kduíú** se rapporte au monument parlant, **qora**). Tout comme **púpúnis**, épithète de **nír** en MC 1, se rapporte clairement au défunt, le personnage appelé **púpúnum** en AP 2 est identifié au cippe, lui-même désigné comme un présent (**meitimúm**, terme qu'Eichner a rapproché du gotique *maiþms*), même si le cippe de Castignano AP 2 n'a pas un caractère aussi nettement humanoïde que celui de Penna S. Andrea (TE 5). L'intuition d'Eichner recevrait une confirmation supplémentaire si **ímih** (AP 2a) était bien apparenté au latin *imāgō* (thème *h_2*im-i-*[77]), auquel cas **qolofitúr** ... **ímih** signifierait "il s'élève ... comme représentation." Il est difficile de préciser le rapport qui unit le père et la mère (**matereíh patereíh**) d'un côté et le personnage nommé **púpúnum** de l'autre. S'agit-il d'un lien de filiation humaine?[78] Mais l'on a récemment proposé de voir en **matereíh patereíh** un couple de divinités.[79] Il faut en fait se résigner à laisser en suspens toute tentative de restitution du contexte qui a vu la genèse du cippe AP 2 et de l'inscription qu'il porte.

Dans le cadre de l'hypothèse défendue ici, AP 2b présente exactement le même schème de composition que le début de TE 5, où la séquence **śidom safinús estuf eśelsít tíom** signifie "Les Sabins te dressent ici en ceci," "Les Sabins dressent ici ceci qui est toi." Le pronom personnel de deuxième personne **tíom** est l'attribut de l'objet constitué par le démonstratif **śidom** (ou **śidom** est l'attribut de l'objet **tíom**). Le parallélisme syntaxique et sémantique est représenté par le tableau suivant:

	Sujet	*"dresser"*	*Attribut*	*Objet*
AP 2	**apaiús**	**adstaíúh**	**meitimúm**	**púpúnum** (le défunt)
TE 5	**safinús**	**eśelsít**	**śidom** "ceci"	**tíom** "toi" (le défunt)

La *disjonction*, de part et d'autre de la proposition, de l'objet et de son attribut (**śidom...tíom**, **púpúnum... meitimúm**) est un trait stylistique commun. L'expression de la déixis, au moyen de **estuf** et de **estufk**, est identique. La technique de composition est la même.

Du point de vue formel, deux analyses sont possibles pour **púpúnum**. Ou bien, la graphie **púpúnum** avec <**-um**> est le fruit d'une négligence vénielle, par omission de la haste centrale de <**ú**>, pour $^{+}$**púpúnúm**, avec trois <**ú**>, et l'on obtiendrait alors, par une correction simple, un accusatif en **-úm** normal d'un thème en *-*o*- (non en *-(*i*)*yo*- comme **púpúnis**). Ou bien, si l'on admettait que le sud-picénien ne possède que *deux* degrés d'aperture pour les voyelles postérieures, /o(:)/ ouvert et /ọ(:)/ fermé, notés respectivement <**o**> et <**ú**> (si bien que /ọ(:)/ fermé peut être réalisé [u(:)][80]), tandis que <**u**> note une voyelle *antérieure* arrondie /ü(:)/ (susceptible d'être réalisée [^{i}ü(:)] ou [^{i}u(:)] avec attaque palatale), il serait concevable que **púpúnum** soit un thème en *-(*i*)*yo*-, exactement comme **púpúnis**, et que la séquence biphonématique /yọ/ (de *-nyọm*), réalisée [yu], ait été notée par <**u**> (graphème normalement réservé à la notation de la séquence monophonématique /ü(:)/, réalisée [^{i}u(:)]) en raison de la proximité acoustique du phonème yod et de l'attaque palatale associée à /ü(:)/. Ainsi, <**púpúnum**> aurait donc été senti comme le quasi équivalent de la graphie *<**púpúniúm**>. Pour cela, il faut et il suffit de supposer que, dans leurs réalisations phonétiques concrètes, /ọ/ fermé et /ü/ avaient le même degré d'aperture, sans *jamais* se confondre pourtant, puisque /ü/ était prononcé à l'avant (ou avait une attaque palatale), tandis que /ọ/ fermé était prononcé à l'arrière et ne comportait pas d'attaque palatale. Un argument en faveur d'une telle analyse serait fourni par **petieronis** (AP 5), dont le premier <**i**> ne serait pas une erreur (malgré Rix 2002: 68), mais la trace graphique de l'attaque palatale de la voyelle d'anaptyxe [e]: autrement dit, une voyelle pourvue d'attaque palatale peut être traitée dans la graphie *comme* une séquence biphonématique, ce qui ouvre la possibilité qu'une séquence biphonématique soit traitée dans la graphie *comme* une séquence monophonématique. Cette hypothèse,

---

sera de marbre" (*Odes* 4.1.19–20). La statue, sensible aux odeurs (*illic plurima naribus duces tura*), est pleinement assimilée à la déesse.

[77] Il faudrait comparer le hittite *himma-* "substitut" (Martzloff 2006: 124–25). Bien que notre interprétation ait été acceptée par E. Dupraz (2008: 166), nous restons conscient que d'autres étymologies sont concevables pour ce mot.

[78] S'il fallait risquer une hypothèse interprétative, il serait par exemple loisible d'imaginer que les **apaiús**, pour célébrer la mémoire du fils d'une famille de leur communauté, tombé au combat en de glorieuses circonstances, ont dressé, en signe de reconnaissance, un monument en l'honneur des parents qui lui ont donné le jour.

[79] Nous renvoyons à l'argumentation de Capdeville (2006: 123–24).

[80] La tendance spontanée à une réalisation très fermée visait à accroître la marge de sécurité entre les deux degrés d'aperture des voyelles d'arrière.

[81] La lecture <**petieronis**> n'est toutefois pas entièrement sûre.

qui n'est complexe qu'en apparence, présenterait un double avantage: (1) ramener **púpúnis** et **púpúnum** à un seul paradigme, celui d'un thème en *-(*i*)*yo*-, et (2) dispenser de l'hypothèse d'une erreur, même banale, celle de l'emploi de <**u**> pour <**ú**>. On ferait même l'économie de *deux* erreurs, puisque les graphies <**petieronis**> et <**púpúnum**> constitueraient en fait l'envers et le revers d'un même procédé orthographique.[81] Notons toutefois que si cette désinence <-**num**> rendait bien /-nyọm/, il faudrait admettre que /-nyọm/ est une réfection de *-*nim* avec syncope attendue (osque **pakim** Cp 37: Ve 6, ombrien **ařkani**, de **ad-kan-yo-m*[85]), alors qu'un tel remaniement n'a pas eu lieu dans **oftorim** (CH 1a). Nous n'insistons pas sur cette analyse, mais il était nécessaire de la formuler pour en explorer les profits et les limites.

L'analyse de <**púpúnum**> comme accusatif n'est pas sans conséquence pour celle de **puíh** qui figure sur la même inscription: puisque <-**um**> ne remplace pas <-**om**> (attendu au génitif pluriel), on n'est pas en droit de considérer que <**u**> s'est substitué arbitrairement à <**o**> dans **puíh**, qui, de ce fait, ne peut pas s'analyser comme le nominatif d'un pronom relatif.[83] Il s'agit probablement d'un adverbe signifiant "en toute piété," reflet phonétique de **pūyēd*, comme l'a proposé Adiego Lajara (1992: 93).

En outre, tous les exemples allégués de génitifs pluriels en -**úm** sont hautement incertains. Cela vaut pour la séquence **safinúm nerf** de l'inscription fragmentaire TE 6:

]nis: safinúm: nerf: persukant: p[.

Il n'existe pas d'indice positif qui porte à penser que **safinúm** soit un génitif pluriel, et Meiser a exprimé des doutes justifiés à ce propos.[84] **Safinúm** pourrait être, par exemple, l'accusatif singulier d'un substantif, premier ou second actant, au sein d'une proposition infinitive dépendant du verbe introducteur **persukant**. Mais **safinúm** pourrait aussi être un adjectif déterminant un substantif disparu. En raison du contexte lacunaire, il ne nous paraît pas possible d'affiner l'analyse. Nous tenions simplement à suggérer qu'il existe des alternatives à l'hypothèse du génitif pluriel, même si cette dernière interprétation reste possible, auquel cas **safinúm** serait le complément du nom **nerf**.[85]

Enfin, l'inscription AP 1 ne contient apparemment pas de verbe, et sa syntaxe est des plus opaques. Peut-être faut-il sous-entendre un verbe du type "a inhumé," ou "a honoré." En tout cas, l'interprétation des formes **raieimúm**, **titúm**, **anaiúm** ou **aúdaqúm** par le génitif ne se justifie pas mieux que celle par l'accusatif.

Discussion critique de l'analyse de Michael Weiss

Nous avons vu que l'accusatif singulier des substantifs thématiques est toujours en -**úm**, et, fait nouveau, que le picénien dispose, pour le génitif pluriel, d'une seule désinence vivante, -**om**. Il reste à expliquer l'origine de ces finales. La seule discussion systématique est l'importante étude de Michael Weiss (1998). Pour l'analyse synchronique, Weiss considère (1) que -**om** est la désinence normale de génitif pluriel; (2) que le picénien possède également une désinence de génitif pluriel en -**úm;** (3) que la désinence -**úm** de génitif pluriel est née, dans les noms thématiques, de l'analogie *graphique* du nominatif pluriel en -**ús;** (4) que **púpúnum** est un génitif pluriel; (5) que la désinence -**um** de **púpúnum** est une erreur pour -**úm**. Nous avons admis la thèse (1) et contesté les points (2) et (4). L'hypothèse (3) nous semble inutile. Nous avons envisagé une alternative pour (5), mais une simple erreur reste possible.

Pour l'analyse diachronique, Weiss considère (6) que le reflet sud-picénien de *-ŏ- bref en syllabe non finale est (sauf conditionnement) <**o**>; (7) que toutefois le reflet *phonétique* de *-*ŏm* final est <-**úm**>; (8) que le reflet picénien de *-ō- italique en syllabe non finale est <**ú**>; (9) que toutefois le reflet phonétique de *-*ōm* italique en finale est <-**om**>; (10) que *-ō- italique s'est fermé en -*ọ:*- en proto-sabellique, et cela en toute position; (11) que dans la préhistoire du picénien a opéré une loi appelée "Short *o Raising Rule" (*SORR*) affectant *-*om* final; (12) que dans la préhistoire du picénien a opéré ou bien une loi "Shortening and Lowering Rule" (*SLR*), ou bien une loi

---

[82] Meiser 1986: 60.

[83] Malgré Dupraz 2008: 166. Le sujet de **qolofítúr** est à tirer de **púpúnum** ou de **meitimúm**.

[84] Meiser (1986: 51 n. 5) emploie, à propos de **safinúm,** l'expression circonspecte "vorausgesetzt, es handelt sich um eine Genitivform."

[85] La forme **nerf** est en principe à analyser comme l'accusatif pluriel correspondant au nominatif singulier **nír** (MC 1, et peut-être AP 3), même si le sud-picénien a pu théoriquement (mais cela ne s'impose pas) employer l'accusatif pluriel des thèmes consonantiques en fonction de nominatif pluriel, par analogie des thèmes en -*ā*- où les finales de nominatif et d'accusatif pluriels (-*ās*) étaient homonymes (Rix 1986: 591). Sur TE 7 est en effet attesté l'accusatif pluriel **qoras**.

"Lowering Rule" (*LR*), l'une et l'autre affectant **-ọ:m;* (13) que l'ordre d'application est ou bien {*SORR* puis *SLR*}, ou bien, mieux (?), {*LR* puis *SORR*}; (14) que, par conséquent, **śidom** et **tíom** comportent un ancien *-*ōm* final, et non *-*ŏm*. Notre étude accepte les thèses 6, 8, 10, conteste les thèses 7, 11, 13, 14, et, sans rejeter catégoriquement 9 et 12, propose une alternative.

Weiss défend donc, pour */o/ bref ouvert et */ọ:/ long fermé, l'idée d'une *inversion* phonétique, au cours de l'évolution, en fonction de la position dans le mot. En syllabe non finale, */o/ bref ouvert est reflété par <**o**>, tandis qu'en finale, le produit phonétique de */om/ serait noté <-**úm**>. Inversement, en syllabe non finale, */ọ:/ est reflété par <**ú**>, alors qu'en finale, le reflet phonétique de */ọ:m/ est noté <-**om**>. Par conséquent, Weiss est amené à conclure que -**om** final reflète nécessairement *-*ōm* dans des cas de figure autres que le génitif pluriel. Weiss reconstruit ainsi **kidōm*[86] pour **śidom**, hypothèse en apparence étayée par les correspondants germaniques (gotique *und hita*). Weiss voit en outre en **tíom** le reflet de **tēōm*, avec deux longues en hiatus.

Cette théorie du "croisement" phonétique appelle pourtant plusieurs réserves. D'abord, le nominatif osque **tiú** (Sa 31: Ve 161) inviterait à poser **tĕōm* avec brève. En revanche, le **míom face** de l'inscription de Tolfa (Um 4, voir Rix 1992a: 39 et 1992b) n'est d'aucun secours dans la présente argumentation (nous ignorons en effet si <**o**> s'oppose à <**ú**> dans les conventions orthographiques de cet idiome). L'ombrien d'Iguvium *tiom*, *tio*, *teio* ne prouve rien, car *-*um* s'ouvre de toute façon en -*om*, comme le montrent les supins en *-*tum* écrits <-*to*>. Ensuite, la comparaison entre les finales de **śidom** et du gotique *hita* ne s'impose nullement comme une nécessité. En outre, si, comme le pense Rix (2003: 156), il faut bien lire **opesaúom** en RI 1, cet infinitif montrerait que */-om/ avec voyelle brève est reflété par -**om**, non par -**úm**. Enfin, et surtout, l'hypothèse paradoxale de l'inversion phonétique est peut-être inutilement complexe.

Pour expliquer ces données, nous préconisons de prendre en compte une dimension morphologique, où intervient le facteur de l'*analogie*. Contrairement à Weiss, nous croyons que l'aboutissement phonétique de */-ŏm/ en finale est -**om**. Cette évolution est préservée dans des mots isolés (**śidom**, **tíom**) et, peut-être, dans l'infinitif **opesaúom** (si du moins l'on retient cette lecture). Nous suggérons en revanche que la finale d'accusatif singulier /-ọm/, notée -**úm**, est analogique, pour son timbre, de l'accusatif masculin pluriel thématique, par hasard non attesté dans le corpus, mais dont la voyelle caractéristique devait être de timbre [ọ]. La restitution la plus simple et la plus vraisemblable serait /ọ:s/ issu de *-*ōs* (comparable à l'accusatif pluriel latin en -*ōs*), mais la voyelle de cette terminaison a pu être abrégée (il faudrait alors poser /ọs/). On ne peut toutefois exclure que la terminaison d'accusatif masculin pluriel thématique ait eu la forme /ọ:f/ (ou /ọf/ en cas d'abrègement), soit que l'on postule une désinence dont la forme originelle aurait été *-*ōns* (d'où /ọ:f/ directement) ou, moins probablement, *-*ons* (qui donnerait /of/ dans un premier temps, si bien qu'il faudrait postuler en outre une fermeture de -*o*- devant -*f* final, comme c'est le cas devant -*r* dans **qolofítúr**), soit que l'on admette que /ọ:s/ a été refait en /ọ:f/ d'après l'accusatif pluriel des thèmes en consonne (comme **nerf**), type de réfection pour lequel l'ombrien fournirait justement un parallèle.[87] Dans tous les cas, on est en droit de supposer une voyelle de timbre [ọ] fermé dans la terminaison d'accusatif pluriel thématique, d'après laquelle la finale d'accusatif singulier a été refaite en /-ọm/. Cette finale d'accusatif singulier masculin a dû ensuite se diffuser au neutre thématique, à l'accusatif et au nominatif singuliers.

En outre, si l'on prenait au sérieux la finale <-**num**> de l'accusatif masculin singulier **púpúnum** (AP 2), en admettant qu'elle rend bien /-nyọm/ réalisé [-nyum] (avec emploi exceptionnel, mais bien compréhensible, de <**u**>, qui note ailleurs une séquence *monophonématique* [ˈu]), il serait aisé, dans le cadre de la présente hypothèse, d'appréhender pourquoi */-nim/, aboutissement régulier de *-*nyom* (avec syncope attendue, comme dans l'osque **pakim**), a été refait en /-nyọm/. En effet, au moment où la finale *-*Com* était remplacée par -*Cọm* (-**úm**) sous la pression de l'accusatif pluriel (en -*Cọ(:)s* ou -*Cọ(:)f*), une *partie* des accusatifs masculins en -*Cim* (de *-*Cyom*) a pu être entraînée dans ce même mouvement de réfection: -*ọ*- a alors été *inséré* dans *-*Cim* (d'où *-*Cyọm*), alors qu'il a été *substitué* à *-*o*- dans *-*Com* (d'où -*Cọm*). Mais cette insertion n'aurait pas été générale (**oftorim** demeure[88]). Toutefois **púpúnum** peut être une simple erreur pour ***púpúnúm**. Soulignons enfin que l'énigmatique **titienom**

---

[86] Avec une palatale indo-européenne à l'initiale, reflétée par /k/ dans la préhistoire de l'italique.

[87] Rix 1986: 587–91. Néanmoins, l'accusatif pluriel **qoras** TE 7 (< *-*ās*) ne présente aucune trace de réfection. C'est donc /ọ:s/ (ou /ọs/) qui est le plus vraisemblable.

[88] On observera que l'éventuelle réfection des accusatifs d'anthroponymes (auxquels **púpúnum** peut être assimilé au moins pour le comportement morphologique) en *-*Cim* (de *-*C(i)yom*) a pu être influencée par les noms propres qui avaient un accusatif en *-*Cīyom* (de *-*Ciy-iyo-m*), comme l'osque **kluvatiium** (Cp 37). En revanche, l'adjectif **oftorim** échappait tout naturellement à leur analogie.

de TE 3 pourrait, en théorie, s'interpréter comme une relique de l'ancien accusatif en -**om** préservée dans un nom propre, même si l'analyse comme génitif pluriel demeure évidemment de loin la plus simple et la plus économique.

Il resterait à découvrir la *raison d'être* du transfert analogique de timbre, à l'accusatif, du pluriel au singulier.

Le génitif pluriel picénien: de l'approche synchronique à l'analyse diachronique

Si l'on admet que l'italique a hérité, puis transmis au sabellique et ensuite au sud-picénien, sous la forme /-ọ:m/, une désinence de génitif pluriel indo-européenne en **-ōm*, alors il faut postuler avec Weiss, pour la préhistoire immédiate[89] du picénien, une loi d'ouverture, et peut-être aussi d'abrégement, affectant tout /ọ:/ devant *-m* final. Il ne s'agirait pas d'une hypothèse gratuite, inventée pour les besoins de la cause, car une loi d'ouverture similaire *pourrait* être postulée, dans une partie du domaine picénien au moins, pour expliquer le datif singulier en -**oh** attesté dans **puqloh** en AQ 1 (l'analyse comme datif est sûre), dans **dúnoh** en CH 2, et, peut-être, dans **petroh** en TE 1 (s'il s'était agi d'un nominatif de thème en *-ōn-* non sigmatisé, on aurait attendu une graphie <-**ú**>) et en -**eh** dans **[k]aúieh** en AQ 1 (avec voyelle d'avant en raison du *fronting* déclenché par le yod qui précède[90]). Les deux désinences, -**oh** et -**eh**, possèdent un timbre ouvert, alors que l'autre désinence de datif thématique est une diphtongue dont la notation -**úí** démontre que les deux éléments constitutifs sont plus fermés: /-(ọ:ẹ)/ ou /-(ọẹ)/.[91]

Néanmoins, toute tentative d'élucidation de la préhistoire de la terminaison picénienne -**om** de génitif pluriel doit tenir compte de deux conceptions antithétiques des comparatistes sur la finale correspondante en indo-européen. Certains linguistes admettent l'existence, à côté de **-ōm*, d'une désinence **-ŏm*, en se fondant principalement sur les données slaves (Osthoff 1878; Meillet 1934: 393), tandis que d'autres savants, comme Jasanoff (1983) et Weiss (1998: 710), révoquent en doute l'existence de **-ŏm* avec brève (même pour le slave). Dans ce débat qui touche l'indo-européen lui-même, le sabellique serait susceptible d'apporter à l'argumentation une contribution pertinente. Les données osques et ombriennes sont toutefois en partie confuses.[92] Jasanoff (1983: 142) a raison d'affirmer que "the alleged evidence for *-*ŏm* in Umbrian ... is indecisive" puisque l'on sait que tout **-um* final devient automatiquement *-om* en ombrien (Meiser 1986: 120–21), comme le démontre le supin *anseriato* TIg. VIa 6 (< **-tum*). Donc si l'on partait d'une désinence à longue, on aurait **-ōm* > **-ọ:m* > **-u(:)m*, avec réversion automatique en *-o(:)m*. Meiser explique avec vraisemblance le génitif *pracatarum* (VIa 13) par une influence d'un modèle graphique en alphabet national ombrien, où /o(:)/ est noté <**u**>. Les ambiguïtés du corpus osque ont été soulignées par Osthoff (1878: 220–24). Estimant que **safinim** (nPg 2) est un génitif pluriel, Osthoff y voit une preuve que la désinence était anciennement **-ŏm*. Cet argument serait en droit valide, car le produit phonétique de **-Ciyom* est *-Cim*, tandis que **-Cīyom* (de **-Ciy-iyo-m*) aboutit à *-Ciyom* en osque (**kluvatiium** Cp 37, inscription qui ignore l'usage de <**ú**>). La désinence **-ŏm* des thèmes consonantiques aurait pu pénétrer dans les noms thématiques, sans évincer totalement **-ōm*. Mais, par malheur, **safinim** pourrait s'analyser comme un neutre singulier.

Nous devons donc nous contenter ici d'une analyse interne du corpus picénien. Mais, incontestablement, la désinence picénienne -**om** de génitif pluriel s'expliquerait bien plus aisément si l'on admettait que l'italique a hérité d'une désinence indo-européenne **-ŏm*, avec voyelle brève. Du point de vue phonétique, la désinence de génitif pluriel présenterait alors exactement le même reflet -**om** de **-ŏm* que celui que l'on trouve dans d'autres catégories grammaticales: dans **śidom**, **tíom** et, peut-être, dans l'infinitif **opesaúom**. On aurait tort d'objecter, à propos de **alíntiom**, que les finales en **-Ciyom* sont représentées par *-Cim* en sabellique, car il suffit d'admettre que la syncope a été contrecarrée en raison de la frontière morphématique. Si l'on souhaite défendre l'interprétation de **safinúm** (TE 6) comme génitif pluriel, il suffit de considérer que le reflet productif -**om** (issu de **-ŏm*)

---

[89] Il serait parfaitement arbitraire de postuler une loi d'abrègement de **-ōm* en **-om* au stade du *proto-italique* ou à celui du *proto-sabellique*. Si l'italique a hérité d'une finale **-ōm* indo-européenne, alors celle-ci a dû être transmise à *chaque* langue sabellique sous la forme /-ọ:m/, avec une voyelle longue et fermée (formulation prudente du problème par Rix 1996: 253).

[90] Cette analyse a été proposée indépendamment par Adiego Lajara (1992: 76–77 et 106) et par Weiss (1998: 707).

[91] Toutefois, la diphtongue **-ōi* de la terminaison de datif a pu être abrégée de bonne heure en **-oi* devenant /(oẹ)/, antécédent immédiat de /ō/ (noté <**oh**>) et de /(ọẹ)/ (noté <**úí**>). Dans ce cas, aucune loi d'ouverture d'une longue n'aurait été à l'œuvre.

[92] Jugement prudent de Meiser: "Ob der Gen. Pl. der *o*-Stämme im Ursabellischen langes oder kurzes *o* aufwies, läßt sich nicht entscheiden" (1986: 51).

n'a pas entièrement évincé le reflet **-úm** (de **-ōm*, attendu dans les noms thématiques). Peut-être le syntagme **safinúm nerf** "les princes des Sabins" constituait-il une expression toute faite, qui devait à sa noblesse et à son éventuel caractère formulaire la préservation d'un archaïsme. Il n'est donc pas nécessaire de supposer que TE 6 utilise arbitrairement <**ú**> pour <**o**>, ou que cette inscription ignore l'usage de <**o**>. Finalement, la concordance entre le sud-picénien et le slave serait remarquable.

Il n'est pas dans l'esprit de notre propos de donner une réponse péremptoire au problème, ni d'affirmer que l'hypothèse ici défendue est préférable à celle, avancée par Weiss, d'une ouverture de /ọ:/ en /o:/ devant /m/ final. Nous souhaitons simplement apprécier à sa juste valeur l'apport des données paléo-sabelliques, en restant bien conscient que le caractère *économique* d'une reconstruction n'est pas un critère absolu de vérité. En tout cas, l'existence d'une homonymie fâcheuse entre la désinence de génitif pluriel en **-om* et celle d'accusatif singulier en **-om*, avec une brève dans les deux morphèmes, aurait pu déclencher la réfection de l'accusatif singulier thématique masculin en *-ọm*, avec un timbre vocalique plus fermé analogique de l'accusatif pluriel masculin.

En conclusion, une analyse contextuelle et étymologique d'une entité lexicale, **uelíúm**, en laquelle nous reconnaissons, non pas le génitif pluriel d'un adjectif, mais une forme de prétérit, nous a engagé à reprendre le dossier du génitif pluriel sur de nouvelles bases, en révisant l'inventaire des finales. Nous avons montré que la seule désinence *assurée* de génitif pluriel est **-om**, qui figure à coup sûr dans **fitiasom**, **alíntiom**, **raeliom**, $^+$**marom**, avec une certaine probabilité dans <]**orom**>, et peut-être aussi dans **titienom** et **rutaniom** (lecture incertaine). Il se peut toutefois que **safinúm** s'analyse également comme un génitif pluriel dont la terminaison **-úm** (de **-ōm*) n'a pas été éliminée malgré la généralisation de la finale **-om** (de **-ŏm*). Quant à la préhistoire des finales non pronominales d'accusatif singulier thématique et de génitif pluriel, qui, nous l'avons vu, ne se confondent pas, en principe, dans la graphie ni dans la prononciation, il n'est possible de l'appréhender qu'en faisant intervenir des considérations d'ordre morphologique.

En tout cas, l'hypothèse d'une variation *graphique* au génitif pluriel est un pur mirage. Si la forme **safinúm** est un génitif pluriel, elle doit sa finale à une prononciation réelle, archaïque, distincte de celle des autres génitifs pluriels. La notation des voyelles en sud-picénien est donc à la fois rigoureuse et rationnelle. Elle est fondée sur une stricte prise en compte des timbres vocaliques. Comme l'a observé Weiss (2002: 357) avec beaucoup de justesse, les Picéniens, inventeurs et usagers, pour certaines inscriptions au moins, d'un répertoire graphique apte à différencier les *sept* timbres vocaliques de leur langue, étaient de véritables experts en matière d'orthographe et d'*orthoépie*.

Abréviations

CIL — *Corpus Inscriptionum Latinarum*, 1863–

LEIA — Joseph Vendryes. *Lexique étymologique de l'irlandais ancien*. Dublin: Dublin Institute for Advanced Studies, 1959–

LIV^2 — Helmut Rix, éd. *Lexikon der indogermanischen Verben: Die Wurzeln und ihre Primärstammbildungen*. 2ème éd. rev. Wiesbaden: Reichert, 2001

P.F. — Paulus ex Festo, cité d'après W. M. Lindsay (éd.), *Sexti Pompei Festi De Verborum Significatu quae supersunt cum Pauli Epitome*. Leipzig: Teubner, 1913

Bibliographie

Adiego Lajara, Ignacio-Javier

1990 "Sobre la notación de las vocales posteriores en sudpicénico." *Anuari de Filologia* 13, Secció D: 7–14.

1992 *Protosabelio, osco-umbro, sudpiceno*. Universitas-20. Barcelona: PPU.

1993 "Parentesco, contacto e innovación paralela: el caso de las lenguas sabélicas." *Incontri Linguistici* 16: 11–21.

Agostiniani, Luciano

1999 "Le iscrizioni di Novilara." Dans *Piceni: Popolo d'Europa*, édité par G. Colonna, pp. 139–42. Rome: De Luca.

2003 "Le iscrizioni di Novilara." Dans *I Piceni e l'Italia Medio-Adriatica* (Atti del XXII Convegno di Studi Etruschi ed Italici, Ascoli Piceno, Teramo, Ancona, 9–13 aprile 2000), pp. 115–25. Rome: Istituti Editoriali Poligrafici Internazionali.

2006 "Rukes Hazsuies: Un tratto morfologico paleoitalico nelle parlate anelleniche di Sicilia." Dans *Samnitice loqui: Studi in onore di Aldo Prosdocimi per il premio I Sanniti*, édité par D. Caiazza, vol. 1, pp. 113–37. Libri Campano Sannitici 5. Piedimonte Matese: Arti Grafiche Grillo.

Bartoněk, Antonín

1999 "Schriftsprache, Umgangssprache, Dialekt im Latein." Dans *Latin vulgaire - Latin tardif V* (Actes du Ve colloque international sur le latin vulgaire et tardif, Heidelberg, 5–8 septembre 1997), édité par H. Petersmann et R. Kettemann, pp. 89–98. Heidelberg: C. Winter.

Beaujeu, Jean

1950 *Pline l'Ancien. Histoire Naturelle*, Livre II. Collection des Universités de France, sous le patronage de l'Association Guillaume Budé. Paris: Les Belles Lettres.

Behagel, Otto

1909 "Beziehungen zwischen Umfang und Reihenfolge von Satzgliedern." *Indogermanische Forschungen* 25: 110–42.

Bile, Monique

1988 *Le dialecte crétois ancien, Étude de la langue des inscriptions, recueil des inscriptions postérieures aux IC.* Études crétoises 27. Paris: Paul Geuthner.

Brixhe, Claude

1976 *Le dialecte grec de Pamphylie: documents et grammaire.* Bibliothèque de l'Institut français d'Istanbul 26. Paris: Adrien-Maisonneuve.

1978 "Les palatalisations en grec ancien: approches nouvelles." Dans *Étrennes de septantaine: travaux de linguistique et de grammaire comparée offerts à Michel Lejeune*, pp. 65–73. Études et Commentaires 91. Paris: Klincksieck.

1989 "Morphonologie ou morphographémie? À propos de quelques variations graphiques en grec ancien." *Bulletin de la Société de linguistique de Paris* 84/1: 21–54.

1996 *Phonétique et phonologie du grec ancien* I: *quelques grandes questions.* Bibliothèque des Cahiers de l'Institut de Linguistique de Louvain 82. Louvain: Peeters.

Buck, Carl Darling

1955 *The Greek Dialects: Grammar, Selected Inscriptions, Glossary.* Chicago: University of Chicago Press.

Calzecchi-Onesti, Giorgio

1981 "*Ocr-* ed *acr-* nella toponomastica dell'Italia antica." *Studi Etruschi* 49: 165–89.

Campanile, Enrico

1996 "I testi umbri minori." Dans *Assisi e gli Umbri nell'antichità* (Atti del convegno internazionale, Assisi, 18–21 dicembre, 1991), édité par G. Bonamente et F. Coarelli, pp. 181–92. Assisi: Minerva.

Capdeville, Gérard

2006 "La religion des Picéniens." Dans *Italo-Tusco-Romana, Festschrift für Luciana Aigner-Foresti*, édité par P. Amann, M. Pedrazzi, et H. Taeuber, pp. 105–24. Vienne: Holzhausen.

Cianfarani, Valerio

1969 *Antiche civiltà d'Abruzzo*. Rome: De Luca.

Clackson, James

2004 "The Word-Order Pattern *magna cum laude* in Latin and Sabellian." Dans *Indo-European Perspectives: Studies in Honour of Anna Morpurgo Davies*, édité par J. H. W. Penney, pp. 391–404. Oxford: Oxford University Press.

De Melo, Wolfgang David Cirilo

2007 *The Early Latin Verb System. Archaic Forms in Plautus, Terence, and Beyond*. Oxford: Oxford University Press.

De Simone, Carlo

1962 "Contributi Peligni." *Annali, Istituto Orientale di Napoli, Sezione Linguistica* 4: 63–69.

Dessau, Hermannus

1902 *Inscriptiones Latinae Selectae*, Volume 2, Part 1. Berlin: Weidmann.

Dunkel, George E.

2004 "PIE **ko(m)* 'with' and **nu(m)* 'now': Did IE Have a Facultative Final Nasal?" Dans *Sarnikzel: Hethitologische Studien zum Gedenken an Emil Orgetorix Forrer*, édité par D. Groddek et S. Rössle, pp. 285–95. Dresdner Beiträge zur Hethitologie 10. Dresden: Verlag der Technischen Universität Dresden.

Dupraz, Emmanuel

2008 "Exophoriques et endophoriques en sabellique." *Bulletin de la Société de linguistique de Paris* 103/1: 151–80.

Eichner, Heiner

1993 "1919 oder 1991? Zur Entwicklung der oskisch-umbrischen Studien nebst einer neuen Interpretation des Textes von Fonte Romito (Vetter Nr. 147)." Dans *Oskisch-Umbrisch: Texte und Grammatik* (Arbeitstagung der Indogermanischen Gesellschaft und der Società Italiana di Glottologia, vom 25. bis 28. September 1991 in Freiburg), édité par H. Rix, pp. 46–95. Wiesbaden: Reichert.

García Castillero, Carlos

2000 *La formación del tema de presente primario osco-umbro*. Vitoria-Gasteiz: Universidad del País Vasco.

García-Ramón, José-Luis

1997 "Adverbios de dirección e instrumental indoeuropeo." Dans *Berthold Delbrück y la sintaxis indoeuropea hoy* (Actas del coloquio de la Indogermanische Gesellschaft Madrid, 21–24 de septiembre de 1994), édité par E. Crespo et J. L. García Ramón, pp. 113–41. Madrid: Ediciones de la UAM.

Gérard, Raphaël

2005 *Phonétique et morphologie de la langue lydienne*. Bibliothèque des Cahiers de l'Institut de Linguistique de Louvain 114. Louvain: Peeters.

Goidanich, Pier G.

1950 "Del cosidetto 'Sonus quidam medius U et I' di Quintiliano." *Atti della Accademia nazionale dei Lincei, Rendiconti, Classe di Scienze morali, storiche e filologiche* 8/5: 284–96.

Grammont, Maurice

1950 *Traité de phonétique*. Paris: Librairie Delagrave.

Hajnal, Ivo

1993 "Das oskische Cognomen Pukalatúí." Dans *Oskisch-Umbrisch: Texte und Grammatik* (Arbeitstagung der Indogermanischen Gesellschaft und der Società Italiana di Glottologia, vom 25. bis 28. September 1991 in Freiburg), édité par H. Rix, pp. 125–42. Wiesbaden: Reichert.

Haug, Dag

2004 "On Unaccented Short Vowels in Sabellian and the Morphology of the Italic 2nd Conjugation." *Indogermanische Forschungen* 109: 235–49.

Hilmarsson, Jörundur

1996 *Materials for a Tocharian Historical and Etymological Dictionary.* Tocharian and Indo-European Studies Supplementary Series 5. Reykjavík: Málvísindastofnun Háskóla Íslands.

Janda, Michael

1993 "Die Inschrift des Helms von Canosa und der Buchstabe *β* des Südpikenischen." Dans *Oskisch-Umbrisch: Texte und Grammatik* (Arbeitstagung der Indogermanischen Gesellschaft und der Società Italiana di Glottologia, vom 25. bis 28. September 1991 in Freiburg), édité par H. Rix, pp. 147–54. Wiesbaden: Reichert.

Janson, Bernd

1993 "Bemerkungen zu den südpikenischen Inschriften." Dans *Oskisch-Umbrisch: Texte und Grammatik* (Arbeitstagung der Indogermanischen Gesellschaft und der Società Italiana di Glottologia, vom 25. bis 28. September 1991 in Freiburg), édité par H. Rix, pp. 155–66. Wiesbaden: Reichert.

Jasanoff, Jay H.

1983 "A Rule of Final Syllables in Slavic." *Journal of Indo-European Studies* 11: 139–49.

Jiménez Zamudio, Rafael

1986 *Estudio del dialecto peligno y su entorno lingüístico.* Salamanca: Universidad de Salamanca.

Kent, Roland G.

1926 *The Textual Criticism of Inscriptions.* Philadelphia: Linguistic Society of America.

Kim, Ronald I.

2003 "Uncovering the Prehistory of the Tocharian Class II Preterite." *Historische Sprachforschung* 116: 190–233.

Klingenschmitt, Gert

1992 "Die lateinische Nominalflexion." Dans *Latein und Indogermanisch* (Akten des Kolloquiums der Indogermanischen Gesellschaft, Salzburg, 23.–26. September 1986), édité par O. Panagl et T. Krisch, pp. 89–135. Innsbrucker Beiträge zur Sprachwissenschaft 64. Innsbruck: Institut für Sprachwissenschaft der Universität Innsbruck.

Lachmann, Karl

1855 *In T. Lucretii Cari de rerum natura libros commentarius.* 2ème éd. Berolini: Reimer.

Lamberterie, Charles de

2005 "'Peste et famine à la fois': un nouvel exemple de l''effet Saussure' en grec ancien." Dans *De Cyrène à Catherine: trois mille ans de Libyennes, Études grecques et latines offertes à Catherine Dobias-Lalou*, pp. 137–48. Nancy: De Boccard.

La Regina, Adriano

1981 "Appunti su entità etniche e strutture istituzionali nel Sannio antico." *Annali del Seminario di Studi del mondo classico, Archeologia e Storia antica* (*AION*) 3: 129–37.

Lassère, Jean-Marie

2005 *Manuel d'épigraphie romaine.* 2 volumes. Paris: Picard.

Lazzarini, Maria Letizia, et Paolo Poccetti, éds

2001 *Il mondo enotrio tra VI e V secolo a.C. L'iscrizione paleoitalica da Tortora.* Atti dei seminari napoletani (1996–1998). Naples: Loffredo.

Lejeune, Michel

1972a *Phonétique historique du mycénien et du grec ancien*. Tradition de l'Humanisme 9. Paris: Klincksieck.

1972b "**Aisu* 'dieu' et la quatrième déclinaison italique." *Bulletin de la Société de linguistique de Paris* 67: 129–37.

1972c "Une *antiquissima* vénète: le bronze votif de Lozzo Atestino." *Revue des Études Latines* 49: 78–102.

1974 *Manuel de la langue vénète*. Indogermanische Bibliothek 1, Reihe, Lehr- und Handbücher. Heidelberg: Winter.

1976 "Noms osco-ombriens des eaux, des sources et des fontaines." Dans *L'Italie préromaine et la Rome républicaine. Mélanges offerts à Jacques Heurgon*, Volume 2, pp. 551–71. Collection de l'École Française de Rome 27. Rome: École Française de Rome.

Leumann, Manu

1977 *Lateinische Laut- und Formenlehre*. Munich: C. H. Beck.

Lhôte, Éric

2006 *Les lamelles oraculaires de Dodone*. Hautes Études du Monde Gréco-romain 36. Genève: Droz.

Lühr, Rosemarie

2000 *Die Gedichte des Skalden Egill*. Jenaer indogermanistische Textbearbeitung 1. Dettelbach: Röll.

Maggiani, Adriano

1999 "Una iscrizione 'paleoumbra' da Chiusi." *Rivista di Archeologia* 23: 64–71.

Marinetti, Anna

1982 "Atta/us: Appius; lat. atta, sabino *appa e sudpiceno apaio-. Sabini a Roma e 'Safini' nelle iscrizioni sudpicene." *Res Publica Litterarum, Studies in the Classical Tradition* 5/1: 169–81.

1985 *Le iscrizioni sudpicene, I, Testi*. Florence: Olschki.

Martinet, André

1955 *Économie des changements phonétiques: traité de phonologie diachronique*. Berne: A. Francke.

Martzloff, Vincent

2006 "Picénien *ímih puíh*: contribution à l'interprétation des cippes paléo-sabelliques de Castignano (AP 2) et de Penna S. Andrea (TE 5)." *Lalies* 26: 105–31.

2007 "Latin *pollinctor*, grec λίπ(α), picénien VEPSES: phraséologie et élaboration poétique." Dans *Procédés synchroniques de la langue poétique en grec et en latin*, édité par A. Blanc et E. Dupraz, pp. 171–89. Langues et cultures anciennes 9. Bruxelles: Safran.

2008 "Les syntagmes picéniens *povaisis pidaitúpas, me{nt}fistrúí nemúneí, trebegies titúí*." *Revue de Philologie, de Littérature et d'Histoire Anciennes* 80/1: 63–104.

Meillet, Antoine

1934 *Le slave commun*. 2ème éd. Collection de Manuels de l'Institut d'Études Slaves 2. Paris: Champion.

Meiser, Gerhard

1986 *Lautgeschichte der umbrischen Sprache*. Innsbrucker Beiträge zur Sprachwissenschaft 51. Innsbruck: Institut für Sprachwissenschaft der Universität Innsbruck.

1987a Compte rendu de Marinetti, *Le iscrizioni sudpicene* (1985). *Kratylos* 32: 110–18.

1987b "Pälignisch, Latein und Südpikenisch." *Glotta* 65: 104–25.

1998 *Historische Laut- und Formenlehre der lateinischen Sprache*. Darmstadt: Wissenschaftliche Buchgesellschaft.

Morandi, Alessandro

1983 "Tra Epigrafia e Topografia. Nota su Aequi e Superaequani." *Archeologia Classica* 35: 219–27.

Nosarti, Lorenzo

1987 "Coniectanea II (Pacuvio, Accio, Corippo)." *Museum Patauinum* 5: 311–20.

Nussbaum, Alan

1997 "The 'Saussure Effect' in Latin and Italic." Dans *Sound Law and Analogy: Papers in Honor of Robert S. P. Beekes on the Occasion of His 60th Birthday*, édité par A. Lubotsky, pp. 181–203. Leiden Studies in Indo-European 9. Amsterdam: Rodopi.

Osthoff, Hermann

1878 "Kleine Beiträge zur Deklinationslehre der indogermanischen Sprachen I." Dans *Morphologische Untersuchungen auf dem Gebiete der indogermanischen Sprachen*, Part 1, édité par H. Osthoff et K. Brugman, pp. 207–90. Leipzig: S. Hirzel.

Petersmann, Hubert

1991 "Springende und tanzende Götter beim antiken Fest." Dans *Das Fest und das Heilige: Religiöse Kontrapunkte zur Alltagswelt*, édité par J. Assmann et T. Sundermeier, pp. 69–87. Studien zum Verstehen fremder Religionen 1. Gütersloh: Gerd Mohn.

Poccetti, Paolo

1994 "Per un dossier documentario dei riflessi di dottrine misteriche e sapienziali nelle culture indigene dell'Italia antica, Note sulle iscrizioni osche Ve 161, 185; Po 103." Dans *Forme di religiosità e tradizioni sapienziali in Magna Grecia* (Atti del convegno, Napoli, 14–15 dicembre 1993), édité par A. C. Cassio et P. Poccetti, pp. 109–36. Annali dell'Istituto Universitario Orientale di Napoli, filologico-letteraria, 16. Pise: Istituti Editoriali e Poligrafici Internazionali.

Rieken, Elisabeth

1999 *Untersuchungen zur nominalen Stammbildung des Hethitischen*. Wiesbaden: Harrassowitz.

Ringe, Donald A., Jr.

2000 "Tocharian Class II Presents and Subjunctives and the Reconstruction of the Proto-Indo-European Verb." *Tocharian and Indo-European Studies* 9: 121–42.

Rix, Helmut

1983 "Umbro e Proto-Osco-Umbro." Dans *Le lingue indoeuropee di frammentaria attestazione: Die indogermanischen Restsprachen* (Atti del Convegno dellà Società Italiana di Glottologia e della Indogermanische Gesellschaft, Udine, 22–24 Settembre 1981), édité par E. Vineis, pp. 91–107. Pise: Giardini.

1986 "Die Endung des Akkusativ Plural commune im Oskischen." Dans *O-o-pe-ro-si: Festschrift für Ernst Risch zum 75. Geburtstag*, édité par A. Etter, pp. 583–97. Berlin: de Gruyter.

1992a "La lingua dei Volsci: testi e parentela." *Quaderni di Archeologia Etrusco-Italica* 20: 37–49.

1992b "Una firma paleo-umbra." *Archivio Glottologico Italiano* 77: 243–52.

1993 "Osk. *úpsannam-uupsens* und Zugehöriges." Dans *Sprachen und Schriften des antiken Mittelmeerraums: Festschrift für Jürgen Untermann zum 65. Geburtstag*, édité par F. Heidermanns, H. Rix, et E. Seebold, pp. 329–48. Innsbrucker Beiträge zur Sprachwissenschaft 78. Innsbruck: Institut für Sprachwissenschaft der Universität Innsbruck.

1994 "Südpikenisch *kduíú*." *Historische Sprachforschung* 107: 105–22.

1996 "Variazioni locali in osco." Dans *La Tavola di Agnone nel contesto italico: Convegno di Studio (Agnone, 13-15 aprile 1994)*, édité par Loretta Del Tutto Palma, pp. 243–61. Florence: L.S. Olschki.

2002 *Sabellische Texte: Die Texte des Oskischen, Umbrischen und Südpikenischen*. Heidelberg: C. Winter.

2003 "Ausgliederung und Aufgliederung der italischen Sprachen." Dans *Languages in Prehistoric Europe*, édité par A. Bammesberger, T. Vennemann, M. Bieswanger, et J. Grzega, pp. 147–72. Heidelberg: Winter.

Rocca, Giovanna

1997 "I rapporti del latino con le varietà italiche. Il caso di Satricum." Dans *Atti del Convegno Internazionale "Nomen Latinum," Latini e Romani prima di Annibale, Roma, Accademia di S. Luca, 24-26 Ottobre 1995*, fascicule hors série de *Eutopia* 4/1: 189–98.

Ruipérez, Martín S.

1956 "Esquisse d'une histoire du vocalisme grec." *Word* 12: 67–81.

Schmitt, Rüdiger

1977 *Einführung in die griechischen Dialekte*. Darmstadt: Wissenschaftliche Buchgesellschaft.

Schrijver, Peter

2005 "Substrateinflüsse und historische Lautlehre: Latein und Sabinisch." Dans *Sprachkontakt und Sprachwandel, Akten der XI. Fachtagung der Indogermanischen Gesellschaft, 17.-23. September 2000, Halle an der Saale*, édité par G. Meiser et O. Hackstein, pp. 573–89. Wiesbaden: Reichert.

Schulze, Wilhelm

1904 *Zur Geschichte lateinischer Eigennamen*. Berlin: Weidmann.

Schumacher, Stefan

2004 *Die keltischen Primärverben: Ein vergleichendes, etymologisches und morphologisches Lexikon*. Innsbrucker Beiträge zur Sprachwissenschaft 110. Innsbruck: Institut für Sprachwissenschaft der Universität Innsbruck.

Sommer, Ferdinand, et Raimund Pfister

1977 *Handbuch der lateinischen Laut- und Formenlehre*. Volume I: *Einleitung und Lautlehre*. Heidelberg: Winter.

Stuart-Smith, Jane

2000 "Two South Picene Inscriptions reread - CH.2 and AP.4." *Papers of the British School at Rome* 68: 95–109.

Taillardat, Jean

1977 "Images et matrices métaphoriques." *Bulletin de l'Association Guillaume Budé* 36: 344–54.

Vetter, Emil

1953 *Handbuch der italischen Dialekte*. Heidelberg: Winter.

Vine, Brent

1998 "Remarks on the Archaic Latin 'Garigliano Bowl' Inscription." *Zeitschrift für Papyrologie und Epigraphik* 121: 257–62.

2002 "On Full-grade *-*ro*-formations in Greek and Indo-European." Dans *Indo-European Perspectives*, édité par Mark R. V. Southern. *Journal of Indo-European Studies* 43, 329–50.

2004a "New Thoughts on an Old Curse (Tab. Ig. VIb 60 / VIIa 49)." Dans *Per Aspera ad Asteriscos: Studia Indogermanica in honorem J. E. Rasmussen sexagenarii Idibus Martiis anno MMIV*, édité par A. Hyllested, A. R. Jørgensen, J. H. Larsson, et T. Olander, pp. 615–26. Innsbrucker Beiträge zur Sprachwissenschaft 112. Innsbruck: Institut für Sprachwissenschaft der Universität Innsbruck.

2004b "On PIE Full Grades in Some Zero-grade Contexts: *-*tí*-, *-*tó*-." Dans *Indo-European Word Formation: Proceedings of the Conference Held at the University of Copenhagen, October 20th-22nd, 2000*, édité par J. Clackson et B. A. Olsen, pp. 357–79. Copenhagen Studies in Indo-European 2. Copenhagen: Museum Tusculanum Press.

2006a "Autour de sud-picénien *qolofitúr*: étymologie et poétique." Dans *La langue poétique indo-européenne* (Actes du Colloque de travail de la Société des Études Indo-Européennes, Paris, 22–24 octobre 2003), édité par G.-J. Pinault et D. Petit, pp. 499–515. Louvain: Peeters.

2006b "On 'Thurneysen-Havet's Law' in Latin and Italic." *Historische Sprachforschung* 119: 211–49.

Walde, Alois, et Johann Baptist Hofmann

1938–56 *Lateinisches Etymologisches Wörterbuch*. Volume 1 (A–L): 1938; 2 (M–Z): 1954; 3 (index): 1956. Heidelberg: Winter.

Warmington. E. H.

1940 *Remains of Old Latin: Archaic Inscriptions*. Loeb Classical Library. Cambridge: Harvard University Press.

Watkins, Calvert

1965 "Evidence in Italic." Dans *Evidence for Laryngeals*, édité par W. Winter, pp. 181–89. The Hague: Mouton.

1995 *How to Kill a Dragon: Aspects of IE Poetics*. New York: Oxford University Press.

Weiss, Michael

1998 "On Some Problems of Final Syllables in South Picene." Dans *Mír Curad: Studies in Honor of Calvert Watkins*, édité par J. H. Jasanoff, H. C. Melchert, et L. Oliver, pp. 703–15. Innsbrucker Beiträge zur Sprachwissenschaft 92. Innsbruck: Institut für Sprachwissenschaft der Universität Innsbruck.

2002 "Observations on the South Picene Inscription TE 1 (S. Omero)." Dans *Indo-European Perspectives*, édité par Mark R. V. Southern. *Journal of Indo-European Studies* 43: 351–66.

2007 "Cui Bono? The Beneficiary Phrases of the Third Iguvine Table." Dans *Verba Docenti: Studies in Historical and Indo-European Linguistics Presented to Jay H. Jasanoff, by Students, Colleagues, and Friends*, édité par A. J. Nussbaum, pp. 365–78. Ann Arbor: Beech Stave.

Wodtko, Dagmar S.; Britta Irslinger; et Carolin Schneider

2008 *Nomina im Indogermanischen Lexikon*. Heidelberg: Winter.

17

FORMATION ET VARIATIONS DANS LES SYSTÈMES FLEXIONNELS DES LANGUES SABELLIQUES: ENTRE SYNCHRONIE ET DIACHRONIE

Paolo Poccetti, Università di Roma 2 "Tor Vergata"

Le système de la flexion et les variations des cas dans les langues sabelliques peuvent nous intéresser sous trois points de vue différents, ce qui correspond à trois niveaux différents d'analyse. Deux de ces points s'inscrivent dans la diachronie, dans le sens de la comparaison avec les autres langues indo-européennes et dans celui de l'évolution linguistique. L'autre point porte sur la synchronie et les aspects généraux de la typologie de ces langues. On peut représenter ces démarches dans le tableau suivant:

Diachronie: (1) reconstruction à partir de l'indo-européen, (2) évolution vers les langues romanes
Synchronie: (1) implications typologiques; (2) variations socio-linguistiques

Les trois aspects se ramènent à un seul problème, la position des langues sabelliques dans la ligne directe qui relie la branche "italique" de l'indo-européen, dont le latin représente le composant le plus important du point de vue de l'histoire et le plus riche du point de vue de la documentation, aux langues romanes.

La flexion et le système des cas jouent un rôle fondamental dans ce parcours étendu et complexe, qui affecte le cœur même de l'évolution linguistique de la préhistoire aux langues de l'Europe moderne.

La linguistique comparée a privilégié le domaine de la déclinaison dans la définition des liens de parenté entre les langues indo-européennes de l'Italie. Mais la recherche de parenté s'est répercutée dans la description du système des cas de ces langues. D'un côté, les déclinaisons latines ont attiré depuis longtemps l'attention des comparatistes en ce qui concerne leur différenciation par rapport à l'indo-européen; de l'autre, les systèmes flexionnels des autres langues anciennes de l'Italie ont été envisagés dans la perspective de leur différenciation par rapport au latin. En effet, dans les manuels des langues sabelliques les lignes morphologiques et syntaxiques de la flexion ont été retracées pour montrer tantôt les convergences, tantôt les divergences par rapport au latin.

Dans le domaine de la morphologie, les relations entre la déclinaison latine et italique et celle des autres langues indo-européennes ont attiré au début du siècle passé l'attention d'A. Meillet, qui a consacré une étude aux "innovations de la déclinaison latine."[1] Meillet soulignait que le latin "a été une langue à transformations très rapides et dès le début de l'époque historique il apparait à un degré de développement beaucoup plus avancé que d'autres langues." En outre il soulignait que "le système des cas ne repose pas d'une manière immédiate sur le système indo-européen, mais sur un système italique." Cette perspective, il l'a reprise plus tard dans son *Esquisse d'une histoire de la langue latine*, où il attribue à la morphologie de la flexion "des preuves plus saisissantes encore de l'unité italique,"[2] ce que l'on peut synthétiser de la manière suivante:

1) La réduction des catégories grammaticales qui n'expriment pas des relations syntaxiques, c'est-à-dire, d'après la terminologie de Coseriu, celles qui ne sont pas "relationnelles";
2) La réduction du nombre des cas: à partir des huit cas qu'on reconstruit pour l'indo-européen, les langues sabelliques montrent une coïncidence presque parfaite avec le latin dans la réduction des cas conventionnellement appelés "concrets" ou "sémantiques" par opposition aux cas "syntaxiques";[3]
3) Le développement de l'emploi des prépositions qui remplacent les fonctions des cas.

[1] Meillet 1906.

[2] Meillet 1928: 59.

Le premier point met en lumière deux faits fondamentaux qui concernent le nombre et le genre grammaticaux:

a) Le nombre grammatical est limité à l'opposition "singulier ~ pluriel." La disparition du duel appartient à l'époque qui précède les premières attestations de documents dans toutes les langues italiques.

b) On observe la tendance à la disparition du neutre, ce qui, en revanche, relève de l'histoire de ces langues.

La réduction de ces catégories grammaticales se répercute dans la réorganisation de la flexion, comme l'avait déjà signalé A. Meillet, en soulignant le lien proportionnel entre le développement du genre grammatical et le développement de la flexion.[4]

En latin, la tendance à la disparition du neutre se manifeste à travers les flottements entre neutre et masculin/féminin, tels que, par exemple les doublets latins du type *forus/forum; gladius/gladium*, mais aussi dans les changements de genre dans les emprunts au grec (ex.: γλαύκωμα [neut.] > *glaucūma* [fém.]; μελος [neut.] > *melus* [masc.]).[5] Parfois la langue littéraire a distingué sémantiquement ces flottements de genres, comme dans la flexion au pluriel *loci/loca.* Toutefois, en latin, les doublets du type *forus/forum; gladius/gladium* etc. peuvent impliquer une réorganisation de l'opposition entre nominatif et accusatif dans la nouvelle fonction "actif ~ inactif," qui se manifeste en latin tardif par le développement de l'accusatif à la place du nominatif. Mais les racines de cette évolution remontent à une époque beaucoup plus ancienne.[6]

Des traces de ce procédé se retrouvent dans les langues sabelliques. En osque, on trouve des changements de genre dans les emprunts: osque *thesavrúm* < grec θησαυρός, alors que le latin a gardé le genre originel (*thesaurus*).

L'ombrien présente une extension de la marque du masculin aux neutres du pluriel, ce qui amène à la création de doublets synchroniques à l'accusatif, tels que *krematru/krematruf; kastruvu/kastruvuf.* Mais, quant au neutre, les données des langues sabelliques sont plus complexes et méritent une attention particulière par rapport au latin dans la perspective des évolutions romanes. Le traitement du neutre au pluriel présente des développements différenciés, qui sont subordonnés au même principe. En osque, le nominatif/accusatif pluriel du neutre présente le même traitement que le nominatif singulier des thèmes en *-ā*, c'est-à-dire l'abrégement de la voyelle *-ā* > *-a* et sa vélarisation *-a* > *-o.*[7] Cet aboutissement, partagé par l'ombrien, est commun au latin, où il constitue le point de départ des flottements tels que *mendum, -i/menda, -ae; rapum -i/rapa, -ae.*[8] Ce procédé morphologique est connexe aux développements du neutre dans les langues romanes, où, sur le plan lexical, il a produit des distinctions du type de l'italien *foglio/foglia* < *folium* et, sur le plan morphologique, il est continué dans la marque du collectif, distinct du pluriel, comme, par exemple, dans les doublets de l'italien *bracci/braccia* < *bracchium.*[9]

L'ombrien atteste des réfections de la flexion qui dénoncent la crise du "genre neutre" en anticipant d'une manière très nette les évolutions latines. Au singulier, on trouve des flottements entre la flexion du neutre en *-o* et celle des thèmes en *-ā*, comme, par exemple, *ereçlum/ereçlam.*[10]

Au pluriel, comme on vient de le dire, c'est l'accusatif qui a reçu la même marque que la flexion du masculin, ce qui a produit des doublets tels que *kastruvu/kastruvuf.* En revanche, le nominatif pluriel s'est doté d'une terminaison *-or*, une innovation dont l'origine est controversée.[11] À notre avis, l'explication proposée par Thurneysen,[12] qui fait appel à une réfection analogique d'après le nominatif des masculins, s'inscrit d'une manière cohérente dans la réorganisation du système orientée vers une réfection totale de la flexion du neutre d'après le masculin. Mais le fait que le nominatif neutre de l'ombrien n'admette pas de flottements entre l'ancien morphème du neutre et le nouveau morphème implique que le nominatif ait été complètement refait après que l'accusatif eut reçu la marque du masculin. La préservation de l'ancienne terminaison du neutre à l'accusatif plutôt qu'au nominatif est liée au rôle sémantico-syntaxique joué par "le cas de l'objet," ce qui s'inscrit dans la même tendance que le développement de ce cas manifesté en latin tardif.[13]

---

[3] Au sujet de cette terminologie et des théories sous-jacentes, cf. Serbat 1981: 131ff.

[4] Cf. Meillet 1919.

[5] Cf. André 1968.

[6] Cf. Rovai 2005, 2007.

[7] En ce qui concerne ce traitement voir Lejeune 1949, mais la filière correcte (abrègement puis vélarisation) est celle suggérée par Cipriano-Mancini 1984: 45f.

[8] À ce sujet, le mémoire de Terracini 1920 est toujours utile.

[9] Sur les continuateurs du neutre dans les langues romanes, cf. Magni 1995.

[10] Cf. Untermann 2000: 228 s.v. "ereçlum."

[11] Une discussion, qui remet en cause l'explication de Thurneysen, se trouve dans Devoto 1937.

[12] Thurneysen 1893. Cf. Meiser 1986: 117.

[13] À ce sujet cf. Rovai 2005 et 2007.

En ce qui concerne le point 2) (c'est-à-dire la réduction du nombre des cas conventionnellement appelés "concrets" ou "sémantiques"), le latin et les langues sabelliques montrent des convergences qui, en partie, remontent à l'époque prédocumentaire et, en partie, appartiennent à l'époque historique.

À l'aube de la documentation remonte l'un des faits reconnus depuis longtemps comme "preuve saisissante de l'unité italique,"[14] notamment le syncrétisme de l'instrumental et de l'ablatif. En effet, ce phénomène représente la convergence la plus ancienne entre la déclinaison latine et celle de l'osco-ombrien à travers le même parcours. Au singulier, c'est la forme de l'ablatif qui s'est conservée à partir des thèmes en *-*o*-. Par là, la terminaison consonantique -*d* s'est étendue aux autres thèmes (en *-*ā*- et en -*i*-). Au pluriel, il y a un parallélisme encore plus saisissant entre latin et langues sabelliques, parce que la désinence de l'ancien instrumental s'est imposée aux dépens de celles de l'ablatif, du datif et du locatif. Une fois de plus, le point de départ, ce sont les thèmes en *-*o*-, d'où l'innovation s'est étendue aux thèmes en -*ā* et a servi comme modèle pour les thèmes en -*i*- et en consonne, qui ont introduit le morphème *-*i-bhos*.

On peut synthétiser dans le schéma suivant le procédé du "syncrétisme" des formes et des fonctions[15] caractérisant les marques de l'ablatif du singulier et du pluriel dans la flexion latine et sabellique:

thèmes en -*ā*-	thèmes en -*o*-	thèmes en -*i*-/consonne
	Singulier	
-*ā* +*d*	← -*ōd* →	-*e*+*d*
	Pluriel	
-*ais*	← -*ois*	*-*ibhos* (datif ← instrumental → ablatif)

Dans ce développement, qui a des racines très anciennes, il faut souligner la force d'attraction exercée par les thèmes en -*o*- sur les autres paradigmes de la flexion. La force centripète des thèmes en -*o*- sur les autres thèmes caractérise le cours entier de l'histoire non seulement des langues sabelliques, mais, dans une certaine mesure, aussi du latin et se retrouve à la base des évolutions romanes.

La question de la formation de l'ablatif latin et sabellique par rapport au "syncrétisme" avec l'instrumental est liée strictement à la formation des adverbes en -*ēd*. L'explication de ce morphème des adverbes, commun au latin et aux langues sabelliques, est controversée. En effet, les grammaires historiques du latin hésitent entre deux solutions différentes: l'une, de tradition allemande, fut inaugurée par Brugmann, qui ramenait cette terminaison à un ablatif avec apophonie -*ēd*/-*ōd*. Dans ce cas, la consonne finale serait originelle,[16] mais les deux variantes de la terminaison de l'ablatif se seraient distribuées à une époque proto-italique entre la flexion des noms et la formation des adverbes.

L'autre solution, de tradition française, fut proposée par A. Meillet, qui y reconnut la terminaison de l'ancien instrumental qui a servi à la formation des adverbes dans d'autres langues indo-européennes comme le vieux-slave et le grec.[17] Dans cette perspective, le -*d* final, conservé en latin archaïque et au moins dans un certain nombre d'attestations sabelliques, ne proviendrait que de l'analogie avec les formes de l'ablatif singulier où le -*d* s'est répandu dans tous les thèmes de la déclinaison latine et sabellique. Toutefois, cette reconstruction ne devient plus possible si l'on considère les formations du vieux-slave, et aussi du baltique, comme issues d'un locatif, et si l'on envisage le morphème des adverbes grecs (-ω, ως) comme issu de l'ablatif.[18]

Les deux explications ont deux conséquences différentes: l'une suppose que les deux groupes de langues ont possédé jusqu'à un moment donné de leur histoire le cas instrumental, qui, avant ou en parallèle au "syncrétisme" avec l'ablatif, fut assujetti à un procédé commun de grammaticalisation, pour servir uniquement à la formation des adverbes.

---

[14] Cf. Meillet 1928: 59.

[15] Les aspects et les enjeux du syncrétisme des cas sont trop vastes pour être abordés ici. On se borne à renvoyer pour les lignes essentielles à Coleman 1976; Serbat 1989; Meiser 1992.

[16] C'est la solution adoptée par ex. par Leumann 1977: 411, 426; Klingenschmitt 1992: 94.

[17] Cette idée, exposée dans Meillet 1918, se retrouve dans les traités de grammaire comparée de tradition française, telles que Meillet-Vendryes 1927: 409; Ernout 1953: 29.

[18] Cf. Rix 1976: 170.

L'autre implique l'extension du morphème de l'ablatif de toute classe flexionnelle à la formation des adverbes. À cet égard, le latin et les langues sabelliques présentent une convergence très prononcée dans la formation des adverbes par les morphèmes de l'ablatif. La relation avec l'ablatif est signalée aussi au niveau synchronique par les flottements entre le morphème *-ē* < *-ēd* et les terminaisons courantes (*-ōd, -ād*) de l'ablatif singulier de la flexion nominale, ce qui est révélé par les nombreux doublets d'adverbes latins se terminant en *-ē* et en *-ō* et parfois en *-ā* (ex.: *rectē/rectō; certē/certō; ultrō/ultrā*). En d'autres termes, *-ē* ne représente, synchroniquement, qu'un allomorphe de *-ō*. Mais ce même rôle est impliqué aussi diachroniquement dans l'origine du *-ē* et selon l'explication de Meillet et selon celle de Brugmann.

En outre, synchroniquement, l'interchangeabilité entre *-ē, -ō* et *-ā* dans la terminaison des adverbes se constate d'une manière contrastive entre les langues sabelliques et le latin. Par exemple, on trouve en ombrien *apehtre* < **ap-ek-t(e)r-ēd* (ou *-īd*) "de dehors" vis-à-vis de l'osque *ehtrad* < **ek-t(e)r-ād* (= latin *extrā*). Dans ce cas, le latin et l'osque montrent une convergence dans l'emploi de *-ād*, se distinguant de l'ombrien qui présente *-ēd/-īd*. Inversement, l'osque et le latin se différencient dans la distribution de *-ōd* et de *-ād* à partir de la même base, telle que l'osque *contrud* (< *contrōd*) en correspondance avec le latin *contra* (< *contrād*).[19] On peut synthétiser les faits synchroniques concernant la formation des adverbes en latin et dans les langues sabelliques selon le schéma suivant:

	Latin	Langues sabelliques
-ēd →	*certe*	*prufe*
-ōd →	*certo*	*contrud*
-ād →	*contra, extra*	*ehtrad*

Les faits qu'on vient d'esquisser ont des retombées importantes dans la perspective aussi bien fonctionnelle qu'historique. En latin et dans les langues sabelliques la formation des adverbes se trouve à mi-chemin entre flexion et dérivation lexicale d'une manière plus nette que dans d'autres langues. Ce parcours, qui se manifeste très clairement en synchronie, se reconstruit aisément aussi en diachronie, où s'observent les relations entre les fonctions et les morphèmes de l'ancien instrumental et ceux de l'ablatif.

Pour revenir au point 2), l'autre fait remarquable concernant la réduction des cas conventionnellement appelés "concrets" ou "sémantiques," qu'on peut saisir au cours de l'histoire du latin et des langues sabelliques, est représenté par la "crise" du locatif manifestée par la tendance au remplacement par l'emploi des prépositions ou des postpositions. Cette tendance se développe en partie en parallèle, en partie différemment en latin et dans les langues sabelliques. Comme on le sait, en latin, le locatif a un emploi très réduit, qui est en concurrence avec l'ablatif et avec les tournures prépositionnelles. Le locatif a gardé une certaine vitalité dans les noms propres plutôt que dans les noms communs, où il n'est conservé que dans très peu de mots employés comme expressions figées, strictement liées à certains contextes pourvus de sens figurés (tels que *humi, ruri, domi, militiae*).

Dans le domaine des noms propres, le latin applique le locatif presque exclusivement aux noms des villes et des petites îles, mais avec des restrictions saisissantes: a) il n'est employé qu'au singulier et dans les noms appartenant aux thèmes en *-ā* et en *-o-* (Ière et IIème déclinaisons), alors que les autres thèmes (concrètement: ceux de la IIIème déclinaison), sauf quelques exceptions,[20] utilisent l'ablatif sans préposition; b) le nom au locatif ne peut pas être accompagné par une détermination adjectivale ou nominale: en ce cas on trouve l'ablatif avec préposition.

En revanche, au pluriel ces distinctions ne s'appliquent pas, parce que c'est le datif/ablatif qui s'impose partout. Cette règle, ainsi décrite dans les grammaires, peut être illustrée de la manière suivante:

(sing.) →	*Alexandriae*	~ *in urbe Alexandria; in ipsa Alexandria* ou *Alexandriae, in ipsa urbe*
(plur.) →	*Athenis*	~ *in urbe Athenis; in ipsis Athenis*

Toutefois le cas locatif se présente de très bonne heure en concurrence avec l'ablatif (avec ou sans préposition) à l'intérieur d'un même ouvrage, comme le signalent les flottements entre *Magnesiae* (locatif) et *Tarso, Arretio* (ablatif) chez Vitruve ou, chez Varron, entre *Aegypti* et *in Latio* dans le *De lingua Latina* ou entre *Peloponnesi* et *in Italia* dans le *De re rustica*.[21]

[19] Rappelons que le latin présente *contrō* (issu de *contrōd* comme *contrud* de l'osque) dans le composé *contrōversia*.

[20] Cf. Riemann 1949: 146.

[21] Löfstedt 1956/II: 74.

Les langues sabelliques montrent une vitalité du locatif plus prononcée dans les noms communs et hors des expressions figées. En outre, à la différence du latin, elles admettent la concordance syntaxique au locatif dans les syntagmes nominaux, tels que, par exemple, en osque *múínikeí tereí* "dans le sol commun," *viaí mefiaí* "dans la rue moyenne." Cependant, ces langues manifestent, en même temps, une tendance prononcée au remplacement de ce cas par l'emploi de particules tantôt antéposées, tantôt postposées.

D'ailleurs, les langues sabelliques dans les fonctions des cas "concrets" présentent une vitalité des postpositions beaucoup plus grande qu'en latin, où l'emploi des postpositions n'est conservé que dans des circonstances fort limitées (ex.: les pronoms *quibuscum, mecum*) et dans des formes figées d'adverbes (ex.: *semper, paulisper*). De ce point de vue, les langues sabelliques sont apparemment plus fidèles à la classification typologique impliquée universellement par les langues caractérisées par l'ordre syntaxique SOV, selon les critères fixés par Greenberg.[22] Mais, sous d'autres points de vue, la distribution entre prépositions et postpositions n'est pas toujours cohérente et elle est assujettie à des développements différents en osque et en ombrien. Les variations stylistiques d'un texte à l'autre ont joué un rôle important dans la distribution différente des prépositions et des postpositions. Ce n'est pas par hasard que, parmi les textes ombriens, seules les *Tables d'Iguvium* soient très riches en postpositions, alors que les autres textes de l'ombrien ne les connaissent pas. On a l'impression que les postpositions relèvent d'un état de langue plus archaïque, qui est mieux conservé dans certains types de textes (rituels religieux, formules officielles).

Un développement tout à fait saisissant des postpositions qui est commun à l'osque et à l'ombrien consiste en la répétition de la même particule postposée dans les deux éléments d'un syntagme nominal avec l'obscurcissement de la désinence originelle. Tout adjectif peut admettre la postposition répétée dans les deux composants du syntagme nominal, comme le montrent les divers adjectifs dans les syntagmes *húrtiín kerriín* "dans l'enclos sacré de Cérès," σουϜεν μεδικεν[23] "sous sa *meddikia*" (réflexif) et *esmen vepeten* "dans cette pierre" (déictique).[24] La répétition de la postposition remonte à une époque très ancienne, parce qu'elle se trouve déjà dans les inscriptions sud-picéniennes, par exemple, les syntagmes *esmen vepeten* "dans cette pierre," *ombriíen akren* "dans la région ombrienne."[25]

De cette manière, la postposition répétée devient un véritable "marqueur de cas," qui, synchroniquement, fonctionne comme la désinence originelle marquant la concordance syntaxique: ex.: *húrtiín kerriín* "dans l'enclos sacré de Cérès" ~ *múínikeí tereí* "dans le sol commun."[26]

Toutefois, cet emploi n'est pas la règle, parce que l'on trouve des syntagmes nominaux sans répétition de la particule postposée (ex. en ombrien: *uocucom iouiu* "dans le bois sacré de Iuppiter,"[27] *verisco Treblanir* "près de la porte *Trebulana*"[28]).

En outre, l'emploi de la postposition se trouve en concurrence tantôt avec les prépositions (suivies du locatif ou de l'ablatif), tantôt avec le locatif tout simplement. On confrontera, par exemple, les couples des formules éponymes telles qu'en ombrien *maronatei* (locatif)[29] ~ *su maronato* (préposition + ablatif)[30] "sous le *maronatus* (de X)" et en osque *meddikiai* (locatif)[31] ~ συπ μεδικιαι (préposition + locatif) "sous la *meddikia* (de X)"[32] ~ σουϜεν μεδικεν "sous sa *meddikia*" (postposition répétée).[33] Ces flottements se trouvent déjà dans la documentation la plus ancienne, comme le montrent les couples du même syntagme en sud-picénien *esmen vepeten* (postposition répétée) ~ *es*] *meí v*[*epeteí* (locatif) "dans cette pierre."[34] De même, en ombrien on trouve *vuke* (locatif)[35] et *vukukum/uocucom* (ablatif + postposition)[36] et, comme variantes dans des rédactions diverses du même texte, *Akeřunie* (locatif)[37] et *Acersoniem* (ablatif + postposition).[38]

À ce sujet, signalons l'emploi elliptique de la postposition avec le génitif du déterminant, comme dans le graffite de Pompéi *Maamiieise(n triíbum)* "dans (la maison) de *Mamius* = chez *Mamius*."[39] Mais, de manière significative,

---

[22] En ce qui concerne les postpositions en osque et en ombrien cf. Nocentini 1992: 197f.

[23] Rix ST Sp Lu 4.

[24] Rix ST Sp TE 2.

[25] Rix ST Sp CH 2.

[26] Attestés respectivement dans le bronze d'Agnone et dans le cippe d'Abella.

[27] T.I. VIb 43.

[28] T.I. VIa 19.

[29] Rix ST Um 10.

[30] Rix ST Um 7.

[31] Rix ST Cp 27; Cp 30.

[32] Rix ST Lu 37.

[33] Rix ST Lu 4.

[34] Rix ST RI 1.

[35] T.I. III 3, 21.

[36] T.I. Ib 1; VIb 43, 45.

[37] T.I. Ib 43.

[38] T.I. VIIa 52.

[39] Rix ST Po 55. Le texte fait allusion à des fêtes dédiées à la déesse Méfitis, qui sont célébrées dans la maison d'un *Mamius*. À ce sujet on renvoie à Poccetti 2008: 158.

on ne trouve jamais cet emploi elliptique dans les formules éponymes du type **Dekieisen Herieisen* (scil. *medikiai*) "sous (la *meddikia*) de Decius Herius." C'est donc la variation des textes et des contextes qui détermine le choix entre les divers moyens d'expression de la localisation spatio-temporelle.

En somme, les langues sabelliques présentent, dans une documentation bien plus limitée que le latin, une variété beaucoup plus saisissante d'expressions pour la localisation spatio-temporelle. D'un côté, l'emploi des postpositions confère aux langues sabelliques un aspect plus archaïque et plus cohérent que la langue de Rome par rapport aux caractères typologiques requis par les langues SOV. Mais, de l'autre côté, les langues sabelliques ont développé l'emploi des particules postposées d'une manière tout à fait spécifique et très libre au cours de leur histoire, l'inscrivant dans le cadre de leurs variations diasystémiques.

L'emploi des postpositions est prédominant dans les indications de lieu et tout spécialement en fonction de locatif. En même temps, l'emploi de ce cas, d'une manière plus profonde que d'autres fonctions syntaxiques, a subi de très bonne heure la concurrence d'autres moyens d'expression, tels que l'emploi de particules diverses, tantôt antéposées tantôt postposées, ainsi que d'autres cas, tels que - comme on le verra plus loin - l'ablatif (sans ou avec préposition) en convergence avec le latin. En conclusion, les langues sabelliques continuent dans les postpositions un usage très ancien, qu'elles ont développé d'une manière tout à fait autonome, et en fonction d'un équilibre nouveau par rapport aux innovations du système morphologique.

L'emploi des prépositions/postpositions, beaucoup plus libre et diversifié qu'en latin du point de vue synchronique et diachronique, se manifeste par les faits suivants:

a) L'emploi d'une même particule antéposée en osque et postposée en ombrien: ex.: osque *az húrtúm* ~ ombrien *asam-ař*; osque *com preivatud* ~ ombrien *vukukum.*

b) Les flottements entre antéposition et postposition d'une même particule à l'intérieur d'un même texte: exemple dans la loi osque de Bantia *en eituas* ~ *censtomen.*

c) L'emploi de diverses particules, antéposées ou postposées, pour la même fonction: ex. *medikiai* (locatif), *sup medikiai* (préposition *sup* + locatif), *mediken* (postposition *en* comme "marqueur de cas").

d) L'emploi de diverses postpositions comme "marqueurs de cas" pour la même fonction: ex. ombrien *vukuku iouiu* "dans le bois sacré de Juppiter" (postposition *-kom*), osque *húrtiín kerriín* "dans l'enclos sacré de Cérès" (postposition *-en*).

e) Les développements de sens différent de la même particule postposée s'accompagnant du même cas, tels que, par exemple, en osque *-en* + ablatif: *exaiscen ligis* "dans ces lois" ~ *eisucen ziculud* "à partir de ce jour-là."

f) Les diverses fonctions de la même particule antéposée par rapport à la variation des cas. Par exemple, en ombrien, *-en* + accusatif exprime la direction (ex.: *vukumen esunumen* "(se rendre) dans le bois sacré vers le sacrifice,"[40] alors que *-en* comme "marqueur de cas" en fonction de locatif indique la localisation (ex.: *Acersonien* "dans le site de Acedonia"),[41] de même qu'en osque (ex.: *húrtiín kerriín* "dans l'enclos sacré de Cérès"). En revanche, en osque *-en* + ablatif marque le point de départ (ex.: *eisucen ziculud* "à partir de ce jour-là"), ce qui serait exprimé en latin par la préposition *a/ab* (ex.: *ab eo die*).

Comme conséquence de *d*), *e*), et *f*), une convergence entre les fonctions de diverses particules (antéposées ou postposées) s'est produite. Ainsi, par exemple, en ombrien *-ař* et *-en* s'accompagnant de l'accusatif indiquent indifféremment la direction d'un mouvement "vers" (ex.: *asamař/esumen*). D'une manière encore plus surprenante, en osque certains emplois de *en* (postposé ou antéposé) avec le génitif ou l'ablatif se rapprochent des fonctions exprimées par les particules de sens apparemment opposé. Par exemple, dans certains contextes, *en* (postposé ou antéposé) se superpose aux fonctions de la préposition *dat* (osque) ou de la postposition ombrienne *-ta/-to*,[42] qui marquent le point de départ.

Ainsi la formule osque mentionnée ci-dessus *eisucen ziculud* (*-en* + ablatif) indique le point de départ temporel pour la validité d'une interdiction. De même, l'expression de la *Loi de Bantia: dat castrid loufir en eituas* fait allusion aux critères, fixés selon le choix du magistrat, pour la convocation des *comitia,* ce que l'on pourrait traduire

[40] T.I. III 20.

[41] T.I. VIIa 52.

[42] Cf. Untermann 2000: 225 : "die Postp. Mit Abl. ist funktionsgleich mit der Postp. *-to*."

librement "par rapport aux (biens) immeubles ou à l'argent." Les deux éléments, liés par la particule disjonctive faible *loufir*, sont formés, l'un par *dat* + ablatif (*dat castrid*), l'autre par *en* + accusatif ou génitif (*en eituas*), ce qui signale un balancement entre les deux moyens d'expression.

D'ailleurs, dans la loi osque de *Bantia*, la préposition *dat* exprime des valeurs qui se rapprochent de celles de *de* en latin, marquant la relation avec un propos, ce qui amène à l'emploi bien connu de *de*+ablatif dans le sens de "au sujet de, quant à." Cet emploi est illustré par l'expression *dat eizasc idic tangineis deicum* "se prononcer au sujet de cette délibération."

Un point de départ peut devenir un point de repère pour exprimer la relation entre deux éléments ou deux actions, ce qui peut réaliser tantôt une localisation (= "dans"), tantôt l'indication d'un rapport (= "quant à, au sujet de"). Le latin et les langues romanes nous offrent plusieurs exemples de ce développement, qui à travers une grammaticalisation totale ou partielle, a abouti à de nombreuses locutions, qui fonctionnent aussi comme adverbes ou comme connecteurs, tels que, en français, *dedans, dehors* (<**de+foris*), *devant* (<**de+ab+ante*), *de ce côté, d'un côté, de l'autre côté, d'ailleurs*, en italien *dentro* (<**de+intro*), *da un lato, dall'altro lato, d'altro canto*, en latin *a latere, ab utraque parte*.

Le glissement sémantique de la provenance et de l'éloignement vers la localisation se retrouve dans les tournures syntaxiques ombriennes *nesimei asa deueia* "à proximité de, tout près de l'autel divin," *nesimei uapersus auiehcleir* "à proximité de, tout près de sièges de l'*auspicium*."[43] Ces expressions se composent d'un locatif (*nesimei*) figé en fonction d'adverbe (= "à proximité") suivi d'un ablatif d'éloignement marquant le point de repère. Rappelons qu'en latin les locutions correspondantes exprimant la proximité (*prope, proxime*) s'accompagnent de l'accusatif ou de l'ablatif précédé par *ab*,[44] tandis que l'éloignement en ombrien est couramment exprimé par la postposition *-ta/-to* (ex.: *angluto hondomu* "du coin le plus bas").

L'osque semble mieux garder la fonction fondamentale de l'ablatif, notamment la provenance ou l'origine, sans l'aide de prépositions ou postpositions, comme le montrent les emplois figurés tels que *senateis tanginud* "d'après la délibération du sénat," *suvad eitiuvad* "de l'argent qui lui appartenait," *tristaamentud* "d'après le testament," qui en latin présentent des flottements dans l'emploi de la préposition: (*de*) *senatus sententia*, (*de*) *sua pecunia*, (*ex*) *testamento*.[45] Pour cette raison, l'on peut soupçonner que l'emploi isolé de la préposition dans la *Loi de Bantia: dat senateis tanginud*, au lieu du simple ablatif *senateis tanginud* attesté ailleurs, puisse avoir été influencé par le latin *de senatus sententia*.[46] Mais le modèle latin n'est pas en contraste avec une tendance commune aux deux langues à renforcer cette fonction de l'ablatif à l'aide de prépositions. Les contacts avec la langue dominante ont stimulé cette tendance.

En conclusion, l'ablatif seul semble avoir connu un affaiblissement de sa fonction originelle, c'est-à-dire l'indication de la provenance, de l'éloignement, et cela de manière convergente en latin et dans les langues sabelliques. Mais les parcours de cet affaiblissement sont différents entre l'osque et l'ombrien. Vraisemblablement, le besoin de fournir un marquage spécifique à la fonction originelle de l'ablatif s'est développé à la suite des fonctions nouvelles acquises par ce cas, notamment celles de l'instrumental (à une époque prédocumentaire) et celles du locatif (à l'époque historique). En effet — comme on le verra plus loin — certains emplois de l'ablatif en osque, surtout en présence de toponymes, sont soupçonnés de se charger de la fonction du locatif en parallèle aux évolutions du latin.

Ces développements dessinent une ligne de convergence entre les langues sabelliques et le latin, qui amène aux évolutions romanes, c'est-à-dire la tendance à accompagner les cas simples par des particules (prépositionnelles plutôt que postpositionnelles) et à charger ces particules de plusieurs fonctions. La pluralité des fonctions, qui à l'origine appartenait tout simplement aux cas "concrets," tels que l'ablatif, le locatif, l'instrumental, s'est transférée aux prépositions ou aux postpositions. L'aboutissement de ce parcours se trouve dans les langues romanes, qui généralement sont caractérisées par la concentration de plusieurs fonctions dans une même préposition (par ex. en français *de, à, par*; en italien *di, a, da*; en espagnol *de, a, por*). Mais cet état de choses appartient déjà au latin tardif.[47]

En outre, les faits esquissés nous montrent une situation très mêlée pour les langues sabelliques en ce qui concerne l'emploi des cas et le développement des particules qui les accompagnent. D'une part, ces langues présentent un emploi des postpositions beaucoup plus étendu et massif qu'en latin: de ce point de vue, elles sont

---

[43] T.I. VIa 9.

[44] Leumann, Hofmann, et Szantyr 1972: 245.

[45] Cf. Porzio Gernia 1970: 109.

[46] Porzio Gernia 1970: 120.

[47] Cf. Molinelli 1996: 93f.

aussi plus fidèles à un ordre syntaxique qui est censé être typologiquement plus ancien. Mais d'autre part, elles connaissent très largement les prépositions qui vont se substituer aux cas simples et parfois aux postpositions.

En ce qui concerne les postpositions, dont la distribution est subordonnée aux contextes, les langues sabelliques ont développé, d'une manière autonome, leur emploi répété dans les deux composants d'un syntagme nominal. Ce développement ne correspond pas au fonctionnement normal des postpositions dans les langues flexionnelles. Il se trouve plutôt à mi-chemin entre la situation des langues flexionnelles et le fonctionnement de l'agglutination. En effet, d'une part, la postposition répétée dans les deux composants d'un syntagme, où elle remplace la désinence originelle totalement obscurcie, s'inscrit dans le type flexionnel. Concrètement, elle fonctionne synchroniquement comme une véritable désinence de locatif. D'autre part, la postposition garde une certaine autonomie dans les langues sabelliques, parce qu'elle peut être employée sans aucune répétition, en se surajoutant au cas de la flexion, qui demeure bien visible, comme nous le montre l'exemple osque *exaiscen ligis* "dans ces lois." Cela se rapproche du fonctionnement des langues agglutinantes.[48]

En outre, les mêmes éléments qui sont employés postposés se présentent aussi comme prépositions, ce qui montre leur condition d'éléments libres. La particule *en* se trouve à l'intérieur d'un même texte (la *loi osque de Bantia*), employée tantôt antéposée, tantôt postposée (ex.: *en eituas* ~ *censtomen*). L'influence d'un modèle latin invoquée pour expliquer l'antéposition dans la formule *en eituas* (calquée d'après *in pecunias*) devrait être également valable pour l'emploi postposé *censtomen*, dont le modèle a été fourni par les expressions latines *in* (*ad*) *censum*.[49]

Finalement, on constate dans les langues sabelliques deux emplois différents de la même particule *en*: a) comme marqueur de cas qui remplace les désinences originelles; b) comme élément libre là où la désinence de la flexion est bien visible. Dans cette fonction, il peut être antéposé ou postposé, mais sans aucune répétition.

D'autre part, l'emploi postposé de *-en* représente le seul point de véritable coïncidence entre toutes les langues sabelliques en ce qui concerne l'emploi des postpositions. En outre, seule cette particule est assujettie à la répétition dans les syntagmes nominaux dont témoignent plusieurs branches de ces langues (ex. sud-picénien: *ombriíen akren*; osque *húrtiín kerriín*). Le locatif est donc exprimé à travers des moyens très différents qui relèvent, d'un côté, de la conservation des faits archaïques et, de l'autre, d'innovations remarquables qui amènent presque au seuil des évolutions romanes. On synthétise dans le schéma suivant la variété des expressions du locatif, de l'énumération des faits de conservation vers les faits d'innovation:

L'expression du locatif dans les langues sabelliques entre conservation, innovation et variation
1) simple emploi de l'ancien morphème conservé au singulier: (osque) *medikiai*; *Frentrei*
2) "syncrétisme" avec l'ablatif/datif au pluriel: ex. (osque) *Fistluis*
3) accompagné par des particules antéposées ou postposées:
a) antéposées: (osque) *sup medikiai*
b) postposées: (ombrien) *Acersoniem, tettomen*
4) postposition *-en* marqueur de cas et élément libre
a) marqueur de cas: sud-picénien *ombriíen akren* "dans la région ombrienne," osque *húrtiín kerriín* "dans l'enclos sacré de Cérès"
b) élément libre: osque: *exaiscen ligis* "dans ces lois" (postposé à l'abl. plur., mais pas répété), *eisucen ziculud* "à partir de ce jour-là"
5) autres moyens d'expression
a) simple ablatif: (osque) *Buvaianud, Tiianud*
b) ablatif avec préposition: (ombrien) *su maronato*
c) ablatif avec postposition: (ombrien) *vukukum*
d) autres tournures syntaxiques: (ombrien) *nesimei asa deueia*

[48] Comme l'avait déjà signalé Prosdocimi 1970: 40.

[49] Porzio Gernia 1983: 1451.

Néanmoins, la variété des moyens d'expression dénonce la tendance au déclin de l'ancien locatif dans les langues sabelliques en convergence avec le latin. D'une part, on a déjà constaté la concurrence avec l'emploi de la postposition *-en*, dont la souplesse s'adapte de très bonne heure à la répétition dans les deux composants d'un syntagme; de l'autre, au pluriel, la désinence, héritée du locatif, a été substituée par celle de l'ablatif/datif, comme le révèle le syntagme osque *exaiscen ligis* "dans ces lois." De la même manière, dans les toponymes attestés dans les monnaies, se référant à la ville ou à la communauté qui est censée être le lieu de la frappe, le locatif se présente au singulier, tandis que, au pluriel, on trouve le datif/ablatif, par ex.: *Frentreí* (loc. sing.) ~ *Fistluis* (dat./abl. plur.).[50] Cette différenciation entre singulier et pluriel à l'égard de la préservation de l'ancien locatif amène à constater un parallélisme parfait avec les distinctions latines du type *Romae* ~ *Syracusis*; *Deli* ~ *Puteolis*.

La variation des cas dans les toponymes des monnaies ainsi que dans d'autres inscriptions dans les diverses langues sabelliques pose d'autres problèmes, qui relèvent de l'interprétation des textes ainsi que des faits historiques sous-jacents. Dans les légendes monétaires osques on trouve parfois l'ablatif au lieu du locatif, comme, par exemple, dans les monnaies de *Teanum Sidicinum* en Campanie et de *Aquilonia* au *Samnium* qui présentent les formes d'ablatif *Tíanud Sidikinud* (< *-ōd*) et *Akudunniad* (< *-ād*).[51] Le nom de *Teanum* est attesté au locatif dans une inscription de potier qui énonce le lieu de fabrication: *upsatuh sent Tiianei* "(ces vases) ont été fabriqués à *Teanum*").[52] Au sujet de ces légendes monétaires, se pose la question de savoir si l'ablatif n'est qu'une variante (synchronique ou diachronique) du locatif ou bien si l'emploi de l'ablatif a une signification différente, à partir de la fonction fondamentale, qui lui est propre, notamment l'indication de l'origine et de la provenance.

Les deux solutions ont des implications différentes des points de vue et linguistique et institutionnel. En ce qui concerne le système de la langue, le flottement entre ablatif simple, ablatif avec préposition et cas locatif pour indiquer la localisation (c'est-à-dire la fonction propre du cas locatif) signale la "crise" du cas locatif lui-même avec des aboutissements parallèles au latin. En latin tardif, le locatif, réservé aux noms de villes et petites îles appartenant aux thèmes en *-ā* et en *-o-*, est remplacé souvent par l'ablatif sans préposition, qui figure dans cet emploi déjà chez Vitruve, comme le signale E. Löfstedt.[53] Dans ce cas, l'osque anticipe, comme dans d'autres circonstances, les évolutions du latin.

De la même manière, on sera amené à interpréter les toponymes au cas ablatif en fonction de locatif dans les légendes monétaires d'après la latinisation du pays osque, tels que les noms *Beneventod* et *Larinod*[54] dans les monnaies appartenant aux villes de *Beneventum* et *Larinum*. Mais, outre *Larinod*, la production monétaire de cette ville connaît aussi le locatif *Larinei*,[55] ce qui amène à supposer une identité de fonction entre les deux cas. On laissera ouverte la question de savoir si dans ce cas il s'agit du latin influencé par l'osque ou bien d'une convergence entre latin et osque qui se manifeste en pays osque d'une manière plus précoce et à des niveaux sociolinguistiques plus élevés qu'à Rome.

L'autre solution, qui envisage la conservation de la valeur originaire de l'ablatif, attribuable à l'indo-européen, c'est-à-dire l'origine ou la provenance, a des implications institutionnelles dans l'interprétation des textes, qui ne nous concernent pas ici. En effet, si l'on reconnaît à l'ablatif des toponymes gravés sur les monnaies une fonction différente du locatif (indication de la provenance), il faudra conclure que la distinction entre les deux cas correspond à une localisation différente de la communauté par rapport à l'autorité responsable de la frappe.

Un problème semblable se pose en ce qui concerne l'interprétation d'autres inscriptions contenant un toponyme à l'ablatif, dont la fonction (non clarifiée par le contexte syntaxique) a suscité des discussions autour de l'identification du nom ancien de la localité où l'inscription a été découverte. Trois inscriptions osques présentent ce fait syntaxique: il s'agit de deux dédicaces votives (*Herettates sum Agerllúd*;[56] *vereias Lúvkanatis Aapas kaías Palanúd*[57]) et d'un texte officiel (*N. Vesulliaís Tr. M(eddís) T(úvtíks) ekík sakaraklúm Búvaianúd aíkdafed*[58]), qui se caractérisent par la présence d'un toponyme à l'ablatif (respectivement *Agerllúd, Palanúd, Búvaianúd*).

Le texte officiel a attiré davantage l'attention, parce que l'inscription, faisant allusion à la construction d'un sanctuaire réalisé par les soins d'un *Meddix Túvtiks*, c'est-à-dire la charge la plus élevée de la communauté, a été trouvée dans l'important site archéologique de Pietrabbondante, dont on ignore le nom ancien. En outre, le toponyme à l'ablatif (*Búvaianúd*) correspond à *Bovianum* mentionné par les sources latines,[59] dont la localisation

[50] Rix ST NSi 1a, b, c.

[51] Rix ST nSa6.

[52] Rix ST Si 4, 5, 6, 20, 21, 22.

[53] Löfstedt 1956: 74.

[54] Rix ST NFr 2a.

[55] Rix ST NFr 2b.

[56] Rix ST Fr 4.

[57] Rix ST Fr 2.

[58] Rix ST Sa 7.

exacte au cœur du Samnium demeure inconnue. L'interprétation de l'ablatif de l'inscription osque peut permettre de trancher la question dans un sens ou dans un autre. Si l'on interprète l'ablatif du toponyme comme étant en fonction de locatif,[60] le texte signale que l'individu, qui a la charge de *Meddix Túvtiks* de *Bovianum*, a ordonné la réalisation du sanctuaire là où l'inscription était apposée dans la localité appartenant à sa juridiction: cette localité pouvait se nommer elle-même *Bovianum*. En revanche, si l'on attribue à l'ablatif *Búvaianúd* sa fonction propre, à savoir d'indiquer la provenance ou l'origine, le texte se charge d'un sens différent du point de vue juridique et topographique.[61] Il s'agirait d'un *Meddix Túvtiks* provenant de *Bovianum* qui aurait ordonné la réalisation du bâtiment sacré dans un endroit qui n'appartenait pas à sa juridiction. En conséquence, le nom de l'endroit où l'inscription a été trouvée doit être forcément différent de celui de *Bovianum*.

À quelques exceptions près, le panorama de la flexion des langues sabelliques présente un caractère plus évolué que le latin et anticipe d'une manière surprenante les développements du latin tardif ainsi que les aboutissements romans. Même dans l'emploi des postpositions, qui relèvent d'un état archaïque, se manifeste une évolution remarquable.

La flexion sabellique obéit à un principe général, dès les débuts de la documentation, à savoir la réduction des paradigmes flexionnels à travers des extensions analogiques. À cet égard, on constate des convergences et des divergences par rapport au latin, dont les lignes ne sont pas toujours claires.

Deux tendances communes à la branche "italique" de l'indo-européen sont très nettes: a) le parallélisme très prononcé dans la flexion entre thèmes en *-o-* et thèmes en *-ā;* b) la réduction de l'autonomie des thèmes en *-i-* et en *-u-*. Ces deux faits sont à la base des types lexicaux des langues romanes, qui sont essentiellement bâtis sur trois modèles fondamentaux hérités des paradigmes flexionnels latins: les thèmes en *-ā*, les thèmes en *-o-*, les thèmes en consonne. Les traces de cette évolution se retrouvent déjà dans l'état du latin littéraire, où les thèmes en *-i-* et en *-u-* ne représentent qu'une petite minorité, dont l'instabilité est signalée par les flottements, pour les uns, avec la déclinaison des thèmes en consonne et, pour les autres, avec les thèmes en *-o-*. En outre, d'autres modèles flexionnels ont des doublets dans d'autres déclinaisons, comme, par exemple, les thèmes en *-iēs* appartenant à la Vème déclinaison latine, qui ont des doublets dans la Ière déclinaison, tels que *materies/materia, effigies/effigiae*.[62] C'est l'allomorphe de la déclinaison en *-ā* qui a triomphé dans les évolutions romanes (ex. italien: *materia, faccia, lussuria*, etc.).

Les langues sabelliques s'inscrivent dans la même tendance, mais à travers des parcours différents. La confluence progressive des thèmes en *-i-* et en *-u-* avec les autres paradigmes flexionnels remonte à la période historique à la fois du latin et des langues sabelliques. Dans les deux branches de l'indo-européen d'Italie, les thèmes en *-u-* se montrent plus faibles, tandis que les thèmes en *-i-* ont résisté plus longtemps en gardant une force d'attraction envers d'autres thèmes.

Dans les langues sabelliques, la faiblesse des thèmes en *-u-* est révélée par les flottements entre la flexion en *-o-* (parallèlement au latin) et en *-i-*, comme en témoigne le doublet osque μανομ et *manim*, accusatif singulier de *manu-* "main." De ce même mot, l'ombrien connaît une variante supplémentaire comme thème en consonne: l'accusatif pluriel *manf*.[63] Des débris de l'ancienne flexion en *-u-* se retrouvent dans le locatif ombrien *manuve* (< **manou-en*), peut-être sauvegardé par la présence de la postposition, qui est devenue le véritable "marqueur du cas."

Des indices d'un flottement entre thèmes en *-u-* et thèmes en *-o-* se retrouvent en osque au nominatif singulier des participes, dont les variantes *sipus, facus* et ϱεκος peuvent abriter un double paradigme flexionnel, les uns relevant des thèmes en *-u-*, l'autre, des thèmes en *-o-*.[64]

L'osque et l'ombrien montrent une divergence dans l'ablatif/datif du pluriel des thèmes en consonne: l'un a étendu la désinence des thèmes en *-i-* parallèlement au latin (**-i-bhos* > *-ifs* >*-iss* ~ latin *-ibus*), l'autre présente la terminaison *-us* (ex.: *homunus, karnus, uapersus*) de même qu'en sud-picénien *manus* (abl./dat. plur.). Vraisemblablement, à l'origine de cette réfection analogique, il y a les flottements entre thèmes en *-u-* et thèmes en consonne, comme le montre l'exemple de *manum* (acc. sing.)/*manf* (acc. plur.), d'après la filière reconstruite par

[59] En ce qui concerne la mention de *Bovianum* dans les opérations des guerres contre les Samnites voir La Regina 1989: 388.

[60] Signalons, entre autres, l'affirmation très nette dans Pisani 1964, 106: "L'ablativo ha chiaramente significato di locativo." En ce qui concerne les autres interprétations voir Di Iorio 1974.

[61] À ce sujet voir La Regina 1965.

[62] Cf. Leumann 1977: 285.

[63] Cf. Untermann 2000: 450 s.v. *manim*.

[64] Pour les détails cf. Gusmani 1965; Poccetti 2002.

[65] Cf. Klingenschmitt 1992: 111.

Klingenschmitt.[65] En conséquence, ce phénomène de l'ombrien relève de l'innovation plutôt que de la conservation de la flexion en *-u-*. D'ailleurs, en latin, au datif/ablatif du pluriel, *-ibus* s'est substitué à l'ancienne terminaison *-ubus* qui n'a survécu que comme archaïsme.[66]

La résistance des thèmes en *-i-* se manifeste en latin et dans les langues sabelliques d'une manière convergente, mais avec des différences remarquables. En latin, les traces synchroniques de la flexion en *-i-* figurent à l'ablatif singulier, où la terminaison *-i* a concurrencé *-e*, et au génitif pluriel, où *-ium* a survécu dans des mots comme *pars, mons, ars*, dont l'appartenance aux thèmes en *-i-* n'était plus visible synchroniquement. De l'accusatif en *-im*, outre les emplois synchroniquement très limités dans des mots comme *turrim, tussim*, etc., les traces diachroniques se retrouvent dans des adverbes qui en dénoncent la vitalité jusqu'à une époque peu éloignée du début de la littérature, comme *statim, adfatim, partim*, etc. L'osque et l'ombrien révèlent une autonomie et une vitalité de la classe flexionnelle en *-i-* bien plus puissantes qu'en latin. Par exemple, cette flexion n'a pas été affectée par la force de l'analogie qui a étendu aux thèmes en consonne les désinences de l'accusatif et de l'ablatif des thèmes en *-o-*. Ainsi l'on trouve en osque *slagím* (acc. sing.), *slagid* (abl. sing.) de *slagi-* (thème en *-i-*),[67] mais *leginum* (acc. sing.), *tanginud* (abl. sing.) dans les thèmes en **-ōn-*. En outre, la flexion en *-i-* garde la force d'attraction des thèmes en *-u-* dans les mêmes cas, comme le montrent en osque *manim* (acc. sing.), *castrid* (abl. sing.) et en ombrien *trefi* (abl. sing.) respectivement de *manu-*, *castru-*, *trifu-*.[68]

Mais la puissance des thèmes en *-i-* se manifeste particulièrement dans la terminaison du génitif singulier (*-eís*) qui partout en osque et, partiellement, dans d'autres variétés sabelliques, s'est imposée dans les thèmes en *-o-* et en consonne aux dépens de leurs morphèmes originels. À ce propos, rappelons que la terminaison du génitif singulier des thèmes en *-o-* représente l'une des questions les plus complexes et controversées concernant l'évolution de la déclinaison des langues indo-européennes d'Italie.

Les langues sabelliques n'ont pas participé à l'innovation que les autres langues indo-européennes d'Italie (latin, falisque, vénète, messapien) partagent avec le celtique, notamment le *-ī*, qui devient le morphème de génitif singulier des thèmes en *-o-* du latin littéraire. Les trouvailles des dernières dizaines d'années ont permis de retracer les parcours qui ont amené à la diffusion de ce morphème (dont l'origine n'est pas claire): les données du latin et du falisque témoignent de sa diffusion (au moins dans ces langues) autour du Vème siècle avant notre ère. Mais plusieurs aspects de la question demeurent ouverts: a) la fonction originelle de ce morphème; b) le point de départ de la "grammaticalisation" de *-ī* (en fonction de génitif) ainsi que les procédés de sa diffusion dans plusieurs langues; c) la raison pour laquelle seules les langues sabelliques n'ont pas été affectées par cette innovation.

Ce dernier point se relie strictement à deux autres questions: a) le fait que les langues sabelliques, à la différence des autres langues "italiques," n'ont aucune attestation de la désinence héritée de l'indo-européen (*-osio*); b) l'interprétation des flottements entre *-eís* et *-es* qui se présentent dans la documentation sabellique.

On peut essayer de donner une réponse à ces deux questions dans une perspective à la fois synchronique et diachronique. On partira du point b) (c'est-à-dire les flottements entre *-eís* et *-es*) qui nécessite des précisions préalables.

Parmi les langues sabelliques, l'osque a presque généralisé la terminaison *-eís*, tandis que l'ombrien présente partout *-es*, qui peut continuer *-es* ou être issu de *-eís* par monophtongaison. Mais en osque et dans les textes paléo-sabelliques (spécifiquement sud-picéniens et pré-samnites), on trouve, parfois simultanément, *-eís* à côté de *-es*. L'évaluation du rapport entre ces deux désinences est controversée du point de vue à la fois synchronique et diachronique.

L'enseignement traditionnel des grammaires comparées distingue *-eís*, relevant des thèmes en *-i-*, de *-es*, appartenant aux thèmes en consonne. Plus récemment, on a remis en cause la coexistence synchronique des deux désinences en faveur de *-eís* pour nier l'existence d'un génitif en *-es*, sauf en ombrien où *-es* n'est que l'aboutissement de *-eís*. D'autre part, hors de l'ombrien, le génitif en *-es* n'est attesté que dans des noms personnels en **-yo-*, ce qui permet aussi son interprétation en fonction de nominatif singulier en conséquence de l'évolution **-yos* > *-ies*. Toutefois, mis à part un certain nombre de textes, où l'interprétation de *-ies* comme nominatif singulier d'un nom personnel demeure tout à fait ouverte,[69] il nous semble difficile d'exclure complètement l'existence d'un génitif en *-es*, tantôt comme résultat de *-eís* (appartenant aux thèmes en *-i-*), tantôt comme continuateur de *-es* (des thèmes en consonne).

---

[66] Cf. Leumann 1977: 443.

[67] Cf. Untermann 2000: 686.

[68] Cf. Untermann 2000: 374, 450, 764.

[69] Voir l'analyse des textes dans Agostiniani 2006.

Les documents les plus anciens et les textes où une orthographe rigide ne s'est pas encore fixée, présentent des flottements entre *-es* et *-eís,* alors que l'osque "officiel" a choisi *-eís* et que l'ombrien, à la suite de la réduction des diphtongues, ne pouvait trancher qu'en faveur de *-es*. En conséquence, les hésitations et la distribution de ces deux désinences s'inscrivent, d'un côté, dans la lutte diachronique entre le morphème des thèmes en *-i-* et celui des thèmes en consonne pour s'imposer partout et, de l'autre côté, dans la fixation d'une règle synchronique qui doit servir pour la langue officielle. En d'autres termes, *-eís* et *-es* ne sont, synchroniquement, que deux variantes stylistiques, qui devaient correspondre seulement à une distinction graphique plutôt qu'à une réalité phonétique.

En latin, un destin semblable semble avoir affecté les flottements entre les terminaisons *-īs* et *-ēs* de l'accusatif pluriel des thèmes en *-i-* et en consonne. L'emploi de *-īs*, issu des thèmes en *-i-*, en tant qu'archaïsme commun à la langue poétique, ne signale que — comme le souligne Leumann — "eine Angelegenheit des Stils, nicht der Sprachgeschichte."[70]

Du point de vue diachronique, l'extension du génitif *-eís/-es* des thèmes en *-i-* et en consonne au génitif des thèmes en *-o-* aux dépens du morphème originel, comme l'on vient de le rappeler, a eu lieu à une époque prédocumentaire.[71] Cette situation a perduré durant l'histoire entière des langues sabelliques, qui ont opposé de la résistance à l'introduction du morphème nouveau, alors que celui-ci s'est diffusé d'une manière presque simultanée (aux alentours du Vème siècle avant notre ère) dans les autres langues de l'Italie ancienne au cours de leur histoire sous l'effet de la convergence linguistique ("Sprachbund").[72]

Une telle résistance à la convergence avec les langues voisines à l'époque historique s'explique du point de vue synchronique par les mêmes raisons qui ont amené à la réfection analogique à l'époque pré-historique. Le point de départ de cette réfection est le nominatif, qui, à la suite d'une syncope dans la syllabe finale, a perdu la voyelle thèmatique *-o-*, ce qui remonte à l'époque prédocumentaire.[73] Par là, le nominatif des thèmes en *-o-* se confond avec celui des thèmes en consonne et en *-i-*. Ainsi *túvtiks* < **toutiko-* et *mutíl* < *mutilo-* (thèmes en *-o-*) ne se distinguent pas respectivement de *meddiks* (thème en consonne) et de *aidíl* < *aidilis* (thème en *-i-*). Puisque, généralement, le nominatif oriente le paradigme flexionnel, une des conséquences de ce changement morphophonologique du nominatif a été la disparition du morphème hérité de génitif *-osio,* qui maintient visiblement la marque thématique en *-o-*,[74] obscurcie au nominatif. Son remplacement par la désinence des thèmes en consonne et en *-i-* permet l'établir un parallélisme avec l'évolution du nominatif. Autrement dit, à partir du moment où le nominatif des thèmes en *-o-* s'était conformé aux thèmes en consonne et en *-i-*, le génitif a suivi le même destin. Cette symétrie flexionnelle, qui, au niveau synchronique, s'est fixée dans les langues sabelliques dès l'époque prédocumentaire, a vraisemblablement empêché la réfection du génitif singulier qui a affecté les autres langues de l'Italie ancienne au cours de leur documentation.

En outre, l'extension de la désinence *-eís/-es* aux thèmes en *-o-* a eu des retombées importantes du point de vue synchronique: ce phénomène a contribué à la tendance à uniformiser les marqueurs de la flexion entre les diverses classes thématiques. Ainsi, le génitif singulier des paradigmes flexionnels des langues sabelliques a été réduit à trois morphèmes: les thèmes en *-ā* gardent l'ancienne désinence *-as* ainsi que les thèmes en *-u-* qui présentent *-ous*, alors que *-eis/-eís* s'étend aux thèmes en *-o-*, en consonne et en *-i-*.

De cette manière, le génitif de tout paradigme flexionnel est marqué par la consonne *-s*. À ce propos, soulignons que les thèmes en *-u-* ne semblent garder leur morphème originel qu'au génitif singulier, alors que les autres cas de leur déclinaison — comme l'on vient de le rappeler ci-dessus — ont subi des réfections écrasantes d'après l'analogie avec les thèmes en *-o-* et en *-i-*, qui ont abouti à des flottements remarquables. Ainsi, en ombrien, l'on trouve le génitif singulier *trifor* (<**tri-bhous*) à coté de l'ablatif *trefi* (<**tri-bhīd* issu des thèmes en *-i-*), mais l'accusatif *trifo* (<**tri-bhom* fléchi selon les thèmes en *-o-*); l'osque présente le génitif singulier *castrous* à côté de l'ablatif *castrid* (<**castrīd*). Du doublet osque de l'accusatif singulier (μανομ et *manim*) du mot *manu-* "main," on a déjà parlé.

Mais la tendance au remplacement du morphème ancien du génitif des thèmes en *-u-* par *-eís* se manifeste dans le génitif du mot emprunté au latin *senateis*. Même si le latin présente de nombreux exemples de flottement dans la flexion de ce mot d'après les thèmes en *-o-* (spécialement le génitif *senatī* au lieu de *senatūs*), les attestations de l'osque ne connaissent aucun exemple de flexion d'après les thèmes en *-u-* (c'est-à-dire **senatous*): c'est donc le modèle flexionnel en *-o-* qui s'est imposé partout.

---

[70] Cf. Leumann 1977: 440.

[71] Voir à ce sujet Prosdocimi 2002.

[72] Cf. Wallace et Eska 2001.

[73] Cf. Meiser 1986: 60.

[74] Sur l'origine de ce morphème à partir de *-o-sio-* voir De Simone 1999.

En somme, la résistance du génitif singulier à la force de l'analogie, qui a presque anéanti le caractère originel de la déclinaison en *-u-*, est attribuable à la présence du *-s*, qui a pour conséquence une symétrie avec la même terminaison consonantique des autres paradigmes. Autrement dit, la présence du *-s* a servi à créer une symétrie parfaite entre les diverses classes flexionnelles, qui relève, en partie, de la conservation, et en partie, de l'innovation analogique, visant au même but, c'est-à-dire la fixation d'une terminaison unique en *-s* devant servir pour le génitif singulier de tout type nominal. Ce procédé s'inscrit dans la même tendance que celle que le latin manifeste au cours de son histoire par des moyens différents: l'harmonisation du génitif des thèmes en *-ā* par la réfection de l'ancien *-as* par *-ae* d'après *-ī* (remontant au début de la littérature) à travers la filière *ā+ī* > *-ai* et l'adoption du génitif en *-ī* par les thèmes en *-u-* (ex. *domī* au lieu de *domus*).

Les faits que nous avons esquissés caractérisent la flexion des langues sabelliques par des innovations analogiques qui ont connu une vitalité bien plus remarquable qu'en latin. Ces évolutions ont eu le même point de départ qu'en latin, c'est-à-dire l'affaiblissement des syllabes finales comme conséquence de la position de l'accent et des changements phonétiques (la transformation des voyelles par abrègement et monophtongaison, l'amuïssement, par des parcours divers, des consonnes occlusives et continues, telles que *-d*, *-s*, *-m*, la réduction du groupe *-ios* en *-is/-ies*).

Le latin aussi fut assujetti à ces mêmes tendances, mais — fait bien connu — la langue littéraire a exercé un contrôle rigide sur la prononciation correcte des désinences, ce qui a érigé une ligne de démarcation très nette entre la langue écrite et officielle et l'usage du parler informel. En revanche, les langues sabelliques permettent de mettre à jour un grand nombre de faits qui demeurent masqués dans l'histoire du latin. C'est surtout grâce aux traditions orthographiques différentes qu'on peut apercevoir des faits synchroniques et diachroniques que la rigidité de la graphie latine ne permet pas d'entrevoir.

Les changements phonétiques, qui se manifestent d'une manière plus écrasante en ombrien qu'en osque, se sont répercutés dans la structure de la déclinaison, qui a subi des transformations profondes puisqu'une seule désinence marque plusieurs cas et appartient à des classes flexionnelles diverses. On reproduit ici le schéma utilisé à plusieurs reprises pour montrer la concentration des fonctions diverses dans une même terminaison flexionnelle qui se réalise surtout en ombrien.

-u/-o	*-e*
Nom. sing. thèmes en *-ā*	Dat. sing. thèmes en *-ā*, *-o-*, *-i-*, consonne
Acc. sing. thèmes en *-o-*, consonne	Loc. sing. thèmes en *-ā*, *-o-*, *-i-*, consonne
Abl. sing. thèmes en *-o-*	Acc. sing. thèmes en *-i-*
Nom. plur. thèmes en *-o-*	Abl. sing. thèmes en *-i-*, consonne
Acc. plur. masc./neut. thèmes en *-o-*, *-u-*	—
Gén. plur. thèmes en consonne	—
Dat. plur. thèmes en *-u-*	—

Cette situation témoigne d'une "crise" du système de la flexion, qui se déroule de manière parallèle aux développements du latin tardif et aux évolutions romanes. De ce point de vue, le témoignage de l'ombrien s'inscrit dans la continuité de l'évolution linguistique qui affecte unitairement les langues de l'Italie ancienne, mais qui, en latin, est réprimée par l'enseignement littéraire et masquée par la tradition orthographique. D'autre part, contre ce caractère évolutif, l'ombrien a réagi en développant à l'intérieur de son système morphologique l'emploi des postpositions qui remplacent les anciennes fonctions des cas. Ce sont les cas dits "locaux" qui ont subi plus systématiquement l'introduction des postpositions, qui fonctionnent comme de véritables "marqueurs de cas" en se substituant aux désinences anciennes. En ombrien, la fonction du locatif a été marquée par *-kom* ou *-en* (ex.: *vukukum*, *Acesoniem*), la provenance ou l'éloignement appartenant à l'ablatif étant signalés par *-ta/-to* (ex.: *angluto*).

De son côté, l'osque s'inscrit dans la même tendance à uniformiser les classes flexionnelles, mais apparemment cette tendance est moins significative qu'en ombrien. On peut s'interroger pour savoir si le degré moins évolutif de l'osque est à attribuer à l'orthographe conservatrice, qui masque la réalité de la langue parlée. De toute façon, l'osque présente un emploi moins massif des postpositions que l'ombrien, ce qui plaide en faveur d'une autonomie plus prononcée des terminaisons flexionnelles et, conséquemment, du maintien des fonctions originelles des cas. Un exemple nous est fourni par l'ablatif, où la conservation du *-d* — au moins au niveau de l'écriture — permet de le distinguer immédiatement dans toute classe flexionnelle, ce qui lui confère la propriété tantôt de garder ses fonctions originelles (notamment la provenance ou l'éloignement), tantôt d'acquérir de nouvelles fonctions (notamment la localisation, en se substituant au locatif).

Néanmoins, l'osque lui-même semble pencher plutôt vers l'emploi des prépositions et manifeste une tendance très nette à la simplification des paradigmes flexionnels qui amène à uniformiser les thèmes en consonne et les thèmes en *-o-* à travers l'extension analogique des désinences d'un type à l'autre. Par exemple, l'osque et l'ombrien partagent l'extension du morphème de l'accusatif des thèmes en *-o-* aux thèmes en consonne, mais l'osque a étendu ce même procédé à l'ablatif (*-ud* < *-ōd*), tandis que l'ombrien se distingue en présentant le morphème *-e* qui pourrait s'expliquer aussi à partir du locatif (*-e* < *-ei*).[75] Cette différenciation se reflète dans le flottement de l'ablatif d'un même mot, tel que *aetatu/aetate* attesté en pays pélignien. Comme on le sait, les anciens traits de l'ombrien et les influences de l'osque se croisent dans le dialecte pélignien.[76] Toutefois, il est également possible que *aetate* (au lieu de *aetatu*) relève de la latinisation de la région.[77]

Pour conclure, en osque, presque tous les cas de la déclinaison des thèmes en *-o-* et des thèmes en consonne sont marqués par les mêmes morphèmes qui, au singulier, ne permettent aucune distinction entre les deux paradigmes flexionnels, sauf au datif. Le schéma suivant illustre ces coïncidences:

Singulier	thèmes en *-o-*	thèmes en consonne
Nominatif	*Túvtiks*	*mediks*
Génitif	*Sakarakleís*	*medikeís*
Accusatif	*sakaraklum*	*leginum*
Ablatif	*sakaraklud*	*tanginud*

Ces phénomènes d'homogénéisation entre les deux classes flexionnelles ont comme résultat synchronique l'obscurcissement du statut d'appartenance originelle d'un mot. Cette démarche facilite le passage d'un mot d'un paradigme flexionnel à l'autre, comme, par exemple, entre thèmes en **-ōn-* et thèmes en **-no-*. Ce procédé caractérise aussi les variations du latin, manifestées par la double flexion de mots tels que *epulonus/epulōn*, par les emprunts au grec, comme, par exemple διάκων > *diaconus* et, finalement, par les aboutissements romans, comme par exemple italien *padrone*, français *patron* issus de *patronus*, qui suppose un allomorphe **patrōn*, attesté en grec comme emprunt au latin (πάτρων).[78] De son côté, l'osque nous fournit l'exemple de *tribuf*, nom d'une charge officielle dont le modèle est le *tribunus* romain. La morphologie du mot osque — à la différence de son correspondant latin — n'appartient pas aux thèmes en *-o-*, mais aux thèmes en consonne, notamment **tribōn*. Ainsi le mot osque *tribuf* — même s'il s'agit d'une création autonome — établit avec le latin *tribunus*[79] le même rapport que des variantes synchroniques comme *epulonus/epulōn;* διάκων/*diaconus; patronus/patrōn.*

Pour compléter le panorama des changements qui ont apporté des modifications profondes à la flexion osque, il nous semble utile d'évoquer un fait d'innovation tout à fait spécial. L'aboutissement phonétique de **-yos* > *-is* a stimulé la distinction entre les prénoms et les gentilices au nominatif par la création d'une terminaison *-is* pour les uns et *-iis* pour les autres. Ainsi on trouve *Heris, Lúvkis* (prénoms) et *Heriis, Lúvkiis* (gentilices). L'osque a étendu cette distinction à l'accusatif, en réalisant un parallélisme parfait dans la différenciation morphologique entre prénoms et gentilices au nominatif et à l'accusatif, qui n'existe pas en latin. Ainsi, l'osque a marqué les prénoms par les terminaisons *-is* < **-yos* au nominatif et *-im* < **-yom* à l'accusatif, alors que le gentilices présentent *-iis* < **-(y)yos* au nominatif et *-iom* < **-yom* à l'accusatif.[80] Cette différenciation morphologique n'obéit ni à des raisons phonétiques ni à des fonctions syntaxiques, mais elle repose sur la distinction culturelle et institutionnelle entre les deux éléments de la dénomination personnelle. En effet, cette distinction sert à l'identification immédiate du prénom par rapport au nom de famille dans les deux fonctions fondamentales, celle du sujet et celle de l'objet. Aucune distinction formelle ne sépare les autres cas de la flexion. Le schéma suivant montre l'innovation de l'osque en contraste avec le latin:

[75] Cf. von Planta 1892–97: vol. 2, 177.

[76] Cf. Meiser 1987: 121f.

[77] Cf. Meiser 1987: 112.

[78] Cf. Cameron 1931: 253.

[79] À ce sujet, on renvoie à Poccetti 2003.

[80] À ce sujet, cf. Lejeune 1976: 101.

Innovation de l'osque: distinction morphologique des anthroponymes par rapport à leur fonction institutionnelle			
		Prénoms	Gentilices
Latin	Nominatif	*Lucius*	*Cornelius*
	Accusatif	*Lucium*	*Cornelium*
Osque	Nominatif	*Lúvkis*	*Lúvkiis/Lúvkies*
	Accusatif	*Lúvkim*	*Lúvkiom*

Pour conclure, la flexion des langues sabelliques présente plus d'intérêt pour les faits d'innovation que pour les faits de conservation par rapport à l'indo-européen. Ces langues présentent des évolutions autonomes, en partie divergentes, en partie convergentes, avec le latin, mais qui anticipent de manière significative les développements de l'époque tardive ainsi que des langues romanes.

Abréviations

Rix ST — Helmut Rix. *Sabellische Texte: Die Texte des Oskischen, Umbrischen und Südpikenischen.* Heidelberg: Carl Winter Verlag, 2002

T.I. — James W. Poultney. *The Bronze Tables of Iguvium.* Philological Monographs 18. Baltimore: American Philological Association, 1959

Bibliographie

Agostiniani, Luciano

2006 "Rukes Hazsuies: Un tratto morfologico paleoitalico nelle parlate anelleniche di Sicilia." Dans *Samnitice loqui: Studi in onore di Aldo Prosdocimi per il premio "I Sanniti"*, édité par D. Caiazza, vol. 1, pp. 113–37. Libri Campano Sannitici 5. Alife: Banca Capasso Antonio.

André, Jacques

1968 "Les changements de genre dans les emprunts du latin au grec." *Word* 24: 1–7.

Cameron, Alan

1931 "Latin Words in the Greek Inscriptions of Asia Minor." *American Journal of Philology* 52: 232–62.

Cipriano, P., et M. Mancini

1984 "Enclisi e morfologia del verbo 'essere' nel latino e nell'osco." *Studi latini e romanzi in memoria di Antonino Pagliaro*, édité par W. Belardi, pp. 11–62. Biblioteca di Ricerche Linguistiche e Filologiche 14. Rome: Dipartimento di Studi Glottoantropologici, Università "La Sapienza."

Coleman, R.

1976 "Patterns of Syncretism in Latin." Dans *Studies in Greek, Italic and Indo-European Linguistics Offered to Leonard R. Palmer*, édité par A. Morpurgo Davies et W. Meid pp. 47–56. Innsbrucker Beiträge zur Sprachwissenschaft 16. Innsbruck: Institut für Sprachwissenschaft der Universität Innsbruck.

De Simone, C.

1999 "*Mercurius* < **mercu-sios* e gli aggettivi di classificazione in -(ā)*rius* < (ā)*sios*." *Rivista di Filologia e di Istruzione Classica* 127: 385–425.

Devoto, G.

1937 "Umbrica." Dans *Mélanges linguistiques offerts à M. Holger Pedersen*, pp. 218–29. Aarhus: Universitetsforlaget.

Di Iorio, Antonio

1974 *Bovianum Vetus, oggi Pietrabbondante*. Rome: n.p.

Ernout, A.

1953 *Morphologie historique du latin*. Paris: Klincksieck.

Gusmani, R.

1965 "Note marginali sulla declinazione osco-umbra." *Rendiconti dell'Istituto Lombardo di Scienze e Lettere* 99: 380–89.

Klingenschmitt, Gert

1992 "Die lateinische Nominalflexion." Dans *Latein und Indogermanisch: Akten des Kolloquiums der Indogermanischen Gesellschaft, Salzburg, 23.-26. September 1986*, édité par O. Panagl et T. Krisch, pp. 89–135. Innsbrucker Beiträge zur Sprachwissenschaft 64. Innsbruck: Institut für Sprachwissenschaft der Universität Innsbruck.

La Regina, Adriano

1965 "Le iscrizioni osche di Pietrabbondante e la questione di Bovianum vetus." *Rheinisches Museum* 109: 260–86.

1989 "I Sanniti." Dans *Italia omnium terrarum parens*, édité par G. Pugliese Carratelli, pp. 299–432. Milan: Libri Scheiwiller.

Lejeune, Michel

1949 "Sur le traitement osque de *-*ā* final." *Bulletin de la Société de linguistique de Paris* 45: 104–10.

1976 *L'anthroponymie osque*. Paris: Belles lettres.

Leumann, Manu

1977 *Lateinische Grammatik*. Munich: Beck.

Leumann, Manu; Johann Baptist Hofmann; et Anton Szantyr

1972 *Lateinische Grammatik*. Munich: Beck.

Löfstedt, Einar

1956 *Syntactica: Studien und Beiträge zur historischen Syntax des Lateins*, Volume 2: *Syntaktische-stilistische Gesichtspunkte und Probleme*. 2ème éd. Acta Regiae Societatis Humaniorum Litterarum Lundensis 10. Lund: Gleerup.

Magni, E.

1995 "Il neutro nelle lingue romanze tra relitti e prototipi." *Studi e Saggi Linguistici* 35: 127–78.

Meillet, Antoine

1906 *De quelques innovations de la déclinaison latine*. Paris: Klincksieck.

1919 "Le genre grammatical et l'élimination de la flexion." *Scientia* 25: 199–210.

1928 *Esquisse d'une histoire de la langue latine*. Paris: Librairie Hachette.

Meillet, Antoine, et J. Vendryes

1927 *Traité de grammaire comparée des langues classiques*. Paris: Champion.

Meiser, Gerhard

1986 *Lautgeschichte der umbrischen Sprache*. Innsbrucker Beiträge zur Sprachwissenschaft 51. Innsbruck: Institut für Sprachwissenschaft der Universität Innsbruck.

1987 "Pälignisch, Latein und Südpikenisch." *Glotta* 65: 105–25.

1992 "Syncretism in Indo-European Languages: Motives, Process and Results." *Transactions of the Philological Society* 90: 187–218.

Molinelli, Piera

1996 "Casi e preposizioni in latino: Lo sviluppo del genitivo e del dativo; Una prospettiva (anche) sociolinguistica." *Linguistica e Filologia* 3: 73–125.

Nocentini, Alberto

1992 "Preposizioni e posposizioni in oscoumbro." *Archivio Glottologico Italiano* 77: 196–242.

Pisani, Vittore

1964 *Le lingue dell'Italia antica oltre il latino.* 2ème éd. Manuele storico della lingua latina 4. Turin: Rosenberg & Sellier.

Poccetti, Paolo

2002 "Note sulla declinazione italica dei temi in *-u.*" *Incontri Linguistici* 25: 47–64.

2003 "Una nuova carica pubblica osca (*tribuf plifriks*) tra problemi linguistici ed istituzionali." *Studi e Saggi Linguistici* 40–41: 207–315.

2008 "Mefitis rivisitata (vent'anni dopo ... e oltre con prolegomeni e epilegomeni minimi)." Dans *Il culto della dea Mefite e la Valle d'Ansanto. Ricerche su un giacimento archeologico dei Samnites Hirpini*, édité par A. Mele, pp. 139–79. Avellino: Sellino.

Porzio Gernia, M. L.

1970 "Aspetti dell'influsso latino sul lessico e sulla sintassi osca." *Archivio Glottologico Italiano* 55: 94–144.

1983 "Tipologia linguistica e crisi della declinazione italica." Dans *Scritti linguistici in onore di G. B. Pellegrini*, pp. 1143–52. Pise: Pancini.

Prosdocimi, A. L.

1970 "Note sulle tavole di Gubbio." *Atti e Memorie dell'Accademia Patavina di Scienze, Lettere e Arti* 82: 33–52.

2002 "Il genitivo singolare nelle varietà italiche (osco, sannita, umbro, sudpiceno, etc.)." *Incontri Linguistici* 25: 65–76.

Riemann, O.

1949 *Syntaxe latine.* Paris: Klincksieck.

Rix, Helmut

1976 *Historische Grammatik des Griechischen.* Darmstadt: Wissenschaftliche Buchgesellschaft.

Rovai, F.

2005 "L'estensione dell'accusativo in latino tardo e medievale." *Archivio Glottologico Italiano* 90: 54–89.

2007 "Manifestazioni di sub-sistemi tipologici attivi in latino." *Archivio Glottologico Italiano* 92: 51–64.

Serbat, Guy

1981 *Cas et fonctions: étude des principales doctrines casuelles du Moyen Age à nos jours.* Linguistique nouvelle. Paris: Presses Universitaires de France.

1989 "Le syncrétisme des cas: quelques réflexions." Dans *Subordination and Other Topics in Latin* (Proceedings of the Third Colloquium on Latin Linguistics, Bologna, 1–5 April 1985), édité par Gualtiero Calboli, pp. 273–86. Amsterdam: Benjamins.

Terracini, B.

1920 "Per la storia del neutro plurale latino: Il neutro plurale nei dialetti italici." *Rivista di Filologia e di Istruzione Classica* 48: 1–26.

Thurneysen, R.

1893 "Italisches." *Zeitschrift für vergleichende Sprachforschung* 32: 554–57.

Untermann, Jürgen

2000 *Wörterbuch des Oskisch-Umbrischen.* Heidelberg : C. Winter.

Von Planta, R.

1892–97 *Grammatik der Oskisch-Umbrischen Dialekte.* Strasbourg: Trübner.

Wallace, R. E., et J. F. Eska

2001 "Remarks on the Thematic Genitive Singular in Ancient Italy and Related Matters." *Incontri linguistici* 24: 77–97.

18

CAS ET ÉVOLUTION LINGUISTIQUE EN LATIN

Michèle Fruyt, Université de Paris IV - Sorbonne

Les cas en latin furent étudiés depuis 1960 par les plus grands linguistes (Jean Perrot,[1] Christian Touratier,[2] Huguette Fugier,[3] Jean Haudry,[4] Hans Happ).[5] Ils représentent le premier domaine, fondateur, auquel furent appliquées en latin les méthodes de la syntaxe contemporaine et, grâce aux travaux de ces linguistes latinistes, l'étude renouvelée de la syntaxe casuelle occupa, dès les années 70, une place privilégiée aussi bien dans le développement de la linguistique latine synchronique que dans la reconstruction syntaxique indo-européenne.

Nous nous proposons ici de traiter des cas en latin sous l'angle de l'évolution linguistique, autre domaine où le latin est amené à jouer un grand rôle, étant donné la richesse des documents fournis, et cela sur de nombreux siècles.

Ce thème nous oblige à faire deux remarques préliminaires. En premier lieu, une langue étant essentiellement un phénomène oral et l'écrit n'étant qu'une notation de l'oral, pour les langues anciennes on pourrait véritablement parler de "la recherche de l'oral perdu." Derrière l'écrit, qui ne nous donne que des informations partielles et incomplètes sur les énoncés oraux, c'est l'oral qu'il nous faudrait essayer de retrouver. Pour ce qui est des cas, il est important de se fonder, dans la mesure du possible, sur la prononciation des désinences casuelles, plutôt que sur la graphie livrée par les textes. En second lieu, il est utile de rappeler que toutes les langues naturelles sont soumises à l'évolution linguistique, qui est à l'oeuvre dans tous les secteurs d'une langue donnée et particulièrement dans la zone de la phonétique et de la phonologie,[6] où les évolutions sont facilement observables. De ce fait, les cas comme catégorie morphosyntaxique sont, eux aussi, nécessairement affectés par l'évolution linguistique et les morphèmes casuels sont inévitablement sensibles aux évolutions phonétiques et phonologiques.

Nous étudierons donc, en premier lieu (§1), les cas et le sort des morphèmes casuels face aux phénomènes phonétiques et phonologiques dans l'histoire du latin.

Nous passerons ensuite à la manière dont l'évolution linguistique a pu affecter la catégorie des cas et ses représentants sur le plan morphosyntaxique en latin. Ainsi, en second lieu (§2), verrons-nous comment une forme casuelle fléchie a pu être le siège d'une transcatégorisation, soit en devenant un lexème à part entière (généralement invariable), soit en étant transférée, avec le statut de forme de lexème, dans un autre paradigme flexionnel.

En dernier lieu (§3), nous évoquerons rapidement d'autres situations offertes par la morphosyntaxe des cas en latin qui présentent un intérêt certain pour la linguistique en général.

---

[1] Perrot 1966.

[2] Touratier 1977, 1978, 1979, 1980a et b, 1987, 1994, 1995.

[3] Fugier 1983.

[4] Haudry 1968, 1970, 1977.

[5] Cf. les articles de Haudry et Touratier dans ce même ouvrage.

[6] Selon des tendances évolutives que nous pouvons expliquer et justifier après coup, lorsqu'elles se sont produites, mais que, généralement, nous ne sommes pas en mesure de prévoir avant qu'elles ne se produisent.

1. Phonétique et phonologie: le signifiant du morphème casuel

1.1. Phénomènes généraux

1.1.1. Importance des finales de mots dans une langue flexionnelle

En latin, langue flexionnelle, les désinences sont des morphèmes (c'est-à-dire des unités minimales de signification) et, plus précisément, des *morphèmes amalgamés*,[7] dénotant conjointement le cas et le nombre (sing. vs. plur.) pour les substantifs, et même le genre pour les adjectifs et certains substantifs. Ces morphèmes casuels, situés à la finale de mot, furent fragilisés très tôt en latin dans la mesure où l'évolution phonétique entraîna la chute des consonnes finales — observable dès les inscriptions archaïques prélittéraires —, ainsi que des changements structuraux dans le système vocalique.

1.1.2. Changement des traits pertinents dans le système vocalique latin

Dans le cours de la latinité, on observe un changement des traits pertinents dans le système des phonèmes vocaliques latins. Il s'agit principalement de la dé-phonologisation de la quantité vocalique, pour laquelle nous possédons le témoignage de saint Augustin pour le latin parlé par les gens illettrés ou peu lettrés en *Africa*. Augustin nous dit, en effet, que les habitants de cette région ne distinguent pas les voyelles brèves et les voyelles longues et il cite en exemple les deux nominatifs-accusatifs sing. neut. *ŏs* "os" avec un *o* bref et *ōs* "bas du visage, bouche" avec un *o* long: à son époque, ces deux formes ne sont plus distinguées, nous dit-il, par les habitants de l'*Africa*.

Dans ces cas d'homophonie,[8] Augustin (*De doctrina christiana* 4.10.24) refuse l'ambiguïté et l'"obscurité" (*uerbum obscurum uel ambiguum; ambiguitas obscuritasque*) et il conseille de privilégier la clarté de l'expression (*euidentia; quid bene indicet atque intimet quod ostendere intendit*), même s'il faut pour cela recourir au niveau de langue parlé par des personnes non lettrées (*uulgi more; indocti*). Il faut alors renoncer, écrit-il, aux termes "corrects" selon l'usage des savants (*a doctis; uerba cultiora; quid bene sonet*), et employer les termes usuels dans la langue commune. Or la forme *ossum* pour le nominatif et l'accusatif neut. sing. du nom de l'os, analogique des neutres de la 2ᵉ déclinaison du type *templum*, était la forme usuelle en usage dans le latin "standard" des gens non ou peu cultivés, à la place de *ŏs* (avec voyelle brève appartenant à la 3ᵉ déclinaison):

> Augustin, *De doctrina christiana* 4.10.24: ... *cur pietatis doctorem pigeat imperitis loquentem "ossum" potius quam "os" dicere, ne ista syllaba non ab eo quod sunt "ossa," sed ab eo quod sunt "ora" intellegatur, ubi Afrae aures de correptione uocalium uel productione non iudicant?*
>
> "pourquoi un savant pieux, parlant à des gens non cultivés, répugnerait-il à dire "*ossum*" plutôt que "*os*," pour éviter que cette syllabe ne soit comprise non par rapprochement avec "*ossa*" ("les os" pluriel), mais avec *ora* ("les bouches, les visages" pluriel), étant donné que les oreilles des habitants de l'*Africa* ne sont pas sensibles à la différence entre voyelle[9] brève et voyelle longue?"

Pour transposer en termes linguistiques contemporains la traduction de ce dernier passage, on peut dire que, dans la langue parlée des habitants non lettrés de l'*Africa* à l'époque d'Augustin, l'opposition entre voyelle longue et voyelle brève de même timbre (ici entre *ō* long et *ŏ* bref) était déjà neutralisée. Ce passage constitue un témoignage indirect de l'évolution linguistique qui affecta, dans cette région de l'empire, le système vocalique en supprimant le trait pertinent qu'était la longueur des voyelles.

En effet, pour remplacer l'ancienne opposition quantitative des voyelles, s'est produite la phonologisation de l'opposition entre voyelle ouverte et voyelle fermée (*o* ouvert vs. *o* fermé, *e* ouvert vs. *e* fermé, etc.) en syllabe accentuée, comme le prouvent les résultats observables dans plusieurs langues romanes.

---

[7] Selon la terminologie d'A. Martinet.

[8] Pouvant éventuellement aller, dans certains cas, jusqu'à une homonymie complète lorsque toutes les formes de deux lexèmes différents se prononcent de la même manière.

[9] Augustin emploie le mot *uocalium* (gén. plur.); la traduction correcte est donc "la quantité brève ou longue des voyelles" et non pas des "syllabes" comme cela figure dans la traduction de Madeleine Moreau 1997: 355, qui est la suivante: "... pourquoi un maître de piété répugnerait-il, parlant à des ignorants, à dire "*ossum*" plutôt que "*os*," pour éviter qu'on prenne cette syllabe, dont le pluriel est "*ora*" (les bouches) pour celle dont le pluriel est "*ossa*" (les os), étant donné que les oreilles africaines ne distinguent pas une syllabe brève d'une syllabe longue?"

1.1.3. Les insuffisances du système graphique

Malheureusement, les changements phonologiques dont la langue latine fut le siège ne se sont pas accompagnés de changements graphiques ou plutôt graphématiques: il ne fut pas institué de nouveau système graphématique pour dénoter le nouveau système phonologique.

Ces insuffisances du système graphique se manifestent dans les textes par des variations entre les graphies (c'est-à-dire ici les lettres ou signes graphiques) <e> et <i> d'une part et entre <o> et <u> de l'autre. La graphie <e> en arrive à noter quatre anciens phonèmes: la diphtongue /ae/, le /ē ouvert/, le /ĕ/ (ce qui est déjà visible dans les inscriptions de Pompéi à la fin du +Ier siècle), puis le /ē fermé/, puisque, dans les tablettes de Vindolanda (fin du +Ier et début du IIe siècle), on trouve la graphie <mae> pour *mē* pour le pronom personnel de 1e personne du sing.

Ainsi les signes graphiques des textes latins sont-ils, à l'époque postclassique, loin d'être des graphèmes, c'est-à-dire des unités graphiques pertinentes renvoyant chacune à des phonèmes de manière biunivoque.

1.2. Le devenir du morphème casuel: la fragilité des désinences

Au sein de ces tendances évolutives, une position dans le mot est particulièrement exposée à l'érosion phonétique: la fin de mot, qui est, précisément, la position occupée par le morphème flexionnel, aussi bien dans la flexion nominale que dans la flexion verbale.

Dès les inscriptions archaïques prélittéraires, l'absence de notation des consonnes en fin de mot reflète la chute des consonnes finales à l'oral. Le fait que les voyelles brèves en syllabe finale fermée ne se soient pas encore fermées et qu'en outre, à l'écrit, on ne note pas la longueur des voyelles crée des ambiguïtés, par exemple entre accusatif et ablatif sing. dans la 2e déclinaison: un mot qui se termine dans une inscription avec la lettre <o> peut correspondre à deux morphèmes désinentiels: -*ŭm* (acc. sing.)[10] et -*ō* (abl. sing.). On observe donc, dès les inscriptions de l'époque archaïque prélittéraire, des homophonies entre accusatif sing. et ablatif sing. dans certaines flexions.

1.2.1. Homophonie entre formes à l'accusatif singulier et formes à l'ablatif singulier

Après l'époque classique, les flottements et variations entre accusatif et ablatif à l'écrit se multiplient dans les textes de bas niveau de langue, comme les lettres de soldats — dont on peut considérer qu'elles ont à la fois le statut de l'"oral écrit" et de l'"écrit oralisé" — et, surtout, dans les textes de l'époque tardive qui restent relativement proches de la langue parlée.

1.2.2. Neutralisation de l'opposition accusatif vs. ablatif derrière préposition

Les neutralisations entre accusatif et ablatif sont particulièrement nettes derrière préposition dans les syntagmes prépositionnels. Dans les lettres du soldat Rustius Barbarus (soldat romain cantonné en Egypte) à son camarade Pompeius,[11] la préposition *dē* est, par exemple dans le passage suivant, suivie non d'une forme d'ablatif, mais d'une forme graphique d'accusatif:

> *Ego non tanquam amicum habio, set tanqua fratrem gemellum, qui de unum uentrem exiut*
>
> "Moi je te considère non comme un ami, mais comme un frère jumeau, qui est sorti d'un seul ventre."

Dans ce passage, les flottements graphiques révèlent une neutralisation dans la prononciation des deux formes casuelles de l'accusatif sing. et de l'ablatif sing. des 2e (*ūnum* de *ūnus, -a, -um* "un") et 3e (*uentrem* de *uenter, -tris* "ventre") déclinaisons.

Dans les syntagmes prépositionnels, cette neutralisation est constante dans la plupart des textes d'époque tardive. Chez Grégoire de Tours, à l'extrêmité de l'Antiquité tardive (+VIe siècle), un passage comme le suivant montre, derrière la préposition *de*, une forme de *hic* adjectif déictique: *hoc*, qui pourrait être un accusatif neut.

---

[10] Cette finale en <o> peut, en outre, représenter la désinence archaïque de génitif pluriel de la 2e déclinaison.

[11] Väänänen 1981: 177; +Ier ou IIe siècle (Guéraud 1942: 153–60).

sing. (anciennement *hŏc*) ou un ablatif masc. ou neut. sing. (anciennement *hōc*), déterminant une forme substantivale *mundum* d'accusatif sing. graphique, alors que le terme *mundus* "monde" était masculin à l'époque classique:

> Grégoire de Tours, *Historia Francorum* VIII, 31: "*Iam, inquid, me Deus praecepit de hoc mundum uocare.*"
>
> "Déjà, dit-il, Dieu a décidé de me rappeler de ce monde."

On a donc dans cet exemple un décalage, graphiquement, entre un substantif *mundum*, qui est à l'accusatif graphique et pourrait être au masculin attendu ou au neutre inattendu, et un déterminant *hoc*, qui, s'il est au masculin, est à l'ablatif et, s'il est au neutre, est à l'accusatif. Dans ce binôme graphique "déterminant + substantif," on ne peut donc trouver de situation de concordance, où les deux termes soient accordés l'un avec l'autre. L'hypothèse la plus probable est que <hoc> était prononcé /oc/ avec une voyelle *o* (un *o* fermé ou un *o* ouvert?) indistincte pour la longueur, tandis que, dans la finale de <*mundum*>, la nasale finale <m> n'était pas prononcée et que la voyelle à la finale absolue était prononcée de telle manière qu'on ne pouvait y reconnaître ni le /ŭ/ ancien, ni le /ō/ ancien.

1.2.3. Neutralisation dans la morphologie des questions de lieu

Ces neutralisations entre accusatif et ablatif, usuelles à l'oral dans certains niveaux de langue, ont brouillé la perception et la conscience que le sujet parlant avait du système des quatre questions de lieu *ubi? quō? unde? quā?*

Déjà à l'époque archaïque et classique, certains adverbes spatiaux étaient polysémiques et pouvaient dénoter des mouvements relevant de deux ou trois de ces questions de lieu. L'adverbe lat. *intus*, de par sa formation (*-tus* provient d'une ancienne désinence d'ablatif apparentée dans le sanskrit *-tas*), devait marquer l'origine et signifier "à partir de l'intérieur" (de la maison, etc.), sens attesté chez Plaute. Mais il est aussi attesté avec le sens de "vers l'intérieur" (Lucrèce, Tite-Live) et avec le sens de "à l'intérieur" sans mouvement (Cicéron: *intus in animis, intus in corpore* "dans les esprits," "dans le corps").

Les textes du latin tardif offrent des indices de la perte de l'opposition "sans mouvement" (ablatif-locatif, question *ubi?*) vs. "avec mouvement vers" (accusatif directif, question *quō?*). La *Vetus Latina*[12] offre déjà des variantes avec *in* + ablatif (dans l'*Itala*) et avec l'accusatif directif (dans l'*Afra*) pour dénoter un "mouvement vers" — de manière attendue et conformément à la syntaxe classique pour l'accusatif — dans le passage suivant de l'*Evangile selon saint Jean*, tandis que la *Vulgate*,[13] emploie l'accusatif directif:

> *Vetus Latina, Ioh.* 2, 13: Itala: *et ascendit Iesus in Hierosolymis*; Afra: *et Iesus ascendit Hierosolyma;* Vulgate: *et ascendit Hierosolymam Iesus.* "Et Jésus monta à Jérusalem."

1.2.4. Les constructions absolues à l'époque tardive

Ces flottements casuels à l'oral et à l'écrit, particulièrement fréquents entre accusatif et ablatif, se manifestent clairement dans les constructions absolues à l'époque tardive, où, au lieu du seul ablatif absolu connu par l'époque classique, on a en outre dans la graphie des accusatifs absolus, des nominatifs absolus et même des constructions "mixtes" offrant conjointement deux formes à deux cas différents, par exemple l'une à l'ablatif et l'autre à l'accusatif.

Les principes de la distribution entre ces ablatifs / accusatifs / nominatifs absolus ne sont pas clairs, étant donné que les sujets parlants avaient probablement perdu la connaissance des catégories morphologiques portant ces dénominations. Cette perte de conscience est elle-même un effet secondaire de la perte des oppositions distinctives entre les désinences à l'oral.

Nous pourrions illustrer le phénomène par de nombreux textes de Grégoire de Tours.[14] On a un ablatif absolu graphique dans:

> Grégoire de Tours, *Hist. Fr.* 2, 37, p. 87, l. 10: *Huius uero brachium beatus confessor cum oleo benedicto contrectans, inposito signo crucis, restituit sanum* "Mais le saint confesseur, (en) frottant le bras de cet homme avec de

[12] Selon le texte établi par A. Jülicher 1963.

[13] Selon le texte de Nestle et Aland 1993.

[14] Cf. Gayno 2006 et à paraître.

l'huile bénite, après (y) avoir imposé le signe de la croix, le guérit"; litt. "le saint confesseur, le signe de la croix ayant été imposé (par lui)."

à côté d'une construction mixte avec l'accusatif pour le participe, puis l'ablatif pour le substantif (la graphie <ae> correspond à l'ancien /ē/ de *diē*, ablatif de *diēs*"jour") dans:

Grégoire de Tours, *Hist. Fr.* VIII, 31: *Aduenientem autem dominicae resurrectionis diae, ...*

"Le jour de la résurrection du Seigneur arrivant, ..."

Mais on a, en revanche, des accusatifs absolus graphiques dans les exemples suivants:

Grégoire de Tours, *Hist. Fr.* 2, 31, p. 76, l. 7: *Quem sacerdos arcessitum secritius coepit ei insinuare ut ...*

"L'évêque, l'ayant fait venir en secret, commence à insinuer que ..."; litt. "cet homme ayant été mandé (par l'évêque), l'évêque commence à ...."

Grégoire de Tours, *Hist. Fr.* 2, 1, p. 37, l. 18: *Adeptum ergo ...pontificatus officium, orationi uacabat*

"Ayant obtenu la charge de pape, il se consacra à l'oraison..." "après avoir obtenu ...," "quand il eut obtenu ..."; litt. "La charge de pape ayant été obtenue (par lui), il ...."

Grégoire de Tours, *Hist. Fr.*: *.... Ille ... episcopus, uocatum ad se quendam hominem ..., ait: ...*

"L'évêque, ayant mandé auprès de lui un homme ..., dit ..."; litt. "l'évêque, un homme ayant été mandé auprès de lui (par lui), dit ..."

1.3. Les flottements casuels graphiques comme indice d'un changement morphosyntaxique

Les flottements casuels au niveau graphique dans les constructions participiales chez Grégoire de Tours sont probablement en partie la marque de l'émergence d'une nouvelle catégorie grammaticale: le participe parfait actif. Un système morphosyntaxique nouveau est en train de s'installer. On devine, derrière certains emplois du participe présent actif en *-ns* ou du participe passé passif en *-tus*, *-a*, *-um*, les prémices d'une nouvelle catégorie grammaticale, qui faisait défaut en latin classique et qui existera dans les langues romanes: le participe passé actif. Les faits sont particulièrement visibles lorsque la forme est située au début de la phrase et apposée au sujet du verbe principal, comme dans les phrases du type français: *ayant fait telle chose, il se rendit ensuite à tel endroit.*

Le participe en *-tus*, *-a*, *-um* (ou sa variante phonétiquement conditionnée *-sus*, *-a*, *-um*) avait, depuis le début de la latinité, non un sens passif, mais un sens actif dans le paradigme des verbes déponents. Or ces verbes sont bien représentés dans la catégorie sémantique dénotant un mouvement ou un déplacement et ils ont une grande fréquence dans le récit chez Grégoire de Tours, où l'on trouve par exemple *regressus* "étant revenu" (de *regredior* "revenir") ou *reuersus* de même sens (de *reuertor*): *a Thoringia regressus* "étant rentré de Thoringe"; *reuersis nuntiis* "les messagers étant revenus / étant de retour," "après le retour des messagers."

Ces faits avaient dû jeter un certain doute, dans la conscience linguistique des sujets parlants les moins cultivés, sur la valeur passive du participe parfait en *-tus* (*-sus*). On peut donc comprendre que, par une évolution ultérieure renforcée, le participe en *-tus* ait tantôt la valeur ancienne d'un participe parfait passif et tantôt la valeur nouvelle d'un participe parfait actif, préfigurant ainsi l'existence de cette nouvelle catégorie morphologique dans les langues romanes. Comme pour les constructions absolues mentionnées précédemment, de telles évolutions furent favorisées par la perte de pertinence et de distinctivité des désinences casuelles à l'oral.

1.4. Décalage entre graphie et prononciation en latin tardif

A l'époque de Grégoire de Tours, la graphie offrait un décalage certain avec la prononciation: cela était dû non seulement aux phénomènes phonétiques mentionnés plus haut (disparition des consonnes finales dans la prononciation, dé-phonologisation de la longueur des voyelles), mais en outre à la possible neutralisation des voyelles en syllabe finale en un "e central," qui, selon Janson,[15] touchait les anciennes voyelles brèves /ă/, /ĕ/,

[15] Cf. Janson 2008.

/ĭ/, /ŭ/ dans les graphies nominales <a>, <am>, <e>, <em>, <um> et pour les verbes dans les graphies: <it>, tandis que les anciennes voyelles longues donnaient: /ā/ > /a/, /ē/ > /e fermé/, /ī/ > /i/, /ō/ > /o fermé/, /ū/ > /u/.

Ainsi les graphies sont-elles à cette époque seulement le reflet de la conscience linguistique des scribes et des scripteurs et non le reflet du fonctionnement de la langue. Les scribes suivent les enseignements qu'ils ont reçus, selon lesquels il convient d'écrire telle ou telle lettre dans telle ou telle situation. Un système phonologique nouveau s'est installé à l'oral, sans que l'écrit soit capable de le noter.

1.5. Neutralisation entre deux types de subordonnées complétives

La perte de pertinence à l'oral, puis à l'écrit de certains éléments flexionnels est également responsable de changements dans l'interprétation synchronique des subordonnées complétives. Ce sont là les conséquences de l'homophonie entre certaines formes d'infinitif (surtout l'infinitif présent actif des types *amāre, monēre, legere, capere, audīre*) et certaines formes de subjonctif (surtout le subjonctif imparfait à la 1e personne sing., 3e personne sing., 3e personne plur.: *amārem, amāret, amārent*; *monērem, monēret, monērent*; *legerem, legeret, legerent*; etc.). En raison de la perte des consonnes finales dans la prononciation, une forme d'infinitif présent actif comme *dūcere* était homophone des formes de subjonctif imparfait des 1e personne sing., 3e personnes du sing. et plur.: *dūcere(m), dūcere(t), dūcere(nt)*. En outre, une forme d'infinitif parfait actif comme *uīdisse* était homophone des formes de subjonctif plus-que-parfait des 1e personne sing., 3e personnes du sing. et plur.: *uīdisse(m), uīdisse(t), uīdisse(nt)*.

Cette homophonie entraîna, dans la perception du sujet parlant et même dans la conscience linguistique du scripteur ou du scribe professionnel, une perte de connaissance de la différenciation entre une proposition infinitive avec un sujet à l'accusatif et un verbe à l'infinitif d'une part, et une proposition complétive au subjonctif avec un sujet au nominatif de l'autre.

Dans la lettre suivante du soldat Rustius Barbarus,[16] le verbe principal *scīre* "savoir" demanderait une proposition infinitive: le sujet *mē* est bien à l'accusatif attendu, mais la forme verbale *dūcerem* est une graphie de subjonctif imparfait à la 1e personne sing. au lieu de l'infinitif *dūcere* attendu:

> *Scito enim / me uxorem ducerem.* "Sache en effet que je me marie."

Puisque la prononciation correspondait à *dūcere* sans *-m* final, si le scripteur a tracé un *-m*, purement graphique et non prononcé, c'est qu'il ne connaissait plus la forme morphologique exacte de la proposition infinitive.

Inversement, les subordonnées complétives en *quia* derrière un verbe "dire" deviennent usuelles en latin tardif, où elles remplacent l'ancienne structure de la proposition infinitive. Grégoire de Tours peut commencer une telle complétive par un subordonnant *quia* attendu en latin tardif, mais poursuivre avec une forme graphique d'infinitif (donc "impersonnelle") pour le verbe, là où l'on attendrait un subjonctif "personnel": on a la graphie <*uidisse*> (qui devait refléter la prononciation sans *-t* final) au lieu de la graphie <*uidisset*>:

> Grégoire de Tours, *Hist. Fr.* II, 6, p. 47, l. 11: *Aiunt enim, quia, priusquam hi hostes uenerent, uidisse uirum fidelem in uisu ...* "On dit en effet que, avant que ces ennemis n'arrivent, un fidèle aurait eu une vision."

On pourrait citer en outre des exemples de sujets de proposition infinitive qui ne sont pas à l'accusatif et de sujets de propositions complétives à verbe personnel qui sont à l'accusatif.

1.6. Les seuils de tolérance des homophonies; les adaptations

On devine aisément que les homophonies pouvaient devenir un obstacle au fonctionnement morphosyntaxique de la langue. Certaines homophonies gênantes ont provoqué des réactions de la part de la langue, qui procèda à des adaptations pour leur trouver un remède. Mais on constate qu'à l'inverse, certaines homophonies étaient tolérées par la langue: on doit supposer, de ce fait, qu'elles ne gênaient pas le système morphosyntaxique dans son efficacité.

---

[16] Väänänen 1981: 177; +Ier ou IIe siècle (Guéraud 1942: 153–60). Cf. supra §1.2.2. *Neutralisation de l'opposition accusatif vs. ablatif derrière préposition* et note 11.

Dès l'époque des premiers textes littéraires, existent des homophonies anciennes tolérées par la langue, par exemple:

- nominatif sing. et génitif sing. dans la 3e déclinaison: _cīuis_;
- datif plur. et ablatif plur. dans la 2e déclinaison: _dominīs_ (< _-eis_); dans la 3e déclinaison: _consulibus, cīuibus_; dans la 4e déclinaison: _manibus_; dans la 5ème déclinaison: _rēbus_ ;
- datif sing. et ablatif sing. dans la 3e déclinaison: _puppī_;
- nominatif plur. et accusatif plur. dans la 3e déclinaison: _consulēs_;
- génitif sing. et nominatif plur. dans la 4e déclinaison: _manūs._

Des homophonies plus récentes furent également tolérées:

- datif sing. et ablatif sing. dans la 2e déclinaison: _dominō_ (< _-oi_ ou _-ōi_ au datif sing.; mais < _-ō_ et _-ōd_ à l'ablatif sing.);
- génitif sing. et datif sing. de la 1e déclinaison: _uiae_ (génitif sing.: < _...ā-ī;_ mais datif sing. < diphtongue _...ai_ < _*āi_);
- génitif sing. et nominatif plur. dans la 2e déclinaison: _dominī_ (< _-ī_ pour le génitif sing.; mais < _...ei_ pour le nominatif plur.).
- La fin d'un "syncrétisme" est attestée pour l'ablatif sing. de la 2e déclinaison entre un ancien instrumental en _-ō_ et un ablatif d'origine en _-ōd_ > _-ō._

Au contraire, on constate que des homophonies gênantes ont été évitées. Avant l'époque littéraire, on évita, dans la 1e déclinaison, l'homophonie entre le nominatif sing. et l'ablatif sing., qui auraient pu être tous deux en _-ā_. Dans cette stratégie d'évitement, il y eut un abrégement de la voyelle du nominatif sing., ce qui créa une opposition "voyelle brève vs. voyelle longue de même timbre" pour le nominatif sing. vs. l'ablatif sing. (nominatif en _-ă_ vs. ablatif en _-ā_).

Dans les inscriptions archaïques, un <o> graphique à la finale absolue de mot peut correspondre aussi bien à un nominatif sing. en _...ŏs_ (qui donnera ensuite _-ŭs_) qu'à un accusatif sing. en _...ŏm_ (qui donnera ensuite _-ŭm_) ou encore à un génitif plur. (génitif archaïque pour la 2e déclinaison) en _...ŏm_ (qui donnera ensuite _-ŭm_). Ces homophonies mettaient le système morphosyntaxique en danger. Pour y remédier, on rétablit la sifflante _-s_ finale du nominatif sing. (dans la graphie, mais aussi dans la prononciation), la nasale _-m_ finale de l'accusatif sing. (dans la graphie; mais sa prononciation demeura faible et phonétiquement conditionnée par le saṃdhi externe, avant l'amuissement de cette consonne finale). Aussi, ces évolutions phonétiques, parce qu'elles menaçaient la viabilité du système morphosyntaxique, furent-elles jugées intolérables et furent-elles contrecarrées.

Il est probable, en outre, que, dans la 2e déclinaison thématique, l'ambiguïté de la forme en _-ŏm_ > _-ŭm_, qui pouvait être un accusatif sing. ou bien un génitif plur. archaïque, a favorisé la création d'une nouvelle forme plus distinctive en _-ōrum_ de génitif pluriel à voyelle longue initiale (analogique de la 1e déclinaison des substantifs), étendue à partir de la désinence _*-sōm_ héritée dans la flexion pronominale.

2. Figement d'une forme casuelle fléchie: transcatégorisation

Lorsque les formes casuelles latines furent soumises à l'évolution linguistique, comme dans d'autres langues flexionnelles, elles furent parfois l'objet de figements et connurent une transcatégorisation.

Ce processus de rigidification de certaines formes fléchies aboutit à la formation de lexèmes invariables (des adverbes de sémantisme varié et divers éléments de relation, des conjonctions de subordination, des prépositions), ou bien au transfert de certaines formes casuelles substantivales dans un paradigme verbal, où elles ont alors joué le rôle de formes nominales du verbe.

2.1. Les désinences à l'origine de conjonctions de subordination

Un grand nombre des conjonctions de subordination et des adverbes corrélatifs du latin sont issus de la phrase corrélative,[17] où des thèmes en *qu-* / *u-* de pronom-adjectif-adverbe relatif étaient associés à des thèmes en *t-* / *i-* de pronom-adjectif-adverbe corrélatif, dans des couples tels que: *quom* (> *cum*) ..., *tum* ... "lorsque ..., alors ..."; *quam* ... *tam*...; *ubi* ... *ibi*... "là où ..., là..." ou bien "lorsque ..., là ..."; *ut* ..., *ita* ... "dans la mesure où ..., dans cette mesure ..."; *quantum*... , *tantum*... "autant que ..., autant...." L'origine exacte des morphèmes finaux dans ces lexèmes demeure un sujet de débat pour les comparatistes, mais on peut supposer que, dans un bon nombre de ces lexèmes, il s'agit d'anciennes formes casuelles, nominales ou adverbiales, lexicalisées.

Avec davantage de certitude, nous pouvons affirmer que les subordonnants *quod* et *quia* représentent respectivement l'accusatif neut. sing. du thème **k^{w}o-*, qui fournit au latin une bonne partie des formes de son pronom relatif (*quī*, *cuius*, *quō*, etc.), et l'accusatif neut. plur. du thème **k^{w}i-*, qui fournit une autre partie des formes du relatif latin (*quem*, *quibus*, etc.). De même le sanskrit a-t-il connu une lexicalisation de la forme d'accusatif neutre sing. de son pronom relatif, devenu une conjonction de subordination hypothétique: sanskrit *yad* "si." Le processus d'évolution qui mena à la lexicalisation de la forme latine *quod* du pronom relatif en une conjonction de subordination causale est encore décelable en latin dans certains cas intermédiaires où *quod* équivaut à français *le fait que*..., évoluant facilement dans certains contextes vers français *du fait que* ... à valeur causale.

Un ablatif-instrumental figé du thème **k^{w}i-* est probablement à l'origine de *quī-n*[18] et *quī* "comment," ces deux lexèmes pouvant fonctionner comme des subordonnants, mais aussi comme des adverbes interrogatifs (respectivement "pourquoi ne pas?" et "comment?").

2.2. Les désinences casuelles à l'origine d'éléments de relation et de lexèmes quantificateurs

De nombreux lexèmes latins invariables résultent du figement d'une forme substantivale fléchie. Telle est l'histoire de l'adverbe quantificateur *partim* "en partie" (*partim* ... *partim; partim*... *aliī*... "une partie..., une autre partie..."; "les uns ..., les autres..."), probablement issu du figement de l'accusatif du substantif quantificateur *pars, partis* "partie." Si l'accusatif usuel dans le paradigme de ce substantif est *partem*, il ne serait pas étonnant que l'adverbe ait conservé la trace d'une forme archaïque en *i*.

Un relateur spatio-temporel comme la préposition *ante* "devant" est issu du figement d'une forme de locatif sing. d'un ancien nom du visage, selon le procédé bien illustré de la grammaticalisation d'un nom de partie du corps (cf. français *en face de*; anglais *in front of*).

Les étapes intermédiaires d'une telle grammaticalisation sont visibles en latin pour le substantif *frons, frontis* fém. "haut du visage, front, visage." On observe, en effet, dans une première étape du processus, une métaphore lexicale lorsque *frons* est transféré à la dénotation de la "partie antérieure d'un bâtiment, d'un camp, d'un navire, etc." Puis, dans une seconde étape évolutive, on rencontre les séquences lexicalisées *in frontem* (César, *Bellum Gallicum* 2, 8, 3) au sens de "sur le devant de ..., en face de ..." et *a fronte* "de front" (Cicéron, César), où il ne s'agit plus de syntagmes prépositionnels, mais déjà de lexies prépositionnelles, c'est-à-dire de prépositions spatiales réalisées sous la forme morphologique d'une lexie complexe, d'une séquence de "mots" formant globalement une seule unité lexicale.

Lorsqu'une forme fléchie sort d'un paradigme pour devenir un lexème adverbial autonome, il n'est pas rare que le nouveau lexème offre une désinence casuelle différente de la forme usitée dans le paradigme du substantif de départ. Ainsi l'adverbe temporel *noctū* "de nuit" a-t-il un *ū* long qui contraste avec le *ĕ* bref de *noctĕ*, ablatif du substantif *nox, noctis* fém. "nuit."[19] Cette différence entre l'adverbe et la forme libre du lexème d'où il est issu s'explique ici probablement[20] par une influence analogique de son antonyme *diū* "de jour," ancien locatif figé du nom du jour lumineux, devenu adverbe temporel en passant par le sens "durant tout le jour" pour aboutir à

[17] Haudry 1973; Fruyt 2004 et 2005.

[18] Fleck 2008.

[19] La différence d'emploi entre l'adverbe *noctū* et la forme substantivale *nocte* (susceptible d'être déterminée par un adjectif, ici *mediā*) s'observe dans les exemples suivants: César, *Bellum civile* 1, 66, 2: *Illi ... ueriti ne noctu impediti sub onere confligere cogerentur* "L'ennemi ..., craignant d'être obligé de combattre de nuit alourdi par le poids des bagages, ..."; 1, 67, 1: *Plerique censebant ut noctu iter facerent* "La plupart étaient d'avis de voyager de nuit"; en face de: 1, 66, 1: *Media circiter nocte*, ... "Environ au milieu de la nuit, ..."

[20] On a pu aussi l'expliquer par la trace d'un ancien thème en *u* pour ce substantif qui a normalement un thème consonantique en dentale sourde.

"longtemps" (cf. *interdiū* "de jour"[21]); les deux adverbes antonymes étaient, en effet, associés dans un syntagme coordonné figé en une séquence adverbiale devenue un seul adverbe: *diū noctūque* "de jour et de nuit" marquant la continuité d'un procès.

Ces figements et lexicalisations conservent parfois d'anciennes désinences fossilisées: dans l'adverbe temporel *postrī-diē* "le lendemain," on trouve, à la finale du premier élément, un *ī* provenant d'un ancien locatif sing. fossilisé, alors que le syntagme nominal productif est *posterō diē* "le jour suivant" à l'ablatif sing.[22] Ce *ī* d'ancien locatif n'est plus un morphème en activité, mais seulement la trace d'un ancien morphème.[23] On trouve un *ī* de même origine locative dans d'autres adverbes appartenant au même paradigme sémantique temporel, par exemple dans *merī-diē* "à midi," "au sud" (d'où fut tiré le substantif *merī-diēs, -ei* fém. "le midi, le sud"), dont le premier élément représente une ancienne forme de locatif sing. de l'adjectif *medius* "qui se trouve au milieu." La formation a donc pour sens ancien: "au milieu du jour" (littéralement "au jour pris dans son moment médian" avec l'adjectif *medius* en emploi partitif délimitant un sous-ensemble de *diēs*).[24]

Un génitif sing. fossilisé de la 1e déclinaison en *-ās* est également attesté dans la lexie substantivale *pater familiās* "chef de famille," alors que la forme usuelle productive est désormais *-ae*. Le maintien d'une désinence fossile hors service fut rendu possible par la lexicalisation de l'ensemble de cette séquence de deux mots, de sorte que la seule désinence pertinente est celle de *pater*.

Les désinences fossiles, de manière générale, se rencontrent dans les éléments qui étaient anciennement des déterminants: dans *pater familiās,* il s'agit d'un substantif postposé dans une formation du vocabulaire politique ancien où le déterminant *familiās* avait une valeur sémantiquement restrictive d'épithète déterminative. La postposition de *familiās* explique que le terme ait été détaché dans la graphie de *pater* et que l'ensemble *pater familiās* ait ainsi en apparence l'allure d'un syntgame nominal. Mais le déterminant portant une désinence fossilisée peut également être antéposé, comme dans *trium-uir, -ī* "un triumvir" (membre d'une commission de trois personnes). Ce substantif est une formation singulative fabriquée à partir du syntagme *trium uirum* "de trois hommes, des triumvirs" au génitif plur.[25] La structure singulative a consisté à en tirer un substantif en retranchant à la finale la désinence de génitif plur.: le nouveau lexème est *triumuir.* La désinence fossilisée portée par l'élément déterminant passe désormais inaperçue, parce que l'antéposition de *trium* a entraîné une ré-interprétation en un composé déterminatif à ordre régressif. Le même phénomène est attesté dans un lexème relevant du même paradigme des désignations politiques pour les membres d'un collège: *duum-uir, -ī* masc. "un duumvir," singulatif issu de l'adaptation du syntagme au génitif plur. **duum uirum* "de deux hommes, de deux duumvirs."

Nous connaissons les différentes étapes de ces processus d'agglutination de plusieurs mots en un seul lexème, dans la mesure où les textes nous fournissent de tels phénomènes en cours de réalisation. Si *agrī-cultūra* "l'agriculture" a bien été, dès le latin classique, un seul lexème, on trouve néanmoins encore à cette époque des variantes telles que *agrōrum cultūra, agrī cultiō*, etc., qui montrent que l'emploi d'un syntagme libre est encore possible. En outre, Varron (au début des *Res rusticae*) relate une discussion entre des spécialistes des exploitations agricoles sur ce que dénote le terme *agrīcultūra*: ils se demandent s'il renvoie seulement à la culture des champs — ce qui est son sens littéral et compositionnel, encore parfaitement motivé et ressenti par les sujets parlants —, ou bien s'il inclut l'élevage et renvoie à l'ensemble formé par la culture agricole et l'élevage, puisque les agriculteurs pratiquent conjointement (pour des raisons pratiques et économiques) ces deux activités.

---

[21] César, *Bellum civile* 1, 67, 5: *omni ratione esse interdiu perrumpendum* "(ils disaient) qu'il fallait, par tous les moyens, forcer le passage de jour."

[22] Il n'y a pas de différence sémantique dénotative entre l'adverbe *postrīdiē* et le syntagme figé *posterō diē*, puisque les deux tournures dénotent "le lendemain" (César, *Bellum civile* 1, 66, 3: *postero die Petreius ... occulte ad exploranda loca proficiscitur* "Le lendemain, Pétreius part en secret pour reconnaître les lieux"; 1, 67, 6: *et prima luce postridie constituunt proficisci* "et ils décident de partir aux premières lueurs du jour (au petit jour) le lendemain"); mais il peut y avoir des différences pragmatiques au niveau de la structure informative.

[23] Il a donc subi une grammaticalisation, qui prend ici la forme d'une baisse dans la hiérarchie des unités linguistiques (cf. anglais *downgrading*).

[24] Malgré la similitude de forme, le *ī* de l'adverbe *prī-diē* "la veille" (César, *Bellum civile* 1, 67, 2: *pridie noctu* "la veille durant la nuit") représente plutôt la base ancienne (**pris-*) ayant servi à former l'adjectif numéral ordinal *prīmus* "premier," le comparatif *prior* et peut-être l'adjectif archaïque *priscus* "ancien" (*priscī Lātīnī* "les anciens Latins").

[25] La forme *uir-um* ici est l'ancien génitif plur. hérité en *-um* (i.e., *-*ōm* ou *-*ŏm*), qui était en usage avant que cette désinence ne soit remplacée par *-ōrum* dans la 2e déclinaison thématique.

2.3. Des formes casuelles d'adjectifs qualificatifs transformées en adverbes graduables

Les adverbes issus du figement casuel d'adjectifs qualificatifs offrent des formations productives en latin, comme dans les autres langues indo-européennes anciennes. Ainsi, par exemple, le suffixe adverbial dé-adjectival en *-ē*, ancien instrumental sing. de la flexion thématique, fut productif dans la période prélittéraire et le resta au cours de la latinité: *bene* "bien" (*bĕnē* > *bĕnĕ* par la loi de l'abrègement des mots iambiques) est ainsi issu du figement d'un ancien instrumental sing. de l'adjectif *bonus, -a, -um* "bon"; de même pour *occultē* "secrètement" par rapport à *occultus* "caché" (cf. supra César, *Bellum civile* 1.66.3).

2.4. Des désinences figées semblables aux désinences encore opérationnelles dans la flexion nominale

Dans des formations relativement récentes dans l'histoire du latin, les désinences figées sont encore homophones des désinences opérationnelles dans la flexion nominale. Ainsi un adverbe en *-ō* (morphème représentant une ancienne désinence d'instrumental sing. thématique) est homophone de la forme d'ablatif sing. nominal d'où il est issu: l'adverbe *continuō* est homophone de l'ablatif sing. masc. et neut. de l'adjectif *continuus, -a, -um.* L'adverbe *silentiō* "en silence" (César, *Bellum civile* 1.66.1) représente un ancien instrumental sing. du substantif *silentium, -ī* neut. "silence" et il a encore le même signifiant que l'ablatif de ce substantif.

Ces phénomènes nous sont bien connus du fait qu'ils sont parfois en devenir et observables dans les textes latins. Les substantifs *causa, -ae* fém. "procès, cause, raison" et *grātia, -ae* fém. "reconnaissance" ont servi de point de départ à la formation des "prépositions" — parfois appelées *quasi-prépositions* — de sens causal ("à cause de") et final ("en vue de"); on peut citer pour *causā* final ce passage de César:

> César, *Bellum civile* 1.67.1: *iis qui aquandi causa longius a castris processerant ...*
>
> "ceux qui s'étaient avancés assez loin du camp pour aller chercher de l'eau..."

Causā et *grātiā* conservent encore des propriétés de leur origine nominale: leur postposition par rapport à leur "régime" et le fait que leur "régime" prenne le génitif, construction caractéristique pour un élément en position de détermination adnominale par rapport à un substantif. Mais à côté de *causa* et *gratia* employés comme des lexèmes prépositionnels, les substantifs d'où ils sont sortis et dont ils se sont détachés continuent à exister et maintiennent leur polysémie. On rencontre parfois des contextes ambigus où les formes *causā* et *grātiā* peuvent être considérées soit comme des substantifs, soit comme des prépositions. On peut admettre alors l'existence d'un statut intermédiaire.

D'autres "prépositions" d'origine substantivales, postposées à leur régime et précédées d'un génitif de nature adnominale, coexistent avec le substantif d'où elles sont issues et sont homophones de l'ablatif de ce substantif. Par exemple *locō* "en lieu de," ablatif sing. du substantif hyperonyme *locus, -ī* masc. "lieu, endroit," est précédé du génitif *argumenti* dans le passage suivant, avec une disjonction entre les termes, ce qui représente une trace supplémentaire d'une origine nominale:

> César, *Bellum civile* 1.67.2: *Alii, quod pridie noctu conclamatum esset in Caesaris castris, argumenti sumebant loco non posse clam exiri.*
>
> "Quant aux autres, le fait que la veille durant la nuit l'alerte avait été donnée dans le camp de César, ils l'utilisaient en guise d'argument pour affirmer qu'on ne pouvait pas sortir en cachette."

L'ablatif sing. *mōre* de *mōs, mōris* masc. "la coutume, l'habitude," accompagné d'un adjectif accordé (dans l'exemple suivant *militārī* de *militāris* "militaire") ou du génitif d'un substantif, se lexicalise en une quasi préposition signifiant "à la manière de":

> César, *Bellum civile* 1.66.1: *Quo cognito, signum dari iubet et "uasa" militari more conclamari.*
>
> "A ces nouvelles, César donne l'ordre de sonner l'alerte et de crier "Aux bagages!," selon l'habitude dans l'armée."

2.5. Une forme casuelle de participe passé transformée en élément de relation spatiale

Une forme casuelle de participe passé en *-tus, -a, -um* (**-to-*) peut également être transformée en un élément de relation appliqué à la dimension spatiale. C'est le phénomène par lequel on rencontre le figement, la lexicalisation et la grammaticalisation du participe passé d'un verbe de mouvement dans *uersus, -a,- um* "tourné vers..." (de *uertor* "se tourner" de valeur médio-passive ou *uertō* "tourner"), qui est à l'origine de plusieurs lexèmes invariables (prépositions, adverbes) à valeur directionnelle signifiant "en direction de" pour dénoter des mouvements progressant vers une cible.

2.5.1. *Aduersum/aduersus* invariable

Les deux formes invariables *aduersum* (ancien accusatif sing. masc.) et *aduersus* (ancien nominatif masc.) sont des variantes formelles ou allomorphes d'un seul et même lexème, fonctionnant comme un relateur spatial, soit comme préposition, soit comme adverbe.

Ce lexème est issu du figement du participe parfait passif ou déponent du verbe préverbé en *ad-*: *aduertere* "tourner vers" ou plutôt de sa forme médio-passive *aduertī* "se tourner vers" ou encore pronominale réfléchie *sē aduertere* "se tourner vers." Le participe *aduersus, -a, -um* signifie donc "placé en face." On peut suivre pas à pas les étapes des transformations encourues.

2.5.1.1. Les étapes successives de la transformation d'*aduersum / aduersus*

a) Première étape: du participe à l'adjectif de valeur spatiale accordé

Pour comprendre la transformation du participe parfait en un élément de relation invariable, il faut partir d'une étape initiale où le participe en *-tus* est devenu un adjectif (fait bien attesté ailleurs en latin) au sens de "en sens inverse, en sens contraire" pour un fleuve: Lucrèce 4.420: *in aduersum flumen* "contre le courant." Pour une autre entité qu'un fleuve, l'adjectif *aduersus* signifie "qui fait face à, qui est en face de," comme l'illustrent les exemples suivants:

> Properce, *Elégies* 2.6.17–18: *aspera Centauros eadem dementia iussit / frangere in* <u>*aduersum*</u> *pocula Pirithoum.* "la même démence mauvaise poussa les Centaures à briser leurs coupes sur Pirothous, <u>qui était en face d'</u>eux (<u>devant</u> eux)."
>
> Pline, *Histoire naturelle* 5.77: *Libanus mons MD stadiis Zimyram usque porrigitur... Huic par interueniente ualle mons* <u>*aduersus*</u> *Antilibanus obtenditur.*
>
> "La montagne du Liban s'étend sur 1500 stades jusqu'à Zimyra... De même taille que cette dernière, avec une vallée interposée, <u>en face</u> s'étend la montagne de l'Antiliban."

b) Deuxième étape: une préposition invariable

A l'étape suivante, on trouve un lexème invariable du point de vue flexionnel et présentant des variantes formelles, à la fois morphologique *aduersum / aduersus* (*-m / -s*) et phonétique *aduorsum / aduorsus* (*-o- / -e-*). On retrouvera ces variantes formelles dans les autres stades de l'évolution et tout au long de la latinité.

Ce second stade est celui de la préposition *aduersus* construite avec un accusatif au sens de: "contre (quelque chose)":

> Caton, *De agricultura* 144.4: *si quis* <u>*aduersus*</u> *ea fecerit, ...*"si quelqu'un vient à faire quelque chose <u>contre</u> cela, ..."
>
> Lucrèce 5.310: *...*<u>*aduersus*</u> *naturae foedera niti?* "lutter <u>contre</u> les lois de la nature?"

Cette étape est caractérisée par la perte des possibilités flexionnelles de l'ancien participe adjectivisé; mais il reste néanmoins un substantif à côté de la forme évolutive *aduersus*: l'accusatif ancien complément du participe (*aduersus* + acc. "tourné contre ...") est ici ré-analysé en un complément à l'accusatif de la préposition *aduersus* "contre."

c) Troisième étape: un adverbe

A l'étape suivante, *aduersus* n'est plus construit avec le substantif à l'accusatif dénotant le repère par rapport auquel on situe une entité; c'est un adverbe signifiant "en face":

> Plaute, *Amphitryon* 300: *clare aduorsum fabulabor* "je vais parler à haute voix en face" (l'entité servant de repère est identifiée par anaphore).

Cet adverbe *aduersus* est le constituant de deux lexies verbales contenant les verbes de mouvement *īre* "aller" et *uenīre* "aller, venir" avec le datif de la personne vers laquelle on se dirige: *aduersum īre (alicuī)* et *aduersum uenīre (alicuī)*: "aller / venir à la rencontre de quelqu'un":

> Plaute, *Casina* 723–24: *Attat, cesso magnufice patriceque amicirier atque ita ero meo ire aduorsum?*
>
> "Au fait! Qu'est-ce que j'attends pour revêtir mon magnifique costume à la patricienne et pour aller à la rencontre de mon maître?"

> Plaute, *Ménechmes* 437: *Tu facito ante solem occasum ut uenias aduorsum mihi.*
>
> "Quant à toi arrange-toi pour venir à ma rencontre avant le coucher du soleil."

d) Un syntagme prépositionnel figé

Le statut adverbial d'*aduersus* est confirmé par l'existence des séquences prépositionnelles *in aduersum* derrière un verbe dénotant un mouvement vers:

> Properce, *Elégies* 3.11.21: *Et duo in aduersum missi per moenia currus/ Nec possent tacto stringere ab axe latus* "et que deux chars lancés sur les remparts en sens inverse pouvaient ne pas abîmer leurs côtés, leurs essieux ne se touchant pas."

et *ex aduersō* "en face, à l'opposé" (Tite-Live, *Histoire romaine* 45.10.4).

2.5.1.2. Etapes intermédiaires et cas ambigus: forme accordée ou invariable?

De manière attendue, on rencontre des étapes intermédiaires et des cas ambigus, où l'on peut légitimement se demander si la forme est accordée ou invariable. Dans le passage suivant, *aduersum* pourrait encore être le participe du verbe réfléchi *sē aduertere* au sens de: "tourné vers," construit avec un objet à l'accusatif. Mais il pourrait également s'agir déjà de la préposition *aduersum* construite avec l'accusatif:

> Ennius, *Tragédies* 300 V = 308–11 W: *Sed uirum uera uirtute uiuere animatum addecet / Fortiterque innoxium stare aduersum aduersarios* "But it behoves a man to live a life / Inspired with virtue true, to stand steadfast / with guiltless bravery in the face of foes" (traduction E. H. Warmington, 1967, collection Loeb, p. 333).

Dans d'autres passages, on pourrait hésiter entre un participe et un adverbe spatial:

> Virgile, *Enéide* 11.742: *et Venulo ADVERSVM se turbidus infert* "comme un ouragan il fond sur Vénulus" (traduction J. Perret, 1980, Paris, Collection des universités de France).

> Catulle 51.3: *Qui sedens ADVERSVS identidem te/ Spectat et audit*
>
> "celui qui, assis EN FACE DE TOI, peut souvent te contempler et t'entendre."

> Tite-Live, *Histoire romaine* 37.13.8: *Postquam nemo ADVERSVS IBAT, classe diuisa, pars in salo ad ostium portus in ancoris stetit, pars in terram milites exposuit.* "Comme personne ne venait à la rencontre, on divisa la flotte: une partie mouilla en rade à la sortie du port, l'autre débarqua des soldats."

> Plaute, *Mostellaria* 897: *At tu mecum, pessime, ITO ADVERSVS*
>
> "En tout cas, vaurien, viens avec moi au devant (du maître)."

2.5.2. *Versus* invariable

Versus, -a, -um est à l'origine le participe parfait du verbe *uertere* "tourner vers" sous sa forme médio-passive *uertī* ou réfléchie *sē uertere* "se tourner vers." Le sens ancien de *uersus* est donc "tourné vers," semblable à celui d'*ad-uersus*, issu du même verbe, préverbé en *ad-*.[26] Comme *aduersus*, cet ancien participe a évolué vers des emplois invariables, avec des variantes formelles de nature morpho-syntaxique (*-s* / *-m* selon que l'on part du figement d'un nominatif ou d'un accusatif masc. sing.) et phonétique (*ue-* / *uo-*): *uersus* / *uorsus* et *uersum* / *uorsum*.

2.5.2.1. *Versus* participe accordé

Les emplois comme participe accordé sont clairs lorsque le terme est déterminé par un syntagme prépositionnel: *in* + acc. + *uersus, -a, -um*: "tourné vers (contre)":

> Tite-Live, *Histoire romaine* 21.34.7: *In eos uersa peditum acies haud dubium fecit quin ...*
>
> "La ligne des fantassins qui était tournée contre eux mit hors de doute le fait que ..."

2.5.2.2. *Versus* non accordé

Mais la forme *uersus* figée, non accordée, au sens de "tourné de telle manière" accompagne et précise sémantiquement un syntagme prépositionnel de valeur directive et, plus précisément, directionnelle "dans la direction de" (avec *ad* + accusatif) en se situant derrière lui.

Le tour est lexicalement conditionné, apparaissant essentiellement avec des toponymes désignant des entités géographiques et des points cardinaux. Il s'agit dans tous ces cas d'un mouvement en direction d'une entité, proche ou lointaine, que l'on n'atteindra pas, mais qui sert seulement de repère à une trajectoire, pour dénoter la direction du mouvement. Cette valeur de "direction vers" aurait pu être rendue par la préposition *ad* seule, qui marque le mouvement vers avec arrêt à proximité du lieu-cible et sans franchissement des limites du lieu-cible. L'adverbe *uersus* postposé vient donc ici seulement renforcer la préposition *ad* dans sa valeur directionnelle non terminative.

A ce stade, *uersus* est déjà un élément de relation invariable à valeur spatiale, mais il n'est pas encore une pré- ou post-position introduisant un substantif auquel il impose le cas accusatif dans sa valeur directive:

> Varron, *Res rusticae* 3.9.6: *duae caueae ... constituendae, quae spectent ad orientem uersus*
>
> "il faut construire deux poulaillers qui soient orientés vers l'est."

> César, *Bellum Gallicum* 6.33.1: *ad oceanum uersus ... proficisci* "partir dans la direction de l'océan."

> César, *Bellum Africum* 37.2: *iubet omnes legiones extra castra educi atque se consequi ad oppidum Ruspinam uersus*
> "il ordonne qu'on fasse sortir toutes les légions du camp et qu'elles le suivent en direction de la place forte de Ruspina."

On trouve également *uersum* comme adverbe pour renforcer la valeur directive d'un adverbe directif en *...rsum*, alors que cette catégorie adverbiale était déjà formée par l'agglutination d'une forme *uersum* / *uersus* (*uorsum* / *uorsus*) derrière un adverbe directif. Puisque la présence de *uersum* n'était alors pas nécessaire pour le sens et la grammaticalité de la phrase, il faut supposer que la formation de l'adverbe en *...rsum* tendait à se démotiver pour le sujet parlant. On a ici, d'un point de vue diachronique, une réfection à l'identique ou un renouvellement cyclique dans une séquence constituée de: "adverbe en *...ō-(r)sus* + *uersus*." On remarque la postposition de *uersum*:

> Térence, *Adelphes* 575: *cliuos DEORSVM VERSVM est.* "il y a une pente vers le bas."

> Caton, *De agricultura* 33.1: *SVSVM VERSVM semper ducito.* "conduisez (la) toujours vers le haut" (à propos de la vigne).

> Varron, *De lingua Latina* 5.158: *Cliuus Proximus a Flora SVSVS VERSVS Capitolium uetus.*

---

[26] Avec un autre préverbe (*ab-* marquant l'éloignement et l'origine), on rencontre aussi: *ā-uersus, -a, -um* "dé-tourné de."

"Le *Cliuus Proximus a Flora* (La Montée Jouxte Flore) monte vers le *Capitolium Vetus* (le Vieux capitole)" (trad. J. Collart, 1954, Paris, Les Belles Lettres, p. 105).

2.5.2.3. *Versus* postposé à un accusatif directif

Un pas supplémentaire vers le statut prépositionnel est franchi par l'élément de relation invariable *uersus* lorsqu'il est postposé à un accusatif directif en l'absence de la préposition *ad*. Cet emploi, comme le précédent, est lexicalement conditionné, puisqu'on le trouve pour des noms de fleuves, pays, villes et des points cardinaux et que *uersus* peut y être traduit par "dans la direction de," "du côté de" sans que le mouvement en question parvienne jusqu'au lieu désigné. La valeur de *uersus*, comme celle de *ad*, est purement directionnelle et non terminative:

> Pline, *Histoire naturelle* 5.131: *Glaucumque VERSVS amnem Lagusa, Macris...* "et, dans la direction de la rivière Glaucus, (il y a) Lagusa, Macris ..."; "and TOWARDS the river Glaucus, Lagussa, Macris ..." (trad. H. Rackham, 1942, collection Loeb, p. 319).

Le passage suivant de Salluste, qui emploie successivement *ad* avec le nom de la ville de Rome et *uorsus* postposé pour le nom de la Gaule, met en lumière la différence sémantico-référentielle entre les deux tours. *Ad urbem* "vers Rome" est le tour non marqué pour un lieu-cible qui, ici, n'est pas très éloigné, puisque Catilina se trouve encore en Italie. La direction désignée est donc relativement précise. *Galliam uorsus*, au contraire, est une tournure marquée, qui met l'accent sur une direction globale et générale désignée par un lieu-cible lointain. A ce moment du récit, le narrateur ne le présente pas comme une cible devant être atteinte, mais seulement comme une orientation floue dans l'espace:

> Salluste, *Catilina* 56.4: *Sed postquam Antonius cum exercitu aduentabat, Catilina per montis iter facere; modo ad urbem, modo Galliam uorsus castra mouere; hostibus occasionem pugnandi non dare.*
>
> "Mais depuis qu'Antoine ne cessait d'avancer avec son armée, Catilina faisait route à travers les montagnes; il déplaçait son camp tantôt vers Rome, tantôt dans la direction de la Gaule; il ne donnait pas à ses ennemis l'occasion de combattre."

La désignation d'une simple direction à valeur d'orientation floue non terminative convient bien aux points cardinaux ("vers le nord, vers l'est, vers le sud, vers l'ouest"), puisque les points cardinaux, par définition, ne dénotent pas des lieux concrets situés sur la surface terrestre et que l'on pourrait atteindre. Dans une description géographique de Pline l'Ancien, *uersus* est postposé à *occidentem*, le nom du couchant, et le repère est exprimé par *ab* et l'ablatif d'origine:

> Pline, *Histoire naturelle* 7.23: *non longe eos a Trogodytis abesse, rursusque ab his occidentem uersus quosdam sine ceruice oculos in humeris habentes.* " et qu'ils ne sont pas éloignés des *Trogodyti* ("Troglodytes") et de nouveau en direction de l'ouest par rapport à eux, certains peuples sans cou qui ont les yeux dans les épaules"; "and that they are not far away from the Cavedwellers; and again westWARD from these there are some people without necks, having their eyes in their shoulders" (trad. H. Rackham 1942, collection Loeb, p. 521).

Lorsque *uersus* est postposé à un nom de ville, il marque — probablement de manière plus explicite que *ad* + acc. — que l'on n'envisage pas de faire aboutir le mouvement dans cette ville, mais que la ville est seulement utilisée comme repère directionnel:

> Cicéron, *Lettres à Atticus* 16.10.1: *Verti igitur me a Minturnis Arpinum uersus*
>
> "Je me dirige donc, à partir de Minturnes, dans la direction d'Arpinum"; "So from Menturnae I am turning off towards Arpinum" (trad. E. O. Winstedt 1918, collection Loeb, p. 405).

Dans le passage précédent de Cicéron, le point de départ du déplacement est connu (*Minturnae* "Minturnes," ville du Latium), ce qui entraîne l'emploi de la préposition *ab* + ablatif. Quant à la localité d'Arpinum, elle n'est pas présentée par le locuteur comme la cible du voyage, mais seulement comme un lieu utilisé pour donner une direction de trajectoire. Il en est de même pour Rome dans le texte suivant de Tite-Live, où l'on trouve seulement une indication floue, faisant suite à une indication précise de surface fondée sur une limite maximale, qui est en l'occurrence un fleuve:

> Tite-Live, *Histoire romaine* 26.34.9: *eos* ***cis Lirim amnem*** *Romam uersus ... emouendos.*
>
> "ils devaient être déplacés **en deçà du fleuve Liris** en direction de Rome."

A ce stade de l'évolution, on peut considérer *uersus* comme un véritable élément de relation spatial régissant l'accusatif (directif) d'un substantif et relevant de la catégorie des prépositions. Plus précisément, au sein de la catégorie prépositionnelle, il fait partie des "prépositions postposées." La présence de *uersus* dans les énoncés précédents est, en effet, indispensable pour assurer la grammaticalité de la phrase.

2.5.2.4. Une pré-position prototypique

La dernière étape, qui fera de *uersus* une préposition prototypique, est celle où il est antéposé au substantif qu'il gouverne, préfigurant l'emploi prépositionnel des héritiers du terme latin dans les langues romanes (français *vers le levant*). C'est la situation illustrée par l'inscription suivante:[27]

> *CIL* VI, 20674.2.5: *ILLIC VNDE TAGVS ET NOBILE FLVMEN HIBERVS* <u>*VERSUM ORTVS VERSVM OCCASVS*</u> *FLVIT ALTER ET ALTER* "là-bas d'où le Tage et le célèbre fleuve Hibère <u>vers le levant et vers le couchant</u> coulent l'un et l'autre."

2.6. De la flexion nominale à la flexion verbale

On pourrrait penser, à première vue, que la catégorie casuelle concerne seulement la flexion nominale, les catégories morphosyntaxiques du substantif et de l'adjectif. Mais les langues indo-européennes anciennes fournissent aussi des exemples de transcatégorisation d'une forme substantivale fléchie en une forme verbale, dans la mesure où les paradigmes verbaux contiennent les formes nominales du verbe, qui sont en latin les participes, les infinitifs, les supins, les gérondifs et les adjectifs verbaux.

Elles sont à l'intersection entre la flexion nominale et de la flexion verbale: les participes, par exemple, partagent avec la flexion nominale la variabilité en genre, en nombre et en cas et partagent avec la flexion verbale la construction syntaxique du verbe au paradigme duquel ils appartiennent.

Or certaines formes nominales du verbe sont constituées en latin (et dans d'autres langues indo-européennes anciennes) par le figement d'une forme casuelle de nom de procès avec maintien de la valeur sémantique du cas. C'est là l'origine des infinitifs[28] et des supins, issus de formes figées de noms de procès suffixés en **-tu-* à l'accusatif directif (supin en *-tum* / *-sum* complément d'un verbe de mouvement), au datif (le type *mīrābile uīsū* "étonnant à voir," *difficile dictū* "difficile à dire" comme complément d'un adjectif) ou, éventuellement, à l'ablatif d'origine (éventuellement pour certains exemples de l'époque archaïque pour marquer l'origine d'un mouvement: le type *opsōnātū redeō* "je reviens de faire les courses au marché").

Il s'agit de la ré-utilisation d'une forme casuelle: la transformation d'une forme substantivale en une forme verbale. Ces emplois relèvent de la grammaticalisation et, plus précisément, de la paradigmatisation lors de la constitution du paradigme verbal. Ils sont soumis à des contraintes sémantiques, lexicales et syntaxiques fortes, de sorte qu'on ne peut s'étonner de la perte de productivité de ces tournures.[29]

2.6.1. Le supin en *-tum* (*-sum*)

2.6.1.1. Le verbe introducteur

Le supin en *-tum* est un accusatif directif et il ne se rencontre que derrière un verbe dénotant un mouvement, dans des tournures comme: *īre quaeritum aliquid* "aller chercher quelque chose," littéralement "aller / pour le fait de chercher / quelque chose"; *(ab-)īre arcessitum aliquem* "(s'en) aller chercher quelqu'un"; *extrūdere aliquem mercātum* "chasser quelqu'un pour qu'il aille faire du commerce," littéralement "chasser / quelqu'un / pour le

[27] Dans cette inscription, les substantifs *ortus* "levant" et *occāsus* "couchant" ne sont pas au cas attendu (accusatif singulier). Les formes *ortus* et *occasus* pourraient être morphologiquement des accusatifs pluriels. Derrière les prépositions en latin postclassique de bas niveau de langue, on observe souvent des flottements casuels dans les graphies (cf. supra).

[28] Fruyt 1996 et 1997.

[29] On voit déjà clairement décliner le supin en *-tum* entre la période archaïque et la période classique. Cette structure était encore relativement productive chez Plaute, où elle s'accommodait de verbes régissants assez nombreux et de sens assez variés (cependant, ils indiquaient tous un mouvement). Mais elle voit se restreindre son champ d'action en latin classique, où le nombre et le sens des verbes régissants sont très limités.

fait de faire du commerce"; *uocāre aliquem uēnātum* "appeler quelqu'un à venir chasser," littéralement "appeler / quelqu'un / pour le fait de chasser, pour la chasse."[30]

Comme on le voit, il existe ici deux types sémantiques de verbes: "aller, se mettre soi-même en mouvement" ou une tournure causative: "faire aller, mettre quelqu'un d'autre en mouvement." Il y a donc deux structures syntaxiques et sémantiques sous-jacentes à ces tournures au supin.

Avec le verbe *īre* "aller," l'agent de *īre* est aussi l'agent du procès dénoté par le supin: *quaeritum, arcessitum* "chercher" et le terme à l'accusatif (*aliquid*) est le complément (complément d'objet direct) du supin.

Au contraire, avec les verbes de sens causatif, visant à faire se déplacer autrui, tels *extrūdere* "chasser, jeter dehors," *uocāre* "appeler," le terme à l'accusatif (ici *aliquem*) est le complément (complément d'objet direct) du verbe "principal" (*extrūdere, uocāre*), de sorte que ce verbe "principal" a deux objets: un pronom ou substantif (ici *aliquem*, qui désigne la personne mise en mouvement) et le supin. Le complément à l'accusatif est l'agent du procès dénoté par le supin. Nous avons ici les prémices d'une relation de sujet (agent) à prédicat (supin), qui pourrait éventuellement aboutir à une structure du type de la proposition infinitive latine attestée avec le verbe *iubeō* "ordonner": *iubeō aliquem uenīre* "j'ordonne à quelqu'un de venir" (littéralement: "j'ordonne que quelqu'un vienne"); *iubeō aliquem mercārī* "j'ordonne à quelqu'un de faire du commerce"; *iubeō aliquem uēnārī* "j'ordonne à quelqu'un de chasser."

2.6.1.2. Ambiguïtés

Du fait que des formes substantivales furent ré-employées en formes verbales homophones, on ne saurait s'étonner de ce que l'on puisse, à l'occasion, se trouver face à des ambiguïtés entre formes nominales d'un nom de procès en *-tus, -ūs* masc. à l'accusatif et forme verbale de supin en *-tum* à l'accusatif directif. Le vocabulaire militaire, qui est sur ce point conservateur, nous en fournit des exemples dans la chaîne de dérivation suivante: *aqua* "eau" → *aquā-rī* "faire la corvée d'eau, aller chercher de l'eau" → *aquā-tus, -ūs* masc. "le fait d'aller chercher de l'eau." Ce dernier substantif, le nom de procès *aquātus, -ūs* masc., est employé en particulier dans la lexie: *aquātum īre* "aller à la corvée d'eau, aller chercher de l'eau": on peut alors se demander si la forme *aquātum* doit être considérée comme le substantif à l'accusatif ou comme le supin du verbe *aquārī*. La même ambiguïté est illustrée pour deux autres termes du même champ lexical: *lignā-tus, -ūs* masc. "le fait d'aller chercher du bois, la corvée de bois"[31] dans la lexie *lignātum īre* "aller à la corvée de bois" et *pābulā-tus, -ūs* masc. "le fait d'aller chercher du fourrage, la corvée de fourrage"[32] dans la lexie *pābulātum īre* "aller à la corvée de fourrage."

Dans bien des cas, il y a co-existence, dans le même état de langue, entre le substantif en *-tus, -ūs* masc. et la forme du supin en *-tum* qui s'en est détachée. Si la forme *mercātum* est le supin du verbe *mercārī* "faire du commerce," c'est aussi l'accusatif du substantif *mercātus, -ūs* masc. "le fait de faire du commerce" (ou de *mercātus, -ī* "marché"):

> Plaute, *Mercator* 2.1: <u>*mercatum*</u> *asotum filium extrudit pater* "Le père envoie de force son fils débauché <u>faire du commerce</u>."
>
> Plaute, *Persa* 322: *Dominus me boues* <u>*mercatum*</u> *Eretriam misit* "Le maître m'a envoyé en Erétrie <u>pour acheter</u> des bovins."

Dans ce dernier exemple avec *mittere* "envoyer," le verbe *mīsit* "il envoya" a trois compléments à l'accusatif: l'accusatif du pronom personnel *mē* (personne envoyée, "agent manipulé" dans une relation causative), le supin *mercātum* (qui dénote le procès dont l'agent est désigné par *mē*), et le toponyme *Eretriam* à l'accusatif directif pour désigner le point d'aboutissement (et la cible) du mouvement voulu par l'agent-causateur, sujet de *mīsit*.

La forme *opsōnātum* est soit le supin d'*opsōnārī* "faire des commissions, faire des courses de nourriture" dans une tournure *mittere aliquem opsōnātum cum aliquō* "envoyer quelqu'un faire les courses avec quelqu'un":

---

[30] Autres formes de supin rencontrées chez Plaute après un verbe de mouvement: *cubitum* (*ac-, dis-*) "coucher," *adiūtum* "aider," *ambulātum* "marcher, se promener," *captātum, extentātum, ostentātum, uāpulātum, ex(s)ulātum* (*exulāre* "vivre en exil"), *coctum, coquīnātum* (*coquīnāre* "faire la cuisine": Plaute, *Pseudolus* 853).

[31] Selon la chaîne de dérivation: *lignum, -ī* neut. "bois de chauffage, petit bois" → *lign-ā-rī* "s'occuper du bois, chercher du bois" → *lignā-tus, -ūs* masc. "le fait de chercher du bois."

[32] Selon la chaîne de dérivation: *pābulum, -ī* neut. "fourrage pour les animaux" → *pābul-ā-rī* "s'occuper du fourrage" → *pābulā-tus, -ūs* masc. "le fait de s'occuper du fourrage."

Plaute, *Casina* 440–41: *Volui Chalinum ... mittere / Tecum opsonatum* ... "J'aurais voulu ... envoyer Chalinus faire les courses avec toi."

soit d'accusatif sing. du substantif nom de procès *opsōnātus, -ūs* masc. "fait de faire les courses":

Plaute, *Miles gloriosus* 749: *Nunc quod occepi opsonatum pergam.* "Maintenant, comme j'avais commencé à le faire, je vais continuer à aller faire le marché."

La preuve de ce que le supin est bien une forme verbale consiste dans le fait qu'il peut avoir un complément d'objet (c.o.d.) à l'accusatif, c'est-à-dire la même rection que le verbe dont il relève, et cela non seulement à l'époque archaïque depuis Plaute, mais aussi à l'époque classique:

César, *Bellum Gallicum* 1.11.2: *Haedui, cum se suaque ab iis defendere non possent, legatos ad Caesarem mittunt ROGATVM auxilium* "Les Héduens, ne pouvant défendre leurs personnes et leurs biens, envoient une ambassade à César pour lui demander de l'aide."

Salluste, *Iugurtha* 80.4: *Bocchus initio huiusce belli legatos Romam miserat foedus et amicitiam PETITVM* "Bocchus au début de cette guerre avait envoyé à Rome une ambassade pour demander un traité d'alliance."

Comme le verbe *moneō aliquem aliquid* "avertir quelqu'un de quelque chose" se construit avec un double accusatif, il en est de même pour son supin:

Plaute, *Aulularia* 739: *Id adeo te ORATVM aduenio ut animo aequo ignoscas mihi.* "Aussi je viens te prier de me pardonner avec bienveillance."

Le supin d'un verbe dont le premier objet se met au datif (*opitulārī, supplicāre*) se construit également avec un datif:

Plaute, *Miles gloriosus* 621: *Mihique amanti ire OPITVLATVM.* "me venir en aide dans mes amours."

Plaute, *Aulularia* 752: *Quin tibi ultro SVPPLICATVM uenio ob stultitiam meam.* "Bien plus, je viens de ma propre volonté pour te supplier de pardonner ma sottise."

De même, si un verbe se construit avec une proposition subordonnée complétive, telle est aussi la construction de son supin, ce que nous illustrons ci-dessous successivement par une complétive en *ut* + subjonctif, *nē* + subj., *quod* + subj. et une proposition infinitive:

- *ut*: César, *Bellum Gallicum* 7.32.2: *ueniunt ORATVM ut ...ciuitati subueniat.* "ils viennent (lui) demander de venir en aide à leur cîté."
- *nē*: César, *Bellum Gallicum* 6.32.1: *Legatos ad Caesarem miserunt ORATVM ne se in hostium numero duceret.* "ils envoyèrent des ambassadeurs auprès de César pour lui demander de ne pas les compter au nombre de ses ennemis " (cf. Salluste *Iugurtha* 83, 1).
- *quod*: César, *Bellum Gallicum* 1.37.1–2: *Haedui (ueniebant) QVESTVM quod Harudes, qui nuper in Galliam transportati essent, fines eorum popularentur* "Les Héduens (venaient) se plaindre de ce que les Harudes, qui étaient récemment passés en Gaule, ravageaient leur territoire."
- proposition infinitive: Salluste, *Iugurtha* 108.2: *Quem Bocchus ... ad Sullam NVNTIATVM mittit paratum sese facere quae populus Romanus uellet.* "Bocchus l'envoie auprès de Sylla pour lui annoncer qu'il était prêt à exécuter les volontés du peuple romain."

2.6.2. Le supin en *-tū* comme datif

A côté de la forme productive de datif en *-uī* (*manuī* pour *manus, -ūs*) de la 4e déclinaison, nous savons qu'il a existé, pour cette flexion des thèmes en *...*u*-, un datif en *-ū*, même si cette désinence allomorphe n'a pas eu le même succès et la même productivité que l'usuel *-uī*.[33] Cette variante minoritaire en *-ū* est celle qui figure dans le supin en *-tū* (*-sū*) complément de certains adjectifs. Ce supin est, en effet, soumis à des contraintes lexicales,

[33] Cf. Aulu-Gelle, *Noctes Atticae* 4.16.5–9 à propos de *-ū*, archaïque et classique, comme allomorphe de *-uī*.

déjà fortes à la période archaïque, et qui vont croissant dans les périodes ultérieures de la latinité. On le trouve seulement dans des expressions formulaires du type: *facile dictū* (César, *Bellum Gallicum* 1.3.6: *perfacile dictu*), *difficile dictū, facile factū, mīrābile uīsū, incrēdibile memorātū* (Salluste, *Iugurtha* 40.3), *optimum factū* (César, *Bellum Gallicum* 4.30.2; Salluste, *Iugurtha* 107.5). On rencontre aussi *dictū* comme complément de la lexie *nefās est* "il est interdit, sacrilège de" (Cicéron, *Cato Maior* 13: *nefas est DICTV, miseram fuisse talem senectutem* "il est sacrilège de dire qu'une telle vieillesse est misérable").

Mais à l'époque archaïque et notamment chez Plaute, on trouve une plus grande variété de tournures, à la fois pour l'adjectif régissant et pour le supin régi: le supin en *-tū* est complément des adjectifs *ridiculus, mīrus, miser, formidolōsus*, etc. et les formes de supin peuvent être, entre autres, *gestū, inuentū* (Plaute, *Trinummus* 679), *essū:*

> Plaute, *Pseudolus* 823–24: *Quom hasce herbas huius modi in suom aluom congerunt,/ Formidolosas DICTV, non ESSV modo...* "Quand les gens se mettent dans le ventre des herbes de cette nature, qui sont effrayantes à nommer et pas seulement à manger, ..."

2.6.3. La question controversée du supin en *-tū* comme ablatif

2.6.3.1. Un ablatif d'origine grammaticalisé en supin?

Certaines syntaxes considèrent qu'il existe aussi un supin à l'ablatif en *-tū*, qui représente un nom de procès figé à l'ablatif d'origine dans l'expression plautinienne *redeō opsōnātū* "je reviens de faire les courses, je reviens du marché" à côté du substantif *obsōnātus, -ūs* masc. "achat de provisions":[34]

> Plaute, *Ménechmes* 288: *nunc OPSONATV redeo.* "À présent je reviens de faire les courses."

> Plaute, *Casina* 719: *redit eccum tandem OBSONATV meus adiutor.* "Voici mon aide qui revient enfin de faire les courses."

> Plaute, *Ménechmes* 277: *Prius iam conuiuae ambulant ante ostium / Quam ego OPSONATV redeo.*
>
> "Les convives se promènent déjà devant la porte et je ne suis pas encore revenu du marché."

Un argument en faveur de l'existence de ce supin en *-tū* d'ablatif d'origine est un passage comme celui de Caton, où une forme en *-tū* marquant l'origine est opposée à une forme symétrique en *-tum* du même lexème ("se coucher") à l'accusatif directif marquant la cible du mouvement:

> Caton, *De agricultura* 5.5: *primus CVBITV surgat, postremus CVBITVM eat.*
>
> "Qu'il soit le premier à se lever et le dernier à aller se coucher."

On peut traduire littéralement: "qu'il sorte du fait d'être couché le premier, qu'il aille vers le fait de se coucher le dernier." Si l'on considère que *cubitum* dans *cubitum īre* "aller au lit" est un supin, il faut considérer que *cubitū* dans *cubitū surgere* "sortir du lit, se lever," qui dénote le mouvement symétrique, est aussi un supin. Il existe donc en latin archaïque les traces (ou les débuts avortés?) d'un supin à l'ablatif d'origine.

2.6.3.2. Un ablatif-instrumental grammaticalisé en supin?

Nous pourrions nous demander, de ce fait, s'il existe aussi en latin archaïque ou classique des traces d'un supin à l'ablatif-instrumental.

Certains substantifs en *-tus, -ūs* masc. de la 4e déclinaison (i.e. *-*tu*-) ne sont attestés en latin qu'à l'ablatif sing. ou sont presque toujours attestés à l'ablatif sing., comme s'ils étaient des substantifs à flexion défective.

Si les dictionnaires font une entrée pour le substantif *nātus, -ūs* masc. "naissance, fait de naître," on ne trouve en réalité ce terme qu'à l'ablatif sing. dans une tournure formulaire: *māior nātū* "plus âgé" (littéralement "plus

[34] La preuve de l'existence du substantif est fournie par un emploi derrière préposition: Plaute, *Truculentus* 739–40: *<iussi> ei quinque argenti deferri minas, / Praeterea unam IN OPSONATVM* "j'ai ordonné qu'on lui porte cinq mines d'argent et en outre une mine pour l'achat de provisions."

grand par la naissance"; Cicéron, *Cato Maior* 43: *maiores natu*) et *minor nātū* "plus jeune" (littéralement "plus petit par la naissance"). Une telle restriction d'emploi est l'indice d'une forme lexicalement conditionnée.

A l'époque classique chez César, on trouve l'ablatif sing. d'un nom de procès répertorié par les dictionnaires sous l'entrée: *iussus, -ūs* masc. "ordre, fait d'ordonner" dans les tournures *iussū Caesaris* "sur l'ordre de César" et le symétrique négatif à morphème préfixal *in-* négatif: *in-iussū Caesaris* "sans avoir reçu l'ordre de César." La valeur quasi-grammaticale de ces deux formes d'ablatif sing. nous semble prouvée par l'existence du morphème négatif *in-*, qui ne se trouve pas normalement préfixé à un substantif, mais seulement à un participe ou à un adjectif. Ceci nous pousserait à considérer *iussū* et *in-iussū* dans ces tournures comme des embryons de supin à l'ablatif-instrumental.

L'éventuelle existence d'un supin à l'ablatif-instrumental pourrait également être prise en considération dans des cas d'ambiguïté, où l'on voit traditionnellement des supins au datif, qui pourraient être interprétés, nous semble-t-il, comme des ablatifs-instrumentaux, tel le passage suivant de Virgile, où l'on pourrait considérer que *uīsū* est un ablatif-instrumental de point de vue aux côtés du superlatif *altissima*, littéralement "très haute du point de vue du regard / sous l'aspect de la vue / par la vue":

> Virgile, *Enéide* 8.233–35: *Stabat acuta silex praecisis undique saxis / Speluncae dorso insurgens, altissima VISV/ dirarum nidis domus opportuna uolucrum*
>
> "Il y avait là debout, s'élevant du dos de la caverne, une aiguille de silex entourée de rocs abrupts, très haute A L'ŒIL, séjour bien fait pour le nid des oiseaux de malheur" (trad. J. Perret, 1982, Paris, Collection des universités de France, tome 2, p. 127).

2.6.3.3. Les substatifs en *-tus, -ūs* masc.: une formation non productive

Les remarques précédentes tendent à montrer le caratère non productif des formations en *-tus, -ūs* masc. (**-tu-*) substantivales en latin archaïque. On pourrait ajouter comme argument allant dans le même sens que certains de ces substantifs en *-tus, -ūs* masc. sont limités au datif sing. dans des lexies verbales au double datif servant de tournure passive: *despicātuī esse alicuī* littéralement "être à mépris pour quelqu'un," "être un objet de mépris pour quelqu'un," "être méprisé par quelqu'un" par opposition à la tournure active: *despicere aliquem* "mépriser quelqu'un."

Cette formation en *-tus, -ūs* masc. est improductive dans le sens où la langue a, certes, conservé les substantifs anciens dont elle a hérité, mais n'en a pas créé de nouveaux à cette époque: la formation productive pour les noms de procès est alors les substantifs en *-tiō (-tiōn-is)* fém., qui resteront productifs pendant toute la latinité et passeront dans les langues romanes.

2.6.4. Ambiguïté de l'accusatif: la formation de l'infinitif futur passif latin

Le latin illustre également la ré-analyse d'une forme d'accusatif lors de la formation d'une périphrase verbale, celle de l'infinitif futur passif du type *lectum īrī* "sera lu" (à l'infinitif), *audītum īrī* "sera entendu" (à l'infinitif), *amātum īrī*. Cette périphrase recourt à la grammaticalisation du verbe *īre* "aller," qui se trouve à l'infinitif passif, alors que, comme verbe intransitif, il n'a pas de passif personnel lorsqu'il est employé avec sa valeur lexicale non grammaticalisée. Il est accompagné d'une forme de supin, qui dénote la valeur lexicale de la périphrase.

Selon l'interprétation de la syntaxe de Kühner et Stegmann (1914: §167, 2, d), il faudrait partir de tournures comme le passage suivant de Térence:

> Térence, *Hécyre* 39–40: *Rumor uenit / Datum iri gladiatores.* "le bruit se répandit qu'on allait donner des (combats de) gladiateurs."

où *īrī* est l'infinitif de *īre* "aller" au passif impersonnel, correspondant à *ītur* "on va" à l'indicatif présent. Dans ce passage, *gladiātōrēs* serait originellement le complément d'objet (complément d'objet direct: premier objet à l'accusatif) du verbe *dare* "donner" représenté ici sous la forme du supin *datum* à valeur directive. A partir de là, il y aurait eu ré-analyse par une tournure au passif personnel. *Gladiātōrēs* serait compris comme le sujet du verbe passif *datum īrī*: "qu'allaient être donnés des gladiateurs."

Il est clair que les emplois de cette périphrase sont ceux d'un infinitif futur passif:

> Plaute, *Curculio* 490–91: *Memento promisisse te... / ... mihi omne argentum REDDITVM IRI*

"Souviens-toi que tu as promis ... que tout l'argent me serait rendu."

César, *Bellum civile* 3.42.3: *Caesar longius bellum DVCTVM IRI existimans* ..."César, estimant que la guerre serait prolongée plus longtemps...."

3. Autres situations linguistiques remarquables offertes par le latin

Du point de vue de la syntaxe des cas, le latin offre en outre plusieurs situations intéressantes de manière générale pour la réflexion linguistique.

On note tout d'abord une régularisation des constructions casuelles de certains verbes: anciennes et héritées, mais devenues minoritaires, elles furent éliminées au profit des constructions usuelles majoritaires. Ainsi un petit groupe de verbes anciennement construits avec un premier objet à l'ablatif-instrumental (*ūtor* "utiliser," *fruor* "jouir de," *fungor* "s'acquitter de," etc.) eurent tendance à passer à une construction accusative, notamment en latin tardif, où l'on trouve fréquemment *ūtor* construit avec un premier objet à l'accusatif. Cette tendance à la transitivation des verbes en latin s'inscrit dans la tendance des langues à la régularisation et à l'alignement des formes rares, jugées anomales, sur les formes usuelles, qui deviennent la norme et étendent leur influence par analogie.

On pourrait également se demander si le latin ne pourrait pas illustrer un phénomène mis en valeur par Haudry (1980), selon lequel on peut parfois trouver une seule désinence par syntagme — et non pas une désinence par mot constitutif de ce syntagme -. On trouve, en effet, dans une inscription latine[35] du - VIIe siècle trouvée à Caere en Etrurie, l'énoncé suivant:

ECO VRNA TITA VENDIAS MAMAR(COS) (M)ED VHE(VHAKED)

"Je suis le pot de Tita Vendia. Mamarcos m'a fabriqué."

Selon l'interprétation la plus vraisemblable,[36] la séquence *TITA VENDIAS* est un syntagme au génitif sing. pour un anthroponyme féminin, où la désinence de génitif sing. figure seulement sur le second élément *VENDIAS*, mais vaut aussi pour le premier *TITA*, c'est-à-dire pour l'ensemble de la séquence anthroponymique.

Nous voudrions conclure sur l'intérêt remarquable de la langue latine pour le thème de linguistique générale ici traité, ce qui tient à: la richesse des matériaux offerts, la variété et l'ampleur des textes et documents conservés, la possibilité d'inférer des états de langue antérieurs grâce à l'existence de "langues soeurs," dont les données sont exploitées par la grammaire comparée des langues indo-européennes, enfin l'existence des prolongations linguistiques que représentent les langues romanes. Parmi les langues anciennes, le latin est ainsi un champ d'observation privilégié pour l'étude de l'évolution linguistique, puisqu'il s'inscrit dans une chaîne linguistique de 27 siècles depuis les premières inscriptions latines (au -VIIe siècle) jusqu'à l'époque contemporaine.

Abréviation

CIL *Corpus Inscriptionum Latinarum*, 1853-

[35] Cette inscription est considérée comme de langue latine depuis Cristofani (1993: 25-27), alors qu'elle était auparavant considérée comme étant écrite en langue falisque depuis son édition par Peruzzi (1963: 89-92); cf. Poccetti 2005.

[36] Poccetti 2005.

Bibliographie

Cristofani, Mauro

1993 "Le prime iscrizioni latine dell'Etruria." In *Caratteri e diffusione del latino in età arcaica*, édité par E. Campanile, pp. 25–34. Pise: Giardini.

Fleck, Frédérique

2008 *Interrogation, coordination et subordination: le latin quin*. Collection Lingua latina 11. Paris: PUPS.

Fruyt, Michèle

1996 "La syntaxe de l'infinitif en latin tardif: réflexions sur la nature des processus évolutifs." *Recherches Augustiniennes* 29: 43–73.

1997 "The Development of the Infinitive in Late Latin." In *Papers Presented at the Twelfth International Conference on Patristic Studies, Held in Oxford, 1995*, édité par E. A. Livingstone, pp. 468–75. Studia Patristica 29: Historica, Theologica et Philosophica, Critica et Philologica. Louvain: Peeters.

2004 "La corrélation en latin: son rôle dans la subordination et l'endophore." In *Anaphore, cataphore et corrélation en latin* (Actes de la journée d'étude de linguistique latine, Université Blaise Pascal, Clermont-Ferrand II, 7 janvier 2003), édité par C. Bodelot, pp. 29–53. Clermont-Ferrand: Presses Universitaires Blaise Pascal.

2005 "La corrélation en latin: définition et description." In *Structures parallèles et corrélatives en grec et en latin* (Actes du colloque de linguistique grecque et latine, Bordeaux, 26–27 septembre, 2002), édité par P. de Carvalho et F. Lambert, pp. 17–44. Saint-Étienne: Publications de l'Université de Saint-Etienne.

Fugier, Huguette

1983 "Organisation syntaxique des compléments de lieu et de temps en latin archaïque." In *Latin Linguistics and Linguistic Theory* (Proceedings of the 1st International Colloquium on Latin Linguistics, Amsterdam, April 1981), édité par H. Pinkster, pp. 95–114. Studies in Language Companion Series 12. Amsterdam: Benjamins.

Gayno, Maryse

2006 *La morphosyntaxe du verbe chez Grégoire de Tours: les constructions participiales absolues*. Diplôme d'Études Approfondies de l'Université de Paris IV, soutenu en septembre 2006, inédit.

à paraître "Les constructions absolues chez Grégoire de Tours." In *Actes du 9ème colloque international "Latin vulgaire-latin tardif,"* Université de Lyon 2, 2–6 septembre 2009, Lyon, édité par F. Biville.

Guéraud, Octave

1942 "Ostraca grecs et latins de l'Wâdi Fawâkhir." *Bulletin de l'Institut français d'archéologie orientale* 41: 141–96.

Haudry, Jean

1968 "Les emplois doubles du datif et la fonction du datif indo-européen." *Bulletin de la Société de linguistique de Paris* 63: 141–59.

1970 "L'instrumental et la structure de la phrase simple en indo-européen." *Bulletin de la Société de linguistique de Paris* 65/1: 44–84.

1973 "Parataxe, hypotaxe, corrélation dans la phrase latine." *Bulletin de la Société de linguistique de Paris* 68: 147–86.

1977 *L'emploi des cas en védique: introduction à l'étude des cas en indo-européen*. Les Hommes et les Lettres 5. Lyon: Éditions l'Hermès.

1980 "La syntaxe des désinences en indo-européen." *Bulletin de la Société de linguistique de Paris* 75/1: 131–66.

Janson, Tore

2008 "The Vowel Systems of Late Latin." In *Latin vulgaire - Latin tardif VIII* (Actes du VIIIe colloque international sur le latin vulgaire et tardif, Oxford, 6–9 septembre 2006), édité par R. Wright, pp. 345–50. New York: Olms-Weidmann.

Jülicher, Adolf

1963 *Itala: Das neue Testament in altlateinischer Überlieferung*, Volume 4: *Johannes-Evangelium*. Berlin: Walter de Gruyter.

Kühner, Raphael, et Carl Stegmann

1914 *Ausführliche Grammatik der lateinischen Sprache*, Volume 2: *Satzlehre*. 2[éme] éd. Hannover: Hahn.

Leumann, Manu; Jean Baptist Hofmann; et Anton Szantyr

1965 *Lateinische Grammatik*, Volume 2: *Syntax und Stilistik*. Munich: Beck.

Moreau, Madeleine

1997 *Oeuvres de Saint Augustin*, Volume 11, Part 2: *la doctrine chrétienne*. Paris: Bibliothèque Augustinienne, Institut d'Études Augustiniennes.

Nestle, Eberhard, et Kurt Aland

1993 *Novum Testamentum Graece et Latine*. Stuttgart: Deutsche Bibelgesellschaft.

Perrot, Jean

1966 "Le fonctionnement du système des cas en latin." *Revue de philologie* 40: 217–27.

Peruzzi, Emilio

1963 "L'iscrizione di Vendia." *Maia* 15: 89–92.

Poccetti, Paolo

2005 "Les inscriptions latines archaïques pré-littéraires," conférence à l'université de Paris IV-Sorbonne, décembre 2005, inédit.

Touratier, Christian

1977 "Comment définir les fonctions syntaxiques?" *Bulletin de la Société de linguistique de Paris* 72/1: 27–54.

1978 "Quelques principes pour l'étude des cas (avec application à l'ablatif latin)." *Langages* 50: 98–116.

1979 "Accusatif et analyse en morphèmes." *Bulletin de la Société de linguistique de Paris* 74/1: 43–92.

1980a "Note sur le passif latin." *Lalies* 1: 15.

1980b "L'accusatif proleptique en latin." *Lalies* 1: 53–56.

1987 "Valence verbale et intransitivation." In *Études de linguistique générale et de linguistique latine offertes en hommage à Guy Serbat*, pp. 405–16. Paris: Société pour l'Information grammaticale.

1994 *Syntaxe latine*. Bibliothèque des Cahiers de l'Institut de linguistique de Louvain 80. Louvain: Peeters.

1995 "Le cas est-il une unité fonctionnelle: le génitif latin." in *DE VSV: études de syntaxe latine offertes en hommage à Marius Lavency*, édité par D. Longrée, pp. 307–27. Bibliothèque des Cahiers de l'Institut de linguistique de Louvain 70. Louvain: Peeters.

Väänänen, Veikko

1981 *Introduction au latin vulgaire*. 3ème éd. Bibliothèque Française et Romane, Series A; Manuels et Études Linguistiques 6. Paris: Klincksieck.

19

LA CASUALITÉ LATINE EN VARIATION DIASTRATIQUE: DU PARLER POPULAIRE À LA DICTION POÉTIQUE

Carole Fry, Université de Genève

1. Brèves perspectives sur la casualité latine

Pour le linguiste qui se soucie de casualité, le latin est en général le lieu d'examen d'une morphologie et d'une syntaxe. La morphologie s'y voit d'habitude l'objet d'une étude diachronique[1] alors que la syntaxe suscite plutôt des analyses synchroniques.[2] Considérer la casualité latine en perspective diastratique, voire diaphrastique, c'est-à-dire sous l'angle sociologique et stylistique, n'est en général pas à l'ordre du jour.[3] Or la casualité latine est aussi un fait socialement distinctif.

2. Sociologie génétique du latin

Le latin tel qu'il se lit dans les textes qui le portent est une langue d'art que son caractère éloigne assez de l'usage commun pour lui retirer son caractère naturel, mais sans pour autant en faire une langue artificielle. Dûment codifié par l'école dans ses règles et complexités, le latin littéraire se gagne une distance qui le fonde également comme marqueur social. Il en acquiert ainsi un statut de discriminant culturel, voire de critère classant, en ne devenant plus accessible à qui ne l'a pas appris à fond. Il en gagne surtout cette stabilité que lui confèrent la régulation normalisatrice et sa pratique par une élite culturellement conservatrice, avide de signes de reconnaissance pérennes.

Cette régularité et cette complexité s'étant construites sur une volonté d'art mais aussi de contraste sociologique,[4] il n'est guère étonnant de voir les théoriciens anciens opposer bien nettement et avec une régularité qui ne se démentira jamais le correct d'une catégorie sociale à l'incorrect de son monde extérieur. L'opposition qui se crée ainsi affronte continûment l'usage des élites urbaines, l'*urbanitas*, à celui de la campagne, la *rusticitas*, l'usage de l'autochtonie de la *Latinitas* à celui de l'allogénie de la *peregrinitas*,[5] et enfin l'usage du *uir bonus dicendi peritus*, de l'homme dont l'habileté langagière se règle sur des qualités morales, à celui de l'inculture populaire et débraillée du *sermo plebeius*.[6] En étendant à l'entier de la langue les termes mêmes d'un débat antique originairement limité à de la morphologie[7] on peut affirmer sans se tromper que la régularité linguistique de l'*analogia* aristocratique a vaincu l'*anomalia* de parlers populaires que seul sanctionne l'ici et maintenant de la parole spontanée. César le patricien, son traité *De analogia* et sa recommandation de fuir l'*inauditum atque insolens uerbum*,[8] c'est-à-dire la parole néologique et anomale, fût-elle sanctifiée d'archaïsme, en sont le clair témoignage.

La langue d'art latine se montre ainsi comme un produit élaboré dans une volonté de contraste vis-à-vis de parlers conçus comme dévalorisants, quels qu'ils soient. De ce point de vue, force est de constater que le latin vulgaire n'est en rien, comme on l'a longtemps cru, un abâtardissement du latin dit "classique." Bien au contraire, sous quelque variante qu'on le saisisse,[9] le latin de l'oralité vulgaire apparaît comme la norme statistique, la langue de la très écrasante majorité des locuteurs. Cette inversion de la perspective socio-linguistique permet

---

[1] Kühner et Holzweissig 1912: 253–533; Leumann 1977: 417–47; Meiser 1998: 128–49.

[2] Kühner et Stegman 1914: 252–487; Hofmann et Szantyr 1972: 21–151; Touratier 1994: 185–261; Serbat 1996.

[3] Väänänen 1981: 108–117.

[4] Rosén 1999: 14–15.

[5] Rosén 1999: 21–22.

[6] Müller 2001a.

[7] Cardauns 2001: 35–40

[8] Aulu-Gelle, *Noctes Atticae* 1.10.4.

[9] Väänänen 1981: 3–6; Müller 2001b.

d'apercevoir le latin dit "littéraire" comme une dérivation des parlers populaires, rendue distincte de ceux-ci par sélection, rationalisation et complexification. Plus particulièrement affecté à l'expression artistique, le latin littéraire devient de ce fait une langue technique parmi d'autres. L'impression de généralité que donne son omniprésence est un artefact résultant du mode de transmission antique et médiéval du latin ancien, qui, par sa nature même, a assuré la sauvegarde des seuls documents écrits et donc rédigés par des lettrés dans une langue éloignée de l'oralité.

Il importe dès lors de distinguer clairement le latin dit "littéraire" du latin dit "classique." Le latin littéraire est la langue technique de l'expression artistique. Il naît en même temps que la littérature, au milieu du troisième siècle avant J.-C., de l'effort de création des écrivains et de rationalisation des grammairiens (cf. infra, §8), et se survivra aussi longtemps que des locuteurs, natifs ou non, seront capables de l'utiliser. Le latin classique est, quant à lui, une forme particulière du latin littéraire tel qu'il est attesté entre le premier siècle avant J.-C. et la première moitié du premier siècle après J.-C. Le latin littéraire, celui d'une catégorie de locuteurs, doit donc s'envisager d'un point de vue diastratique alors que le latin classique, celui d'une époque, ne peut s'appréhender que diachroniquement.

3. Aspects phonologiques généraux de la casualité latine

La phonologie offre un bon moyen d'approcher la casualité latine au travers de ses variations diastratiques. On sait en effet que les parlers populaires latins se distinguent par une sous-articulation qui, par désocclusions successives, aboutit notamment à un amuïssement des éléments syllabiques post-toniques.[10] Ce phénomène est en général considéré du strict point de vue tardif, puisque c'est à lui que l'on doit cette disparition du système casuel qui fera l'avènement roman d'un marquage syntaxique par une règle tactique. Or, le phénomène de l'amuïssement, et de la désocclusion en général, est ancien et en tout cas coextensif à l'entier de la durée de vie du latin vivant, il est intimement lié à la présence d'un accent que la langue populaire n'a jamais connu que tonique. Depuis toujours assez puissant pour dévitaliser les occlusions qui lui étaient périphériques, cet accent s'est finalement imposé dans le courant du troisième siècle après J.-C. par un gain en intensité.[11] Il en devint capable de détruire non seulement le système quantitatif de la voyelle du latin, mais aussi son système casuel, dont les désinences, post-toniques par la nécessité d'une langue dépourvue d'accents oxytons, n'avaient rien pour se garantir de lui.

4. Variance phonologique et diastratisme

A l'époque archaïque, le latin littéraire en devenir peut ainsi admettre l'amuïssement d'une consonne finale que le latin littéraire classique sauvera, comme en témoigne l'exemple 1 où *dede* vaut pour *dedit*, ou ne sauvera pas, comme dans l'exemple [2] où *praidad* conserve un *-d* désinentiel que le latin littéraire abandonnera. Un autre témoin de ce genre de variance est fourni par la concurrence qui oppose synchroniquement la forme amuïe *dede* (cf. [1]) à sa forme complète *dedet* (cf. [2]).

[1] *CIL* I², 47: C. Placentius Her. F. Marte donu *dede*. (*dedit*). (Tibur IIIe/IIe siècle)
Caius Placentius a donné une offrande à Mars.

[2] *CIL* I², 48: Furio C. f. tribunos militare de praidad (*praeda*) Fortune *dedet*. (Tusculum IIIe siècle)

Caius Furius, tribun militaire, a donné (cela) à la Fortune en le prenant sur le butin.

Dans le domaine nominal, les phénomènes de ce genre surabondent. Les exemples [3] et [4], datés du milieu du troisième siècle avant J.-C.,[12] montrent un *Cornelio* valant pour le nominatif *Cornelius*, des *uiro*, *Scipione*, *Corsica*, *Aleria*, *urbe* et *aide* mis pour les accusatifs *uirum*, *Scipionem*, *Corsicam*, *Aleriam*, *urbem* et *aedem*, et enfin un *duonoro* que le latin littéraire voudra sous la forme du génitif *bonorum*.

---

[10] Väänänen 1981: 32.

[11] Norberg 1998: 82.

[12] Ernout 1957: 15.

[3] *CIL* I², 8:
L. *Cornelio* L. f. Scipio
aidiles cosol cesor.
Lucius Cornelius Scipion, édile, consul, censeur

[4] *CIL* I², 9:
Honc oino ploirume cosentiont R[omae]
duonoro optumo fuise *uiro*
Luciom *Scipione* filios Barbati
consol censor aidilis hic fuet a[pud uos]
hec cepit *Corsica Aleria* que *urbe*
dedet tempestatebus *aide* mereto [d?]

Latin littéraire: Hunc unum plurimi consentiunt Romae / Bonorum optimum fuisse uirum (uirorum?) / Lucium Scipionem. Filius Barbati / Consul, censor, aedilis hic fuit apud uos / Hic cepit Corsicam Aleriamque urbem / Dedit Tempestatibus aedem merito.

A Rome, la plupart des gens s'accorde sur le fait qu'il fut l'homme le meilleur de tous, lui, Lucius Scipion. Fils de Barbatus, il fut auprès de vous consul, censeur, édile. Il prit la Corse et la ville d'Aléria. C'est à juste titre qu'il a donné un temple aux Tempêtes.

On notera l'instabilité d'une phonologie déjà archaïsante qui autorise encore en contiguïté un groupe morphologiquement inhomogène tel *Luciom Scipione*, un segment à l'accusatif que le littéraire exigera sous la forme normalisée *Lucium Scipionem*. Quant au -*s* et au -*m* désinentiels, ils ont beau être labiles, il reste que la langue d'art les préservera avec soin, exception faite de la poésie de langue classique, qui, comme *oratio uincta* dont l'*ornatus* doit beaucoup à la langue orale,[13] autorisera l'élision du -*m* final, mais pas celui du -*s* final, ressentie comme archaïque ou, après Catulle, comme archaïsante.[14]

Il est significatif de la valeur classante d'une prononciation qu'il faut qualifier d'orthoépique que le sentiment d'une disparition fautive, même non-désinentielle, agite les locuteurs peu familiers du parler de l'élite romaine. Par force, ce sentiment suscitera des hyperurbanismes tel celui brocardé par l'urbain Catulle [5] qui se gausse d'un Arrius soucieux de faire oublier des origines sans doute paysannes [6].

[5] Catulle 84:
Chommoda dicebat, si quando *commoda* uellet
dicere, et *insidias* Arrius *hinsidias*,
et tum mirifice sperabat se esse locutum,
cum quantum poterat dixerat *hinsidias*.

Arrius disait "chommodes" quand il voulait dire "commodes," et "hembûches" pour "embûches," et il espérait avoir prononcé merveilleusement quand il avait appuyé de toutes ses forces sur l'h de "hembûches."

[6] Aulu-Gelle, *Noctes Atticae* 13.6.3: Rusticus fit sermo, si adspires perperam.

Ta prononciation se marque comme paysanne si tu places mal tes aspirations.

Catulle est de ces poètes d'un milieu du premier siècle avant J.-C. bien représentatif de la mouvance moderniste et puriste qui a contribué à expurger la langue poétique de ces fragments d'oralité ancienne auxquels un poète archaïsant comme Lucrèce, qui est pourtant l'exact contemporain de Catulle, attribue encore cette valeur ornementale que loue tant un conservateur comme Cicéron. Perçue comme paysanne par les puristes, l'absence d'aspirée ne fait pourtant que perpétuer l'habitude archaïque,[15] c'est-à-dire orale, de ne pas la réaliser devant une consonne. Certes, Arrius ignore cette précision, puisqu'il aspire avant une voyelle - ce qui accentue encore le comique d'hyperurbanisme -, mais il est de fait qu'il a la nette conscience que l'aristocratie urbaine, désireuse

[13] Fry 2010.

[14] Väänänen 1966: 66–69 et 77; Niedermann 1985: §50.

[15] Cicéron, *L'orateur* 160, et Niedermann 1985: §42; Väänänen 1966: 57 et 1981: §101.

d'helléniser sa prononciation pour la différencier de celle du peuple, sous-articulée, a désormais pris l'habitude de sur-articuler la sienne (cf. infra, §7). Il faut cependant dire à sa décharge que les latins eux-mêmes n'ont jamais réussi à décider de l'aspiration prévocalique de mots très banals tels *(h)arena* "sable" ou *(h)umor* "liquide," voire *(h)umerus* "épaule," et que bien plus tard, probablement vers le cinquième siècle, le grammairien anonyme de l'*Appendix Probi* se sentira obligé de rappeler l'orthodoxie à des locuteurs qui s'abandonnent par trop à l'amuïssement:

[7] *Appendix Probi* 206: Hostiae non ostiae.
"Hostiae" et non pas "ostiae."

5. Variance phonologique et incertitude fonctionnelle

Si les traits désocclusifs propres à une oralité méprisée disparaissent massivement de la langue d'art, ils vont cependant subsister et même s'amplifier dans les parlers populaires sous l'effet du renforcement de l'accent d'intensité qui survient dans le courant du troisième siècle (cf. supra, §3). Les inscriptions pariétaires de Pompéi, détruite le 24 août 79 après J.-C., en témoignent d'abondance dès avant le troisième siècle. Parmi d'autres marques d'amuïssement, on y observe ([8], [9]) l'effacement déjà plus ou moins abouti de syllabes post-toniques et désinentielles susceptibles de rendre l'identification casuelle problématique.[16]

[8] *CIL* IV, 8259: Successus textor amat Coponiaes ancilla(m).

Le tisserand Successus aime la servante de Coponia.

[9] *CIL* IV, 2013: Ad porta(m) Romana(m).

À la Porte Romaine.

Mais ces confusions s'observent ailleurs et, naturellement, plus tard, comme dans la tablette d'exécration [10] trouvée à Minturnae, dans le sud du Latium, et qui date du début du IIe siècle avant J.-C.

[10] *CIL* X, 8249: Dii iferi, uobis comedo ilius memra, colore, ficura, caput, capilla, umra, cerebru, frute .... (Audollent 190)

Latin littéraire: "Dii inferi, uobis commendo illius membra, colorem, figuram, caput, capillos, umbram, cerebrum, frontem"

Dieux infernaux, je vous confie ses membres, son teint, son visage, sa tête, sa chevelure, son ombre, son cerveau, son front.

Ces confusions sont à la fois les signes et les causes d'une débâcle fonctionnelle qui s'observe déjà sur les murs pompéiens [11]. On la créditera non seulement à la disparition de morphèmes casuels amuïs,[17] mais aussi à une incapacité croissante des locuteurs vulgaires à reconnaître des fonctions derrière des cas. Ainsi dans l'inscription suivante, *conuentu* peut être un ablatif-locatif non amuï mais fautif ou un accusatif correct mais amuï:

[11] *CIL* IV, 2888: In conuentu(m) ueni.
Je suis venu à la réunion.

Cette incertitude morpho-syntaxique va d'abord provoquer la désuétude des cas circonstanciels, soit du génitif, du datif et de l'ablatif au profit des cas actantiels, soit du nominatif et de l'accusatif, les futurs cas-sujet et cas-régime du roman.[18] Cette évolution s'aperçoit notamment dans l'évolution d'un segment extraposé d'interprétation fonctionnelle ardue tel celui dit "ablatif absolu." Fonctionnellement opaque lorsqu'il est à un ablatif par nature polysémique et intrinsèquement ambigu, et peu accueillant à un génitif qu'affectionne le grec [12] mais que le locuteur populaire ne comprend guère mieux que l'ablatif, celui-ci se fixera à un accusatif [13] parfois concurrencé par le nominatif [14].[19]

[16] Väänänen 1966: 73–74.

[17] Väänänen 1981: 110–15.

[18] Väänänen 1981: 115–17.

[19] Fry 2007.

[12] Ps. Caesar, *Bellum Hispanicum* 14.1: *Eius praeteriti temporis*, Pompeius trans flumen Salsum castellum constituit.
Ce temps ayant passé, Pompée établit une place forte au-delà du Salsum.[20]

[13] *CIL* VIII, 4372: Per multum temporis interuallum, *reliquias collectas*, tumulum tibi constitui.
Après un long laps de temps, tes restes ayant été rassemblés, je t'ai élevé un tombeau.

[14] Carmina Latina Epigraphica 2103: Cui, *coniux moriens*, non fuit alter amor.
Qui n'eut, au décès de son conjoint, d'autre amour.

Des témoins particulièrement significatifs d'une errance fonctionnelle due au découplage du morphologique et du syntaxique sont les situations de mixité casuelle au sein d'un segment de syntaxe unitaire. Dès le quatrième siècle après J.-C., et dans des énoncés où une égalisation par amuïssement [11] ne peut être alléguée, le locuteur n'aura ainsi nul scrupule à mêler accusatif et ablatif au sein d'une même phrase [15], voire même au sein d'un même segment [16] où se peuvent également rencontrer en coprésence un génitif et un ablatif [17].

[15] *Peregrinatio Aetheriae* 5.11: Ac sic ergo *uisa loca sancta omnia* (acc.) quae desiderauimus [...] *uisis etiam et sanctis uiris* (abl.) qui ibi commorabantur, in nomine Dei regressi sumus in Faran.

Tous les lieux saints que nous désirions ayant été vus, et les saints hommes qui y résidaient ayant aussi été vus, au nom de Dieu, nous sommes revenus à Pharan.

[16] Longobardorum acta 1, p. 136, 1: *Regnante* (abl.) *dominus* (nom.) *Leoprando* (abl.), uiro excellentissimo rege in Italia.

Le seigneur roi Leoprandus régnant, un homme qui fut un très excellent roi en Italie.

[17] Acta Petri 28: *Plangentium* (gén.) *autem omnibus* (abl.), peruenit in multitudinem.

Mais, tous pleurant, il parvint au milieu de la foule.

6. Phonétique et syntaxe en marqueurs sociaux

Dans cette ambiance de confusion articulatoire et fonctionnelle, l'esprit qui préside à l'élaboration du latin littéraire va inspirer à ses utilisateurs un souci distinctif suffisamment puissant et conservatif pour donner à la casualité une valeur de marquage non grammatical d'autant plus puissante que celle-ci tendra davantage à se perdre dans les parlers populaires.

Avant d'être articulatoire, ce marquage est d'abord afférent à une mise en valeur particulière du lien syntaxique. En effet, on crédite en général à l'amuïssement l'entier de la responsabilité de la disparition casuelle.[21] Mais quiconque a étudié le latin sait bien que sa difficulté lui vient aussi d'une morphologie désinentielle nominale rendue ambiguë par sa sous-détermination morphologique, c'est-à-dire assez pauvre pour qu'une multitude de cas, de genres et de nombres puissent s'incarner dans une même désinence. On sait assurément que d'une même déclinaison, un *domino* peut être un datif et trois sortes d'ablatifs, mais aussi que des mots appartenant à des déclinaisons de types varié sont frappés du même travers. Ainsi, *rosae* ou *quae* peuvent être à des cas, des genres et des nombres très différents. Il en va de même de *dominus*, *manus*, *corpus*, *diuinitus*, et de *domini*, *qui*, *consuli*, *mari*, et de *canorum*, *bonorum*, et de *rosa*, *templa*, et de *ciuis*, *dominis*, et de *domine*, *leue*, *forte*, et de *miser*, *fortiter*, *iter* et l'on pourrait poursuivre. Maîtriser activement et passivement le latin littéraire requérait par conséquent une capacité de désambiguïsation rendue de plus en plus ardue à mesure que le niveau de la diction s'élevait. Il est significatif que l'hyperbate,[22] et dans une moindre mesure l'anastrophe, qui disloquent le lien tactique et obscurcissent le sens, s'imposent avec force dans la poésie de quelque élévation.[23] Il n'est que de comparer un extrait de poésie épique classique [18] avec ce qu'il deviendrait vraisemblablement sous une forme qui voudrait un ordre des mots déjà proto-roman tel que le locuteur vulgaire commence à le pratiquer dès le premier siècle de notre

[20] Voir aussi Fry 2007: 23,5.

[21] Väänänen 1981: §354.

[22] Devine et Stephens 2006: 524–610.

[23] Rosén 2001; Fry à paraître.

ère, c'est-à-dire dès que l'amuïssement se fait assez ravageur pour que le marquage syntaxique ne se soit plus morphologique mais tactique [19].

[18] Ovide, *Metamorphoses* 1.94–95

Nondum caesa suis, peregrinum ut uiseret orbem
montibus in liquidas pinus descenderat undas.

Le pin coupé n'était pas encore descendu de ses montagnes jusque dans les eaux claires pour s'en aller visiter le monde étranger.

[19] Latin oral: Pinus caesa suis montibus nondum descenderat in aquas liquidas ut uiseret orbem peregrinum.

Vis-à-vis d'une population qui soit n'use plus de la casualité par le défaut de sa réalisation phonétique, soit n'en saisit plus les valeurs fonctionnelles, comme cela s'observe dans les segments extraposés à l'ablatif dit "absolu" (cf. supra, §5), l'élite lettrée va s'attacher à un usage de la casualité qu'elle poussera au plus précis de son intrinsèque ambiguïté.

7. Réaction aristocratique à la désocclusion populaire

Le signe le plus évident de cet attachement est de nature articulatoire. En effet, face à une langue vulgaire dont le trait distinctif foncier en matière phonétique est une sous-articulation qui suscite amuïssements, apocopes, syncopes et monophtongaisons, et, plus généralement, effacement des phonèmes situés hors des champs toniques, c'est-à-dire hors des syllabes initiales ou accentuées, l'élite lettrée va se distinguer par son conservatisme articulatoire. Celui-ci est socialement distinctif au point d'être classant [5]. On pourrait le croire simplement orthographique, comme c'est le cas en français, où un lexème peut s'écrire "e-a-u" et se prononcer /o/. Mais ce n'est pas le cas, et il n'est pas question pour un aristocrate de prononcer autrement que /a^{w} / le graphème |au|:

[20] Seutonius, *Divus Vespasianus* 22.3: Mestrium *Florum* consularem, admonitus ab eo *plaustra* potius quam *plostra* dicenda, postero die *Flaurum* salutauit.

Le consulaire Mestrius Florus lui (scil. Vespasien) ayant fait observer qu'il fallait prononcer "plaustra" (chariot) plutôt que "plostra," le lendemain il le salua du nom de "Flaurus."

Il faut donc accepter comme un trait distinctif de la prononciation lettrée une articulation sans doute légèrement surexprimée qui, dans le cas des éléments post-toniques, thématisait de fait la zone désinentielle et donnait de la substance à une morphologie casuelle dès lors pleinement exploitable.

Par manière de comparaison — et non de preuve —, on pourrait alléguer la prononciation de l'aristocratie française telle qu'elle s'observait au milieu du vingtième siècle. Elle se signale par une réalisation volontairement contrastive du vocalisme [21] et fortement occluse du consonantisme [22]:

[21] *Dans la prononciation des voyelles, on observe trois phénomènes principaux. Le premier est une large variation de l'aperture, qui contraste avec ce que l'on observe dans les milieux ordinaires où, en général, toutes les voyelles sont fermées. Le second phénomène est l'allongement de la voyelle centrale /a/ (éducation), de la voyelle ouverte /o/ (formidable) et des diphtongues /ai/ et /oi/ (distraire, au revoir). Les enquêtés prononcent ces voyelles d'une manière marquée à l'arrière de la bouche. Cette profondeur des voyelles et l'accentuation de la diphtongaison sont les composantes principales du fameux "accent Marie-Chantal." Le troisième phénomène est l'habitude — en complète opposition avec l'évolution actuelle de la prononciation — de ne pas prononcer les finales des mots comportant un "e" muet (Philipp-eu).*[24]

[22] *Quant aux consonnes, elles sont fortement audibles et largement différenciées. Une sonorité particulière est donnée à la prononciation des consonnes initiales, en particulier /p/, /k/ et, dans une moindre*

[24] Mension-Rigau 2007: 230–31.

[25] Mension-Rigau 2007: 230–31.

mesure /b/ et /t/. Par exemple, dans banque, président, plouc, quantité, quatre *la consonne initiale est prononcée avec une occlusion forte, à l'anglaise. Le /l/ final, dans des mots comme* hôtel, *est en général très audible.*[25]

8. Constitution d'une prononciation non populaire

En face d'une prononciation et d'une syntaxe populaires soumises à une constante fluence, l'élite lettrée se fixe un comportement. J'ai évoqué plus haut (cf. §2) la dispute qui, au premier siècle avant J.-C., oppose de manière très significative les tenants de l'analogie de la règle contre ceux de l'anomalie de l'usage. Il faut toutefois rappeler que si l'on consulte le premier chapitre du *De grammaticis* de Suétone, on doit constater que les tentatives de régulation conservatrice du latin naissent pratiquement en même temps que la littérature latine elle-même, vers la fin du troisième siècle avant J.-C. La force de cette volonté régulatrice se manifestera tout au long de la latinité par une extraordinaire floraison artigraphique où se dénote moins un goût absolu pour la grammaire qu'un besoin de codifier un instrument linguistique en lui assignant une complexité difficile à limiter précisément. Certes, il importait d'en tirer une marque sociale aussi parfaitement stable et reconnaissable que possible et surtout d'un maniement assez ardu pour repousser le vulgaire, mais il s'agissait aussi de ne pas excéder certaines bornes sous peine d'irréductible obscurité et de rupture d'intercompréhension. A cet exercice délicat, la casualité prend son plein rôle. Elle le jouera avant tout par une présence graphique et phonique qui doit désormais impérativement être stable et complète.

La conséquence de ce marquage casuel, sans doute phoniquement surexprimé ([20], [21]), est d'abord d'ordre syntaxique. La présence d'un cas dûment désigné par le grammairien entraîne la consolidation corrélative de la fonction syntaxique qu'il désigne. Aussi, toute embryonnaire et intuitive que soit la conscience syntaxique des latins,[26] le respect de la relation qui unit cas et fonction, notamment en matière prépositionnelle, ne connaît-il nulle remise en question. Seuls subsistent quelques rares vacillements dépourvus de conséquences syntaxiques tel celui qui met en concurrence sur un ablatif singulier des formes comme *prudenti* et *prudente*. On sait cependant que contre toute régularisation les /e/ et /i/ désinentiels resteront indéfiniment apophoniques, ainsi qu'en témoigne, à la fin du premier siècle après J.-C., Quintilien [23] lorsqu'il avoue que son oreille peine à discriminer les deux sons:

[23] Quintilien, *Institutio oratoria* 1.4.8: In "here" neque e plane neque i auditur.

Dans here *(hier) on n'entend exactement ni un /e/ ni un /i/.*[27]

9. Diction littéraire et diction populaire en perspective contrastive: le rôle de l'adjectif

Ce marquage casuel entraîne également des conséquences tactiques qui peuvent s'observer de diverses manières, mais plus nettement à travers l'usage de l'adjectif. Celui-ci possède en effet deux traits propres à permettre de saisir la casualité dans certaines de ses variations diastratiques. Le premier est son état de nominal qui fait de lui le porteur d'une marque casuelle. Le second tient au fait qu'il se trouve soumis à une règle d'accord complète qui veut l'expression d'un genre, d'un nombre et d'un cas. Celle-ci permet à l'adjectif de s'affranchir de la contiguïté tactique et offre à l'artiste une liberté (cf. supra, §6) dans son emploi dont le locuteur populaire, en utilisateur d'une langue amuïe ou simplement soucieux de ne pas opacifier son *dictum*, ne dispose pas.

L'observation contrastive du régime tactique de l'adjectif se heurte cependant à cette difficulté documentaire typiquement latine qui est le manque de textes d'ampleur nettement dénotés comme oraux et populaires. Nous disposons pourtant, par la *Rhétorique à Hérennius* — un manuel d'art oratoire anonyme des années 80 avant J.-C. —, d'un répertoire d'exemples de niveaux de style, du plus élevé au plus bas, de la grammaticalité la plus aristocratique à un débraillé d'une oralité qui ne touche pourtant pas à l'exact fond populaire, intrinsèquement inaccessible,[28] mais qui s'en approche tout en n'étant que l'incarnation de l'idée qu'un grammairien peut se faire de la diction de l'inculte. Ces exemples sont malheureusement créés par l'auteur lui-même, mais ils restent tou-

---

[26] Baratin 1989.

[27] Voir aussi Baratin 1989: 1,7,22.

[28] Müller 2001b.

[29] Marouzeau 1970: 327–29.

tefois assez clairement illustratifs pour mon propos. Le style élevé y est présenté comme typé par, entre autre, des *ornatissima uerba*, ainsi que des *exornationes sententiarum aut uerborum*:

[24] *Rhétorique à Hérennius* 4.11: In *grauei* consumetur oratio figurae *genere*, si, quae cuiusque rei poterunt *ornatissima uerba* reperiri, siue propria siue extranea, unam quamque rem adcommodabuntur; et si graues sententiae, [...] et si *exornationes sententiarum aut uerborum*, quae grauitatem habebunt, [...] adhibebuntur.

Un discours aura un style de type élevé si l'on applique à chaque idée le vocabulaire, de sens propre ou figuré, le plus beau que l'on pourra trouver, et si l'on emploie des moyens d'agrémenter pensées et mots qui ont de la grandeur.

L'auteur en fournit cet exemple où je signale par l'italique les adjectifs et les substantifs qu'ils qualifient ou déterminent:

[25] *Rhétorique à Hérennius* 4.12: Nam quis est uestrum, iudices, qui satis idoneam possit in eum poenam excogitare, qui prodere hostibus patriam cogitarit? Quod maleficium cum *hoc scelere* conparari, quod *huic maleficio dignum supplicium* potest inueniri? In iis, qui uiolassent ingenuum, matremfamilias constuprassent, uolnerassent aliquem aut postremo necassent, *maxima supplicia* maiores consumpserunt: *huic truculentissimo* ac *nefario facinori singularem poenam* non reliquerunt. Atque in *aliis maleficiis* ad singulos aut ad paucos ex *alieno peccato* iniuria peruenit: *huius sceleris* qui sunt adfines, *uno consilio uniuersis ciuibus atrocissimas calamitates* machinantur. O *feros animos*! O *crudeles cogitationes*! O *derelictos homines* ab humanitate! Quid agere ausi sunt aut cogitare possunt? *Quo* pacto hostis, *reuulsis maiorum sepulcris, diiectis moenibus,* ouantes inruerent in ciuitatem; quo modo deum *templis spoliatis, optimatibus trucidatis, aliis abreptis* in seruitutem, matribusfamiliis et ingenuis sub *hostilem libidinem* subiectis urbs *acerbissimo* concidat *incendio conflagrata*; qui se non putant id, quod uoluerint, ad exitum perduxisse, nisi *sanctissimae patriae miserandum* scelerati uiderint cinerem. Nequeo uerbis consequi, iudices, indignitatem rei; sed neglegentius id fero, quia uos mei non egetis. *Vester* enim uos *animus amantissimus* rei publicae facile edocet, ut eum, qui fortunas omnium uoluerit prodere, praecipitem proturbetis ex *ea ciuitate*, quam iste *hostium spurcissimorum dominatu nefario* uoluerit obruere.

La lecture de ce texte, qu'il n'est ici nul besoin de traduire pour en tirer ce qui doit l'être, fait aussitôt apparaître le rôle qu'y joue l'adjectif. Il s'y montre employé avec abondance. Pour en évaluer l'importance, il faut le considérer selon ses trois ordres sémantiques.

En tant que déterminant (*hic, is, alius, unus, quis, uester*), il tire de sa nature de déictique et de mot semi-grammatical une nécessité de présence qui le rend difficilement évitable. Il n'apporte par conséquent que peu d'*ornatus* au texte, sauf peut-être lorsqu'il est thématisé par une hyperbate (cf. supra, §6), qui l'éloigne de l'usage populaire, et que je note au moyen du soulignement.

En tant que déverbal, fût-il participe ou adjectif verbal (*derelictus, reuulsus, diiectus, ouans, spoliatus, trucidatus, abreptus, subiectis, conflagratus, miserandus, amans*), l'adjectif tire une nécessité de présence importante d'une essence verbale qui l'ancre dans le noyau phrastique fondamental. Il faut remarquer toutefois qu'il apparaît par bouffées et sous des formes sémantiques peu fréquentes dans le langage de moindre élévation et enfin qu'il se trouve fréquemment doté d'un préverbe qui en accroît l'étoffe phonique. S'il n'est que peu soumis à l'hyperbate, c'est sans doute dû au fait qu'on le rencontre ici souvent dans des segments présentant des ablatifs absolus dont la brièveté et la compacité ne l'autorisaient que peu.

En tant que pur nominal non déictique (*idoneus, dignus, maximus, truculentissimus, nefarius, singularis, alienus, uniuersus, atrocissimus, ferus, crudelis, hostilis, sanctissimus, spurcissimus*), l'adjectif se montre d'un sémantisme investi d'une émotionnalité bien présente mais très aristocratiquement pondérée et raisonnablement augmentée de superlatifs point trop nombreux. Postpositions et hyperbates lui sont d'un emploi rare. Il reste que sa soustraction n'entraînerait que de rares accrocs au sens général des choses et que pour toutes les raisons qui viennent d'être énoncées, il apparaît comme un moyen d'*ornatus* privilégié, mais utilisé selon un schéma tactique dont la contiguïté constitutive est encore archaïquement orale.

Par contraste, le style bas tel que le décrit l'auteur de la *Rhétorique à Hérennius* [26] apparaît dans une nudité qui n'appelle même pas la désignation de constituants qui lui seraient significatifs. Avant tout sémantique, sa bassesse est aussi faite d'absences.

[26] *Rhétorique à Hérennius* 4.14: In adtenuato figurae genere, id quod ad infumum et cottidianum sermonem demissum est, hoc erit exemplum.

Pour le style simple, c'est-à-dire celui qui s'abaisse jusqu'au langage le plus ordinaire et le plus courant, voici un exemple.

L'exemple que l'auteur en fournit est d'une brièveté qui en signale le dénuement:

[27] *Rhétorique à Hérennius* 4.14: Nam ut forte hic in balineas uenit, coepit, postquam perfusus est, defricari; deinde, ubi uisum est, ut in alueum descenderet, ecce tibi iste de trauerso: "Heus," inquit, "adolescens, *pueri tui* modo me pulsarunt; satis facias oportet." Hic, qui id aetatis ab ignoto praeter consuetudinem appellatus esset, erubuit. Iste clarius eadem et alia dicere coepit. Hic: "Vix; tamen," inquit, "sine me considerare." Tum uero iste clamare *uoce ista*, quae perfacile cuiuis rubores eicere potest: ita petulans est atque acer, ne ad solarium quidem, ut mihi uidetur, sed pone scaenam et in eiusmodi locis exercitatus sis. Conturbatus est adolescens: nec mirum, cui etiam nunc pedagogi lites ad oriculas uersarentur inperito huiusmodi conuiciorum. Vbi enim iste uidisset scurram *exhausto rubore*, qui se putaret nihil habere, quod de existimatione perderet, <ut> omnia sine famae detrimento facere posset?

A sa lecture, il apparaît que l'adjectif, désigné par l'italique, en est pour ainsi dire absent. Une fois la part faite aux déterminants et aux qualificatifs d'ablatifs absolus (*tuus, istae, exhausto*), c'est à-dire aux deux premières catégories qui ont été examinées à propos de l'extrait précédent, ce texte se montre totalement dépourvu de ces épithètes de la troisième catégorie, de ceux qui sont ainsi clairement dénotés comme moyens d'art.[29]

Dans l'ordre de l'excessivement brutal, du plus dénué d'art et de civilité aristocratique, du "vulgaire," le rhéteur propose un dernier exemple [28] dont il n'y a rien à dire qui n'ait désormais été dit à propos de l'adjectif:

[28] *Rhétorique à Hérennius* 4.16: Nam istic in balineis accessit ad hunc; postea dicit: "Hic *tuus seruus* me pulsauit!" Postea hic dicit illi: "Considerabo!" Post ille conuicium fecit et magis magisque *praesente multis* clamauit.

10. Diction littéraire et diction populaire en perspective contrastive: pathologie de l'adjectif

Lorsque l'auteur de la *Rhétorique à Hérennius* examine ce que deviendrait le style élevé si ses traits distinctifs, poussés jusqu'à la caricature et l'excès d'art, se trouvaient amplifiés jusqu'au *uitium*, [29], il fournit un exemple [30] pourvu d'un adjectif de la troisième catégorie (*Neptunias*), qu'il choisit rare, érudit et métonymique, mais surtout bien nettement séparé du qualifié (*lacunas*) par une nette hyperbate dont la compréhension mobilise la règle d'accord évoquée plus haut (cf. supra, §8):

[29] *Rhétorique à Hérennius* 4.15: Est autem cauendum, ne, dum haec genera consectemur, in finituma et propinqua *uitia* ueniamus. Nam graui figurae, quae laudanda est, propinqua est ea, quae fugienda; quae recte uidebitur appellari, si sufflata nominabitur.

Il faudra veiller en outre, en voulant pratiquer ces styles, à ne pas tomber dans des défauts plus ou moins proches. En effet s'apparente au style élevé, qui lui est digne d'éloges, un genre qui doit être évité. On l'appellera correctement, je crois, en le qualifiant de boursoufflé.

[30] Fry 2006.

[30] *Rhétorique à Hérennius* 4.15: Nam qui perduellionibus uenditat patriam, non satis subplicii dederit, si praeceps in *Neptunias* depultus erit *lacunas*.

Car, pour qui vend sa patrie aux adversaires, ce ne sera pas un supplice suffisant que d'être jeté aux gouffres neptuniens.

11. Contiguïté et raison communicationnelle

La comparaison témoigne de ce que l'adjectif, lorsqu'il n'est ni déterminant déictique, ni déverbal est utilisé comme un moyen d'art. Elle montre en outre que, en tant que tel, et parfois également sous sa forme déverbale, l'adjectif peut tout aussi bien se faire le lieu d'un jeu tactique proprement esthétique. Ce jeu tire son efficacité du fait qu'il trompe l'attente informationnelle d'un locuteur[30] qui se prépare à trouver qualifiants et qualifiés liés par contiguïté, et cela quelle que soit leur place réciproque. La rupture de la linéarité du signifiant induite par leur séparation, outre qu'elle suscite une difficulté de compréhension qui donne le pas à la lecture personnelle sur la récitation par un tiers, valorise à l'extrême une règle d'accord morphologiquement marquée, seule à même de relier à distance les lexèmes pertinents. Il va de soi que le désir d'élever le niveau artistique du signifiant en le disloquant n'a pas seul préservé les désinences nominales de la destruction par amuïssement. Mais il reste que, favorisée dans ses moyens par le conservatisme et la surexpression orthoépique des élites lettrées, l'hyperbate, fréquemment compliquée d'anastrophe, a dû contribuer à fixer, au moins graphiquement, une morphologie nominale désinentielle indispensable à la sauvegarde de la casualité latine.

12. L'adjectif en miroir d'une esthétique de la tactique casuelle: cadre général

A un niveau plus élevé que celui du simple rapport de qualification, le jeu esthétique sur la casualité latine doit s'envisager sur le plan général de la structure tactique globale de la phrase. Ce jeu trouve son premier champ d'exercice dans la manipulation de l'ordre phrastique habituel du latin,[31] un ordre sujet-objet-verbe, qui voudrait, dans la mesure de leur présence, la complémentation directe en centralité segmentale, le sujet à sa gauche et le verbe à sa droite, ou, plus généralement, les actants à gauche et le verbe à droite. Cette structure s'observe à l'état brut dans des textes archaïques, ou archaïsants, et dépourvus d'*ornatus*, ainsi qu'on peut le voir dans des textes épigraphiques tels ceux des Fastes consulaires [31]–[33], où j'ai désigné le sujet par un soulignement simple, la complémentation par un soulignement double, et le verbe par de l'italique.

[31] Fasti *consulaires* 393 (Degrassi pp. 38–39): C. Iulius sp. F. Vopisci n. Iulus in magistratu *mortuus est*.

Caius Julius est mort en charge.

[32] Fasti *consulaires* 253 (Degrassi p. 56): D. Junius D. f. D. n. Pera *abdicauit*, L. Postumius L. f. L. n. Megellus, idem qui praetor erat, in magistratu *mortuus est*.

Decimus Junius renonça à sa magistrature, Lucius Postumius, le même qui était préteur, est mort en charge.

[33] Fasti *consulaires* 23 (Degrassi pp. 80–81): Imp. Caesar Diui f. C. n. Augustus, postea quam consulatu se *abdicauit*, tribuniciam potestatem *accepit*.

L'empereur César Auguste, après qu'il eut renoncé au consulat, reçut la puissance tribunicienne.

Cette structure tactique s'avèrera extrêmement résistante et ne cédera à l'ordre roman qu'à partir de ce moment où l'amuïssement, rendant difficile le départ entre sujet et complément non prépositionnel, ou direct,

[31] Elerick 1990.

[32] Devine et Stephens 2006: 145–224.

aura ramené le verbe dans la centralité segmentale. En voulant le sujet à la gauche verbale et la complémentation à sa droite, ce placement discrimine efficacement des actants actifs et passifs devenus fonctionnellement mal identifiables. Cependant, pour l'usager du latin littéraire, la structure sujet-objet-verbe reste un donné tactique suffisamment puissant pour que sa seule manipulation suffise à signaler la volonté d'art.

A cet exercice, que seule autorise une casualité marquée de manière assez riche pour exclure autant que possible l'ambiguïté, l'adjectif reste un moyen privilégié de jouer sur une difficulté informationnelle et intellective qui est elle aussi un moyen d'art, et non des moindres. Ce jeu connaît trois états de difficulté qui peuvent d'ailleurs parfaitement bien se combiner.

Le premier oppose (cf. supra, §9) une phrase où l'adjectif est présent et une phrase dont il est absent.

Le deuxième oppose des phrases à contiguïté tactique et des phrases à hyperbate (cf. supra, §§10 et 11).

Le troisième oppose des phrases où l'ordre sujet-objet-verbe est modifié à des phrases où il ne l'est pas.[32]

13. L'adjectif en miroir d'une esthétique de la tactique casuelle: exemples poétiques

Deux textes de Plaute [34]–[35], datés de la fin du troisième ou du début du deuxième siècle avant J.-C., permettent d'appréhender la manière dont un même auteur use de ce jeu tactique selon le niveau de style qu'il entend mettre en œuvre.

Le premier d'entre eux [34] est composé de sénaires iambiques qui le destinent à la voix parlée. En tant que tel, il se montre comme l'exposé d'une partie de l'action dramatique où l'auditeur ne doit pas attendre des morceaux de haute élévation. Et de fait, le contenu de ce passage est d'ordre nettement trivial puisqu'il met en scène un parasite qui se présente au public, vante l'efficacité de son appétit et l'agrément de son régime de vie qu'il assimile à un esclavage où l'assiette et son contenu auraient remplacé la chaîne. Dans ce passage où la *uis comica* se fait populaire, on constate certes la présence d'adjectifs, ce qui n'était pas le cas dans les exemples de prose populaire présentés ci-dessus ([27], [28]), mais on les trouve systématiquement, fussent-ils antéposés ou postposés, en régime de stricte contiguïté tactique. Le vers 81 appelle toutefois un commentaire. *Mea* n'y est pas vraiment séparé de *sententia* par l'adverbe de validation *quidem* qui, en tant que modificateur postposé à l'objet qu'il thématise, ne pouvait être à un autre endroit qu'immédiatement après *mea*, un déterminant que l'habitude veut préposé au déterminé. La séquence *mea quidem sententia* n'était ainsi que la manière la plus économique de satisfaire simultanément à deux exigences de contiguïté tactique contradictoires.

[34] Plaute, *Menaechmi* 77–88

Iuuentus nomen fecit Peniculo mihi,
ideo quia mensam, quando edo, detergeo.
Homines captiuos qui catenis uinciunt
et qui *fugitiuis seruis* indunt compedes,
nimis stulte faciunt *mea quidem sententia.*
Nam *homini misero* si ad malum accedit malum,
maior lubido est fugere et facere nequiter.
Nam se ex catenis eximunt *aliquo modo.*
Tum compediti anum lima praeterunt
aut lapide excutiunt clauom. Nugae sunt eae.
Quem tu adseruare recte, ne aufugiat, uoles,
esca atque potione uinciri decet.

[33] Marouzeau 1970: 333; Bolkestein 2001; Devine et Stephens 2006:

Le second texte [35], dont je n'ai conservé que les éléments significatifs, porte le récit d'une bataille victorieusement livrée par le narrateur. De mètres lyriques variés, il est destiné au chant et par cela même s'annonce d'un niveau de style qu'il faut placer aux antipodes de celui du texte précédent [34]. Le ton y est nettement épique et l'*ornatus*, surabondant, lui ajoute une note ironique. On y trouve par exemple un vers (188) qui comporte une hyperbate (*uictores ... legiones*) génératrice d'un savant polyptote antonymique (*uictores uictis*), et un autre (189) qui contient à la fois des mots archaïques (*duello*) et rares (*internecatis*), constitutifs d'un chiasme englobant l'entier de sa longueur. Poursuivre l'analyse de l'*ornatus* de ce texte trop long pour être ici examiné en détail ne ferait qu'obliger à une répétition qui ne prouverait pas davantage ce qui l'est déjà. Parmi ces moyens d'*ornatus*, se trouve l'hyperbate (190; 194; 208; 235; 244; 244). Bien moins utilisée en ces temps archaïques qu'elle ne le sera plus tard (cf. infra, §17), l'hyperbate se dénote pourtant déjà clairement comme moyen d'art, un moyen dont l'existence est très étroitement conditionnée par l'existence d'une casualité dotée d'une morphologie, certes sous-déterminée et ambiguë, mais néanmoins visible.

[35] Plaute, *Amphitruo* 188–247:

188 *Victores* uictis hostibus *legiones* reueniunt domum.
189 *Duello* extincto maximo atque *internecatis* hostibus
190 quod *multa* Thebano poplo *acerba* obiecit *funera*,
194 regique Thebano Creoni *regnum* stabiliuit *suom*.
208 reducturum, *abituros* agro *Argiuos*, pacem atque otium.
235 denique, ut uoluimus, *nostra* superat *manus*.
244 *equites* parent *citi*: ab dextera maximo.

14. L'adjectif en miroir d'une esthétique de la tactique casuelle: exemples prosaïques

Ce jeu de casualité, expressif et thématisant, finira par passer dans une prose classique avide d'effets telle celle qui s'observe dans des discours où l'émotionnel a sa pleine part. Lorsqu'en 63 avant J.-C., il s'agira pour Cicéron de dénoncer de manière efficace les menées séditieuses de Catilina [36], il recourra tout naturellement à l'hyperbate thématisante pour désigner à l'attention de son auditoire de sénateurs hautement cultivés les points saillants de son argumentation.

[36] Cicéron, *In Catilinam* 1.1: Quo usque tandem abutere, Catilina, patientia nostra? quam diu etiam furor iste tuus nos eludet? quem ad finem sese *effrenata* iactabit *audacia?* Nihilne te nocturnum praesidium Palati, nihil urbis uigiliae, nihil timor populi, nihil concursus bonorum omnium, nihil hic *munitissimus* habendi senatus *locus*, nihil horum ora uoltusque mouerunt? Patere tua consilia non sentis, *constrictam* iam horum omnium scientia teneri *coniurationem tuam* non uides?

Jusques à quand enfin, Catilina, abuseras-tu de notre patience? Combien de temps encore ta fureur esquivera-t-elle nos coups? Jusqu'où s'emportera ton audace effrénée? Rien. Ni les troupes qui la nuit occupent le Palatin, ni les rondes à travers la ville, ni l'anxiété du peuple, ni ce rassemblement de tous les bons citoyens, ni le choix de ce lieu, le plus sûr de tous, pour la convocation du Sénat, ni l'air ni l'expression de tous ceux qui sont ici, non, rien n'a pu te déconcerter? Tes projets sont percés à jour; ne le sens-tu pas? Ta conspiration, connue de tous, est déjà maîtrisée; ne le vois-tu pas?

Il est significatif de constater que, si l'on rassemble les termes thématisés par l'hyperbate, l'on obtient le résumé d'une structure argumentative réduite à son expression la plus concentrée. En l'occurrence, Cicéron ne fait qu'amplifier un schéma limité à des causes et des conséquences, soit "L'audace sans frein de Catilina ne peut pénétrer dans ce lieu parce qu'il est le plus sûr, et par conséquent sa conspiration est maîtrisée." Sans brutaliser à l'excès la pensée cicéronienne, il est même possible de la réduire à ce qu'expriment les seuls adjectifs thématisés, soit "l'excessif se heurte au sûr et s'en trouve maîtrisé."

En recourant de la sorte à une figure séparatrice, l'auteur met en évidence de manière économique les termes qu'il entend rendre saillants. Autorisée par l'existence d'une casualité marquée, l'hyperbate se fait ainsi le moyen d'un métadiscours tenu sur sa propre œuvre par l'auteur lui-même.

15. Hyperbate et manipulation phrastique en prose

Les exemples produits jusqu'ici illustraient surtout les deux premiers degrés de la manipulation adjectivale telle que je l'ai évoquée plus haut (cf. supra, §11), celui de la simple présence et celui de la rupture de la contiguïté qui lie qualifiant et qualifié. Le troisième degré de cette manipulation, celui qui se déduit de l'atteinte portée à la structure fondamentale d'un latin qui veut sujet et verbe de part et d'autre de la complémentation, est un sûr gage de volonté sinon artistique, du moins expressive. Les prosateurs, fussent-ils des artistes tels Salluste, Tite-Live, Sénèque, Tacite ou Ammien Marcellin, restent foncièrement fidèles au vieux modèle structurel. Il n'est jusqu'à un artiste tel que Pline le Jeune [37] qui ne respecte un schéma phrastique que la moindre phrase du César de la *Guerre des Gaules* [38] illustre au mieux. Il est même ardu de leur trouver une hyperbate.[33] La comparaison effectuée ci-dessous affronte deux échantillons pris au hasard de ces deux derniers auteurs. Elle en montre une volonté — que l'on voudra croire significative d'une généralité — de placer le sujet (souligné), lorsqu'il est exprimé, en ouverture segmentale, la complémentation (double souligné) en centralité et le verbe en clausule. On aura remarqué le placement en contiguïté des qualifiants et des qualifiés (italique), dont la séparation par hyperbate est d'autant plus rare que l'auteur se veut moins artiste. Il est de ce point de vue significatif que César, s'il raréfie à l'extrême l'hyperbate dans une *Guerre des Gaules* qu'il veut très brute, la laisse se multiplier dans une *Guerre civile* qu'il prévoit plus artiste.[34]

[37] Pline, *Epistulae* 2.1: Quia *tardiorem aduentum tuum* prospicio, librum quem *prioribus epistulis* promiseram exhibeo.

Puisque ton arrivée, je le prévois, va être retardée, je te remets l'ouvrage annoncé par ma dernière lettre.

[38] César, *Bellum Gallicum* 1.25.2: Milites *e loco superiore pilis missis facile hostium phalangem* perfregerunt.

Nos soldats, lançant le javelot d'une position supérieure, réussirent aisément à briser la phalange des ennemis.

16. Hyperbate et manipulation phrastique: ultima ratio poetarum

Déjà considérées plus haut (cf. supra, §6) comme moyens poétiques, les hyperbates se trouvent fréquemment associées par les poètes, et les plus friands d'artificialité,[35] à une manipulation tactique qui va jusqu'à la modification de la disposition traditionnelle de la phrase latine où l'ordre sujet-objet-verbe aurait correspondu aux attentes du lecteur (cf. supra, §11).[36] Un artiste au goût très sûr comme Virgile [39], non seulement place qualifiants et qualifiés des deux premiers vers du quatrième chant de son *Enéide* en hyperbate, mais encore les dispose en une figure de très haute sophistication obtenue par superposition d'un parallélisme casuel (nominatif-ablatif-nominatif-ablatif) et d'un chiasme (substantif-adjectif-adjectif-substantif). Il gardera pourtant à sa phrase un ordre tactique foncièrement traditionnel qu'elle doit au respect de la séquence sujet (*regina*) - objet (*uulnus*) - verbe (*alit*).

[39] Virgile, *Enéide* 4.1–2:

At *regina* (nom.) *graui*/p (abl.) iamdudum *saucia* (nom.) *cura* (abl.)
uulnus alit uenis et *caeco* carpitur *igni*.

Mais la reine depuis longtemps blessée d'un mal profond nourrit sa plaie du sang de ses veines et se consume d'un feu caché.

On trouve cependant sans peine chez Virgile, et plus qu'ailleurs dans des poèmes tels les *Bucoliques* où la sophistication se fait obligée, des exemples d'hyperbates associées à des modifications de l'ordre tactique traditionnel. Ces modifications peuvent aller jusqu'à son inversion complète, comme dans l'exemple [40] où *compulerant*

128.

[34] Devine et Stephens 2006: 602.

[35] Conrad 1990; Adams 1976.

[36] Panhuis 1982: 110–16.

[37] Fry à paraître.

est un verbe, *greges* un objet et *Corydon et Thyrsis* des sujets. On remarquera encore que la locution adverbiale *in unum*, qualificative du verbe *compulerant*, en est séparée par une hyperbate polaire qui veut les termes corrélés placés aux extrêmes de l'attaque et de la clausule du vers.[37]

[40] Virgile, *Eclogues* 7.1–2:

Forte sub *arguta* consederat *ilice* Daphnis,
Compulerantque greges Corydon et Thyrsis *in unum*.

Un jour Daphnis s'était assis sous une yeuse bruissante; Corydon et Thyrsis avaient mis ensemble leurs troupeaux.

17. Hyperbate, manipulation phrastique et assistance informationnelle

Surimposée à un bouleversement de la disposition phrastique usuelle, l'hyperbate ajoute un obstacle supplémentaire à l'intelligence d'un *dictum* dont la complexité atteint aux limites de l'intelligible et à la distance la plus grande possible par rapport aux parlers vulgaires. Une phrase tirée de la *Peregrinatio Aetheriae* [41], un texte écrit à la fin du quatrième siècle après J.-C. par une femme issue de la meilleure société, mais ignorante des artifices de la prose d'art et déjà pratiquante d'un ordre phrastique qui tend vers celui du proto-roman, montre des qualifiants et des qualifiés (italique) liés en contiguïté et des composants phrastiques qui tendent, mais avec de fortes fluctuations, vers l'ordre sujet-verbe-complémentation (souligné).

[41] *Peregrinatio Aetheriae* 3.1: Ibi ergo mansimus in *ea nocte*, et inde maturius *die dominica* cum *ipso presbytero* et monachis, qui ibi commorabantur, <u>coepimus ascendere *montes singulos*</u>. Qui montes cum *infinito labore* ascenduntur.

Là donc nous somme restés pour la nuit et de là, tôt le matin du dimanche, accompagnés du prêtre lui-même et des moines qui résidaient là, nous avons commencé à escalader chacune des montagnes. Ces montagnes s'escaladent avec une peine infinie.

Par contraste, un poème écrit vers le début du premier siècle après J.-C. par une autre femme, Sulpicia, qui, elle, possède la pleine maîtrise d'un art de poète devenu très rhétoriqueur [42], propose des phrases où qualifiants (*meis/nostrum*) et qualifiés (*Camenis/sinum*) sont disjoints, et où l'ordre phrastique se fait non-canonique, mais selon des voies qui ne sont pas celles du futur proto-roman, puisqu'il fait se succéder, sans doute à fins thématisantes, un complément (*illum*), un sujet (*Cytherea*) et un verbe (*adtulit/deposuit*).

[42] Sulpicia, *Tib.* 3.13.3–4:

Exorata *meis*/^{p} illum Cytherea *Camenis*
adtulit in *nostrum*/^{p} deposuitque *sinum*.

Fléchie par mes vers, Cythérée me l'a amené et l'a déposé entre mes bras.

L'application maximale de principes tactiques esthétiquement et socialement valorisés mais nuisibles à la facile intelligence du texte a rapidement imposé l'emploi de moyens de désambiguïsation. Contrairement à la prose dont la compacité ne laisse rien saillir sinon par une éventuelle mise en page *per cola et commata*, la poésie était régie par une architecture textuelle impérieuse et par des règles métriques sans défauts qui en commandaient la portée segmentale. En générant des segments à très courte portée, césures et clausules autorisent des relais de trois à dix syllabes environ de distance. Ils serviront à relier le séparé.[38] Ainsi, dans le texte très complexe de Sulpicia [42], *meis* et *nostrum*, des qualifiants, se trouvent mis en évidence par une césure penthémimère qui les place dans une fin segmentale analogue à celle que signale une clausule qui met de la même manière en extrémité segmentale leurs qualifiés *Camenis* et *sinum*. La relation se fait alors visuellement par identité topologique et auditivement par l'arrêt de la voix. Virgile [39] n'a pas agi autrement, sinon dans l'exemple tiré des *Bucoliques* [40] où son renoncement peut être interprété comme un sacrifice fait à la complexité requise par le genre.

[38] Fry 2002.

[39] Serbat 1981.

Cette manière de réunir par coupure thématisante ce que la tactique poétique avait séparé se rigidifiera au fil du temps pour se faire peu à peu indicateur d'hémistiche. Cet automatisme restera sans aucun doute comme la marque de fabrique d'une poésie construite sur les canons de l'ancienne esthétique. Alcimus Avitus [43], un poète hautement lettré de la fin du cinquième siècle après J.-C., en use avec art et conscience. Il reste que l'on ne peut s'empêcher de croire que, en ces temps proto-romans où l'amuïssement vulgarisait jusqu'à la langue des élites, ce genre de marquage de la relation syntaxique devait désormais autant décorer le texte qu'en faciliter l'intelligence.

[43] Alcimus Avitus, *Carmina* 1:1–18:
1 Quidquid agit *uarios*/ᵖ humana in gente *labores*
2 unde *breuem*/ᵗ carpunt mortalia tempora *uitam*
3 uel quod *polluti*/ᵖ uitiantur origine *mores*
6 quod tamen *admisso*/ᵖ dudum peccatur *honore*
7 adscribam tibi, prime pater qui semine mortis
8 tollis *succiduae*/ᵖ uitalia germina *proli*

Tout ce qui, dans le genre humain, engendre des tribulations variées, d'où l'existence des mortels tire la brièveté de la vie, ou la raison pour laquelle nos mœurs sont corrompues dès l'origine [...], notre inclination à pécher du fait de la perte déjà ancienne de nos prérogatives, je te l'imputerai, père premier, toi qui, par la semence de la mort, enlèves à ta postérité déchue les germes de la vie.

18. Conclusion 1: Morphosyntaxe de la casualité

Le jeu de la dissociation tactique tel qu'il a été observé oblige à considérer le rapport qui lie cas et fonction ou, plus précisément, morphologie et syntaxe. L'exemple de l'adjectif a mis en lumière l'importance et le rôle que le locuteur fait jouer à la règle d'accord lorsqu'il s'agit pour lui de créer de la parole distincte de la langue populaire ou simplement usuelle. C'est grâce à l'existence de cette règle d'accord, qui rend possible l'identification de relations fonctionnelles étirées à distance, que s'offre à lui la possibilité d'un jeu esthétique. Celui-ci, applicable au substantif, trouve son ampleur maximale lorsqu'il touche à l'adjectif. Cette liberté tactique oblige à considérer séparément cas et fonction.[39] En effet, la rupture de contiguïté montre que, dans l'esprit du locuteur lettré, la fonction, en tant que relation, se distingue assez fortement du cas, en tant que marque, pour que celui-ci puisse faire l'objet d'une manipulation propre. Celle-ci étire le lien fonctionnel mais sans le rompre. Il en résulte une séparation volontaire du morphologique et du sémantique, du signifiant et du signifié, ce qui est très exactement la manifestation de l'art.

19. Conclusion 2: Sémantique et esthétique de la casualité

Dans une esthétique de la séparation tactique, le jeu se fait purement sémantique puisque la relation casuelle préserve le lien syntaxique. Il en résulte la production d'un texte où la linéarité du signifiant se trouve gravement remise en cause. En effet, sitôt que le locuteur a conscience que la structure du *dictum* est régie par une structure tactique transcendante, il sait exactement comment interpréter les constituants phrastiques qui se présentent successivement à lui. Lorsque ce n'est plus le cas, le récepteur du message se trouve entièrement dépendant d'une volonté communicationnelle qu'il se trouve en devoir de percer. Il doit donc se faire récepteur actif, sauf à renoncer à comprendre ce qui lui est dit. La rupture de la linéarité du signifiant telle qu'elle est induite par un régime séparatif l'oblige à considérer l'ensemble du signifiant, dans une simultanéité qui le contraint à s'en extraire. Et cela, l'auteur le sait. Poussant son jeu à l'extrême, celui-ci, lorsqu'il est poète, va en mobiliser ses ressources tactiques jusqu'à étirer la relation syntaxique aux extrêmes limites du vers et parfois même au-delà, dans un débordement qui n'est ni de l'enjambement ni du rejet, mais de l'entrelacs.[40] L'extrait d'Ovide commenté plus haut ([17], cf. supra, §6), où les adjectifs *caesa* et *suis* sautaient la barrière métrique pour se lier dans le vers suivant en chiasme avec *montibus* et *pinus*, témoigne bien nettement de la conscience acquise par l'auteur que son *dictum*, par le jeu casuel, a accédé à une bidimentionnalité qui lui retrouve son sens premier de *textus*, d'objet tissu

[40] Fry 2004.

[41] Shannon 1963: 65–80; Battail 1997: 116–19; Fry 2006.

d'horizontalité mais aussi de verticalité. Il va de soi que la création d'entrelacs rend au visuel une importance que la stricte linéarité lui avait retirée au profit de l'auditif et oblige à considérer les complexités tactiques de la poésie comme destinée au moins autant à un lecteur qu'à un auditeur.

20. Conclusion 3: Communication, cognition et casualité

Le jeu de la séparation tactique est créateur de difficultés communicationnelles. En effet, le récepteur d'un message ainsi structuré se trouve trompé dans ses attentes à mesure que progresse sa réception du message. En théorie mathématique de l'information, un tel message serait considéré comme porteur d'un *bruit* occasionné en l'occurrence par le fait que les termes ne s'y succèdent pas en fonction de leur probabilité d'apparition.[41] Dans une semblable situation, c'est non seulement le sens de la vue qui est convoqué, mais aussi la mémoire ainsi qu'une activité de reconstruction du sens qui sollicite les capacités proprement computationnelles du récepteur.[42] Tout, cependant, montre que l'auteur a conscience de la difficulté intellective d'un message qu'il pousse certes parfois jusqu'à son maximum, mais qu'il allège en fournissant à son destinataire quelques repères facilitateurs. Ceux-ci s'aperçoivent dans les moyens métriques, telles les césures et les clausules, que l'auteur se donne pour désigner à son lecteur ce qu'il juge lui-même important non seulement dans l'ordre sémantique, mais aussi dans l'ordre syntaxique. Conscient de solliciter les capacités cognitives et intellectives de son lecteur jusqu'à ses limites, l'auteur se sait pourtant l'obligation de se modérer, sous peine d'obscurité irrémédiable. Il suffisait toutefois que d'une esthétique de la complexité surgisse l'enténébrement prémédité du lecteur non introduit.

****

NB: Les traductions proposées sont en général et à quelques aménagements près celles publiées par la Collection des Université de France ou par les Sources Chrétiennes.

****

Abréviation

CIL *Corpus Inscriptionum Latinarum*, 1853–

Bibliographie

Adams, J. N.

1976 "A Typological Approach to Latin Word Order." *Indogermanische Forschungen* 81: 70–99.

Baratin, Marc

1989 *La naissance de la syntaxe à Rome.* Paris: Minuit.

Battail, Gérard

1997 *Théorie de l'information: application aux techniques de communication.* Collection Pédagogique de Télécommunication. Paris: Masson.

Bolkestein, M.

2001 "Random Scrambling? Constraints on Discontinuity." In *De lingua Latina nouae quaestiones* (Actes du Xe colloque international de linguistique latine, Paris, Sèvres, 19–23 avril 1999), édité par C. Moussy, pp. 245–58. Bibliothèque d'Études Classiques 22. Louvain: Peeters.

Cardauns, Burkhart

2001 *Marcus Terentius Varro: Einführung in sein Werk.* Heidelberger Studienhefte zur Altertumswissenschaft. Heidelberg: C. Winter.

[42] Rastier 2001: 140–48; François et Tapiero 1997: 225–82.

Conrad, Carl W.

1990 *From Epic to Lyric: A Study in the History of Traditional Word-order in Greek and Latin Poetry*. Harvard Dissertations in Classics. New York: Garland.

Devine, A. M., et Laurence D. Stephens

2006 *Latin Word Order: Structured Meaning and Information*. New York: Oxford University Press.

Elerick, Charles

1990 "Latin as a SDOV Language: The Evidence from Cicero." *Papers on Grammar* 3: 1–17.

Ernout, A.

1957 *Recueil de textes latins archaïques*. Nouvelle éd. Paris: C. Klincksieck.

François, Jacques, et I. Tapiero

1997 "L'identification des procès en contexte I: un modèle procédural du traitement cognitif des titres bipartites de la presse." In *Sémantique linguistique et psychologie cognitive: aspects théoriques et expérimentaux*, édité par J. François et G. Dehière, pp. 225–82. Sciences et Technologies de la Connaissance 12. Grenoble: Presses Universitaires de Grenoble.

Fry, Carole

2002 "Interactions métrico-linguistiques chez quelques poètes: de la césure chez Virgile, Lucain et Avit." In *Hommages à Carl Deroux*, Volume 1: *poésie*, édité par P. Defosse, pp. 221–36. Bruxeles: Latomus.

2004 "Esthétique de la complexité informationnelle: du moineau de Lesbie aux baisers de Catulle (CATVLL. 2;3;5;7)." *Latomus* 63: 841–56.

2006 "De l'information attendue à l'information délivrée: intégrer la parole du technicien." In *Latin et langues techniques*, édité par J.-P. Brachet et C. Moussy, pp. 203–17. Lingua Latina 9. Paris: Presses Universitaires de Paris-Sorbonne.

2007 "L'ablatif absolu: une histoire de flou." In *Eléments "asyntaxiques" ou hors structure dans l'énoncé latin*, édité par C. Bodelot, pp. 55–74. ERGA/Recherches sur l'Antiquité 9. Clermont-Ferrand: Presses Universitaires Blaise Pascal.

2010 "Les expressions latines de la pluralité extensive et de la singularité compréhensive (*Omnes homines // omnis homo*)." Dans *La quantification en latin*, édité par M. Fruyt et O. Spevak, pp. 127–40. Kubaba. Grammaire et Linguistique. Paris: L'Harmattan.

à paraître "La physique de l'adverbe: la portée d'une force et l'ordre des mots." Communication faite au colloque *Les adverbes en latin*, Centre Alfred Ernout, Paris, Sorbonne, 2003.

Hofmann, J. B., et Anton Szantyr

1972 *Lateinische Grammatik und Stilistik*. Handbuch der Altertumswissenschaft 2, Part 2. Munich: Beck.

Kühner, Raphael, Friedrich W. Holzweissig

1912 *Ausführliche Grammatik der lateinischen Sprache*, Volume 1: *Elementar-, Formen- und Wortlehre*. Hannover: Hahn.

Kühner, Raphael, et Carl Stegman

1914 *Ausführliche Grammatik der lateinischen Sprache*, Volume 2: *Satzlehre*. 2[éme] éd. Hannover: Hahn.

Leumann, Manu

1977 *Lateinische Laut- und Formenlehre*. Handbuch der Altertumswissenschaft Volume 2, Part 2. Munich: Beck.

Marouzeau, J.

1922 *L'ordre de mots dans la phrase latine*, Volume 1:*les groupes nominaux*. Paris: Les Belles Lettres.

1970 *Traité de stylistique latine*. Paris: Les Belles Lettres.

Meiser, Gerhard

1998 *Historische Laut- und Formenlehre der lateinischen Sprache*. Darmstadt: Wissenschaftliche Buchgesellschaft.

Mension-Rigau, Éric

2007 *Aristocrates et grands bourgeois: éducation, traditions, valeurs.* Collection Tempus 167. Paris: Perrin.

Müller, Roman

2001a *Sprachbewusstsein und Sprachvariation im lateinischen Schrifttum der Antike.* Zetemata 111. Munich: Beck.

2001b "Wie vulgar ist der *Sermo uulgaris?*" In *De lingua Latina nouae quaestiones* (Actes du Xe colloque international de linguistique latine, Paris, Sèvres, 19–23 avril 1999), édité par C. Moussy, pp. 1061–69. Bibliothèque d'Études Classiques 22. Louvain: Peeters.

Niedermann, Max

1985 *Précis de phonétique historique du latin.* Nouvelle Collection à l'Usage des Classes 28. Paris: Klincksieck.

Norberg, Dag Ludvig

1998 "Mètre et rythme entre le Bas-Empire et le Moyen Age." In *Au seuil du Moyen Age,* II: *études linguistiques, métriques et littéraires (1975–1995),* édité par R. Jacobsson et F. Sandgren, pp. 81–97. Filologiskt arkiv 40. Stockholm: Kungl. Vitterhets Historie och Antikvitets Academien.

Panhuis, Dirk G. J.

1982 *The Communicative Perspective in the Sentence: A Study of Latin Word Order.* Studies in Language Companion Series 11. Amsterdam: Benjamins.

Rastier, François

2001 *Sémantique et recherches cognitives.* Formes sémiotiques. Paris: Presses Universitaires de France.

Rosén, Hannah

1999 *Latine loqui: Trends and Directions in the Crystallisation of Classical Latin.* Munich: W. Fink.

2001 "La conception de la diction épique dans l'esprit des poètes républicains et leurs successeurs." In *De lingua Latina nouae quaestiones* (Actes du Xe colloque international de linguistique latine, Paris, Sèvres, 19–23 avril 1999), édité par C. Moussy, pp. 981–93. Bibliothèque d'Études Classiques 22. Louvain: Peeters.

Serbat, Guy

1981 *Cas et fonctions: étude des principales doctrines casuelles du Moyen Age à nos jours.* Linguistique Nouvelle. Paris: Presses Universitaires de France.

1996 *L'emploi des cas en latin.* Grammaire fondamentale du latin t. 6. Collection Bibliothèque d'Études Classiques 8. Louvain: Peeters.

Shannon, Claude E., et Warren Weaver

1978 *The Mathematical Theory of Communication.* Chicago: University of Illinois Press.

Touratier, Christian

1994 *Syntaxe latine.* Bibliothèque des Cahiers de l'Institut de Linguistique de Louvain 80. Louvain: Peeters.

Väänänen, Veikko

1966 *Le latin vulgaire des inscriptions pompéiennes.* 3ème éd. Berlin: Akademie-Verlag.

1981 *Introduction au latin vulgaire.* 3ème rév. éd. Bibliothèque Française et Romane, Series A; Manuels et Études Linguistiques 6. Paris: Klincksieck.

Wachter, Rudolf

1987 *Altlateinische Inschriften: Sprachliche und epigraphische Untersuchungen zu den Dokumenten bis etwa 150 v. Chr.* Europäische Hochschulschriften 15. Klassische Sprachen und Literaturen 38. Frankfurt-sur-le-Main: Peter Lang.

20

LE FLOTTEMENT ENTRE LES CAS EN LATIN TARDIF

Gerd V. M. Haverling, Uppsala Universitet

Introduction

La période du latin tardif commence vers 200 après J.-C. et dure jusqu'à la fin du VIe siècle. C'est une période qui voit des grands changements culturels et politiques tels que la Christianisation du monde ancien vers 400 et la chute de l'Empire romain en Occident vers 476. Après cette catastrophe, la société romaine continue à subsister pendant plusieurs générations et ce n'est que vers 600 que nous pouvons observer un déclin notoire des connaissances concernant les lettres et la littérature romaine. Avec la réforme carolingienne, vers 800, on assiste à une recrudescence de ces connaissances, qui marquera la naissance du latin médiéval proprement dit et la naissance des langues romanes.

La période qui nous occupe est donc assez longue et il existe évidemment des différences importantes entre les textes du IIIe siècle et les textes du VIIe siècle de notre ère. À chaque époque, on observe aussi des différences considérables entre les textes des auteurs littéraires, possédant une grande culture et les textes des auteurs semblant très peu connaître la tradition littéraire des Romains et les règles grammaticales du latin classique. Chaque époque a ses auteurs littéraires très cultivés écrivant d'une façon presque classique [1a], ses auteurs de culture moyenne employant plus souvent des expressions typiquement tardives tout en respectant encore les règles fondamentales du latin [1b] et ses auteurs semblant très peu connaître la tradition littéraire des Romains et les règles grammaticales du latin classique [1c]:

[1a] style élevé — vers 400 par exemple les pères de l'Eglise comme St. Augustin et St. Jérôme et le sénateur payen Symmaque; au début du VIe siècle Boèce, philosophe et haut fonctionnaire, et Cassiodore, ministre du roi ostrogoth Théodoric le Grand et fondateur d'un monastère à Vivarium

[1b] style moyen — par exemple l'historien chrétien Orose au début du Ve siècle, quelques auteurs de textes techniques et Grégoire de Tours, évêque et historien, vers la fin du VIe siècle

[1c] style bas — concerne surtout les auteurs des textes préservés dans les inscriptions; mais aussi quelques auteurs de textes préservés dans les manuscrits

Nous discuterons ici quelques aspects de l'emploi des cas. Nous savons que le latin tel que nous le trouvons dans les textes les plus anciens avait déjà perdu deux des huit cas traditionellement attribués au Proto-Indoeuropéen.[1] Mais cela n'est pas toute la vérité, car, en réalité, on a eu affaire à un chevauchement entre plusieurs fonctions, dû à la confusion des formes [2a–b]. Pour les neutres, la flexion se réduisait pratiquement à trois formes [2c]:[2]

[2a] singulier
- i) nominatif et accusatif: les neutres (*templum, cubile*)
- ii) génitif et datif: 1ère et 5ème déclinaisons (*rosae/diei*)
- iii) datif et ablatif: 2ème (*domino, templo*); 3ème chevauchement partiel (*cubili, forti* mais *regi* vs. *rege*)

[1] Voir Baldi 2002: 310–11; Hofmann et Szantyr 1965: §33; et Väänänen 1981: §243.

[2] Voir Ernout et Thomas 1953: §9.

[2b] pluriel
- i) nominatif et accusatif: les neutres (*templa, cubilia*)
- ii) datif et ablatif: toutes les déclinaisons (*rosis, dominis, templis, cubilibus, fructibus, diebus*)

[2c] les trois oppositions des neutres
- i) nominatif-accusatif (*templum/templa*)
- ii) génitif (*templi/templorum*)
- iii) datif-ablatif (*templo/templis*)

Selon l'orthographe, il y aurait donc, dès le latin classique, beaucoup de chevauchements. À cause du développement phonétique, nous avons — surtout dans la langue parlée de l'époque tardive — un système encore plus réduit, ne comprenant que deux ou trois oppositions [3a–c]:[3]

[3a] 1ère déclinaison, singulier
- i) nominatif-accusatif-ablatif (*rosa*)
- ii) génitif-datif (*rose*)

[3b] 2ème déclinaison, masculin singulier
- i) nominatif (*dominus*)
- ii) génitif (*domini*)
- iii) datif-accusatif-ablatif (*domino*)

[3c] 2ème déclinaison, neutre, singulier
- i) nominatif-datif-accusatif-ablatif (*templo*)
- ii) génitif (*templi*)

En latin classique, le nominatif est le cas du sujet. Le vocatif, qui ne se trouve que dans un certain nombre de mots, alterne avec le nominatif dans la fonction d'appel.[4] L'accusatif est le cas du complément d'objet direct et le datif celui du complément d'objet indirect;[5] le génitif est employé pour déterminer le nom et l'ablatif est utilisé dans des compléments circonstanciels.[6] Dans la fonction qui indique le lieu, on a un chevauchement entre l'ablatif et le locatif, qui n'est employé que pour certains mots.[7] Sur plusieurs points, on entrevoit dans le latin classique des fonctions casuelles appartenant à un stade antérieur, pas encore dominé par le rapport entre transitivité et accusatif exprimant l'objet. Il y a aussi une alternance entre les cas dans plusieurs fonctions et les cas sont peu à peu remplacés par des tournures avec prépositions. Lors du développement du latin préclassique au latin tardif, le nombre des cas et des fonctions exprimées uniquement par les cas diminue, tandis que le nombre des locutions prépositionnelles augmente.[8]

Mais l'interprétation de ce qui se passe dans les textes tardifs n'est pas toujours facile. L'un des problèmes, c'est la transmission des textes. Dans plusieurs textes des siècles derniers, nous trouvons, après les prépositions, un emploi des cas qui ne suit pas les règles de la grammaire classique: par exemple les prépositions *ab* et *de* suivies de l'accusatif au lieu de l'ablatif ([4a], [4c]) et la préposition *post* avec l'ablatif au lieu de l'accusatif [4b]. Cela n'est pas suprenant, car nous savons que plusieurs formes des cas étaient déjà en train de disparaître. Cependant, il y a souvent une variation importante entre les différents manuscrits des textes [4a] et parfois même entre différentes œuvres d'un même auteur [4b]. Quelques philologues ont attribué ces fautes grammaticales aux auteurs des textes eux-mêmes. Mais il se peut également qu'un texte ait été vulgarisé par des copistes pendant les deux siècles qui précèdent la réforme carolingienne. Pour cette raison, nous trouvons des différences notoires entre les éditions du même texte [4c]:[9]

---

[3] Voir Väänänen 1981: §59, 127, 128, 242–43.

[4] Voir Ernout et Thomas 1953: §8, 17; Hofmann et Szantyr 1965: §36–37; et Väänänen 1981: §244.

[5] Voir Ernout et Thomas 1953: §8, 21, 77; et Hofmann et Szantyr 1965: §40, 63.

[6] Voir Ernout et Thomas 1953: §8, 52, 100; et Hofmann et Szantyr 1965: §51, 71.

[7] Voir Ernout et Thomas 1953: §118–20; et Hofmann et Szantyr 1965: §86, 88.

[8] Voir Ernout et Thomas 1953: §11–12; Hofmann et Szantyr 1965: §33; et Väänänen 1981: §248–51.

[9] Voir Haverling 2003, 2004, 2008; cf. Coleman 1999.

[4a] variation entre les manuscrits de la traduction des *Aphorismes hippocratiques* (vers 500 après J.-C.)

i) *Aphorismi* 3.25 comm. selon les manuscrits Vc2, Va, Ah, Rg, G, Ba — *a* + abl. (latin classique): *a septem mensibus* "depuis 7 mois"'

ii) *Aphorismi* 3.25 comm. selon les manuscrits Re, Ei, P5, Mc, Mp — *a* + acc. (latin vulgaire): *a septem menses* (ces mêmes manuscrits ont *a nutricibus* dans *Aphorismi* 3.24)

[4b] variation entre les œuvres de Grégoire de Tours (538–94)

i) *post* + accusatif (latin classique) — 6 exemples dans l'*Historia Francorum* et 2 exemples dans les autres œuvres: *post X dies* "après X jours"

ii) *post* + ablatif (latin vulgaire) — 2 exemples dans l'*Historia Francorum* et aucun exemple dans les autres œuvres: *Historia Francorum* 5.32 *post multis diebus* .... et 6.9 *post quadraginta diebus*

[4c] variation entre les éditions de Jordanès (vers 550)

i) Giunta et Grillone (1991: 20) — *de* + abl. (latin classique): Jordanès, *Getica* 44 *de quibus ... testatur*

ii) Mommsen (1882: 65) — *de* + acc. (latin vulgaire): Jordanès, *Getica* 44 *de quas ... testatur*

Parfois, il y a aussi le risque que quelqu'un ait corrigé ce qu'il a considéré comme les fautes d'un auteur tardif [5a]. On peut constater qu'un certain nombre de manuscrits, souvent relativement récents, présente des variantes qui semblent plus conformes aux tendances générales du latin classique [5b]:[10]

[5a] manuscrits P5, Mc, G, Ba, Es, Ei, Mp, (Re) (IXe–XIe s.); *Aphorismes hippocratiques* (vers 500 après J.-C.)

i) *Aphorismi* 1.1 *comparare* + *ad* (latin classique): *ad prolixam artem vitam conparavit brevem* ... "il a comparé la vie courte à l'art long"

ii) *Aphorismi* 1.2 comm. *temperatus* + génitif (latin tardif): *mediocriter temperata sive caloris sive frigdoris* "modérément tempéré soit quant à la chaleur soit quant au froid"

[5b] manuscrits Vc2 et Va (XIe s.) et l'édition de Winter (1533); *Aphorismes hippocratiques* (vers 500 après J.-C.)

i) *Aphorismi* 1.1 *comparare* + *dat.* (latin classique): *prolixam artem vitae comparavit brevi* ... "il a comparé l'art long à la vie courte"

ii) *Aphorismi* 1.2 comm. *temperatus* + ablatif (latin classique): *mediocriter temperata sive calore sive frigore* "modérément tempéré soit quant à la chaleur soit quant au froid"

Il faut toujours être très attentif à ce problème quand on discute de l'emploi des cas dans les textes préservés dans un manuscrit dont l'âge est postérieur à celui de l'auteur.

La tradition littéraire et l'influence de l'école posent un autre problème.[11] Le développement de l'emploi des cas était un changement que les grammairiens essayaient de corriger dans les écoles. Nous possédons des textes qui nous informent sur ce travail, par exemple une collection de phrases appartenant à quatre auteurs classiques tels que Cicéron [6a.i–ii, iv–v] et Virgile [6a.iii–iv] et une liste de mots et de constructions recommandés à l'époque [6b]:

[6a] *Arusianii Messi exempla elocutionum* (IVe s.)

i) p. 449 l. 7: *abundat illa re* (abl.), Cic. *pro Cluentio* (65.184) *mulier abundat audacia*

ii) p. 495 l. 26: *obliviscor huius rei* (gén.), Cic. *in Catil I* (3.6) *obliviscere caedis atque incendiorum*

iii) p. 513 l. 31: *Vtor illo* (abl.), Verg. *Aen. XII* (932) *utere sorte tua.*

[10] Voir Haverling 2003.

[11] Voir Haverling 2004.

iv) p. 469 l. 27: *Egredior illo loco* (abl.), Verg. *Aen. II* (713) *est urbe egressis tumulus*, Cic. *pro Ligario* (2.4) *domo est egressus*

v) p. 470 l. 1: *exit e loco* (*ex* + abl.), Cic. *de suppliciis — ut exeunt e Sicilia praedones*

[6b] *Appendix Probi* p. 197 l. 1 ss. (VIIe s.)

i) *Locutio cum ablativo casu haec convenire reperitur: delector choraula, advertor pantomimo, fruor argento, potior auro, utor toga, privor possessione, indigeo consilio, egeo sumptu, careo molestia, abstineo cibo, fungor officio, sacrifico victima, donatus corona, dignus honore, indignus fama, orbus liberis, fretus amicitia, plenus pecunia, vehemens iracundia, opus est patrono, indulgeo vino, expolio birro, interdico amicitia.*

À cause de cette tradition littéraire, nous avons souvent des raisons de penser que l'emploi des cas trouvé chez les auteurs littéraires était assez différent de l'emploi courant, celui de la langue de tous les jours.

Le développement de l'accusatif

En latin classique l'accusatif est le cas du complément d'objet direct. La tendance générale du développement postclassique, c'est que l'accusatif devient plus important dans cette fonction. Il est donc peu surprenant que beaucoup de verbes qui demandaient autrefois l'ablatif de moyen ou le datif, par exemple, tendent alors à demander l'accusatif [7]. Et même si les grammairiens cherchaient à corriger ce développement, nous en trouvons quelques exemples chez les auteurs littéraires eux-mêmes, comme par exemple chez Grégoire de Tours (538–94), auteur de style moyen (cf. exemple [1b]):[12]

[7a] l'accusatif remplace l'ablatif de moyen

i) *utor* "se servir de, employer" (latin classique: l'abl., l'acc. rare): Grégoire de Tours, *Historia Francorum* 1.1: *herimum utuntur*

ii) *fungor* "s'acquitter de, accomplir, achever" (latin classique: l'abl., l'acc. rare): Grégoire de Tours, *Historia Francorum* 8.31: *sacerdotis fungeretur officium*

iii) *fruor* "faire usage de, jouir de" (latin classique: l'abl., l'acc. rare): Grégoire de Tours, *Historia Francorum* 1.47: *vita quam fruemur*

iv) *potior* "prendre en son pouvoir, s'emparer de" (latin classique: abl. ou gén. dans certaines locutions): Grégoire de Tours, *Historia Francorum* 3.34: *cum episcopatum potiretur*

[7b] l'accusatif remplace l'ablatif séparatif

i) *careo* "être exempt de, privé de" (latin classique: abl.): Grégoire de Tours, *Historia Francorum* 1.31: *optatam caruit sepulturam*

[7c] l'accusatif remplace le datif

i) *noceo* "nuire, fair du mal à" (latin classique: dat., acc. avec les pronoms neut.): Grégoire de Tours, *Historia Francorum* 2.32 *ut neque te neque hanc noceant regionem*

ii) *studeo* "s'appliquer à, s'intéresser à" (latin classique: dat., acc. avec les pronoms neut.): Grégoire de Tours, *Historia Francorum* 7.25: *ut molinas aeclesiasticas studeret*

Dans le latin classique, l'accusatif a encore plusieurs fonctions adverbiales qu'il perd graduellement pour l'ablatif ou pour des locutions prépositionnelles. Il marque par exemple la durée d'une situation [8a], tandis que l'ablatif indique le moment où s'accomplit l'action ou le laps de temps durant lequel se passe un événement (cf. *eo tempore* "à ce moment," *biduo* "dans deux jours" et "en deux jours" etc.). Il y a cependant, dès le latin classique, quelques exemples dans lesquels l'ablatif semble indiquer la durée d'une situation [8b]; et dans cette fonction nous avons aussi la préposition *per* et l'accusatif [8c]. Dans le latin postclassique, l'ablatif tend à remplacer l'accusatif dans les expressions indiquant la durée [9b]. Mais l'accusatif existe encore; il est par exemple

[12] Voir Ernout et Thomas 1953: §25–26; Hofmann et Szantyr 1965: §42, 79e; cf. Bonnet 1890: 532 sq.

particulièrement fréquent chez les historiens [9a], et nous le trouvons aussi dans les inscriptions funéraires — parfois avec l'ablatif [9d]. Nous avons aussi les locutions prépositionelles [9c]:[13]

[8a] accusatif: Cicéron, *De natura deorum* 3.81 *Duodequadraginta Dionysius tyrannus annos* (acc.) *fuit opulentissimae et beatissimae ciuitatis* "Dionysius fut le tyran d'une ville très riche et fortunée pendant 38 ans"

[8b] ablatif (exception): Cicéron, *De oratore* 3.138 *(Pericles) XL annis* (abl.) *praefuit Athenis* "Periclès dirigea Athènes pendant 40 ans"

[8c] *per* + accusatif: Cicéron, *Epistulae ad Atticum* 7.9.4 *tenuisti prouinciam per decem annos* "tu as contrôlé la province pendant 14 ans"

[9a] accusatif
- i) style élevé: Cassiodore, *Historia* 8.15.10 *Qui cum fratre regnavit annos tredecim, post fratrem vero tres* "qui régna pendant treize ans avec son frère et pendant trois ans après la mort du frère"
- ii) style moyen: Grégoire de Tours, *Historia Francorum* 2.37 *Regnavit autem Alaricus annos 22* "Alaric régna 22 ans"

[9b] ablatif
- i) style élevé: Cassiodore, *Historia* 3.12.10 *Vixit autem Constantinus imperator annis sexaginta et quinque, regnavit autem triginta et uno* "l'empereur Constantin vécut 65 ans et régna 31 ans"
- ii) style moyen: Grégoire de Tours, *Historia Francorum* 3.17 *Igitur Dinifio episcopo apud Toronus dicedente, Ommatius tribus annis praefuit* "après la mort de Dinifius, évêque de Tours, Ommatius fut à la tête de l'épiscopat pendant 3 ans"

[9c] *per* + accusatif
- i) style élevé: Cassiodore, *Historia* 8.1.22 *"Confide," inquit, "fili, per viginti annos neque pane neque aqua neque somno sum satiatus ..."* "Crois-moi mon fils, dit-il, pendant vingt ans je n'ai été rassasié ni de pain, ni d'eau, ni de sommeil"
- ii) style moyen: Grégoire de Tours, *Historia Francorum* 1.35: *Sub Diocliciano ... per annos quattuor persecutio exagitata est* "Sous Dioclétien il y eut une persécution pendant 4 ans"

[9d] alternance entre accusatif et ablatif
- i) style bas (cf. Galdi 2004): C 12478 *vixit annis LX* (abl.), *menses* (acc.) *duobus* (abl.), *dies* (acc.) *VII* "il vécut pendant 60 ans, 2 mois et 7 jours"

L'accusatif d'extension a cependant conservé la fonction d'indiquer le degré ou la mesure de quelque chose [10a]. Dans une fonction semblable nous avons aussi le génitif d'estimation en latin classique [10b]. Hors de la langue littéraire, l'accusatif se substituait au génitif dans cette fonction [10c]. Dans le latin tardif, nous rencontrons le génitif chez les auteurs les plus littéraires [11a], tandis que l'accusatif devient plus fréquent dans les textes en général [11b]:[14]

[10a] l'accusatif indique
- i) le degré: Térence, *Phormio* 247 *incredibilest quantum erum ante eo sapientia* "c'est incroyable combien je surpasse mon maître en sagesse"
- ii) la mesure: Varron, *De lingua Latina* 5.173 *denarii, quod denos* (scil. *nummos*) ... *valebant* "les deniers (ainsi dénommés), parce qu'ils valaient chacun dix cas," Pline, *Naturalis historia* 21.185 *cyathus pendet drachmas decem* "un cyathe pèse dix drachmes"

[13] Voir Ernout et Thomas 1953: §121, 122, 133; Hofmann et Szantyr 1965: §46b, 87; cf. Löfstedt 1933: 60 sqq.; Haverling 1988: 208–10; Galdi 2004: 475–82.

[14] Voir Ernout et Thomas 1953: §41, 66–67, 68; et Hofmann et Szantyr 1965: §46, 57.

[10b] le génitif indique la valeur
Cicéron, *Epistulae ad familiares* 11.16.3 *si me tanti facis quanti certe facis* "si tu m'estimes autant que tu m'estimes sans doute"

[10c] l'accusatif de mesure remplace le génitif de prix dans la langue moins littéraire
vers 60 après J.-C.: Pétrone, *Satyrica* 43.4 *vendidit eum vinum quantum* (acc.) *ipse voluit* ... "il vendit ce vin au prix qu'il voulait"

[11a] survie du génitif chez les auteurs les plus littéraires de la période tardive
Symmaque, *Epistulae* 1.15.3 *quanti a te fiam* "l'estime où tu me tiens"

[11b] l'accusatif de mesure remplace le génitif de prix
vers 200 après J.-C.: Tertullien, *De testimonio animae* 6 *illa certe est, quam tanti* (gén.) *facis, quantum* (acc.) *illa te facit* "c'est elle, que tu estimes autant qu'elle t'estime"
IVe siècle après J.-C.: Lucifer Calaritanus, *De Athanasio* 2.29 *illos qui plus* (acc. = *pluris* gén.) *mensae tuae copias fecerunt* "ceux qui estimèrent en plus la richesse de ta table"

Dans ces cas, l'alternance entre les constructions est de caractère stylistique et l'emploi de la construction classique est surtout un phénomène littéraire.

L'accusatif de mouvement a été remplacé par la locution prépositionnelle dans la plupart des cas (par exemple *eo in Italiam* "je vais en Italie"), mais il est encore employé en latin classique avec un certain nombre de mots, dont les noms de villes (par exemple *eo Romam* "je vais à Rome"). À l'époque tardive, nous trouvons cet accusatif dans les textes littéraires [12a]; mais dans les textes moins littéraires, il alterne avec la locution prépositionnelle [12b]; et aussi, dans certains textes assez tardifs, avec le datif [12c]:[15]

[12a] accusatif, style littéraire élevé et moyen (= latin classique)
style élevé
Symmaque (vers 342–vers 402): *Epistulae* 2.24 *Romam ... venit* "il est venu à Rome"
St. Augustin (354–430): *Confessiones* 4.7 *a Thagastensi oppido veni Carthaginem* "de la ville Thagaste je suis venu à Carthage" et 5.8 *Romam pergere* "se diriger à Rome"
style moyen
Orose (début du Ve s.): *Historiae* 6.19.1 *Antiochiam ... rediit* "il est retourné à Antioche"
Grégoire de Tours (538–94): *Historia Francorum* 2.20 p. 66 l. 7 *Romam aufugit* "il s'est enfui à Rome"
(forme non déclinée, latin tardif: Grégoire de Tours, *Historia Francorum* 2.38 *Parisius venit* "il est venu à Paris")
style relativement bas
Itinerarium Egeriae (vers 400): 17.3 *revertebar Constantinopolim* "je revenais à Constantinople" et 22.1 *ubi ... et eundo Ierusolimam iam fueram* "où j'avais déjà été en allant à Jérusalem"

[12b] *in* + accusatif (latin tardif)
style relativement bas
Itinerarium Egeriae (vers 400): 12.11 *regressi sumus in Ierusolimam* "nous sommes rentrés à Jérusalem" et 25.12 *omnes ... in Ierusolima reuertuntur* "tous reviennent à Jérusalem"

[12c] datif
style moyen — Grégoire de Tours (538–94)
Historia Francorum 3.5 p. 112.20 *Lugduno regressus est* "il est retourné à Lyon"
Historia Francorum 2.18 p. 57.19 *Andecavo venit* "il est venu à Anjou"
Historia Francorum 6.12 p. 257.7 *Tolosae dirigitur* "on se dirige vers Toulouse"

---

[15] Voir Ernout et Thomas 1953: §42, 44; et Hofmann et Szantyr 1965: §50.

Dans le latin tardif vulgaire, l'accusatif alterne parfois aussi avec le nominatif [13a] ou avec le génitif [13b]. Au VIe siècle, il alterne aussi avec l'ablatif dans les constructions absolues remplaçant une proposition dans les textes littéraires [13c]:[16]

[13a] l'accusatif alterne avec le nominatif

i) IVe siècle *Chiron* 533 *huius sucum ... vetustissima oculorum vitia sanat* "le suc de celui-ci guérit les maladies des yeux" = *sucus*

ii) fin du IVe siècle: *Itinerarium Egeriae* 1.2 *per valle(m) illa(m) quam dixi ingens* "par cette vallée que j'ai dite immense"

iii) IDR 3/3, 342 *Asclepius ... cives Bithinum* "Asclepius citoyen bithynien" = *Bithynus* (cf. Galdi 2004)

[13b] l'accusatif alterne avec le génitif (cf. Galdi 2004)

i) ILB 155 *Durazis fra[te]r eius memoriam causam posuit* "son frère Durazis l'érigea à sa mémoire" = *memoriae*

ii) C 13620 *triumfator terrae ac maria victor* "triomphateur par terre et par mer" = *marium*

[13c] l'accusatif remplace parfois l'ablatif dans les constructions "absolues"

i) Grégoire de Tours, *Historia Francorum* 10.22 *Cumque rex, auditas eius inprobitates, iussisset* ... "Et quand le roi, ayant reçu les nouvelles de ses crimes, avait donné l'ordre que..." = *auditis ... inprobitatibus*

L'accusatif tend donc à remplacer plusieurs cas en latin vulgaire tardif et les faits observés dans les langues romanes reflètent son importance dans la langue parlée. À cause du développement phonétique, la différence entre la prononciation de l'accusatif et de plusieurs autres formes casuelles est devenue imperceptible (cf. exemple [3]). Cela a même provoqué un chevauchement avec le nominatif, un problème résolu par l'introduction, dans les langues romanes, d'un ordre des mots fixe.

L'ablatif, le datif, le génitif et les locutions prépositionnelles

Le développement des autres cas obliques est surtout caractérisé par l'importance croissante des locutions prépositionnelles, mais aussi par une tendance du génitif à s'étaler aux dépens des autres cas.

Le chevauchement entre les cas et les prépositions

Dans le latin tardif et vulgaire c'est surtout la préposition *de* qui tend à remplacer le génitif dans plusieurs fonctions, par exemple le génitif "objectif" [14a] et le génitif de qualité [14b]; mais le génitif est aussi remplacé par d'autres prépositions:[17]

[14a] *de* + ablatif au lieu du génitif objectif: Cyprien, *Ad Donatum* 10 *nullus de legibus metus est, de quaesitore, de iudice pavor nullus* "il n'y a aucune crainte des lois, aucune crainte des autorités policières et judiciaires" = latin classique: *metus legum* "la crainte des lois"; *metus a praetore* "la crainte du preteur"

[14b] *de* + ablatif au lieu du génitif de qualité: Orose, *Liber apologeticus contra Pelagianos* 15.2 *homines ... de illa carnali arrogantia* "les hommes de cette arrogance charnelle"

L'emploi du datif semble être encore relativement stable au IVe siècle, mais au VIe siècle, nous trouvons un emploi nouveau pour le datif dans plusieurs fonctions. En même temps, nous pouvons observer que le datif tend à

[16] Voir Ernout et Thomas 1953: §16; Hofmann et Szantyr 1965: §39, 40c, 85d; et Väänänen 1981: §252–57; cf. Helttula 1987; et Galdi 2004: 443–62.

[17] Voir Ernout et Thomas 1953: §13, 52; Hofmann et Szantyr 1965: §52a.ι, 56a.θ; et Väänänen 1981: §250.

être remplacé par la construction avec *ad;* au lieu du datif avec les verbes qui ont le sens de "dire," nous trouvons chez un auteur du VIe siècle la préposition *ad* avec l'accusatif [15]:[18]

[15] Grégoire de Tours, *Historia Francorum* 2.3 *ad episcopum aiebat* "il disait à l'évêque" (= *episcopo* en latin classique)

Mais parfois, l'emploi du datif semble refléter le remplacement du cas par la locution prépositionnelle qui a lieu dans la langue parlée. Avec les verbes de mouvement, nous trouvons normalement la locution prépositionnelle, tant en latin classique qu'en latin tardif littéraire et moins littéraire [16a]. Dans un texte moins littéraire de la même époque, nous trouvons cependant aussi le datif [16b]. Cet emploi du datif est assez rare et vulgaire vers la fin du IVe siècle, mais il devient plus fréquent et nous le trouvons même chez les auteurs littéraires au VIe siècle.[19] Il peut alors y avoir alternance entre datif et locution prépositionnelle à l'intérieur des mêmes textes:

[16a] *ad* avec les verbes de mouvement (= latin classique)

i) St. Augustin (354–430), style élevé: *Confessiones* 8.12 *inde ad matrem ingredimur* "de là nous sommes entrés chez ma mère"

ii) *Itinerarium Egeriae* (vers 400), style relativement bas

11.1 *Cum autem ingressi fuissemus ad eos* "Une fois entrés chez eux"

6.3 *ac sic ergo denuo plicavimus nos ad mare* "et nous nous sommes à nouveau approchés de la mer"

[16b] datif avec les verbes de mouvement (= latin tardif)

i) *Itinerarium Egeriae* (vers 400), style relativement bas

39.5 *ingressus est discipulis* "il entra au milieu des disciples"

19.9 *cum iam prope plicarent civitati* "alors qu'ils atteignaient presque la ville"

ii) Grégoire de Tours (538–94), style moyen

Gloria martyrum 1.2 *litori cui advenerat* "il était venu au rivage"

Historia Francorum 3.9 *eum civitati intromisit* "il le fit entrer dans la ville"

Gloria confessorum 45 *ripae alteri sumus devecti* "nous sommes arrivés à l'autre rive"

Avec les noms de villes, le latin classique conserve un emploi archaïque des cas absent de la plupart des locutions ayant les mêmes fonctions. Nous avons noté l'emploi de l'accusatif de mouvement avec les noms de ville, parfois remplacé par la locution prépositionnelle et même par le datif (cf. exemple [12]). Le locatif ne subsiste en latin que dans un petit nombre de locutions. Parmi elles se trouvent les noms de villes. Dans les textes littéraires de l'époque tardive, on observe encore cet usage du locatif [17a], mais un nouveau chevauchement avec une locution prépositionnelle apparaît aussi: le choix de la préposition *apud* [17b] semble pourtant moins vulgaire que le choix de la préposition *in* [17c]:[20]

[17a] locatif (= latin classique)

i) style élevé

Symmaque (vers 342–vers 402): *Epistulae* 2.3 *peracto quod Romae agere destinastis* "ayant achevé ce que vous vous proposiez de régler à Rome" et 1.102 *Mediolani te agere* "que tu es à Milan"

St. Augustin (354–430): *Confessiones* 6.7 *studuerat ... Carthagini* "il avait étudié à Carthage"

---

[18] Voir Ernout et Thomas 1953: §13, 86–87; Hofmann et Szantyr 1965: §63; et Väänänen 1981: §249.

[19] Voir Ernout et Thomas 1953: §42–45; et Hofmann et Szantyr 1965: §70; cf. Bonnet 1890: 536 sqq.; Skahill 1934: 38; Bieter 1938: 62 sqq.; Molinelli 1996; et Haverling 2006.

[20] Voir Ernout et Thomas 1953: §130; et Hofmann et Szantyr 1965: §86, 88; cf. Haverling 1988: 203–05; 2004: 339; 2006: 350 sq.; 2008: 356.

ii) style moyen

Orose (début du Ve s.): *Historiae* 9.3 *paulisper Alexandriae substitit* "il fit halte à Alexandrie pour un moment"

Grégoire de Tours (538–94): *Historia Francorum* 1.40 p. 27 l. 23 *filio Romae relecto* "le fils ayant été laissé à Rome"

[17b] *apud* + accusatif (non classique)

i) style élevé

Symmaque (vers 342–vers 402): *Epistulae* 9.48 *cui lar apud Ariminum fuit* "qui avait sa maison à Rimini"

St. Augustin (354–430): *Confessiones* 5.8 *apud Carthaginem foeda est et intemperans licentia scholasticorum* "la licence sans contrôle des étudiants à Carthage est horrible"

ii) style moyen

Orose (début du Ve s.): *Historiae* 4.5.6 *pestilentia ingens apud Romam conflagravit* "une grande peste sévit à Rome"

iii) style relativement bas

Itinerarium Egeriae (vers 400): 23.3 *quam ... apud Ierusolimam noveram* "que j'avais connue à Jérusalem"

[17c] *in* + ablatif (non classique)

i) style moyen

Orose (début du Ve s.): *Historiae* 7.12.1 *terrae motus in Antiochia paene totam subruit civitatem* "un tremblement de terre à Antioche renversa presque la ville" et 7.12.7 *in Alexandria autem commisso proelio* "quand la bataille fut livrée à Alexandrie"

ii) style relativement bas

Itinerarium Egeriae (vers 400): 25.12 *in Bethleem peruigilant ... quia episcopum necesse est hos dies semper in Ierusolima tenere* "ils veillent à Bethléem ... quant à l'évêque, il doit toujours célébrer ces jours de fête à Jérusalem"

L'emploi incorrect du locatif dans quelques textes moins littéraires montre que cette forme n'était plus fréquente dans la langue de tous les jours [18a] (cf. exemple [12]); parfois nous rencontrons même une forme non déclinée dans cette fonction [18b]:

[18a] locatif hypercorrect au lieu de l'accusatif de mouvement — style bas

i) peut-être chez Pétrone au Ier siècle: *Satyrica* 62.1 *forte dominus Capuae exierat* "le maître était sorti pour aller à Capoue" = *Capuam*

ii) en latin tardif

Vetus Latina II *Timotheus* 1.17 codex d *venisset Romae* "il était venu à Rome" = *Romam*

Jordanès, *Romana* 263 *Romae profectus* "parti pour Rome" = *Romam*

Jordanès, *Getica* 190 *quattuor filiis domi dimissis* "quand quatre des fils étaient envoyés à la maison" - *domum*

[18b] forme non déclinée

i) style moyen

Grégoire de Tours (538–94): *Historia Francorum* 3.18 p. 117 l. 17 *Dum ... regina Parisius moraretur* "pendant que la reine reste à Paris"

ii) style relativement bas

Itinerarium Egeriae (vers 400): 49.2 *Episcopi ... hisdem diebus Ierusolima plus quadraginta ... sunt* "ils sont ces jours-là à Jérusalem plus de quarante ou cinquante"

Dans les expressions indiquant le départ d'une ville (*Roma* "de Rome"/*a Roma* "de Rome") on trouve dès l'époque classique une alternance entre l'ablatif séparatif et la locution prépositionnelle. En latin tardif, nous trouvons normalement dans ce cas la locution prépositionnelle; l'emploi de l'ablatif seul a un caractère très littéraire [19a]. Les auteurs littéraires emploient plutôt la préposition *ab* [19b], tandis que la langue de tous les jours préfère la préposition *de* [19c].[21] Dans ce cas aussi, nous trouvons parfois des formes non déclinées [19d]:

[19a] ablatif de séparation (*Roma* "de Rome": par exemple Cicéron)
- i) style très littéraire: Ammien Marcellin (IVe s.) 31.7.1 *ipse Antiochia protinus egressurus, ut Constantinopolim interim peteret ...* "il avait l'intention de s'en aller aussitôt d'Antioche, pour diriger sa course vers Constantinople"

[19b] *ab* + ablatif (*a Roma* "de Rome": par exemple Tite-Live)
- i) style élevé
  - St. Augustin (354–430): *Confessiones* 5.13 *missum est a Mediolanio Romam ad praefectum urbis* "un message fut envoyé de Milan au préfet de la ville à Rome" et *Confessiones* 4.7 *atque a Thagastensi oppido veni Carthaginem* "je suis venu à Carthage de la ville de Thagaste"
- ii) style moyen
  - Grégoire de Tours (538–94): *Historia Francorum* 2.1 p. 38 l. 19 *regressus ... a Roma* "retourné à Rome"

[19c] *de* + ablatif (latin tardif)
- i) style moyen
  - Orose (début du Ve s.): *Historiae* 7.33.12 *Valens egressus de Antiochia* "quand Valens avait quitté Antioche"
  - Grégoire de Tours (538–94): *Historia Francorum* 6.34 p. 304 l. 18 *rege egresso de Parisius* "quand le roi avait quitté Paris"
- ii) style relativement bas
  - *Itinerarium Egeriae* (vers 400): 13.2 *profecta sum de Ierusolima* "je suis donc partie de Jérusalem" et 18.1 *profecta sum de Antiochia ad Mesopotamiam* "je suis donc partie d'Antioche vers la Mésopotamie" et 23.1 *proficiscens de Tharso ...* "partant de Tarse"

[19d] formes non déclinées
- i) style relativement bas
  - *Itinerarium Egeriae* (vers 400): 10.3 *Proficiscens ergo Ierusolima faciens iter cum sanctis* "Partant de Jérusalem et faisant route avec des saints"

Le génitif partitif indique le tout dont on extrait une partie. Mais déjà à l'époque classique, on trouve aussi les prépositions *ex* et *de* dans les expressions partitives [20a]. En latin tardif, l'emploi des prépositions dans cette fonction augmente [20b]. Chez les auteurs littéraires, l'usage correspond assez bien à celui du latin classique. L'emploi fréquent de la préposition est un marqueur de simplicité stylistique; mais la locution prépositionnelle remplaçant le génitif tend à reprendre une fonction que le génitif avait perdue en latin, à savoir la fonction qui indique la quantité indéfinie de quelque chose:[22]

[20a] latin classique
- i) génitif: Cicéron, *De natura deorum* 3.54 *unus eorum Iove natus ... alter Hyperione ...* "l'un d'entre eux est né de Jupiter, l'autre d'Hypérion"
- ii) *ex:* Tite-Live 22.61.4 *unus ex iis domum abiit* "l'un d'entre eux s'en est allé à la maison"

---

[21] Voir Ernout et Thomas 1953: §131; et Hofmann et Szantyr 1965: §72; cf. Haverling 2004: 339–40; 2006: 351 sq.

[22] Ernout et Thomas 1953: §60, 62; Hofmann et Szantyr 1965: §52a Zus. ι; et Väänänen 1981: §248, 250; cf. Haverling 1988: 140, 225; et Molinelli 1996: 91 sqq., 95 sqq.

iii) *de:* Cicéron, *Pro Flacco* 9 *si quis ... de nostris hominibus* "si quelqu'un de nos hommes," Pétrone, *Satyrica* 44.10 *tamquam unus de nobis* "comme l'un de nous"

[20b] latin tardif

i) génitif partitif

Itinerarium Egeriae 38.2 *locus evangelii resurrectionis* "le passage de l'évangile de la résurrection" (1 exemple) et 7.8 *pars quaedam fluminis Nili* "un bras du fleuve Nil" et 10.3 *in ea parte ripae, qua est Iericho* "sur la rive du fleuve où se trouve Jéricho" et 10.7 *lecta etiam pars quedam Deuteronomii in eo loco ...* "on a lu en ce lieu un passage du Deutéronome" et 3.5 *in ipsa summitate montis ...* "sur le sommet lui-même de cette montagne"

ii) *de* + ablatif

Itinerarium Egeriae 4.3 *locus de libro regnorum* "le passage du livre des Règnes" (20 exemples)

Itinerarium Egeriae 10.4 *fundamenta de castris filiorum Israhel et habitationibus ipsorum* "les fondations du camp des fils d'Israël et de leurs habitations" et 12.5 *sola de illis quinque* "la seule des cinq" et 14.2 *de argento et deheramento modica frustella* "de menus fragments d'argent ou de bronze" et 37.2 *summitates de ligno sancto* "les extrémités du bois sacré"

iii) fonction indéfinie avec *de* + ablatif

Itinerarium Egeriae 3.6 *dederunt nobis presbyteri loci ipsius eulogias, id est de pomis* "les prêtres du lieu nous firent de petits présents, à savoir des fruits"

Grégoire de Tours, *Gloria martyrum* 1.34 *de sancta cera super arborem posui* "je mis de la sainte cire sur l'arbre"

Dans le latin classique, l'ablatif de temps indique le moment où s'accomplit l'action (par exemple *hac nocte* "cette nuit," *eo tempore* "à ce moment," *hieme* "en hiver") ou le laps de temps durant lequel se passe un événement (*biduo* "en deux jours"). En latin tardif, nous trouvons souvent l'ablatif dans cette fonction [21a], mais nous trouvons aussi que les locutions prépositionnelles tendent à remplacer l'ablatif seul [21b].[23] Il y a beaucoup de variation dans les mêmes textes de ce point de vue:

[21a] l'ablatif indique le moment

i) St. Augustin (354–430)

De consensu evangelistarum 3.2.7 *... amen dico tibi, quia hac nocte, antequam gallus cantet, ter me negabis ...* "je te dis vraiment que cette nuit avant que le coq chante tu me renieras"

De consensu evangelistarum 3.2.7 *tamquam si alicui diceretur hac nocte, antequam gallus cantet, ad me scribes epistulam, in qua mihi ter conuiciaberis ...* "comme si l'on disait à quelqu'un que cette nuit avant que le coq chante, tu m'écriras une lettre, dans laquelle tu m'insulteras trois fois"

ii) *Itinerarium Egeriae* (vers 400)

7.7 *civitas, quae fuit illo tempore ...* "une ville qui existait en ce temps là"

29.6 *ea die* "ce jour-là"

iii) Grégoire de Tours (538–94)

his diebus (Grégoire de Tours, *Historia Francorum* 24 exemples, les autres œuvres 7 exemples)

[23] Voir Ernout et Thomas 1953: §121, 122; et Hofmann et Szantyr 1965: §87; cf. Haverling 2004: 337; 2006: 349.

eo tempore (Grégoire de Tours, *Historia Francorum* 35 exemples, les autres œuvres 23 exemples), *hoc tempore* (*Historia Francorum* 6 exemples, les autres œuvres 2)

[21b] *in* + ablatif

i) St. Augustin (354–430)

De consensu evangelistarum 3.2.6 *ait illi Iesus: amen dico tibi, quia in hac nocte, antequam gallus cantet, ter me negabis* "et Jésus lui a dit: je te dis vraiment que cette nuit avant que le coq chante tu me renieras" (= ibid. 3.3.9)

ii) *Itinerarium Egeriae* (vers 400)

19.14 *Nam consuetudo talis erat in illo tempore, ut* ... "Car c'était l'habitude en ce temps-là"

3.2 *in ea die, qua mons fumigabat* "en ce jour où la montagne était fumante"

3.1 *ibi ergo mansimus in ea nocte* "nous sommes restés là cette nuit-là" et 12.9 *in isdem diebus* "pendant ces jours-là"

iii) Grégoire de Tours (538–94)

Historia Francorum 2.37 *Erat in his diebus vir laudabilis sanctitatis* ... "il y avait à cette époque-là un homme de grande sainteté ..."

Historia Francorum 4.36 *et omnibus infirmis magnum in hoc tempore habetur praesidium* "et pour tous ceux qui sont faibles il y a à ce moment une grande protection"

L'ancien intrumental exprimait le moyen employé pour faire quelque chose. En latin classique, on trouve souvent l'ablatif seul dans cette fonction, mais on y trouve aussi souvent la préposition *per* et parfois même la préposition *cum* [22a]. L'emploi de la construction avec *de* + ablatif semble avoir été relativement vulgaire au IVe siècle, mais cet emploi devient plus fréquent au VIe siècle [22b]. Dans un texte assez peu littéraire qui semble être écrit vers la fin du IVe siècle, nous trouvons dans cette fonction une alternance entre l'ablatif seul et la construction avec *de*. Mais dans les textes tardifs, l'ablatif instrumental peut aussi être remplacé par d'autres constructions:[24]

[22a] latin classique

i) ablatif: César, *Bellum Gallicum* 1.52.4 *gladiis pugnatum est* "on combattit avec l'épée" et 2.1.1 *litteris* ... *certior fiebat* "il fut informé par une lettre"

ii) *per* avec des personnes: César, *Bellum Gallicum* 1.12.2 *per exploratores certior factus* "informé par des espions"

iii) *cum:* Catulle 98.3–4 *ista cum lingua* ... *possis* ... "tu peux avec cette langue" = *istā linguā*

[22b] latin tardif

i) ablatif: *Itinerarium Egeriae* 3.6 *fructus quos* ... *manibus suis elaborasse videantur* "alors qu'ils ont récolté les fruits du travail de leur mains"

ii) *per:* Hieronymus, *Epistulae* 58.3.5 *si loca sancta per idola polluissent* "s'il avaient souillé les lieux saints avec des idoles"

iii) *cum:* Grégoire de Tours, *Historia Francorum* 8.15 *confractum cum malleis* "brisé à coups de marteau"

iv) *de*

Itinerarium Egeriae 37.2 *de manibus suis summitates* ... *premet* "il appuie de ses mains sur les extrémités ..."

Grégoire de Tours, *Historia Francorum* 1.10 *horrea de lapidibus quadris aedificavit* "il construit des greniers avec des pierres carrées"

[24] Voir Ernout et Thomas 1953: §113–14; Hofmann et Szantyr 1965: §76; et Väänänen 1981: §248; cf. de la Villa 1998.

Grégoire de Tours, *Gloria martyrum* 2.54 *de palla ... oculos abstergens* "en essuyant les yeux avec le manteau"

v) *ab*

Grégoire de Tours, *Historia Francorum* 7.22 *... ab una manu pallas altaris tenerem ... ab alia vero ... clericos ... prosternerem* "que je tenais la nappe d'autel avec une main et abattais les clercs avec l'autre"

Grégoire de Tours, *Historia Francorum* 8.29 *ab his te gladiis transfodere voluemus* "nous voulûmes te transpercer avec ces épées"

Dans ces exemples, l'alternance entre les cas et les tournures avec les prépositions semble donc être de caractère stylistique. La locution prépositionelle serait le marqueur d'un style peu élevé; mais dans certaines fonctions, on trouve une alternance entre cas et locutions prépositionnelles même dans les textes des auteurs littéraires.

De l'ablatif, du datif et du nominatif au génitif

Dans le latin classique, le génitif peut indiquer ce qui est typique pour quelqu'un ou ce qui dépend de quelque chose. Il y aussi un emploi moins fréquent du génitif pour indiquer la cause ou la finalité [23a]. Dans le latin tardif littéraire, nous trouvons encore le génitif de propriété qui maintenant indique aussi, parfois, la cause [23b]:[25]

[23a] latin classique

i) propriété

Plaute, *Captivi* 583 *est miserorum, ut malevolentes sint et invideant bonis* "il est caractéristique des malheureux d'être malveillants et de porter envie aux bons"

Cicéron, *De fato* 9 *ut sedeamus quidem aut ambulemus voluntatis esse* "si nous nous trouvons assis ou si nous nous promenons, cela dépend de notre volonté"

ii) cause

Rhetorica ad Herennium 4.38.50 *utrum avaritiae an egestatis accessit ad maleficium* "s'il a fait du mal pour cause d'avarice ou pour cause de pauvreté"

CIL X, 9 *conservo pietatis fecit* "à son compagnon d'esclavage par amour"

[23b] latin tardif

i) propriété: Symmaque, *Epistulae* 3.7 *nunc tuarum partium erit respondere* "maintenant ce sera ton rôle de me répondre"

ii) cause

Symmaque, *Epistulae* 1.83 *sed velim credas, infortunii fuisse non voluntatis, quod diu officio scriptionis abstinui* "Mais je voudrais que tu le croies: cette longue négligence est l'effet du malheur, non celui de ma volonté"

Symmaque, *Epistulae* 9.152 *quod scribis, voluntariae benignitatis est, quod sero, curarum* "tu écris: c'est le propre d'une bienveillance spontanée; mais avec retard: les soucis en sont la cause"

Symmaque, *Epistulae* 1.95.1 *quod nullas sumpsi litteras tuas ... scio non fuisse fastidii tui* "Si je n'ai pas reçu de lettre de toi ... je sais que ce ne fut pas l'effet de l'ennui"

Dans le latin classique, nous rencontrons ce génitif avec un attribut pour indiquer ce qui correspond à l'habitude de quelqu'un [24a], mais dans le latin postclassique on trouve ce génitif même sans attribut et dans la même fonction que le nominatif [24b]. Dans le latin tardif, nous trouvons ce génitif également avec d'autres mots et

[25] Voir Hofmann et Szantyr 1965: §53b, 58a Zus. α; cf. Löfstedt 1942: 169 sqq.; et Haverling 1988: 150–59.

dans la même fonction que le nominatif [24c].[26] Pour ma part, je doute que ce phénomène ait vraiment appartenu à la langue parlée:[27]

[24a] au Ier siècle avant J.-C.

i) génitif + attribut: Cicéron, *In Verrem* 2.1.66 *negavit moris esse Graecorum, ut in convivio virorum accumberent mulieres* "il a dit qu'il n'était pas conforme à l'habitude des Grecs, que les femmes participent au festin des hommes"

ii) nominatif et datif: Tite-Live 5.27.1 *mos erat Faliscis eodem magistro uti* ... "les Falisques avaient l'habitude d'avoir le même chef"

[24b] au Ier siècle après J.-C.

i) génitif sans attribut et avec datif: Velleius Paterculus 2.37.5 *sicuti* Pompeio *moris erat* "comme c'était l'habitude de Pompée"

[24c] latin tardif

i) génitif sans attribut et avec datif

Itinerarium Egeriae 10.1 *Id enim nobis semper consuetudinis erat, ut* ... "Telle était en effet notre constante habitude ..." et 15.4 *singula, quae consuetudinis nobis erant facere* ... "chacune des choses que nous étions accoutumés à faire" = *consuetudo nobis est* "nous avons l'habitude"

ii) génitif sans attribut = nominatif: *Itinerarium Egeriae* 7.1 *desiderii ergo fuit, ut* ... "j'avais donc l'envie de ..."

iii) génitif avec attribut = nominatif: Symmaque, *Epistulae* 8.61 *vulgati quippe proverbii est, enavigato Maleo oblimari earum memoriam, quos domi reliqueris* ... "car selon un proverbe bien connu, une fois passé le cap Malée, on efface de sa mémoire ceux qui sont laissés à la maison"

L'ablatif a, comme nous l'avons vu, remplacé l'accusatif dans quelques-unes des fonctions adverbiales; mais il est aussi remplacé par le génitif dans certaines de ses autres fonctions. En latin classique l'ablatif de qualité désigne la particularité d'un individu, tandis que le génitif de qualité désigne l'espèce de quelque chose ou l'évaluation d'une sorte de chose [25a]. Depuis le latin classique, on peut observer un certain degré de chevauchement des deux constructions et dans le latin postclassique, l'ablatif de qualité est souvent remplacé par le génitif [25b]; dans le latin tardif, l'ablatif est un archaïsme que l'on trouve surtout dans les textes les plus littéraires [25c]:[28]

[25a] latin classique

i) ablatif

César, *Bellum Gallicum* 1.47.4 *C. Valerium Procillum ... summa virtute et humanitate adulescentem* "un jeune homme de la plus grande vertu et bonté"

Cicéron, *In Verrem* II 1.64 *mulierem eximia pulchritudine* "une femme d'une beauté extraordinaire"

ii) génitif

Plaute, *Mercator* 525 *generis Graeci est* "il est de race grecque"

César, *Bellum Gallicum* 5.42.1 *fossa pedum quindecim* "une fosse de 15 pieds"

[25b] de l'ablatif au génitif

i) depuis le latin classique

César, *Bellum Gallicum* 2.15.5 *homines ... magnae virtutis* "des hommes d'un grand courage"

Cicéron, *De legibus* 3.45 *uir magni ingenii* (gén.) *summaque prudentia* (abl.) "un homme de grand talent et de la plus grande sagesse"

[26] Voir Haverling 1988: 155–57; cf. le nominatif chez Sénèque (*Epistulae* 22.1 *Vetus proverbium est gladiatorem in harena capere consilium: aliquid adversarii vultus, aliquid manus mota, aliquid ipsa inclinatio corporis intuentem monet*).

[27] Voir Haverling 1988: 159; 2006: 354 sq.; cf. Löfstedt 1911: 278 sqq.

[28] Voir Ernout et Thomas 1953: §57, 112, 133; et Hofmann et Szantyr 1965: §56, 78; cf. Haverling 1988: 159 sqq.

ii) le génitif commence à se substituer à l'ablatif au Ier siècle apres J.-C.
Pline, *Naturalis historia* 34.54 *Minervam … eximiae pulchritudinis* (gén.) "une statue de Minerve d'une beauté extraordinaire"

[25c] latin tardif
i) ablatif (rare): Cassiodore, *Historia* 1.11 *bona specie coniugem …* "une épouse de bel aspect"
ii) génitif (très fréquent): Grégoire de Tours, *Historia Francorum* 6.7 *Ferreolus magnae vir sanctitatis …* "un homme de grande probité"

Il existe plusieurs exemples de ce rapport entre l'ablatif, le génitif et la préposition *de*. Dans la fonction de complément de l'adjectif, l'ablatif que nous trouvons en latin classique [26a] est souvent remplacé par la préposition *de* dans le latin tardif moins élégant [26b] et par le génitif dans les textes littéraires [26c]:[29]

[26a] latin classique + ablatif: Cicéron, *De oratore* 3.137 *litteris instructior* "plus versé dans la littérature"

[26b] latin tardif, style moyen ou bas — + *de* + ablatif: *Itinerarium Egeriae* 20.9 *valde instructus est de scripturis* "très versé dans les Écritures"

[26c] latin tardif, style élevé + génitif: Sulpice-Sévère, *Chronica* 2.42.2 *vir divinarum rerum instructissimus* "très versé dans les choses saintes"

Parfois nous trouvons même le génitif au lieu de la préposition du latin classique. Avec des verbes comme *dissentire* "être d'un avis différent" [27a] et *erubescere* "avoir honte" [27b], le latin classique emploie normalement la préposition *de* avec l'ablatif, alors que le latin tardif littéraire emploiera souvent le génitif:[30]

[27a] *dissentio* "je suis d'un avis différent de quelque chose"
i) latin classique + préposition: Cicéron, *De oratore* 3.114 *cur doctissimi homines de maximis rebus dissentiant* "pourquoi les hommes les plus érudits ont des opinions différentes des choses les plus importantes"
ii) latin tardif littéraire + génitif: Symmaque, *Epistulae* 1.15.2 *tunc nostrates viri, qui inter se aliarum rerum saepe dissentiunt, concordem sententiam super huius laude tenuerunt* "Nos concitoyens qui souvent sur d'autres points ne s'entendent pas entre eux, ont en cette occasion eu sur les mérites de Palladius des avis concordants"

[27b] *erubesco* "je deviens rouge de honte"; "j'ai honte de quelque chose"
i) latin classique + préposition: Sénèque l'Ancien, *Controversiae* 2.3.8 *necesse est de aliis querar, de aliis erubescam* "il est nécessaire que je me plaigne des autres, que je sois honteux des autres"
ii) latin tardif littéraire + génitif: Hieronymus, *Epistulae* 22.7 *non erubesco infelicitatis meae* … "je n'ai pas honte de mon malheur"

Il est probable que l'emploi du génitif dans ces exemples soit lié à l'emploi du génitif avec les adjectifs (exemple [26]).

Quelques nouvelles locutions avec le génitif et avec la préposition *de* montrent également une ressemblance remarquable. Dans le latin classique, on emploie un adjectif comme *Romanus* ou *Sardus* pour indiquer que quelqu'un est "de Rome" ou "de Sardaigne" par exemple. Mais dans le latin tardif, on trouve souvent dans ces fonction une expression attributive contenant la préposition *de* [28a–b].[31] Les locutions prépositionnelles semblent également remplacer des adjectifs comme *caelestis* et *saecularis* par exemple [28c]. Dans les textes littéraires, le génitif semble

[29] Voir Haverling 1988: 141, 176 sqq.; 2004: 341; 2006: 356 sq.; cf. Väänänen 1987: 37.

[30] Voir Haverling 1988: 186; 2004: 341 sq.; 2006: 357.

[31] Voir Haverling 1988: 167, 201; 2006: 358; et Molinelli 1996: 98; cf. Clairin 1880: 113 sq.

parfois avoir une fonction qui correspond à cet emploi attributif de la locution prépositionnelle [29a–b].[32] Il est probable que ce que l'on a souvent appelé le génitif de qualité sans attribut soit lié à ce développement:[33]

[28a] d'une ville ou d'un village (cf. *Romanus* "de Rome")

Itinerarium Egeriae 10.3 *cum sanctis, id est presbytero et diaconibus de Ierusolyma* "avec des saints, un prêtre et des diacres de Jérusalem"

Itinerarium Egeriae 10.8 *presbyter loci ipius, id est de Libiadae* "un prêtre de cet endroit, c'est-à-dire de Livias"

Itinerarium Egeriae 12.7 *episcopus loci ipsius, id est de Segor* "l'évêque de cet endroit, c'est-à-dire de Ségor"

[28b] d'un pays (cf. *Sardus* "de Sardaigne")

Symmaque, *Epistulae* 2.33.A *quosdam alios de Sardinia ... senatores* "certains autres sénateurs originaires de Sardaigne"

[28c] d'un autre lieu

Symmaque, *Epistulae* 2.9 *de septem montibus virum* "un homme des sept collines"

Tertullien, *Adversus Marcionem* 5.2 *angelus de caelo* "un ange céleste" = *caelestis*

Cyprien, *Epistulae* 76.1 *de saeculo homines* "des hommes de ce monde" = *saeculares*

[29a] d'une ville ou d'un village

Grégoire de Tours, *Gloria confessorum* 108 *fuit vir vitae Paulinus Nolanae urbis ex nobile stirpe ortus* "l'homme de vie Paulinus de la ville Nola fut originaire d'une famille noble" = *Nolanus*

[29b] d'un autre lieu

Symmaque, *Epistulae* 4.29.1 *si contempleris ad viciniam Rheni ... nullum partium nostrarum commeare* "si tu considères que vers les parages du Rhin personne de nos régions ne se déplace"

[29c] ≈ *vir de vita* (scil. *aeterna*); cf. *homo de saeculo*

Grégoire de Tours, *Gloria confessorum* 108 *fuit vir vitae Paulinus Nolanae urbis ex nobile stirpe ortus* "l'homme de vie Paulinus de la ville de Nola fut originaire d'une famille noble"

Il est difficile de ne pas voir un rapport entre l'emploi de la préposition *de* et l'emploi du génitif dans ces cas, mais cela ne veut pas dire que nous devions définir l'emploi du génitif uniquement comme un emploi hypercorrect.

Le génitif arrivait parfois à marquer le point de départ local [30b], [31b], peut-être par une sorte de contamination de la tournure prépositionnelle [30a], [31a]:[34]

[30a] latin classique — *ab*

Tite-Live 2.39.5 *quinque ab urbe milia passuum ...* "cinq mille pas de la Ville (= Rome)"

[30b] latin tardif — génitif

Eutrope 1.15 *usque ad quintum miliarium Vrbis* "jusqu'au 5e milliaire de la Ville" = *de urbe?*

Cassiodore, *Variae* 188.2 *intra quadragesimum sacratissimae urbis* "en deçà du 40e milliare de la ville"

[31a] latin tardif — *ab*

Grégoire de Tours, *Historia Francorum* 7.29 *detractu a balteo gladio* "ayant tiré l'épée du baudrier"

[32] Voir Haverling 1988: 166 sqq.

[33] Voir Haverling 1988: 163 sqq.; cf. Bonnet 1890: 551; cf. "un homme de lettres" = *vir litterarum* latin tardif = *vir litteratus* latin classique (Symmaque, *Epistulae* 1.78.1) et *vir honoris et meriti* ≈ *vir magni honoris magnique meriti* "un homme honorable et de mérite" (Symmaque, *Epistulae* 3.69.2).

[34] Voir Ernout et Thomas 1953: §55.3; et Hofmann et Szantyr 1965: §64a Zus. δ.

[31b] génitif

Grégoire de Tours, *Historia Francorum* 7.47 *extracto baltei gladio* "ayant tiré l'épée du baudrier" = *de balteo*?

On rencontre parfois des exemples assez suprenants de cette tendance. En latin classique, certaines expressions contiennent un accusatif adverbial et un génitif qui correspondent à l'ablatif *eo tempore* dans le sens de "à ce moment." Nous trouvons quelques exemples de cette tournure archaïque chez les auteurs tardifs littéraires [32a].[35] Dans une inscription, on trouve cependant aussi un exemple de génitif seul dans la fonction de l'ablatif de temps [32c]. Il est possible que ce soit la tournure avec accusatif et génitif qui se cache derrière cette construction,[36] mais il est aussi possible — et peut-être même probable — que nous ayons ici un exemple de la confusion des fonctions du génitif et de l'ablatif [32b]:

[32a] accusatif + génitif en latin tardif littéraire (= latin classique)

Symmaque, *Epistulae* 1.3.5 *nam Baiae id temporis iam silebant* "car à Baïas désormais le silence était revenu"

[32b] *noctu* > *nocte* > *de nocte* "la nuit, dans la nuit" (depuis le latin préclassique)

[32c] génitif = ablatif?

ILI 2217 *Chinnamis L. Enni Clementis contubernalis bene merenti posit hunc titulum accepi supremi temporis a te mandatu posui* "Chinnamis l'amie de L. Ennius Clemens fit faire cette inscription à son ami qui le mérite. Je l'ai fait faire ayant eu au dernier moment de toi la charge de le faire" = *supremo tempore*?

Même chez les auteurs les plus littéraires nous trouvons parfois un emploi du génitif surprenant qui fait penser à un chevauchement entre ce cas et l'ablatif et les locutions prépositionnelles.[37]

Du datif au génitif

La datif exprimant la finalité que nous trouvons assez souvent en latin classique [33a] devient rare dans le latin tardif, mais nous le trouvons encore chez quelques auteurs de grande culture littéraire [33b]. Parfois il est remplacé par le nominatif [33c] et quelquefois même par le génitif [33d]:[38]

[33a] latin classique, datif: César, *Bellum civile* 2.39.1 *Curio ... exierat cohortibus V praesidio castris relictis* "Curio ... était parti après avoir laissé cinq cohortes pour la défense du camp"

[33b] latin tardif littéraire et élevé (IVe s.), datif: Symmaque, *Epistulae* 2.17.2 *tibi peregrinationem senio esse, invitus audivi* "ton éloignement te chagrinerait, voilà ce que j'ai appris à regret"

[33c] latin tardif littéraire (VIe s.), nominatif: Cassiodore, *Historia* 1.11 *Si cui autem haec esset cura* "si cela était l'objet de souci pour quelqu'un" (= *curae*)

[33d] latin tardif, style moyen et bas, génitif

Orose, *Historiae* 6.10.19 *permetiens, rem suis maximi periculi fore* "en calculant que la chose serait très dangereuse pour ses hommes"

Orose, *Historiae* 6.11.23 *unum solum esse praesidii, si ...* "qu'une chose uniquement servirait de défense, si ..."

[35] Voir Ernout et Thomas 1953: §37; et Hofmann et Szantyr 1965: §49a Zus. β.

[36] Voir Galdi 2004: 419 sq., 492.

[37] Voir Haverling 1988: 174.

[38] Voir Hofmann et Szantyr 1965: §56b Zus. γ; cf. Svennung 1922: 12; 1931–34: 219; Löfstedt 1959: 126 sqq.; Galdi 2002: 103; et Haverling 2006: 356.

Grégoire de Tours, *Gloria martyrum* 3.22 *putans sibi praesidii fore, si ...* "en pensant qu'il lui servirait de secours, si ..."

Pétrone, *Satyrica* 119.47 *hoc dedecoris populo* (scil. *est*) "cela est un objet de honte pour le peuple"

À l'ablatif séparatif se rattache le complément comparatif sans préposition. Dans le latin classique, l'ablatif a cette fonction, surtout quand l'adjectif comparatif est au nominatif [34a]; mais nous avons aussi la construction avec *quam*, qui est fréquent dans les autres cas [34b]:[39]

[34a] latin classique, l'ablatif de comparaison

Plaute, *Asinaria* 543 *te ... nihil est impudentius* "rien n'est plus impudent que toi"

Horace, *Carmina* 3.13.1 *fons ... splendidior uitro* "fontaine plus brillante que le cristal"

[34b] latin classique, *quam*

Cicéron, *Epistulae ad familiares* 5.7.3 *tibi multo maiori quam Africanus fuit* "à toi qui es beaucoup plus grand que ne fut l'Africain"

En latin tardif nous trouvons souvent l'ablatif de comparaison et *quam* dans cette fonction [35a–b], mais dans le latin tardif moins élégant, on rencontre aussi le génitif [36a] et le datif [36b]. L'ablatif est relativement rare chez Grégoire de Tours, qui semble employer assez souvent le datif (si l'on peut se fier à l'orthographe des manuscrits).[40] Nous trouvons le génitif dans quelques textes traduits du grec, mais aussi dans des textes écrits directement en latin:

[35a] latin tardif, ablatif

Cassiodore (vers 490 — vers 580), style élevé: *Expositio psalmorum* 28 *qui eum minorem patre uel filio dicit* "qui dit qu'il est plus petit que le père ou le fils"

Grégoire de Tours (538–94), style moyen

Historia Francorum 8.34 *in hac* (scil. *cellola*) *per octo aut eo amplius annos commoratus* "étant resté pendant huit ans ou plus dans ce lieu"

Historia Francorum 7.1 *nubs omne luce lucidior, in quo non sol ... super his omnibus naturali luce splendidius effulgebat ...* "un nuage plus clair que la lumière ... brillait sur tous ces choses avec une lumière plus claire que la lumière naturelle"

[35b] latin tardif, *quam*

Grégoire de Tours (538–94), style moyen: *Historia Francorum* 4.3 *nihil melius quam me ipsum inveni* "je n'ai rien trouvé plus important que moi-même"

[36a] latin tardif, génitif

Lucifer Calaritanus (mort vers 370): *De regibus apostaticis* 8 *cuius tu in crudelitate et sacrilegio non minor es* "tu n'es pas plus petit que lui dans la cruauté et le sacrilège"

Vitae patrum (VIe s.)

5.10.28 *cum sis omnium minor* "parce que tu es plus petit que tous les autres" (cf. grec μικρότερος πάντων)

5.15.54 *omnium peccatorum esse deteriorem* "qu'il soit pire que tous les pécheurs" (cf. grec πάντων ἁμαρτωλότερον)

3.131 *minorem esse totius creaturae* "plus petit que toute la création"

---

[39] Voir Ernout et Thomas 1953: §195; et Hofmann et Szantyr 1965: §75.

[40] Voir Bonnet 1890: 552, 556; selon Bonnet 1890 nous avons 54 exemples de l'ablatif, 18 du datif, peut-être 2 du génitif, 93 exemples avec *quam* et 7 avec *ab* chez Grégoire de Tours.

[36b] latin tardif, datif

Grégoire de Tours (538–94), style moyen

Historia Francorum 9.15 *nec minorem Filium Patri Spirituique sancto, neque Spiritum sanctum minorem Patri vel Filio* "et le Fils n'est pas plus petit que le Père et le Saint-Esprit et le Saint-Esprit n'est pas plus petit que le Père et le Fils"

Historia Francorum 5.43 *Non est ergo aequum, ut ei similis estimetur, cui se minorem dicit* "il n'est pas juste qu'il soit considéré comme semblable à celui, par rapport auquel il dit qu'il est plus petit"

Historia Francorum 4.11 *nullum sibi putans in sanctitate haberi praestantiorem* "en pensant qu'il n'y a personne qui excelle plus que lui-même en intégrité"

Historia Francorum 6.46 *Nullumque sibi adserebat esse prudentiorem* "il disait qu'il n'y avait personne de plus prudent que lui-même"

[36c] *ab*

Grégoire de Tours (538–94), style moyen

Historia Francorum 4.28 *senior a Brunichilde* "plus âgée que Brunhilde"

Historia Francorum 7.20 *meliorem a se existimans* "qu'il pensait meilleur que lui-même"

Vitae patrum (VIe s.)

7.15.3 *minorem ab eo* "plus petit que lui"

Dans le latin tardif du VIe siècle, nous trouvons ce chevauchement entre le datif et le génitif dans plusieurs fonctions.

Le datif dans des expressions de possession est un archaïsme syntaxique encore très fréquent dans le latin classique, où cette construction alterne, cependant, avec le verbe "avoir" et avec le génitif de possession. Il y a beaucoup d'exemples d'un emploi classique de cette locution en latin tardif [37a], mais dans le latin tardif, ce datif a la fonction d'indiquer le possesseur également quand il est adnominal [37b]. Il y a même des exemples de locution prépositionnelle [37c]:[41]

[37a] datif de possession, emploi prédicat, Grégoire de Tours (538–94)

Historia Francorum 1.48 *maior ei virtus ante episcopatum fuit* "sa vertu était plus grande avant l'épiscopat"

Historia Francorum 4.4 *cui qualis interitus fuerit ...* "quelle fut sa mort"

[37b] datif de possession, emploi adnominal, inscriptions

CIL XIII, 2483 *qui foerunt fili Magno* "qui étaient les fils de Magnus"

CIL XIII, 2374 *post consolato Importuno viro clarissimo* "après le consulat de Importunus V.C."

SSIB 169 *coniux ... P. Rasinacio ... defuncta est ...* "la femme de P. Rasinacio est morte" (cf. Galdi 2004: 432)

[37c] *ad* de possession, inscriptions

CIL XIII, 2483 (VIe s.) *hic requiescunt membra ad duus fratres, Gallo et Fidencio* "ici restent les membres des deux frères Gallus et Fidencius"

Mais parfois, c'est le génitif qui remplace le datif. En latin classique et postclassique, nous trouvons, selons les manuscrits, quelques exemples de génitif dans des locutions où l'on a normalement le datif [38a–b]; parfois nous rencontrons ce phénomène dans une inscription. Il y a plusieurs exemples de cet emploi en latin vulgaire et tardif, notamment dans les inscriptions [38c]:[42]

[38a] latin classique littéraire

Cicéron, *De oratore* 16 *natura rerum, cuius cognitio magnam orationis suppeditat copiam* "la nature des choses, dont la connaissance fournit grande abbondance au discours" = *orationi*

---

[41] Voir Ernout et Thomas 1953: §93; et Hofmann et Szantyr 1965: §63.

[42] Voir Hofmann et Szantyr 1965: §64a Zus. δ.

Tite-Live 6.27.9 *merces seditionis proposita confestim seditionem excitavit* "la récompense présentée pour révolter provoqua aussitôt une révolte" = *seditioni*

[38b] latin postclassique

littéraire: Quintilien, *Declamationes minores* 271 *in quo est emendationis locus* "où il y a place pour la correction" = *emendationi*

vulgaire (Pompei): *CIL* IV, 4477 *Utriusque bene eveniat* "qu'il ait un bon résultat pour tous les deux" = *utrique*

[38c] latin tardif vulgaire, inscriptions (Galdi 2004)

AE 1980.894 *M. Valerius Omuncio ... fecit monimentum Valerini fili, qui vixit menses VII* "M. Valerius Omuncio a fait ce monument funéraire à son fils Valerinus, qui a vécu pendant 7 mois"

IMS 4.51 *duo germanos ... Antonino et Gentione, qui in uno mense simul vita finirunt et maximo luctu (= maximum luctum) matris dereliquerunt* "deux frères, Antoninus et Gentio, qui pendant le même mois ont achevé leur vie ensemble et qui ont laissé leur mère dans le chagrin le plus profond" = *matri*

AE 1939.62 *Folni Marcellus ... votum patris dedic.* "Marcellus a dédié ... les vœux à son père" = *patri*

L'ablatif est autant remplacé par le génitif (exemples [25], [26]) que par des locutions prépositionnelles (exemples [19], [21], [22], [36]). Le datif également est remplacé par des locutions prépositionnelles (exemples [15], [16]), mais il alterne aussi avec le génitif (exemples [33], [36]). Le génitif a lui aussi un rapport avec les locutions prépositionnelles (surtout celles contenant la préposition *de)* employées de plusieurs façons en latin tardif (exemples [14], [20], [26]–[29]).

Conclusion

Le mot "flottement" implique un certain degré d'incertitude. Mais nous notons qu'avant la totale confusion trouvée dans certains textes très tardifs, il existe une phase de "chevauchement croissant" entre les différentes fonctions des locutions. Le problème fondamental posé par les textes est celui de savoir si le chevauchement entre les cas est le résultat d'un emploi plus fréquent des locutions prépositionnelles (et donc uniquement le résultat de certaines hypercorrections) — ou s'il y a aussi échange de fonctions entre les formes casuelles.

À notre avis, la réponse est complexe — il y a sans doute des exemples dans lesquels le choix d'un cas est le résultat d'un malentendu. Mais nous pensons qu'à plusieurs reprises, il s'agit bien d'un emploi nouveau des anciennes formes casuelles.

Nous trouvons plusieurs niveaux de style dans le latin tardif et beaucoup d'écrivains sont soumis à l'influence très forte des textes littéraires de l'époque classique, ce qui rend l'interprétation des témoignages que nous trouvons dans les textes tardifs fort compliquée. Le fait qu'il y ait plusieurs contradictions dans les textes et entre les manuscrits des textes est également problématique.

Enfin, malgré les problèmes causés par la tradition littéraire, nous trouvons que même les textes les plus élégants nous donnent de précieuses informations sur le développement de la langue.

Abréviations

AE	*L'année épigraphique.* Paris, 1889–
CIL	*Corpus Inscriptionum Latinarum.* Berlin, 1853–
IDR	*Inscriptiones Daciae Romanae.* Bucharest, 1975–2001
ILB	B. Gerov, éd. *Inscriptiones Latinae in Bulgaria repertae.* Sofia, 1989
ILI	A. Šašel. *Inscriptiones Latinae quae in Iugoslavia inter annos MCMII et MCMXL repertae et editae sunt.* 3 volumes. Ljubljana, 1963–1986
IMS	F. Papazoglou, éd. *Inscriptions de la Mésie Superieure.* Belgrade, 1976–1995

SSIB V. Besevliev, éd. *Spätgriechische und spätlateinische Inschriften aus Bulgarien*. Berlin: Akademie-Verlag, 1964

Bibliographie

Baldi, Philip

2002 *The Foundations of Latin*. Berlin: Mouton de Gruyter.

Bieter, Frederic A.

1938 *The Syntax of the Cases and the Prepositions in Cassiodorus' Historia Ecclesiastica Tripertita*. Studies in Medieval and Renaissance Latin 6. Washington, D.C.: Catholic University of America.

Bonnet, Max

1890 *Le latin de Grégoire de Tours*. Paris: Hachette.

Clairin, Paul

1880 *Du Génitif Latin et de la préposition de: étude de syntaxe historique sur la décomposition du latin et la formation du français*. Paris: F. Vieweg.

Coleman, Robert

1999 "Vulgarism and Normalization in the Text of *Regula Sancti Benedicti*." Dans *Latin vulgaire - Latin tardif* V (Actes du Ve colloque international sur le latin vulgaire et tardif, Heidelberg, 5–8 septembre 1997), édité par H. Petersmann et R. Kettemann, pp. 345–56. Heidelberg: C. Winter.

de la Villa, Jésus

1998 "The Substitution of Instrumental Ablative by Prepositional Phrases in Latin: Some Evidence from the Vulgata." Dans *Estudios de lingüística latina* (Actas del IX Coloquio Internacional de Lingüística Latina, Universidad Autónoma de Madrid 14–18 abril de 1997), édité par B. Garzía-Hernández, pp. 291–308. Madrid: Ediciones Clásicas.

Ernout, Alfred, et François Thomas

1953 *Syntaxe Latine*. 2ème rév. éd. Nouvelle Collection à l'Usage des Classes 38. Paris: Klincksieck.

Galdi, Giovanbattista

2002 "On the Latin Genitive: Some Special Uses." Dans *Papers on Grammar* VIII, édité par G. Calboli, pp. 101–21. Rome: Herder.

2004 *Grammatica delle iscrizioni latine dell'impero (Province Orientali): Morfosintassi nominale*. Papers on Grammar, Monographs 3. Rome: Herder.

Giunta, Francesco, et Antonino Grillone, éds

1991 *Iordanis De origine actibusque Getarum*. Fonti per la Storia d'Italia 117. Rome: Istituto Storico Italiano per il Medio Evo.

Haverling, Gerd

1988 *Studies on Symmachus' Language and Style*. Studia Graeca et Latina Gothoburgensia 49. Göteborg: Acta universitatis Gothoburgensis.

2003 "Sur le latin vulgaire dans la traduction 'ravennate' des *Aphorismes* d'Hippocrate." Dans *Latin vulgaire - Latin tardif* VI (Actes du VIe colloque international sur le latin vulgaire et tardif, Helsinki, 28 août–2 septembre 2000), édité par H. Solin, M. Leiwo, et H. Halla-aho, pp. 157–72. Hildesheim, Zürich, New York: Olms-Weidmann.

2004 "On Linguistic Development and School Tradition: Direct and Indirect Evidence of the Development of Late Latin." *Classica et Mediaevalia* 55: 323–47.

2006 "On Cases and Prepositions in Vulgar and in Literary Late Latin." Dans *Latin vulgaire - Latin tardif* VII (Actes du VII[éme] colloque international sur le latin vulgaire et tardif, Sevilla, 2–6 septembre 2003), édité par C. Arias Abellán, pp. 345–60. Séville: Universidad de Sevilla.

2008 "On Variation in Syntax and Morphology in Late Latin texts." Dans *Latin vulgaire - Latin tardif* VIII (Actes du VIIIe colloque international sur le latin vulgaire et tardif, Oxford, 6–9 septembre 2006), édité par R. Wright, pp. 351–60. Hildesheim, Zürich, New York: Olms-Weidmann.

Helttula, Anne

1987 *Studies on the Latin Accusative Absolute.* Commentationes Humanarum Litterarum 81. Helsinki: Societas Scientiarum Fennica.

Hofmann, Johann Baptist, et Anton Szantyr

1965 *Lateinische Syntax und Stilistik.* Munich: Beck.

Löfstedt, Einar

1911 *Philologischer Kommentar zur Peregrinatio Aetheriae: Untersuchungen zur Geschichte der lateinischen Sprache.* Uppsala: Almqvist & Wiksell.

1933 *Syntactica: Studien und Beiträge zur historischen Syntax des Lateins,* Volume 2: *Syntaktisch-stilistische Gesichtspunkte und Probleme.* Acta Regiae Societatis Humaniorum Litterarum Lundensis 10. Lund: Gleerup.

1942 *Syntactica: Studien und Beiträge zur historischen Syntax des Lateins,* Volume 1: *Über einige Grundfragen der lateinischen Nominalsyntax.* 2[éme] éd. Acta Regiae Societatis Humaniorum Litterarum Lundensis 10. Lund: Gleerup.

1959 *Late Latin.* Instituttet for Sammenlignende Kulturforskning. Oslo: H. Aschehoug.

Molinelli, Piera

1996 "Casi e preposizioni in latino. Lo sviluppo del genitivo e del dativo. Una prospettiva (anche) sociolinguistica." *Linguistica e filologia* 3: 73–125.

Mommsen, Theodor, éd.

1882 *Iordanis Romana et Getica.* Monumenta Germaniae historica, Auct. Ant. 5, Pt. 1. Berlin: Weidmann.

Skahill, B. H.

1934 *The Syntax of the* Variae *of Cassiodorus.* Studies in Medieval and Renaissance Latin 3. Washington, D.C.: Catholic University of America.

Svennung, Josef

1922 *Orosiana: Syntaktische, semasiologische und kritische Studien zu Orosius.* Uppsala Universitets Årsskrift 1922. Uppsala: Akademiska Bokhandeln.

1931–34 *Untersuchungen zu Palladius und zur lateinischen Fach- und Volkssprache.* Uppsala: Almqvist & Wiksell.

Väänänen, Veikko

1981 *Introduction au Latin vulgaire.* 3ème rév. éd. Bibliothèque Française et Romane, Series A; Manuels et Études Linguistiques 6. Paris: Klincksiek.

1987 *Le Journal-épître d'Égérie (Itinerarium Egeriae): étude linguistique.* Helsinki: Academia Scientiarum Fennica.

21

CASE MARKING OF CORE ARGUMENTS AND ALIGNMENT IN LATE LATIN

*Michela Cennamo, University of Naples Federico II**

A well-known and widely investigated change taking place in the transition from Latin to Romance is the use of the accusative as the "universal" case in several areas of the empire. In this paper I discuss one aspect of this phenomenon, the so-called *extended accusative* (Moravcsik 1978; Plank 1985), the use of the accusative in subject function in some constructions, already attested by the end of the second–third century A.D. (Audollent 1967: 384, 387; Herman 1987: 103–05), and amply documented by the fourth–fifth century A.D. (Svennung 1935) and even more so in later centuries (Löfstedt 1933: 329–34; Norberg 1943: 95–96; 1944: 21–32.

After illustrating the phenomenon and its manifestations in the following section, I investigate its relationship with the concomitant reorganization of voice distinctions (Cennamo 1998, 2001a, 2001b). In particular, I show that the use of the accusative as a *subjektkasus* reflects an initially "active" and subsequently "neutral" realignment of grammatical relations (*Voice and Grammatical Relations in Late Latin*), developing already existing patterns of active syntax in early Latin, and I argue (*Quirky Arguments and the Rise of Head Marking*) that it may be regarded as one of the outcomes of a more general and pervasive change, involving a deep restructuring in the whole system of argument marking in the transition from Latin to Romance: the emergence of *head-marking* patterns in a canonical *dependent-marking* language such as Latin (Cennamo 2009).

The Extended Accusative and "Quirky" Encodings of Core Arguments in Late Latin

The term *extended accusative* (Moravcsik 1978) refers to an ergative-like coding pattern in nominative-accusative languages, the extension of a morphological marker (the accusative case), generally used for the object (O) of a transitive verb, to encode the sole argument (S)[1] of some intransitive verbs, mainly denoting mental process, involuntary actions, and existence. This pattern is well attested cross-linguistically, both synchronically (Moravcsik 1978: 241–54) and diachronically (Plank 1985, 1995; Burridge 1993: 152–60 for middle Dutch).

Unlike Moravcsik (1978), following Plank (1985, 1995), I regard this structure as the manifestation of an active coding system, whereby the sole argument of an intransitive verb/pattern (S) is coded like the subject (A) of a transitive verb with some verbs/patterns, and like the object (O) of transitive verbs with other verbs/patterns.

In Late Latin the *extended accusative* is attested initially with equative structures [1], fientives,[2] anticausatives[3] [2a–b], passives [3], and for the sole argument of impersonal constructions [4], as well as with intransitive verbs

* This paper is an abridged version of Cennamo 2009, where some of the data and ideas presented here are more thoroughly investigated. I have benefited from interesting and stimulating discussion, at different stages, with Henning Andersen, Johanna Barddal, Jan Terie Faarlund, Michèle Fruyt, Mair Parry, Harm Pinkster, Romano Lazzeroni, Nigel Vincent, and the late Jószef Herman and Alberto Zamboni. I am deeply grateful and indebted to all of them. I also wish to thank Dennis Pardee for his constructive advice. All shortcomings, however, are my own responsibility.

[1] S, A, and O are syntactico-semantic primitives, referring to the nuclear arguments of a clause. S is the sole argument of an intransitive verb/pattern; A and O are, respectively, the Agent and Patient arguments of transitive verbs, corresponding, in their canonical realizations, to the notions of subject and object (in the languages where these relations can be identified). See Dixon 1994: 6–8 and recent discussion in Mithun and Chafe 1999.

[2] The term refers to predicative constructions, generally derived from adjectives, denoting the transition from a state to a new state (Haspelmath 1987: 33; 1990: 34).

[3] Anticausatives are intransitive patterns (mainly denoting change of state/location) derived from originally transitive ones, with the original O (the object) [-An] occurring as S (subject), the process being described as taking place spontaneously. When the subject is [+An], the pattern realizes a so-called agentive anticausative (Haspelmath 1987: 28–29).

denoting change of state/location [5a–b] — that is, with unaccusative verbs/patterns. (For the relevance of this notion also to other areas of Late Latin syntax, see La Fauci 1991, 1994; Cennamo 1999, 2000.)

[1] *ustionem* *necessaria* *res* *est* (*Chiron* 153) (equative) (IV A.D.)
cauterization.ACC necessay.NOM thing.NOM be.PRES.IND.3SG
"Cauterization is necessary"

[2a] *ficum* *contundito,* *usque dum* ***minutum*** ***fiat***
fig.ACC cut.IMPER.2PL until minute.ACC become.PRES.SUBJ.3SG
"Cut the fig until it is reduced to small pieces" (*Chiron* 890) (fientive)

[2b] *nam* ***multos*** ***languores*** ***sanantur*** *in*
in-point-of-fact many.PL.ACC illnesses.PL.ACC/NOM heal.MPASS.PRES.IND.3PL in

ipsis *locis* *ubi* *cadit* *ipse* *ros*
same.PL.ABL place.PL.ABL where fall.PRES.IND.3SG same.NOM rose.NOM
(*Anton. Plac. Itin.* 9; Corp. Christ. 165.16) (anticausative)
"Several illnesses heal in the places where this rose falls"

[3] *omnes* ***cibos*** ***comedantur*** (*Anthim.* 1) (*passive*)
all.NOM.PL food.ACC.PL eat.MPASS.PRES.SUBJ.3PL
"That all the food is eaten"

[4] ***fit*** ***orationem*** *pro omnibus* (*Per. Aeth.* 25., 3)
become.PRES.IND.3SG prayer.ACC for everybody.ABL(impersonal/passive)
"Praying takes place; one (indefinite) says a prayer; a prayer is said"

[5a] *ut* ***sanguinem*** ***exeat*** *copiosum* (*Chiron* 618) (*intransitive*)
in-order-to blood.ACC come-out.PRES.SUBJ.3SG abundant.ACC
"So that the blood comes out abundantly"

[5b] ***lucem...*** ***caruit*** (*CIL* VIII, 5372; Herman 1997: 323)
light.ACC lack.PERF.IND.3SG
"The light was lacking"

In later (seventh- to ninth-century) texts, accusative subjects also occur with non-agentive activity [5c], motion activity (5d), and indefinite change-of-state verbs [5e] (Norberg 1944: 21–32; Cennamo 2009):

[5c] ***crepitavit*** ***panem*** *in furno* (*Agnell.* 175)
crackle.PERF.IND.3SG bread.ACC in oven.ABL
"Bread crackled in the oven"

[5d] *si...* ***ipsum*** ***currit*** (*Lex Alam.* XCIV codd. A)
if he.ACC run.PRES.IND.3SG
"If he runs"

[5e] *si inter* *eos...* ***causam*** ***advenirit*** (id. 2, 2)
if between they.ACC dispute.ACC arise.FUT.PERF.3SG
"If a dispute arose between them"

The accusative in S function, therefore, appears to occur initially mainly with core unaccusatives (telic change-of-state/location verbs), gradually spreading to peripheral unaccusatives (states, indefinite changes of state) and unergatives (activity verbs), an issue that needs, however, further investigation (see also Cennamo 2009: 319–20).

Early examples of accusative subjects are reported also for execration tablets from Northern Africa of the second–third centuries A.D. (Audollent 1967: 387; Herman 1987: 103–05; 1997: 25), with intransitive verbs denoting change of state/location such as *cadere* "fall" in [6a] and agentive anticausatives such as *vertere* "turn" in [6b], with [+An], [± Hum][4] nouns of the second (*servu* "servant") [6b] and third (*Victore*) declensions [6a], alternating with canonical nominative subjects [6c], often with ambiguity between a nuclear (i.e., subject) or extra-syntactic, topic function (Herman 1987; also Cennamo 2009):

[6a] ***Epafu Victore cadant, Lydeu cadat***... (*intransitive*)
Epafus.ACC Victor.ACC fall.PRES.SUBJ.3PL Lydeus.ACC fall.PRES.SUBJ.3SG
"Let Epafus, Victor...fall...." (*Def. Tab.* 278A 3–6; Herman 1997: 25)

[6b] ***Superstianu***... *et* ***Naucelliu cadat, vertat...***
Superstianus.ACC and Naucellus.ACC fall.PRES.SUBJ.3SG turn.PRES.SUBJ.3SG
servu... cadat (*Def. Tab.* 283A, 2–4; id. Herman 1987: 103)
servant.ACC fall.PRES.SUBJ.3SG
"Let Superstianus and Naucellius fall, turn, the servant fall"

At a later stage, the accusative also occurs for the A argument of transitive verbs [7], initially with inanimate arguments [7a], subsequently with animate ones [7b] (see further discussion in Cennamo 2009).

[7a] *si* ***iumentum morbum renalem temptavit*** (*Chiron* 55)
if beast-of-burden.NEUT illness.ACC renal.ACC affect.PERF.IND.3SG
"If this beast of burden suffers from kidney trouble"

[7b] ***filios*** *et* ***nepotes...*** *memoria* ***posuerunt*** (*CIL* VIII, 7467)
child.PL.ACC and nephew.PL. memory.ABL build.PERF.IND.3PL
"His children and nephews built it (scil. the tomb)"

Forms such as *Victore*, *servu* in [6a–b], do not exemplify a phonetic change, the fall of final *-m* and *-s* in atonic syllables (e.g., Molinelli 1989; Herman 1987), but the use of the accusative for the nominative in subject/topic function, with alternation between the nominative and the accusative Ø ~ *-e* (< *em*) for the singular of the third declension, and *-us* ~ *-u* (< *-um*) (*o* in late texts, with fall of final *-m* in pronunciation and loss of quantity in final

[4] There are, however, very few examples of the extended accusative with [+An] nouns in non-African fourth–fifth-century texts, where, most typically, the accusative occurs with inactive, inanimate participants (see also Plank 1985; Cennamo 2000: 49 n. 6). Only in sixth–seventh-century texts is the accusative frequently attested also with [+Hum] nouns. Rovai (2005), who discusses the issue with reference to the role played by the animacy and individuation hierarchies, argues that the accusative spreads along the following hierarchy of animacy/individuation, from right to left:

> first/second-person singular > third-person singular > proper nouns > animate human nouns > animate nouns > inanimate nouns (place-names > common nouns) > abstract (verbal) nouns.

Whereas it is undoubtedly true that in the majority of non-African texts the extension of the accusative appears to be sensitive not only to the type of pattern, but also to the active-inactive nature of the subject (e.g., animacy and/or control), it is more difficult to prove the relevance of the high end of the hierarchy for the spread of the phenomenon at a late stage, which may vary according to the texts and the areas considered. Whereas the hierarchy appears to be brought out by the *Lex Curiensis* (an eighth-century text from Rhetia) (Rovai 2005), texts from other areas give contrasting results. For instance, in Tardif and other Merovingian texts, place names and proper names are attested with the accusative in subject function more widely and apparently earlier than common nouns (Pei 1932: 214–15 and references therein). In African Latin, the phenomenon is attested with proper nouns ([± Hum] as early as its first attestations (see [6a–b]).

The issue obviously needs further investigation, also in that, since the phenomenon appears to be the result of several, different paths of change that at some point converge, probably a line of development that appears to hold true for one path may not hold for another path.

vowel, whereby *-u > o*) for second declension nouns (Herman 1987: 103–05; Väänänän 1965: 30 for fifth–sixth-century African Latin; Pei 1932: 106 for Merovingian Latin).

The phenomenon concerns mainly the southern provinces of the empire — Africa, Italy, and Spain (to a lesser extent and at a later stage; Herman 1995: 72–75), and probably the Balkans (Herman 1987: 102) — with late (fifth–eighth-century) examples also from Gaul, where, however, by the same period there also seems to be evidence for the two-case declensional system that developed in Old French, with the nominative-oblique opposition, so-called *cas sujet* vs. *cas régime* (i.e., with the accusative used as a general oblique case replacing the other cases, marking core and non-core relations as well; see Pei 1932: 150, 207–37; Cennamo 2009: 315 for examples and further discussion).

The patterns illustrated in [1]–[7] above not only exemplify the functional equivalence between the nominative and accusative cases in some syntactic contexts in the various areas of the Romània, but also represent a transitional stage in the encoding of grammatical relations between Late Latin and early Romance, one during which they show an intially active-inactive and subsequently neutral orientation, manifested through case marking. This phenomenon often takes place in the transition from accusative to ergative coding systems, where intermediate stages conform to an active-inactive coding system, with extension of the accusative and regression of the nominative, and is referred to in the literature as the *extended accusative/restricted nominative alignment* (Plank 1985). The accusative generally occurs with inactive, patient/theme subjects, while the nominative codes active, dynamic arguments of intransitive situations that may be affected by the change at a later stage (cf. Plank 1985; 1995; Harris 1990: 85–88; Dixon 1994: 187–92; Harris and Campbell 1995: 273–81).

Unlike in other languages that show similar intransitive-based changes, the *extended accusative/restricted nominative* in Late Latin does not seem to be an intermediate stage in the shift from a nominative-accusative to an ergative-absolutive coding system — although such a change cannot be excluded once all S arguments may be marked by the accusative (Zamboni 1998, 2000: 114–15) — but it may be regarded as the initial step in the loss of the nominative-accusative contrast (Herman 1987, 1995, 1997; Plank 1985) and accompanies other manifestations of an active-inactive coding system, such as the alternation of the pleonastic reflexives *se/sibi*, occurring, respectively, with unergatives and unaccusatives (e.g., *se vacare* "deal with" vs. *sibi reverti* "go back"; Cennamo 1999, 2000, 2009: 322).

Accusative subjects, however, in the texts where they are attested, continue to alternate with patterns where the nominative-accusative distinction is kept, both in the early examples of the phenomenon (Cennamo 2009 [cf. 2a–b vs. 2c–d]), and at a later stage, regardless of the animacy of the S/A argument [8]:

[8] *et* ***ipse*** ***colonus...*** *ad servitium* ***revertatur*** (*Lex Curiensis* 5, 9)
and this.NOM peasant.NOM to slavery.ACC go-back.MPASS.PRES.SUBJ.3SG
"And this peasant went back to slavery"

These forms are to be distinguished from the accusative for the nominative in the plural of first declension nouns (i.e., the *-as* forms), which, already in their early attestations, are not confined to the inactive S argument of intransitive verbs/patterns (that is, to passives, impersonals, anticausatives, equative structures, and some intransitive verbs) but occur in all clause types, that is, also in transitive clauses. Probably they originate from Osco-Umbrian forms (Norberg 1943: 26–32; 1944: 27; Löfstedt 1933: 332ff.; Gerola 1950: 207–09). As a matter of fact, they are already attested in Pomponius' *Fabulae Atellane* (from the first century B.C.) [9a] and also occur in late texts, as illustrated in [9b] from the *Lex Curiensis* (eighth century):

[9a] quot ***laetitias*** *insperata...* *mi* ***inrepsere*** *in sinum* (Pomponius, *Fabulae Atellanae* 141)
that happiness.ACC unexpected.ACC I.DAT penetrate.PERF.IND.3PL in breast.ACC
"That unexpected happiness overtook me"

[9b] *si* *ipsas* *personas...* *talem* *fraudem* *consentire* *voluerint* (*Lex Curiensis* 319.6)
if the-same.PL.ACC.F people.PL.ACC.F this.ACC fraud.ACC let.INF.PRES want.FUT.SUBJ...
"If these people wanted to accept this fraud"

They disappear from the literature during the classical age and re-emerge roughly by the third century A.D. [10a] (Norberg 1943: 29), and are well attested in technical texts from the fourth century as well as in the inscriptions [10b] (cf. also Svennung 1935):

[10a] ***omnium ut pausent praecordias tanto furore***
all.PL.GEN in-oder-to stop.PRES.SUBJ.3PL heart.PL.NOM such-a-big.ABL fury.ABL (Commodianus, *Instructiones* II 24.4)
"So that the hearts of all refrain from such a fury"

[10b] *bene* ***quiescent reliquias*** (*CIL* V, 5078)
well rest.PRES.SUBJ.3PL relics
"Let the relics rest in peace"

Undoubtedly the first-declension plural accusatives in *-as* show a different development, since they occur in all clause types from their first attestations. In addition, in later centuries, for instance during the sixth–seventh centuries, they also occur in authors who never use the accusative in subject function (Norberg 1943: 27; Gerola 1950: 214). In some late Merovingian documents, they virtually supplant the canonical *-ae* endings (Pirson 1901: 140). Probably already in early Latin they were perceived as plural nominatives rather than accusatives; this appears to be confirmed by idiomatic expressions from the vulgar language such as *se vivas* "while alive" (lit. "themselves alive"), which were characteristic of the inscriptions (cf. Helttula 1987: 94, 100; Konjetzny 1908; Cennamo 1991). (On the different areal distribution and chronology of these forms in Late Latin, see Herman 1995: 73–75; 1997: 24–27.)[5]

In Late Latin, with examples from sixth–eighth-century texts, there also occur nominative "objects," that is, O arguments in the nominative case, with [± an] nouns [11], apparently with earlier occurrences of inanimate Os as in [11a], from the sixth century A.D., pointing to the use of the nominative for all core functions, A, S and O (see also Cennamo 2009: 327):

[11a] *pulvis superaspargis* (Oribasius 860.1; Mørland 1932: 104)
powderNOM sprinkle.PRES.IND.2SG
"You sprinkle the powder"

[11b] si *pater percusserit* (*Edict. Roth.* 169:II; Löfstedt 1977: 215)
if father.NOM beat.SUBJ.FUT.3SG
"If he beats his father"

In Late Latin, therefore, by the sixth–seventh century, as part of the breaking down of the case system, the functional identity between nominative and accusative to encode nuclear arguments, initially confined to a subset of S_S, S_O gradually spreads to S_A, then A, and finally involves also the O domains, with nominative and accusative becoming interchangeable in some areas/texts also to mark O core arguments. The data therefore point to a realignment of the encoding of core arguments, initially sensitive to the notions of animacy and control,[6] leading to a temporary dependent-marked active-inactive system (exemplified by accusative subjects with unaccusative patterns), which gradually evolves into a neutral system when the accusative also occurs with all core arguments, therefore comprising S_As and As, with case marking no longer differentiating A from O, and other tools being used instead, such as word order and agreement (see *Voice and Grammatical Relations in Late Latin* and *Quirky Arguments and the Rise of Head Marking* and further discussion in Cennamo 2009: 334–36).

[5] A different view has been recently put forward by Rovai (2005), who denies the continuity of the *-as* plurals with analogous early Latin forms and regards them instead as part and parcel of the same phenomenon, the spread of the accusative to S and A function.

[6] This notion, which reflects the degree of primary responsibility of a participant over the verbal process, is a multifactorial dimension, determined by the interplay of a number of transitivity features such as the inherent characteristics of the participant(s), their relation to the predicate (i.e., thematic relations), and inherent lexical aspect (Lehmann 1988; Comrie 1989: 59–62).

Other Patterns with Accusative Arguments in Late Latin

In Late Latin, especially in technical texts from the fourth–fifth centuries, with an isolated example already occurring in Petronius' *Satyricon* [12a] (first century A.D., where the verb is in the non-agreeing third-person singular form, followed by a plural argument), there frequently occurs also the accusative of the O/S argument in impersonal constructions, in both the tenses of the *infectum* [12b–d] and the *perfectum* [12e], as well as with the verbal adjective *-ndus*, with a deontic value [12f], already attested in archaic Latin (though rarely in non-gerundive forms) [13] (cf. Ernout 1908/09; Svennung 1935: 474–75), recently discussed by Pieroni (1999):

[12a] ***faciatur...*** ***triclinia*** (Petron. *Satyricon* 71.10) (impersonal)
make.MPASS.PRES.SUBJ.3SG banquet.PL.NEUT
"So that banquets are made"

[12b] *...ne* ***baptizetur*** ***eos*** (Itala and Acts 10.47)
not baptize.MPASS.PRES.SUBJ.3SG they.PL.ACC
"That one should not baptize them"

[12c] ***fit*** ***orationem*** *pro omnibus* (*Per. Aeth.* 25.3)
become.PRES.IND.3SG prayer.ACC for everybody.ABL (impersonal/passive)
"Praying takes place; one (indefinite) says a prayer; a prayer is said"

[12d] ***cutem...*** *esocis...* *non* ***manducetur*** (Anthim. 41)
skin.ACC pike.GEN not eat.MPASS.PRES.SUBJ.3SG
"One should not eat the pike's skin"

[12e] *cum factum fuerit missam*
when make.PP.NEUT.SG be.FUT.PERF.3SG Mass.ACC
"When the Mass is over" (*Per. Aeth.* 32.2)

[12f] *de carnibus vaporatas factas...* ***utendum*** (Anthim. 3)
about meat.PL.ABL stew.PP.PL.F.ACC make.PP.PL.F.ACC use.GERUND.NEUT
"As for meat, it should be be eaten stewed"

[13a] ***vitam vivitur*** (Ennius, *Tragedies* 241)
lifeACC live.MPASS.PRES.IND.
"One lives life"

[13b] ***me... despicatur*** (Plautus, *Casina* 185)
I.ACC despise.MPASS.PRES.IND.
"I am despised/one despises me (lit. (it) is despised me)"

[13c] *(ut)* ***vasa*** ***vinearia*** *et* ***olearia faciendum***
in-order-to containers wine and oil make.GER.NEUT.SG
"In order to make containers for wine and oil" (Varr. XIII, 1)

When the noun in the accusative agrees with the verb (cf. [12c] *fit orationem*), [12d] *cutem non manducetur* (also [13a] *vitam vivitur*), the pattern is ambiguous between an impersonal and a passive interpretation (therefore it is not clear whether the noun in the accusative case is either an S or an O argument; see Cennamo 2009: 334).

A characteristic Late Latin development is also the impersonal use of the third-person singular form of the verb in the active voice with the O/S argument in the accusative case (*potest, valet, debet, horret, iuvat, curat, dicit,* existential *habet...*) [14] (cf. Löfstedt 1911: 44–47; 1936: 131–42; Svennung 1935: 473–74). This pattern in turn develops the use of the third-person singular active to mark impersonality, which was confined to some verbs (*oportet, inquit, ait, taedet, paenitet, pudet*) in archaic Latin (cf. Ronconi 1968: 14–17; also recent discussion in Bauer 2000: 121–29; Cennamo 2008b):

[14a] ***exire solet... forunculos*** (*Chiron* 366)
go-out.INF is-usual boils.PL.ACC
"There come out boils"

[14b] ***habebat*** *de civitate forsitan* ***mille quingentos passus***
have.IMPF.IND.3SG from town.ABL perhaps one-thousand five-hundred yard (*Per. Aeth.* 23.2)
"(The place) was approximately one thousand and five hundred yards from the town"

[14c] *in Hebraeo... non* ***habet hunc numerum...*** (Jerome, *Ezekiel* 11.297B)
in Hebrew.ABL not have.PRES.IND.3SG this.ACC number.ACC
"In Hebrew this number does not exist" (lit. not has this number.ACC)

The accusative case also frequently occurs in nominal clauses, that is in exclamations, listings, recipes, appositions, and commands [15a] (cf. Svennung 1935: 187–88; Gerola 1950: 212–13). This use too develops patterns that were characteristic of early Latin, in which the accusative replaced the nominative irrespective of the noun declensional class [15b] (cf. Norberg 1943: 93–95; 1944: 31–32; Cennamo 2009: 308–09):

[15a] ***potionem*** *ad eos, qui sanguinem meient* (*Chiron* 822)
potion.ACC to them.ACC who.NOM blood.ACC urinate.PRES.IND.3PL
"(One should give) a potion to those who urinate blood"

[15b] ***me infelicem*** et ***scelestam*** (Plautus, *Cistellaria* 685)
I.ACC unhappy.ACC and dreadful.ACC
"What an unfortunate scoundrel I am"

Voice and Grammatical Relations in Late Latin

The use of the accusative in subject function interacts, in Late Latin, with the concomitant reorganization of voice distinctions, signaled by the interchangeability among voice forms, whereby the passive voice may occur in active function [16a–b], so-called deponentization (Flobert 1977), and, conversely, the active may occur in passive function [16c]:

[16a] ***commeatur*** (=commeat) *sanguis per totum corpus* (*Chiron* 732)
come-out.MPASS.PRES.IND.3SG blood.NOM through whole.ACC body.ACC
"The blood comes out from all his body"

[16b] *si quislibet eam* ***coercebatur*** (*Chronicon Salernitanum* 65; Norberg 1943: 155)
if somebody.NOM she.ACC force.IMPF.IND.MPASS.3SG)
"If somebody punished her (lit. is punished her)"

[16c] ***calyculos...*** *sale aspersos* ***inferunt*** (= ***inferuntur***)
mushrooms.ACC salt.ABL sprinkled.ACC serve.PRES.IND.3PL
"Mushrooms are served sprinkled with their own juice or with salt" (Apicius, *De re coquinaria* 7.13.5)

The patterns illustrated in [16a–b], exemplifying the functional equivalence among voice forms, show a violation of the canonical rules assigning grammatical functions to the arguments of the verb/predicate (so-called linking rules). In point of fact, in the passive voice, there occurs an A argument (rather than O) in subject function (*quislibet coercebatur* = *coercebat* in [16b]), and with the active morphology, there occurs an O argument in subject function (rather than A; *calyculos inferunt* = *inferuntur* in [16c]). When the role of verbal arguments is no longer consistently identified though case marking that starts patterning on an active-inactive/neutral basis, as testified by the use of the accusative in S/A function, there occurs a deep restructuring in the encoding of the argument structure of the clause, involving both the rules linking arguments to their syntactic function and the identification of the role of verbal arguments. The same argument, in fact, may be interpreted as either O or S_O, depending on the context (see Cennamo 2001a, 2001b, 2009). This ambiguity might have facilitated the reinterpretation of a grammatical object (O) as an S_O argument, as illustrated in [17], which, owing to the ambiguity of voice morphology and the lack of function of the accusative, which no longer consistently signals an O argument, may be ambiguous between an impersonal interpretation, "one should not turn the grave over," with *lapidem* = O, the object, a passive function "the grave should not be turned over," with *lapidem* = O, the subject, and an intransitive (anticausative) meaning "the grave should not turn over," with *lapidem* = S_O, subject:

[17] *lapide(m) non revolvatur*
the-grave not turn-over.PRES.SUBJ.MPASS.3SG
verb: third sing. impersonal passive form + accusative argument

An intransitive (anti-causative) pattern such as [17], with an accusative subject and a passive morphology, indeed, might have been one of the paths along which an active-inactive system marked though case-marking arose in Late Latin, with a shift of the accusative from marking the S_O/O argument of peripheral transitivity domains such as impersonal passives (as in [13a]), to core ones, as with intransitive unaccusatives (Cennamo 2011 and general discussion on the role played by impersonal constructions in the rise of active systems in Donohue 2008; Malchukov 2008; Mithun 2008).

Quirky Arguments and the Rise of Head Marking

At some point in time in Late Latin, once case marking starts patterning on an active/neutral basis, as in [18], the syntactic relation between the verb and its argument(s) comes to be marked on the verb only (i.e., on the head of the construction), rather than on the argument(s) (i.e., the dependent element), as in archaic and classical Latin:

[18a] *huius* ***sucum*** (A) *oculorum vitia* ***sana****t* ([+AGR])
whose.GEN juice.ACC eye.PL.GEN infections.NEUT heal.PRES.IND.3SG
"Whose juice heals eye infections" CL: *sucus* ([+CASE]/[+AGR]) (*Chiron* 533; Rovai 2005: App. I)

In [18b], in fact, the A status of the noun in the accusative, *sucum,* is signaled by the third person singular agreement on the verb (*sanat*), and in [18b] the masculine (nominative) singular ending of the past participle (*passus*) and the third person singular ending of the finite verb (*fuerit*) identify and differentiate the A argument (in the accusative case) (*clericum*) from O (*iniuria*) (nominative):

[18b] *si ...* ***clericum****... aliqua iniuria* ***passus fuerit***
if cleric.ACC any.NOM offence.NOM suffer.PP.M.SG.NOM be.FUT.PERF.3SG
"If a cleric ... suffered an offence" (*Lex Alam.* XV codd. A)

The phenomenon whereby agreement only, rather than case marking, may identify the syntactic function of the verbal argument(s) might be interpreted as resulting from a more general change, the shift from a canonical *dependent-marking* language, Latin (in which syntactic relations within a construction are most typically marked on the dependent element), to languages with *head-marking* coding patterns (in which syntactic relations are marked on the head of the construction), the Romance languages (Nichols 1986a, 1986b; Vincent 1997, 1998 for the rise of clitics; also Ledgeway forthcoming; Cennamo 2009).[7]

[7] The distinction between head-marking and dependent-marking languages is not clear-cut, but a gradient, along which predominantly dependent marking languages may have some head-marking features and vice versa (Nichols 1986a: 71). Verb agreement in Latin (and gen-

In point of fact, the "quirky" uses of the nominative and the accusative cases to mark core arguments in Late Latin may be compared with similar subsystems occurring in (predominantly) *head-marking* languages with a *case system*, marking the syntactic relation between two elements of a construction both on the head and on the dependent (Nichols 1986a), which may exhibit the following:

i. only *one* (originally oblique) *case*, used for A, O, and S (as in several non-Pama-Nyungan languages of Australia, e.g., Warndarang; Dixon 1980: 223–24 in Nichols 1986a: 78), that is, one case, *for core and non-core arguments*;
ii. a *minimal system of case opposition*, with A/S (i.e., the subject) in the *direct case* and O (the object) and non-core arguments in the *oblique* case (as in Adyghe, West Circassian);
iii. a *two-case system* involving *identical marking for* A, O, and S, which go in the *direct case*, whereas *non-core arguments* are in the *oblique* case (as in Shuswap, Interior Salish) (Nichols 1986a: 78).

The Late Latin changes in the marking and linking of core arguments therefore might be regarded as different manifestations of a more general typological change, the move toward the head-marking organization of some grammatical domains in the transition to Romance (Vincent 1997, 1998; Cennamo 2001b, 2009; Ledgeway forthcoming). This would allow us to view in a different light some case patterns/sub-systems discussed above, such as the nominative for O arguments ([±an] in some late texts, resembling the direct case of Shuswap), the accusative as the only case for nuclear (as well as non-nuclear) arguments in all Romance areas at some point (a situation that is reminiscent of Warndarang), and the later restriction of accusative to O (and non-core) arguments in Gaul, with A/S being marked by the nominative instead (resembling the Adyghe case opposition).

The Late Latin data thus provide interesting insights into *possible routes through which a dependent*-marking language may develop head-marking coding patterns, as a result of changes in the alignment of core arguments in various transitivity domains.

Further evidence for head-marking coding patterns arising in the transition to Romance is provided by the emergence of clitics, well attested in Merovingian Latin (cf. [19], from the eighth century A.D.), marking dislocated O arguments on the verb, a function that was carried by case marking in early and classical Latin (Nichols 1986a: 86; and discussion in Vincent 1998; Ledgeway forthcoming):

[19] *ipsa* *cuppa* *frangantla* *tota*
this.NOM/ACC cup.NOM/ACC cut.PRES.SUBJ.3PL-it.F all.NOM/ACC
"This cup, that they break it up (lit. this cup, break up-it all)" (Parody of the *Lex Sal.*; Vincent 1998: 426)

Antecedents of the Extended Accusative

The structures illustrated earlier, exemplifying the use of the accusative with equative, anticausative, impersonal, and passive constructions, as well as with some intransitive verbs, although characteristic of Late and Medieval Latin, appear to develop patterns of active coding systems already occurring in early Latin in some grammatical domains, where the S argument does not occur in the expected nominative case, but in the accusative. This is the case for the inactive arguments of nominal clauses, S_O, especially those that can be interpreted as equative clauses involving ellipsis of the verb *esse* "be," as in [20], as well as for the S argument of exclamative-presentative structures introduced by the adverb *ecce* "here" + the accusative of a univerbated pronoun (*is*, ille "*he*," iste "*this*"), followed by an accusative argument for which the accusative is apparently older than the nominative, which is reported as attested from Cicero onwards (cf. Hofmann and Szantyr 1977: §49):

erally in the Indo-European languages) is a head-marking feature, since it marks the syntactic relation between a verb and its argument (the subject) on the verb (i.e., on the head) rather than on the argument (i.e., the dependent), unlike in polar dependent-marking languages such as Japanese, which do not have verb agreement (see discussion in Nichols 1986a: 61; 1986b).

[20] *fortunatum Nicobulum*

lucky.ACC Nicobulus.ACC

"How lucky is Nicobulus" (Plautus, *Bacchides* 455)

[21a] *sed eccum Palastrionem, stat cum milite*

but here.M.ACC Palastrio.ACC stay.PRES.IND.3SG with soldier.ABL

"But here is Palastrio, who is with a soldier (lit. here Palastrio stays with soldier)" (Plautus, *Miles gloriosus* 1290)

[21b] *sed eccum Amphitruonem, advenit*

but here-he.ACC Amphitruo.ACC come.PRES.IND.3SG

"But here comes Amphitruo" (Plautus, *Amphitruo* 1005)

Also the O/S_O argument of some impersonal verbs/constructions, either in the active [22a] or in the medio-passive -*R* form [22b], occur in the accusative case, with ambiguity between an impersonal and a personal (passive) interpretation of the pattern when the sole argument agrees with the verb in the -*R* form, as in [22c]:

[22a] *me taedet*

I.ACC annoy.PRES.IND.3SG (IMP)

"I am annoyed" (lit. [it] me annoys)

[22b] *nilne te populi vereretur?*

not at all you.ACC people.GEN fear.MPASS.IND.3SG.IMP

"Don't you have any respect for the audience? (lit. doesn't [it] fear you of people?)" (Atta *com.* 7)

[22c] *vitam vivitur*

life.ACC live.MPASS.PRES.IND.

"One lives life/life is lived" (Ennius, *Tragedies* 241)

These constructions indicate the existence of (dependent-marking) patterns of active syntax already in archaic Latin: the inactive sole argument of non-canonical intransitive situations (S_O) is marked like the O argument of canonical transitive situations (i.e., the object), generally occurring in the accusative case.

Also the second-declension "thematic/weak neuters" of the *o*-stem (e.g., *uterum* "belly," *corium* "skin," *caelum* "sky"), whose nominative/accusative forms are identical with the accusative of second-declension masculine nouns (e.g., *deus* [NOM] ~ *deum* [ACC] "God"), may be regarded as early instances of active-inactive coding systems in Latin (Lazzeroni 2002b; Rovai 2007a).

For these neuter nouns, traditional reference grammars of Latin also give the corresponding "secondary" forms of animate gender (masculine/[more rarely] feminine gender), depending on the noun. Therefore, alongside the neuter form *corium*, attested at all stages of the language, in early Latin (e.g., Plautus — third century B.C.; Varro — first century B.C.) there also occurs the masculine *corius* (Rovai 2007a, 2007b):

[23a] tris facile *corios* contrivisti *bubulos...*

three easily skins.ACC.M consume.PERF.PRES.2SG of-bullocks.ACC.M

"You have easily consumed three bullocks skins" (Plautus, *Poenulus* 139)

[23b] iam tibi... *crassus corius* redditust

already you.DAT thick.NOM.M skin.NOM.M return.PP.BE.PRES.IND.3SG

"The thick skin has already been returned to you" (Plautus, *Fragmenta* II.5)

The neuter form of these nouns in early Latin occurs in syntactic contexts where the subject is inactive (i.e., non-agentive): passives [24a], fientives [24b], equative structures [24c], changes of state [24d], that is, with unaccusative structures (examples from Rovai 2007a: 59–61):

[24a] *detegetur* *corium* de tergo... meo
uncover.MPASS.PRES.IND.3SG skin.NEUT from back.ABL my.ABL
"The skin is uncovered from my back" (Plautus, *Epidicus* 65)

[24b] *fieret* *corium...* *maculosum...*
become IMPF.SUBJ.3SG skin.NEUT. mottled.NEUT...
"That the skin became mottled" (Plautus, *Bacchides* 434)

[24c] *corium* [sit]... non *asperum* ac ... *durum...*
skin.NEUT be.SUBJ.PRES.3SG neither rough.NEUT nor ... hard.NEUT...
"That the skin be neither rough nor hard" (Varr. 2.5.8)

[24d] quod periit, *periit:*
what.NEUT go-lost.PRES.IND.3SG go-lost.PRES.IND.3SG

meum *corium* <cum> cistella
my.NEUT skin.NEUT with basket.ABL
"What gets lost gets lost, my skin with the basket" (Plautus, *Cistellaria* 703)

Following Lazzeroni (2002b) and Rovai (2007a, 2007b), I argue that these alternations are not cases of free allomorphy between the masculine and neuter forms (Leumann, Hofmann, and Szantyr 1965: §§7–18), but that the "neuter" variant of these nouns realize the early attestation of the accusative to mark nuclear non-O arguments, a phenomenon that becomes quite widespread in Late Latin, as part of the loss of the case system.[8]

Under this view, thematic neuters instantiate the generalization of the accusative in S and A function, with some nouns, occurring initially in syntactic contexts where the subject is inactive and inanimate. This pattern is of Indo-European inheritance (attested in Hittite, Avestic, and Indo-Iranian, as well as Greek, alongside Latin) and points to the existence of some areas of the syntax that followed an active-inactive orientation in the coding of verbal arguments (Lazzeroni 2002a, 2002b).

Already in early Latin, therefore, alongside the canonical nominative-accusative alignment of the core arguments of the clause, S, A, and O, there occur structures that show a semantically constrained split marking of S, sensitive to the more general notion of control and animacy, which play an important role in the encoding of the argument structure of the clause in Latin, both synchronically and diachronically (Cennamo 1998, 2001a, 2001b, 2006).

In particular, I argue that patterns of active syntax already existing in early Latin in some peripheral, low-transitivity domains spread to more central, canonical structures, extending from non-canonical equative clauses, such as nominal clauses, to prototypical equative clauses, and from impersonal constructions to passive/intransitive clauses, probably owing to the interchangeability among voice forms (e.g., among anticausatives, passives, and impersonals), and later to transitive ones (see also Norberg 1944).

[8] Alongside thematic neuters such as *corium* "skin," *caelum* "sky," and *tergum* "back," which in early Latin occur most typically in the animate gender (i.e., the masculine form), the neuter form only appearing in unaccusative structures (ex. [24a–d]), Rovai (2007b) identifies two other subtypes: (a) those whose masculine form is attested at all stages, with the neuter form only occurring in early Latin only, and only in unaccusative structures (e.g., *pannus* "bandage"); and (b) those for which the neuter form occurs throughout the history of the language (*balneum* "bath," *fatum* "destiny"), with the masculine form attested during the imperial age, but only in A function, that is, as subjects of transitive predicates, that is, with the active argument of prototypical transitive clauses (e.g., *malus fatus illos oppresserit* bad.NOM .destiny.NOM they.ACC oppress.FUT.PERF.3SG "A bad destiny will have oppressed them," Petron. *Satyricon* 71.1). On the relationship between grammatical gender and thematic roles in Indo-European, see also Lazzeroni 2002a.

Unlike earlier attestations, in Late Latin the phenomenon is not confined to marginal areas of transitivity. It reflects instead a genuine change taking place in the encoding of grammatical relations, which preludes the breaking down of the case system and the use of the accusative as the only case (Plank 1985: 289–93), a phenomenon that, as already pointed out, by the eighth century A.D. occurs also in Gaul, though it withdraws subsequently in favor of the competing two-case system (Pei 1932: 214–15).

Conclusions

The study of early and Late Latin data shows the rise of initially active and subsequently neutral patterns of alignment, testified by the extension of the accusative, which gradually replaces the nominative to mark nuclear arguments of the clause (initially S_O and subsequently S_A/A) in the Romance area.

The changes taking place in Late Latin in the encoding of grammatical relations, that is, in the alignment of the core arguments of the clause, interact, in the course of time, with the reorganization of voice distinctions leading to the temporary loss of the grammatical dimension of voice, which will be reconstituted in Romance in different ways and along different dimensions. The interplay between the two clusters of changes determines a deep restructuring in the encoding of the argument structure of the clause, probably reflecting a more general phenomenon, the rise of head-marking coding patterns in a predominantly dependent-marking language such as Latin.

Abbreviations

ABL	ablative (case)
ACC	accusative (case)
ACT	active
AGR	agreement
AN	animate
CL	classical Latin
DAT	dative (case)
F	feminine
FUT	future
GER	gerundive
HUM	human
IMPF	imperfect (tense)
IMPER	imperative
IMPERS	impersonal
IND	indicative
INF	infinitive
M	masculine
MPASS	medio-passive marker *-R* (in middle, passive, or impersonal function)
PASS	passive
PERF	perfect (tense marker)
PL	plural
PRES	present (tense marker)
PRES.PRT	present participle
PP	past participle
PLUP	pluperfect (tense marker)
RFL	reflexive

SG	singular
SUBJ	subjunctive

Agnell. — *Agnelli Liber Pontificalis Ecclesiae Ravennatis*, edited by O. Holder-Egger. Monumenta Germaniae Historica. Scriptores Rerum Langobardicarum et Italicarum Saec. VI–IX. Hannover: Hahnsche, 1878.

Anthim. — *Anthimi, De Observatione Ciborum ad Theodoricum Regem Francorum Epistula*, edited by E. Liechtenhan. Corpus Medicorum Latinorum VIII, 1. Leipzig: Teubner, 1928.

Anton. Plac. Itin. — *Antonini Placentini Itinerarium*, edited by P. Geyer. Turnhout: Brepols, 1965.

Atta — Titus Quinctius Atta. *Comicorum Latinorum Reliquiae*, edited by O. Ribbeck. Leipzig: Teubner, 1885.

Chiron — *Claudii Mermeri, Mulomedicina Chironis,* edited by E. Oder. Leipzig: Teubner, 1901.

CIL — *Corpus Inscriptionum Latinarum*. Berlin, 1863ff.

Corp. Christ. — *Itineraria et Alia Geographica*. Corpus Christianorum, Series Latina 175. Turnholt: Brepols, 1965.

Def. Tab. — Audollant 1967.

Edict. Roth. — *Edictus Rothari*, edited by F. Bluhme. Monumenta Germaniae Historica, legum II. Stuttgart: Hiersemann, 1965.

Lex Alam. — *Lex Alamannorum*, edited by K. Lehmann. Monumenta Germaniae Historica, legum sectio I: V. Hannover: Hahnsche, 1966.

Lex Sal. — *Pactus Legis Salica*, edited by K. A. Eckhardt. Monumenta Germaniae Historica, legum sectio I, IV: I. Hannover: Hahnsche, 1962.

Per. Aeth. — *Silviae vel potius Aetheriae Peregrinatio ad loca Sancta* (Itinerarium Aegeriae), edited by W. Heraeus. Heidelberg: Winters, 1923.

Petron. Satyricon — *Petronii Arbitri, Satyricon*, edited by C. Pellegrini. Rome: Ateneo, 1975.

Varr. — Varro, *R*(*es*) *r*(*usticae*), edited by G. Goetz. Teubner: Leipzig, 1929.

Bibliography

Audollent, Auguste Marie Henri

1967 *Defixionum tabellae: Quotquot innotuerunt tam in Graecis orientis quam in totius occidentis partibus praeter Atticas in corpore inscriptionum Atticarum editas*. Frankfurt: Minerva.

Bassols de Climent, Mariano

1945 *Sintaxis histórica de la lengua latina*, Volume 1. Barcelona: Escuela de Filología.

Bastardas Parera, J.

1953 *Particularidades sintacticas del Latín medieval*. Barcelona: Escuela de Filología.

Bauer, Brigitte

2000 *Archaic Syntax in Indo-European: The Spread of Transitivity in Latin and French*. Trends in Linguistics, Studies and Monographs 125. Berlin: Mouton de Gruyter.

Bickel, B., and J. Nichols

2008 "Case Marking and Alignment." In *The Handbook of Case*, edited by A. Malchukov and A. Spencer, pp. 304–21. Oxford: Oxford University Press.

Bonnet, Max

1890 *Le latin de Grégoire de Tours*. Paris: Hachette.

Burridge, Kate

1993 *Syntactic Change in Germanic: Aspects of Language Change in Germanic with Particular Reference to Middle Dutch*. Current Issues in Linguistic Theory 89. Amsterdam: Benjamins.

Cennamo, Michela

1991 "Se, suus, sibi nelle Inscriptiones Latinae Christianae Veteres ed i successivi sviluppi romanzi." *Medioevo Romanzo* 16: 3–20.

1998 "The Loss of the Voice Dimension between Late Latin and Early Romance." In *Historical Linguistics 1997*, Volume 1: *General Issues and Non-Germanic Languages* (Selected Papers from the 13th International Conference on Historical Linguistics, Düsseldorf, 10–17 August 1997), edited by M. S. Schmid, J. R. Austin, and D. Stein, pp. 77–100. Current Issues in Linguistic Theory 164. Amsterdam: Benjamins.

1999 "Late Latin Pleonastic Reflexives and the Unaccusative Hypothesis." *Transactions of the Philological Society* 97/1: 103–50.

2000 "Patterns of Active Syntax in Late Latin Pleonastic Reflexives." In *Historical Linguistics 1995* (Selected Papers from the 12th International Conference on Historical Linguistics, Manchester, August, 1995), edited by J. C. Smith and D. Bentley, pp. 81–145. Current Issues in Linguistic Theory 161. Amsterdam: Benjamins.

2001a "On the Reorganization of Voice Distinctions and Grammatical Relations in Late Latin." In *De lingua Latina novae quaestiones* (Actes du Xe colloque international de linguistique latine, Paris, Sèvres, 19–23 avril 1999), edited by C. Moussy, pp. 51–65. Bibliothèque d'études classiques 22. Paris: Peeters.

2001b "L'extended accusative e le nozioni di voce e relazione grammaticale nel latino tardo e medievale." In *Ricerche linguistiche tra antico e moderno*, edited by V. Viparelli, pp. 3–27. Linguistica e linguaggi 14. Naples: Liguori.

2005 "Passive Auxiliaries in Late Latin." In *Latin et langues romanes: Études de linguistique offertes à József Herman à l'occasion de son 80^{ème}anniversaire*, edited by S. Kiss, L. Mondin, and G. Salvi, pp. 177–94. Tübingen: Niemeyer.

2006 "The Rise and Grammaticalization Paths of Latin *fieri* and *facere* as Passive Auxiliaries." In *Passivization and Typology: Form and Function*, edited by W. Abraham and L. Leisiö, pp. 311–36. Typological Studies in Language 68. Amsterdam: Benjamins.

2008a "The Rise and Development of Analytic Perfects in Italo-Romance." In *Grammatical Change and Linguistic Theory: The Rosendal Papers*, edited by T. Eythórsson, pp. 115–42. Linguistics Today 113. Amsterdam: Benjamins.

2008b "Impersonal Constructions and Argument Marking in Latin." Paper presented at the Workshop on Case and Argument Structure in Indo-European from a Typological Perspective, Bergen, August 18–20, 2008.

2009 "Argument Structure and Alignment Variations and Changes in Late Latin." In *The Role of Semantic, Pragmatic, and Discourse Factors in the Development of Case*, edited by J. Barõdalal and S. L. Chelliah, pp. 307–46. Studies in Language Companion Series 108. Amsterdam: Benjamins.

2011 "Impersonal Constructions and Accusative Subjects in Late Latin." In *Impersonal Constructions: A Cross-linguistic Perspective*, edited by A. Malchukov and A. Siewierska, pp. 167–88. Studies in Language Companion Series 124. Amsterdam: Benjamins.

Comrie, Bernard

1989 *Language Universals and Linguistic Typology: Syntax and Morphology*. 2nd edition. Chicago: University of Chicago Press.

2005 "Alignment of Case Marking." In *The World Atlas of Language Structures*, edited by M. Haspelmath, M. S. Dryer, D. Gil, and B. Comrie, pp. 398–405. Oxford: Oxford University Press.

Dixon, Robert M. W.
1979 "Ergativity." *Language* 55/1: 59–138.
1980 *The Languages of Australia*. Cambridge Language Surveys. Cambridge: Cambridge University Press.
1994 *Ergativity*. Cambridge Studies in Linguistics 69. Cambridge: Cambridge University Press.

Donohue, Mark
2008 "Semantic Alignment Systems: What's What, and What's Not." In *The Typology of Semantic Alignment*, edited by M. Donohue and S. Wichmann, pp. 24–75. Oxford: Oxford University Press.

Donohue, Mark, and Søren Wichmann, editors
2008 *The Typology of Semantic Alignment*. Oxford: Oxford University Press.

Ernout, A.
1908/09 "Recherches sur l'emploi du passif Latin à l'époque républicaine." *Mémoires de la Societé de linguistique de Paris* 15: 273–333.

Ernout, A., and François Thomas
1964 *Syntaxe Latine*. 2nd edition. Paris: Klincksieck.

Gerola, Berengario
1950 "Aspetti della sintassi del nominativo e dell'accusativo nel Tardo latino." *Atti dell'Istituto Veneto di Scienze, Lettere ed Arti* 108: 207–36.

Harris, Alice C.
1990 "Alignment Typology and Diachronic Change." In *Language Typology 1987: Systematic Balance in Language*, edited by W. P. Lehmann, pp. 67–90. Current Issues in Linguistic Theory 67. Amsterdam: Benjamins.

Harris, Alice C., and Lyle Campbell
1995 *Historical Syntax in Cross-linguistic Perspective*. Cambridge Studies in Linguistics 74. Cambridge: Cambridge University Press.

Haspelmath, Martin
1987 *Transitivity Alternations of the Anticausative Type*. Cologne: Institut für Sprachwissenschaft, Universität zu Köln.
1993 "More on the Typology of Inchoative/Causative Verb Alternations." In *Causatives and Transitivity*, edited by B. Comrie and M. Polinsky, pp. 87–120. Studies in Language Companion Series 23. Amsterdam: Benjamins.

Helttula, Anne
1987 *Studies on the Latin Accusative Absolute*. Helsinki: Finnish Society of Sciences and Letters.

Herman, József
1987 "La disparition de -s et la morphologie dialectale du latin parlé." In *Latin vulgaire - Latin tardif* I (Actes du Ier colloque international sur le latin vulgaire et tardif, Pécs, 2–5 septembre 1985), edited by J. Herman, pp. 97–108. Tübingen: Niemeyer.
1990 "La différenciation territoriale du latin et la formation des langues romanes." In *Jószef Herman: Du latin aux langues romanes: Études de linguistique historique*, edited by S. Kiss, pp. 62–92. Tübingen: Niemeyer.
1995 "Les ardoise wisigothiques et le problème de la différenciation territoriale du latin." In *Latin vulgaire - Latin tardif* IV (Actes du IVe colloque international sur le latin vulgaire et tardif, Caen, 2–5 septembre 1994), edited by L. Callebat, pp. 63–76. Hildesheim: Olms.
1997 "À propos du débat sur le pluriel des noms italiens (et roumains): À la recherche d'une conclusion." In *Italica et Romanica: Festschrift für Max Pfister zum 65. Geburstag*, edited by G. Holtus, J. Kramer, and W. Schweickard, pp. 19–30. Tübingen: Niemeyer.

2002 "La disparition du passif synthétique latin: Nouvel essai sur l'écrit et le parlé en latin mérovingien." *Estudios Románicos* 24: 31–46.

Konjetzny, G.

1908 "De idiotismis syntacticis in titulis latinis urbanis conspicuis." *Archiv für Lateinische Lexicographie und Grammatik* 15: 297–351.

La Fauci, Nunzio

1991 "La continuità nella diversità formale: Aspetti di morfosintassi diacronica romanza." In *Innovazione e Conservazione nelle Lingue* (Atti del Convegno della Società Italiana di Glottologia, Messina, 9–11 novembre 1989), edited by V. Orioles, pp. 135–68. Biblioteca della Società italiana di glottologia 14. Pisa: Giardini.

1994 *Objects and Subjects in the Formation of Romance Morphosyntax*. Bloomington: Indiana University Linguistics Club Publications.

1997 *Per una teoria grammaticale del mutamento morfosintattico: Dal latino verso il romanzo*. Progetti linguistici 6. Pisa: ETS.

1998 "Riflettendo sul mutamento morfosintattico: Nel latino, verso il romanzo." In *Sintassi storica* (Atti del XXX Congresso internazionale della Società di linguistica italiana, Pavia, 26–28 settembre 1996), edited by P. Ramat and E. Roma, pp. 519–45. Pubblicazioni della Società di linguistica italiana 39. Rome: Bulzoni.

2001 "Quel pasticciaccio brutto della declinazione." *Vox Romanica* 6: 15–24.

2007 "Dinamiche sistematiche: Scomparsa della declinazione." In *Morfosintassi latina: Punti di vista*, edited by N. La Fauci and S. Pieroni, pp. 55–64. Progetti linguistici 18. Pisa: ETS.

Lazzeroni, R.

2002a "Ruoli tematici e genere grammaticale: Un aspetto della morfosintassi indoeuropea?" *Archivio Glottologico Italiano* 87/1: 1–17.

2002b "Il nome Greco del sogno e il neutro indoeuropeo." *Archivio Glottologico Italiano* 87/2: 145–62.

Ledgeway, Adam

Forthcoming "Syntactic and Morphosyntactic Typology and Change in Latin and Romance." In *The Cambridge History of the Romance Languages*, Volume 1: *Structures*, edited by M. Maiden, J. C. Smith, and A. Ledgeway, pp. 382–471. Cambridge: Cambridge University Press.

Lehmann, Christian

1985 "Latin Case Relations in Typological Perspective." In *Syntaxe et latin* (Actes du IIème Congrès international de linguistique latine, Aix-en-Provence, 28–31 mars 1983), edited by C. Touratier, pp. 81–104. Aix-en-Provence: Université de Provence.

1988 "Predicate Classes and Participation." In *Studies in General Comparative Linguistics*, edited by M. Leumann, J. B. Hofmann, and A. Szantyr, pp. 33–77. Cologne: AKUP.

Leumann, Manu; Johan Baptist Hofmann; and Anton Szantyr

1965 *Lateinische Grammatik*, Volume 2. Munich: Beck.

Löfstedt, Bengt

1977 *Studien über die Sprache der Langobardischen Gesetze: Beiträge zur frühmittelalterlichen Latinität*. Acta Universitatis Upsaliensis. Studia Latina Upsaliensia 1. Uppsala: Almqvist & Wiksell.

Löfstedt, Einar

1911 *Philologischer Kommentar zur Peregrinatio Aetheriae: Untersuchungen zur Geschichte der lateinischen Sprache*. Uppsala: Almqvist & Wiksell.

1933 *Syntactica: Studien und Beiträge zur historischen Syntax des Lateins*, Volume 2: *Syntaktisch-stilistische Gesichtspunkte und Probleme*. Acta Regiae Societatis Humaniorum Litterarum Lundensis 10. Lund: Gleerup.

1936 *Vermischte Studien zur lateinischen Sprachkunde und Syntax*. Lund: Gleerup.

Malchukov, Andrej

2008 "Split Intransitives, Experiencer Objects, and 'Transimpersonal' Constructions: (Re-)establishing the Connection." In *The Typology of Semantic Alignment*, edited by M. Donohue and S. Wichmann, pp. 76–100. Oxford: Oxford University Press.

Mithun, Marianne

1991 "Active/Agentive Case Marking and Its Motivations." *Language* 67: 510–46.

2008 "The Emergence of Agentive Systems in Core Argument Marking." In *The Typology of Semantic Alignment*, edited by M. Donohue and S. Wichmann, pp. 297–333. Oxford: Oxford University Press.

Mithun, Marianne, and Wallace Chafe

1999 "What Are S, A and O?" *Studies in Language* 23: 569–96.

Molinelli, Piera

1989 "La caduta della desinenza di accusativo singolare in latino: Tra morfologia e ordine delle parole." *Quaderni del Dipartimento di Linguistica e Letterature Comparate* 5: 277–86.

Moravcsik, Edith A.

1978 "On the Distribution of Active and Ergative Patterns." *Lingua* 45: 233–79.

Mørland, Henning

1932 *Die Lateinischen Oribasiusübersetzungen.* Oslo: Brøgger.

Nichols, J.

1986a "Head-marking and Dependent-marking Grammar." *Language* 62: 56–119.

1986b "On Form and Content in Typology." In *Language Typology 1985* (Papers from the Linguistic Typology Symposium, Moscow, 9–13 December 1985), edited by W. P. Lehmann, pp. 141–62. Current Issues in Linguistic Theory 47. Amsterdam: Benjamins.

1990 "Some Preconditions and Typical Traits of the Stative-active Language Type." In *Language Typology 1987: Systematic Balance in Language*, edited by W. P. Lehmann, pp. 95–113. Current Issues in Linguistic Theory 67. Amsterdam: Benjamins.

Norberg, Dag Ludvig

1943 *Syntaktische Forschungen auf dem Gebiete des Spätlateins und des frühen Mittellateins.* Uppsala: Lundeqvist.

1944 *Beiträge zur spätlateinischen Syntax.* Uppsala: Almqvist & Wiksell.

Pei, Mario

1932 *The Language of the Eighth-century Texts in Northern France: A Study of the Original Documents in the Collection of Tardif and Other Sources.* New York: Carranza & Co.

Pieroni, Silvia

1999 "Non-promotional Objects in Late Latin." *Verbum* 21/1: 117–29.

Pinkster, Harm

1985 "Latin Cases and Valency Grammar: Some Problems." In *Syntaxe et latin* (Actes du IIème Congrès international de linguistique latine, Aix-en-Provence, 28–31 mars 1983), edited by C. Touratier, pp. 164–89. Aix en Provence: Université de Provence.

Pirson, Jules

1901 *La langue des inscriptions latines de la Gaule.* Brussels: Office de Publicité.

Plank, Frans

1985 "The Extended Accusative/Restricted Nominative in Perspective." In *Relational Typology*, edited by F. Plank, pp. 269–310. Berlin: Mouton de Gruyter.

1995 "Ergativity." In *Syntax: An International Handbook of Contemporary Research*, edited by J. Jacobs, A. von Stechow, and W. Sternefeld, pp. 1184–99. Handbücher zur Sprach- und Kommunikationswissenschaft 9.2. Berlin: Walter de Gruyter.

Ronconi, Alessandro

1968 *Il Verbo Latino*. Revised edition. Florence: Le Monnier.

Rovai, F.

2005 "L'estensione dell'accusativo in latino tardo e medievale." *Archivio Glottologico Italiano* 90: 54–89.

2007a "Manifestazioni di sub-sistemi tipologici attivi in latino." *Archivio Glottologico Italiano* 92: 51–64.

2007b Il latino non classico: Codifiche attive e neutri deboli. Ph.D. dissertation, University of Pisa.

2008 Tratti Attivi in Latino: Il Caso del Genere. Ph.D. dissertation, University of Pisa.

Schøsler, Lene

2001 "From Latin to Modern French: Actualization and Markedness." In *Actualization: Linguistic Change in Progress*, edited by H. Andersen, pp. 169–85. Current Issues in Linguistic Theory 219. Amsterdam: Benjamins.

Sornicola, Rosanna

2007 "Riflessioni sullo studio del cambiamento morfosintattico dalla prospettiva di un romanista: Sincronia e diacronia rivisitate." *Revue de Linguistique Romane* 71: 1–64.

Svennung, Josef G. A.

1935 *Untersuchungen zu Palladius und zur lateinischen Fach- und Volkssprache*. Uppsala: Almqvist & Wiksell.

Väänänen, Veikko

1965 *Étude sur le Texte et la Langue des Tablettes Albertini*. Helsinki: Suomalainen Tiedeakatemia.

1967 *Introduction au latin vulgaire*. New edition with anthology and commentary. Bibliothèque française et romane, Series A; Manuels et études linguistiques 6. Paris: Klincksieck.

Vielliard, Jeanne

1927 *Le Latin des diplômes royaux et chartes privées de l'époque Mérovingienne*. Paris: Champion.

Vincent, Nigel

1997 "The Emergence of the D-System in Romance." In *Parameters of Morphosyntactic Change*, edited by A. van Kemenade and N. Vincent, pp. 151–69. Cambridge: Cambridge University Press.

1998 "Tra grammatica e grammaticalizzazione: Articoli e clitici nelle lingue (italo)-romanze." In *Sintassi storica* (Atti del XXX Congresso internazionale della Società di linguistica italiana: Pavia, 26–28 settembre 1996), edited by P. Ramat and E. Roma, pp. 411–40. Pubblicazioni della Società di linguistica italiana 39. Rome: Bulzoni.

Zamboni, Alberto

1998 "Dal latino tardo al romanzo arcaico: aspetti diacronico-tipologici della flessione nominale." In *Sintassi storica* (Atti del XXX Congresso internazionale della Società di linguistica italiana, Pavia, 26–28 settembre 1996), edited by P. Ramat and E. Roma, pp. 127–46. Pubblicazioni della Società di linguistica italiana 39. Rome: Bulzoni.

2000 *Alle origini dell'Italiano: Dinamiche e tipologie della transizione dal Latino*. Rome: Carocci.

22

CAS GRAMMATICAUX ET CAS LOCAUX EN GOTIQUE: LES MODÈLES CASUELS EN GOTIQUE

André Rousseau, UMR 7187 Laboratoire L.D.I., Université de Paris 13

Introduction

(1) Le gotique est cette merveilleuse langue germanique ancienne, très souvent archaïque, attestée, selon les datations les plus récentes, depuis le IIIème siècle avant J.-C., par l'inscription figurant sur le casque B de Negau: <harigasti teiwa> "au dieu Harigast." Mais le gotique est représenté principalement par une traduction de le *Bible* réalisée au milieu du 4ème siècle par Wulfila et certainement un groupe de traducteurs. Il présente une situation particulière en tant que langue charnière qui offre un double visage et qui, de ce fait, apporte incontestablement un double témoignage, toujours très précieux:

- c'est un "chantier en ruines," conservant des survivances, nombreuses et toujours vivantes, de l'état indo-européen ancien;
- c'est aussi un "chantier en construction," où commencent à s'édifier une nouvelle organisation de la langue, à apparaître les prémisses d'un nouvel état de langue et à se mettre en place de nouvelles lois de position, concernant notamment les particules.

(2) La syntaxe du gotique

Un principe établi par E. Benveniste[1] nous semble fondamental et le respecter est certainement la première urgence: pour l'étude du gotique, il faut admettre "ce principe que le gotique doit être étudié et analysé pour lui-même ...; [alors seulement] la condition première sera acquise d'une description qui atteindra *la syntaxe gotique, non le revêtement gotique d'une syntaxe grecque*" (1951: 56).

Dans notre esprit, la comparaison avec le grec ne pourra servir au mieux que de confirmation ou de preuve supplémentaire s'il en est besoin.

(3) Deux types de cas en gotique

Le germanique ancien possède deux types de cas: des cas syntaxiques (il y en a quatre au plan morphologique: Nominatif, Accusatif, Datif, Génitif, mais davantage au plan des fonctions sémantiques), destinés à marquer des fonctions syntaxiques et des cas locaux archaïques (Locatif, Allatif, Illatif, Ablatif, Elatif, Perlatif) aptes à indiquer des relations spatiales et particulièrement bien attestés sur les déictiques et les éléments proches.

(4) La méthodologie utilisée pour l'étude des cas grammaticaux

Le point de départ méthodologique se trouve dans notre article publié en 1992 sur *Les modèles casuels et prépositionnels dans la syntaxe de l'allemand moderne*, dont le fondement est double, à savoir les *Satzbaupläne* présents dans diverses grammaires de l'allemand et la théorie des deux modèles, telle qu'elle figure dans la thèse de Jean Haudry (1977) sur les cas du védique.

[1] Qui, après le décès de Fernand Mossé en 1956, a donné pendant trois ans des séminaires sur le gotique à l'Ecole Pratique des Hautes Études (EPHE).

1. Syntaxe de l'énoncé en indo-européen

Pour traiter de l'organisation et du fonctionnement des cas dans une langue indo-européenne ancienne, il est absolument nécessaire de se fonder sur une conception de l'énoncé indo-européen, sinon on parle 'dans le vide'. La méthodologie est absolument incontournable. Tout se passe comme si l'énoncé indo-européen était composé de deux parties, l'une concernant les 'éléments légers' ou "chaîne des particules," l'autre regroupant les 'éléments lourds' en "modèles casuels."

1.1. La "chaîne des particules"

Il est absolument nécessaire de rappeler ici les grandes lignes de la structure de l'énoncé en indo-européen, telles que les a magistralement reconstituées E. Laroche (1957/58) à partir de la comparaison des langues anatoliennes, résultats confirmés par les recherches ultérieures de C. Watkins (1963).

S'appuyant sur la "loi de Wackernagel" (1892), E. Laroche a reconstruit le positionnement et identifié les fonctions sémantiques des différents types de particules à partir de deux langues anatoliennes, le louvite et le lycien, ce qu'il reporte sur le hittite, proposant la description suivante:

"La phrase hittite est commandée par un premier mot tonique auquel s'attache un nombre plus ou moins grand d'enclitiques.... L'ordre dans lequel les enclitiques hittites s'attachent à *nu* est constant et rigoureux" (1957/58: 161). Cette grande stabilité de ce qu'on appelle la "chaîne des particules" autorise Laroche à poser l'existence de cinq classes fonctionnelles et sémantiques de particules:

[1a]

I	II	III	IV	V
nu	*-wa(r)-*	*-aš-ši-*	*-za-* *-šan*	*-kan*
"et"	marque de discours indirect	pronoms anaphoriques	réflexif	particules aspectuelles ou locales

En ne retenant que les grandes fonctions exercées, il nous est possible — évidemment sous notre seule responsabilité — de réduire le nombre de classes distinctes à quatre seulement:

[1b]

I	II	III	IV
Ligateur	Foncteur de phrase	Pronoms	Modalités du procès

Ce schéma, qui ouvre l'énoncé indo-européen, est repris quelques années plus tard dans les reconstructions syntaxiques proposées par C. Watkins (1964), qui utilise les symboles suivants:

[1c]

C	E	Pr	P	V
Connecteur tonique	Enclitique atone	Pronoms	Préverbe	Verbe

Ces schémas sont extrêmement fiables dans la précision obtenue par la comparaison et confirmées par la totalité des langues indo-européennes anciennes.

[2a]

C	E	Pr	P	V
ja-	ba-	i	ga-	laubjam (I Thessaloniciens 4, 14) "si nous croyons"

Il faut bien séparer deux phénomènes d'origine indo-européenne distincts en gotique, distinction qui n'a jamais été faite:

- la véritable tmèse comme dans le magnifique exemple donné par Mc 8, 23, qui fait de *ga-* une particule de phrase, portant le ton et commandant l'ensemble de l'énoncé;

Le gotique en offre en effet quelques exemples:

		P	E	Pr	V
[2b]	(frah ina)	ga-	u-	hwa-	sehwi (Marc 8, 23)
	"(il lui demanda) s'il voyait quelque chose?"				
[2c]	(sa-ei ga-laubeiþ du mis) þauh	ga-	ba-		dauþniþ, libaid (Jean 11, 25)
	"(celui qui croit en moi), même s'il est mort, il vit"				

- l'insertion d'une particule atone en seconde position, provoquant la séparation du préverbe du verbe, comme dans les exemples suivants:

[3a] in-uh-sandidedun (Jean 7, 32)

[3b] uz-uh-hof (Jean 11, 41; 17, 1)

[3c] uz-uh-iddja (Jean 16, 28)

[3d] an-uh-kumbei (Luc 17, 7)

[3e] ub-uh-wopida (Luc 18, 38)

[3f] at-uh-gaf (Ephésiens 4, 8)

[3g] ga-h-melida (Luc 1, 63)[2]

De manière exactement parallèle, *-uh* s'intercale entre préposition et groupe nominal:

[4a] and-uh þana laist (Skeireins 5, 6)

[4b] fram-uh þamma (Jean 19, 12)

[4c] in-uh jainamma mela (Jean 6, 66), etc. (cf. GEB §232)

L'évolution, qui va se traduire par l'éclatement de la "chaîne des particules," semble être conditionnée par deux facteurs essentiels, l'un particulier, l'autre d'ordre beaucoup plus général:

- la disparition complète des enclitiques est due à celle du ton, i.e., remplacé par l'accent initial d'intensité en germanique

- le renouvellement total des signifiants affecte en premier les particules, comme l'a précisé A. Meillet 1915–1916):

  "si" est rendu en gotique par *jabai* et *-uh;* mais en allemand par *wenn* et *ob;*

  "et" est rendu en gotique par *jah* et *-uh;* mais en allemand par *und*

1.2. La structure des éléments "lourds"

Le témoignage de la "figure étymologique," survivance caractéristique de la poésie indo-européenne, est absolument capital, car il permet de comprendre comment s'organisent les modèles et se fixe le sens des mots. Les exemples de "figure étymologique" ne sont pas absents de la Bible gotique:

---

[2] Cf. Jones 1958: 213ss; Scherer 1968.

[5] wulfos wilwandans (Matthieu 7, 15) "des loups prédateurs/dévorants."

Or s'il est une racine porteuse, c'est bien la racine **bher-* "porter," qui est à l'origine d'une famille de mots, très riche en germanique:

got. *bairan* "porter," *barn* "enfant," *barms* "ventre," *bērusjos* "parents," *baur* "nouveau-né," *gabaurþs* "naissance," *gabaur* "collecte, impôt," etc.

Comment s'expliquent des signifiés aussi différents? La "figure étymologique" organisée en "modèles casuels" est seule capable de répondre à cette question de la fabrication du sens: si nous partons de

[6a]	barn	barms	bairan
	"enfant"	"ventre"	"porter"

on remarque que les signifiés respectifs ne peuvent correspondre qu'au "modèle casuel":

[6b] **Accusatif Instrumental Prédicat**

En d'autres termes, c'est le "modèle casuel" qui a fixé le sens des éléments issus de la racine **bher-*: *barn* a reçu le sens d'"enfant" parce qu'il fonctionne comme un objet à l'accusatif; *barms* a acquis le sens de "ventre, sein" parce qu'il exerce la fonction d'objet instrumental. Et l'on pourrait continuer: si le sens de "parents" a été attribué à *bērusjos*, c'est parce que il a été conçu comme un authentique agent, d'où le suffixe *-ja* (*-jōs* au pluriel).

2. L'organisation des cas grammaticaux

Comme nous l'avons rappelé précédemment, ces cas sont les marques de relations syntaxiques entre les groupes à fonction d'objet et le prédicat. Nous opérerons sur des modèles à double objet à partir du prédicat.

2.1. Le système de base

Ce système est constitué de quatre "modèles casuels," organisés de la manière suivante:

- deux modèles fondamentaux, qui fournissent deux visions du "même" procès à partir des mêmes éléments constitutifs;
- deux autres modèles, obtenus par croisement des deux premiers.

Les deux modèles fondamentaux et leurs variantes

Ces modèles sont susceptibles de convertibilité réciproque entre eux, comme nous le démontrerons,

Le modèle le plus ancien, que nous baptiserons modèle A, est certainement celui qui correspond à la génération du sens des éléments constitutifs, c'est-à-dire

[7a] **Accusatif Instrumental (datif) Prédicat**

attesté par:

[7b] gawasidedun ina paurpurai (Marc 15, 17)
"ils l'habillèrent avec de la pourpre"

Ce modèle présente une variante intéressante, modèle A_2, sous la forme:

[8a] **Accusatif Ablatif (datif) Prédicat**

bien attesté par:

[8b] andwasidedun ina paurpurai (Marc 15, 20)
litt. "ils le déshabillèrent à partir de la pourpre"

Le second modèle, baptisé modèle B, peut être considéré comme issu des modèles A_1 ou A_2 par une relation de conversion, comme le prouve ce couple d'exemples bâti sur *wairpan* "jeter, lancer":

[9a] þana stainam wairpandans (Marc 12, 4)
"le jetant avec des pierres" (= "le lapidant")

[9b] hlaib barne...hundam wairpan (Marc 7, 27)
"jeter le pain des enfants aux chiens"

Le modèle B est représenté par la configuration casuelle suivante:

[10a] **Datif Accusatif$_2$ Prédicat**

[10b] mat gif imma (Romains 12, 20)
"donne-lui de la nourriture"

Il y a donc deux accusatifs bien distincts, un accusatif$_1$ figurant dans les modèles A_1 ou A_2, un accusatif$_2$ présent dans le modèle B. Le descripteur n'a pas le droit de les confondre, car il y a une constante: le premier représente toujours un animé et le second régulièrement un non-animé, qui sont en outre susceptibles de s'associer — comme les nouveaux modèles vont le démontrer.

Nouveaux modèles obtenus par croisement

Le croisement des deux premiers modèles, A et B, donne naissance à deux autres modèles, que nous baptisons C et D:

- le modèle à double accusatif, attesté dans diverses langues (latin, polonais):

[11a] **Accusatif$_1$ Accusatif$_2$ Prédicat**

[11b] laisida ins in gajukom manag (Marc 4, 2)
"il leur enseigna beaucoup en paraboles"

[11c] þishwah þei bidjais mik (Marc 6, 23)
"tout ce que tu peux me demander"

[11d] giban saiwala seina faur managans lun (Marc 10, 45)
"donner sa vie en rançon pour plusieurs"

- le modèle 'Datif Génitif (= Ablatif) Prédicat,' dans lequel le Génitif a la valeur d'un Ablatif et l'Accusatif se trouve tout simplement exclu de la marque d'objet:

[12a] **Datif Génitif Prédicat**

[12b] ni was im barne (Luc 1, 7)
"ils n'avaient pas d'enfants"

ou, si l'on pense que dans (12b) le génitif est dépendant de la négation, il y a encore:

[12c] jabai gibaidau kunja þamma taikne! (Luc 1, 7)
"s'il était donné des signes à cette génération!"[3]

---

[3] Cf. également Luc 2, 7; Luc 20, 10; Marc 12, 19; etc.

La méthode du croisement des deux modèles reconnus au départ pour obtenir deux modèles nouveaux issus des deux premiers démontre

(1) l'ancrage profond des cas dans la syntaxe de la langue considérée;

(2) la solidité de la méthodologie utilisée pour cette présentation.

D'autre part, ces types de "modèles casuels" sont présents jusqu'en allemand moderne, comme je l'ai montré dans mon article de 1992.

2.2. Son évolution vers un modèle prépositionnel

Les cas exerçant plusieurs fonctions vont être discriminés par des prépositions. Ainsi, le datif germanique, surchargé de fonctions, car il est engagé au total dans trois modèles casuels avec des valeurs différentes:

- il indique l'origine dans le modèle 'acc. dat. (= abl.) prédicat':

[13a] andwasidedun ina paurpurai (Marc 15, 20)
"ils le déshabillèrent à partir de la pourpre"

- il marque l'instrument ou le moyen dans le modèle 'acc. dat. (= instrumental) prédicat':

[13b] gawasidedun ina paurpurai (Marc 15, 17)
"ils l'habillèrent avec de la pourpre"

- il exprime la destination dans le modèle 'acc. dat. prédicat':

[13c] þanei ik insandja izwis fram attin
"celui que je vous envoie de la part du Père" (Jean 14, 16)

Or le gotique nous montre la discrimination des cas par des prépositions: ainsi un datif à valeur d'instrumental est discriminé par *miþ:*

[14] stibnai mikilai (Matthieu 27, 50) = **miþ** stibnai mikilai (Luc 17, 15)
"d'une voix forte"

de même un datif à valeur d'ablatif sera discriminé par les prépositions *af, fram, us:*

[15a] afwandidedun sik **af** mis (II Timothée 1, 15)
"ils se détournèrent de moi"

[15b] þatei garahnidedun **fram** sunum Israelis (Matthieu 27, 9)
"qu'ils achetèrent des enfants d'Israël"

[15c] urrais **us** dauþaim (Matthieu 27, 64)
"il est ressuscité des morts"

dans les mêmes conditions un datif à valeur de directif est discriminé par la préposition *du:*

(16) qaþ imma (Matthieu 8, 4) = qaþ **du** imma (Matthieu 8, 7)
"il lui dit"

L'essentiel est de bien comprendre que la préposition, quelle qu'elle soit, est associée à un Groupe Nominal au datif, dont elle épouse obligatoirement le cas. Ici, ce n'est pas la préposition qui gouverne le cas; elle discrimine la valeur du datif uniquement par son signifié lexical.

2.3. Un modèle à double datif[4]

Il existe aussi la trace d'une construction ancienne au double datif, même si la marque de cas n'apparaît plus sur l'infinitif germanique devenu invariable, car la finale en *-an* représente une ancienne marque de datif:

[17a] warþ þan gaswiltan þamma unledin (Luc 16, 22)
"il arriva au pauvre de mourir"

[17b] jah warþ in sabbato anþaramma frumin gaggan imma þairh atisk (Luc 6, 1)
"et un jour de sabbat, l'autre premier, il lui arriva de traverser un champ de blé"[5]

Il est triste, mais pas tout à fait surprenant, de constater que, là encore, Streitberg ne cherche pas à y voir un archaïsme du gotique, mais tente de s'en débarrasser comme preuve supplémentaire de la servilité de la traduction vis-à-vis du prétendu original grec.[6]

En fait, nous rencontrons en gotique les deux types de construction à double datif que J. Haudry a distingués en védique: celui concernant l'agent (*índrāya pātave* "pour qu'Indra boive") et celui concernant l'objet ou le patient (*vr̥trāya hántave* "pour tuer Vr̥tra"):

[17a] warþ þan gaswiltan þamma unledin (Luc 16, 22)
"il arriva au pauvre de mourir"

[17c] sunus mans ni qam saiwalom qistjan ak nasjan (Luc 9, 56)
"le Fils de l'homme n'est pas venu pour perdre les âmes, mais pour (les) sauver"

Cette construction existe même sur le nom verbal, dont la marque de datif est discriminée par *du*:

[18] waurdam weihan du ni waihtai daug, niba uswalteinai þaim hausjondam (II Timothée 2, 14)
"combattre avec des mots ne sert à rien, si ce n'est à la ruine pour ceux qui écoutent"

La construction à "double datif" introduite par *giban* "donner" est susceptible de se transformer en construction A.c.I. (Accusativus cum Infinitivo), c'est-à-dire à 'double accusatif', introduite par *lētan* "faire, laisser," comme dans ces exemples:

(1) l'infinitif, qui possède déjà une marque ancienne de datif en *-an*, peut être précédé ou non de *du*, marque nouvelle de datif:

[19a] hlaif us himina gaf im du matjan (Jean 6, 31)
"il leur donna le pain du ciel à manger"

[19b] jan-ni gebuþ mis matjan [...] jan-ni dragkideduþ mik (Matthieu 25, 42)
"et vous ne m'avez pas donné à manger [...] et vous ne m'avez pas désaltéré"

[19c] jah gebun imma drigkan ... (Marc 15, 23)
"et ils lui donnèrent à boire..."[7]

[4] Cf. J. Haudry (1968); tous les éléments concernant cette construction figurent dans notre Thèse d'état (Rousseau1983: 672–81).

[5] Cf. également Luc 6, 6; 1 Corinthiens 7, 7.

[6] "Die Ausdehnung, die der Dat. m. Inf. in der gotischen Bibel erlangt hat, ist sicherlich dem Bestreben zuzuschreiben, den Anschluß ans Original so eng als möglich zu gestalten..." GEB §318, p. 213.

[7] Cf. également Luc 9, 13.

(2) la construction à "double accusatif" sous la forme A.c.I. est attestée par:

[20a] let þans dauþans filhan seinans dauþans (Matthieu 8, 22)
"laisse les morts ensevelir leurs morts"

[20b] let faurþis sada wairþan barna (Marc 7, 27)
"laisse d'abord les enfants se rassasier"

[20c] letiþ þo barna gaggan du mis (Marc 10, 14)
"laissez les enfants venir à moi"[8]

On observe ainsi qu'il existe un vaste réseau de "modèles casuels" possédant des possibilités de convertibilité interne, ce qui donne une vision nouvelle des constructions casuelles.

3. Le système des cas locaux en gotique

A côté des cas grammaticaux à fonction syntaxique, le gotique atteste l'existence d'une flexion complète de "cas locaux," beaucoup plus complète et homogène que les quelques survivances éparses que nous pouvons rencontrer en hittite ou en védique.

Cette flexion est parfaitement attestée sur les déictiques spatiaux et les éléments qui offrent un comportement identique.

3.1. Spécificité du système des "cas locaux"

Aucune grammaire du gotique n'a reconnu à sa vraie valeur cette flexion spécifique aux "cas locaux," dont nous allons rapidement évoquer les principaux faits. F. Mossé les rassemble bien en un tableau dans son *Manuel de la langue gotique* (1956: 114), mais sans en discerner l'organisation spécifique, ni en soupçonner l'archaïsme.

Les formes attestées de "cas locaux" sur déictiques sont les suivantes:

[21] sur **ki-*, déictique du locuteur: *hēr*, *hidrē*, et également *hiri*, *hirjats*
sur **so-/to*, déictique de l'interlocuteur: *þar*, **þaþ* (de *þadei*), *þaþrō*, **þana*
sur **eno*, déictique de la 3ème personne: *jainar*, *jaind*, *jainþrō*, *jaindrē*

Mais la flexion en "cas locaux" concerne également d'autres éléments exerçant des fonctions variées dans l'univers déictique:

- un premier élément fait fonction d'anaphorique spatial par rapport à l'un des déictiques précédents:

[22a] **samar* "au même endroit," *samaþ*, *samana*

- un second élément est susceptible de s'opposer à une référence déictique:

[22b] *aljar* "ailleurs," *aljaþ*, *aljaþrō*

- un troisième élément inclut la présence des trois déictiques:

[22c] **allar* "partout," *allaþrō*

- enfin un quatrième élément, l'interrogatif, implique une référence à l'*ici* du locuteur:

[22d] *hwar*, *hwaþ*, *hwaþrō*, *hwadrē*

---

[8] Cf. également Luc 4, 41; 9, 60; 18, 16; Jean 11, 44; 18, 8.

La classe des autres éléments spatiaux relevant de la flexion déictique est décisive également pour une nouvelle conception de la deixis, qui renouvelle profondément la théorie développée par K. Bühler (1934).

3.2. Organisation interne et représentation du système des "cas locaux"

Le système déictique des "cas locaux" présente une opposition 'intérieur' ~ 'extérieur', qui traverse tout le système et le rapproche des "cas locaux" du finnois — qui ignore toutefois le perlatif:

[23] Question UBI: Adessif ~ Inessif
Question QUO: Allatif ~ Illatif
Question UNDE: Ablatif ~ Elatif
Question QUA: Perlatif ~ "Traversif"

Le système du germanique n'a pas dû ignorer cette opposition ni pour le Locatif, où nous rencontrons en vieux-haut-allemand *hia* "ici" à côté de *hiar* "ici," ni pour la relation de passage, où en témoigne l'opposition de l'allemand moderne: *über* ~ *durch*.

Le système des "cas locaux" en gotique présente la configuration suivante:

[24]

	Allatif *-d*	Ablatif **-þ*	
Locatif *-r*			Perlatif *-ana*
	Illatif *-dre*	Elatif *-þro*	

3.3 Un "prodémonstratif" en gotique

Dans sa *Sprachtheorie* (1934: 147), K. Bühler a défini ce qu'il entend par ce terme: ce sont des éléments référentiels employés comme "signes déictiques ou monstratifs" et il a cherché à illustrer cette notion par un exemple emprunté au japonais.

Or, le gotique offre à cet égard un magnifique exemple: le mot *dals* "vallée,"[9] qui fonctionne comme tout neutre en *-a*, présente en outre des formes de "cas locaux": locatif *dalaþa*, directif *dalaþ*, ablatif *dalaþro*. Par leur emploi, ces formes déterminent toujours la position basse par rapport au locuteur ou au narrateur:

[25a] wairp þuk þaþro **dalaþ** (Luc 4, 9)
"jette-toi d'ici en bas"

[25b] jah wisandin Paitrau in rohsnai **dalaþa** (Marc 14, 66)[10]
"et Pierre étant en bas dans la cour"

[25c] jus us þaim **dalaþrō** sijuþ (Jean 8, 23)
"vous êtes de ceux venus d'en-bas"

Conclusion

Cette étude a démontré de manière décisive en gotique et donc en germanique antique:

(1) qu'il a existé deux types de cas: des cas purement grammaticaux à fonction syntaxique et des "cas locaux" organisés en un système cohérent;

[9] Ce qui confirme que les Goths ont habité dans une région où les vallées étaient profondes, en l'occurrence la Scandinavie.

[10] Il s'agit d'une construction absolue au datif, qui est plutôt un instrumental absolu.

(2) que les cas syntaxiques sont rigoureusement répartis en "modèles casuels" ayant une forte solidarité entre eux, traduite par une convertibilité réciproque;

(3) que les "cas locaux" du gotique présentent un système très archaïque, parfaitement conservé, sans comparaison avec les quelques survivances du védique et du hittite.

Le gotique, bien que la Bible soit un texte de traduction, nous apparaît une fois de plus, et contrairement aux opinions communément émises, comme un témoin absolument incontournable pour la reconstruction indo-européenne.

Abréviation

GEB Wilhelm Streitberg. *Gotisches Elementarbuch.* Heidelberg: Winter, 1920.

Bibliographie

Benveniste, E.

1951 "La conjonction ***ei*** dans la syntaxe gotique." *Bulletin de la Société de linguistique de Paris* 47: 52–56.

Bühler, Karl

1934 *Sprachtheorie: Die Darstellungsfunktion der Sprache.* Jena: Gustav Fischer.

Haudry, Jean

1968 "Les emplois doubles du datif et la fonction du datif indo-européen." *Bulletin de la Société de linguistique de Paris* 63: 141–59.

1977 *L'emploi des cas en védique: introduction à l'étude des cas en indo-européen.* Lyon: Hermès.

Jones, Oscar

1958 "The Interrogative Particle -***u*** in Germanic." *Word* 14(2–3): 213–23.

Krause, Wolfgang

1963 *Handbuch des Gotischen.* Munich: Beck.

Laroche, Emmanuel

1957/58 "Comparaison du louvite et du lycien." *Bulletin de la Société de linguistique de Paris* 53: 159–97.

Meillet, Antoine

1915–16 "Le renouvellement des conjonctions." *Annuaire de l'École Pratique des Hautes Études,* pp. 5–24.

Mossé, Fernand

1956 *Manuel de la langue gotique.* Paris: Aubier-Montaigne.

Rousseau, André

1983 La phrase complexe en germanique ancien: contribution à l'étude de l'implication en indo-européen. 2 Volumes. Ph.D. dissertation, Université de Paris-Sorbonne.

1992 "Les modèles casuels et prépositionnels dans la syntaxe de l'allemand moderne." Dans *Systèmes interactifs,* édité par G. Gréciano et G. Kleiber, pp. 425–52. Paris: Klincksieck.

1993 "Les cas locaux en germanique ancien et leurs survivances en anglais et en allemand modernes." Dans *Études de linguistique et de littérature en l'honneur d'André Crépin,* édité par D. Buschinger et W. Spiewok, pp. 321–34. Greifswald: Reineke.

2001a "La sémantique des relations casuelles." Dans *La sémantique des relations,* édité par A. Rousseau, pp. 49–70. Villeneuve-d'Ascq: Université Charles-de-Gaulle-Lille 3.

2001b "Réflexions théoriques et historiques sur la théorie de Bühler: les systèmes déictiques et les 'cas locaux.'" Dans *Études de linguistique générale et contrastive: hommage à Jean Perrot*, édité par A. M. Loffler-Laurian, pp. 387–97. Paris: CRELS.

2011 "Le gotique." *Dictionnaire des langues*, pp. 626–36. Paris: Presses Universitaires de France.

à paraître "Germanic-Scandinavian Family." Dans *The Languages of the 27.*

Scherer, Philip

1968 "The Gothic Interrogative and the Problem of the Enclitic '-*u*'." *Word* 24: 418–26.

Watkins, Calvert

1963 "Preliminaries to a Historical and Comparative Analysis of the Syntax of the Old Irish Verb." *Celtica* 6: 1–49.

1964 "Preliminaries to the Reconstruction of the Indo-European Sentence Structure." In *Proceedings of the Ninth International Congress of Linguists* (Cambridge, Massachusetts, August 27–31, 1962), edited by H. G. Lunt, pp. 1035–42. The Hague: Mouton.

23

REMARQUES SUR LE DATIF EN ISLANDAIS MODERNE

Patrick Guelpa, Université Charles de Gaulle - Lille III

L'islandais moderne est une langue hautement flexionnelle qui connaît les mêmes cas que l'allemand moderne (nominatif, accusatif, datif et génitif). Parmi les langues d'Europe à déclinaison, il n'y a guère que le russe et le polonais qui comportent des cas supplémentaires (à savoir, pour le russe: le locatif et l'instrumental, et pour le polonais: locatif, instrumental et vocatif). Mais nous savons que l'islandais est aussi, toutes proportions gardées, le "latin des langues germaniques," et par conséquent qu'il présente des traits anciens et archaïques qu'il partage avec les langues anciennes comme le latin, le grec ancien et d'autres encore. Précisons que la différence (très minime, en comparaison des autres langues d'Europe) entre islandais ancien et islandais moderne est sans pertinence pour notre sujet.

Après avoir passé en revue les emplois du datif en islandais moderne, nous nous attacherons aux problèmes syntaxiques et sémantiques pour ensuite nous pencher sur la "dativite," nouvelle maladie linguistique. Il sera temps ensuite d'en tirer les leçons et de discuter certains cas où le datif apparaît de manière à première vue inopinée et incompréhensible pour un linguiste habitué aux autres langues indo-européennes.

1. Importance et marquage morphologique

Il n'est que de regarder attentivement un texte allemand ou islandais[1] pour s'apercevoir que cet ensemble de mots est comme tissé par la flexion nominale, pronominale et adjectivale. Si l'on enlève les éléments qui exercent l'une des quatre fonctions syntaxiques des langues indo-européennes actuelles, il ne reste quasiment rien du texte! Et le datif prend une part non négligeable de cet ensemble. En islandais, il est marqué morphologiquement par les morphèmes suivants dans les lexèmes nominaux:

masculins:
- singulier: -Ø, *-i*, *-a*
- pluriel: *-um*

féminins:
- singulier: - Ø, -u
- pluriel: *-um*

neutres:
- singulier: *-i*, *-a*
- pluriel: *-um*

Les pronoms sont les suivants:

personnels:

	1re personne	2e personne	3e personne	/réfléchi
singulier	mér	*þér*	*honum/henni/því*	*sér*
pluriel	*okkur/oss*	*ykkur/yður*	*þeim*	*sér*

[1] D'après une étude du linguiste islandais Eiríkur Rögnvaldsson intitulée *Föll og kyn að fornu og nýju* ("Cas et genres autrefois et maintenant") publiée sur internet, la fréquence des mots au nominatif, à l'accusatif et au datif s'établit pour chacun d'eux en langue actuelle autour de 30% alors qu'elle tourne autour de 10% pour le génitif.

démonstratifs:

masculin	féminin	neutre	pluriel
þeim	*þeirri*	*því*	*þeim*
þessum	*þessari*	*þessu*	*þessum*

les adjectifs, pronoms interrogatifs, quantificateurs etc. ont les marques suivantes:

masculin	féminin	neutre	pluriel
-um	*-ri/nni*	*-u*	*-um*

À la déclinaison faible (lorsque le nom est déterminé par un pronom ou un article défini), l'adjectif prend les désinences suivantes:

masculin	féminin	neutre	pluriel
-a	*-u*	*-a*	*-u*

Par conséquent, le datif dans le groupe nominal ou chez les pronoms est clairement marqué morphologiquement et facilement repérable. Il se distingue bien de l'accusatif et du génitif, sauf pour le singulier indéfini des lexèmes nominaux faibles (donc terminés par une voyelle) masculins, féminins et neutres où l'on rencontre de nombreux syncrétismes:

	masculin	féminin	neutre
	"(un) enseignant"	"(une) femme"	"(un) œil"
Nominatif	*kennari*	*kona*	*auga*
Accusatif	*kennara*	*konu*	*auga*
Datif	*kennara*	*konu*	*auga*
Génitif	*kennara*	*konu*	*auga*

La déclinaison du groupe nominal se traduit par une séquence de morphèmes discontinue dans laquelle sont amalgamés les catégories (définitude et nombre), le genre et le cas:

Indéfini	Singulier			Pluriel		
	masculin	féminin	neutre	masculin	féminin	neutre
	Adjectif/base Nominale			Adjectif/base Nominale		
	-um /um-/i(-Ø) (-a)	ri/ri/Ø(-u)	-u-/i(-a)	um-/um		

article défini enclitique				
Défini	-a-a -i-/a-num	-u-u-i/u-nni	-a-a-i/a-nu	-u-u-unum[2]

Donc, à part quelques syncrétismes, le datif en islandais est nettement marqué morphologiquement. Il nous faut maintenant analyser ses emplois syntaxiques et sémantiques.

---

2 Pour plus de détails, voir les manuels d'islandais indiqués dans la bibliographie.

2. Syntaxe

Nous allons nous limiter ici au noyau verbal (V), à l'objet au datif (D), à l'accusatif (A) et au génitif (G) et au sujet au nominatif (N), en négligeant l'objet prépositionnel et le postverbe.

V-D *Teningunum* (D) *er kastað* "Le dés sont jetés"[3]

V-D-N *Ég var leynd(ur) sannleikanum* (D) "On m'a caché la vérité"[4]

V-D-D-N *Strákurinn kastar henni* (D) *boltanum* (D) *sínum* "Le garçon lui (= à elle) lance son ballon (à lui)"[5]

V-D-G *Henni var óskað alls góðs* "On lui souhaita (à elle) bonne chance"[6]

V-D-N-G *Hann synjaði henni ráðahagsins* "Il lui refusa le mariage"[7]

Le datif est dit "rectionnel" quand il fait partie du programme valenciel du noyau verbal:

> *Hann vildi hjálpa mér* "il voulait/voulut/voudrait m'aider." Il est concurrencé par l'accusatif, mais avec un autre verbe de même sens: *hann vildi aðstoða mig.*
>
> *Þótt ég talaði tungum manna og engla ...* "Quand bien même je parlerais les langues des hommes et des anges ..." (1. Korintubréf/1re Lettre aux Corinthiens 13:1). Ici, je pense que *tala* "parler," qui prend normalement l'accusatif (*ég tala mörg erlend tungumál* "je parle plusieurs langues étrangères"), doit se comprendre avec un objet instrumental: je parle au moyen de, par le truchement de ...

Ces variantes montrent la grande souplesse de l'islandais:

> *... þegar ég verð sviptur ráðsmennskunni* "... si je suis privé de l'intendance" (Lúkas/Saint Luc 16:4)
>
> *... Hann steypti niður peningum víxlaranna og hratt um borðum þeirra ...* "... Il jeta par terre l'argent des changeurs et renversa leurs comptoirs ..." (Jóhannes/Saint Jean 2:15)
>
> *... og höfuðsmennirnir létu fletta þá klæðum og skipuðu að ...* "... et les magistrats les firent dépouiller de leurs vêtements et ordonnèrent que ..." (Postulasagan/Actes des Apôtres 16:22)

Il existe aussi la possibilité d'avoir 2 objets au datif:

> Or, nous trouvons aussi 2 objets à l'accusatif alors que nous aurions attendu que le second soit au datif: *Og er þeir höfðu lostið þá mörg högg ...* "Et lorsqu'ils les eurent roués de coups ..." (Postulasagan/Actes des Apôtres 16:23)

Parfois, le même verbe s'emploie apparemment indifféremment avec l'objet au datif ou avec préposition + accusatif:

> *Trúa einhverjum* "croire quelqu'un" (datif), *trúa einhverju* "croire quelque chose" (datif)
>
> *Trúa á einhvern* "croire en quelqu'un" (accusatif), *trúa á eitthvað* "croire à quelque chose" (accusatif)
>
> *Þegar hann var risinn upp frá dauðum, minntust lærisveinar hans, að hann hafði sagt þetta, og trúðu ritningunni og orðinu, sem Jesús hafði talað* "Lorsqu'il fut ressuscité d'entre les morts, ses disciples se rappelèrent qu'il avait dit cela et ils crurent aux écriture et à la parole que Jésus avait dite" (Jóhannes/Saint Jean 2:11)
>
> *Meðan hann var í Jerúsalem á páskahátíðinni, fóru margir að trúa á nafn hans, ...* "Tandis qu'il était à Jérusalem pendant la fête de la Pâque, beaucoup commencèrent à croire en son nom, ..." (Jóhannes/Saint Jean 2:23)

---

[3] Cf. bibliographie: Ásta Svavarsdóttir 1991: 198.

[4] Ibidem, 198.

[5] Ibidem, 76.

[6] Ibidem, 198.

[7] Guðfinsson 1943: 12.

De même, *lýsa* "éclairer" est employé, avec un objet qui est une chose, dans un même texte et à quelques lignes d'intervalle, tantôt avec l'accusatif, tantôt avec le datif:

Og þau séu ljós á festingu himinsins til að lýsa jörðina "Et qu'il y ait des luminaires au firmament pour éclairer la terre"

Og Guð setti þau á festingu himinsins, að þau skyldu lýsa jörðinni ...[8] "Et Dieu les plaça dans le firmament afin qu'ils éclairent la terre." Il est vrai que dans ce second exemple, avec le datif, le verbe *lýsa* est employé avec le verbe de modalité *skulu* au subjonctif passé (*skyldi*, qui correspond au *should* et au *would* de l'anglais et au *sollte* de l'allemand, devenant ainsi auxiliaire du conditionnel). Mais on demeure perplexe quant au caractère apparemment interchangeable de l'accusatif et du datif.

On peut même trouver deux objets au datif.[9] Les verbes exigeant le datif sont très nombreux et très courants. En voici quelques-uns:

Stelpan heilsar stráknum "La fille salue le garçon"

Mennirnir neita fréttinni[10] "Les hommes démentent la nouvelle"

Maðurinn bjargar börnunum[11] "L'homme sauve les enfants"

Siggi ætlar að giftast æskuástinni sinni[12] "Siggi a l'intention d'épouser son amour de jeunesse"

Sumum finnst erfitt að venjast tölvum[13] "Certaines personnes ont du mal à s'habituer aux ordinateurs"

Le datif lié à l'adjectif ou à la préposition (rection):

Hann er vanur þessu[14] "Il est habitué à cela"

Hún býr nálægt mér[15] "Elle habite àcôté de moi"

Au plan syntaxique, ce qui est remarquable,[16] c'est ce qui peut apparaître comme un double objet au datif:

Hann kastaði honum steini "Il lui lança une pierre"

Hann hét honum stuðningi[17] "Il lui promit son aide"

En réalité, il y a bien double datif, mais pas double objet, car si l'un des deux datifs est bien un objet rectionnel (actant prévu comme obligatoire dans le programme valenciel), le second datif est un circonstant. C'est un datif instrumental ou modal.

Ainsi, dans les deux exemples *supra*, nous avons un datif objet rectionnel avec les groupes nominaux réduits à leur base *stein-i* (nominatif: *steinn*) et *stuðning-i* (nominatif: *stuðningur*), et un "dativus" respectivement "incommodi" et "commodi" avec le pronom personnel *honum*.

La preuve en est que ce "dativus incommodi" ou "commodi" est doublé ou concurrencé par un groupe prépositionnel (dont on sait qu'il est neuf fois sur dix un circonstant[18]).

Ainsi, *Hann kastaði honum steini* est remplaçable par *Hann Hann kastaði steini á hann*. Ce qu'indique clairement l'exemple suivant de l'Evangile de Saint Jean 8:7: *Sá yðar, sem syndlaus er, kasti fyrstur steini á hana*. (Littéralement:) "Que celui d'entre vous qui est sans péché jette le premier une pierre sur elle."

---

[8] Ces exemples viennent de Þórisson 1999, p. 16.

[9] Cf. *infra*.

[10] Ces deux exemples viennent d'Ásta Svavarsdóttir (désormais abrégé en A) 1991: 19.

[11] A 19.

[12] A 178.

[13] A 178.

[14] Cf. Magnús Pétursson et Emil H. Eyjólfsson 1996 (abrégé en M): 146.

[15] Ibidem, exemple légèrement modifié.

[16] Je me permets de renvoyer, pour une typologie syntaxique, à mon article indiqué dans la bibliographie.

[17] M 146 modifié.

[18] Le groupe prépositionnel peut, dans certains cas, être actant, c'est-à-dire objet prépositionnel obligatoire:

"J'habite au centre ville." *Ich wohne in der Stadtmitte. Ég bý í miðbænum.* Il est ici inélidable, sous peine de rendre agrammaticale la phrase. Mais la plupart du temps, il est circonstant (membre de groupe verbal, complément circonstanciel, élidable, ces trois conditions étant ensemble nécessaires et suffisantes).

Mais le "dativus commodi/incommodi" n'est évidemment pas toujours remplaçable par un groupe prépositionnel:

- *Ég lofaði henni bílnum*[19] "Je lui ai promis [à elle] la voiture"
- *Öfgamenn hótuðu honum öllu illu*[20] "Des extrémistes le menacèrent de tous les maux"
- *Og um nóttina áður hét Þórður á Þór til sigurs sér* (D) (*Gunnlaugs saga ormstungu* 10) "Et la nuit auparavant Þórður invoqua Þór pour qu'il lui donne (à lui) la victoire" ("Saga de Gunnlaugr Langue-de-serpent," chapitre 10)
- *Konur sátu á palli og sat Helga hin fagra næst brúðinni og renndi oft augum* (D) *til Gunnlaugs* ... (*Gunnlaugs saga ormstungu* 11) "Les femmes étaient assises sur l'estrade et Helga la Belle tout près de la mariée et elle jetait souvent des regards vers Gunnlaugr" ("Saga de Gunnlaugr Langue-de-serpent," chapitre 10)

3. Sémantique

Au plan sémantique, l'islandais possède un:

3.1. "dativus commodi vel incommodi"

complément d'attribution au bénéfice de quelqu'un ou quelque chose ou bien action faite au détriment de quelqu'un ou quelque chose (c'est là le rôle général du datif):

grec ancien:

Γυναιξί πάσαις κόσμον ή σιγή θέρει "Le silence embellit toutes les femmes" (Ménandre, *Monosticha* 139)

islandais:

Barnið sýndi mér bokina "L'enfant m'a montré le livre"

Hann veitti honum viðnám "Il lui opposa résistance"

Hún rak honum kinnhest "Elle lui donna une gifle"

3.2. "dativus instrumentalis"

Ríða hesti "monter à cheval," *grasi vaxinn* "recouvert d'herbe," *beita einhvern hörku* "traiter quelqu'un avec dureté," *fjörðurinn var þakinn hafís* "le fjord était couvert de glace"

Stúlkan klæddist rauðum kjól "La jeune fille s'est habillée d'un manteau rouge"

Þeir gengu þurrum fótum yfir ána "Ils passèrent la rivière à pied sec." Il s'agit ici d'un datif absolu.

Hann var myrtur rýtingi "Il a été assassiné avec un poignard"

Un cas particulier: le datif instrumental ou modal en tant qu'objet interne:

- *Gyrða sig belti* "se ceindre d'une ceinture" (Lúkas/Saint Luc 12:37)
- *Í næstu húsi sefur prestur, svefni hinna réttlátu* "Dans la maison suivante, il y a un prêtre qui dort du sommeil du juste" (Elíasson 1990: 127)
- ... *ekurðu þessum bíl* "tu conduis cette voiture" (Elíasson 1990: 133)

---

[19] M 146 modifié.

[20] A 198 modifié.

3.3. "dativus modi"

Gýgurin Þökk kvaðst mundu gráta Baldur þurrum tárum "La géante Þökk (en réalité, Loki déguisé) déclara qu'elle pleurerait Baldr avec des larmes sèches"

taka einhverjum opnum örmum "accueillir quelqu'un à bras ouverts"

3.4. "dativus loci"

Hann býr Reykjavíkurvegi 2, Hafnarfirði "il habite au numéro 2 de la Reykjavíkurvegur à Hafnarfjörður." La traduction française utilise généralement le nominatif.

Egilsstöðum, annan júlí "Egilsstaðir, le deux juillet"

Ici, le datif islandais correspond au locatif russe ou polonais, donc à l'ablatif locatif latin: *Romae* "à Rome." L'allemand moderne emploie obligatoirement une préposition (*in, auf, zu* ...).

3.5. "dativus temporis"

Ici, le datif marque la répétition (datif itératif) ou un moment indéterminé:

Á sunnudögum "les dimanches," *stúlkan las öllum stundum* "la jeune fille lisait à tous moments"

Einu sinni var ... "Il était une fois ... ," *hann endurtók það mörgum sinnum* "il l'a répété plusieurs fois"

Le datif s'oppose ici à l'accusatif, lequel marque le moment précis ou la durée:

Á sunnudaginn "dimanche" (ce dimanche), *stúlkan las allan daginn* "la jeune fille a lu toute la journée"

3.6. "dativus differentiae"

Jón er miklu stærri en Halldór "Jón est beaucoup plus grand qu'Halldór"

Hann er einu ári yngri en hún "Il est d'un an plus jeune qu'elle"

3.7. "dativus comparativus"

Maður áð hlusta á sér vitrari menn "Il faut écouter les plus sages que soi"

Enginn er öðrum fremri í þessu "Aucun n'est plus avancé que l'autre dans cette affaire" (il n'y en a pas un pour racheter l'autre)

Þú ert henni reyndari "Tu as plus d'expérience qu'elle"

Ce datif comparatif s'applique aux différences dans le temps:

Ég kom heim þremur mínútum á undan þér "Je suis rentré chez moi trois minutes avant toi"

Þeir komu tveimur vikum á eftir okkur "Ils sont arrivés deux semaines après nous"

Þau fluttu til Vestmannaeyja einu ári eftir gos "Ils ont déménagé aux îles Vestmann un an après l'éruption"

Við hreingerum íbúðina nokkrum dögum fyrir jól "Nous nettoierons l'appartement quelques jours avant Noël"

Tveimur dögum fyrr "deux jours auparavant," *fjórum vikum seinna* "quatre semaines plus tard," *nokkrum mínútum of seint* "quelques minutes trop tard"

3.8. Un datif de la personne qui, dans d'autres langues, exprime le génitif de la chose (souvent pour les parties du corps):

... Annar kemur eftir mig, og er ég eigi verður þess að leysa skó af fótum **honum** "Un autre vient après moi et je ne suis pas digne de défaire les chaussures de ses pieds" (Postulasagan/ Actes des Apôtres 13:25)

Blása einhverju í brjóst einhverjum "inspiré quelque chose à quelqu'un" (Jóhannes/Saint Jean 13:2), où on attendrait le génitif en allemand ou le complément du nom introduit par la préposition de en français.

... lagt í hendur honum "... remis entre ses mains" (Jóhannes/Saint Jean 13:3)

Pour les parties du corps, on a souvent souvent á/í + Datif:

Hún tók í hönd mér "Elle me prit la main"; ici, il y a concurrence avec le possessif accusatif, car on peut dire aussi, avec le même sens, *Hún tók í hönd mína.*

Þeir settu njarðarvött fylltan ***ediki*** *á ísópslegg og báru að munni* ***honum*** "Ils fixèrent une éponge remplie de vinaigre à une branche d'ysope et ils l'approchèrent de sa bouche" (Jóhannes/Saint Jean 19:29); *ediki* est un datif instrumental "au moyen de, avec," tout comme dans:

Jesús segir við þá "fyllið kerin vatni" "Jésus leur dit: 'remplissez d'eau les jarres'" (Jóhannes/Saint Jean 2:7)

3.9. Avec un verbe réfléchi, l'objet pronominal est au datif alors qu'avec le même verbe l'objet nominal est à l'accusatif. Cela semble pour l'instant ne concerner que les soins corporels:

Hann þvær mér um fæturna "il me lave les pieds," mais: *þvo fætur mína* "laver mes pieds" (accusatif pluriel masculin)

Ég græði mér "je me peigne," mais: *ég græði hárið mit*t "je peigne mes cheveux"

3.10. "dativus ethicus"

Il s'exprime généralement par le pronom personnel de première personne avec un effet illocutoire, c'est-à-dire en instaurant une connivence entre le locuteur et l'interlocuteur. Le pronom personnel se vide pour aiunsi dire de son sens habituel pour porter sur la relation entre les deux partenaires langagiers au niveau de l'affectivité: surprise, injonction, recommandation, déception, joie, hâte, etc. On omet de traduire ce pronom:

Komdu mér ekki of seint aftur "ne reviens pas trop tard!"

Finalement, nous pouvons résumer à cinq les rôles sémantiques du datif selon Fillmore:[21]

- agent: *Mér skilst að hann sé hættur* "Je comprends qu'il ait arrêté"

- siège du procès ("expérienceur"): *Stelpunni kólnaði*[22] "La jeune fille prenait froid." En islandais comme en allemand, on a intérêt à étendre la notion de sujet, traditionnellement confinée au rôle d'agent, "celui fait l'action," au patient, c'est-à-dire au siège du procès. En effet, on pourra toujours nier de mauvaise foi qu'il n'y a pas de sujet, mais j'objecterai que dans tous les cas il y a quand même quelqu'un qui a froid! Pour plagier un titre de film célèbre: "Y-a-t-il un pilote dans l'avion?": Y-a-t-il un sujet dans la phrase? Oui, et en allemand il peut être, en dehors du nominatif (l'immense majorité des cas), très rarement à l'accusatif ou au datif, et en islandais, il peut être à chacun des quatre cas:

    - allemand:

      Mich (accusatif) *friert* "Je gèle," tournure désuète remplacée par *ich* (nominatif) *friere.*
      Mir (datif) *ist kalt* "J'ai froid."

    - islandais:

      Mér (datif) *er kalt* "J'ai froid"
      Mig (accusatif) *dreymdi í nótt* "J'ai rêvé cette nuit"
      Hans (génitif) *var getið* "Il fut mentionné"

---

[21] Fillmore 1968.

[22] H.

À la différence de l'allemand, ce sont toutes là des tournures très courantes en islandais.

- instrument: *Hann var lostinn sverði*[23] "Il fut frappé par une épée"
- bénéficiaire: *Amma prjónaði mér peysu*[24] "Mamie m'a tricoté un pull"
- locatif: *Vopnafirði*, annar febrúar 2007 "Vopnafjörður, deux février 2007," *Ég var í skólanum* "J'étais à l'école"

Pour la petite histoire, on pourrait ajouter encore une nouvelle sorte de datif. Aðalsteinn Eyþórsson, dans un article sur internet, note que les masculins monosyllabiques islandais peuvent prendre la désinence *-Ø* ou *-i* au datif singulier. Il observe un flottement significatif en quantité dans la répartition de ces deux morphèmes pour le mot *hnífur* "couteau, canif": *hníf-* ou *hnífi*. Il cherche à entrevoir la pertinence de cette distinction a priori spécieuse au demeurant. En dehors des exemples où le mot est utilisé avec la préposition *með* "avec, au moyen de, par," le verbe utilisé avec le datif instrumental absolu (sans préposition) est *stinga* "poignarder, poindre." Statistiquement, il s'aperçoit que le datif en *-i* se rencontre dans 90% des exemples avec le verbe *stinga*. Il en conclut que la tendance de la langue est de marquer ou même de stigmatiser la violence par un morphème audible et visible, en l'occurrence *-i*. Il propose donc, est c'est le titre de son article en ligne, d'appeler cette nouvelle sorte de datif le *dativus criminalis*!

4. La "dativite"

Il y a beaucoup de verbes impersonnels exigeant un sujet au datif comme siège du procès (experiencer; cf. http://www.ma.is/ismal/tal/malfar/oper.htm + dictionnaire islandais-islandais de ma bibliographie):

Mér finnst það skemmtilegt "Je trouve cela amusant"

Mér leiðist það "Cela m'ennuie"

Mér líkar það illa "Cela me déplaît"

Mér þykir vænt um hana "Je l'aime bien, elle"

Mér geðjast hún (vel), mér geðjast vel að henni "Elle me plaît bien"

Mér liggur á "Je suis pressé" (littéralement: "à moi gît dessus," donc "quelque chose pèse sur moi, je suis pressé de m'en débarrasser")

Mér svíður tjónið "Cette perte me fait mal"

Mér dettur í hug "Il me vient à l'esprit"

Mér sárnar "Cela me navre"

Mér blæðir "Je saigne"

Mér hlýnar "Je me réchauffe"

Mér kólnar "Je commence à avoir froid"

Mér dámar ekki "Cela ne me plaît pas"

Mér líst vel á það "J'aime bien cela"

Mér stendur á sama "Cela m'est égal"

Mér ber að gera eitthvað "Il m'appartient de faire quelque chose"

Mér líður vel/illa "Cela me plaît/déplaît"

Mér blöskrar það "Cela me stupéfie"

Mér ofbýður það "Cela me fait horreur"

Mér tekst, mér heppnast "Je réussis à, j'arrive à"; cf. allemand: Mir gelingt es, ...

---

[23] H.

[24] H.

Mér mistekst, mér misheppnast "J'échoue, je n'arrive pas à"

Mér líkar við ykkur "Vous (2e personne du pluriel) me plaisez"

Mér þykir, mér virðist, mér finnst, mér sýnist "Il me semble, il me paraît, je trouve"

On remarquera qu'il s'agit de verbes de sensations, d'opinions, de sentiments. Or un certains nombre d'autres verbes concernant ce champ sémantique sont victimes de la contamination du datif de ces derniers verbes. C'est ce qu'on appelle la "dativite" (en islandais: *þágufallssýki*). Voici une liste non exhaustive des verbes impersonnels exigeant normalement l'accusatif, mais victimes de la "dativite" en islandais:

Mig langar að fara "Il me tarde de partir"

Mig langar í súkkulaði, í það "J'ai envie de chocolat, de ça"

Mig dreymdi draum "J'ai fait un rêve"

Mig syfjar "J'ai sommeil"

Mig þyrstir "J'ai soif"

Mig minnir "J'ai souvenance"

Mig grunar eitthvað "Je soupçonne quelque chose"

Mig svíður í sárið "J'ai mal à ma blessure"

Mig vantar peninga "Il me manque de l'argent"

Mig rámar í eitthvað "Je me souviens vaguement de quelque chose"

Mig hrjáir "Je suis tourmenté"

Mig verkjar í augun "J'ai mal aux yeux"

Mig klígjar við einhverju "Quelque chose me donne la nausée"

Mig tekur sárt "Je suis navré"

Mig órar fyrir einhverju "J'ai le pressentiment de quelque chose, je me doute de quelque chose"

Mig klæjar á bakinu "J'ai le dos qui me démange"

Mig svengir "J'ai faim"

Mig hryllir við einhverju "J'ai horreur de quelque chose"

Mig fýsir "J'ai envie"

Mig ber að landi "J'accoste"

Mig rekur að landi "Je suis drossé sur le rivage"

Mig skortir peninga eða tíma "Je suis à court d'argent ou de temps"

Mig munar um 10 krónur "Je suis à dix couronnes près"

Mig brestur kjark "Le courage me manque"

Mig svimar "J'ai la tête qui tourne"

Mig lengir eftir einhverju "Je désire ardemment quelque chose"

Mig hungrar "j'ai faim"

Mig hlægir það, að ... "cela m'amuse que ..."

La "dativite," dans tous ces cas, consiste à remplacer *mig* par *mér* (d'où le terme de *mérun*, pluriel *méranir* en islandais pour qualifier la ou les tournures avec le datif du pronom personnel de première personne singulier), ce que font de très nombreux jeunes Islandais. Considérant le sens de ces expressions, on prend la mesure du phénomène sinon du désastre!

Mais en Islande, l'école se mobilise et combat énergiquement cette "hérésie linguistique" et va sans aucun doute réussir à l'éradiquer; ce ne serait pas la première fois, d'ailleurs, tant la langue est chez nos amis Islandais une question prioritaire d'intérêt national! Mais la menace est grave.

En effet, ce n'est pas tout: certains verbes personnels avec sujet au nominatif deviennent sous la pression de la "dativite" des verbes impersonnels avec datif. Citons-les dans leur emploi correct:

- *Ég hlakka til að sjá hana dóttur mína aftur* (et non: ?*mér hlakkar til* ...) "je me réjouis d'avance à l'idée de revoir ma fille"
- *Strákarnir kvíða fyrir að fara* "les gars appréhendent de partir"
- *Þú finnur til* "tu remarques, tu sens"
- *Ég kenni til í fætinu* "je souffre du pied"

5. Le choix sémantique du datif

Souvent, le datif exprime un choix sémantique, à savoir le locatif après une préposition qui peut prendre aussi l'accusatif:

> *Í húsi* "dans la maison" (on y est), par rapport à: *í húsið* "dans la maison" (on y va). Il est vrai que la langue surprécise l'espace en levant toute ambiguïté:

Dans le premier cas: *hann er inni í húsi* (= à l'intérieur dedans!) et dans le second: *hann fer inn í húsið* (= à l'intérieur dedans!). Les langues germaniques sur-caractérisent l'espace par ce genre de redondances alors que les langues romanes n'en éprouvent nul besoin. Sans vouloir donner trop dans les théories de Wilhelm Humboldt sur la créativité des langues et leur qualité de reflet du schéma mental des peuples, nous pouvons comprendre que le "Germain" vit essentiellement dans sa maison et en prend grand soin et il est un peu perdu au dehors; c'est pourquoi il doit se rassurer en précisant plusieurs fois où est quoi. Le "Latin," lui, vit essentiellement dehors et s'y sent à l'aise d'emblée. Cela paraîtra un peu caricatural, mais cela contient, me semble-t-il, une part de vérité, laquelle se reflète dans la langue.

Si le datif est obligatoire après certaines prépositions (*að, af, frá, hjá*, etc.) et dans ce cas n'est qu'une servitude grammaticale, sans pertinence linguistique, en revanche, après d'autres prépositions courantes comme *í, á, fyrir, undir, yfir, eftir, með, við*, il joue un rôle sémantique important. Ce rôle est différent pour les cinq premières et les trois dernières:

Avec *í, á, fyrir, undir* et *yfir*, il marque la relation locative (alors que l'accusatif exprime la relation translocative):

> *Við erum í skólanum* "nous sommes à l'école" (*Við förum í skólann* "nous allons à l'école")
>
> *Þeir eru í þykkri peysu* "ils ont sur eux un gros pull"
>
> (Accusatif: *Þeir fara í þykka peysu* "ils mettent un gros pull")[25]

Ces mêmes oppositions syntaxico-sémantiques se retrouvent chez les prépositions *fyrir* ("devant"), *undir* ("sous"), *yfir* ("au-dessus, par-dessus"). C'est là un trait commun avec l'allemand, le russe et le polonais (pour ces deux langues, le datif est relayé par le locatif).

En revanche, il n'en va pas de même pour *eftir* ("après"), *með* ("avec") et *við* ("avec, contre, envers, près de"):

- *Eftir*

> *Fara eftir einhverjum* "suivre quelqu'un," *hann er á eftir mér* "il est après moi," *spyrja eftir eihnverjum* "demander après quelqu'un," *rita eftir einhverjum* "écrire d'après les dires de quelqu'un," *fara eftir götunni* "longer la rue"

[25] A 37.

Par contre, l'accusatif est requis pour le temps

Eftir þennan dag "après ce jour," *þreyttur eftir vinnuna* "fatigué après le travail," *grein eftir Þorberg* "un article de Þorbergur"

- *Með*

Hann kom með konunni sinni "il est venu avec sa femme" (dativus societativus)

Hann kom með konuna sína "il a amené sa femme" (dativus comitativus)

Ainsi:

Komstu með bílnum þínum? "Es-tu venu(e) avec ta voiture": datif instrumental, et:

Ertu með bílinn þinn? "as-tu ta voiture (présentement)?"

Hún er með barni "elle est enceinte" (littéralement: "elle est avec un enfant"!)

Hún er með barn "elle a un enfant avec elle, elle est venue avec un enfant"

með peningum "avec de l'argent" (= moyen)

vera með peninga "avoir de l'argent sur soi"

Ég er með kvef "j'ai un rhume"

- *Við*

Cette préposition donne l'occasion au germaniste que je suis de se scandaliser dans une réaction a priori: en effet, elle devrait, selon la logique de l'allemand, se construire avec le datif pour marquer le locatif, mais elle fonctionne dans ce cas avec l'accusatif! Mais nous savons depuis Ferdinand de Saussure que nous ne devons pas analyser une langue en fonction d'une autre, mais pour elle-même. Cela ne nous empêche pas de comparer, dans un but pédagogique, et c'est ce que nous faisons ici, en espérant être utile aux apprenants.

Hann stendur við gluggann "Il se tient près de la fenêtre," *ég sef alltaf við opinn glugga* "je dors toujours la fenêtre ouverte," *hún situr við stýrið* "elle est au volant," *hann vinnur við háskólann* "il travaille à l'université," etc.

Við est cependant suivi du datif quand il signifie "avec": *geta barn við konu* "engendrer un enfant avec une femme," *borða smjör við brauði* "manger du beurre avec du pain," ou pour, à la place de: *við miklu verði* "pour un prix élevé," *segja já við einhverju* "dire oui à quelque chose."

6. La "dativite" en allemand et en islandais

Comme en allemand moderne sévit en Islande actuellement le phénomène dit de la "dativite," c'est-à-dire de l'emploi intempestif, abusif et fautif du datif au lieu des autres cas obliques (accusatif et génitif). En allemand, cela se manifeste de la façon suivante:

Dans une grammaire française de l'allemand recommandée aux étudiants germanistes en France (Schanen et Confais 1989: §888), je découvre avec autant de stupeur que d'indignation que le datif se substituerait à l'accusatif ou au génitif quand le groupe nominal est en apposition à un autre.

Ainsi, il remplacerait l'accusatif dans les exemples suivants:

"Wir wurden in die 31. Etage gesteckt, der obersten im Gebäude. Der Gebrauch der Streckform ist durch zwei Aspekte, der stilistischen und grammatisch-syntaktischen Motivation, bestimmt."

De la même façon, il remplacerait le génitif dans les exemples suivants:

"Statt der üblichen Reigentänze, diesem Herumgehopse, kam nun das Ballett auf. Unweit der alten Festung Germersheim, jenem traditionellen Manöverfeld in der Kaiserzeit .... Die Bergungsmaßnahmen kamen wegen des Sturms, einem wahren Orkan, nur langsam voran."

Le datif serait donc, dans ces circonstances, la forme de neutralisation des oppositions casuelles dans le groupe nominal (bien que parfois, ce soit le nominatif: "*Sie sahen/dankten Herrn XY, regierender Bürgermeister von Berlin; ihm als regierender Bürgermeister .... Das Wirken dieses Mannes, Vorkämpfer für die Rassengleichheit ... Sie wohnt Goethestraße, zweiter Stock*)."

Or, les affirmations de la grammaire Schanen et Confais sont contredites catégoriquement par le *Duden* 4 (*Duden*, Band 4: *Die Grammatik* [Mannheim: Dudenverlag, 1984]: §1180,5 et §1181,1–4), qui fait autorité en matière de grammaire en Allemagne:

> *"Nicht selten wird die Apposition — vor allem nach Präpositionalgefügen — fälschlich in den Dativ gesetzt, obwohl das Bezugswort in einem anderen Kasus steht."*
>
> Nous traduisons: "Il n'est pas rare que l'apposition (surtout après les groupes prépositionnels) soit mise erronément au datif bien que le mot auquel elle se rapporte soit à un autre cas."

C'est là une condamnation sans appel de ces emplois erronés du datif à la place de l'accusatif ou du génitif.

Assurément, en allemand, le génitif semble fortement concurrencé par le datif, notamment après les prépositions *wegen* "à cause de" (surtout *wegen* est suivi d'un pronom personnel: *wegen dir* "à cause de toi" en langue parlé, supplante largement *wegen deiner*, ressenti comme hypercorrect ou comme relevant de la prose noble et archaïsante), *dank* "grâce à" et quelques autres. La langue parlée préfère souvent au génitif une tournure avec von + datif (*das Haus seines Vaters: das Haus von seinem Vater*. C'est encore plus net lorsque le génitif n'est pas suffisamment marqué: *die Eltern von fünf Kindern*). La tournure qui consiste à remplacer le génitif possessif postposé à la base nominale par un datif préposé est familière, voire un peu vulgaire: *die Frau des Bäckers: dem Bäcker seine Frau. Das Haus seines Vaters: Seinem Vater das Haus.* Avec certains noms propres difficiles à mettre au génitif pour des raisons d'euphonie: *die Schwester Maxens, oder Fritzens: die Schwester von Max oder von Fritz.* Il est vrai que dans le groupe verbal, l'objet au génitif est devenu rare et ne se conçoit plus qu'avec quelques verbes: *sich schämen, jemanden des Diebstahls beschuldigen, jemanden seines Amtes entheben, die Frau wurde eines Jungen entbunden,* etc. Il faut par contre souligner avec force, contrairement au titre provocateur d'un ouvrage récent,[26] que le génitif est très présent dans le groupe nominal et a encore un bel avenir devant lui grâce au fameux *Nominalstil* ["style nominal"], ressenti comme lourd, très employé dans la presse et le langage spécialisé (juridique, technique etc.).

C'est un peu la même chose en islandais, où sévit également la "dativite." C'est ainsi que Kristján Árnason, dans un article sur le "net" intitulé *Hugleiðingar um íslenskt lagamál*: "Réflexions sur la langue juridique islandaise" déclare: "Certaines fautes de langue ont une telle valeur sociale que les gens sont quasiment marqués au fer rouge s'ils utilisent quelques variantes de la langue. Ce qu'il est convenu d'appeler la dativite en est un exemple. Mais les fautes peuvent être d'une tout autre nature et être dues à l'inadvertance ou à la précipitation, ce qui est peut-être plus fréquent qu'on ne le pense. Il peut notamment arriver, et particulièrement quand le texte est compliqué et que les phrases sont longues, que les gens perdent le contrôle et qu'ils oublient une partie du contexte. C'est ainsi que les phrases sont mal formées. En relation avec cela, je voudrais mentionner ce que Helgi Skúli Kjartansson appelle la fuite du génitif dans l'article du même nom qu'il a écrit il y a à peu près dix ans. J'ai quelque peu suivi le phénomène et je fais suivre ici quelques exemples:

- *Forsætisráðherra á fárra kosta völ, annarra en þá* [accusatif, alors qu'il devrait y avoir le génitif: *þeirra* ou *þess*] *að ganga til samstarfs* "Le Premier Ministre a peu d'autres choix que celui de se mettre à coopérer" (Nouvelles de la radio nationale du 28 janvier 1990).
- *Bókin Óljóð hefur alltaf staðið hálfpartinn í skugga Sjödægru, meistaraverki* [datif, alors qu'il faut le génitif: *meistaraverks*] *Jóhannesar* [úr Kötlum] *frá* 1955 "Le livre *Óljóð* ["Anti-Chant] a toujours été quelque peu éclipsé par *Sjödægra* [La Sept-Jours, nom d'une montagne, ainsi appelée nous dit Régis Boyer,[27] "parce que c'était le laps de temps qu'il fallait, paraît-il, pour la traverser"], le chef- d'œuvre de Jóhannes [úr Kötlum] de 1955" (Dissertation scolaire du lycée de Hamrahlíð, décembre 1989).

---

[26] *Der Dativ ist dem Genitiv sein Tod* [reprenant la tournure familière citée supra]: "Le datif est la mort du génitif" (Sick 2004).

[27] Boyer 1996: 327.

- *X er kominn í stjórn Guinness Peace Aviation, einni stærstu* [datif, alors qu'il faudrait le génitif: *einnar stærstu!*] *flugvélaleigu heims* "X a pris le contrôle de Guinness Peace Aviation, l'une des plus grandes sociétés de location d'avions du monde" (radio nationale du 6 février 1990)
- *Við minnumst góðs drengs, fullan* [accusatif, alors qu'on attend le génitif: *fulls*] *af starfsgleði* "Nous faisons mémoire d'un brave, plein d'entrain au travail" (*Morgunblaðið*, chronique nécrologique du 27 août 1989, C25) (fin de la citation de Kristján Árnason)

Dans ces quatre exemples ci-dessus, il s'agit de groupes nominaux ou de pronoms en apposition. Et comme en allemand, la règle veut que l'apposition se mette au même cas que le nom auquel elle se rapporte. Cela montre, nous dit l'auteur de l'article, que même les médias les plus en vue sont sujets à ces flottements. Le même Kristján Árnason poursuit en disant que si le génitif cède parfois du terrain au datif, cela est loin d'entraîner un changement du système des cas, encore moins la disparition du génitif, qui a encore un bel avenir devant lui.[28]

Dans son article de 1982 sur la "dativite," Ásta Svavarsdóttir considère celle-ci comme un phénomène relativement courant, et pense qu'en ce qui concerne les phrases impersonnelles, cette "dativite" est beaucoup plus fréquente avec la 3e personne qu'avec la 1re (les gens disent correctement *mig langar* "j'ai envie de," mais très souvent *?stráknum langar* "le garçon a envie de." Elle parvient aussi à cette conclusion: ce phénomène affecte toutes les régions d'Islande et il est beaucoup plus fréquent chez les personnes au niveau intellectuel peu élevé. Le datif apparaît alors comme une solution de facilité.

Revenons sur certains aspects proprement déroutants du datif dans l'emploi de certains verbes. De nombreux exemples tendent à montrer qu'au cours des siècles la rection des verbes a peu ou prou changé:[29]

- *Ekki rugla mig* (accusatif) "Ne me trouble(z) pas"
- *Þú ruglar mig* (accusatif) *í ríminu* "Tu me fais perdre le fil" (= "tu m'embrouilles")
- *Ekki rugla hringjunum mínum* "Ne dérange(z) pas mes anneaux"
- *Strákurinn ruglar öllu saman* "Le garçon mélange tout"

À première vue, l'accusatif concerne l'objet pronominalisé, le datif l'objet sous forme de groupe nominal. Mais les choses semblent plus complexes quand on constate que

> *Sópa stéttina* "Balayer le trottoir" utilise un groupe nominal objet à l'accusatif et que
>
> *Sópá ruslinu* "Balayer la poussière" fonctionne avec un groupe nominal objet au datif!

De même:

> *Moka tröppurnar* "Balayer l'escalier" et *moka snjónum* "enlever la neige avec le balai"
>
> *Þeir jusu vatninu úr bátnum* "Ils écopèrent l'eau du bateau"
>
> *Þeir jusu bátinn* (accusatif) "Ils écopèrent le bateau"

Il semblerait que lorsque l'objet est une chose qui est fixe, il soit à l'accusatif, et lorsqu'il peut se déplacer par lui-même il soit au datif.

Le mouvement imprimé à l'objet rendrait donc celui-ci sensible au datif:

> *Negla naglann* [accusatif] "clouer (plus justement en français: "planter") un clou," mais *negla boltanum* [datif] *í markið* "expédier le ballon dans le but" a tendance à l'emporter, en langue courante, sur *negla boltann* [accusatif] *í markið.* L'évolution sémantique fait que la rection change en langue parlée.

Mais on observe des dérives semblables vers le datif avec évolution de sens pour nombre de verbes, par exemple:

[28] C'est le sens de ce qu'il dit à la page 5 de l'article d'internet susmentionné.

[29] Les exemples et réflexions qui suivent s'inspirent de l'article du *Morgunbladid* mentionné dans la bibliographie.

?*Flétta öllu* [au lieu de *allt*]*saman* "recoller tout ensemble,"*rústa öllu* [au lieu de allt]: "démolir tout"

?*Framlengja einhverju* [au lieu de *eitthvað*] "prolonger quelque chose"

Certains exemples récents entendus à la radio ou lus dans la presse vont dans le même sens et attestent tant et plus de la "dativite" qui s'empare de beaucoup de locuteurs:

?*Möguleikar á samkomulægi opnuðust eftir að skilyrðum var uppfyllt* (radio du 12.7.2004) "Des possibilités d'accord sont apparues après que les conditions eurent été remplies," alors que *uppfylla* exige un objet à l'accusatif (*uppfylla skilyrði*)

?*Í lögunum segir að þann einan megi skipa í embætti hæstaréttardómara sem uppfylli eftirtöldum skilyrðum* "Les lois disent que seul peut être nommé au poste de juge de la Cour suprême celui qui rempli les conditions ci-après" (*Morgunblaðið* du 21.9.2004)

Naturellement, il faut dire: *Uppfylla eftirtalin skilyrði* (accusatif). Inversement, un objet traditionnellement à l'accusatif en langue ancienne se met désormais normalement et correctement au datif:

Alors qu'on disait encore au XVIIIe siècle

Afsala rétt [accusatif] *sitt bróður sínum*: "renoncer à son droit en faveur de son frère," on dit maintenant *afsala sér rétti* [datif]:[30] "renoncer à un droit"

Il est possible qu'il y ait contamination, analogie avec des verbes de sens voisin qui exigent le datif: *afneita* "nier, renier," *hafna* "refuser," *falla frá* "renoncer à"

Du point de vue de la fonction syntaxique, le datif peut donc être sujet, objet ou circonstant(instrumental).

Encore un fait qui retiendra notre attention dans l'ordre de la syntaxe et de la sémantique: contrairement au français et à l'allemand, qui privilégient avec certains verbes notamment de don ou de privation la distribution suivante: datif de la personne et accusatif de la chose:

Francais: *Ils m'* (= à moi: complément d'attribution, ce qui correspond au datif allemand) *ont caché la vérité.*

Allemand: *Sie verheimlichten mir* (datif) *die Wahrheit* (accusatif).

Au contraire, l'islandais utilise l'accusatif de la personne et le datif de la chose:

Þeir leyndu mig[31] (accusatif) *sannleikanum* (datif) "Ils m'ont caché la vérité"

Et encore:

Svipta einhvern (accusatif) *einhverju* (datif) "priver quelq'un de quelque chose"

Beita einhvern (accusatif) *hundum* (datif) "exciter des chiens contre quelqu'un"

Blóta heiðin goð (accusatif) *dýri* (datif) "sacrifier aux dieux païens un animal"

Remarquons également que le datif précédé de la préposition á (sens spatial général: "sur" avec contact à l'appui de la pesanteur) exprime le génitif ou complément de nom. Alors qu'on attendrait en allemand le génitif adnominal à gauche de la base et en français *du/de la/d'un/d'une* ou *des/de* (*die Übersetzung des Buchs* "la traduction du livre"), en anglais *of* + *an/the* (the translation of the book), on a en islandais *þýðing á bókinni.*

Une opposition syntaxique non pertinente s'établit chez certains verbes qui exprime l'idée de faire du bien à un être animé: le groupe nominal objet est au datif, le pronom à l'accusatif:

Hún klóraði kettinum[32] (datif) "elle a griffé le chat"

klóra einhverjum (datif) "griffer quelqu'un," mais:

Kötturinn klóraði hana (accusatif) "le chat l'a griffée"

---

[30] Cet exemple et tous ceux qui précèdent dans ce paragraphe sont tirés du "Íslenskt mál -37 þáttur," *Morgunblaðið* (principal quotidien d'Islande), 2 octobre 2004.

[31] H.

[32] Cet exemple et tous ceux qui suivent sont tirés de H.

Attention: si le verbe est réfléchi, le pronom réfléchi est au datif!

> *Klóra sér* "se griffer," *klóra sér með fingrunum* "se griffer avec les ongles." Le fait d'adresser, d'attribuer, de faire, d'envoyer, d'infliger quelque chose à quelqu'un impose la vision du datif!

À l'inverse, certains verbes à objet rectionnel au datif avec le groupe nominal se construisent avec l'accusatif quand l'objet est un pronom et pour lesquels on observe une opposition syntaxique datif/accusatif qui correspond à une opposition sémantique animé~inanimé:

> *María þurrkaði barninu* (datif) "María a essuyé l'enfant"
>
> *María þurrkaði fiskinn* (accusatif) "María a séché le poisson"
>
> *Hann strauk hestinum* "Il caressa le cheval"
>
> *Hann strauk hrosshúðina* "Il a caressé la peau de cheval"
>
> *Hjúkrunarkonan þvoði sjúklingnum* (datif) "L'infirmière a lavé le malade"
>
> *Læknirinn þvoði líkið* (accusatif) "Le médecin a lavé le cadavre"

En lien avec ce que nous avons dit *supra* sur les verbes avec objet au datif quand il s'agit d'un objet susceptible de se déplacer qui prenne l'accusatif quand l'objet est immobile, nous pouvons mettre ces verbes dans la même classe que ceux qui viennent d'être évoqués avec une opposition animé/inanimé.

Cela confirmerait notre hypothèse d'une classe de verbes sensibles au mouvement et à l'être, donc la conception dynamique de l'islandais.

Notons que dans la transformation passive, le groupe nominal ou le pronom au datif (et au génitif aussi) résistent au changement:

> *Viðskiptavinirnir skiluðu vörunum* (datif) "Les clients rendirent les marchandises"
>
> *Vörunum* (datif) *var skilað* (*af viðskiptavinunum*) "Les marchandises furent rendue (par les clients)"

Remarquons en outre que les verbes à objet rectionnel au datif (le datif est automatique, pure servitude grammaticale, sans pertinence linguistique, avons-nous dit *supra*) en allemand constituent une classe relativement restreinte (j'en dénombre environ 150 d'assez courants dans la grammaire *Duden* §§1093–95; en fait, le nombre des verbes très courants est d'environ 20!), alors qu'en islandais les verbes très courants avec datif sont légion. Cela pourrait tenir au sentiment très vif des Islandais pour les relations interpersonnelles et pour leur sensibilité extrême pour la relation qui exprime le don, le fait d'accorder quelque chose, d'envoyer d'imprimer un mouvement à quelque chose ou de refuser quelque chose. Cela trahirait une conception très dynamique de la langue, contrairement à la perception plutôt statique que l'on pourrait avoir du datif (on pense à la relation locative, mais nous avons vu que l'accusatif en concurrence sérieusement l'expression au datif). Je suis tenté d'abonder dans le sens du grand linguiste allemand Wilhelm von Humboldt (1767–1835) qui voyait dans chaque langue le reflet des représentations mentales du peuple qui la parle.[33] Force est de constater que dans ce que nous avons exposé *supra* la langue semble informée par les conceptions sociales, religieuses ou historiques du peuple concerné. Le grand nombre de tournures impersonnelles en islandais fonctionnant avec le datif (beaucoup plus important qu'en allemand) nous incline à penser que les Islandais d'une part personnifient davantage les éléments naturels, les choses ou les événements, d'autre part les rapportent directement à la personne concernée par le procès exprimé par le verbe. Certes, d'un simple point de vue syntaxique, le cas est déterminé par le verbe, le groupe nominal et/ou la préposition, mais il semble vraiment que dans le cas de l'islandais ce soit le noyau verbal qui commande en premier. Cela confère à l'islandais un caractère dynamique.

Une particularité de l'islandais par rapport à toutes les autres langues germaniques vivantes et mortes est celle-ci: le verbe qui signifie "venir," en islandais *koma*, s'emploie de manière transitive et avec le datif en prenant un sens factitif: "faire venir, amener dans un lieu ou amener à (faire) quelque chose ou quelqu'un":[34]

---

[33] Cf. *Sur la différence de structure des langues humaines* (1836).

[34] Böðvarsson 1976: 346.

> *hann kom mér* (datif de *ég*, pronom de première personne singulier, déictique) *þangað* "il m'y a amené"
>
> *koma einhverju* (datif de *eitthvað* "quelque chose") *á sinn stað* "mettre quelque chose à sa place," *koma einhverjum út* (*úr húsi*) "faire sortir quelqu'un (*einhverjum* est le datif de *einhver*) (d'une maison)"

Certes, en vieux-haut-allemand, le verbe correspondant, *quëman* ou *qhuëman, chwëman, chomen,* (on sait que l'orthographe de cette langue varie beaucoup selon les régions) s'emploie aussi avec le datif, mais dans un sens intransitif: "aller à, parvenir dans un lieu."[35]

Ce dictionnaire précise expressément (p. 346): *færa úr einum stað í annan, venjulega með atviksorð eða forsetningu til staðarákvörðunar*, soit en français: "transporter d'un endroit à un autre avec un adverbe ou une préposition de lieu."

Le dictionnaire islandais-français de Gérard Boots[36] donne beaucoup d'autres exemples, dont les suivants:

> *koma bréfi* "faire parvenir une lettre," *koma einhverjum yfir ána* "passer quelqu'un de l'autre côté de la rivière," *koma einhverjum til að gera eitthvað*: "amener quelqu'un à faire quelque chose"; ... *koma lagi á eitthvað* "mettre en ordre quelque chose," ... *koma upp skóla* "établir, fonder une école," ... *koma einhverjum undan* "... aider quelqu'un à s'échapper"

L'affectation à un autre lieu d'une personne ou d'un objet par un agent se traduit donc par l'emploi du datif, cas dynamique appliqué à l'objet affecté. À titre de comparaison, en allemand l'objet affecté est à l'accusatif.

Nous avons pu voir que la sémantique de l'objet influe souvent de manière décisive sur le choix du cas. Par conséquent, le maniement du datif en islandais, pour autant qu'il relève de la liberté du locuteur, se révèle être assez complexe, très courant et correspondant à une vision dynamique du monde et des relations interpersonnelles, donc de la vie en général.

Abréviations

A — Ásta Svavarsdóttir et Margrét Jónsdóttir. *Íslenska fyrir útlendinga, kennslubók í málfræði.* Reykjavík: Málvísindastofnun Háskóla Íslands, 1991.

H — Jónsson 2000.

M — Magnús Pétursson et Emíl Eyjólfsson. *Manuel d'islandais.* Paris: Klincksieck, 1996.

Bibliographie

Boots, Gérard

1950 *Íslenzk-frönsk orðabók.* Reykjavík: Ísafoldarprentsmiðja.

Böðvarsson, Árni

1976 *Íslenzk orðabók handa skólum og almenningi.* Reykjavík: Bókaútgáfa Menningarsjóðs.

Boyer, Régis

1996 *Histoire des littératures scandinaves.* Paris: Fayard.

Duppler, Ríta, et Astrid van Nahl

1995 *Lehrbuch des Isländischen.* Berlin: Langenscheidt Verlag Enzyklopädie.

---

[35] Cf. Jolivet et Mossé 1947: 505.

[36] Boots 1950: 216.

Elíasson, Gyrðir
1990 *Svefnhjólið*. Reykjavík: Mál og Menning.

Fillmore, Charles J.
1968 "The Case for Case." Dans *Universals in Linguistic Theory*, édité par E. Bach et R. Harms, pp. 1–88. New York: Holt, Rinehart, and Winston.

Friđjónsson, Jón
1993 *Forsetningar í íslensku*. Reykjavík: Málvísindastofnun Háskóla Íslands.

Guðfinsson, Björn
1943 *Íslensk setningafræði handa skólum og útvarpi*. Reykjavík: Ísafoldar Prentsmiðja.

Guelpa, Patrick
1998 "La transitivité et la typologie verbale en islandais moderne." Dans *La transitivité*, édité par A. Rousseau, pp. 273–91. Villeneuve-d'Ascq: Presses Universitaires du Septentrion.

Halldór, Halldórsson
1982 "Um méranir: Drög á samtímalegri og sögulegri athugun." *Íslenskt Mál* 4: 159–89.

Jolivet, Alfred, et Fernand Mossé
1947 *Manuel de l'allemand du Moyen-Âge, des origines au XVIe siècle: grammaire, textes, glossaire*. Bibliothèque de Philologie Germanique 1. Paris: Aubier-Montaigne.

Jónsson, Jóhannes Gísli
2000 "Case and Double Objects in Icelandic." *Leeds Working Papers in Linguistics* (édité par Diane Nelson et Paul Foulkes) 8: 71–94.

Nouveau Testament en islandais
1997 *Nýja Testamentið og Davíðssálmar*. Reykjavík: Hið íslenska biblíufélag.

Rögnvaldsson, Eiríkur
1983 "Þágufallssýki og fallakerfi íslensku." *Skíma* 16: 3–6.

Schanen, François, et Jean-Paul Confais
1989 *Grammaire de l'allemand: formes et fonctions*. Paris: Nathan-université.

Sick, Bastian
2004 *Der Dativ ist dem Genitiv sein Tod: Ein Wegweiser durch den Irrgarten der deutschen Sprache*. Cologne: Verlag Kiepenheuer & Witsch.

Sigurðsson, Halldór Ármann
1989 Verbal Syntax and Case in Icelandic. Doctoral dissertation, University of Lund. Réimpression Institute of Linguistics, University of Iceland, Reykjavík, 1992.

Sigurjónsdóttir, Sigríður, et Joan Mailing
2001 "Það var hrint í mér á leiðinni í skólann: Þolmynd eða ekki þolmynd?" *Íslenskt Mál* 23: 123–80.

Svavarsdóttir, Ásta
1982 "Þágufallssýki." *Íslenskt Mál* 4: 19–62.

Svavarsdóttir, Ásta, et Margrét Jónsdóttir
1991 *Íslenska fyrir útlendinga, kennslubók í málfræði*. Reykjavík: Málvísindastofnun Háskóla Íslands.

Svavarsdóttir, Ásta; Gísli Pálsson; et Þórólfur Þórlindsson
1984 "Fall er fararheill: Um fallnotkun með ópersónulegum sögnum." *Íslenskt Mál* 6:33–55.

Þórisson, Jón, éditeur
1999 *Fyrirheitna landið: Frásagnir úr Biblíunni.* Reykjavík: Háskólaútgáfan.
Þráinsson, Höskuldur
1999 *Íslensk setningafræði.* Reykjavík: Málvísindastofnun Háskóla Íslands.

24

MÉCANISMES DE RÉAFFECTATION DÉSINENTIELLE ET HIÉRARCHIE DES OPPOSITIONS CASUELLES EN SLAVE

Claire Le Feuvre, Institut National des Langues et Civilisations Orientales, Paris

Dans les différents problèmes posés par l'évolution linguistique se trouve le problème du syncrétisme et de l'homophonie entre formes casuelles initialement distinctes. Le syncrétisme étant l'abandon d'une distinction casuelle dans tous les paradigmes (par exemple la confusion du datif, du locatif et de l'instrumental en grec ancien, qui sont dans tous les paradigmes représentés par une forme unique) ne nous intéressera pas ici. L'objet de cette étude est le problème que posent les homophonies secondaires entre deux cas à l'intérieur d'un même paradigme tandis que les autres types flexionnels ne sont pas concernés. Or le slave est peut-être le groupe de langues indo-européennes dans lequel ce problème s'est posé avec le plus d'acuïté et dans lequel il a été résolu de la manière la plus originale.

1. La ruine du système flexionnel proto-slave

Les langues indo-européennes sont des langues flexionnelles, ce qui signifie que la fonction d'une forme nominale est exprimée par un morphème placé à la fin du mot, appelé désinence, qui est porteur de plusieurs informations, le genre, le nombre et le cas. Les désinences de l'indo-européen étaient pour la plupart consonantiques (nom.sing. *-*s*, acc.sing. *-*m*, gén.sing. *-*es*/-*os*, inst.sing. *-h_1) etc., les désinences vocaliques étaient minoritaires (dat.sing. *-*ei*, loc.sing. *-*i*).

L'une des lois essentielles de la phonétique historique slave est ce qu'on appelle la "loi des syllabes ouvertes": la structure de la langue n'admet que des syllabes ouvertes, donc de type (s)CV ou (s)CRV. La règle est que l'organisation des phonèmes à l'intérieur de la syllabe obéit au principe de sonorité croissante: l'élément le plus sonore doit être le dernier élément de la syllabe. Or les voyelles sont les phonèmes les plus sonores, donc toute syllabe doit se terminer par une voyelle. Toutes les consonnes en position implosive, c'est-à-dire finales de syllabe, s'amuïssent. La conséquence sur la morphologie flexionnelle est simple et radicale: toutes les désinences consonantiques disparaissent. Il s'ensuit inévitablement des homophonies entre cas; ainsi, l'opposition entre nom.sing. et acc.sing. des non-neutres, en indo-européen *-*s*/*-*m*, est neutralisée dans la plupart des paradigmes.

Une autre conséquence de la loi des syllabes ouvertes est l'élimination des diphtongues. Elle a elle aussi entraîné la neutralisation de certaines oppositions: ainsi, pour les thèmes en *-*i*-, le dat.sing. *-*ei̯*-*ei̯*, réduit à *-*ei̯* par haplologie, s'est monophtongué en -*i*. Le loc.sing. *-*ēī* s'est lui aussi monophtongué en -*i*. Et les deux se sont donc confondus avec l'ancien acc.plur. *-*i*-*ns* > -*i*. De même, pour les thèmes en -*o*-, l'opposition entre le dat.sing. *-*o*-*ei* > *-*ōi* (grec -ῳ/, latin -*ō*) > *-*ě* (la désinence attestée -*u* est secondaire et non phonétique) et le loc.sing. *-*oi* (grec -οι, latin -*ī*) > -*ě* est elle aussi neutralisée, et les deux se confondent avec le nom.plur. *-*oi* > *-*ë* (qui a été ensuite refait en -*i*).

S'ajoutent à cela des altérations de timbre des voyelles en slave, conditionnées ou non, qui ont elles aussi amené des homophonies secondaires. Un exemple de changement non conditionné est la confusion de *ō et de **ā*, qui deviennent tous deux [ā]. Dans les thèmes en -*o*-, ce changement a pour résultat la perte de l'opposition entre l'inst.sing. *-*o*h_1 > *-*ō* > *-*ā* et l'abl.sing. *-*ā*(*d*) > *-*ā* (qui en slave est la forme de gén.sing. en synchronie, en vertu d'un syncrétisme ancien entre gén.sing. et abl.sing.). Un exemple de changement conditionné est la fermeture de **ŏ* en syllabe finale devant [n]: *-*ŏn* > *-*ŭn*, ce qui amène une homophonie entre l'acc.sing. des thèmes en -*o*- et celui des thèmes en -*u*-.

Le résultat de ces changements phonétiques est donc un bouleversement complet de la morphologie flexionnelle. Le slave s'est retrouvé amputé littéralement de ses marques flexionnelles, tant le système était illisible et traversé par des homophonies de toute sorte, homophonies entre divers types flexionnels, mais surtout neutralisation d'oppositions casuelles à l'intérieur d'un même paradigme. La solution à ce problème aurait pu être une solution telle qu'on la trouve en anglais ou dans les langues romanes, un renoncement à la flexion et un recours à d'autres moyens (fixation de l'ordre des mots et usage systématique de prépositions). Or, comme on le sait, les langues slaves sont loin d'avoir emprunté cette voie, puisque la plupart des langues modernes conservent six ou sept cas vivants. La question qui se pose est donc la suivante: comment, en partant d'une situation aussi profondément altérée et aussi peu fonctionnelle, le slave s'est-il doté d'un système stable? Quels sont les mécanismes auxquels il a eu recours pour éliminer les homophonies secondaires?

2. Types de réfection casuelle

Il y a plusieurs moyens de remédier à une homophonie secondaire entre deux formes casuelles, et donc différents types de réfection.[1]

Un premier type (type A) est la recaractérisation d'une désinence par adjonction d'un élément, qui peut être une particule (par exemple le *-ā* de l'iranien dans le loc.sing. avestique *vīsiiā*, vieux perse *viθiyā*, de **u̯ik̂-* "village," où le loc.sing. **u̯iš-i* est recaractérisé par une particule adverbiale locative postposée *-ā*, ou le **-ēn* du baltique pour l'inessif, ancien loc.sing.), ou une désinence rajoutée de manière tautologique (par exemple la recaractérisation de l'acc.sing. du pronom interrogatif-indéfini **kᵘ̯i-m* > *τίν en τίν-α en grec, avec une deuxième désinence d'acc. sing. -α < **-m̥* ou, toujours en grec, la recaractérisation du loc.sing. **-ēi̯* des thèmes en *-i-* en **-ēi̯-i* > -ηι (πόληι).

Un deuxième type (type B) est l'analogie d'autres formes du même paradigme, par exemple dans le cas de paradigmes alternants où le morphème prédésinentiel figure tantôt au degré plein, tantôt au degré zéro, ce qui entraîne un nivellement. C'est un processus très bien représenté dans les langues indo-européennes où les paradigmes alternants ont été largement nivelés. Un exemple est le cas du gén.sing. grec πόλεως < πόληος (homérique), où le -η- est analogique du dat.sing. πόληι, ancien loc.sing. **-ēi̯*.

Un troisième type (type C) est le remplacement d'une désinence par la désinence correspondante d'un autre type flexionnel, cas extrêmement fréquent en slave comme ailleurs. On peut prendre l'exemple de la réfection du gén.plur. en **-om* en latin en *-ōrum* d'après le *-ārum* des thèmes en *-a-*, qui est seul ancien (< **-āsōm*, grec homérique *-ά́ων*), ce qui permet de supprimer l'homophonie entre gén.plur. *deum* (conservé dans *quis deum* "lequel des dieux") et acc.sing. *deum*. En slave, on peut prendre l'exemple du transfert de la désinence de gén.plur. *-ovъ* des thèmes en *-u-* aux thèmes en *-o-* où la désinence étymologique était *-ъ*, homophone du nom.acc.sing. (vieux slave gén.plur. *darovъ* "des présents," d'après *synovъ* "des fils," à côté du génitif ancien *darъ*, homophone du nom. acc.sing. *darъ*: l'extension de *-ovъ* permet de supprimer l'homophonie du gén.plur. avec le nom.acc.sing. pour les masculins en *-o-*, d'où la généralisation de cette désinence dans les langues modernes). En général le paradigme donneur et le paradigme receveur ont des formes communes qui facilitent l'analogie, suivant la règle de la quatrième proportionnelle (en l'occurrence pour le gén.plur. en *-ovъ* du slave les nom.acc.sing. sont identiques dans le type en *-u-* et dans le type en *-o-*: *synъ*, *darъ*, d'où la proportion nom.acc. *synъ* : gén.plur. *synovъ* -> nom.acc. *darъ* : gén.plur. X = *darovъ*).

Un quatrième type (type D) consiste en une réorganisation interne à un paradigme, qui conduit à réaffecter une désinence existante au marquage d'un nouveau cas, en général en réponse à une anomalie (forme non viable phonétiquement, homophonie gênante avec d'autres cas, justement). Le résultat est la création d'une homophonie secondaire, puisque la désinence réaffectée ne perd pas pour autant sa fonction d'origine et se retrouve donc marquer deux cas différents. C'est un processus nettement plus rare que les trois premiers types, sans doute parce qu'il est plus complexe, il requiert en effet des conditions précises sur lesquelles je reviendrai, et aussi parce qu'il semble peu économique, étant donné qu'il implique de toute façon une homophonie secondaire et la neutralisation d'une opposition casuelle. Pour éliminer le problème créé par une homophonie, la langue en crée une autre, jugée moins gênante. En d'autres termes, l'expression d'une distinction secondaire ou périphérique est sacrifiée à l'expression d'une distinction fondamentale ou centrale, c'est la cinquième loi de l'analogie de Kuryłowicz.[2] Ce qui pose la question de la hiérarchie des oppositions casuelles. C'est la réfection de type D qui rend compte de la désinence *-e* du loc.sing. des thèmes consonantiques en slave.[3] La désinence héritée **-ĭ* faisait que le loc.sing.

[1] Je reprends ici une typologie sommaire que j'ai déjà eu l'occasion de dresser ailleurs; cf. Le Feuvre 2006.

[2] Kuryłowicz 1973: 80f.

[3] Le Feuvre 2006.

était homophone de l'acc.sing. (*-ĭ < *-ĭm) et du nom.sing. (*-ĭ < *-ĭs). Pour éliminer cette homophonie et restaurer une opposition fondamentale (nom. (acc.)/loc.), la langue a réaffecté à l'expression du loc.sing. la désinence de gén.sing. (*-e* < *-es), d'où une homophonie secondaire entre gén.sing. et loc.sing., parallèle à l'homophonie de ces deux cas dans les thèmes en *-i-* et en *-u-*. La neutralisation de l'opposition gén./loc. au profit du marquage de l'opposition nom. (acc.)/loc. suppose que la première était hiérarchiquement inférieure à la seconde.

Ce processus, pour complexe et peu économique qu'il soit, a été assez largement utilisé par le slave et c'est là l'une des spécificités du slave, qui donne à la flexion nominale un aspect unique parmi les langues indo-européennes. Dans l'état méconnaissable où se trouvait le système flexionnel à la suite des évolutions phonétiques dont on a parlé, la langue a fait flèche de tout bois, si l'on peut dire. On l'étudiera ici à travers un exemple, celui de la distinction entre nom.sing. et acc.sing. dans les thèmes en *-o-*.

3. Distinction du nom. sing. et de l'acc. sing. dans les thèmes en *-o-*

3.1. Distribution des marques flexionnelles en vieux slave

La chute des consonnes finales a entraîné la confusion du nom.sing. et de l'acc.sing. dans tous les types vocaliques (thèmes en *-o-*, *-i-*, *-u-*) à l'exception des thèmes en *-a-*. Pour les thèmes en *-o-*, la confusion ne résulte pas seulement de l'évolution phonétique, mais cela importe peu ici.[4] On partira du stade où nom.sing. et acc.sing. ont tous deux la désinence *-ъ*, à laquelle correspond *-ь* dans le type parallèle en *-jo-* (type mou). Cette homophonie est conservée pour les masculins désignant des inanimés: la forme de l'acc. est identique à celle du nom., la désinence est *-ъ/-ь* dans les deux cas (vieux slave *člověkъ* [$S_{nom.}$] *viditъ* [V] *gradъ* [$O_{acc.}$] "l'homme voit la ville").[5] Les masculins inanimés ont donc la même configuration au singulier que les neutres, c'est-à-dire une forme unique pour le nom. et l'acc. (la situation est différente au pluriel). En revanche, il en va différemment pour les substantifs masculins désignant des animés, pour lesquels la forme de l'acc., on le sait, est identique, non pas à celle du nom. mais à celle du gén.: vieux slave *člověkъ* [$S_{nom.}$] *viditъ* [V] *člověka* [$O_{acc.}$] "l'homme voit l'homme," avec la même désinence *-a* que dans *viditъ* [V] *lice* [$O_{acc.}$] *člověka* [$Ct_{gén.}$] "il voit le visage de l'homme," avec un génitif adnominal. C'est ce qu'on appelle le gén.acc., qui est une des formes du marquage différentiel de l'objet.[6]

Le tableau ci-dessous récapitule la distribution des marques flexionnelles en vieux slave (il est identique dans les langues slaves modernes, à cette différence près que *-ъ* et *-ь* sont représentés par *-Ø*):

	nom. sing.	acc. sing. inanimé	acc. sing. animé	gén. sing.
thème en *-o-* masc.	*-ъ*	*-ъ*	*-a*	*-a*
thème en *-jo-* masc.	*-ь*	*-ь*	*-a*	*-a*
thème en *-o-* neut.	*-o*	*-o*	—	*-a*
thème en *-jo-* neut.	*-e*	*-e*	—	*-a*

Cette distribution n'est pas encore complètement systématisée en vieux slave, on le sait, et d'autres critères interviennent, notamment le caractère déterminé ou non du substantif: la forme étymologique d'acc. *-ъ/-ь* est en général conservée pour les substantifs animés non déterminés, et seuls les animés déterminés prennent le gén. acc. (*viditъ člověka* "il voit l'homme," *viditъ člověkъ* "il voit un homme"). Il y a aussi des critères secondaires comme l'emploi prépositionnel ou non, le gén.-acc. étant moins fréquent dans les emplois prépositionnels. On constate un certain flottement dans les textes vieux-slaves, avec parfois, notamment dans le *Suprasliensis*, une extension

[4] J'admets que le résultat phonétique de **-os* en finale est *-o*, et non **-ъ*, et que la désinence de nom.sing. *-ъ* dans les thèmes en *-o-* est analogique du type en *-u-*, où l'homophonie entre nom.sing. *-ъ* < **-ŭs* et acc.sing. *-ъ* < **-ŭn* est phonétique (on reviendra ci-dessous sur ce point). La question du traitement de **-os* en finale est disputée, pour les uns le traitement phonétique est *-o*, pour les autres *-ъ*.

[5] Les désinences *-ъ* et *-ь* se sont amuïes et sont représentées par *-Ø* dans les langues modernes: russe moderne nom.sing. *górod*, acc.sing. *górod* "ville."

[6] Bossong 1985.

du gén.acc. aux inanimés. Dans les langues slaves modernes, le critère déterminé/non déterminé a été abandonné et seul le critère animé/inanimé s'est imposé.

3.2. Hiérarchie relative des oppositions nom./acc. et acc./gén.

L'évolution phonétique ayant fait disparaître l'opposition nom./acc., le slave l'a restaurée. Comme la langue ne pouvait pas jouer sur l'ordre des mots, puisque celui-ci est libre dans les langues slaves, elle a réaffecté la désinence d'un autre cas à l'expression de l'acc. Le cas en question est le gén. La langue a donc neutralisé l'opposition acc./gén. pour assurer le marquage de l'opposition nom./acc., qui apparaît par là même comme hiérarchiquement supérieure.

Le fait que l'opposition acc./gén. ne soit ainsi neutralisée que pour les animés et non pour les inanimés ne signifie pas que la hiérarchie des deux oppositions est différente pour les inanimés: la hiérarchie des oppositions casuelles n'est pas à géométrie variable. Cela signifie simplement que cette hiérarchie n'est pas matérialisée de la même manière dans les deux cas, et qu'elle dépend d'un critère sémantique: la sélection du critère "animé" entraîne la neutralisation de l'opposition acc./gén. au profit du marquage de l'opposition nom./acc., hiérarchiquement supérieure; la hiérarchie structurelle est matérialisée morphologiquement dans la structure de surface, elle est donc visible. En revanche, en l'absence de sélection du critère "animé," il n'y a pas de neutralisation, et la primauté structurelle de l'opposition nom./acc. sur l'opposition acc./gén. ne reçoit pas d'expression morphologique dans la structure de surface, la hiérarchie est donc invisible, mais n'en est pas moins réelle.

Reste à expliquer les raisons de ce comportement différent des animés et des inanimés et la manière dont le slave est parvenu à la distribution effectivement attestée.

3.3. Marquage de l'animé

La distinction agent/patient est fondamentale pour les animés, mais moins pour les inanimés qui sont rarement agents. Sans entrer dans le détail de la question d'un stade ergatif pour une phase archaïque de l'indo-européen, je me limiterai à quelques remarques sur la distribution des marques flexionnelles, telle qu'elle est récapitulée dans le tableau ci-dessous.

ergatif		sujet agentif (animé)	sujet non agentif (animé ou non)	patient non animé	patient animé
		+	–	–	–
nom./acc. indo-européen, type thématique		sujet non neutre (agentif ou non)	sujet neutre	objet neutre	objet non neutre
		-s	*-m*	*-m*	*-m*
nom./acc. slave		sujet animé	sujet inanimé	objet inanimé	objet animé
masculin	*-o-*	*-ъ*	*-ъ*	*-ъ*	*-a*
masculin	*-jo-*	*-ь*	*-ь*	*-ь*	*-a*
neutre	*-o-*	—	*-o*	*-o*	—
neutre	*-jo-*	—	*-e*	*-e*	—

Schématiquement, dans un système ergatif, le marquage oppose l'agent (qui est toujours animé) à tout le reste (sujet non agentif, animé ou inanimé, patient animé ou inanimé). Les animés, qui peuvent être agents aussi bien que non-agents, sont donc susceptibles d'avoir deux formes, les inanimés au contraire, qui ne peuvent être agents, mais seulement patients ou sujets d'un procès non agentif, n'ont qu'une seule forme. Dans le système nom./acc. de l'indo-européen, où la distribution se fait en fonction d'un critère syntaxique (sujet/objet) et non d'un critère sémantique (agent/non agent), on retrouve une distribution semblable pour le type thématique au singulier: le marquage oppose le sujet animé (désinence **-s*) à tout le reste (sujet non animé, objet non animé, objet animé, désinence **-m*). Les animés (non-neutres) opposent deux formes là où les inanimés (neutres) ont une forme unique, qui se trouve être la même que la forme d'objet animé, le schéma correspond donc en gros à celui d'une langue à ergatif. Le problème, on le sait, est que dans les langues indo-européennes la catégorie des neutres correspond bien aux inanimés, mais la catégorie des non neutres comprend non seulement des animés, mais aussi des inanimés, parce que le genre grammatical a fait assigner le genre masculin ou féminin à des inanimés: la distinction de genre n'est donc pas fonction du seul critère sémantique qui constitue le noyau du système (animé/inanimé), mais se fait aussi en fonction d'un critère morphologique.

Dans le type thématique en slave, nom.sing. et acc.sing. sont devenus homophones. La neutralisation de l'opposition nom./acc. pour les inanimés est ancienne, et inscrite dans la structure morphologique des langues indo-européennes, c'est celle qui définit la catégorie grammaticale du neutre. En revanche, l'homophonie est gênante pour les animés, qui se définissent par le fait qu'ils opposent deux formes (agent/non agent dans un système ergatif, sujet/objet dans un système nom./acc.). Le slave, en rétablissant la différence entre nom. et acc. pour les seuls animés et en tolérant l'homophonie pour les inanimés, recentre en fait le système sur son noyau sémantique, où seul le critère animé/inanimé détermine la forme du mot. Le critère sémantique prime donc sur le critère morphologique: si le critère morphologique l'emportait, on aurait une opposition systématique nom./acc. pour tous les masculins, animés ou non. Mais dans cette logique, on s'attendrait à une différenciation des formes par un marquage spécifique du sujet animé, puisque suivant le critère sémantique l'opposition passe entre sujet animé (agent) et tout le reste. Or ce n'est pas ce qui s'est passé: en slave la forme marquée est non pas le sujet, mais l'objet animé, qui s'oppose à tout le reste (sujet animé, sujet inanimé, objet inanimé, désinence -ъ/-ь). Du point de vue de la distribution des marques morphologiques, le slave présente un système qui est une sorte d'ergatif inversé, pour ainsi dire.[7]

3.4. Mécanisme de la réaffectation

Une des caractéristiques syntaxiques du slave est ce qu'on appelle le génitif de négation: dans une phrase négative, tout complément d'objet est au gén. et non à l'acc. (vieux slave *ne viditъ člověka* "il ne voit pas l'homme," masc. animé, comme *ne viditъ grada* "il ne voit pas la ville," masc. inanimé, comme *ne viditъ lica* "il ne voit pas le visage," neut.).[8] En phrase négative, l'opposition acc./gén. est donc neutralisée, pour tous les types flexionnels: il n'y a aucune possibilité de choix entre l'acc. et le gén. dans ce contexte. La phrase négative apparaît donc comme un catalyseur, c'est-à-dire un contexte qui permet la réinterprétation de la désinence puisque l'opposition casuelle y est neutralisée. Dans les exemples précédents, les formes *člověka, grada* peuvent être interprétées comme des acc. puisqu'elles sont complément d'objet et que leur correspond en phrase non négative un acc. complément d'objet (*viditъ gradъ* "il voit la ville"). La désinence *-a* peut donc être analysée comme un allomorphe de la désinence d'acc. -ъ, allomorphe identique à la désinence de gén. étant donné qu'il s'agit de la désinence de gén. à l'origine. La langue a alors étendu cet allomorphe hors de son contexte initial (la phrase négative) en lui assignant une nouvelle fonction, qui était de marquer l'acc. en phrase non négative par opposition au nom., pour les animés (pour lesquels la distinction est fondamentale). Et l'on comprend dès lors pourquoi la marque morphologique est portée par l'acc. et non par le nom. comme la structure du système le ferait attendre. C'est parce que dans le contexte 1 catalyseur (gén. de négation), l'opposition neutralisée était acc./gén. et non nom./gén., et que le contexte 2 (gén.acc. animé) dépend du contexte 1. La neutralisation dans le contexte 1 catalyseur est déterminée par un critère syntaxique (la négation), tandis que dans le contexte 2 elle est déterminée par un critère sémantique (le caractère animé). La neutralisation dans le contexte 1 (gén. de négation) ne donne aucun renseignement sur la hiérarchie des oppositions casuelles, contrairement à la neutralisation dans le contexte 2 (gén.acc. animé) où le marquage d'une opposition (acc./gén.) est sacrifié au marquage d'une autre opposition (nom./acc.), ce qui établit clairement la hiérarchie.

---

[7] On retrouve des faits similaires dans d'autres langues indo-européennes: le tokharien a une forme spécifique pour l'acc. des noms thématiques désignant des humains, tandis que pour les autres substantifs, la forme d'acc. (oblique) est identique à la forme de nom. (cf. l'article de G. J. Pinault dans ce recueil). Le critère ici est plus restrictif qu'en slave (humain/non humain vs. animé/inanimé, mais en slave à date ancienne la catégorie animé ne comprend effectivement que des humains, et les noms d'animaux n'y sont pas inclus). On comparera aussi le cas de l'espagnol, où le complément d'objet humain a une marque spécifique, qui est la préposition *a*, ainsi que les constructions prépositionnelles pour l'objet en roumain et en arménien. Tous ces faits sont regroupés sous l'appellation de "marquage différentiel de l'objet"; cf. Bossong 1985 et 1998. Toutefois, l'extension du phénomène est différente: la construction prépositionnelle pour le complément d'objet humain en espagnol n'est pas limitée à une catégorie morphosyntaxique, tandis qu'en vieux slave le génitif-accusatif ne concerne que le masculin singulier, et non le pluriel ni le féminin, et seulement pour le type thématique. Le génitif-accusatif est donc morphologiquement conditionné. Les langues slaves développeront par la suite la catégorie de l'animé en l'étendant au masculin pluriel, voire au féminin pluriel en slave oriental, et en développant pour certaines un marquage différentiel du sujet (cf. Bossong 1998: 210–18).

[8] Diachroniquement, le génitif de négation représente une extension d'emploi d'un ancien génitif partitif.

Le marquage de l'opposition nom./acc. se fait donc au prix d'une perte d'information, puisqu'il implique la neutralisation d'une autre opposition casuelle, acc./gén. C'est sans doute une des raisons pour lesquelles le gén. acc. est resté limité aux animés: pour les animés, le gain que représentait la restauration de l'opposition nom./acc. était supérieur à la perte que représentait la neutralisation de l'opposition acc./gén. En revanche, pour les inanimés le gain n'était pas supérieur à la perte, et le nouveau marquage des cas ne s'est pas implanté dans les inanimés.

La réfection de type D procède toujours ainsi: à partir d'un contexte où une opposition casuelle est neutralisée, quelle qu'en soit la raison, la double possibilité d'analyse permet une réinterprétation de la désinence et donne naissance à un allomorphe, qui peut ensuite être réaffecté. Cette notion de contexte catalyseur est fondamentale, c'est la condition première d'une réfection de ce type.[9]

La deuxième condition d'une réfection de ce type est l'existence d'un modèle sur lequel la nouvelle structure peut s'appuyer, c'est-à-dire, dans le cas du gén.acc., des cas où l'on trouve un gén. en fonction de complément d'objet en phrase non négative. Il y a en slave deux modèles, dans lesquels on a cherché l'origine du gén.acc.

Le premier est fourni par les verbes qui régissent le génitif, construction dans laquelle on a donc un génitif complément de verbe, comme *trěbovati* + gén. "avoir besoin de," d'où "exiger," *slušati* + gén. "écouter."[10] On a bien dans ce cas une neutralisation de l'opposition acc./gén., conditionnée par le lexème verbal. Ce modèle est insuffisant pour rendre compte du gén.acc. animé parce que le conditionnement lexical strict permettrait l'extension de la construction à quelques autres lexèmes, mais pas à un usage totalement indépendant du lexème verbal comme l'est le gén.acc. Le second modèle est l'usage ancien et hérité du gén. partitif: vieux slave *člověkъ jastъ xlěbъ* "l'homme mange le pain" (-ъ acc.)/*člověkъ jastъ xlěba* "l'homme mange du pain" (*-a* gén.), qui fournit un exemple de forme de gén. en fonction de complément d'objet en phrase non négative.[11] Mais la structure est différente: le gén. partitif ne représente pas un cas de neutralisation de l'opposition acc./gén., au contraire le fait qu'on trouve et la forme d'acc. et la forme de gén. dans le même contexte et pour un même lexème (*xlěbъ* "pain" dans l'exemple considéré), et que la langue ait le choix entre les deux, indique que cette opposition est prégnante, elle exprime une opposition sémantique. Au contraire, pour le gén.acc. animé il y a bien neutralisation, et il est exclu que la langue ait le choix entre la forme en -ъ et la forme en *-a* pour un même lexème: si le mot appartient à la catégorie "animé," on aura automatiquement la forme en *-a*, si le mot appartient à la catégorie "inanimé," on aura automatiquement la forme en -ъ/-ь, et les deux ne peuvent s'opposer pour un lexème donné dans les langues slaves modernes. Le gén. partitif fournit donc une structure en apparence similaire (forme de gén. en fonction de complément d'objet) mais en réalité différente, puisque le gén. partitif n'est pas un cas de neutralisation de l'opposition acc./gén., laquelle conserve sa pleine valeur. C'est pourquoi il ne saurait suffire à expliquer le gén. acc., d'autant qu'il y a une incompatibilité sémantique entre les deux, le gén. partitif étant par définition exclu pour les animés, et possible seulement pour les inanimés.

Pour rendre compte du gén.acc. animé, il faut combiner le contexte catalyseur (le génitif de négation, où la neutralisation est indépendante des critères lexical et sémantique) et les deux modèles (le gén. partitif et le type *trěbovati, slušati* + gén.), dont aucun ne suffit à lui seul à rendre compte du gén.acc. animé. C'est parce que l'opposition acc./gén. est neutralisée dans un contexte donné que la désinence peut être réinterprétée d'après un autre modèle.

4. La solution du vieux novgorodien

On trouve une solution différente à ce même problème de la distinction nom./acc. dans un dialecte vieux-russe, le dialecte de Novgorod.[12] L'opposition nom./acc. y a également été restaurée dans les thèmes en *-o-*, le nom.sing. a la désinence *-e*, l'acc.sing. la désinence -ъ. La désinence de nom.sing. *-e* est unique dans le domaine

---

[9] Le catalyseur dans l'exemple du gén.acc. est syntaxique, mais il peut aussi être d'un autre ordre, par exemple lexical, comme c'est le cas pour la désinence de loc.sing. des thèmes consonantiques; cf. Le Feuvre 2006: 163f.

[10] Vaillant, *GCLS* 5: 50, considère que la source du gén.acc. animé est à chercher dans ce type de construction et rejette l'explication par le gén. partitif, qui est l'hypothèse la plus courante.

[11] Comrie 1978, après d'autres, considère que le gén. partitif est la source du gén.acc. animé.

[12] Le vieux novgorodien est connu essentiellement par les documents sur écorce de bouleau trouvés à Novgorod et dans des localités voisines. Les textes s'échelonnent entre le XIe et le XVe siècles.

slave, elle ne se retrouve dans aucun autre dialecte, et c'est la caractéristique morphologique la plus saillante du vieux novgorodien.

4.1. Distribution des marques flexionnelles en vieux novgorodien

Le tableau ci-dessous récapitule la distribution des marques flexionnelles dans les thèmes en *-o-* et en *-jo-* (type thématique indo-européen) en vieux novgorodien:

	nom. sing.	acc. sing. inanimé	acc. sing. animé	gén. sing.
thème en *-o-* masc.	*-e*	*-ъ*	*-ъ*/*-a* [+déterminé]	*-a*
thème en *-jo-* masc.	*-ь*	*-ь*	*-ь*/*-a* [+déterminé]	*-a*
thème en *-o-* neut.	*-o*	*-o*	—	*-a*
thème en *-jo-* neut.	*-e*	*-e*	—	*-a*

Comme on le voit, la distinction est indépendante du critère sémantique: la distinction nom. *-e*/acc. *-ъ* concerne aussi bien les animés que les inanimés. Par ailleurs, le système du vieux novgorodien connaît aussi le gén.acc., dans les mêmes conditions que le reste du slave, c'est-à-dire que l'acc.masc. a deux allomorphes, *-a* (identique au gén.) et *-ъ* (qui ne se confond pas avec le nom. qui est en *-e*). Le système combine donc deux oppositions, une opposition morphologique systématique nom. (*-e*)/acc. (*-ъ*) avec une opposition sémantique acc. animé (*-a*)/ acc. inanimé (*-ъ*) là où le reste du slave n'a qu'une seule opposition, sémantique. En vieux novgorodien les deux oppositions ne sont pas sur le même plan, puisque la première est morphologique et la seconde sémantique, et ne sont donc pas redondantes.

On constate toutefois qu'en vieux novgorodien le gén.acc. animé est moins fréquent qu'ailleurs: la forme étymologique d'acc. *-ъ* est bien plus fréquente que la forme en *-a* dans les textes des XIe et XIIe siècles. On interprète d'ordinaire ce fait comme la marque d'un retard dans le développement du gén.acc. animé en vieux novgorodien: le dialecte disposant déjà d'une distinction systématique entre nom.sing. et acc.sing. n'aurait pas eu autant besoin du gén.acc. Mais en fait, les deux oppositions du vieux novgorodien ne sont pas sur le même plan, et ne sont donc pas en concurrence directe (ci-dessus). Par ailleurs, l'emploi du gén.acc. dépend de deux critères, le critère animé/ inanimé d'une part, mais aussi le critère déterminé/indéterminé: un substantif animé indéterminé ne prend pas le gén.acc., qui est réservé aux substantifs animés déterminés (ci-dessus, §3.1). Or il se trouve que les exemples susceptibles de présenter un gén.acc. font intervenir majoritairement des substantifs non déterminés, on a donc surtout des acc. en *-ъ* même pour les animés, parce que le critère de la détermination n'est pas rempli. La relative rareté du gén.acc. en vieux novgorodien tient donc avant tout à la nature du corpus qui fait qu'on a peu de formes déterminées. Un exemple clair en est fourni par l'écorce de bouleau no. 247 (deuxième moitié du XIe siècle), où l'on a régulièrement le nom. en *-e* (*zamъke* "verrou") et où figure un gén.acc. *prodaj klevetьnika togo* "punis d'une amende cet accusateur," avec substantif déterminé (démonstratif *togo*), ce qui montre bien que les deux oppositions coexistent dans le même état de langue dès les premiers textes. Même si le gén.acc. s'est développé moins rapidement en vieux novgorodien, il appartient au système du dialecte dès les premières attestations de ce dernier.

Cependant, le nom. en *-e* a une extension limitée aux thèmes en *-o-* (type dur), et il n'existe pas dans les thèmes en *-jo-* (type mou) pour lesquels la désinence de nom. est homophone de celle d'acc. (*-ь*). Dans les thèmes en *-jo-*, la seule manière de différencier nom. et acc. est l'emploi du gén.acc., donc la distinction n'est possible que pour les animés, comme en vieux slave. On a donc en vieux novgorodien un système dissymétrique où seul un sous-type (le type dur, thèmes en *-o-*) a une distinction systématique indépendante du critère sémantique. Toute explication du nom. en *-e* doit également rendre compte de cette dissymétrie.

4.2. Hypothèses proposées pour le nom. en *-e*

On a proposé plusieurs hypothèses pour l'origine de la désinence *-e* du nom. Il est de toute façon certain que cette désinence est récente et ne représente pas un héritage de l'indo-européen. Il n'y a pas de palatalisation dans les thèmes en vélaire: *zamъke* "verrou" dans l'écorce de bouleau no. 247 a une vélaire devant *-e*, ce qui indique que l'introduction de *-e* au nom.sing. est postérieure à la première palatalisation (sans quoi on aurait **zamъče*). Si l'on suit la chronologie proposée par Shevelov,[13] la première palatalisation des vélaires date des Ve–VIe siècles, donc l'introduction de *-e* au nom.sing.masc. du type dur ne saurait être antérieure au VIe siècle.[14]

En conséquence, les hypothèses proposées pour la désinence *-e* qui y voient une forme ancienne (*casus absolutus*, c'est-à-dire forme à désinence zéro archaïque, ou évolution phonétique ad hoc de **-os* en finale à date préhistorique), ne peuvent être retenues. La désinence du vieux novgorodien n'a rien d'ancien.

Restent donc deux hypothèses: la première, proposée par W. Vermeer,[15] et à laquelle se sont ralliés plusieurs savants,[16] est que le nom.sing. en *-e* est la désinence étymologique des thèmes en *-jo-*, c'est-à-dire du type mou, soit **-jos#* > **-je#* en finale. A l'origine, le type dur avait **-os#* > **-o#* en finale, et le type mou **-jos#* > **-je#*. Dans tous les dialectes slaves à l'exception du vieux novgorodien, le **-o* du nom.sing.masc. dur a été remplacé par *-ъ* emprunté aux thèmes en *-u-*, d'où dans le type mou **-jъ* > *-jь* en vertu de l'harmonie intrasyllabique. L'hypothèse de Vermeer est que le *-e* du nom.sing.masc. mou aurait été transféré aux thèmes en *-o-*, c'est-à-dire au type dur, en vieux novgorodien, à une date antérieure ou contemporaine du remplacement de **-o* par *-ъ* dans le reste du slave. Cette hypothèse s'appuie sur une tendance supposée du vieux novgorodien à aligner le type dur sur le type mou, le type dur empruntant plusieurs désinences au type mou. Or cette tendance est plus apparente que réelle, et le vieux novgorodien ne montre pas vraiment d'influence du type mou sur le type dur dans la flexion nominale, ce n'est que dans la flexion pronominale que cette influence est réelle. Dans la flexion nominale, les types dur et mou manifestent en effet une tendance à l'alignement, mais c'est tantôt le type mou qui emprunte la désinence du type dur, tantôt l'inverse, et, surtout, ces réfections ne se produisent que dans un seul cas de figure, celui où la désinence était *-ě* (élimination de la double alternance *ě* ~ *i/y* ~ *ě*), et jamais pour les autres désinences.[17] Cela constitue une première objection.

Il y a par ailleurs une autre objection à cette hypothèse: non seulement aucun dialecte slave n'atteste la désinence *-e* pour le type mou, mais en vieux novgorodien même le type mou n'a jamais la désinence *-e*, mais seulement la désinence *-ь*, comme dans le reste du slave. Il faudrait dès lors supposer que le type mou a prêté sa désinence au type dur et que la désinence a été refaite ensuite dans le type mou, et Vermeer admet que le type mou aurait par la suite emprunté le nom.sing.masc. *-ь* des thèmes en *-i-*.[18] Ce processus suppose deux remplacements analogiques (**-o* remplacé par *-e* dans le type dur, **-e* remplacé par *-ь* dans le type mou) et laisse entière la question de la dissymétrie entre le type dur et le type mou. Dans les cas où en vieux novgorodien le type dur emprunte la désinence du type mou (ou l'inverse), on a une neutralisation de l'opposition entre les deux types pour les formes casuelles concernées, et les deux types ont la même désinence. Si *-e* est l'ancienne désinence du type mou empruntée par le type dur, ce serait le seul cas où l'emprunt ne s'accompagnerait pas de la neutralisation de l'opposition entre les deux types, mais où l'on devrait supposer une différenciation secondaire (le type mou empruntant plus tard *-ь*).

Se pose enfin une question de structure. L'élimination de **-o* < **-os* au nom.sing.masc. en slave commun est liée au marquage du genre, fondamental dans le système slave ancien: *-o* et *-e* sont des désinences réservées au neutre.[19] C'est précisément pour cette raison que **-o* < **-os* au nom.sing.masc. a été éliminé en slave commun et remplacé par *-ŭ*, désinence des masculins en *-u-*, et symétriquement dans les thèmes en *-jo-*.[20] La redistribution des marques en fonction du genre, *-o* et *-e* au neutre, *-ъ* et *-ь* au masculin, fait l'objet d'un consensus, qu'on admette que **-os* > **-o* ou que **-os* > **-ŭs* > *-ъ*. Or le remplacement de **-o* < **-os* par **-e* < **-(j)os* des thèmes en *-jo-* serait immotivé dans ce contexte: si la réfection a pour but de différencier masculin et neutre, le remplacement de **-o* par **-e*, lui aussi désinence de neutre, ne permet pas la différenciation des genres et est structurellement inutile. C'est pourquoi le remplacement de **-o* par **-e* admis par Vermeer n'est pas comparable au remplacement de **-o* par **-ŭ* et il ne peut s'agir de deux processus parallèles.

La seconde hypothèse proposée, depuis longtemps déjà, est que *-e* représente l'ancienne désinence de vocatif des thèmes en *-o-* (vieux slave *člověče*, latin *domine*). On fait en général deux objections à cette hypothèse. La première est que dans les thèmes en vélaire le voc. présente régulièrement la palatalisation (vieux slave *člověče*, de *člověkъ*), tandis que le nom.sing. en *-e* du vieux novgorodien ne présente jamais la palatalisation (*zamъke*

---

[13] Shevelov 1964: 252, 303.

[14] Vermeer 1994 admet également que l'introduction de *-e* comme désinence du nom.sing. du type dur est postérieure aux palatalisations.

[15] Vermeer 1991.

[16] Zalizniak 2004.

[17] Le Feuvre 2007: 11.

[18] Les thèmes en *-i-*, qui comprennent surtout des féminins, mais aussi quelques masculins, ont une forme unique pour les nom.voc.acc. sing. *-ь*, dans tous les dialectes slaves. Mais en général les thèmes en *-i-* n'ont eu aucune influence sur les thèmes en *-jo-*, à part l'emprunt de la désinence de gén.plur. *-ej*.

[19] Sur l'importance du marquage du genre en slave; cf. Krys'ko et Iordanidi 2000, passim.

[20] Je n'entre pas ici dans la question de la chronologie: que la réfection soit antérieure ou postérieure à la chute du *s final est sans conséquence sur le processus considéré ici.

"verrou"). Mais dans cette hypothèse, ce n'est pas la forme de voc. qui serait devenue une forme de nom., c'est la désinence de voc. *-e* qui est devenue une désinence de nom., et elle s'adjoint au thème du mot, comme toutes les désinences; par exemple, pour *bratъ* "frère," le voc. est *brate*, et le thème est *brat-*, et pour *člověkъ* "homme," le voc. est *člověče* (forme héritée, antérieure à la première palatalisation), mais le thème est *člověk-*, et à partir du moment où la désinence de voc. *-e* est interprétée comme désinence de nom., elle s'adjoint au thème du mot, donc *brat-e, člověk-e*. Or on a vu ci-dessus que l'introduction de cette désinence *-e* au nom.sing. des thèmes en *-o-* était récente, postérieure à la première palatalisation des vélaires. Donc la nouvelle désinence *-e* issue du voc., si elle s'adjoint à un thème en vélaire, ne provoquera pas la palatalisation parce que cette dernière a déjà eu lieu.

La seconde objection est que l'emploi de la forme de voc. en fonction de nom. peut se comprendre pour des substantifs désignant des animés, mais moins pour des substantifs désignant des inanimés, et encore moins pour des adjectifs ou des participes, or les adjectifs et participes ont aussi la désinence *-e* au nom.sing., et en particulier le participe parfait, qui sert à former le prétérit. Le vieux novgorodien a régulièrement *-e* pour le participe parfait: *jesi vъdale* "tu as donné," dans l'écorce de bouleau no. 238 (fin du XIe–début du XIIe siècle), *vъz'ale jesmь* "j'ai pris," écorce de bouleau no. 736 (première moitié du XIIe siècle). Or par définition ce participe qui est le noyau d'un temps périphrastique n'est jamais en position syntaxique de voc., mais est toujours prédicat et comme tel n'existe qu'au nominatif, donc on ne devrait pas avoir une forme de voc. en fonction de nom. On peut faire la même réponse qu'à l'objection précédente: ce n'est pas la forme de voc. qui devient la forme de nom., ce qui exclurait en effet toutes les formes dépourvues de voc. à l'origine, c'est la désinence *-e* qui, une fois interprétée comme une désinence de nom., devient la désinence de nom.sing. de tous les thèmes en *-o-*, indépendamment de tout critère sémantique ou morphosyntaxique. Or le participe parfait suit la flexion des thèmes en *-o-*, donc il reçoit comme les autres la marque *-e*, de même que les adjectifs: quand, à partir de la seconde moitié du XIIe siècle, au nom.plur. du type dur la désinence *-i* est concurrencée par *-ě* en vieux novgorodien, le parfait présente aussi au masc.plur. *-lě*, parce qu'il suit la flexion du type dur.

L'explication du nom.sing. en *-e* par l'ancienne désinence de vocatif n'est donc pas indéfendable, et la principale objection qu'on lui fait tombe à partir du moment où l'on examine la chronologie. Reste à expliquer le mécanisme qui sous-tendrait cette réfection.

4.3. Réaffectation de la désinence de Vocatif

Le mécanisme qu'on vient de voir pour le gén.acc. pourrait rendre compte aussi du nom.sing. en *-e*. La désinence de voc. aurait été réaffectée à l'expression d'un autre cas selon le même processus: une opposition secondaire (nom./voc.) est neutralisée au profit d'une opposition fondamentale (nom./acc.), pour remédier au problème de l'homophonie entre nom.sing. et acc.sing. Cela suppose que le système du vieux novgorodien s'est développé à partir du système du slave commun tardif, où nom.sing. *-ŭ* et acc.sing. *-ŭ* sont homophones, tandis que dans l'hypothèse de Vermeer les deux systèmes sont parallèles et il n'y a pas de justification structurelle à la réfection. Contrairement à A. Zalizniak, qui considère que l'opposition entre nom.sing. et acc.sing. en vieux novgorodien continue directement le stade antérieur à la confusion du nom.sing. et de l'acc.sing. en slave commun, avec un remaniement formel, et qu'il s'agit d'un archaïsme,[21] je pense que l'opposition casuelle entre nom.sing. *-e* et acc. sing. *-ъ* est une conséquence de l'homophonie de ces deux cas en slave commun: c'est une restauration secondaire de l'opposition, qui obéit au même principe que le gén.-acc., et il s'agit d'une innovation (assez récente puisque postérieure aux palatalisations; cf. ci-dessus, §4.2).

On sait que l'opposition entre voc. et nom. est assez fragile: elle n'existait qu'au singulier en indo-européen, pas au duel ni au pluriel, elle n'existait pas dans la flexion pronominale, et au singulier même elle est souvent éliminée dans les langues indo-européennes. Par exemple dans les thèmes en *-a-* en grec, la forme de voc. en -ᾰ est très rare, et c'est en général la forme de nom. en -ᾱ-/-η qui est employée en fonction de voc., et la situation est identique pour les thèmes consonantiques en occlusive; en latin, seul le type *dominus* conserve un voc. distinct du nom., dans les autres types il n'y a plus de forme propre de voc.

On sait qu'en vieux novgorodien il n'y avait plus qu'une seule forme pour le nom. et le voc. dans les thèmes en *-o-*: en effet, les textes qui utilisent le système dialectal ont *-e* au nom. comme au voc. Comme à la même époque

[21] Zalizniak 2004: 57.

l'opposition entre nom. et voc. est encore bien préservée dans les thèmes en *-a-* et dans les thèmes en *-u-*, cela montre qu'il ne s'agit pas d'une perte générale du voc., mais bien d'une situation propre aux thèmes en *-o-*, qui neutralisent l'opposition entre nom. et voc. Reste à déterminer l'origine de cette neutralisation de l'opposition nom./voc.

Or il existe un cas dans lequel l'opposition nom./voc. était neutralisée à date ancienne: en indo-européen, quand on coordonne deux voc. ou plus, la structure ancienne n'emploie qu'une seule fois la désinence de voc. pour le premier terme, et laisse l'autre (les autres) terme(s) au nom. C'est le type bien connu du sanskrit *vāyav indraś ca* "ô Vāyu et Indra," Rigveda 1, 2, 5, grec Ζεῦ πάτερ [...] ἠέλιός τε... "ô Zeus père... et toi Soleil," *Iliade* 3.276–77 (*indras* et ἠέλιός" sont au nom.). Dans ce contexte la désinence de nom. est un allomorphe de la désinence de voc., c'est donc un contexte catalyseur dans lequel une désinence est susceptible d'être réinterprétée. Cet usage ne se trouve pas en vieux slave, mais cela est dû à l'absence de ce tour dans l'original grec. On trouve par ailleurs en slave un schéma syntaxiquement différent, avec plusieurs vocatifs non pas coordonnés, mais en apposition, avec un référent identique: dans *gospodine kn'azь velikij* "seigneur grand-prince" (Nasonov 1950: *Kom.* 235v), *gospodine* est au voc., mais l'apposition *kn'azь velikij* est au nom., et non au voc. qui serait *kn'aže*. Ce tour est régulier en vieux russe, et dans ce contexte aussi la désinence de nom. apparaît comme un allomorphe de la désinence de voc. Il voisine avec une structure où les deux termes sont au voc.: *gospodine brate* "Monsieur mon frère," dans l'écorce de bouleau no. 531 (début du XIIIe siècle). On peut enfin évoquer les cas plus marginaux de flexion de groupe comme *Gospodi Isusъ Xriste* (Saxmatov et Lavrov 1899: 11c) avec une seule marque de voc. pour *Isusъ Xriste*, à la fin du syntagme, *Isusъ* restant au nom., en face de la forme avec les deux vocatifs *Gospodi Isuse Xriste* dans une autre version du même texte (*PVL* 46 = Nasonov 1950: *Kom.* 76).

On trouve d'autre part en slave un autre cas de neutralisation de l'opposition entre nom. et voc., c'est celui des adjectifs à la forme déterminée, qui n'ont pas de forme de voc.: dans vieux slave *dobry rabe i blagy i věrьne* "brave serviteur, bon et fidèle," (Matthieu 25:23; Jagić 1883), le substantif *rabe* est au voc., de même que l'adjectif à la forme indéterminée *věrьne* tandis que les deux adjectifs à la forme déterminée *dobry* et *blagy* sont au nom. On notera que l'apposition coordonne la forme au voc. *věrьne* et la forme au nom. *blagy*. Ce même tour est attesté en slavon russe et en vieux russe. Dans ce contexte aussi la désinence de nom. est un allomorphe de la désinence de voc.

Dans le contexte de vocatifs successifs coordonnés ou en apposition (le cas de la forme déterminée de l'adjectif étant un peu différent), *-ъ* était un allomorphe de la désinence de voc. *-e*. Ce contexte peut donc être le contexte catalyseur. Mais comme la distinction nom./voc. n'existe pas en dehors du singulier de la flexion nominale, et comme partout ailleurs c'est la forme de nom. qui est employée en fonction de voc. (au pluriel, dans les pronoms, dans la flexion déterminée de l'adjectif), on pouvait également, à l'inverse, réinterpréter *-e* comme un allomorphe de la désinence de nom. *-ъ*. De même que la désinence *-a* du gén. en phrase négative a été réinterprétée comme un allomorphe de l'acc. d'après le modèle du gén. partitif et du type avec complément de verbe au gén. (*trěbovati, slušati* + gén.), de même *-e* a pu être réinterprété comme un allomorphe du nom. d'après le modèle du pluriel et des pronoms. La réinterprétation dans ce cas consiste en une inversion de la relation d'allomorphie: [*-ъ* allomorphe de *-e*] est réinterprété [*-e* allomorphe de *-ъ*].

Cette allomorphie *-e*/*-ъ* a alors pu être utilisée pour le marquage de l'opposition nom./acc., avec extension de la désinence *-e* à tous les nom.sing. du type dur, indépendamment de leur sémantisme (animés et inanimés) ou de leur catégorie morphosyntaxique (substantifs, adjectifs, participes dans les temps périphrastiques) qui ne sont pas des critères pertinents ici, contrairement à ce qui s'est passé pour le gén.acc. où le critère sémantique est déterminant. Là encore, l'extension de *-e* va à l'encontre de la tendance dominante: en général, l'abandon de la distinction nom./voc. se fait au profit du nom., et c'est aussi le cas en russe moderne par exemple, or en vieux novgorodien c'est l'inverse qui s'est produit et c'est la désinence étymologique de voc. qui s'est imposée. Cette singularité tient au contexte particulier au slave dans son ensemble, qui est la nécessité de marquer l'opposition nom./acc.: la généralisation de l'allomorphe *-ъ*, désinence étymologique de nom., ne résolvait pas ce problème, la généralisation de l'allomorphe *-e*, désinence étymologique de voc., fournissait une solution simple. Qui plus est, cette solution est conforme à ce que fait attendre le système de la langue: c'est la forme de sujet non neutre (nom.masc.) qui porte une marque spécifique, et non la forme d'objet. En vieux novgorodien, par ailleurs, c'est le critère morphologique qui prime sur le critère sémantique, c'est-à-dire que tous les nom.masc. sont marqués, et pas seulement les animés.

Un autre élément a pu jouer, du reste, et l'explication est en partie de type sociolinguistique. Le dialecte novgorodien s'est développé sur un substrat linguistique non indo-européen, en l'occurrence finno-ougrien, et plus précisément fennique, qui est le groupe du bord de la Baltique: finnois, estonien, carélien. Or les langues fenniques n'ont pas de voc., c'est la forme de nom. qui est employée en fonction d'adresse, donc dans l'usage de locuteurs bilingues l'équivalence entre les deux désinences était inévitable. Certes, le substrat ne suffit pas à expliquer un tel changement dans la structure morphosyntaxique de la langue, mais en l'occurrence il n'est pas seul en cause, il se trouve que la structure de la langue de substrat (absence d'opposition nom./voc.) correspondait à une structure existante dans le dialecte slave considéré (neutralisation contextuelle de l'opposition nom./voc.). Cette structure était une variante en slave, limitée à certains contextes (en l'occurrence plusieurs voc. coordonnés ou juxtaposés), mais elle était déjà bel et bien présente dans la langue. La conjonction entre cette structure contextuellement limitée et la structure de la langue de substrat a pu favoriser la réaffectation de la désinence de voc., de sorte que la structure qui à l'origine était une variante contextuellement limitée est devenue la structure normale en vieux novgorodien.[22]

L'emploi d'une forme de vocatif en fonction de nominatif n'est pas cependant totalement isolé. On rappellera le type grec, homérique en l'occurrence, νεφεληγερέτα Ζεύς "Zeus assembleur de nuées," ἱππότα Νέστωρ "Nestor meneur de cavales," où le substantif en -τᾱς apposé est une forme de vocatif en -τᾰ, tandis que Ζεύς, Νέστωρ sont au nominatif. Cet usage vient de la déclinaison d'anciennes formules d'adresse dont le vocatif était la forme primordiale (ὦ νεφεληγερέτα Ζεῦ, ὦ ἱππότα Νέστορ), et où seul l'un des éléments du syntagme, en l'occurrence le nom propre, varie entre le nominatif et le vocatif tandis que l'apposition reste figée à la forme de vocatif malgré le changement de fonction syntaxique: nom.sing. ἱππότα Νέστωρ/voc.sing. ἱππότα Νέστορ. Ce type s'appuie en fait sur le type avec plusieurs voc. successifs, coordonnés (*vāyav indraśca*) ou non, où la désinence de nom. est un allomorphe de la désinence de voc. Il présente le même renversement que le vieux novgorodien: dans ce contexte catalyseur la relation d'allomorphie a été inversée, sous l'influence du pluriel où c'est la forme de nom. qui est utilisée en fonction de voc., et la désinence de voc. a été réinterprétée comme un allomorphe de la désinence de nom., d'où le maintien des formes ἱππότα, νεφεληγερέτα dans un syntagme sujet au nom. On a proposé d'interpréter de cette manière les nom.sing. en -τα, -α des masculins en *-a-* dans les dialectes béotien et thessalien, en face de -τᾱς -ᾱς des autres dialectes.[23] Si ces formes sont bien d'anciens voc. en fonction de nom., comme les formes épiques, on aurait là un parallèle complet avec le vieux novgorodien: dans les deux cas l'inversion de la relation d'allomorphie dans le type à plusieurs vocatifs successifs a fait réinterpréter la désinence de voc. (-ᾰ en grec, *-e* en slave) comme un allomorphe du nom.; dans les deux cas cet allomorphe a été étendu en dehors de son contexte d'origine et est devenu la marque régulière du nom.; dans les deux cas il s'agit d'un fait de langue d'extension limitée, qui ne concerne qu'un groupe dialectal (l'ensemble béotien - thessalien pour le grec, le dialecte de Novgorod - Pskov pour le slave); dans les deux cas la réaffectation de la désinence de voc. ne concerne qu'un seul sous-type morphologique (les masculins en -ᾱς en grec, les masculins en *-o-* en slave) et les autres types ne sont pas affectés.

Le nom. en *-e* comporte bien tous les éléments d'une réfection de type D: homophonie de départ gênante (nom./acc.), neutralisation d'une opposition périphérique (nom./voc.) au profit d'une opposition centrale (nom./acc.) hiérarchiquement supérieure, à partir d'un contexte catalyseur où la désinence *-e* pouvait être réinterprétée comme un allomorphe de la désinence de nom. (plusieurs vocatifs coordonnés ou juxtaposés dont un seul porte la marque de Voc, les autres étant au nom.), d'après un modèle de même structure (la distinction nom./voc. est absente au pluriel, au duel, dans les pronoms).

4.4. Hiérarchie relative entre opposition de cas et opposition de genre

Dans ces conditions, étant donné la simplicité de la solution du vieux novgorodien, qui permet une distinction systématique entre nom. et acc., on peut se demander pourquoi cette solution est restée limitée à ce dialecte et n'a pas été retenue par les autres dialectes slaves. Il y a sans doute plusieurs raisons à cela, mais la raison principale pourrait tenir au marquage du genre.

---

[22] Vermeer 1991: 286, admet déjà le rôle du substrat fennique, mais en proposant un autre mécanisme.

[23] Mendez-Dosuna 1982: 67. Cette interprétation a été contestée par **G. Vottéro 1997,[not in bibl??]** qui voit dans les formes en -a du béotien et du thessalien la forme ancienne du nom.sing. **-eh$_2$*, antérieure à la recaractérisation par **-s* qui est propre au grec et serait donc assez récente, voir la discussion chez Minon 2007: 377.

En effet, dans les thèmes en *-o-*, le voc.sing. *grade* est homophone du nom.acc. neutre des thèmes en *-jo-* du type *mor'e* "mer" (cf. tableau ci-dessus, §4.1).[24] Cette homophonie est tolérée par la langue en raison du statut spécifique du voc.: c'est un cas hors-syntaxe, contrairement au nom. ou à l'acc., et il est de toute façon marqué par des moyens non flexionnels (pause syntaxique, intonation de phrase). La désinence n'est qu'un moyen de marquer le voc., et ce n'est pas la marque principale. Mais réaffecter *-e* au marquage du nom.sing.masc. aboutissait à une homophonie entre le nom.sing.masc. et le nom.sing.neut. du type *mor'e*, donc à une neutralisation de l'opposition de genre pour le même cas (nom.sing.masc./nom.sing.neut.), ce qui est nettement plus gênant. On a vu ci-dessus (cf. §4.2) que le marquage du genre est fondamental dans le système slave ancien: *-o* et *-e* sont des désinences réservées au neutre. Il y a donc un conflit entre le marquage du cas (opposition nom./acc.) et le marquage du genre (opposition masc./neut.): choisir de marquer l'opposition casuelle nom./acc. par l'extension de *-e* suppose de sacrifier en partie l'opposition de genre nom.masc./nom.neut. L'importance de l'opposition de genre devait suffire à bloquer la réaffectation de la désinence de voc. *-e* au marquage du nom. dans les masculins, en raison de la nécessité de maintenir une opposition hiérarchiquement supérieure ou de même niveau.

Le nom.sing. en *-e* du vieux novgorodien semblerait dès lors indiquer que la hiérarchie entre l'opposition de cas et l'opposition de genre est différente dans ce dialecte, et que l'opposition de genre a été sacrifiée à l'opposition de cas, donc qu'elle est hiérarchiquement inférieure. Si tel est le cas, on peut là encore invoquer le substrat fennique: les langues fenniques ne connaissent pas le genre grammatical, pour des locuteurs bilingues la distinction entre neutre et masculin n'a donc pas de sens. De plus, comme on le sait, l'opposition masc./neut. n'est explicite qu'aux nom.acc. dans les langues indo-européennes, le reste du paradigme étant commun aux deux genres, ce qui fragilise encore cette opposition pour des locuteurs bilingues. La langue de substrat n'ayant pas d'opposition de genre, mais ayant une opposition de cas très nette, la primauté de l'opposition casuelle sur l'opposition de genre pourrait être directement liée à la situation du dialecte novgorodien dans l'ensemble slave et aux conditions dans lesquelles ce dialecte s'est développé sur un substrat finno-ougrien.

4.5. Dissymétrie entre thèmes en *-o-* et thèmes en *-jo-*

Le système du vieux novgorodien, on l'a dit, est dissymétrique: les thèmes en *-o-* et les thèmes en *-jo-* n'ont pas la même structure (type dur: nom. *-e*/acc. *-ъ*, avec une distinction systématique; type mou: nom. *-ь*/acc. *-ь*, homophones).

Cette dissymétrie pourrait tenir simplement au fait que la forme de voc. était différente: le voc. des thèmes en *-jo-*, en effet, n'est pas en *-e*, mais en *-u* en vieux slave comme en vieux russe (vieux slave *mǫžu* "homme"). Il s'agit d'un emprunt aux thèmes en *-u-*, et cet emprunt semble être de date slave commune.[25] On n'a cependant aucun exemple de voc.sing. du type mou en vieux novgorodien en l'état actuel du corpus: on peut supposer, en l'absence d'indice du contraire, que la désinence était la même qu'ailleurs, mais il n'est pas exclu qu'elle ait été différente. Si le vieux novgorodien avait la même désinence *-u* que les autres dialectes, on peut proposer l'hypothèse suivante.

Il se trouve que *-u* est la désinence de dat. des thèmes en *-o-* (*gradu* "pour la ville") et en *-jo-* (*mǫžu* "pour l'homme"). Dans les thèmes en *-jo-* on a donc une homophonie entre voc.sing. et dat.sing. Cette homophonie est tolérée par la langue en raison du statut spécifique du voc. (ci-dessus, §4.4). Il n'y a aucun contexte où le voc. et le dat. peuvent se confondre; la désambiguïsation n'est donc pas nécessaire.

Dans les thèmes en *-o-* (type dur), la désinence de voc. *-e* est univoque, et la réaffectation de *-e* au marquage du nom. ne neutralise aucune opposition casuelle fondamentale. Dans les thèmes en *-jo-* au contraire, la désinence de voc. *-u* n'est pas univoque, puisqu'elle est homophone du dat.: réaffecter la désinence *-u* de voc. au marquage du nom. entraînerait une homophonie secondaire entre nom. et dat., donc la neutralisation de l'opposition nom./dat. Or la règle dans ce type de réfection est qu'une opposition ne peut être neutralisée qu'au profit d'une opposition hiérarchiquement supérieure: le fait que la langue n'ait pas dans ce cas admis le marquage de l'opposition nom./acc. au prix de la neutralisation de l'opposition nom./dat. laisse penser que l'opposition nom./dat. n'est pas hiérarchiquement inférieure à l'opposition nom./acc. Dans le cas d'un verbe trivalent, par exemple, l'opposition nom./dat. (premier actant/troisième actant) est aussi fondamentale que l'opposition nom./acc. (premier actant/deuxième actant).

---

[24] Cela s'applique à un état de langue antérieur au développement de la corrélation de mouillure.

[25] En slave occidental on a polonais *mężu*, tchèque *muži* < **-ju*; cf. Vaillant, *GCLS* 2: 49.

L'analyse du nom. en *-e* par la réaffectation de la désinence de voc. permettrait ainsi de rendre compte de la dissymétrie constatée entre les thèmes en *-o-* et les thèmes en *-jo-*: celle-ci serait due au fait que la forme de voc. était différente dans les deux types, et que toute réaffectation était bloquée dans les thèmes en *-jo-* par la nécessité de préserver l'opposition nom./dat. La clef de l'explication résiderait dans la prise en compte de la hiérarchie entre les différentes oppositions casuelles.[26] Cela suppose que l'extension de *-e* au nom.sing. du type en *-o-* est postérieure à l'élimination de l'ancienne désinence de voc. *-e* dans le type en *-jo-* et à son remplacement par *-u*, ce qui concorde avec le caractère récent de la désinence de nom.sing. *-e*, postérieure aux palatalisations (ci-dessus, *Hypothèses proposées pour le nom. en -e*).

5. Tableau comparatif des deux solutions

On peut résumer les principes des deux réaffectations sous la forme du tableau suivant:

Type	*gén.acc. animé*	*nom. en -e*
extension	slave commun	dialectal
forme marquée	acc.	nom.
opposition neutralisée	acc./gén.	nom./voc.
contexte de neutralisation	gén. de négation	voc. coordonnés ou juxtaposés
critère dominant	sémantique	morphologique
types flexionnels	*-o-* et *-jo-*	*-o-* seulement

On voit par ces deux exemples qu'il peut y avoir plusieurs solutions à un même problème, en l'occurrence la distinction nom./acc., et que les dialectes slaves ont parfois suivi des voies divergentes. Le point commun entre les deux solutions est que la réorganisation des marques flexionnelles à l'intérieur d'un même paradigme est toujours encadrée et limitée par la hiérarchie des oppositions inscrite dans la structure de la langue.

Abréviation

GCLS André Vaillant. *Grammaire comparée des langues slaves*. 5 Volumes. 1: *Phonétique* (1950), 2: *Morphologie* (1958), 3: *Verbe* (1966), 4: *Formation des noms* (1974), 5: *Syntaxe* (1977). Paris: Imprimerie Nationale.

Bibliographie

Bossong, Georg

1985 *Empirische Universalienforschung: Differentielle Objektmarkierung in den neuiranischen Sprachen*. Ars Linguistica 14. Tübingen: Narr.

1998 "Le marquage différentiel de l'objet dans les langues d'Europe." Dans *Actance et valence dans les Langues de l'Europe*, édité par J. Feuillet, pp. 193–258. Empirical Approaches to Language Typology 20-2. Berlin: Mouton de Gruyter.

Comrie, B.

1978 "Morphological Classification of Cases in the Slavonic Languages." *Slavonic and East European Review* 56: 177–91.

[26] À cela s'ajoute le parallèle des thèmes en *-i-*, qui ont une forme unique pour le nom.acc.sing. *-ь*, homophone du nom.acc.sing. des thèmes en *-jo-*, ce qui renforçait le schéma hérité dans les thèmes en *-jo-*.

Jagić, Vatroslav

1883 *Mariinskoe četveroevangelie, s primečanijami i s priloženijami*. Berlin: Weidmann.

Krys'ko, V. B., et S. I. Iordanidi

2000 *Istoričeskaja grammatika drevnerusskogo jazyka*. Moscou: Nauka.

Kuryłowicz, Jerzy

1973 "La nature des procès dits 'analogiques.'" Dans *Esquisses linguistiques*, Volume 1, édité par J. Kuryłowicz, pp. 66–86. Munich: Fink.

Le Feuvre, Claire

2006 "*Ili na polud'ne ili polunošti* 'à midi ou à minuit' (*Euch.* 54a25): le locatif singulier des thèmes consonantiques en slave." *Bulletin de la Société de linguistique de Paris* 101: 155–71.

2007 "Sur la flexion des thèmes en *-a-* en vieux novgorodien." *Revue des Études Slaves* 78/1: 7–17.

Mendez-Dosuna, J.

1982 "Une autre question de dialectologie grecque." *Glotta* 60: 65–79.

Minon, Sophie

2007 *Les inscriptions éléennes dialectales (VIe–IIe siècle avant J.-C.)*. Hautes Études du Monde Gréco-romain 38. Genève: Droz.

Nasonov, A. N.

1950 *Novgorodskaja Pervaja Letopis' staršego i mladšego izvodov*. Moscou: Izd-vo Akademii Nauk SSSR.

Saxmatov, A. A., et P. A. Lavrov

1899 *Sbornikъ XII věka moskovskago Uspenskago sobora*. Moscou: Mouton.

Shevelov, George Y.

1964 *Prehistory of Slavic: The Historical Phonology of Common Slavic*. Heidelberg: C. Winter.

Vaillant, André

1964 *Manuel du vieux slave*. Paris: Institut d'Études Slaves.

Vermeer, W.

1991 "The Mysterious North Russian Nominative Singular Ending *-e* and the Problem of the Reflex of Proto-Indo-European **-os* in Slavic." *Welt der Slaven* 36: 271–95.

1994 "On Explaining Why the Early North Russian Nominative Singular in *-e* Does Not Palatalize Stem-final Velars." *Russian Linguistics* 18/2: 145–57.

Vottéro Guy

1997 *Recherches sur le dialecte béotien*. Thèse d'Etat, Nancy Université.

Zalizniak, A. A.

2004 *Drevnenovgorodskij dialekt*. 2ème éd. Moscou: Nauka.

25

POURQUOI DEUX GÉNITIFS ET DEUX LOCATIFS EN RUSSE POUR CERTAINS SUBSTANTIFS? ETAT ACTUEL DES PARADIGMES ET ASPECTS DIACHRONIQUES

Sergueï Sakhno, Université Paris Ouest Nanterre - La Défense

L'existence dans le russe moderne d'un génitif second et d'un locatif second, considérés souvent comme des cas "incomplets" (*nepolnye*) ou "supplémentaires" (*dopolnitel'nye*),[1] constitue un phénomène assez complexe, concernant notamment la nature linguistique de ces catégories et leur justification sémantique. La question a fait l'objet d'une littérature importante en slavistique, dont il est impossible de faire ici un résumé ni même un aperçu succinct. Parmi les travaux majeurs, on retiendra Jakobson 1936, 1971; Zaliznjak 1967; Plotnikova 1980; Worth 1984; Žuravlev 1991; Janda 1996; Sullivan 1998; Plungjan 2002; Uspenskij 2004. Le cadre restreint de cet article ne permet guère de faire une analyse suffisamment détaillée de ce phénomène. D'autres langues slaves (notamment l'ukrainien et le biélorussien) présentent des faits en partie analogues, qui ne peuvent pas non plus être décrits ici, en dépit de leur grand intérêt.[2] Nous nous limitons aux faits essentiels du russe standard (langue normée écrite et orale); les données dialectales ne sont pas abordées de façon systématique.

1. Faits du russe en synchronie: double génitif et double locatif pour certains noms

1.1. Toutes les grammaires du russe moderne (Švedova 1980; Garde 1980; Comtet 2002; Kor Chahine et Roudet 2003; Sakhno 2008; et d'autres) signalent l'existence **d'un génitif second** au singulier pour certains masculins inanimés (plus de 350, si on ne compte que les mots usités), dont une grande majorité de noms non nombrables, de l'actuelle 2e déclinaison, tels que *dom* "maison," *mëd* "miel," *sneg* "neige," *čaj* "thé."[3] De l'avis de plusieurs linguistes (dont Jakobson 1936), on peut admettre que ces substantifs ont **deux génitifs.**

[1] Pour le premier terme, voir le commentaire de V. Plungjan (2000: 175), pour le second (suggéré par A. Peškovskij en 1914), voir Jakobson 1971. Notons que l'existence de ces cas n'est pas mentionnée explicitement par l'encyclopédie *Langue russe* aux entrées "Cas," "Locatif," "Génitif" (Filin 1979: 188–89, 229, 259–60). Dans Jarceva 1990: 356 (entrée "Cas"), pas de mention claire non plus, sauf pour le génitif second (qui n'est pas nommé en tant que tel: les formes russes correspondantes sont citées comme "cas partitif, homonymiques du génitif ou du datif"). On se rappellera en revanche que selon N. Trubetzkoy (1937: 99), l'existence en russe de deux génitifs et de deux locatifs est un argument important qui souligne la richesse casuelle du russe, "langue qui se trouve au centre de l'aire déclinationnelle de l'Ancien Monde."

[2] T. Lomtev (1961: 70–80) et V. Žuravlev (1991: 119–26) en donnent des aperçus très pertinents.

[3] On y trouve des substantifs "massifs" désignant des substances et des matières (*sáxar* "sucre," *šëlk* "soie," *grad* "grêle," *navóz* "fumier," etc.), des noms de manifestations d'états physiques et naturels (*xólod* "le froid," *šum* "bruit," *vkus* "goût," *ves* "poids," etc.), des notions abstraites liées à des activités humaines (*sram* "honte," *appetit* "appétit," etc.), des collectifs concrets (*músor* "déchets, ordures," etc.) ou collectifs "conceptuels" (*naród* "gens, monde," *doxód* "revenu," etc.). Quant aux noms "discrets" ou noms "localisateurs" tels que *dom* "maison," *les* "forêt; bois (matériau)," *nos* "nez," *rot* "bouche," *glaz* "œil," *bok* "flanc, côté," *kraj* "bord, limite," *god* "an," le fonctionnement de leur gén. II est limité à des locutions prépositionnelles souvent figées: *s glázu na glaz* "en tête à tête"; dans plusieurs cas, le gén. I est possible; cf. *íz nosu* "venant du nez" (gén. II, accent déplacé sur la préposition) et *iz nósa* (gén. I). Dans des dialectes russes, gén. II est assez répandu et il s'étend jusqu'aux animés; cf. *bez otcú* "sans le père" (russe standard: *bez otcá*), et aux neutres; cf. *do nébu* "jusqu'au ciel" (russe standard: *do néba*).

1.1.1. Génitif I (ou *génitif* tout court, considéré comme "normal," dans la mesure où il caractérise l'ensemble des masculins et des neutres de 2e déclinaison[4]), avec désinence -*a* accentuée ou pas:[5]

dóma, cf. *pokupka dóma* "l'achat d'une maison," *vyjti iz dóma* "sortir de la maison/de chez soi";

mëda[6] cf. *kačestvo mëda* "la qualité du miel";

snéga, cf. *belizna snéga* "la blancheur de la neige," *bojat'sja snéga* "craindre la neige";

čája, cf. *aromat čaja* "l'arôme de/du thé."

1.1.2. Génitif II (dit aussi *génitif partitif* ou *quantitatif* pour les noms "massifs," voir aussi la note 25), avec désinence -*u* généralement non accentuée:[7]

dómu, cf. *vyjti íz domu* (avec déplacement de l'accent sur la préposition) "sortir de la maison/de chez soi";

mëdu, cf. *ložka mëdu* "une cuillerée de miel";

snégu, cf. *mnogo snégu* "beaucoup de neige," *Snégu-to!* "Que de neige!";

čáju, cf. *čaška čáju* "une tasse de thé," *vypit' čáju* "boire du thé"

1.1.3. La coexistence des deux génitifs est parfois possible; on lit et on entend *vyjti íz domu/iz dóma* "sortir de chez soi," *ložka mëdu/mëda* "une cuillerée de miel," *mnogo snégu/snéga* "beaucoup de neige," mais avec une préférence dans l'usage oral actuel (surtout chez les jeunes) de la seconde variante, gén. II étant parfois ressenti comme archaïque ou limité à des expressions figées.[8] S'il y a un déterminant, on emploie gén. I: *čaška krepkogo čája* "une tasse de thé fort."

Cependant, gén. II est impossible dans certaines structures (complément du nom, ou avec certains verbes):

*pokupka *dómu* "l'achat d'une maison"; *belizna *snégu* "la blancheur de la neige";

*bojat'sja *snégu* "craindre la neige"

Parfois, au contraire, c'est gén. I qui est quasiment impossible, ainsi dans certaines constructions à sens quantitatif: ??*Snéga-to!* "Que de neige!" Cette restriction concerne également quelques diminutifs de noms "massifs." Par exemple, avec *čaëk* "petit thé" (diminutif courant de *čaj* "thé"), on peut avoir un gén. II: *vypit' čajkú* "boire du thé" (la désinence -*u* est alors accentuée, voir note 7), mais gén. I serait difficile, sauf dans un usage oral très "relâché": *vypit'* ??*čajká* (jugé incorrect du point de vue de la norme grammaticale).

1.2. D'autre part, les grammaires font état d'un **locatif second** au singulier pour certains masculins inanimés[9] de 2e déclinaison (120 mots environ[10]) et pour quelques féminins inanimés de 3e déclinaison, du type *krov'* "sang,"

---

[4] Appelée "1re déclinaison" dans la tradition grammaticale russe.

[5] L'accentuation de la désinence -*a* est cependant rare pour les mots ayant à la fois gén. I et gén. II (voir aussi note 7). Un grand nombre de substantifs masculins inanimés avec -*a* accentué au génitif n'ont pas de gén. II; cf. *blin* "crêpe," *piróg* "pâté," gén. *bliná*, *pirogá* (mais gén. II impossible: **blínu /*blinú, *pirógu / *pirogú*); ils n'ont pas non plus de loc. II.

[6] La notation *ë* indique un [o] accentué, après consonne molle et devant consonne dure. Nous utilisons partout la translittération dite des slavistes; la notation ' correspond au signe mou ь du russe et marque la mouillure de la consonne (parfois, un yod après consonne et devant voyelle); э est rendu par è; dans les exemples, seuls les mots importants pour notre analyse sont accentués.

[7] La désinence -*u* accentuée caractérise les mots comportant un suffixe accentué au nominatif, tel que -*ok*, -*ak*, cf. *pesók* (nom.) "sable" — gén. II *peskú* (cf. gén. I *peská*), *myšják* "arsenic" — gén. II *myšjakú* (cf. gén. I *myšjaká*), ou un élément final accentué au nominatif ressenti comme un suffixe: *konják* "cognac, vin cuit" (mot issu du français *cognac*) — *konjakú* (cf. gén. I *konjaká*), *jantár'* "ambre" (emprunt au lituanien *gintãras* "ambre") — gén. II *jantarjú* (cf. gén. I *jantarjá*), *jačmén'* "orge" — gén. II *jačmenjú* (cf. gén. I *jačmenjá*). Cela vaut aussi pour les suffixes diminutifs -*ok* / -*ëk* accentués au nominatif: *medók* "petit miel" — gén. II *medkú*, sauf que les mots de ce type n'ont pas de gén. I (tout comme *caëk* "petit thé" — gén. II *čajkú*). On notera que le suffixe diminutif -*čik* n'est pas accentué: *kefírčik*, de *kefír* "lait fermenté" (accent sur *i*) — gén. II *kefírčiku* (gén. I *kefírčika*).

[8] Certains adverbes tels que *svérxu* (< *s vérxu*) "venant du haut, du sommet," *snízu* (< *s nízu*) "venant du bas" sont d'anciennes locutions avec gén. II. Dans plusieurs locutions figées de registre familier ou populaire, idiomatiques ou non, seul gén. II est possible: *ni rázu* (fam.) "pas une seule fois," *dat' drápu* (pop.) "se barrer," *dat' máxu* (fam.) "faire une bêtise," *ni slúxu, ni dúxu* (fam.) "disparu dans la nature."

[9] Les masculins animés sont exclus, mais dans des dialectes russes, même les neutres (*kryl'co* "perron de la maison," *okno* "fenêtre") peuvent avoir un loc. II: *na kryl'cú* "sur le perron," *na oknú* "au bord de la fenêtre," *na selú* "à la campagne."

[10] On y trouve des noms inanimés pour la plupart immotivés (étymologiquement opaques pour un locuteur moyen), dont la majorité sont monosyllabiques: mots désignant des espaces et des surfaces susceptibles de localiser un objet: *les* "forêt," *krug* "cercle," *béreg*

dverʾ "porte" (une trentaine de mots;[11] pas de flexion spécifique,[12] la différence est rendue par la place de l'accent: accent radical pour loc. I, accent final pour loc. II).

Selon plusieurs linguistes (Jakobson 1936, Plungjan 2002, et d'autres), on peut considérer que ces noms possèdent **2 locatifs.**

1.2.1. Locatif I (ou *prépositif I*, ou *prépositif*[13] tout court dans la mesure où il caractérise l'ensemble des masculins et des neutres de 2e déclinaison), avec désinence *-e* (accentuée ou non pour les masculins), et avec désinence *-i* non accentuée pour les féminins:

1.2.1.1. Masculins:

dóme, cf. *v dóme* "à la/dans la maison, à l'intérieur de la maison";

mëde, cf. *V mëde mnogo poleznyx veščestv* "Dans le miel, il y a beaucoup de substances bénéfiques"; *dumatʾ o mëde* "penser au miel";

snége, cf. *mečtatʾ o snége* "rêver de la neige," *iskatʾ krasotu v snége* "chercher la beauté dans la neige" (sens abstrait);

mósté, cf. *govoritʾ o mósté* "parler du pont."

1.2.1.2. Féminins

króvi, cf. *iskatʾ sledy jada v króvi bolʾnogo* "chercher les traces du poison dans le sang d'un malade," *dumatʾ o króvi* "penser au sang";

dvéri, cf. *govoritʾ o dvéri* "parler de la porte."

1.2.2. Locatif II (appelé aussi par certaines grammaires *prépositif II*, ou *locatif* tout court, dans la mesure où il se rapporte en principe à une localisation), avec désinence *-ú*[14] accentuée pour les masculins, et avec désinence *-í* accentuée pour les féminins (voir note 12):

1.2.2.1. Masculins:

domú, cf. *rabotatʾ na domú* "travailler à domicile";

medú, cf. *U menja ruki v medú* "J'ai les les mains couvertes de miel, m.-à-m.: dans le miel," *kvas na medú* "kvas (boisson fermentée) à base de miel";

"rive," *lug* "pré," *port* "port," *sad* "jardin," *pol* "sol, plancher," *úgol* "coin, angle," *rov* "fossé," etc.), ainsi que des concepts s'apparentant à des espaces (*ad* "enfer," *raj* "paradis," *plen* "captivité"), des objets à surface fonctionnelle (*most* "pont," *plot* "radeau," etc.), des récipients (*taz* "bassine; bassin [anatomique])," *škaf* "armoire," *grob* "cercueil"), des objets servant de support (*krjuk* "crochet," etc.); mots désignant des substances (*mëd* "miel," *žir* "graisse," *pux* "duvet," *sneq* "neige," etc.); noms collectifs (*mir* "monde, société laïque; communauté rurale ancienne," *polk* "armée, régiment," etc.); noms d'actions, d'états, de situations (*beg* "course," *boj* "combat," *ótpusk* "congé," *pir* "festin," *xod* "marche, fonctionnement," etc.); noms d'éléments naturels (*xólod* "froid," *véter* "vent," *svet* "lumière"); mots désignant des périodes temporelles (*vek* "siècle; vie humaine," *god* "an"); quelques toponymes (*Krym* "Crimée," *Don* "le Don"). Les emprunts ne sont pas exclus: *port* "port," *polk* (emprunt ancien au germanique, cf. allemand *Volk*), *post* "poste (de sentinelle, de ministre)," *post* "jeûne" (emprunt ancien au germanique, cf. allemand *Fasten*), etc. La plupart ont un accent radical au génitif sing. (cf. *les* — gén. I *lésa*, gén. II *lésu*). Certains peuvent avoir un gén. II (*les, mëd, žir, pux, sneg,* etc.); d'autres n'ont pas de gén. II (sauf dans des dialectes), comme par exemple *bereg, most.*

[11] Outre les deux cités, en voici quelques-uns parmi les autres mots usuels: *glubʾ* "profondeur," *grjazʾ* "boue," *dalʾ* "le lointain," *pylʾ* "poussière," *svjazʾ* "lien, liaison, contact," *brovʾ* "sourcil," *grudʾ* "poitrine," *pečʾ* "le poêle, four," *kostʾ* "os," *nočʾ* "nuit," *osʾ* "axe," *setʾ* "réseau," *stepʾ* "steppe," *tenʾ* "ombre," *cepʾ* "chaîne." Pour leur classification sémantique, voir Plungjan 2002: 238–45.

[12] Dans cette déclinaison, l'homonymie grammaticale est importante: la désinence *-i* caractérise 4 cas, cf. pour *krovʾ*: gén. *króvi*, dat. *króvi*, loc. I *króvi*, loc. II *krоví*. L'homonymie est parfaite entre gén., dat. et loc. I.

[13] Le terme de *prépositif* (*predložnyj*) s'explique par le fait que ce cas ne peut fonctionner dans le russe moderne qu'avec une préposition (*v* "dans," *na* "sur," *o / ob* "à propos de," *pri* "auprès de," *po* "après"). Les grammaires russes publiées en Russie réservent parfois le terme de *mestnyj padež* "cas locatif" au loc. II en le distinguant de cette façon de *predložnyj padež* "cas prépositif." Plotnikova (1980: 488) appelle le loc. II "cas prépositionnel avec un sens spatial (locatif)."

[14] Qui est homonymique de la désinence du gén. II et du dat., moins l'accent. Cf. pour *sneg*: gén. II *snégu*, dat. *snégu*, loc. II *snegú*. L'homonymie serait parfaite pour les substantifs ayant gén. II et dat. accentués à la désinence, comme par exemple *pesók* "sable" (voir note 7) — gén. II *peskú*, dat. *peskú*, mais les noms de ce type n'ont pas de loc. II (sauf dans des dialectes).

snegú̲, cf. *iskat' ključi v snegú* "chercher ses clés dans la neige" (sens concret);

mostú̲, cf. *stojat' na mostú* "être debout sur le pont."

1.2.2.2. Féminins:

kroví, cf. *U nego lico v kroví* "Il a le visage couvert de sang" (m.-à-m. "Son visage est dans le sang/ en sang"); *U nix èto v kroví* "Ils ont ça dans le sang (s'agissant d'un trait de caractère, d'une tradition, d'une habitude bien ancrée)";

dverí̲ cf. *Na dverí visit zamok* "Un cadenas est sur la porte."

1.2.3. Lorsqu'il s'agit d'une vraie localisation, la variation loc. I/loc. II est possible pour un certains nombre de substantifs (*aeroport m* "aéroport," *xolod m* "froid"; *dver' f* "porte"), et elle n'est pas toujours liée à une différence de sens. Dans l'usage moderne, on peut avoir par exemple:

ždat' v aeropórte/v aeroportú "attendre à l'aéroport,"

stojat na xólode/na xolodú "rester debout dans un endroit froid,"

Na dvéri/na dverí̲ visit zamok "Un cadenas est sur la porte."

Mais loc. I et loc. II ne sont pas interchangeables lorsque le premier renvoie à une "fausse" localisation (quasi localisation), ou lorsque le nom en question fait partie du titre d'une œuvre littéraire, d'un spectacle, etc., alors que le second renvoie à une vraie localisation (localisation *stricto sensu*):[15]

Arxitektor sosredotočil vse usilija na ètom móstě (loc. I) "L'architecte a concentré tous ses efforts sur ce pont" (impossible: *na ètom *mostú*);

On stoit na mostú (loc. II) "Il est debout sur le pont" (impossible ou difficile: *na */??móstě*).

Aktrisa igraet v "Višnëvom sáde" "La comédienne joue dans 'La Cerisaie' [de Tchekhov]" (impossible: *v "Višnëvom *sadú"*);

Devočka igraet v višnëvom sadú (loc. II) "La petite fille joue dans une cerisaie" (*v višnëvom? sáde* serait contraint ou livresque).

Cependant, une localisation *stricto sensu*, lorsqu'elle n'est pas prototypique[16] pour l'objet localisateur, favorise loc. I. Par exemple:

Kto-to napisal ogromnymi bukvami imja novogo prezidenta na móstě (loc. I) *Aleksandra III* "Quelqu'un a écrit le nom du nouveau président en grosses lettres sur le pont Alexandre III."[17]

Dans les trois contextes suivants, la bassine est d'abord (i) un localisateur éminemment prototypique (faire tremper son linge, se laver les pieds); ensuite (ii), un localisateur peu prototypique (transporter des briques sur un chantier); dans (iii), il ne s'agit pas d'une vraie localisation:

(i) *U menja tut bel'ë moknet/Ja moju nogi v tazú* (loc. II) "Je fais tremper mon linge (m.-à-m. le linge trempe)/ Je me lave les pieds dans une bassine" (*v táze* est plus difficile, quoique non impossible dans ce type de contextes);

(ii) *U menja net tački, i ja nošu kirpiči v táze* (loc. I) "Je n'ai pas de brouette, et je transporte des briques dans une bassine" (nos informateurs russophones jugent *v tazú* acceptable, quoique un peu contraint);

---

[15] Notons que la localisation avec loc. II peut être temporelle: *v ètom godú* "(au cours de) cette année."

[16] Terme utilisé également dans Plungjan 2002: 239.

[17] On comprend que le nom est écrit sur la surface latérale du pont ou sur un des piliers; *na?mostú* serait contraint. Or, *na mostú* serait acceptable si le nom était écrit sur la surface principale, supérieure, du pont. Google (consulté en juillet 2008) donne environ 10 mille occurrences pour la séquence "*na móstě*," et certains contextes sont proches de notre exemple (mais d'autres sont plus problématiques), contre plus d'un million d'occurrences pour "*na mostú*." *Ruscorpora* 2003–2008 fournit 3 exemples pour *na* (...) *móste*, cf.: *Granata juloj zavertelas' na móste* (G. **Baklanov 1957)[not in bibl??]** "La grenade explosive se mit à tourner sur le pont, telle une toupie," où la localisation n'est pas prototypique: un pont n'est pas un lieu normal pour une grenade projetée (qui doit exploser).

(iii) *Obnaružili defekt v táze* (loc. I) "On a relevé un défaut dans [le matériau; la structure; la conception de] la bassine" (mais *v *tazú* serait impossible).

Employé au sens anatomique ("bassin"), *taz* autorise loc. I et loc. II: *boli v táze/v tazú* "douleurs au bassin."

Pour certains mots, la localisation *stricto sensu* peut être exprimée par loc. I ou loc. II, en fonction du sens, cf.:

locatif I:	locatif II:
V dóme u nix mnogo mebeli "Ils ont chez eux beaucoup de meubles"; *na dóme* "sur (le toit de) la maison";	*V domú* (vx ou pop.) *u nix pjat' detej* "Ils ont à la maison (dans leur famille) 5 enfants" *na domú* "à domicile (travail, etc.)";
V kósti ranenogo našli pulju "Dans l'os du blessé, on a trouvé une balle"	*On širok v kostí* "Il a de gros os (m.-à-m. Il est large dans l'os)."

Dans ces cas, loc. I semble lié à une localisation "contingente," alors que loc. II semble impliquer une localisation "prototypique" ou "essentielle" (la maison est l'endroit qui abrite une famille ou une activité professionnelle; l'ossature est le facteur qui détermine les proportions corporelles d'un individu), même si les deux derniers exemples présentent des locutions semi-figées (*na domú, širokij v kostí*).

Mais surtout, loc. II ne peut pas se substituer à loc. I dans des contextes manifestement "abstraits," où il ne s'agit pas du tout de localisation (cet emploi du locatif est parfois appelé "explicatif," *iz''jasnitel'noe*, dans les grammaires russes); il serait impossible d'avoir par exemple:

*govorit' o *mostú* "parler du pont," *mečtat' o *sadú* "rêver d'un jardin," *dumat' o *kroví* "penser au sang."

1.2.4. À la différence de gén. II (souvent perçu comme archaïque par rapport à gén. I), loc. II des masculins en *-ú* désignant une localisation n'est pas ressenti comme vieilli par rapport à loc. I. Bien au contraire, dans les exemples suivants, c'est loc. I qui est vieilli et/ou livresque, alors que loc. II est stylistiquement neutre et tout à fait usuel:

locatif I	locatif II	sens
v áde (vx)	*v adú*	"en enfer"
v bóe (vx)	*v bojú*	"pendant le combat, au combat"
v gróbe (vx)	*v grobú*	"dans le cercueil"
na škáfe (vx)	*na škafú*	"sur l'armoire"
na snége (livr.)	*na snegú*	"sur la neige"

Pour d'autres mots, la corrélation est différente: loc. I est stylistiquement neutre, non marqué, alors que loc. II est marqué comme familier, populaire, ou bien appartenant à un usage professionnel, cf.:

locatif I	locatif II	sens
v súpe	*v supú* (fam.)	"dans la soupe"
v ótpuske	*v otpuskú* (fam.)	"en congé"
na xólode	*na xolodú* (pop.)	"en plein froid, dans un endroit froid"

1.2.5. Parfois, l'opposition loc. I/loc. II correspond à une distinction sémantique pour des mots polysémiques comme par exemple *kraj* "bord, bordure" et "grande région administrative (Fédération de Russie)," *vek* "siècle" et "durée de vie d'un individu," ou bien à une différence d'emploi au sein des locutions plus ou moins figées:

On živët v Krasnodarskom kráe[18] (loc. I) "Il vit dans la région de Krasnodar,"

On stoit na krajú (loc. II) *propasti* "Il se tient au bord d'un précipice";

---

[18] Cette différence semble liée à une contrainte syntaxique: loc. I est parfois préféré lorsque le substantif est accompagné d'un adjectif épithète: cf. *na perednem kráje* "en première ligne (m.-à-m. au bord d'avant)," *na krajú* "au bord de, en bordure de"; *v sil'nom xméle* "dans un état de grande ivresse," *v xmeljú* "en état d'ivresse." Mais on dira *v rodnom krajú* "dans son pays natal" en regard de *v èkzotičeskom kráe* "dans un pays exotique" (remarque de Jakobson 1936). La tendance est ancienne: au début du XIXe siècle, on préférait *v téni* "à l'ombre" (loc. I) à *v tení* (loc. II) si le nom était accompagné d'une épithète: *spat' v proxladnoj téni* (Kolesov 1972: 84). Cette tendance semble vivante: le loc. I est parfois préféré à loc. II s'il y a un adjectif ou un autre déterminant: *v rýxlom snége* (voir cet exemple dans le tableau de la conclusion).

Eto bylo v prošlom véke (loc. I) "Cela est arrivé au siècle dernier,"

On mnogo povidal na svoëm vekú (loc. II) "Il a vu bien des choses au cours de sa vie";

v séti (loc. I) *železnyx dorog* "dans le réseau ferroviaire,"

v èlektričeskoj setí (loc. II) "dans le réseau électrique";

byt' v nerazryvnoj svjázi (loc. I) *s kem/s čem-libo* "être étroitement lié à qqch./qqn., dépendre de qqch./qqn.,"

byt' v svjazí (loc. II) *s kem-libo* "avoir des relations proches avec qqn."; *v svjazí* (loc. II) *s čem-libo* "en raison de qqch."

2. Faits du russe en diachronie: "récupération" d'une opposition morphologique ancienne pour les masculins et d'une variation accentuelle pour les féminins

2.1. Historiquement, gén. II et loc. II des masculins remontent à la déclinaison des substantifs masculins se caractérisant par le thème en *ŭ. Les substantifs de ce type étaient peu nombreux en vieux russe:[19] *domŭ* "maison," *medŭ* "miel" (à l'origine, un neutre), *synŭ* "fils," *jadŭ* "poison," *sadŭ* "jardin," *vĭrxŭ*[20] "sommet, le dessus," *ledŭ* "glace," *volŭ* "bœuf," *sanŭ* "ordre, rang," etc., et probablement *darŭ* "don," *pirŭ* "festin" et d'autres (Ivanov 1990: 245). La déclinaison en *ŭ était en concurrence avec la déclinaison en *ŏ à laquelle appartenait un très grand nombre de substantifs masculins et la majorité des neutres. Dès l'époque ancienne (premiers textes vieux-russes, XIe siècle), les deux types s'influencent réciproquement. Les faits du vieux slave et ceux d'autres langues slaves sont similaires (Meillet 1934: 414–17, Lomtev 1961: 70–80, Feuillet 1999: 116–17).

Avant de disparaître, le type en *ŭ "contamina" en partie le type en *ŏ (y compris pour d'autres formes casuelles comme le datif singulier ou le génitif pluriel), ainsi que le type en thème consonantique (auquel remonte par exemple *jačmen'* "orge") qui s'était rapproché du type en *ŏ (Šaxmatov 1957: 82–86; Bulaxovskij 1958: 134–37; Dombrovszky 1969: 40–42; Veyrenc 1970: 55).

Les formes russes actuelles du génitif et du locatif en *-u* sont des vestiges (soit directs, soit dus à un jeu très ancien de l'analogie grammaticale) du type en *ŭ, y compris les emprunts apparus en russe par analogie avant le milieu du XIXe siècle (tels que *sup* "soupe," *cex* "atelier," etc.; *aèroport* est certes plus récent mais il fonctionne grammaticalement comme *port*).

L'extension du génitif et du locatif en *-u* atteint son apogée en russe aux XVIe –XVIIe siècles (Unbegaun 1935: 122–25; Cocron 1962: 36–46): on y trouve même des animés. Au XVIIe siècle, l'accentuation restait variable: le génitif en *-u* pouvait avoir un accent radical ou un accent désinentiel; le locatif en *-u* se caractérisait de préférence par un accent désinentiel, mais il y avait des exemples d'accent radical (Černyx 1953: 260–63). Au XVIIIe siècle, le génitif en *-a* était perçu comme livresque (style soutenu), alors que le génitif en *-u* était ressenti comme usuel, relevant du style dit "simple." Même rapport à l'époque pour le locatif, entre les formes en *-ě/-e* et les formes en *-u* (Vinogradov 1934: 93).

Cette évolution est résumée de façon schématique dans le tableau:

[19] Rappelons que par *vieux russe*, on entend la langue commune à tous les Slaves de l'Est (XIe–XVe s.); le vieux russe représente le premier état non seulement du russe actuel, mais aussi de l'ukrainien et du biélorusse, qui se constituent en langues nationales après le XVe siècle. Quant au *vieux slave*, il s'agit d'une langue écrite élaborée dans les années 860 sur la base de l'ancien dialecte slave du sud (*vieux bulgaro-macédonien*) pour traduire du grec les livres saints. Le vieux slave fut longtemps utilisé (avec des variantes locales) en Russie et dans d'autres pays slaves comme langue de culture et langue d'église orthodoxe.

[20] La translittération utilisée pour les voyelles spécifiques du vieux russe: *ě* = voyelle fermée antérieure, *ĭ* = voyelle ultra-brève antérieure, *ŭ* = voyelle ultra-brève postérieure (les deux dernières non accentuées si finales).

	Vieux russe (XIe siècle)	
	Masculin singulier Déclinaison en *ŏ	**Masculin singulier Déclinaison en *ŭ**
Nominatif	*snĕgŭ* "neige" (< *snoig-ŏ-s) *mostŭ* "pont" (< *most-ŏ-s) *stolŭ* "siège; table" (< *stol-ŏ-s)	*domŭ* "maison" (< *dom-ŭ-s) *medŭ* (< med-ŭ-s) "miel" *synŭ* "fils" (<*sūn-ŭ-s)
Génitif en *-a/-u*	*snĕga mosta stola*	*dómu*[21] *médu sýnu*
Locatif en *-ĕ/-u*	*snĕzĕ*[22] *mostĕ stolĕ*	*domú medú synú*
	Russe moderne	
	Masculin singulier 2e déclinaison	
Nominatif	***sneg*** "neige" *most* "pont" *stol* "table"	***dom*** "maison" ***mëd*** "miel" *syn* "fils"
Génitif I en *-a*	*snéga FO* *móstá FO* *stolá FO*	*dóma FA* *mëda FA* *sýna FA*
Génitif II en *-u* (souvent inaccentué)	*snégu FA* [**N.B.** *most, stol*: pas de gén. II]	*dómu FO* (en locution seul-t) *mëdu FO* [**N.B.** *syn*: pas de gén. II]
Locatif I (Prépositif) en *-e*	*snége FO* *mósté FO* *stolé FO*	*dóme FA* *mëde FA* *sýne FA*
Locatif II en *-ú* accentué	*snegú FA* *mostú FA* [**N.B.** *stol*: pas de loc. II]	*domú FO* (*vx* ou *pop.* et en locution) *medú FO* [**N.B.** *syn*: pas de loc. II]

N.B. *FO*: forme d'origine; *FA*: forme analogique. Les mots du russe moderne ayant à la fois gén. II et loc. II sont en gras. Les formes qui sont hautement concurrentes dans l'usage moderne sont soulignées.

2.2. Quant au locatif des féminins en *-i* accentué du type *kostʼ* "os" (remontant principalement à l'ancienne déclinaison en *ĭ, qui influença par ailleurs la déclinaison en *ŭ à laquelle avait appartenu un substantif comme *krovʼ* "sang" < vieux russe **kry*), il s'agit de la "récupération" d'une variation accentuelle qui remonte à un état proto-slave (voir Kolesov 1972: 94–104, 221–30).

Au début du XIXe siècle, l'accentuation *kroví* pouvait être perçue comme populaire, alors que *króvi* était jugée littéraire et/ou propre à la langue liturgique (Kolesov 1972: 81–84).

3. Problèmes du statut sémantique de gén. II et de loc. II

3.1. Pour certains linguistes comme V. Žuravlev (1991: 119–26), le double génitif et le double locatif du russe relèvent avant tout d'un nivellement des allomorphes et d'une neutralisation des oppositions casuelles avec le datif (dat. · loc., dat. · gén.). Selon Žuravlev, ces formes ne peuvent être envisagées, en diachronie et en synchronie, que compte tenu de l'ensemble des oppositions casuelles et des paradigmes (types de déclinaison, genre, nombre, catégorie "animé"). Il souligne notamment que le noms animés du type en *ŭ tels que *synŭ* "fils," *volŭ* "bœuf" furent les premiers à remplacer au génitif la désinence d'origine *-u* par la désinence *-a* (*synu, volu > syna, vola*) à cause de l'émergence du nouvel "accusatif animé" qui s'alignait sur le génitif (acc. animé · gén.) et se caractérisait par la désinence *-a*, celle du génitif du type en *ŏ. Il en résulte une corrélation qui se forme progressivement:

sýna, vólá (gén., acc.) ~ *dómu, médu* (gén.)

[21] L'accent est donné à titre hypothétique: les textes anciens n'étaient pas toujours accentués; la reconstruction de l'accentuation nominale en slave commun est difficile (Garde 1976: I, 31–32, 197–243); les données écrites du vieux russe et du moyen russe montrent d'importantes variations accentuelles (Kolesov 1972: 186–87). Avant le XVIIIe siècle, l'accent final n'était pas obligatoire pour les formes du locatif en *-u* (Černyx 1953: 260–63).

[22] Avec une palatalisation-mutation historique de [gʼ] en [zʼ].

La partie gauche de cette opposition ne pouvait pas devenir marquée, puisque la flexion *-a* caractérisait également les neutres (gén. sing., nom./acc. plur.). En revanche, la partie droite (celle des inanimés) de cette opposition devint marquée, avec une variation (allomorphie) *-u/-a*, d'où l'émergence des formes du génitif en *-u* telles que *vósku* "de la cire" (vers 1128), s *móstu* "venant du pont" (vers 1393) à côté des anciennes *voska, mosta.* Cette approche permet d'expliquer notamment pourquoi les animés du russe moderne, tels que *syn, vol,* n'ont pas de gén. II.

La variation loc. en *-e*/loc. en *-u* doit selon Žuravlev être traitée dans le cadre des oppositions dat.: loc., gén.: loc.

3.2. D'autres linguistes insistent sur le caractère sémantique des oppositions gén. I: gén. II et loc. I: loc. II, comme le fait R. Jakobson (1936: 80–84) qui inscrit gén. II et loc. II dans son modèle du système casuel du russe, modèle devenu classique dans le structuralisme du XXe siècle:

(nom.	↔	acc.)	↔	(gén. I	↔	gén. II)
↕		↕		↕		↕
(instr.	↔	dat.)	↔	(loc. I	↔	loc. II)

Dans ce modèle, gén. I est défini comme un cas d'"extension" (*Umfangskasus*), loc. I est à la fois un cas d'"extension" (*Umfangskasus*) et un cas "périphérique" (*Randkasus*).

Gén. II et loc. II se distinguent ici de gén. I et loc. I par **un même** trait sémantique,[23] celui de "formatage" (*Gestaltung*). Du point de vue de ce trait, gén. II et loc. II sont des catégories marquées par rapport à respectivement gén. I et loc. I (catégories non marquées). Gén. II et loc. II sont donc des "cas de formatage" (*Gestaltungskasus*): ils signalent que "l'objet n'apparaît pas, par rapport au contenu de l'énoncé, comme une forme mais comme quelque chose en train d'être formaté ou susceptible d'être formaté" (*der bezeichnete Gegenstand nicht als Gestalt sondern als etwas Gestaltendes oder zu Gestaltendes im Sachverhalte der Aussage fungiert*). Ce schéma rend assez bien compte du fonctionnement de gén. II (cf. *nedostatok čáju* gén. II "quantité insuffisante de thé," en regard de *nedostatok čája* gén. I "défaut du/d'un thé") et de loc. II (cf. *ryt'sja v snegú* loc. II "fouiller dans la neige," en regard de *naxodit' prelest' v snége* "trouver du charme dans/à la neige"), mais il demande un certain effort d'abstraction.

Plus tard, R. Jakobson développe (1971) son modèle en établissant la proportion suivante du point de vue du trait "attribution" (nadelitel'nost'):

$$\frac{\text{gén. I}}{\text{gén. II}} = \frac{\text{loc. I}}{\text{loc. II}} = \frac{\text{dat.}}{\text{instr.}} = \frac{\text{acc.}}{\text{nom.}}$$

Cela signifie que gén. I et loc. I, à la différence de gén. II et loc. II, attribuent à l'objet une propriété ou un état qui découle de l'action orientée vers l'objet. Ainsi, dans *bojat'sja snéga* (gén. I) "craindre la neige," la neige apparaît comme quelque chose qui fonde la crainte; dans *mečtat' o snége* "rêver de la neige," la neige apparaît comme quelque chose qui constitue la substance du rêve. En revanche, avec gén. II, l'objet reçoit une interprétation banalement quantitative; avec loc. II, l'objet correspond simplement à un "récipient," à un simple "lieu" où se réalise l'action décrite par l'énoncé. Le schéma ne manque pas d'élégance, mais le raisonnement semble tautologique. En outre, les faits du russe moderne (voir nos exemples commentés *supra*) tendent à montrer l'inverse en ce qui concerne le rapport loc. I/loc. II: c'est en réalité loc. II qui indique dans plusieurs contextes une localisation prototypique, essentielle, liée à la propriété ou à l'état qui découle de l'action décrite par l'énoncé. Ainsi, on pourrait considérer que dans *Bel'ë moknet v tazú* "Le linge trempe dans la bassine," la bassine est le localisateur muni des propriétés qui découlent de l'action de tremper le linge.

3.3. V. Plungjan (2002) propose pour loc. II une explication résolument sémantique: loc. II serait lié à une localisation particulière, définie comme "fixe," "rigide" et "contrainte" (*žestko determinirovannaja lokalizacija s minimal'noj stepen'ju svobody*): l'objet est inscrit dans une configuration spatiale qui lui impose une position contrainte (*na beregú* "sur la berge," *v uglú* "dans un coin") ou qui l'empêche de se déplacer librement (*na snegú* "sur la neige," *na l'du* "sur la glace"), ou bien il est dans une configuration fonctionnelle de type "rigide," ce qui

---

[23] Ici chez Jakobson, les traits sont toujours négatifs: la catégorie marquée place l'objet à un rang hiérarchique inférieur en limitant sa manifestation dans le contenu de l'énoncé. Ainsi, le trait d'"extension" indique une limitation de l'extension notionnelle de l'objet; le trait "périphérie" signale que l'objet occupe une place non centrale dans le contenu de l'énoncé. De même, le trait "formatage" indique que l'objet est "abaissé" au rang d'une simple quantification (gén. II) ou d'un simple "récipient" (loc. II).

d'ailleurs n'exclut pas la "fixité" spatiale (*na postú* "à son poste," *na mostú* "sur le pont"), ou encore l'objet est "pris" dans une substance qui le recouvre complètement, qui colle à l'objet (*ruki v medú* "les mains couvertes/ toutes gluantes de miel," *Ty ves' v grjazí* "Tu es couvert de boue"). V. Plungjan note un parallèle typologique avec la plupart des langues du Daghestan qui disposent de formes spécifiques casuelles pour exprimer des situations de localisation analogues.

Ce principe permet d'expliquer la plupart des emplois de loc. II (cf. parmi les plus typiques et les plus parlants *v plenú* "en captivité") par rapport à loc. I. On comprend mieux pourquoi certains substantifs tels que *stol* "table" n'ont pas de loc. II (impossible d'avoir *na *stolú*, ce sera toujours *na stolé*, loc. I), bien qu'ils soient en apparence des candidats idéaux pour ce rôle. En effet, la table est un objet hautement polyfonctionnel qui tend à exclure la localisation "fixe": si quelque chose est placé *sur la table*, normalement ce n'est pas pour y rester mais pour être manipulé, utilisé, etc. Par conséquent, la position *sur la table* n'est pas une position suffisamment "contrainte" pour justifier un loc. II. En revanche, la position *au/sur le sol/sur le plancher* satisfait bien mieux au critère de position "contrainte": un objet qui tombe sur le sol a plus de chances d'y rester indéfiniment,[24] puisqu'il devient plus difficile à manipuler (il faut se baisser pour le ramasser, aller le chercher sous un meuble, etc.). Il est donc logique que la situation correspondante soit décrite par loc. II: *na polú.*

Ce modèle sémantique peut à notre avis être accepté, à condition peut-être de préférer au terme de *localisation fixe* ou *rigide* celui de *localisation contrainte* en précisant: *... et/ou prototypique* (voir les exemples et notre argumentation *supra*). La question mérite certes une étude plus approfondie, notamment concernant les noms autorisant une variation loc. I/loc. II.

Conclusion

La dualité partielle du génitif et du locatif russes pose plusieurs problèmes dont les facteurs sont les suivants:

1° les formes du génitif et du locatif masculin en *-u* sont une survivance des anciens thèmes de déclinaison en *ŭ, ces anciens thèmes ayant connu une extension assez importante au cours de l'évolution de la langue;

2° l'accent est intervenu dans l'évolution des formes: pour les masculins du russe moderne ayant à la fois gén. II et loc. II, le locatif en *-u* est toujours accentué sur la finale, à la différence du génitif en *-u* (gén. II) et du datif, à accent radical; quant au locatif féminin en *-i* accentué (loc. II), seul l'accent le distingue du loc. I en *-i* inaccentué ainsi que du génitif et du datif (les deux en *-i* inaccentué également);

3° en dehors des locutions figées, le génitif second du russe moderne apparaît dans des contextes liés à la quantification (emploi "partitif"), mais l'usage moderne tend à lui substituer dans cette fonction le génitif "ordinaire" en *-a*;[25] gén. II ne constitue pas[26] une catégorie vraiment spécifique (d'autant plus qu'il est homonymique du datif), sauf dans des rares occasions où gén. I reste difficile. Voici en schématisant:

---

[24] Comme le dit si bien le français populaire: *Ça ne tombera pas plus bas!*

[25] En effet, le génitif des autres substantifs massifs (masculins sans gén. II, féminins en *-a*, féminins de type *sol'* "sel," neutres, etc.) peut aussi avoir un emploi "partitif," sans qu'il y ait des formes spécifiques, cf. *vypit' vodý / viná* "boire de l'eau / du vin" et *kačestvo vodý / viná* "la qualité de l'eau / du vin." Sur le plan typologique, on peut penser au partitif français qui lui non plus n'a pas de forme particulière par rapport au "génitif analytique" du complément du nom: *boire* ***de l'eau / du thé*** *— la qualité* ***de l'eau / du thé.***

Cet emploi du génitif a pu se développer en russe sous l'influence des langues finno-ougriennes de la Baltique (comme le vepse) qui disposent d'un cas spécifique pour le partitif (Plungjan 2000: 178–79), à moins qu'il ne s'agisse d'une constante typologique (cf. à propos du passage "ablatif > partitif," Heine et Kuteva 2002: 32). Par ailleurs, on sait que le fonctionnement du génitif "partitif" russe (exprimé par gén. I ou gén. II) est limité par l'aspect du verbe: seul le perfectif (passé ou futur) admet le génitif "partitif": *Ja vypil / vyp'ju vodý* (gén.) / *viná* (gén.) / *čáju* (gén. II) / *čája* (gén. I) "J'ai bu / je boirai de l'eau / du vin / du thé." On ne peut pas avoir à l'imperfectif (présent, passé ou futur): *Ja p'ju / pil / budu pit' *vodý* (gén.) / **viná* (gén.) / **čáju* (gén. II) / **čája* (gén. I). À l'imperfectif, seul l'accusatif est possible (sauf s'il y a négation), et le sens partitif n'a pas alors de marquage en dehors du contexte: *Ja p'ju / pil / budu pit' vódu* (acc.) / *vinó* (acc.) / *čaj* (acc.) "J'ai bu / je boirai **de l'**eau *ou* **l'**eau / **du** vin *ou* **le** vin / **du** thé *ou* **le** thé."

[26] En dépit de l'avis de V. Vinogradov (1986: 143) qui va jusqu'à proposer pour gén. II une "catégorie d'abstraction" (*kategorija otvlečënnosti*) et une "catégorie de substantialité matérielle" (*kategorija veščestvennosti*).

<table>
<tr><th colspan="2"></th><th>gén. I: Tous les substantifs déclinables (si sens adapté)</th><th>gén. II: Une partie des substantifs déclinables masc. 2e décl.</th></tr>
<tr><td colspan="2">Tous emplois hors sens quantitatif/“partitif”</td><td>+
belizna snéga “la blancheur de la neige”</td><td>-</td></tr>
<tr><td rowspan="2">Tous emplois à sens quantitatif/ “partitif”</td><td>quasi totalité des noms massifs</td><td>+
mnogo snéga “beaucoup de neige”</td><td>+
mnogo snégu “beaucoup de neige”</td></tr>
<tr><td>certains diminutifs des noms massifs (en -ok, ëk, -ik)</td><td>-</td><td>+
Dobavʾ snežkú! “Ajoute un peu de neige!” N.B. snežók est un diminutif de sneg</td></tr>
<tr><td colspan="2">Certaines constructions à sens quantitatif avec noms massifs</td><td>-</td><td>+
Snégu-to! “Que de neige!”</td></tr>
</table>

4° en dehors des locutions figées, le locatif second du russe moderne présente, par rapport à loc. I, un emploi sémantique particulier et semble constituer une catégorie spécifique (quoique apparaissant comme marginale, “incomplète,” puisque s’étendant à un nombre limité de substantifs), dans la mesure où il exprime, dans le cadre de la localisation *stricto sensu* par opposition à la quasi localisation (localisation abstraite), une localisation “contrainte” et/ou prototypique par opposition à une localisation “globale” (même si l’usage moderne peut parfois lui substituer dans cette fonction le locatif “ordinaire” en *-e*); on peut schématiser la situation actuelle dans le tableau suivant sur l’exemple de *sneg* “neige,” *les* “forêt; bois (comme matériau de construction)” et de *grjazʾ* “boue”:

<table>
<tr><th colspan="2"></th><th>loc. I: Tous les substantifs déclinables (si sens adapté)</th><th>loc. II: Une partie des substantifs déclinables masc. 2e décl. + fém. 3e décl.</th></tr>
<tr><td colspan="2">Emploi “explicatif” (avec préposition autre que v, na)</td><td>+
govoritʾ o snége // o lése // o grjázi “parler de la neige // de la forêt ou du bois (comme matériau) // de la boue”</td><td>-</td></tr>
<tr><td colspan="2">Quasi localisation (“abstraite”)</td><td>+
On naxodit prelestʾ daže v snége // v lése // v grjázi “Il trouve du charme même dans /à la neige // dans/à la forêt ou dans le bois (comme matériau) // dans/à la boue”</td><td>-</td></tr>
<tr><td rowspan="3">Localisation stricto sensu</td><td>“globale”</td><td>+
Našli sledy radioaktivnosti v snége[27] // v lése // v grjázi “On a trouvé des traces de radioactivité dans la neige // dans le bois (comme matériau) // dans la boue”</td><td>+
Našli sledy radioaktivnosti v lesú “On a trouvé des traces de radioactivité dans la forêt” N.B. v ??snegú // v ??grjazí</td></tr>
<tr><td rowspan="2">“contrainte” et/ou prototypique</td><td>(+)
My uvjazli v [ryxlom] snége[28] // v [tëmnoj] grjázi “Nos pieds se sont enfoncés dans la neige [poudreuse] // dans la boue [noire] (ce qui nous empêche d’avancer)”</td><td>+
My uvjazli v snegú // v grjazí “Nos pieds se sont enfoncés dans la neige // dans la boue (ce qui nous empêche d’avancer)”</td></tr>
<tr><td>-</td><td>+
guljatʾ // zabluditʾsja v lesú[29] “se promener // se perdre dans la forêt”</td></tr>
</table>

N.B. Le signe (+) indique que les formes de ce type peuvent être ressenties par certains locuteurs comme incorrectes ou qu’elles sont liées à des particularités contextuelles sémantico-syntaxiques. Le gras signale deux sens différents pour *les*.

---

[27] La moitié des huit exemples pour *v* (...) *snége* fournis par *Ruscorpora* 2003–2008 sont proches de ce contexte. Par ailleurs, Google donne pour la séquence “*v snége*” (tous contextes) environ 18 mille occurrences, et pour “*v snegú*,” plus de 500 mille occurrences.

[28] Nous avons plusieurs exemples de types proches (même sans adjectif ou autre déterminant devant *snege*), fournis par Google et par *Ruscorpora* 2003–2008. En revanche, pour le contexte du type *Ego našli mërtvym v snegú* (loc. II) “On l’a (re)trouvé mort dans la neige,” nous n’avons rien relevé avec *v* (...) *snége* (loc. I).

[29] La forme en *-e* (loc. I) reste impossible dans l’expression de ce type de localisation: ainsi, la construction *guljatʾ v* (...) **lése* est absente de *Ruscorpora* (un seul exemple est fourni par Google, mais il est fort douteux).

[30] Je remercie François Muller, Professeur à l’Université Paris 10, qui a relu ce texte et apporté des corrections.

Pour résumer sur une note humoristique: tant qu'en Russie il y aura des forêts (où on risque de se perdre), de la neige et de la boue (qui rendent parfois impraticables routes, chemins, sentiers et trottoirs), le locatif second ne va pas disparaître![30]

En revanche, le génitif second risque de devenir de plus en plus marginal, comme le montrent les tendances de l'usage moderne: dans les textes des vingt dernières années, *Ruscorpora* ne recense que deux occurrences de *mnogo snégu* (gén. II) "beaucoup de neige," les deux liées à des contextes du passé (souvenirs de personnes nées avant 1940), sur quatorze occurrences de *mnogo snéga* (gén. I), dont la plupart liées à des emplois contemporains.

Néanmoins, le génitif second n'est pas voué à une disparition imminente, et il doit se maintenir dans le système du russe, car il constitue le pendant du locatif second. Selon B. Uspenskij (2004), qui développe et enrichit la démarche de R. Jakobson (1936, 1971), la corrélation gén. I/gén. II et la corrélation loc. I/loc. II peuvent être situées toutes les deux dans le cadre de l'opposition générale "un tout"/"partie d'un tout," opposition à laquelle se rattachent également d'autres phénomènes grammaticaux du russe.

B. Uspenskij (2004: 74) remarque à juste titre que *v snegú* (loc. II) "dans la neige" peut impliquer *mnogo snégu* (gén. II) "beaucoup de neige." Cela établit un rapport important avec l'opposition "un tout"/"partie d'un tout": en effet, "être à l'intérieur de qqch." suppose "faire partie de qqch." Cette idée s'accorde bien avec la notion de "localisation contrainte" comme caractérisation sémantique du locatif second, ainsi qu'avec le sens quantitatif "partitif" du génitif second.

La question du double génitif et du double locatif reste un sujet linguistique passionnant qui n'est pas entièrement exploré.

Bibliographie

Baklanov, G. Ju.

1957 *Južnee glavnogo udara*. Moscou: Sovetskij pisatel.

Bulaxovskij, L. A.

1958 *Istoričeskij kommentarij k russkomu jazyku*. Kiev: Radjans'ka škola.

Černyx, P. J.

1953 *Jazyk Uloženija 1649 goda*. Moscou: Izd. Akademii Nauk SSSR.

Cocron, Friedrich

1962 *La langue russe dans la seconde moitié du XVIIe siècle: morphologie*. Paris: Institut d'Études Slaves.

Comtet, Roger

1993 "Pour une approche systématiquement variationniste du russe d'aujourd'hui." *La revue russe* 5: 69–81.

2002 *Grammaire du russe contemporain*. Toulouse: Presses Universitaires du Mirail.

Dombrovszky, J.

1969 *Istoričeskaja grammatika russkogo jazyka: Morfologija i sintaksis*. Budapest: Tankönyvkiadó.

Fasmer (Vasmer), M.

1987 *Etimologičeskij slovar' russkogo jazyka*. T. 1–4. Moscou: Progress.

Feuillet, Jack

1999 *Grammaire historique du bulgare*. Paris: Institut d'Études Slaves.

Filin, F. P., éd.

1979 *Russkij jazyk: Enciklopedija*. Moscou: Sovetskaja Enciklopedija.

Garde, Paul

1976 *Histoire de l'accentuation slave*. Paris: Institut d'Études Slaves.

1980 *Grammaire russe: phonologie, morphologie*. Paris: Institut d'Études Slaves.

Heine, Bernd, et Tania Kuteva

2002 *World Lexicon of Grammaticalization*. Cambridge: Cambridge University Press.

Ivanov, V. V.

1990 *Istoričeskaja grammatika russkogo jazyka*. Moscou: Prosveščenie.

Jakobson, Roman

1936 "Beitrag zur allgemeinen Kasuslehre: Gesamtbedeutungen der russischen Kasus." Dans *Travaux du Cercle Linguistique de Prague*, Volume 6, pp. 23–71. Reimpression *Readings in Linguistics* II, édité par E. P. Hamp et al., 1966, pp. 51–89. Chicago: University of Chicago Press.

1971 "Morfologičeskie nabljudenija nad slavjanskim skloneniem. Sostav russkix padežnyx form." Dans *Selected Writings*, Volume 2: *Word and Language*, édité par R. Jakobson, pp. 154–83. The Haye: Mouton. Première publication 1958.

Janda, Laura A.

1996 *Back from the Brink: A Study of How Relic Forms in Languages Serve as Source Material for Analogical Extension*. Munich: LINCOM.

Jarceva, V. N., éd.

1990 *Lingvističeskij ènciklopedičeskij slovar'*. Moscou: Sovetskaja Enciklopedija.

Kolesov, Vladimir V.

1972 *Istorija russkogo udarenija: Imennaja akcentuacija v drevnerusskom jazyke*. Saint-Pétersbourg: Leningradskogo Univ.

Kor Chahine, Irina, et Robert Roudet

2003 *Grammaire russe: les structures de base*. Paris: Ellipses.

Lomtev T. P.

1961 *Sravnitel'no-istoričeskaja grammatika vostočnoslavjanskix jazykov*. Moscou: Vysšaja škola.

Meillet, Antoine

1934 *Le slave commun*. 2eme éd. Collection de Manuels 2. Paris: Champion.

Plotnikova, V. A.

1980 "Sklonenie imen suščestvitel'nyx." Dans *Russkaja grammatika*, édité par N. J. Švedova, pp. 483–507. Moscou: Nauka.

Plungjan, V. A.

2000 *Obščaja morfologija: Vvedenie v problematiku*. Moscou: Editorial URSS.

2002 "K semantike russkogo lokativa ('vtorogo predložnogo' padeža)." *Semiotika i Informatika* 37: 229–54.

Ruscorpora

2003–08 *Nacional'nyj korpus russkogo jazyka*. www.ruscorpora.ru

Sakhno, Serguei

2008 *Les 7 péchés du russe*. Paris: Ellipses.

Šaxmatov, A. A.

1957 *Istoričeskaja morfologija russkogo jazyka*. Moscou: Gosučpedgiz.

Švedova, N. J., éd.

1980 *Russkaja grammatika*. Moscou: Nauka.

Sullivan, William J.

1998 *Space and Time in Russian: A Description of the Locus Prepositions of Russian*. Munich: LINCOM.

Trubetzkoy, N. S.

1937 "Gedanken über die slovakische Deklination." *Sbornik Matice slovenské* 15: 39–47. Reimpression *Readings in Linguistics* II, édité par E. P. Hamp et al., 1966, pp. 96–103. Chicago: University of Chicago Press.

Unbegaun, Boris-Ottokar

1935 *La langue russe au XVI*[e] *siècle (1500-1550)*, Volume 1: *la flexion des noms.* Paris: Institut d'Études Slaves.

Uspenskij, B. A.

1994 *Kratkij očerk istorii russkogo literaturnogo jazyka (XI-XIX vv.).* Moscou: Gnozis.

2004 *Čast' i celoe v russkoj grammatike.* Moscou : Jazyki russkoj kul'tury.

Vaillant, André

1958 *Grammaire comparée des langues slaves*, Volume 2: *Morphologie.* Lyon: IAC.

Veyrenc, Charles Jacques

1970 *Histoire de la langue russe.* Paris: Presses Universitaires de France.

Vinogradov, Viktor V.

1934 *Očerki po istorii russkogo literaturnogo jazyka XVII-XIX vv.* Moscow: Gos. uč.-ped. izd.

1986 *Russkij jazyk: Grammatičeskoe učenie o slove.* 3ème éd. Moscou: Vysšaja škola.

Worth, D. S.

1984 "Russian gen^2, loc^2 revisited." Dans *Signs of Friendship: To Honour A. G. F. van Holk, Slavist, Linguist, Semiotician*, édité par J. J. van Baak, pp. 295–306. Amsterdam: Rodopi.

Zalizniak, A. A.

1967 *Russkoe imennoe slovoizmenenie.* Moscou: Nauka.

Žuravlev, V. K.

1991 *Diaxroničeskaja morfologija.* Moscou: Nauka.

26

REGARDS SUR LES CAS DANS LES LANGUES OURALIENNES

Jean Perrot†, École Pratique des Hautes Études (Paris)

L'exposé qui suit se limitera à la présentation de quelques faits concernant la morphologie casuelle et le fonctionnement des cas dans les langues de la famille ouralienne, soit pour une vue d'ensemble de ces faits dans la famille, soit pour mettre en évidence la spécificité de certaines données observées dans telle langue ou branche de la famille, éventuellement afin de contester les analyses proposées pour ces données. Les faits évoqués concerneront d'abord l'extension de la morphologie casuelle, puis la structure interne des systèmes de cas.

1. Extension de la morphologie casuelle

Le nombre des cas varie beaucoup selon les langues et à l'intérieur même des différentes branches de l'ensemble finno-ougrien; il y a davantage d'unité dans les langues de la branche samoyède, où on a en règle générale six cas marqués à côté du nominatif non marqué. Dans la branche ougrienne de la sous-famille finno-ougrienne, le hongrois est nettement riche en cas: Sauvageot, dans l'*Esquisse de la langue hongroise* (Sauvageot 1951), part des 21 cas que Szinnyei avait jadis reconnus, en ajoutant même que l'on pourrait aller jusqu'à reconnaître 25 cas. Aujourd'hui on tend à fixer nettement plus bas l'effectif des cas authentiques: un linguiste s'arrête à 19 formes casuelles, un autre à 18 (Kiefer 2005), et la présentation qui sera faite des cas ici en réduit le nombre à 15. Les langues ougriennes de Sibérie, parentes les plus proches du hongrois, ont, elles, un nombre de cas très inférieur: 6 cas (nominatif compris) en vogoul du nord (seul dialecte vogoul encore vivant), et le plus souvent 5 à 7 cas en ostiak, nominatif compris. Les cas marqués sont: un datif/latif, un locatif, un ablatif, un instrumental/final et un instrumental/sociatif. On observera que la déclinaison des noms dans les deux langues ougriennes de Sibérie ne comporte pas d'accusatif, contrairement au hongrois, ougrien d'Europe, dont le système casuel sera examiné plus loin.

Du côté balto-fennique également, il y a des situations variables selon les branches, avec au moins 3 cas "grammaticaux" (nominatif ou cas zéro, génitif, partitif), un nombre variable de cas "adverbiaux," des cas locaux et un translatif. On recense 15 cas en estonien, dont les 3 cas grammaticaux, et également 15 cas en finnois avec un 4e cas grammatical, l'accusatif. Dans la branche finno-permienne, il y a 17 cas en zyriène, et en votiak il y a 16 cas dans la déclinaison indéterminée et 15 cas dans la déclinaison déterminée (possessive). Le mordve possède 11 cas, mais offre une situation particulière qui sera évoquée plus loin. Le lapon a 8 cas.

Au niveau de la protolangue ouralienne, on ne reconstruit que 6 cas, dont 3 cas grammaticaux (nominatif, accusatif, génitif) et 3 cas locaux (locatif, latif et ablatif). Mais de nombreuses discussions sont intervenues notamment sur l'accusatif en *-m*, qui existe en tchérémisse, dialectalement en lapon, en vogoul et en samoyède; on a vu dans ce *-m* une marque de définitude liée à la 1e personne (de marque *-m*), hypothèse très douteuse. Le génitif est absent de la branche permienne comme de la branche ougrienne.

La grande diversité des situations dans la famille ouralienne et la reconstruction d'un petit nombre de cas à laquelle aboutit la grammaire comparée signifient que chaque rameau de la famille a connu sa propre évolution dans la morphologie nominale liée aux relations syntaxiques. Si le nombre des cas est très variable dans l'ensemble ouralien, la structure interne des systèmes l'est également. On ne fournira ici qu'un aperçu de cette diversité par l'examen de la situation observée dans quelques langues de la famille.

2. Le système des relateurs en hongrois

La morphologie nominale du hongrois comporte, pour l'expression des relations syntaxiques au sein des énoncés, un ensemble de moyens dont l'examen présente un double intérêt: d'une part il y a les cas fournis par un ensemble de suffixes que complète un jeu de postpositions, d'autre part une partie des suffixes, ceux dont la valeur première est le marquage de relations dans l'espace, s'organise en un système qui combine, au moins partiellement, et de façon claire, les marques des traits constitutifs des différentes valeurs en cause. En outre, les éléments relateurs qui s'appliquent aux substantifs ne fonctionnent pas avec les pronoms personnels: le relateur devient base et reçoit des suffixes personnels (possessifs) correspondant aux différentes personnes du pronom. Ainsi, en face de *a könyv-vel* "avec le livre," on a, pour "avec lui," *vel-e*, où *vel* fonctionne comme base et reçoit le suffixe possessif *-e* portant référence à un possesseur de 3e personne, et non pas **ő-vel*, c'est-à-dire le pronom *ő* "lui" avec le suffixe casuel *-vel*.

Les linguistes ont depuis longtemps senti la nécessité de faire un tri dans les formations suffixales de la morphologie nominale pour ne retenir comme "cas" constituant une catégorie homogène de relateurs que les formations répondant à certains critères. À date récente, il faut signaler une tentative intéressante de F. Kiefer (Kiefer 2005) qui a abouti à la définition suivante de la désinence casuelle: "un affixe est désinence casuelle si et seulement si le nom (syntagme nominal) auquel il s'ajoute peut occuper la position d'un argument du verbe et si la forme de l'argument est déterminée aussi par le verbe." C'est un ensemble de 18 formations suffixales qui est retenu en vertu de cette définition. Soit, pour le nom *ember* "homme, être humain," la liste suivante, dans laquelle on distinguera ici plusieurs sous-ensembles de suffixes en fonction des valeurs exprimées (dont on ne peut donner que des traductions très maladroites en français), avec une légère modification de l'ordre suivi par F. Kiefer, et en proposant de A à C uniformément, mais arbitrairement, l'article défini dans ces traductions qui exigent en français la présence d'un déterminant.

(A) Cas dits grammaticaux

1. nominatif (cas zéro)	*ember*	(cas du sujet)
2. accusatif *-t*	*ember-t*	(cas de l'objet)
3. datif *-nak/-nek*	*ember-nek*	(cas du destinataire)

(B) Cas exprimant des relations "abstraites," causalité, finalité, association, moyen

4. instrumental-sociatif *ember-rel* (<-*vel*) "l'homme"

5. causal-final *ember-ért* "pour l'homme, à cause de l'homme"

(C) Cas spatiaux (avec des emplois temporels)

		Intériorité		Contact		Proximité
Statiques (locatifs)	6.	*ember-ben* inessif "dans l'homme"	7.	*ember-en* superessif "sur l'homme"	8.	*ember-nél* adessif "chez l'homme"
Dynamiques + (approche)	9.	*ember-be* illatif "dans l'homme"	10.	*ember-re* sublatif "sur/à l'homme"	11.	*ember-hez* allatif "vers/chez l'homme"
Dynamiques – (éloignement)	12.	*ember-ből* élatif "de dans l'homme"	13.	*ember-ről* délatif "de /de sur l'homme"	14.	*ember-től* ablatif "de/de chez l'homme"

15. terminatif-duratif (espace et temps) *ember-ig* "jusqu'à l'homme"

(D) Cas modaux

16. essif-modal de point de vue: *ember-ként* "comme homme"
17. essif-modal de qualification: *ember-ül* "en homme (virilement)"
18. transformatif (aboutissement): *ember-ré* (<-*vé*) "(changé) en homme"

Le dernier groupe des cas, celui des "modaux," pose problème. F. Kiefer a établi cette liste de 18 cas en fonction d'une série de critères à laquelle il y a lieu d'en ajouter un, relatif à l'effet des suffixations de sens "modal" (auxquelles on applique souvent la dénomination d'"essifs." Ces suffixations bloquent le substantif qui en est affecté dans un fonctionnement qui exclut la présence de déterminants: les suffixes 16 *-ként* et 17 *-ul/-ül* ont un effet adverbialisant sur le substantif — d'ailleurs le suffixe *-ul/-ül* sert à fabriquer des adverbes sur base adjectivale (*rossz* "mauvais," *rosszul* "mal") — et le suffixe 18 *-vá/-vé* présent dans *ember-ré*, appliqué à un terme qui, ainsi suffixé, présente ce terme comme constituant l'aboutissement d'une transformation, n'est plus un adverbialisant, mais un marqueur de l'emploi prédicatif (attributif) d'un adjectif ou d'un substantif (*kövé válik* "il se change en pierre").

Les cas spatiaux constituent dans l'ensemble des cas un sous-système dont la morphologie même manifeste l'organisation: cas reliés d'une part par un trait opposant une valeur statique (locatif) à une valeur dynamique positive (mouvement d'approche) ou négative (mouvement d'éloignement), d'autre part par un trait opposant des positions relatives dans l'espace (intériorité, contact, proximité); la forme des marques casuelles comporte pour les suffixes impliquant l'intériorité une base *-b-* dans les trois cas qui s'y rapportent, une base *-r-* dans deux des trois cas impliquant un contact, tandis que la proximité n'est pas représentée par un élément commun aux trois suffixes concernés; pour l'opposition statique /dynamique positive /dynamique négative, on relève la présence d'un élément final *-ól/-ől* commun aux trois formes concernées.

Le système casuel du finnois, qui a 15 cas, présente des similitudes avec le système hongrois, moins par la présence d'un accusatif (dont la forme, identique à celle qui fonctionne comme génitif, pose un problème spécifique d'identité qui sera évoqué plus loin) que par celle d'un sous-système de cas locaux en partie reliés dans leurs signifiants. On constate en effet une relation partielle entre les formes des cas spatiaux statiques et celles des cas spatiaux dynamiques (positifs et négatifs): ainsi, pour un substantif *talo* "maison," il existe un rapport entre le couple inessif (*-ssa*: *talo-ssa* "dans la maison") et élatif (*-sta*: *talo-sta* "[sortant] de la maison") d'une part, et le couple adessif (*-lla*: *talo-lla* "près de la maison") et ablatif (*-lta*: *talo-lta* "[s'éloignant] de la maison"); relation également entre les deux essifs locaux *talo-ssa* et *talo-lla* (qui présentent une consonne géminée) et les deux cas dynamiques (éloignement): *talo-sta* (élatif) et *talo-lta* (ablatif) qui présentent une finale *-ta* commune et s'opposent par la consonne initiale du suffixe.

Le système casuel du hongrois est complété par un ensemble de postpositions, dont certaines comportent plusieurs formes identifiables comme des formes casuelles correspondant, pour une même valeur de la base, à l'opposition statique / dynamique d'approche / dynamique d'éloignement. Ainsi la postposition à base *al-* "sous" fournit trois formes: *alatt* "sous"(statique: locatif), *alá* "sous" (sens dynamique positif), *alól* "de dessous" (sens dynamique négatif).

Les postpositions sont, comme les suffixes casuels, combinables avec les suffixes possessifs, combinaison qui, comme on l'a déjà indiqué, se substitue obligatoirement à ce que serait un pronom pourvu d'un suffixe casuel ou suivi d'une postposition; les rôles sont inversés: c'est le suffixe ou la postposition qui devient la base, et c'est la marque possessive qui se substitue au pronom pour faire référence à la personne:

- *az ember-rel* (<-*vel* "avec") "avec l'homme"

mais *vel-e* "avec lui /elle," suffixe casuel devenu base et suivi de *-e* suffixe possessif de 3e personne,

et de même *vel-em* "avec moi," *vel-ed* "avec toi," etc.;

- *a fa alatt* "sous l'arbre"

mais *alatt-am* "sous moi," *alatt-ad* "sous toi" et *alatt-a* "sous lui /elle," etc.

Cette situation doit être rapprochée d'autres emplois de formes possessivées qui sont importants en hongrois, comme, dans le cadre du verbe, l'usage de l'infinitif possessivé (*el kell mennem* "il faut que je parte," litt. "il faut mon partir" avec l'infinitif *elmenni* "partir" pourvu du suffixe possessif *-m*) ou l'usage du participe passé possessivé: *Franciaországban jártomban* "dans mon circulé en France," c'est-à-dire "pendant que je circulais en France," et surtout ces emplois sont à relier à l'usage des marques possessives dans la conjugaison hongroise, principalement dans la conjugaison objective à laquelle il sera fait allusion plus loin (sous 5).

3. La relation entre accusatif et génitif

Les langues ouraliennes présentent des données complexes et très différenciées dans leurs systèmes casuels (d'extension très variable, comme on l'a vu). L'accusatif et le génitif retiennent particulièrement l'attention, pour différentes raisons.

Tout d'abord, ces deux cas n'existent pas partout: certaines langues n'ont pas de génitif (c'est le cas du hongrois, où *-nak/-nek* est un suffixe de datif qui peut intervenir dans certaines conditions, comme à en français, pour marquer une relation d'appartenance: *neki nincs pénze* "il n'a pas d'argent"(litt. "il n'y a pas d'argent à lui"). D'autres langues ne possèdent pas l'accusatif: c'est le cas des langues ougriennes de Sibérie, sauf les dialectes vogouls autres que le dialecte du nord, ces dialectes aujourd'hui pratiquement abandonnés ayant la forme d'accusatif en *-m* que possède le samoyède et qui remonte à l'ouralien, mais qui ne peut pas être considérée comme un véritable accusatif: *-m* n'apparaît qu'au singulier et n'est pas d'emploi généralisé; on discute encore de la véritable fonction de ce *-m*, qui pourrait bien jouer un rôle pragmatique plutôt que syntaxique, comme l'a suggéré B. Comrie (Comrie 1975); seul le tchérémisse a généralisé l'usage de *-m*, au pluriel comme au singulier. Le hongrois offre dès les premiers textes une présence d'accusatif en *-t*, mais c'est une création dont l'origine est un objet de discussion; cette marque *-t* pour l'objet a été interprétée par A. Sauvageot (1971: 69-71), avec quelques bons arguments, comme représentant un ancien locatif, encore présent dans des formes isolées en hongrois d'aujourd'hui.

Quant au génitif, il a été dit précédemment que certaines langues n'en possédaient pas, alors qu'il s'agit d'un cas pour lequel la grammaire comparée a reconstruit de façon très claire une marque **-n*. Ce **-n* n'est pas représenté dans les suffixes casuels en hongrois, ce qui fait qu'en définitive, le hongrois n'a ni génitif ni accusatif de provenance ouralienne: il a pour l'objet adopté un suffixe *-t* "récent" et pour le rapport d'appartenance il continue à exploiter la marque de possessivation dans une formule "X son Y" (*a gyerek könyv-e* "l'enfant son livre" pour " le livre de l'enfant").

Certaines langues ouraliennes ont une forme unique qui fonctionne à la fois comme génitif et comme accusatif, situation qui suscite deux interprétations différentes: ou bien il s'agit d'un cas d'homonymie, ou bien il faut considérer que les deux valeurs relèvent d'un même signe et que leur différenciation s'explique par des conditions de fonctionnement de deux types différents. La question se pose pour le finnois, où une forme en *-n* apparaît, d'une part, avec une valeur de génitif (sans forme concurrente pour cette valeur) et, d'autre part, avec une valeur de cas-objet; elle fonctionne alors en concurrence d'une part avec le nominatif (au pluriel faute d'accusatif et obligatoirement pour l'objet d'un impératif) et d'autre part avec le partitif, ce qui s'est traduit par beaucoup de confusion dans les grammaires finnoises, qui réunissaient volontiers sous l'appellation d'accusatif le nominatif (marque zéro) et le génitif en *-n* en tant que formes se partageant l'expression du complément direct d'objet. Au pluriel (marqué comme tel par *-t*), c'est le nominatif qui fonctionne dans les cas où au singulier on emploie *-n*, c'est-à-dire, quand, dans un énoncé à prédicat verbal positif, le substantif employé comme "complément d'objet direct" désigne une entité individualisée, définie ou non: *ostan kirjan* signifie à la fois "j'achète le livre" et "j'achète un livre," mais au pluriel c'est au nominatif qu'est exprimé l'objet, faute d'accusatif; c'est le partitif qui apparaît si le prédicat est négatif: *en ostan auto-a* "je n'achète pas de voiture/la voiture" et qui s'impose, en énoncé positif comme en énoncé négatif, si le complément d'objet désigne une matière, une masse non individualisée: *ostan olut-ta* "j'achète de la bière" (mais: *ostan olue-n* "j'achète/je vais acheter la bière [la bouteille dont il s'agit]).

Juha Janhunen a, dans une publication récente (Janhunen 2005), proposé de voir dans les deux formes marquées héritées de l'ouralien, qu'on peut supposer derrière la forme en *-n* marquant l'objet dans certaines conditions en finnois (un accusatif en **-m* et un génitif en **-n*), deux formes casuelles marquées s'opposant à la forme de base non marquée appelée nominatif; ces deux formes se définissent syntaxiquement l'une, le génitif, comme la marque du complément de nom, l'autre, l'accusatif, comme la marque de l'objet. Janhunen étend cette analyse à un ensemble de langues associant la famille ouralienne et la famille altaïque. Les deux cas considérés forment avec le nominatif le sous-système des "cas grammaticaux," auxquels s'est ajouté le partitif. Il reste à comprendre comment on peut dire d'une langue comme le finnois qu'elle a un cas génitif quand elle n'a qu'une seule forme casuelle de singulier fonctionnant à la fois adnominalement (fonction de génitif) et adverbalement (fonction d'accusatif). Il faudrait plutôt, selon lui, parler de "cas connectif" pour désigner un cas qui a pour fonction de relier un mot nominal dépendant (complément de nom ou objet) à une tête qui est soit un nom soit un verbe.

Il serait utile, pour comprendre cette situation, de maîtriser le processus historique dont elle est l'aboutissement; mais, dans la mesure où les conditions de fonctionnement de *-n* marquant l'objet et de *-n* en fonction de génitif, donc marquant une relation d'appartenance, sont nettement différenciées, on peut admettre que la langue s'accommode de cette situation, d'autant plus facilement qu'entre les deux fonctions il existe un lien, comme le dit Janhunen, lien d'autant plus sensible — peut-on ajouter — que la prédication, en ouralien, a dû être ce qu'elle est encore de façon très systématique en ob-ougrien, c'est-à-dire fondée sur une relation d'appartenance (Perrot 2007; voir ici *Cas et actance*).

Une langue finno-ougrienne autre que le finnois offre une situation différente pour le rapport entre accusatif et génitif, mais cette situation dans son principe peut apparaître comme une radicalisation de la fusion des deux valeurs correspondant respectivement à l'accusatif et au génitif. C'est la situation qu'offre le mordve dont la déclinaison présente trois caractéristiques: d'une part un paradigme complet pour la déclinaison définie avec singulier et pluriel, et un paradigme réduit au singulier et à une forme unique de pluriel sans suffixe casuel pour la déclinaison non définie; d'autre part, une forme unique pour le génitif et l'accusatif dans les deux paradigmes; enfin l'utilisation de la forme de génitif-accusatif comme base pour les autres cas.

Déclinaison du nom en mordve erza: exemple pakśa "champ"			
Non défini		Défini	
Singulier		Singulier	
nominatif	pakśa	nominatif	pakśa-ś
génitif-acc.	pakśa-ń	génitif-acc.	pakśa-ńť
datif-allatif	pakśa-ńeń	datif-allatif	pakśa ńť-eń
inessif	pakśa-so	inessif	pakśa-so-ńť
élatif	pakśa-sto	élatif	pakśa-sto-ńť
illatif	pakśa-s	illatif	pakśa-ńť-eń
prolatif	pakśa-va	prolatif	pakśa-va ńť
ablatif	pakśa-do	ablatif	pakśa-do- ńť
translatif	pakśa-ks	translatif	pakśa-kso ńť
abessif	pakśa-vtmo	abessif	pakśa-vtomo-ńť
comparatif	pakśa-ška	comparatif	paśka-ška-ńť
Pluriel		Pluriel	
nominatif	pakśa-t	nominatif	pakśa-ťńe
		génitif-acc.	pakśa-ťń-eń
		datif-allatif	pakśa-ťń-eń-eń
		inessif	pakśa-ťńe-se
**		élatif	pakśa-ťńe-ste
** **		illatif	pakśa-ťńe-s
**		prolatif	pakśa-ťńe-va
		ablatif	pakśa-ťńe-ďe
		translatif	pakśa-ťńe-ks
		abessif	pakśa-ťńe-vťeme
		comparatif	pakśa-ťńe-ška

Il ressort de ce tableau que la forme de génitif-accusatif, caractérisée par un suffixe *-ńť* où *ń* représente le génitif ouralien **-n* et *-ť* la marque de définitude (qui est *-ś* au nominatif), sert de base aux autres cas, où la marque casuelle précède le plus souvent la finale *-ńť* du génitif-accusatif, mais la suit au datif et à l'ablatif.

Le fait que le mordve présente une forme de génitif-accusatif en *-ń* dans la déclinaison non définie et en *-ńť* dans la déclinaison définie, où *-ť* est la marque de définitude, donc le fait que, dans les deux paradigmes, c'est une forme unique qui fonctionne comme accusatif et comme génitif et que cette forme unique sort selon toute vraisemblance du **-ń* ouralien de génitif, ne peut pas ne pas manquer de créer un doute sérieux sur la crédibilité de l'origine accusative de ce *-n* finnois, d'autant plus que, comme on l'a souvent remarqué, il y a plus d'une concordance entre données mordves et données finnoises.

Et l'interrogation que pose cette intervention du génitif pour marquer un participant qui dans la sémantique des rapports syntaxiques se présente comme un objet incite à situer ce problème dans le cadre beaucoup plus large du bouleversement du système ancien de prédication fondée sur une relation d'appartenance, bouleversement qui a installé la relation objectale et qui sera évoqué plus loin (*Cas et actance*).

4. Hiérarchie casuelle

Le tableau de la déclinaison nominale en mordve fait clairement apparaître que, mis à part le nominatif qui n'est marqué que comme défini dans la déclinaison définie, la forme de génitif-accusatif est présente dans toutes les autres formes casuelles du singulier, précédant ou — le plus souvent — suivant la marque casuelle, et fonctionne ainsi comme une base élargie pour la formation des cas. Le suffixe *-ńť*, qui caractérise le génitif et qui est analysé comme comportant une marque de génitif *-n* et une marque de définitude *-t*, se retrouve dans tout le paradigme de la déclinaison définie, majoritairement en fin de mot au singulier après la marque casuelle, mais devant cette marque dans tout le pluriel.

Il est difficile d'interpréter la hiérarchie instituée dans ce rapport entre le cas génitif-accusatif et les autres cas de la déclinaison. Tout se passe comme si le marquage du génitif-accusatif se comportait comme une marque de dépendance syntaxique au sens le plus abstrait (ce qui s'accorde avec la dénomination de cas grammaticaux), les autres marques casuelles introduisant des relations d'un autre ordre.

La situation est comparable en estonien, mais elle y est plus complexe du fait de l'intervention du partitif, les cas grammaticaux étant le nominatif, le génitif et le partitif (il n'y a pas d'accusatif). Le tableau suivant présente un ensemble de formes du nom du pied: *jalg*, pluriel *jalad* au nominatif (une forme d'illatif, dite illatif 1, qui constitue un cas particulier, ne figure pas dans ce tableau; dans un autre type de thème nominal le rapport entre les formes casuelles se présente de la même manière).

Cas grammaticaux	singulier	pluriel
Nominatif	jalg	jala-d
Partitif	jalga	jalga-sid
Génitif	jala	jalga-de
Autres cas		
Illatif 2	jala-sse	jalga-de-sse
Inessif	jala-s	jalga-de-s
Elatif	jala-st	jalga-de-st
Allatif	jala-le	jalga-de-l
Ablatif	jala-lt	jalga-de-lt
Translatif	jala-ks	jalga-de-ks
Terminatif	jala-ni	jalga-de-ni
Essif	jala-na	jalga-de-na
Abessif	jala-ta	jalga-de-ta
Comparatif	jala-ga	jalga-de-ga

Les éléments de ce tableau sont empruntés à Tiit-Rein Viitso qui, dans sa présentation de la morphologie nominale de l'estonien (Viitso 1997: 127–29), a bien mis en évidence la structure interne du système des formes casuelles et le rôle des formes des cas dits grammaticaux dans la formation des autres cas: on forme ces derniers au singulier en ajoutant leurs désinences respectives au génitif singulier et au pluriel en les ajoutant au partitif pluriel à la suite de la marque de pluriel *-de*.

On peut rapprocher de ces exemples de hiérarchie casuelle en mordve et en estonien un exemple de hiérarchie entre morphèmes qui se situe hors du domaine des cas mais qui est de même ordre. Cet exemple, beaucoup plus limité, de hiérarchie morphématique se présente en ostiak. Il apparaît que dans l'ensemble de l'ostiak, avec des variations de détail selon les dialectes, l'expression du duel — encore vivant dans cette langue — est réalisée par une forme complexe dans la suffixation possessive pour faire référence à un possédé duel: l'élément infixé qui porte cette référence est constitué par la combinaison du suffixe qui fait référence à un possédé pluriel (*-l-*) précédé d'une marque de duel (γ): le duel apparaît ainsi comme une marque de pluralité particulière et non pas comme l'expression d'un nombre qui s'opposerait d'une part à un singulier et d'autre part à un pluriel.

Exemple dans le dialecte vach (ostiak de l'est):

joγə̱l "arc," duel *joγə̱l-γə̱n* "(2) arcs," pluriel *joγə̱l-t* "(>2)arcs"

Forme possessivée: exemple pour la 1e personne:

joγl-am "mon arc," *joγl-əγ-l-am* "mes (2) arcs," *joγə̱l-l-am* "mes (>2) arcs"

Les mêmes données se retrouvent dans le système verbal, où la conjugaison objective a des formes structurées comme les formes possessivées du nom, avec référence à deux participants.

5. Cas et actance

La relation entre les cas et l'actance concerne naturellement au premier chef les cas dits grammaticaux, qui assurent le marquage de fonctions étroitement liées à la prédication, celles des actants. Il y a pourtant des faits qui montrent que certaines fonctions actancielles peuvent être identifiées pour des formes casuelles à fonction première non actancielle, notamment pour des formes de cas locaux. Un exemple doit être abordé ici au moins pour une présentation rapide des données: celui de l'ostiak, où on a cru déceler une valeur agentive de locatif.

Dans le domaine des cas grammaticaux, une donnée majeure dans l'histoire des langues ouraliennes est le développement de la relation objectale et l'implantation dans le paradigme des formes casuelles de la marque de cette relation, c'est-à-dire d'une forme d'accusatif. Comme on l'a rappelé plus haut, on restitue en ouralien une marque **-m* d'accusatif, mais le fonctionnement de cette marque dans la protolangue comporte beaucoup de restrictions et n'est pas totalement clarifié; ce n'est qu'en tchérémisse qu'il a été intégré à la déclinaison nominale, au singulier et au pluriel. On trouve ce **-m* en vogoul, mais pas en vogoul du nord, seul dialecte encore réellement vivant. Ce vogoul du nord a conservé une morphologie nominale sans accusatif.

En ce qui concerne l'ob-ougrien, on a invoqué l'existence d'un accusatif dans la déclinaison des pronoms personnels, mais il est clair, comme on l'a indiqué dans un article consacré au prétendu accusatif pronominal en finno-ougrien (Perrot 1991), qu'il s'agit en ob-ougrien de formes personnelles renforcées, dont la marque est la reprise du suffixe personnel des formes possessives:

Sing. 1e personne *am*, "accusatif" *an-um* avec *-m* "mon/ma"

2e personne *naŋ*, "accusatif" *naŋ-ə̱n* avec *-n* "ton/ta"

3e personne *taw*, "accusatif" *taw-e* avec *-e* "son/sa" etc.

Les formes dites accusatives constituent une sorte de cas zéro fort, avec marque personnelle renforcée. En ostiak les formes dites d'accusatif présentent un *-t* généralisé (à toutes les personnes et pour les trois nombres) qui est aussi un élément de renforcement, associé à des marques casuelles dans d'autres formes pronominales.

L'absence d'une marque objectale en ob-ougrien est liée à une donnée syntaxique fondamentale concernant l'organisation de la prédication.

Un simple exemple d'énoncés véhiculant le même contenu en vogoul et en hongrois permet de mettre en évidence la différence radicale entre les deux langues pour l'organisation de la prédication:

hongrois:	a	gyerek-ek	meg-lát-t-ák	a	két	rénszarvas-t
	ART	enfant-PLUR	PREV-voir-PRET-3PLUR (CONJ.OBJ.)	ART	2	renne ACC

vogoul:	ńawram-ə̱t	sāli-jįγ	kāsal-as-aγ-anə̱l
	enfant-PLUR	renne-DUEL	apercevoir PRET-DUEL-POSSR

Sens des deux énoncés: "Les enfants aperçurent les deux rennes."

Dans l'énoncé hongrois, le prédicat est une forme verbale de la conjugaison objective et l'actant objet est marqué comme tel par le suffixe d'accusatif *-t*; le seul accord existant dans l'énoncé est celui de la forme verbale avec le nom "enfants," pluriel qui entraîne la 3e personne du pluriel à désinence *-ák*, où *-a-* marque la 3e personne et *-k* le pluriel (au singulier, désinence *-a*).

Dans l'énoncé vogoul, on constate que les formes nominales désignant les enfants et les deux rennes n'ont aucun suffixe casuel (ce sont des nominatifs, le premier avec une marque de pluriel, le second avec une marque de duel) et que la forme verbale *kăsal-as-aγ-anəl* du prétérit (marque *-as-*) contient deux éléments; le premier est une marque de duel, le second est un suffixe possessif renvoyant à un possesseur 3e personne du pluriel (français "leur"); cette forme qui constitue le prédicat est construite comme une forme nominale possessivée qui contiendrait une référence au possesseur (3e personne du pluriel) et une référence au possédé, comme la forme nominale *xāp-aγ-anə̱l* qui, avec pour radical *xāp-* "barque," signifierait "leurs 2 barques."

Cette analyse conduit donc à traduire littéralement l'énoncé vogoul: "les enfants, les deux rennes [sont] leurs (deux) aperçus," avec un prédicat à la fois verbal par sa base et sa marque temporelle et nominal par les références de nombre et de personne. Cette forme verbale contient exactement les mêmes références que la forme purement nominale *xāp-aγ-anə̱l*. Le prédicat s'accorde en nombre avec le duel *sāli-ji̮γ* (l'accord se définit par le transfert de catégorie du nom au verbe), qu'il faut considérer de ce fait comme le sujet et non comme l'objet, le constituant "enfants" ayant, lui, une fonction purement thématique, sans fonction syntaxique.

On se contentera ici de cette rapide illustration des caractéristiques fondamentales de la prédication en vogoul, en renvoyant, pour une information plus complète, à des publications antérieures (voir notamment Perrot 1997).

La conclusion qui se dégage de l'examen des faits observés en ob-ougrien, c'est que, très vraisemblablement dans la continuité par rapport à la protolangue ouralienne, c'est l'expression d'un rapport d'appartenance qui a joué de façon prépondérante dans l'organisation de la prédication et que c'est une erreur manifeste d'appliquer systématiquement à l'ouralien une analyse fondée sur les relations actancielles, en confondant le rôle de patient avec la fonction syntaxique d'objet dans des langues où la relation objectale n'a aucune existence morphosyntaxique.

En ostiak (les faits décrits ici appartiennent à un dialecte oriental, le vach), la déclinaison nominale comprend essentiellement six formes casuelles, auxquelles s'ajoute le nominatif à marque zéro, et le verbe présente deux conjugaisons, l'une dite objective ou définie, l'autre dite subjective ou non définie, la première se présentant quand le verbe régit un objet défini explicite ou implicite, la seconde quand il y a un objet non défini ou quand le verbe ne régit aucun objet; le système verbal comporte en outre un passif. La déclinaison nominale comporte un locatif en *-nə̱/-nə* qui se présente, en dehors de ses emplois de cas local, dans deux fonctions intéressant l'actance:

— d'une part il marque le complément d'agent d'un verbe passif,

— d'autre part il se présente pour marquer un actant relié à un prédicat verbal actif le plus souvent à la conjugaison objective (CO), mais parfois à la conjugaison subjective (CS).

Exemples

— complément d'agent d'un prédicat verbal au passif:

ämp-nə	kul	morti̱	nuγ-li̱-	s-i
chien-LOC	poisson NOM	complètement	PREV-manger	PRET -3e SING PASSIF

"Le poisson a été dévoré complètement par le chien"

api̱-m-nə̱	joγə̱l-t	təγ	tu-l-i
père-mon-LOC	arc-PLUR	ici	apporter-PRES-3e SING-PASSIF

"un arc est apporté ici par mon père"

— emploi lié à un actant dans un énoncé avec CO

api̱-m-nə̱	joɣə̱l-t	təɣ	tu-l-ə̱llə̱
père-mon-LOC	arc PLUR	ici	apporter-PRES-CO-POSSr-3SING-POSSé-PLUR

"mon père apporte ici les arcs"

L'analyse se heurte immédiatement, avec un énoncé de ce type, à un problème pour l'interprétation de la prédication, problème qui a été évoqué précédemment pour un énoncé vogoul.

La traduction française de l'énoncé ostiak traite *api̱-m-nə̱* comme le sujet du verbe, mais pour une analyse correcte il faut examiner la morphologie du mot qui fait fonction de prédicat: ce mot, dont le radical est un lexème verbal soumis à une conjugaison, donc intégré au paradigme verbal, n'en est pas moins une forme possessive avec un suffixe *ə̱llə̱* qui renvoie à un possesseur 3e personne du singulier et à un possédé pluriel, c'est-à-dire un suffixe possessif dont les références correspondent à celles de "ses" en français, c'est-à-dire aussi un suffixe qui accorde le prédicat non pas avec *api̱-m-nə̱*, mais avec le pluriel *joɣə̱l-t*, l'accord verbal avec le sujet se définissant comme le transfert d'une catégorie (en l'occurrence le nombre) du sujet au verbe; l'autre référence contenue dans le suffixe possessif représente non pas un accord (par transfert de catégorie), mais l'établissement d'une congruence entre la forme verbale et le terme initial de la phrase relativement à la personne visée: la 3e personne du singulier pour *api̱-m* "mon père." Conclusion: la traduction littérale est: "mon père, les arcs [sont] ses apportés ici"; derrière le masque que constitue l'insertion de ces formes objectives dans le paradigme verbal se cache une phrase à prédicat nominal — ou, si l'on préfère, verbo-nominal (on ne peut pas poser le clivage nom-verbe en ostiak ou en vogoul comme en français); c'est une formule de prédication nominale qui se présente ici parce que la prédication prend la forme d'une relation d'appartenance.

Si on passe du pluriel au duel pour les arcs, on verra l'accord du "verbe" se faire avec ce duel, c'est-à-dire avec la forme de duel *joɣə̱l-ɣə̱n*:

api̱-m-nə̱ joɣə̱l-ɣə̱n təɣə̱n təɣ tu-l-ɣə̱l
"mon père apporte ici les (2) arcs"
litt. "mon père, les (2) arcs [sont] ses apportés,"

-ɣə̱l réalise dans le prédicat l'accord avec *-ɣə̱n* dans le sujet, la marque du duel étant le ɣ commun aux deux suffixes.

Peut-on dans ces conditions considérer qu'il y a ergativité et que le suffixe locatif *-nə/-nə̱* a une fonction agentive? Le recours à un suffixe locatif met en évidence l'agent du procès en le traitant comme le siège de ce procès, et on conçoit bien que ce marquage locatif ait pu se faire aussi bien pour le complément d'agent d'un prédicat verbal au passif. Mais faut-il pour autant parler d'ergatif? Dans la pratique typologique, les structures d'actance sont définies sur des critères très précis concernant le traitement comparé des actants dans les énoncés uniactanciels et biactanciels et ce qu'on doit prendre en compte, ce sont les marques que les actants eux-mêmes comme constituants d'énoncés reçoivent dans les différentes compositions des énoncés. Dans les langues ougriennes de Sibérie, la situation ne se prête pas à l'application de tels critères: le vogoul du nord et l'ostiak n'ont pas un système casuel incluant l'opposition entre un nominatif et un accusatif, ce qui veut dire que pour examiner le "traitement des actants" il faut porter la recherche des indices ailleurs que dans la morphologie des actants eux-mêmes et puiser dans la constitution des formes verbales. C'est une tout autre affaire, mais c'est ce que fait Gilbert Lazard pour "légitimer les approches multiples en typologie" (Lazard 2004); il ne peut pourtant le faire qu'aux dépens de la pertinence des indices sur lesquels s'appuie alors l'examen des différentes structures d'énoncés.

Bibliographie

Abondolo, Daniel M., éd.

1998 *The Uralic Languages.* Routledge Language Family Descriptions. New York: Routledge.

Comrie, Bernard

1975 "Subjects and Direct Objects in Uralic Languages: A Functional Explanation of Case-marking Systems." *Études finno-ougriennes* 12: 5–17.

Greenberg, Joseph-Harold

2003 *Les langues indoeuropéennes et la famille eurasiatique.* Paris: Belin.

Janhunen, Juha

2005 "On the Convergence of the Genitive and Accusative Cases in Languages of the Ural-altaïc Type." Dans *Les langues ouraliennes aujourd'hui: approche linguistique et cognitive*, édité par M. M. J. Fernandez-Vest, pp. 133–44. Paris: Champion.

Kiefer, Ferenc

2005 "La déclinaison du nom en hongrois: les désinences casuelles." Dans *Les langues ouraliennes aujourd'hui: approche linguistique et cognitive*, édité par M. M. J. Fernandez-Vest, pp. 357–67. Paris: Champion.

Lazard, Gilbert

2004 "Légitimité des approches multiples en typologie. Un exemple: actance et possession." *Bulletin de la Société de linguistique de Paris* 99/9: 107–28.

Perrot, Jean

1991 "Sur l'accusatif pronominal en finno-ougrien." Dans *Études de linguistique finno-ougrienne*, pp. 53–61. Louvain: Peeters.

1992/93 "Morphologie verbale et relations actancielles en ostiak oriental." *Modèles linguistiques* 28: 105–40.

1993 "Structure de la morphologie verbale en mordve: les indices actanciels." *Bulletin de la Société de linguistique de Paris* 83/1, 239–60.

1995 "L'expression de l'objet en mordve-erza." *Études finno-ougriennes* 27: 53–74.

1997 "Aspects de la reconstruction en finno-ougrien: morphosyntaxe de l'actance." *Mémoires de la Société de Linguistique de Paris* 5: 125–49.

2003 "Quelques faits concernant le nombre dans les langues ouraliennes." *Mémoires de la Société de Linguistique de Paris* 12: 5–21.

2005 *Études de linguistique finno-ougrienne.* Louvain: Peeters.

2006 *Regards sur les langues ouraliennes: études structurales, approches contrastives, regards de linguistes.* Paris: L'Harmattan.

2007 "Méthodologie de la grammaire comparée et comparatisme ouralien." *Mémoires de la Société de Linguistique de Paris* 15: 121–44.

Sauvageot, Aurélien

1951 *Esquisse de la langue hongroise.* Paris: Klincksieck.

1971 *L'édification de la langue hongroise.* Paris: Klincksieck.

Sinor, Denis, éd.

1988 *The Uralic Languages.* Handbuch der Orientalistik, Handbook of Uralic Studies. Leyde: Brill.

Viitso, Tiit-Rein

1997 "Estonian." Dans *The Uralic Languages*, édité par D. M. Abondolo, pp. 115–48. New York: Routledge.

27

SUR L'HISTOIRE DES CAS EN TOKHARIEN

Georges-Jean Pinault, École Pratique des Hautes Études (Paris)

1. En 1908, une nouvelle branche de la famille linguistique indo-européenne a été identifiée, le "tokharien," grâce au déchiffrement de deux langues étroitement apparentées, bien que différentes: elles ont reçu les désignations conventionnelles "tokharien A" et "tokharien B." Celles-ci sont préférables aux termes géographiques allemand *Osttocharisch* (= tokh. A) et *Westtocharisch* (= tokh. B), qui ne correspondent qu'imparfaitement à la distribution des manuscrits des deux langues sur les sites du bassin du Tarim, le long de la route septentrionale du Turkestan chinois, actuel Xinjiang. Au sens strict, "tokharien" devrait donc désigner une famille de langues, à l'instar de "germanique," ou "slave." À partir des deux langues attestées, tokharien A et tokharien B, on doit d'abord tenter de reconstruire la langue commune dont elles procèdent, le "tokharien commun" (anglais *Common Tocharian*), qui peut éventuellement être comparé aux stades anciens ou reconstruits (par exemple, grec commun, germanique commun, slave commun, etc.) des autres branches de la famille indo-européenne. Il vaudrait mieux, à mon avis, réserver le terme "proto-tokharien" (anglais *Proto-Tocharian*) à la période antérieure au tokharien commun (ci-après tokh. com.), qui sépare celui-ci de l'indo-européen reconstruit, et qui comporte, comme pour toute langue indo-européenne, plusieurs phases: celles-ci peuvent être appréhendées et ordonnées par la reconstruction interne. Dès son déchiffrement, le tokharien a attiré l'attention des comparatistes, et des linguistes en général, par la singularité de sa déclinaison nominale, alors que la flexion verbale ne présente pas, du point de vue des structures, de différence notable par rapport aux autres langues indo-européennes, en dehors du marquage spécifique de la transitivité par le thème verbal. Dans les deux langues tokhariennes, la déclinaison nominale est à deux "étages," selon l'expression heureuse des premiers tokharologues. On peut préciser cela: le premier étage est de type flexionnel, alors que le second est de type agglutinatif. Deux types de "cas" sont donc distingués : 1) les cas dits primaires (all. *primäre Kasus*) exprimés par des désinences synthétiques (cas+nombre): — nominatif, — vocatif (seulement en B), — "oblique" (= accusatif), — génitif ; 2) les cas dits secondaires (all. *sekundäre Kasus*) exprimés par des postpositions indifférentes au nombre et au genre, ajoutées à la forme d'accusatif (du singulier, du pluriel ou du duel), et non pas au thème. Comme le terme "désinence," sous-entendu de type flexionnel, doit être appliqué seulement aux morphèmes du premier type, je propose de dénommer "affixes casuels" les morphèmes du second type.

2. L'inventaire des affixes casuels s'établit comme suit, si l'on reprend la terminologie du manuel de tokharien (*TEB* I: 78–90). Ils sont sept en tout, dont cinq sont communs aux deux langues. J'ai placé dans une troisième colonne les morphèmes indépendants qui peuvent être rapprochés en synchronie, avec plus ou moins de succès, de ces affixes; nous en reparlerons plus loin (§10).

	A	B	adverbe, pré- ou postposition
Perlatif	*-ā*	*-sa* (**-sā*)	—
Instrumental	*-yo*	Ø	A *yo* (conjonction)
Comitatif	*-aśśäl*	*-mpa*	A *śla*, B *śale/śle*, B *mpa*
Allatif	*-ac*	*-ś(c)*	A *āñ-c*, B *ecce*, A *aci*
Ablatif	*-äṣ* (*-aṣ*)	*-meṃ*	B *mante*, A *ṣu* (?)
Locatif	*-aṃ*	*-ne*	A *an(n)e*, B *eneṃ*
Causal	Ø	*-ñ(ä)*	—

3. Paradigmes de référence: B *yakwe*, A *yuk* “cheval” et B *eṅkwe*, A *oṅk* “homme (mâle)”:

	B		A	
	Singulier	Pluriel	Singulier	Pluriel
	“cheval”			
Nominatif	*yakwe*	*yakwi*	*yuk*	*yukañ*
Génitif	*yäkwentse*	*yäkweṃts*	*yukes*	*yukaśśi*
Oblique	*yakwe*	*yakweṃ*	*yuk*	*yukas*
Instrumental	Ø	Ø	*yukyo*	*yukasyo*
Perlatif	*yakwesa*	*yakwentsa*	*yukā*	*yukasā*
Comitatif	*yakwempa*	*yakweṃmpa*	*yukaśśäl*	*yukasaśśäl*
Allatif	*yakweś(c)*	*yakweṃś(c)*	*yukac*	*yukasac*
Ablatif	*yäkwemeṃ*	*yakwenmeṃ*	*yukäṣ*	*yukasäṣ*
Locatif	*yakwene*	*yakweṃne*	*yukaṃ*	*yukasaṃ*
	“homme (mâle)”			
Nominatif	*eṅkwe*	*eṅkwi*	*oṅk*	*oṅkañ*
Génitif	*eṅkwentse*	*eṅkwents*	*oṅkis*	*oṅkaśśi*
Oblique	*eṅkweṃ*	*eṅkweṃ*	*oṅkaṃ*	*oṅkas*
Perlatif	*eṅkwentsa*	*eṅkwentsa*	*oṅknā*	*oṅksā*
Comitatif	*eṅkweṃmpa*	*eṅkweṃmpa*	*oṅknaśśäl*	*oṅksaśśäl*
Allatif	*eṅkweṃś(c)*	*eṅkweṃś(c)*	*oṅknac*	*oṅksac*
Ablatif	*eṅkweṃmeṃ*	*eṅkweṃmeṃ*	*oṅknäṣ*	*oṅksäṣ*
Locatif	*eṅkweṃne*	*eṅkweṃne*	*oṅknaṃ*	*oṅksaṃ*

De ce tableau, seul est exclu le causal du tokharien B, car ce cas est restreint sur le plan lexical aux noms qui expriment un sentiment ou un état psychologique: e.g., B *entse* “envie,” causal *entseñ(o)* “par envie,” B *kāwo* “désir,” B causal *kawāñ*, B *lakle* “souffrance,” B *läkleñ*. Pour une autre raison, nous avons aussi laissé de côté le vocatif, qui n’est connu qu’en tokharien B, et seulement au singulier de certains types de substantifs et d’adjectifs; en tokharien A, le nominatif sert aussi de vocatif. De toute façon, il est impossible de faire remonter les diverses formes du vocatif en tokharien B, qui concernent seulement une partie des noms, aux formations spécifiques de vocatif connues par les autres langues, à savoir: thème en *-*e* et désinence zéro dans les noms thématiques, type latin *domine* (de *dominus*) et grec φίλε (de φίλος), thème fort suivi de désinence zéro, type grec πάτερ, védique *pitar* < **ph*$_2$*ter* (nom. sing. grec πατήρ, védique *pitā́*), grec ἠχοῖ (de ἠχώ), védique *sakhe* (de *sákhāy-*), etc.

La comparaison de la déclinaison de ces deux noms de genre masculin nous apprend immédiatement plusieurs faits. Pour les cas secondaires, la seule différence entre le singulier et le pluriel réside dans la base, qui est l’accusatif singulier B *yakwe* (A *yuk*), B *eṅkweṃ* (A *oṅkaṃ*) dans le premier cas, l’accusatif pluriel B *yakweṃ* (A *yukas*), B *eṅkweṃ* (A *oṅkas*) dans le second cas. Je rappelle que le signe <ṃ> (anusvāra dans le syllabaire brāhmī emprunté et complété par les scribes tokhariens) note une nasale dentale /n/. Les formes attestées sont dues à l’application de lois phonétiques relativement tardives: épenthèse *-ntsa* < *-*n-sā* dans B perl. plur. *yakwentsa*, dans B perl. sing. et plur. *eṅkwentsa*; en tokharien A fermeture et syncope de *-a-* en syllabe intérieure ouverte après syllabe avec voyelle ouverte, d’où au singulier **oṅkan-ā* > *oṅknā*, **oṅkan-aśśäl* > *oṅknaśśäl*, **oṅkan-ac* > *oṅknac*, **oṅkan-äṣ* > *oṅknäṣ*, **oṅkan-aṃ* > *oṅknaṃ*, au pluriel **oṅkas-ā* > *oṅksā*, **oṅkas-aśśäl*, **oṅkas-ac* > *oṅksac*, etc. Si l’on restitue les formes sous-jacentes, la symétrie de la déclinaison est totale. Certaines données sont propres au tokharien B. Dans le type de B *eṅkwe*, à partir de l’oblique (= accusatif), les formes sont identiques au singulier et au pluriel: si la distinction est nécessaire pour la compréhension du message, le pluriel devra être précisé par un adjectif, un déterminant ou un pronom de rappel. Cette homonymie est due à la confusion fortuite de l’oblique singulier *eṅkwe+ṃ*, pourvu de la désinence caractéristique des êtres classés comme [+ humain] (voir plus loin §7) et de l'oblique pluriel *eṅkweṃ*, de même type flexionnel que *yakwe* "cheval." En effet, la déclinaison de B *eṅkwe* et *yakwe* reflète le type thématique indo-européen, avec au pluriel nom. *-i* < **-äy* < **-oi* (cf. latin *equī*, grec ἵπποι, finale empruntée aux pronoms démonstratifs), et acc. **-eṃ* < **-æns* < **-o-ns* (cf. latin *equōs*, grec ἵππους, grec commun -ονς, conservé en argien et en crétois). La finale d'accusatif plur. tokharien commun **-æns* a donné tokharien A *-as*, cf. respectivement *yukas* et *oṅkas*, mais le nominatif plur. a été renouvelé par une finale issue de la flexion en nasale, **-on-es* > tokharien commun **-æñä* > A *-añ*, dont le type est devenu très productif dans cette langue.

4. Fonctionnement des affixes casuels

4.1. Autonomie accentuelle et séparabilité des affixes

Rappelons que le tokharien B possède un accent, dont la place est révélée par les changements de timbre des voyelles centrales, et par la syncope de la voyelle centrale la plus fermée: sans tenir compte de certaines exceptions, cet accent tombe sur la deuxième voyelle des mots de trois syllabes et plus; dans les mots de deux syllabes, il remonte sur la première syllabe. D'après le tokharien B, l'addition des affixes casuels, à la différence des suffixes de pluriel et des désinences primaires, n'affecte pas le mot phonologique qui reçoit l'accent. Prenons par exemple un substantif très fréquent dans les textes bouddhiques tokhariens, B *lákle* "douleur." Sa forme sous-jacente est **läkle*, accentué sur la première syllabe, d'où sing. nom., obl. *lákle* < **lä́kle*, mais le nom est accentué sur la deuxième syllabe dans les formes de trois syllabes: plur. nom.-obl. *läklé-nta* < **läkle-ntā*, avec suffixe de pluriel (voir plus bas, §6), sing. gén. *läklé-ntse*. Par contre, les formes des cas secondaires ont la même accentuation que l'oblique sing. sur lesquels ils sont fondés, même quand l'affixe casuel constitue une syllabe pleine: sing. perl. *lákle-sa*, loc. *lákle-ne*, commun *lákle-mpa*, all. *lákle-śc(o)*. Font exception à cette règle deux cas: l'ablatif, qui est le plus souvent du type *läklé-meṃ*; et le causal *läklé-ñ*. La graphie *-ño* de l'affixe du causal dans les textes poétiques révèle que ce morphème, comme d'autres, comportait originellement une syllabe, mais la voyelle finale s'est amuïe plus tardivement que d'autres, suffisamment tard pour que ce doublet du tokharien B archaïque ait été intégré à la langue poétique. En ce qui concerne l'ablatif, le type *lákle-meṃ*, avec la même accentuation que les autres cas secondaires, est également connu, mais il est en fait très rare. L'accentuation du type *läklémeṃ* est régulière et se vérifie quel que soit le type de thème (voir §14; Pinault 2006: 250–57). Il n'est pas difficile d'expliquer la variante minoritaire *lákle-meṃ* par l'influence des autres cas de même structure formelle, perl. *lákle-sa*, loc. *lákle-ne*, etc. Sur le plan syntaxique, rien ne peut justifier la divergence de l'ablatif et du causal par rapport aux autres cas. L'idée d'une distinction entre "syntagme" et "groupe de mots" (*Wortgruppe*) avancée par Klingenschmitt (1994: 323f.) est spécieuse, car l'affixe d'ablatif présente exactement le même comportement que les autres affixes casuels, et constitue également un syntagme formé par une postposition ajoutée à la forme d'oblique.

Séparabilité des affixes: on l'observe dans les formules de datation, qui sont nombreuses dans les textes économiques en tokharien B. Rappelons que le quantième du jour est indiqué par le numéral cardinal, et non pas par l'ordinal, comme cela est possible en français courant:

śak	*meñ-antse*	*ne*	"dans le dix(ième) [jour] du mois"
dix	mois GÉN.	dans	
ṣkas	*meñ-antse*	*meṃ*	"depuis le six(ième) [jour] du mois"
six	mois GÉN.	depuis	

Ces constructions banales présentent l'intérêt suivant: le génitif d'appartenance de B *meñe* "mois" est inséré dans le syntagme numéral + affixe casuel, respectivement *śak+ne* "dans le dix," *ṣkas+meṃ* "depuis le six."

4.2. Distribution syntagmatique corollaire de l'addition des affixes casuels à la forme d'oblique (= accusatif)

4.2.1. Syntagme coordinatif

Prenons le pluriel des substantifs A *kukäl* "char," *yuk* "cheval," *oṅkaläm* "éléphant."

Nominatif pluriel	*kuklañ, yukañ, oṅkälmāñ*	"chars, chevaux, éléphants"
Oblique pluriel	*kuklas, yukas, oṅkälmās*	
Instrumental pluriel	*kuklas yukas oṅkälmās-yo*	"avec des chars, chevaux, éléphants"

A	*kuklas*	*yukas*	*oṅkälmās*	*-yo*
	chars	chevaux	éléphants	avec
		3 x OBL.PLUR.		INSTR.

Prenons le singulier des substantifs de la triade "corps, parole, esprit" en tokharien B:

Nominatif singulier	*kektseñe, reki, palsko*
Oblique singulier	*kektseñ, reki, palsko*
Perlatif singulier	*kektseñ reki palsko-sa* "par le corps, la parole, l'esprit"

B	*kektseñ*	*reki*	*palsko*	*-sa*
	corps	parole	esprit	par
		3 x OBL.SING.		PERL.

4.2.2. Syntagme attributif: adjectif (ou démonstratif) + substantif.

A nom. sing. *puk kapśañi* "tout le corps": *pontsāṃ kapśiññäṣ* "hors de tout le corps"

pontsāṃ	*kapśiññ*	*-äṣ*
OBL. SING.FÉM.	OBL.SING.	ABL.

B nom. sing. *kartse pelaikne* "la bonne Loi": *krent pelaiknene* "dans la bonne Loi"

krent	*pelaikne*	*-ne*
OBL. SING.MASC.	OBL.SING.	LOC.

4.2.3. Usage intermédiaire du génitif en syntagme attributif

Prenons des syntagmes formés des mots suivants: A *wrasom* "être vivant," pluriel nom. *wrasañ*, obl. *wrasas*, gén. *wrasaśśi*; B *onolme*, même sens, sing. obl. *onolme*, gén. *onolmentse*, pluriel nom. *onolmi*, obl. *onolmeṃ*, gén. *onolmeṃts*; épithète A *tālo* "malheureux," masc. sing. obl. *tālont*, gén. *tālontāp*, pluriel nom. *tāloṣ*, obl. *tāloñcäs*, gén. *tāloñcäśśi*, et B *tallā*$_u$, même sens (et de formation apparentée), masc. sing. obl. *tallānt*, gén. *tallānte*, pluriel nom. *tallāñc*, obl. *tallāntäṃ*, gén. *tallāntäṃts*. Les syntagmes respectifs au nominatif et à l'oblique (accusatif) pluriel sont accordés en genre, en nombre et en cas: "les êtres malheureux" A nom. *tāloṣ wrasañ*, obl. *tāloñcäs wrasas*, B nom. *tallāñc onolmi*, obl. *tallāntäṃ onolmeṃ*. Pour le syntagme au génitif, il existe une alternative.

(1) Tous les termes sont au génitif.

A	*tāloñcäśśi wrasaśśi*	"des êtres malheureux"
B	*tallāntäṃts onolmeṃts*	GÉN.PLUR. + GÉN.PLUR.

(2) Seul le dernier terme, le substantif, est au génitif, le précédent est à l'oblique.

A	*tāloñcäs wrasaśśi*	
B	*tallāntäṃ onolmeṃts*	OBL.PLUR. + GÉN.PLUR.

Dans la seconde option, la construction est identique à celle du même syntagme à un cas secondaire, e.g., au comitatif, affixe A *-aśśäl*, B *-mpa*:

A	*tāloñcäs wrasaśśäl*	
B	*tallāntäṃ onolmeṃ-mpa*	[OBL.PLUR. + OBL.PLUR.] COMITATIF

5. Par conséquent, le génitif, qui est un cas primaire, tend à s'aligner sur les cas secondaires. Cela peut s'expliquer par plusieurs raisons. La principale réside dans la morphologie du génitif. L'ancien génitif singulier athématique **-os* > tokh commun **-æ* n'est plus conservé que par certains types de mots: thèmes en **-nt-*, comme le nom du "roi," B *walo*, sing. obl. *lānt* (A *lānt*), gén. *lānt-e*, et les adjectifs à obl. sing. masc. en AB *-nt* < **-ntä(n)* < **-nt-m̥*, cf. B *tallā*$_u$ "malheureux," cité au paragraphe précédent, masc. sing. obl. *tallānt*, gén. *tallānt-e*, et B *eṅkalsu* "passionné" (dérivé de *eṅkäl* "passion"), masc. sing. obl. *eṅkalsont*, gén. *eṅkalsont-e*. Cette finale a servi probablement de base à la désinence adjectivale de génitif sing. masc. la plus fréquente en tokharien B, à savoir *-epi*, qui repose certainement sur *-e-pi*, élargie avec la finale de génitif sing. masc. *cwi/cpi* (< **cäßi*) des démonstratifs. La désinence vivante de génitif singulier est B *-ntse*, A *-s* < tokharien commun **-nsæ*, d'où des aboutissements différents selon la finale du thème de base: dans les noms thématiques, B *yäkwéntse* de *yákwe* "cheval," A *yukes* de *yuk* (< **-a^{i}nsa* avec épenthèse < **-æ-nsæ*), et dans les thèmes en consonne, B *ekántse* < **ek-äntse* de *ek* "œil," A *akis* de *ak* (< **-ä^{i}nsa* avec épenthèse < **-änsæ*). Sans reprendre ici une démonstration donnée ailleurs, il est très probable que la désinence tokharien commun **-nsæ* remonte à **-ns-os*, avec recaractérisation de la finale **-(e)n-s* d'un génitif sing. de flexion "fermée" (protérokinétique) de thème en nasale, sur le modèle de la flexion "ouverte," avec finale **-n-os*. Les thèmes en nasale ont joué un grand rôle dans la préhistoire du tokharien pour fournir une flexion "longue" ou "faible" à la plupart des substantifs et adjectifs: ces formes longues ont été en partie employées pour remplacer les finales de la flexion de base, notamment dans le type thématique, et cette substitution s'est poursuivie au cours de l'histoire du tokharien, comme le montre le tokharien A. Considérons maintenant le génitif pluriel, dont les désinences sont beaucoup moins variées que celles du singulier. La seule finale connue en tokharien B est *-ṃts* (écrit aussi *-nts*, souvent simplifié en *-ts*), terminée à l'origine par une voyelle qui s'est amuïe tardivement, d'où le doublet *-ṃtso* dans les textes versifiés. Cette forme remonte à tokharien commun **-nsä* < **-nsu* < **-nsōm*, point de départ qui s'explique par la réfection du génitif pluriel **-n-ōm* des thèmes en nasale sur le modèle du génitif singulier **-ns-os* recaractérisé, comme nous l'avons vu plus haut. Or, cette finale de génitif pluriel apparaît en tokharien B comme fondée sur la finale commune d'oblique (accusatif) pluriel des noms animés (masculin et féminin), qui est *-ṃ* < **-ns*, voir plus haut le rapport entre B *yákweṃ* et *yäkwéṃts*. En dehors de l'accent, la seule différence tient à l'affriquée finale de la désinence de génitif pluriel. En fait, dès le tokharien commun, la désinence de génitif pluriel **-nsä* ne se distinguait de la désinence d'accusatif pluriel **-ns* que par une voyelle destinée à devenir caduque. La conséquence dramatique de ce fait se réalise en tokharien A: la désinence des noms animés est *-śśi*, dont la réalisation est entièrement solidaire de la forme de l'oblique pluriel, de façon encore plus nette qu'en tokharien B, comme le montrent les implications suivantes: plur. obl. *-as* → gén. *-aśśi* (voir plus haut pour "cheval"), plur. obl. *-ās* → gén. *-āśśi*, plur. obl. *-äs* → gén. *-äśśi* (voir plus haut pour l'adjectif "malheureux"), plur. obl. *-es* → gén. *-eśśi*, etc. De fait, la finale de génitif pluriel **-nsä* se confondait en tokharien A avec celle d'oblique pluriel **-ns* > *-s*. Le génitif pluriel a été renforce en *-śśi* < **-s+śi*, au moyen d'un suffixe adjectival. Ce suffixe A *-śi* est effectivement attesté dans quelques noms et adjectifs, comme le suffixe correspondant B *-śe* < tokharien commun **-śyæ* < **-k(i)yo*, qui avait remplacé le suffixe d'appartenance **-ko-* (cf. **-sko-* en germanique, baltique, slave), parallèlement au remplacement du suffixe possessif **-to-* par **-tyo-* > tokharien commun **-tsæ* > B *-tstse*, A *-ts*. L'expression du génitif, en particulier au pluriel, par un suffixe d'adjectif d'appartenance est un fait banal, cf. en védique le génitif des pronoms personnels du pluriel (1re plur. *asmā́kam*, 2e plur. *yuṣmā́kam*), identique au neutre singulier d'un adjectif. Dans les noms qui ne distinguent pas au pluriel entre nominatif et oblique, le tokharien A emploie une désinence *-is*: celle-ci est identique à la désinence de génitif singulier *-is*, qui est employée après thèmes en consonne, et que nous avons décrite précédemment. Cette désinence est donc en passe de devenir indifférente au nombre, comme les affixes casuels.

6. Pour apprécier ce phénomène, il convient de rappeler d'autres paramètres de la déclinaison des substantifs en tokharien. Le manuel de tokharien distingue *sept* classes de substantifs, d'après leurs formes flexionnelles de pluriel, autrement dit leurs formes de nominatif et oblique (accusatif) pluriel. Ces sept classes se ramènent pour l'essentiel à deux types: (a) Substantifs avec oblique plur. identique au nom. plur. (classes I–III); (b) substantifs avec oblique plur. différent du nom. plur. (classes IV–VII). Les substantifs du second type sont essentiellement de genre animé: leur oblique plur. remonte à l'accusatif plur. **-ns* (voir plus haut §5), et les différentes classes correspondent aux diverses formes indo-européen de nominatif plur. de thèmes masculins et féminins: type thématique en **-oi*, type athématique en **-es*. De plus, ces substantifs ont un genre constant dans toute la flexion: masculin ou féminin. Par contre, les substantifs du premier type, à l'exception de quelques animés, sont normalement de genre dit "alternant": ils sont de genre masculin au singulier, et de genre féminin au pluriel. Cette variation est révélée par l'accord au pluriel avec un adjectif ou un démonstratif féminin. Ces noms reflètent d'anciens neutres. Du fait de la confusion formelle du neutre avec le masculin au singulier et avec le féminin au pluriel, le genre neutre a disparu en tokharien commun, à l'exception de l'emploi pronominal au singulier des démonstratifs, où l'opposition de genre est marquée par le thème, et non par une désinence. Il nous suffira de citer le démonstratif le plus simple, alors que les autres se distinguent par des indices vocaliques ou consonantiques ajoutés à la forme de base: neutre B *te* (A *ta-*) < **tæ* < **to-d* en regard du masculin *se* (A *sa-*) < **sæ* < **so* et du féminin *sā* (A *sā-*) < **sā* < **sa(H)* < **seh₂*. Or, les substantifs du type a) présentent au pluriel une finale de cas direct (nominatif = accusatif) qui constitue en synchronie un suffixe ajouté à la forme du singulier. Ces suffixes de pluriel se laissent ramener à quelques formations: tokharien commun **-ā*, **-wā*, **-nā*, **-mnā*, **-ntā*. Elles ont toutes en commun le morphème final **-ā* < **-a* < **-h₂*, la désinence indo-eur. de neutre pluriel athématique, et aussi virtuellement thématique, car dans plusieurs langues (comme en grec) la forme thématique a subi la chute de la laryngale finale par la loi de Kuiper, soit **-e-h₂* > **-aH* > **-a(H)* > **-a*, qui se confondait avec la forme précédente. Le mécanisme de formation de ces suffixes de pluriel est simple: ils résultent de l'amuïssement de la partie finale du neutre singulier, ce qui entraînait par métanalyse l'intégration au neutre pluriel de la finale du thème: par exemple, dans les neutres en **-u-*, nom.-acc. sing. **°C-u* vs. nom.-acc. plur. **°C-u-h₂* > tokharien commun **°C(ä)* vs. **°Cwā*, re-segmenté en **°C-wā*. Outre les thèmes en **-u-* et en consonne (occlusive et fricative), on reconnaît donc dans ces catégories les descendants lointains des neutres en *-(*e*)*n*- et *-*m*(*e*)*n*-. Les suffixes correspondants se sont propagés largement au-delà, en s'ajoutant à d'autres formations anciennes de neutre, par exemple aux neutres sigmatiques, type lat. *genus* et grec γένος, nom.-acc. sing. *-*os* > tokharien commun *-*æ*, dont le pluriel était exprimé à l'origine par une formation de collectif en *-*ēs* ou *-*ōs*: ces formes devaient aboutir respectivement à *-*æ* (pratiquement confondu avec le singulier) et à *-*u* > *-*ä*, voyelle caduque. Leur pluriel devait donc être renouvelé, et les suffixes de pluriel ont été employés dans ce but. Se sont ajoutés aussi, avec une grande productivité, les formes en *-*nt-ā* (> B -*nta*, A -*nt*, lui-même élargi en -*ntu*, par l'addition du pluriel -*u* < *-*wā*), qui proviennent du pluriel de dérivés individualisants en *-(*e/o*)*nt*- faits sur des collectifs, et qui ont fourni de nouveaux pluriels "comptables" (voir Melchert 2000), cf. B *śānta* (< **śā-ntā*) "unités de petit bétail" en regard du collectif **śā* "petit bétail" (ovins et caprins), présupposé par le singulatif B *śaiyye*. Justement, le substantif qui nous a servi d'exemple plus haut (§4.1) a reçu ce pluriel, comme d'autres thèmes à nom.-sing. en -*e* (quelle que soit leur origine): *lákle*, pluriel *läklénta* < **läklé-ntā*; le mot correspondant en tokharien A est *klop*, plur. *klop-äntu*. Les formes des deux langues ne se recouvrent pas toujours exactement, voir encore B *wár* "eau," plur. *wránta* (< **wär-äntā*) en regard de A *wär*, plur. *wräntu*, B *ñem* "nom," plur. *ñemna* (bon exemple d'ancien neutre en *-*m*(*e*)*n*-) en regard de A *ñom*, plur. *ñomäntu*, B *akrūna* "larmes," plur. tantum en regard de A *ākrunt*, qui présupposent un collectif **ākru* (> A sing. *ākär*). Ces observations suffisent pour la suite de mon propos.

Prenons comme exemple le pluriel du substantif, de genre "alternant," B *cámel*, A *cmol* "naissance," qui remonte à une formation de nom d'action neutre en *-(*e/o*)*l*- sur la racine AB *täm*- "naître"; leur pluriel respectif est B *cmela* < **cämél-ā*, avec le type le plus simple de suffixe de pluriel, et A *cmolu* < **cmol-wā*, avec une forme élargie, que nous avons expliquée plus haut. Le timbre vocalique de A *cmol* est dû à une labialisation propre au tokharien A. Confrontons leur déclinaison en prenant le perlatif comme représentatif des cas secondaires. Voyons d'abord le tokharien B, dont la déclinaison comporte un déplacement d'accent régulier en fonction du nombre de syllabes:

	Singulier	Pluriel
Nominatif	*cámel*	*cméla* (< **cämél-ā*)
Oblique	*cámel*	*cméla*
Génitif	*cmélntse* < **cämél-ntse*	*cméla-ṃts*
Perlatif	*cámeltsa* < **cämel-sā*	*cméla-sa*

On constate que le génitif, au singulier et au pluriel, est ajouté à la forme d'oblique (accusatif), mais les désinences respectives restent distinctes, à la différence des affixes casuels. En tokharien A, la symétrie est totale:

	Singulier	Pluriel
Nominatif	*cmol*	*cmol-u*
Oblique	*cmol*	*cmol-u*
Génitif	*cmol-is*	*cmol-w-is*
Perlatif	*cmol-ā*	*cmol-w-ā*

Le tokharien A n'est pas concerné par le mouvement d'accent observé dans l'autre langue. Il est incontestable que cette dernière déclinaison représente un alignement plus marqué sur le type agglutinant; cela renforce la ressemblance entre le tokharien et les langues voisines, notamment les langues altaïques, qui possèdent également plusieurs suffixes de pluriel, qui ne sont pas obligatoires à l'origine; le turc ancien a favorisé le suffixe de pluriel -*lAr*, auquel s'ajoutent des affixes casuels indifférents au nombre: accusatif, génitif, locatif, ablatif, datif, etc. (cf. Erdal 2004: 156–59, 167, 192). Néanmoins, cet exemple montre aussi qu'il serait simpliste d'attribuer entièrement à l'influence de langues voisines le développement tokharien: l'étape préalable est purement interne; elle réside dans la formation des suffixes invariables de pluriel, et dans la proximité formelle, purement fortuite, des désinences de génitif pluriel et d'oblique pluriel.

7. Le terme d'oblique (all. *Obliquus*) choisi par les premiers tokharologues présente l'inconvénient de masquer quelque peu un fait essentiel. Ledit cas oblique fonctionne exactement comme l'accusatif des autres langues indo-européennes, dans ses diverses réalisations: accusatif d'objet, accusatif d'extension spatiale et temporelle, accusatif directif. Ce dernier emploi (cf. Thomas 1983) est clairement un vestige, qui ne subsiste plus qu'avec le verbe AB *i-* "aller" et certains lexèmes (maison, pays, forêt, etc.). Sur le plan formel, les différentes finales d'oblique remontent toutes à d'anciennes formes d'accusatif, au singulier et au pluriel, y compris dans les nombreux noms qui n'ont pas de forme d'oblique singulier distincte de celle du nominatif. Cela résulte simplement de la disparition de la quasi totalité des consonnes finales en proto-tokharien, sauf les liquides. Exemple: au singulier du substantif "cheval," le nominatif **(h₁)éḱwo-s* et l'accusatif **(h₁)éḱwo-m* se confondaient en tokharien commun **yäkwæ* > B *yákwe* (A *yuk*). Rien ne distingue, au singulier du moins, la flexion de ce nom de celle d'un ancien neutre, soit thématique, avec nom.-acc. **-o-m* > **-æ*, soit sigmatique, avec nom.-acc. **-os* > **-æ*, cf. respectivement B *kante* (A *känt*) "cent" < **käntæ* < **ḱn̥tom* < **(d)ḱm̥to-m*, et B *ṣalype* (A *ṣälyp*) "graisse" < **ṣälypæ* < **sélp-os*, avec extension de la liquide palatalisée à partir de l'allomorphe attendu au thème faible **ṣälypä°* < **sélp-es-*, cf. grec ἔλπος (avec psilose) et védique *sarpíṣ-* (après remplacement du suffixe de neutre sigmatique par un autre, issu de croisement). On peut comprendre que le terme "oblique" a été choisi parce que ce cas est la base des cas "obliques," si l'on veut bien dénommer ainsi les cas secondaires énumérés plus haut. Néanmoins, on ne peut pas adhérer au raisonnement bizarre qui fait de l'oblique un "cas absolu," comme il est écrit dans le manuel de tokharien: "l'oblique (employé de façon absolue au sens de l'accusatif)" (*TEB* I: §71.1, p. 78). Il faut simplement admettre que l'oblique *est* un accusatif et que les cas secondaires sont formés par l'addition de postpositions à la forme d'accusatif. En fait, l'évolution des syllabes finales a privé le nominatif singulier de toute marque propre en tokharien commun: il n'a plus de désinence. Le nominatif se définit par rapport à l'oblique singulier, quand celui-ci conserve ou acquiert une forme propre. À lui seul, le nominatif singulier ne permet pas de prévoir le genre ou le type flexionnel d'un substantif. Les noms du type b), comme défini plus haut (§6), peuvent présenter la même forme à l'oblique et au nominatif singulier: c'est le cas du nom du "cheval," par exemple, qui nous a fourni le paradigme de référence, et qui reflète le type thématique indo-européen. Néanmoins, les noms des diverses classes du type b), de genre constant (masculin ou féminin), ont des formes spécifiques d'oblique singulier, qui reflètent des finales indo-eur. héritées ou remodelées, et qui correspondent à diverses formations, dont le détail n'est pas important dans le présent contexte. Une particularité du tokharien commun, qui le distingue d'une langue de type indo-européen, est le marquage sémantique d'une désinence d'accusatif singulier, à savoir /-n/, noté *-ṃ*, qui caractérise seulement les noms [+ humain]. En tokharien B, dans les substantifs de genre masculin, cette désinence distingue les noms [+ humain], qui ne sont pas autrement marqués à l'accusatif (oblique) singulier, cf. B *pācer* "père," acc. sing. *pātär*, B *walo* "roi," acc. sing. *lānt*. Cette désinence est employée aussi dans une partie des adjectifs en tokharien B, et elle est étendue aux substantifs féminins [+ humain] et à tous les adjectifs en tokharien A. En dépit de tentatives répétées (voir par exemple Klingenschmitt 1994: 373), cette désinence ne peut pas continuer formellement la désinence d'accusatif sing. indo-eur. **-m* des noms de genre animé, qui disparaissait dès le tokharien commun sans laisser de trace, voyez par exemple le numéral "cent" cité plus haut. Je ne reviens pas ici sur la démonstration, qui fait désormais l'objet d'un consensus. Cette désinence est issue d'une flexion longue en nasale, parallèle au type thématique, à valeur individualisante:

	Flexion forte	Flexion faible
Singulier Nominatif	**-o-s* > **-æ* > B *-e*	**-o-ōn* > **-ō(n)* > **-u* > zéro
Accusatif	**-o-m* > **-æ* > B *-e*	**-on-m̥* > **-ænä(n)* > B *-eṃ*,

re-segmenté en tokharien commun **-ae+n* (> B *-e+ṃ*) et adopté par les noms [+ humain], voir par exemple B *eṅkweṃ* (A *oṅkaṃ*) de *eṅkwe* "homme" (A *oṅk*) cité plus haut (§3), par contraste avec le nom du "cheval," B *yakwe* (A *yuk*). Cette différenciation sémantique de l'accusatif trouve un parallèle dans une langue moyen-iranienne proche géographiquement, et dont les contacts avec le tokharien commun sont avérés, à savoir le bactrien: dans cette langue, l'objet direct, quand il est à la fois humain et défini est marqué par la préposition αβο, αβα- (cf. Sims-Williams 2007: 185a). Le procédé est totalement différent sur le plan formel de celui du tokharien, mais sa portée est identique.

8. Le terme all. *Gruppenflexion* adopté par les auteurs de la première grammaire, celle du tokharien A, publiée en 1931 (voir *TochGr*: 37 et la description, 205–21), a été repris par le manuel de tokharien (*TEB* I: 91 et passim): il a parfois été transposé dans d'autres langues, cf. anglais *group inflection*, français "flexion de groupe." Il est néanmoins assez bizarre, car il associe deux notions contradictoires, celle de flexion, laquelle présuppose des désinences synthétiques, qui expriment à la fois le cas et le nombre, ajoutées à un thème nominal, et celle de syntagme. Dans celui-ci, le cas peut être exprimé par une préposition ou une postposition, combinée ou non avec une désinence donnée, ou par les seules formes fléchies. Or, les affixes casuels du tokharien présentent toutes les propriétés de postpositions, comme nous l'avons vu (§4). Il est vrai que la situation est beaucoup plus nette, du fait de l'accentuation, en tokharien B qu'en tokharien A. La première grammaire du tokharien a été faite sur les premiers textes publiés, qui étaient ceux en tokharien A, dont les manuscrits ont été édités par les mêmes auteurs en 1921. La description est donc en partie tributaire de la nature du corpus, et elle n'a pas été remise en cause, pour l'essentiel, par l'exploitation de la masse des manuscrits rédigés dans l'autre langue. Il n'est pas facile de faire l'histoire de ce terme "Gruppenflexion," et cela mériterait une enquête systématique. Il semble néanmoins que sa source réside dans les travaux du linguiste allemand F. N. Finck (1867–1910), théoricien des langues et des propriétés générales du langage dans la lignée de Wilhelm von Humboldt (1767–1835) et de quelques autres. Une partie notable de ses recherches concerne ce que nous appellerions aujourd'hui la typologie des langues, quoique sous une forme quelque peu "philosophique." Dans un petit ouvrage qui a eu une grande influence, paru en 1910 et intitulé "Les types principaux de structure linguistique" (selon ma traduction), Finck a classé selon le critère de la construction et de la combinaison d'éléments de base de l'énoncé huit langues vivantes. Le terme de "Gruppenflexion" (cf. 1910: 144 et 154) est appliqué au géorgien et opposé à ceux de "Stammflexion" (grec moderne) et "Wurzelflexion" (arabe). Ce livre est paru dans une collection scientifique de grande diffusion destinée au public cultivé, et il est vraisemblable qu'il a influencé les premiers tokharologues, qui appartenaient en gros à la même génération.

De fait, la structure du système casuel du tokharien se laisse rapprocher de façon assez nette de celle des langues caucasiques (Schmidt 1969). Les similarités sont encore plus nettes avec une langue du Caucase d'origine iranienne, à savoir l'ossète (voir Vogt 1948; Schmidt 1993). Ce rapprochement a été souligné de manière explicite (entre autres par Schmidt 1982 et 1993: 204f.). Le système agglutinatif de l'ossète résulte de la restructuration du système flexionnel de l'iranien ancien, comparable à celui des autres langues indo-européennes anciennes. Cependant, la description des faits tokhariens a été influencée par des analogies plus ou moins précises avec des langues qui possèdent un riche ensemble de cas dits "concrets" exprimés par des suffixes: langues finno-ougriennes, turques, mongoles. Ces rapprochements sont en grande partie tributaire d'hypothèses variées sur les contacts du "proto-tokharien" avec divers groupes de langues non indo-européennes (voir Krause 1951). Il est certain que le système casuel tokharien, comme d'ailleurs d'autres faits, doit être apprécié dans une perspective de linguistique aréale. Pour des linguistes qui travaillent sur des langues de la même région, la situation du tokharien commun n'a rien qui puisse surprendre (cf. Couvreur 1938). On a relevé des structures comparables dans les langues du stade moyen-indien ou moyen-iranien, à partir d'un point de départ strictement flexionnel. De fait, le remplacement de certaines formes casuelles par des combinaisons désinence+postposition, et finalement par des morphèmes "séparables," du type des postpositions, n'a rien de très original. C'est apparemment la conséquence de l'affaiblissement des marques casuelles exprimées par les désinences. Les lois phonétiques qui ont affecté les syllabes finales, dont nous avons déjà évoqué quelques-unes, rendaient effectivement indistinctes plusieurs finales [thème+désinence] héritées de l'indo-européen: il n'est pas nécessaire de procéder à l'énumération de toutes les situations possibles. Je renvoie à l'article classique de Lane (1976), qu'il faudrait compléter un peu en fonction des progrès de la philologie tokharienne.

9. Il convient de ne pas confondre l'effet et la cause. La mutilation des finales désinentielles d'un certain nombre de cas ne suffit pas en soi à expliquer complètement l'aboutissement du système casuel en tokharien commun et dans les deux langues tokhariennes. Il importe d'ailleurs de ne pas croire que tous les cas tokhariens sont identifiés de manière certaine. Des variantes non négligeables de terminologie et d'identification s'accréditent si l'on compare trois sources, les deux premières en allemand, la troisième en anglais:

TochGr (1931)	*TEB* (1960)	Winter (1967)
Instrumental	Instrumental	(accusative+postposition)
Komitativ	Komitativ	comitative
ā-Kasus	Perlativ	instrumental
Dativ	Allativ	dative
Ablativ	Ablativ	ablative
Lokativ	Lokativ	locative
—	Kausalis	causal

Ces distinctions sont dues en partie à des hypothèses sur la morphologie casuelle: pour prendre un exemple typique, le morphème *-yo* est identifié par Winter (1967: 2251 = 2005: 738) à la conjonction de coordination *yo*, et ne constitue pas, selon lui, un affixe casuel. Laissons ce problème de côté pour le moment, avant d'y revenir plus tard (§15). On peut confronter à ces listes la liste traditionnelle des cas reconstruits pour le singulier en proto-indo-européen, en dehors du nominatif, du vocatif, de l'accusatif et du génitif: instrumental, datif, ablatif, locatif. En dépit de la terminologie, il est impossible d'établir des équivalences entre des cas qui apparemment portent le même nom. En effet, quatre cas présentent des fonctions qui correspondent à celles de l'instrumental indo-européen: instrumental (en A), perlatif, comitatif, causal (en B), mais aucun de ceux-ci ne reflète directement sur le plan formel, l'instrumental indo-européen, avec désinence *-(*e*)h_1 au singulier. De même, le datif indo-européen est "remplacé," si l'on veut, par plusieurs cas, sans qu'aucun continue une forme casuelle de datif: allatif (but visé), et génitif (attribution, agent des noms verbaux, possession). Ce qui est dénommé "génitif" est en fait un génitif-datif. En référence au lieu, la distribution entre le perlatif et le locatif ne correspond absolument pas à celle qu'on pourrait prévoir entre l'instrumental et le locatif, d'après les autres langues indo-européennes. L'emploi des cas secondaires a déjà fait l'objet d'études systématiques (voir Kölver 1965, et plus récemment, Carling 2000, sur la base de matériaux textuels plus abondants), mais le sujet n'est pas épuisé. Je renvoie notamment au livre de Carling pour la distribution entre le perlatif et le locatif. Par conséquent, on doit admettre que le système casuel tokharien est totalement différent, pour les cas dits "concrets," et même pour un cas dit "abstrait," comme le datif, du système indo-européen. S'agit-il d'un système entièrement nouveau bâti sur la ruine partielle du système ancien? Doit-on se représenter la formation des cas secondaires comme le résultat du vide total laissé par la confusion préalable des cas "concrets" hérités de l'indo-européen? Même si des langues voisines ont un système comparable sur le plan typologique, les cas identifiés sont différents: on ne peut donc pas poser de manière argumentée l'hypothèse d'une influence extérieure sur la formation de tel ou tel cas.

10. Il est certain que le système casuel du tokharien commun a déjà une longue histoire derrière lui au moment où nous l'appréhendons à partir des langues attestées, c'est-à-dire au milieu environ du premier millénaire de notre ère: le tokharien commun doit être repoussé au moins jusqu'au début de notre ère. Cette histoire n'est pas terminée, car les morphèmes diffèrent apparemment d'une langue à l'autre, même quand les emplois sont identiques, par exemple pour les cas suivants: perlatif, allatif, comitatif, ablatif et locatif. Un problème essentiel doit être posé, et je n'ai pas l'ambition de le résoudre entièrement dans les quelques paragraphes qui suivent. Diverses langues ont acquis des cas dits "secondaires," par combinaison d'une forme casuelle identifiable et d'une postposition: voir par exemple la formation de quatre cas supplémentaires en lituanien, à savoir inessif, illatif, adessif et allatif (cf. Petit 2007). Rien de tel en tokharien, puisque les affixes sont des postpositions indifférentes au nombre ajoutées à une même forme, celle d'accusatif (= oblique), singulier, pluriel ou duel. De plus, il n'est pas possible d'établir une transition simple entre pré- ou postpositions connues et affixes casuels.

Dès la première grammaire du tokharien, les affixes casuels (du tokh. A) ont été rapprochés de pré- ou postpositions attestées dans la même langue (*TochGr* §64, p. 36). Cela laisse de côté le perlatif, pour lequel aucun rapprochement ne se propose. On a rappelé plus haut (§2, troisième colonne du tableau) ces rapprochements, qui restent plus ou moins au point de départ des interprétations plus récentes. En dehors du comitatif A *-aśśäl*, solidaire de *śla*, adverbe et préposition "ensemble, avec," ils sont vagues et douteux. Il n'est pas impossible que l'adverbe *ane* (variante *anne*) "dedans, à l'intérieur" contienne un morphème apparenté en définitive à l'affixe de locatif *-aṃ*, mais le correspondant est B *eneṃ*, en sorte que l'une et l'autre forme peuvent remonter au locatif d'un thème pronominal **æ-* (> B *e-*, A *a-*), ou à une forme élargie de **æn* < *(h_1)$\underset{\circ}{n}$- "dans," apparenté à l'adverbe et préposition *(h_1)*én*, même sens (latin *in*, grec ἐν). De plus, l'adverbe A *an*(*n*)*e* est utilisé pour renforcer une forme de locatif, e.g., *riyaṃ anne* "à l'intérieur de la ville" (loc. sing. de *ri* "ville") et non pas comme une postposition. L'adverbe A *ṣu* diffère notablement de l'affixe d'ablatif *-äṣ*, dont la forme archaïque est *-aṣ*, dans des locutions figées. La parenté avec l'adverbe A *ṣu* serait au mieux indirecte, car il exprime fondamentalement un mouvement dirigé vers le locuteur: "par ici" et "d'ici, de ce côté"; il provient sans doute du thème de réfléchi **swe*, à partir du sens "vers soi" (cf. Hackstein 2003: 82–91). En dehors de la différence sémantique, on ne voit pas comment ni pourquoi *-u* aurait disparu de l'affixe d'ablatif A *-äṣ*. Il n'est pas dans mon intention de passer en revue toutes les interprétations étymologiques des affixes casuels des deux langues. Je me contente de renvoyer à deux traitements de référence, par Van Windekens (1979: 250–59) et Klingenschmitt (1994: 322–65); les reconstructions données dans le chapitre consacré au tokharien d'un ouvrage récent (cf. Hewson et Bubenik 2006: 318–22) sont très approximatives et n'ajoutent rien aux spéculations antérieures. La plupart des hypothèses étymologiques relatives à ces morphèmes ont pour point commun d'être atomistiques et de ne pas considérer de façon suffisante l'état du système casuel du tokharien commun.

11. Dans les deux langues tokhariennes, les pré- et postpositions sont normalement construites avec l'accusatif (oblique), et sont souvent, comme il est prévisible, attestées en emploi adverbial. Pourtant, on ne peut pas établir de continuité entre ces éléments et les affixes casuels, qui s'ajoutent à la forme d'oblique, à l'exception du comitatif, déjà mentionné, voir par exemple A *śla wrasas* "avec les êtres vivants," préposition + oblique plur. de *wrasom*, et *wrasaśśäl*, même sens, oblique plur. + affixe. Il existe néanmoins une différence chronologique entre l'affixe *-aśśäl*, qui est dépourvu de voyelle finale, et la préposition A *śla*, qui conserve cette voyelle, comme la préposition superposable B *śale* (doublet *śle*). La forme de la préposition en tokharien commun est **śälæ*, et cette forme donnerait régulièrement **śäl* en tokharien A. Dans la préposition A *śla*, la voyelle finale s'est maintenue à la faveur de l'emploi en premier membre de composé, où elle traduit sanskrit *sa-* "ensemble, avec," et grâce à la forme adverbiale *śla-k* renforcée par la particule assérative *-k(ä)*, cf. parallèlement B *ślek*. La situation du comitatif est apparemment simple, mais il est totalement isolé. Les autres affixes casuels ne peuvent pas être mis en relation avec une pré- ou postposition vivante dans l'une ou l'autre langue. Cependant, comment expliquer la voyelle initiale de tokharien A *-aśśäl*? Un problème analogue se pose pour les affixes de locatif et d'allatif du tokharien A, cf. respectivement *-aṃ* et *-ac*. On doit reconnaître ici le rôle charnière joué par les formes de la flexion thématique (cf. Gippert 1987, dont je reprends les analyses, avec quelques différences de détail). La voyelle *-a-* représente la voyelle des noms thématiques intégrée à la forme de l'affixe casuel. Prenons comme exemple de nom thématique A *yukaṃ*, B *yakwe-ne*, loc. sing. de "cheval" (cité plus haut §3), dont le point de départ est **yäkwæ-næ*. Après l'apocope de la voyelle finale **-æ* aux cas directs et dans la forme de locatif, un nouveau rapport s'établissait en tokharien A entre *yuk* (< **yäkw*) et *yukaṃ* (< **yäkwan*), d'où la re-segmentation de cette dernière forme en *yuk-aṃ*. Le même type d'explication peut être avancé pour l'affixe de comitatif A *-aśśäl*, bien que cela n'explique pas totalement la géminée, et pour l'affixe d'allatif A *-ac*. Pour ce dernier cas, on retrouve immédiatement l'élément **-c(ä)* dans l'affixe correspondant B *-śc(o)*: la graphie *-śco* est celle des textes versifiés et archaïsants, qui présuppose une forme sous-jacente **-ścä*; la forme standard est *-śc*, souvent simplifié en *-ś*, ce qui constitue l'aboutissement dans la langue tardive et vulgaire. De même, un élément **-ā* est commun aux formes de perlatif, A *-ā* et B *-sa* < **-sā*, puisque cet affixe est enclitique. Au début des morphèmes de perlatif et d'allatif, la sifflante *-s-* provient de l'intégration à l'affixe d'un élément antérieur, probablement la finale d'oblique pluriel **-ns* du tokharien commun; comme nous avons vu (§3), les formes B *yakweṃ* et A *yukas* remontent à **yäkwæns*. Posons les formes des cas en question:

— perlatif plur. **yäkwæns+ā* > B **yäkwensā* > B *yákwentsa*, A *yukasā*;
— allatif plur. **yäkwæns+cä* > B **yäkwenścä* > B *yákweṃśc(o)*.

Après le passage de *-ns* à *-n* (noté *-ṃ*) en finale absolue en tokharien B, ces formes pouvaient être re-segmentées en **yäkwen-sā* et **yäkwen-ścä*; les morphèmes ainsi obtenus étaient ajoutés symétriquement à l'oblique sing., d'où **yäkwe-sā* > B *yákwe-sa* et **yäkwe-ścä* > *yákwe-śc(o)*. Par contre, pour l'allatif, le tokharien A a gardé la forme de singulier *yukac* < **yäkwæ-cä*, et a étendu après métanalyse (parallèlement au locatif) l'affixe *-ac* au pluriel, d'où *yukas-ac*. Cela permettrait de rendre compte de la sifflante géminée de l'allatif, dans la mesure où le point de départ serait encore une fois l'oblique plur., soit **-æns śälæ* > **-æns+śäl(a)*, remplacé en tokharien A par la forme libre d'oblique plur., d'où **-as+śäl(a)* > **-aśśäl(a)* par assimilation, puis extension de **-śśäl(a)* au singulier, d'où *yukaśśäl* analysé en *yuk-aśśäl*, d'après l'allatif *yuk-ac* et le locatif *yuk-aṃ*. Par conséquent, si l'on fait abstraction de ces appendices issus de l'accusatif singulier et pluriel de la flexion thématique, on peut déjà identifier trois affixes casuels communs aux deux langues: locatif **-næ* (< **no?*), allatif **-cä* (< **d^hi*, **d^he*, **te?*), perlatif **-ā* (< **at/d*, **ap?*). Les étymologies possibles restent tributaires de l'ambiguïté inhérente à de nombreuses évolutions phonétiques entre l'indo-européen et le tokharien commun, et je n'insisterai pas ici sur les diverses options. On peut reconnaître des morphèmes attestés dans telle ou telle langue indo-européenne comme finales adverbiales, ou bien comme pré- ou postpositions.

12. Des analyses précédentes ressort une confirmation non négligeable: même lorsqu'on peut restituer une forme commune des affixes, les divergences entre les deux langues restent importantes. C'est encore plus évident lorsque les affixes sont totalement différents, comme pour l'ablatif et le comitatif. On peut évidemment supposer que l'un a remplacé l'autre, mais quel était le premier? Avant d'aller plus loin, il convient de poser à nouveau la question de la base des cas secondaires: dans les deux langues, il s'agit de l'accusatif (oblique), mais cela ne serait-il pas dû à un nivellement relativement tardif, sur le modèle de postpositions "libres" qui se construisent toujours avec l'oblique? On a rappelé plus haut l'emploi résiduel de l'oblique (accusatif) comme directif, dans des expressions figées avec un référent général ("à la maison, vers la terre, dans la forêt"); en dehors de cette situation, le directif spécifique est exprimé par l'allatif, et le but atteint par le locatif. Il est concevable que le morphème d'allatif était à l'origine une particule qui renforçait un accusatif directif, selon le schéma suivant:

indo-européen *X-(*o*-)*m* "vers N sing." > tokh. com. *X-(*æ*-)zéro
*X-(*o*-)*ns* "vers N plur." > tokh. com. **X-æns* > A *-as*, B *-eṃ*
*X-(*o*-)*m* d^hi > tokh. com. **X-æ cä* > **X-æ-cä* > A *-ac*
*X-(*o*-)*ns* d^hi > tokh. com. **X-æ-ns cä* > **X-æńś-cä* > B *-eṃ-ścä*

Dans ce cas, l'affixe d'allatif est ajouté à l'accusatif en synchronie parce que cela résulte du figement du développement historique, le renforcement de l'accusatif directif par un morphème à valeur spécifiquement directive. Parallèlement, la fonction prédominante de l'accusatif libre devenait celle de complément d'objet direct.

Un raisonnement analogue s'applique au locatif. Dans les noms athématiques, se produisait la confusion formelle du locatif avec le nominatif et l'accusatif au singulier: e.g., *h_3*ók*^{w}*-s* "œil" > **æk* > B *ek*, A *ak*, acc. *h_3*ók*^{w}*-m̥* > **æk(w)ä(n)*, loc. *h_3*ók*^{w}*-i* > **æk(w)ä*, avec généralisation de l'allomorphe avec perte de l'appendice labio-vélaire. L'adverbe B *yneś* "évidemment, clairement" < *"dans les deux yeux" < **yän-æśä* est issu d'un syntagme prépositionnel **en* h_3*ok*^{w}*-ih*$_1$, avec le vieux duel du nom de l'œil (cf. grec homérique ὄσσε, lituanien *akì*, vieux slav *oči*) Symétriquement, on peut poser un syntagme avec renforcement du locatif sing. par un adverbe signifiant "dedans, à l'intérieur": *h_3*ók*^{w}*-i* > **æk(w)* + *næ* > B *ek-ne* (A *ak-aṃ*) "dans l'œil." Du fait de la disparition du locatif en tant que tel, puisqu'il ne se distinguait plus du thème **æk* du nom en question, l'affixe *-*næ* était considéré comme ajouté à la forme d'oblique sing., parallèlement à l'allatif, cf. B *ek-äś(c)*, A *ak-ac* "vers l'œil."

13. Plusieurs formes ont donc pu servir d'avant-courriers à la généralisation de l'accusatif (oblique) comme base des cas secondaires. En fait, le comitatif représente un cas totalement isolé, parce qu'il est le seul pour lequel il existe une préposition de forme compatible, et construite avec l'oblique. Néanmoins, cela n'épuise pas le problème, car il reste à expliquer l'origine de l'affixe B *-mpa*. Il existe à côté un adverbe *mpa* à l'état libre dans quelques exemples: il signifie "ensemble, avec." On pourrait y retrouver le passage d'un adverbe à un affixe, comme dans A *-(a)śśäl* en regard de l'adverbe (et préposition) A *śla*, B *śale* (*śle*). Il est certain que la forme enclitique *mpa* provient de **mpā*, mais il n'existe pas en regard une forme B **mápa* < **mäpā*, avec accentuation normale, comme B *śále* < **śälæ*, en regard de la forme enclitique *śle*. Par conséquent, il me paraît très douteux de suivre le vieux rapprochement de ce morphème avec gr. μέτα "au milieu de, parmi," d'où avec le génitif, "avec." Sur le plan formel, cela conduit à poser **me-*b^h*a*, qui est comparé facilement à grec μέσφα, adv. et conjonction "jusque" < **me-s-*b^h*a*, au prétexte qu'il existe des formes alternatives (dialectales) μέστα, μέστε, μέσφι, etc. (cf. Klingenschmitt 1994: 350f.). En dehors du fait que le sens des formes autres que μέτα est assez différent, cela revient finalement à faire du tokharien un dialecte grec inconnu, et à traiter le signifiant de manière totalement spéculative. On peut craindre que cette analyse soit canonisée dans le dictionnaire des particules indo-européennes dont la parution prochaine est annoncée. Il reste extrêmement douteux de "couper" tokharien B *m-pa* en **mä-pā*. En effet, il est quasi certain que le groupe <mp> note, ici et dans d'autres mots, une consonne unique, la fricative bilabiale /ß/, qui peut être notée aussi <w> ou <p>; il n'existait pas de lettre exactement correspondante dans le syllabaire brāhmī employé par les scribes tokhariens pour leur propre langue; ils réservaient en principe le graphème <v> aux mots empruntés au sanskrit. On a désormais la preuve de la valeur phonétique de cette notation <mp>, d'après tokharien B *mpek* qui désigne dans des registres de comptabilité un personnage doté en outre du titre *cor*: il faut comprendre évidemment turc ancien *bäg čor*. La notation de turc *bäg* "chef" par *mpek* n'a pas d'équivalent dans les langues voisines qui emploient aussi le syllabaire brāhmī. Cet usage est confirmé par des exemples en syllabe intérieure, où le passage de /p/ à une fricative sonore en position intervocalique était prévisible; d'ailleurs, le phénomène se produisait parallèlement en moyen-indien (cf. Hinüber 2001: 157): e.g., A *arämpāt* "forme extérieure, beauté" en regard de B *erepate* (équivalent de sanskrit *rūpa-*). Ces deux mots reflètent une forme commune **æræßātæ*, avec une notation archaïsante en tokharien B par retour à la forme non voisée de l'occlusive intervocalique. Ce point sera traité plus longuement à une autre occasion. Pour le moment, il nous suffit de poser que tokharien B *mpa* continue une forme monosyllabique et reflète un morphème **ßā*, dont plusieurs interprétations sont théoriquement possibles. Mais cela nous éloignerait beaucoup de notre sujet.

14. L'ablatif pose un problème en partie identique à celui du comitatif, parce que les affixes des deux langues sont totalement incompatibles. En tokharien A, la forme plus rare *-aṣ* provient des noms thématiques, comme les formes d'allatif *-ac*, de locatif *-aṃ* et de comitatif *-aśśäl*. La langue a généralisé la forme *-äṣ* à partir des thèmes en consonne à tous les types de thèmes, y compris aux anciens noms thématiques, cf. justement *yukäṣ*. Une indication décisive sur la formation de ce cas nous est fournie par le tokharien B. Nous avons noté (§4.1) l'accentuation identique des formes d'ablatif sing. à celle des cas "primaires" en tokharien B, bien que l'affixe casuel *-meṃ* reste séparable: e.g., *läklé-meṃ* comme génitif sing. *läklé-ntse*. Dans la mesure où l'affixe d'ablatif se comporte exactement, d'après sa séparabilité, comme les autres affixes, cette dépendance accentuelle avec la base est secondaire: elle est due au fait que la forme de base de l'ablatif, parce qu'elle comportait déjà trois syllabes, était accentuée régulièrement sur la deuxième syllabe: < **läklé.ä +men*. Autrement dit, la formation de l'ablatif en tokharien B présuppose une contraction **-é.ä- > -é-*, parallèlement à tokharien A *-aṃ* < **-a.äṣ*. Cette finale tokharien commun **-æ.ä(C)* des noms thématiques s'est étendue à tous les types de thèmes, **-i.ä(C)*, **-u.ä(C)*, **-ā.ä(C)*, **-VC.ä(C)*, avec la même accentuation, d'où e.g., B *kälymí-meṃ* en regard de l'obl. sing. *kálymi* de *kälymíye* "direction," *snū-meṃ* sur *sánu* (< **sänu*) "danger," *stanā-meṃ* sur *stāna* (< **stānā*), plur. de *stām* "arbre," *pwār-meṃ* en regard de *pūwar* "feu," *wmér-meṃ* en regard de *wámer* (< **wämer*) "joyau." Par conséquent, de façon purement descriptive, il semble que l'affixe *-meṃ* "attire" l'accent sur la syllabe immédiatement précédente. Tous les thèmes ont adopté la finale d'ablatif issue de la flexion thématique: ce phénomène rappelle de manière frappante l'extension du type de l'ablatif sing. *-ōd* en latin (et dans les langues sabelliques), d'où *-ād*, *-īd*, *-ūd*, *-ēd*, et celle de la finale *-aṯ* d'ablatif sing. en avestique. Par conséquent, j'ai interprété la forme de départ **-æ.ä(C)*, des noms thématiques, à partir de l'ablatif singulier thématique, qui présentait une contraction. En proto-indo-européen, l'ablatif singulier était distinct du génitif singulier seulement dans la flexion thématique: soit **-ōd* reflété par latin archaïque *-ōd*, védique *-ād* (Rigveda *-a.ad*), avestique *-āṯ*, celtibère *-uz*, grec *-ω*, etc.; cette finale est issue de contraction, comme le montre la scansion en deux syllabes en védique, et aussi l'intonation distinctive en baltique (génitif sing. **-ā̃*, cf. lituanien *diẽvo*, letton *dìeva*), slave et germanique. Je ne reviens pas ici sur toute la démonstration, que j'ai développée ailleurs (2006). Pour le moment, le rapprochement avec le tokharien, et la reconstruction d'une finale **-oHed* < **-o*h_1*ed* obligerait à renoncer à la reconstruction devenue scolaire (voir par exemple Fortson 2004: 114) **-oHad* (< **-o-*h_2*ad?*) qui s'appuie exclusivement sur le baltique (puisque le vocalisme du slave est ambigu), alors qu'une explication analogique du vocalisme de la finale contractée balt. **-ā̃* < **-a.a(C)* est possible. Je laisse aussi de côté le problème de la restitution de la consonne finale de cette désinence; j'admets qu'elle est reflétée par tokharien A *-ṣ*, qui présuppose en l'occurrence une fricative sonore **-ž*, laquelle a subi le dévoisement de toutes les consonnes en tokharien commun. La forme du tokharien B s'expliquerait par la chute de cette consonne devant un morphème ajouté à la forme d'ablatif: B *-men* (noté *-meṃ*) repose, comme on l'a déjà envisagé, sur **mænä(n)* < acc. sing. **món-m̥*, d'un nom-racine signifiant "hauteur, éminence," apparenté à B *mante* (= sanskrit *ūrdhvam* "vers le haut") < **mäntæ* < **mn̥-tós*, ablatif sing. adverbial. D'ailleurs, cet adverbe *mante* s'emploie notamment après des formes d'ablatif. La forme fléchie d'ablatif singulier a été recaractérisée, seulement en tokharien B, à partir d'une locution qui existait sans doute en tokharien commun: **-æ(H)äC* développé en **-æ.äC + mænä(n)*, soit B **X-é.ä(C)-men* > *X-é-meṃ* "en partant de X, vers le haut," d'où "en partant de X, pour sortir" > "de X-en partant" > "à partir de X." On peut poser que la consonne finale de la forme fléchie s'est amuïe devant la consonne initiale du morphème ajouté. La valeur casuelle du syntagme complet est transférée au morphème final, qui devient l'affixe propre à ce cas. Plus que sur l'aspect formel, je voudrais insister sur la grammaticalisation du morphème B *-men*: il apparaissait, après contraction et chute de la consonne, comme ajouté à la forme d'accusatif sing. et pouvait donc être ajouté à l'accusatif plur., parallèlement aux autres affixes, notamment ceux qui expriment des cas locaux: locatif, allatif et perlatif. Indépendamment, tokharien A *-äṣ* se propageait aussi, pour les mêmes raisons, du singulier au pluriel. Nous avons ici une histoire différente: en fait, l'ablatif du tokharien n'est pas constitué d'une postposition construite avec l'oblique, mais repose sur une ancienne forme d'ablatif. Mais on est passé d'une expression flexionnelle à une expression agglutinative.

15. Le causal du tokharien B pose un problème identique à celui de l'ablatif: l'accentuation divergente par rapport aux autres cas secondaires. Est-il redevable d'une solution analogue? Jusqu'à présent, on considère que l'affixe *-ñ(ä)*, qui entraîne ce mouvement d'accent, provient du génitif-ablatif sing. de thème en nasale < **-n-es* (*TEB* I: §82, p. 90 suivi par Van Windekens, 1979, p. 258). Cela est théoriquement possible, et s'accorderait bien avec l'importance, que nous avons déjà mentionnée à plusieurs reprises, des thèmes élargis en nasale dans le système nominal du tokharien commun, mais on se heurte assez vite à des objections sérieuses. La désinence de génitif sing. athématique n'est connue jusqu'à présent (voir plus haut §5) que sous la forme **-æ* < **-os*; pourquoi un doublet **-es* serait-il réservé à cette formation? On ne peut tirer argument de la désinence de génitif singulier *-ñ* qui est employée en tokharien B seulement par des noms empruntés au sanskrit en *-i*, *-u*, et *-a*: en effet, le tokharien A présente en regard une finale *-y*, ce qui suggère un scénario assez différent, à partir du moyen-indien. De plus, la valeur casuelle est autre: génitif et ablatif sont exprimés par le même morphème au singulier de la flexion athématique en proto-indo-européen, alors que génitif et ablatif sont des cas distincts en tokharien. Il est donc anachronique de voir dans le causal du tokharien B un reflet de l'ablatif de cause. Le problème comporte une dimension supplémentaire. Faut-il se contenter de la création en quelque sorte spontanée de cas dans les deux langues tokhariennes à partir d'une table rase, à savoir la ruine de la flexion nominale indo-européenne? Les cas ne naissent pas à partir des formes qui servent à les exprimer. Le développement inverse est normal: il existe une catégorie casuelle, dont la forme est renouvelée, éventuellement grâce au remplacement d'une expression synthétique par une expression analytique, du type désinence + pré- ou postposition. Bien sûr, l'apparition de nouvelles catégories casuelles n'est pas exclue, mais elle implique un remodelage du système, et notamment de la relation entre les cas. Dans le domaine tokharien, on doit toujours se soucier de la reconstruction de la langue commune, antérieure à la séparation des deux dialectes qui aboutiront aux deux langues connues. Le cas propre au tokharien A est l'instrumental, dont les emplois (moyen, cause, agent) sont exprimés en tokharien B par le perlatif. Or, il est admis, tacitement ou explicitement, dans la tradition tokharologique que le tokharien commun n'avait pas d'instrumental, et que celui-ci était en fait représenté par le perlatif: l'instrumental serait une innovation du tokharien A, ce qui, sur le plan formel, s'appuie sur l'isolement du morphème *-yo* et son identité apparente avec la conjonction de coordination *yo*. Cette conjonction a un emploi bien spécifique, par rapport à la conjonction de coordination ordinaire A *śkaṃ* (B *ṣpä*, non apparenté), dont l'emploi correspond à celui de sanskrit *ca* (cf. Thomas 1966): elle sert à coordonner des substantifs proches ou complémentaires dans le même champ sémantique, cf. *oṅk yo kᵘli* "homme et femme," *lap yo akmal* "tête et visage," *pāpṣune yo knānmune* "moralité et sagesse"; elle se place entre les deux termes, à la différence de la conjonction A *śkaṃ* (B *ṣpä*), qui se place après le dernier terme. La particule de même emploi en tokharien B est *wai*, qui ne peut guère être apparenté à tokharien A *yo*, sauf au prix d'une métathèse totalement arbitraire (cf. Klingenschmitt 1994: 339). La relation sémantique entre l'affixe d'instrumental, si son sens premier est "avec," et une telle conjonction ("et aussi, et à la fois") est possible: elle peut être envisagée dans les deux sens. En effet, "Y avec X" peut être conçu comme équivalent à "X et aussi Y," et inversement ce dernier syntagme peut servir de base à un instrumental sociatif, qui finit par occuper les autres emplois de l'instrumental. Un détail formel nous révèle que l'affixe d'instrumental A *-yo* n'est pas identique aux autres affixes: son ajout n'affecte pas le vocalisme de la syllabe précédente, à la différence de l'ajout des autres affixes casuels, qui provoque la fermeture et la syncope de ladite voyelle. Par exemple, de tokharien A *klaṅk* "véhicule" (B *kleṅke*), qui suit la flexion la plus courante, le pluriel est nom. *klaṅkañ*, acc. *klaṅkas*; les formes de locatif plur. *klaṅksaṃ* < **klaṅkas-aṃ* et de perlatif plur. *klaṅksā* < **klaṅkas-ā* présentent la syncope attendue, alors que l'instrumental plur. est *klaṅkas-yo*, et non pas **klaṅkäs-yo* attendu par l'application stricte de la loi phonétique. Pour cette raison, Winter (1967: 2251) considère que ces formes ne constituent pas un mot unitaire, mais "un syntagme nominal formé de l'accusatif et d'une postposition" (*a word phrase consisting of accusative and postposition*). Cela implique que le sens premier de cette postposition était "avec," et que l'emploi comme coordination résulte d'une spécialisation secondaire. Ce raisonnement est contradictoire avec la définition générale de tous les affixes, qui sont effectivement en synchronie des postpositions ajoutés à la forme d'accusatif (oblique). En dehors de la particularité signalée plus haut, l'affixe *-yo* ne se comporte pas de manière différente dans le syntagme par rapport aux autres affixes.

16. On n'a pas pris garde au fait que le domaine du causal du tokharien B est couvert par l'instrumental en tokharien A, comme il est énoncé très clairement dans le manuel (*TEB* I: §76.5, p. 84), avec les substantifs exprimant un sentiment (voir plus haut §3): A *kāckeyo* "par joie," *kipyo* "par honte," *tuṅkyo* "par amour," etc. Cela dénonce l'origine commune de l'instrumental du tokharien A et du causal du tokharien B: causal B **-é.e+ñä* (ajout de *-ñä* tiré du génitif-datif pronominal, cf. B *ṣañ* "sien," *tañ* "de toi, pour toi"), avec une contraction de la séquence **-é.e-ñ(ä)* > *-é-ñ(ä)*, qui explique l'accentuation du causal, comme pour l'ablatif (voir plus haut §14). La finale B **-é.e* serait issue de **-æyæ* < **-æñæ* < **-o-n-eh₁*, finale d'instrumental sing. de la flexion en nasale. Le développement phonétique ci-dessus (dénasalisation de **-ñ-* intervocalique et contraction) s'appuie sur d'autres exemples, cf. B *śrāy* "hommes âgés, nom. plur. < **śärāñä*, en regard du thème **śärān-* dans l'obl. plur. *śrānäṃ*, etc. En tokharien A, la finale provenant de **-æyæ* fut renouvelée avant la contraction de **-a.ya* par la conjonction *yo* "avec" (ou "en association") d'où **-a+yo*. Cet appui sur la conjonction a permis de "sauver" l'affixe casuel, qui aurait été amuï totalement: elle présuppose évidemment une affinité sémantique avec la conjonction. La question de son étymologie n'a pas d'incidence sur notre argumentation. L'existence du type tokharien A **-a+yo* nous permet d'expliquer par la même clef la particularité formelle du pluriel: la transposition de cette séquence au pluriel donnait *-as+yo*, avec maintien du même vocalisme, avant que la forme du singulier soit refaite sur la forme normale d'accusatif, qui perdait sa voyelle finale, soit *klaṅk-yo* pour le nom du "véhicule" cité plus haut. L'élargissement par *-ñ(ä)* de la forme du tokharien B s'explique aussi dans le cadre du syntagme: avec un terme qui réfère à un sentiment ou un état psychologique de l'agent du procès, on peut s'attendre à l'emploi comme déterminant du possessif réfléchi (tokh. B *ṣañ*, A *ṣñi*) qui renvoie à cet agent: "par honte" signifie toujours implicitement "par sa propre honte." L'emploi du possessif réfléchi avec un nom de sentiment à l'instrumental se rencontre aussi en tokharien A: e.g., *ṣñi ākālyo* "par son propre souhait," *ṣñi klopyo* "par sa propre douleur." Par conséquent, on peut restituer un syntagme **ṣäñä entsé.e* "par sa propre envie," avec recaractérisation du second terme dans **ṣäñ(ä) entsé.e+ñ(ä)*. La contraction de **-é.e* en *-é* risquait de priver cette forme de toute marque casuelle, puisque la forme *entse* était identique à celle de nom.-acc. singulier.

Il existait donc un cas instrumental en tokharien commun, qui a été restreint en tokharien B au causal par l'extension du perlatif, alors que le tokharien A a développé une distribution spécifique du perlatif et de l'instrumental: l'instrumental prédomine dans l'expression du moyen matériel et pour l'expression de l'agent la répartition se fait d'après une catégorisation lexicale: perlatif [+ humain] vs. instrumental [− humain]. L'instrumental reste exclu des emplois locaux du perlatif: emploi "tangentiel," contact avec une surface non limitée, par opposition au locatif. Le recouvrement partiel, et finalement assez limité, de certains emplois du perlatif et de l'instrumental en tokharien A (manière) peut être dû à l'influence du tokharien B.

Conclusion

L'étude des cas dits "secondaires" des deux langues tokhariennes, qui en synchronie sont exprimés par des morphèmes indifférents au nombre et ajoutés à la forme d'accusatif, révèle une histoire assez complexe, qui a comporté plusieurs étapes. Je propose de restituer en tokharien commun, en plus des cas (nominatif, accusatif, génitif) dotés d'une forme fléchie, cinq "cas" pourvus d'une forme précise, bien que ne relevant plus de la flexion au sens strict: instrumental **-æyæ*, ablatif **-æ.äC*, perlatif **-ā*, allatif **-cä*, locatif **-næ*. En dehors de l'ablatif et de l'instrumental, les formes de perlatif, allatif, locatif présupposent une univerbation avec le produit de cas hérités: accusatif et locatif. Bien qu'issus de finales flexionnelles, avec désinences, les affixes d'ablatif et d'instrumental ont été adaptés au type agglutinatif. On observe le rôle important joué par la flexion thématique dans le renouvellement formel des affixes casuels. Plusieurs problèmes ont été seulement esquissés. En dépit des progrès de la philologie, l'histoire des cas tokhariens est loin d'être complètement écrite.

Abréviations

TEB — Wolfgang Krause et Werner Thomas. *Tocharisches Elementarbuch*, Volumes 1–2. Heidelberg: Winter, 1960–64.

TochGr — Emil Sieg et Wilhelm Siegling. *Tocharische Grammatik: Im Auftrage der Preußischen Akademie der Wissenschaften bearbeitet in Gemeinschaft mit Wilhelm Schulze*. Göttingen: Vandenhoeck & Ruprecht, 1931.

Bibliographie

Carling, Gerd

2000 *Die Funktionen der lokalen Kasus im Tocharischen*. Berlin: Mouton de Gruyter.

Couvreur, Walter

1938 "Note sur la flexion tocharienne." *Revue des Études Indo-Européennes* 1: 440–44.

Erdal, Marcel

2004 *A Grammar of Old Turkic*. Handbook of Oriental Studies, Section 8, Volume 3. Leyde: Brill.

Finck, Franz Nikolaus

1910 *Die Haupttypen des Sprachbaus*. Aus Natur und Geisteswelt. Sammlung wissenschaftlich-gemeinverständlicher Darstellungen 268. Leipzig: B. G. Teubner.

Fortson, Benjamin W.

2004 *Indo-European Language and Culture: An Introduction*. Oxford: Blackwell.

Gippert, Jost

1987 "Zu den sekundären Kasusaffixen des Tocharischen." *Tocharian and Indo-European Studies* 1: 22–39.

Hackstein, Olav

2003 "Reflexivpronomina, Präverbien und Lokalpartikel in den indogermanischen Sprachen." *Tocharian and Indo-European Studies* 10: 69–95.

Hewson, John, et Vit Bubenik

2006 *From Case to Adposition: The Development of Configurational Syntax in Indo-European Languages*. Current Issues in Linguistic Theory 280. Amsterdam: Benjamins.

Hinüber, Oskar von

2001 *Das ältere Mittelindisch im Überblick*. Vienne: Österreichische Akademie der Wissenschaften.

Klingenschmitt, Gert

1994 "Das Tocharische in indogermanistischer Sicht." Dans *Tocharisch: Akten der Arbeitstagung der Indogermanischen Gesellschaft*, édité par B. Schlerath, pp. 310–411. Tocharian and Indo-European Studies Supplementary Series 4. Reykjavík: Málvísindastonun Háskóla Íslands.

Kölver, Bernhard

1965 *Der Gebrauch der sekundären Kasus im Tocharischen*. Dissertation, Frankfurt am Main.

Krause, Wolfgang

1951 "Zur Frage nach dem nichtindogermanischen Substrat des Tocharischen." *Zeitschrift für Vergleichende Sprachforschung (KZ)* 69: 185–203.

Lane, George Sherman

1976 "Notes sur le sort des finales indo-européennes en tokharien." *Bulletin de la Société de linguistique de Paris* 71: 133–64.

Melchert, H. Craig

2000 "Tocharian Plurals in *-nt-* and Related Phenomena." *Tocharian and Indo-European Studies* 9: 53–75.

Petit, Daniel

2007 "Syncrétisme, sous-spécification et création casuelle dans les langues baltiques." *Bulletin de la Société de linguistique de Paris* 102: 325–66.

Pinault, Georges-Jean

2006 "Morphologie de l'ablatif tokharien." Dans $^{\text{GIŠ.HUR}}$*gul-za-at-ta-ra: Festschrift for Folke Josephson*, édité par Gerd Carling, pp. 248–83. Göteborg: Meijerbergs Institut för Svensk Etymologisk Forskning.

2008 *Chrestomathie tokharienne: textes et grammaire*. Collection Linguistique de la Société de Linguistique de Paris 95. Louvain: Peeters.

Schmidt, Karl Horst

1969 "Agglutination und Postposition im Tocharischen." *Münchener Studien zur Sprachwissenschaft* 25: 105–12.

1982 "Typusrelevanter Sprachwandel flektierend zu agglutinierend und seine Korrelationen." *Études finno-ougriennes* 15: 335–46.

1993 "Zum Typus des ossetischen Kasussystems." *Linguistica* 33: 201–08.

Sims-Williams, Nicholas

2007 *Bactrian Documents from Northern Afghanistan*, Volume 2: *Letters and Buddhist Texts*. Studies in the Khalili Collection 3. Londres: The Nour Foundation/Azimuth Editions.

Thomas, Werner

1966 "Bemerkungen zum Gebrauch von toch. A *yo* und B *wai*." *Central Asiatic Journal* 11: 264–74.

1983 *Der tocharische Obliquus im Sinne eines Akkusativs der Richtung*. Abhandlungen der Geistes- und Sozialwissenschaftlichen Klasse, 1983/6. Wiesbaden: F. Steiner

Van Windekens, Albert-Joris

1979 *Le tokharien confronté avec les autres langues indo-européennes*, Volume 2, Part 1: *la morphologie nominale*. Louvain: Centre International de Dialectologie Générale.

Vogt, Hans

1948 "Le système des cas en ossète." *Acta Linguistica* 4: 17–41.

Winter, Werner

1967 "A Note on Cases." Dans *To Honor Roman Jakobson*, pp. 2250–53. Paris: Mouton.

2005 *Kleine Schriften/Selected Writings: Festgabe aus Anlass des 80. Geburtstages*, Volume 1: *Tocharisch und Indogermanisch*. Édité par O. Hackstein. Brême: Hempen.

28

ACCORD SUR LE DÉSACCORD: QUELQUES RÉFLEXIONS SUR LES RAPPORTS ENTRE MORPHÈMES CASUELS ET ADPOSITIONS EN ÉTRUSQUE

*G. van Heems, Université Lumière - Lyon 2**

Introduction

Malgré une quantité de textes qui fait du corpus étrusque l'un des plus riches des langues anciennes du monde classique (du strict point de vue quantitatif, en effet, il arrive à la troisième place, après les corpus grec et latin), on ne sait que trop bien quelles sont les limites et les contraintes qu'il impose à notre connaissance de la langue étrusque. Celle-ci, quasiment isolée du point de vue généalogique,[1] et suffisamment différente des langues indo-européennes pour qu'on soit en droit de la classer à part, oppose encore de nombreuses résistances aux savants. Dans ces conditions, il n'est pas étonnant que la phonologie et la morphosyntaxe apparaissent comme les domaines de la langue étrusque les mieux connus, alors que le lexique est, lui, de manière sans doute irrémédiable, condamné à rester *terra incognita*. De fait, on est en mesure aujourd'hui de reconstituer avec un certain degré de précision et de finesse un tableau du système casuel relativement complexe, qui témoigne des progrès qui ont été faits dans notre connaissance de la morphosyntaxe du nom depuis les débuts de l'étruscologie linguistique. Pour notre part, nous nous pencherons sur un point particulier de la morphosyntaxe étrusque: l'accord en cas[2] dans les syntagmes nominaux. La question de l'accord pourra paraître à première vue secondaire; nous verrons

* Précisions terminologiques: on appelle "absolutif," sur le modèle proposé par L. Agostiniani (dès Agostiniani 1992: 55f.) la forme prise par les substantifs et les adjectifs, caractérisée par le suffixe -ø, lorsqu'ils assument les fonctions de Sujet et Objet (ce cas recouvre donc le nominatif et l'accusatif des langues indo-européennes). En revanche, pour les pronoms, nous distinguons proprement le nominatif (suff. -ø) de l'accusatif (suff. *-n, -ni*). L'astérisque (*) marque une forme incorrecte ou une syntaxe agrammaticale, tandis que le double astérisque (**) indique une forme ou un syntagme non attestés, mais corrects du point de vue morphosyntaxique. Les abréviations auxquelles nous recourons sont celles en usage dans les publications de linguistique: Adj (adjectif), Art (article), Dét (déterminant du nom), Dém (démonstratif), Num (numéral), N (nom), Postp (postposition), Prét (prétérit), Prst (présent), SN (syntagme nominal). Nous ajouterons toutefois à cette liste les sigles PN pour prénom et G pour gentilice.

[1] Deux "langues" sont clairement apparentées à l'étrusque. 1) Le rétique, attesté par une centaine d'inscriptions du nord de l'Italie (région du Trentin-Haut-Adige/Tyrol méridional) et dont la proximité avec l'étrusque était encore connue par les Antiquaires de la fin de la République, voire encore effectivement perçue, si l'on en croit le témoignage de Tite-Live dans son fameux excursus sur les peuples des Alpes (Liv. V, 33: *Alpinis quoque ea gentibus haud dubie origo est* [scil.: l'origine des Étrusques], *maxime Raetis, quos loca ipsa efferarunt ne quid ex antiquo praeter sonum linguae nec eum incorruptum retinerent*; voir également, pour des témoignages plus tardifs, remontant probablement aux mêmes sources, Just. XX, 5, 9; Plin. *NH*, III, 133 et la glose d'Étienne de Byzance dans ses *Ethnika* Ῥαιτοί· Τυρρηνικὸν ἔθνος) — sur les Rhètes et leur langue, voir Rix 1998 et les actes du colloque de 1993 (Ciurletti et Marzatico 1999). 2) La langue préhellénique documentée par la stèle de Kaminia, une inscription lapidaire découverte récemment et quelques autres graffites, sur l'île de Lemnos, au nord de la mer Égée, a longtemps été considérée comme le représentant d'une branche du groupe "tyrrhénien," parallèle au tyrrhénien d'Italie (sur cette thèse, voir Rix 1995, avec bibliographie). Pour d'autres, cependant, le lemnien ne serait qu'un dialecte de l'étrusque continental, implanté sur l'île par la suite de migrations de "pirates" à l'aube de la tradition historique (c'est la thèse développée par C. De Simone: De Simone 1996; idem 1998a–b; idem 2000); elle n'en constituerait pas moins un dialecte ou une langue "sœur" de l'étrusque proprement dit.

[2] Nous prenons le parti, avec la grammaire traditionnelle, de considérer que le cas est, au même titre que le genre, le nombre et d'autres traits, une des catégories morphosyntaxiques concernées par l'*accord*, alors même que beaucoup de linguistes, aujourd'hui, tendent à distinguer de l'accord (angl. *agreement*) proprement dit les phénomènes de rection (angl. *government*), et à faire du cas un trait "indirectement" concerné par l'accord (sur ce point, voir la bonne présentation faite par G. G. Corbett, dans Corbett 2006: 7–8, 123–24 et 133–35). La situation est cependant moins claire qu'il n'y paraît: ainsi dans un syntagme du type *in for-ō boāri-ō*, on peut certes estimer que la marque d'abl. est étendue à l'Adj. en vertu de la fonction du Relateur *in*, mais l'interprétation traditionnelle, où *boāriō* est, indépendamment de la structure syntaxique dans laquelle est inséré le substantif, précisément accordé à *forō*, au même titre qu'il est accordé en genre et en nombre (désinence synthétique) n'est pas pour autant à écarter. C'est pourquoi nous considérerons, dans notre étude, que le cas est une catégorie concernée à part entière par l'accord.

qu'elle est au contraire un élément central, sorte de pierre de touche au moyen de laquelle, puisque l'on peut définir l'accord comme un cas particulier de *rection*, tous les aspects de la syntaxe du nom pourront être abordés, des rapports strictement syntaxiques aux questions plus délicates des relations, diachroniques et synchroniques, entre les morphèmes casuels et les adpositions en étrusque, langue qui peut apporter, nous essaierons de le montrer, un éclairage intéressant sur les problèmes de grammaticalisation.

Dans cette perspective, nous chercherons d'abord à déterminer l'extension de l'accord en étrusque, en nous fondant sur un corpus aussi complet que possible, afin de dégager la norme en matière d'accord casuel. Ensuite, nous nous intéresserons plus particulièrement à deux types d'écarts à cette norme que nous documentent les inscriptions étrusques.

1. Extension de l'accord

Présentation du corpus

Notre recherche se fonde sur un corpus paradoxalement à la fois ample et très restreint: on sait que le corpus étrusque a un contenu essentiellement onomastique, puisque l'écrasante majorité des inscriptions qui nous sont parvenues sont soit des épitaphes, soit des inscriptions de don, de dédicace ou de propriété, tous textes qui sont centrés autour d'un nom (nom du défunt, nom du propriétaire, nom du dédicant ou nom du donateur et du destinataire du don). Or, étant donné que le système onomastique étrusque est, comme c'est la norme auprès de presque tous les peuples de la Péninsule, un système gentilice, c'est-à-dire qu'il joint à l'ancien nom individuel du système patronymique un gentilice (latin *nomen gentile*) fixe et héréditaire, et que ce gentilice prend généralement la forme d'un adjectif accordé au prénom, qui est le noyau syntaxique de la formule onomastique, toutes ces inscriptions nous offrent quantité de syntagmes nominaux du type "N Adj." Cependant, on se tromperait si l'on croyait que ces syntagmes onomastiques nous offrent un tableau exhaustif de l'accord nominal en étrusque: ils apparaissent généralement à l'absolutif ou, plus rarement, au génitif, ce qui fait que les autres cas obliques sont bien moins documentés. Quant aux syntagmes composés d'appellatifs ou ayant une structure différente du type "N Adj," ils sont en revanche extrêmement moins nombreux. En conséquence, nous avons pris le parti de rassembler un corpus non exhaustif du point de vue numérique (il eût été impossible, et de toute façon peu intéressant, de rassembler tous les syntagmes "anthroponymiques"), mais complet du point de vue typologique, afin de prendre en compte tous les types de syntagmes nominaux attestés au moins une fois. Le corpus utile a été classé selon les principes suivants: le premier principe retenu est la présence ou non d'un relateur, en l'occurrence, pour les syntagmes nominaux, la présence d'une adposition, qui en étrusque, et conformément à ce qu'enseigne la typologie des langues agglutinantes, prend systématiquement la forme d'une postposition. Le premier groupe rassemble donc les syntagmes autonomes ou directement régis par le verbe, et les inscriptions sont ensuite classées selon la structure du syntagme (nombre des éléments) et la nature des modificateurs du nom (Adj, Dém, Art, Num). Je ferai une précision: par le terme d'"article" ou de "pronom articulé," je fais référence ici à l'emploi enclitique des pronoms démonstratifs *-ca* et *-ta*, du pronom *-sa* (anaphorique et/ou démonstratif)[3] — ces trois pronoms ont parallèlement des emplois toniques — et du pronom *-(i)σa*, qui lui n'est pas attesté en dehors de ses emplois clitiques[4] (voir en annexe le tableau morphologique des pronoms-adjectifs articulés). Généralement, l'article sert à introduire un modificateur du nom, Adj ou N, et concourt assez fréquemment à l'expression des éléments indirects de la formule onomastique, notamment à celle du patronyme ou du papponyme:

1.[5] *velθur : partunu-s: laris-al-i-σa : (...)*
$PN_{\mathbf{nom}}$ $G_{\text{gén}}$ $PN_{\text{gén}}$-$Art_{\mathbf{nom}}$
"Velθur Partunu, celui de Laris..."

[3] La correcte identification de ce pronom est une acquisition relativement récente (voir, pour l'histoire de cette interprétation, Wylin 2004: 213–14). Nous ne partageons néanmoins pas l'interprétation sémantique proposée par K. Wylin ("*ipse*" ou "*idem*"), précisément en raison des emplois enclitiques de ce pronom, qui l'apparentent plutôt aux démonstratifs *ca*, *ta* et *σa*. Nous pencherions, à titre d'hypothèse, pour un pronom personnel de troisième personne, dont l'étrusque a besoin pour l'expression de la personne, puisque sa morphologie verbale ne prévoit pas de marques de personne sur le verbe.

[4] On doit l'identification et l'interprétation de ce pronom à H. Rix; cf. Rix 1993: §41.

[5] Les références de chaque exemple sont données dans les annexes, avec l'indication du support, du lieu d'origine et d'une datation approximative.

2. *tite-s : vel-us : /* *arnθ-al-i-σla*
   $G_{gén}$ $PN_{\mathbf{gén}}$ $PN_{gén}$-$Art_{\mathbf{gén}}$
   “(tombe) de Vel Tite, (de) celui d’Arnθ”

3. *p[u]σ̣lị̣nei :* *vela :* *larθ-al :* *seχ /* *apun-al-c :* *larθial :*
   G_{nom} PN_{nom} $PN_{gén}$ N_{nom} “fille” $G_{gén}$ -coord “et” $PN_{gén}$
   “Vela Puσlinei, fille de Larθ et de Larθi Apunei,

   anin-as / *velθur-us :* *velθur-u-σla /* *puia (...)*
   $G_{\mathbf{gén}}$ $PN_{\mathbf{gén}}$ $PN_{gén}$-$Art_{\mathbf{gén}}$ N_{nom} “épouse”
   épouse $de_{gén}$ Velθur Anina, $celui_{gén}$ de Velθur”

L’emploi de l’articulation a un avantage évident: il permet d’éviter l’ambiguïté référentielle d’une séquence de plusieurs génitifs.

L’accord en cas

Une fois ces quelques précisions faites, on peut entrer plus avant dans l’enquête qui nous occupe. Il ne fait pas de doute que la catégorie morphosyntaxique la plus impliquée par les phénomènes d’accord est celle du cas, au point que l’on est en droit d’édicter la règle suivante, concernant l’accord à l’intérieur du syntagme nominal:

Les modificateurs du nom, quelle que soit leur nature, s’accordent en cas avec le nom qu’ils modifient

Cette règle se vérifie dans les syntagmes à deux éléments “N Adj” et à tous les cas; la nature du N tête de syntagme (nom propre ou nom commun) ne change pas la situation, comme le prouvent les exemples suivants:

4. (nom.) *mi-ni* *mu̥lvani-ce* ***velθur qurtiniie***
   Pro_{acc} $V_{prét}$ $[PN+G]_{abs}$
   “Velθur Qurtiniie m’a donné”

5. (acc.) *mi.* *capi. /* ***l. versni. l //***
   mi. *capi /* ***l. ver̥sni. ƨe*** */ (...)*
   Pro_{nom} V_{prst} $[PN+G]_{abs}$
   “Je contiens Larθ Versni (...)”

6. (gén.) *mi* ***velθur-us skanesna-s*** [< ***velθur skanesna*]
   Pro_{nom} $[PN+G]_{gén}$
   “Je (suis) de Velθur Skanesna > J’appartiens à Velθur Skanesna”

7. (pert.) *velu-si* *hulχnie-si* [< ***vel hulχnie*][6]
   $[PN+G]_{pert}$

8. (abl.) *marce-s* *tarn-es* *ramθ-es-c* *χaire-als*
   PN_{abl} G_{abl} PN_{abl}-coord G_{abl} [< ***marce tarna ramθa-c χairei*]
   “par[7] Marce Tarna et Ramθa Xairei”

9. (gén.) *tinśi tiuri-m* ***avil-s*** ***χi-ś*** [< ***avil χi*]
   $N_{gén}$ $Adj^{?}_{gén}$
   “au jour et au mois de l’année *χi*”[8]

---

[6] Pour la traduction de ce type de syntagme, voir *infra*, pp. 403–04.

[7] Le cas appelé généralement ablatif en étrusque représente dans beaucoup de ses emplois un agentif. C’est le cas dans cette inscription, où le syntagme dépend d’un verbe *farθnaχe*, fléchi au passif.

[8] Ce lexème pourrait éventuellement appartenir à la classe des déterminants du nom, notamment aux indéfinis (*χi* = “chaque, tout,” comme déjà le proposait A. Torp au début du XXe siècle; cf. Torp 1902: 99; Trombetti 1928: §143). Mais les propositions d’interprétation comme véritable adjectif qualificatif ne manquent pas: nous rappellerons la traduction “*iustus*” proposée par E. Goldmann (Goldmann 1936: 247 et 251), qui a connu récemment un regain d’intérêt (cf. Colonna 2000: 300, n. 194, qui donne au mot un sens *giuridico-sacrale*). En dernier lieu, sur ce mot, voir Belfiore 2010: 72–74. Mais la nature du lexème, comme nous le verrons, n’a pas d’incidence sur les phénomènes d’accord qui nous intéressent.

10. (loc.-instr.)	*lur-i*	*mlac-e* [< ***lur mlaχ* ?]
	$N_{loc\text{-}instr}$	$Adj_{loc\text{-}instr}$
	"le *lur* (?) étant beau/bon"[9]	

On ajoutera qu'on peut trouver, à la place de l'Adj, un N apposé accordé au substantif qu'il modifie.

11. (abs.)	***laris***	***avle***	*laris-al*	***clen-ar***(*-ø*)	***sval***(*-ø*)
	PN_{abs}	PN_{abs}	$PN_{gén}$	$N_{pl\text{-}abs}$	$Adj^{?}_{abs}$
				"fils"	"vivant"
	c-n	*ϭuθi*	*ceriχun-ce* (...)		
	$Dém_{acc}$	N_{abs}	$V_{prét}$		
			"faire élever, faire construire"		

"Laris (et) Avle fils de Laris, de leur vivant,[10] ont fait bâtir cette tombe."

Il en va de même pour les syntagmes "Dét N," en particulier avec le démonstratif pour déterminant:

12. (nom.)	***cên.***	***zic.***	*ziχuχe*
	$Dém_{nom}$	N_{abs}	V
	"Cet écrit-ci a été écrit"		

où *cên* est un démonstratif emphatique formé sur la base de *ca*,

13. (acc.)	***θun-cn***	***σe---σ̣*** :	*macst* /	*zilc*	*tenu*
	$Num\text{-}Art_{acc}$	N_{abs}	N_{abs}	N_{abs}	V
	"(X) a exercé le *σe--σ*, celui un (= premier?), la magistrature *macst*(*revc*), la magistrature *zilc*"				

14. (nom.)	***eca.***	***σuθi.***	*larθ-al. tarsalus.*	*sacniu*
	$Dém_{nom}$	N_{abs}	$[PN{+}G_{gén}]$	V
		"tombe"		
	"Cette tombe a été consacrée à Larθ"			

15. (nom.)	*ta* :	*mutna* :	*marce-s* : *spurina-s*
	$Dém_{nom}$	N_{abs}	$[PN{+}G]_{gén}$
		"sarcophage"	
	"Ce sarcophage (est) de Marce Spurina, ce sarcophage appartient à M. S.,"		

même si, dans ces deux derniers cas, notre analyse syntagmatique n'est pas la seule possible. On pourrait en effet avoir une structure prédicative "S + prédicat nominal"[11] "Ceci (est) la tombe consacrée à Larθ" / "Ceci (est) le sarcophage de Marce Spurina."

Le corpus étrusque nous fournit un assez grand nombre de syntagmes "N Num," grâce en particulier aux formulaires d'indication de l'âge du défunt à sa mort:

16. (gén.)	*avil-s* /	*ci-s.*	*zaθrm-is-c*
	$N_{gén}$	"3"$_{gén}$	"20"$_{gén}$-coord
	"année"		
	"(âgé) de 23 ans"		

Enfin, on dispose d'un syntagme à trois éléments "Dém N Adj," indubitablement fléchi à l'accusatif comme l'indiquent à la fois la flexion du pronom, qui reçoit une marque d'accusatif (*-n*) et la syntaxe de la proposition, où *an* occupe la fonction de sujet et *acasce* celle de verbe au prétérit actif. On remarque que les deux modificateurs de *ziχ* sont accordés avec ce dernier, même si les solutions morphologiques pour exprimer le cas accusatif diffèrent selon la classe lexicale des modificateurs: les Adj se déclinent sur le modèle des substantifs, et n'ont pas de marque distinctive de l'accusatif, tandis que les Dém, et tous les pronoms,[12] marquent ce cas par un suffixe ou infixe nasal.

[9] Sur ce type d'analyse, nous nous permettons de renvoyer à van Heems sous presse a.

[10] La nature adjectivale du lexème *sval* n'est pas certaine. Il pourrait s'agir d'une forme "nominale" du verbe. Quant au problème de l'accord en nombre, qui n'est pas systématiquement marqué (*clen-ar* vs. *sval*), voir *infra*.

[11] Car la copule est normalement sous-jacente en étrusque: sur la question, nous nous permettons de renvoyer à van Heems 2001.

[12] Ainsi, peut-être, que le numéral de l'unité, *θu*, dont *θu-n* pourrait être l'accusatif. Pour cette hypothèse, voir van Heems 2009.

17. (acc.) *c-n* *ziχ* *neθσrac*
Dém$_{acc}$ N$_{abs}$ Adj$_{abs}$
"écrit" "relatif à l'haruspicine"
"cet écrit d'haruspicine."

Enfin, on est autorisé à conclure que l'accord en cas a bien pour rôle de souligner la cohérence syntagmatique par le comportement des syntagmes nominaux régis par des postpositions:

18. "loc.-instr. + *-θi*" *cilθ-cve-ti* *hilar-e* [< ***cilθ-cva-i-ti hilara-i*]
N$_{-pl+loc-instr}$-postp[13] Adj$_{loc-instr}$
"dans les citadelles *hilar* (?)."

La nature adjectivale de *hilar* est rendue fort probable par son occurrence comme modificateur de *tular* "borne, frontière" dans le syntagme *tular hilar neśl* sur un cippe de Chiusi,[14] même si l'on ne peut formellement exclure qu'il s'agisse d'un substantif. On trouve également, dans une inscription sur un sarcophage de Cerveteri[15] deux syntagmes postpositionnels qui nous confirment sans équivoque ce rôle joué par le morphème casuel pour assurer la cohérence syntagmatique:

19. (loc. post.) *venel : tamsnies an* ***zilc-i*** ***muni-cle-t*** *[-]rial arusiance*
N$_{loc-instr}$ Adj-Art$_{loc-instr}$-postp
"*praetura*" "?"
huzrneθi ***caisrivại*** *an : larisạl : ṭamsnies arusmṇal / θanχv[ilu]ṣç c[lan :] a[mce]*
N$_{loc-instr}$-postp Adj$_{loc-instr}$
"?" "cérite"
"Venel Tamsnie qui au cours de la magistrature *zilc muni-ca* (litt.: "dans le *zilc*, celui *muni*") a fait telle action (*arusiance*) *-rial* (?) dans la *huzrna*[16] de Caeré, (et) qui a été fils de Laris Tamsnie et de Arusmei Θanχvil."

L'étrusque, comme nombre d'autres langues, et nous ne nous en étonnerons pas, confère aux suffixes casuels le rôle de marquer la cohérence syntagmatique. Là où en revanche l'étrusque diffère des langues flexionnelles, c'est dans sa capacité à étendre cette marque flexionnelle d'accord à un dernier type de modificateur du nom, le génitif adnominal. L'extension de ce dernier en étrusque est grande, du moins à l'échelle de ce que nous laisse entrevoir de la langue le corpus disponible, et plus d'un indice suggère qu'il est le strict équivalent syntaxique et sémantique d'un adjectif de relation. Ainsi, on rencontre des syntagmes où un adjectif de relation en *-na* est coordonné à un génitif adnominal, comme en *ET* Ta 1.17, *luθcva. caθas. paχanac*, qui renvoie à des objets (*luθcva*) appartenant à Caθa (divinité) et aux Bacchants (*paχa-na:* "relatif au(x) Bacchant(s)").[17] Or on observe qu'un génitif adnominal peut, en vertu des possibilités qu'offre la morphologie agglutinante, recevoir la marque casuelle oblique du substantif qu'il modifie. C'est ce que révèlent plusieurs syntagmes fléchis à ce que nous avons proposé d'appeler l'instrumental absolu.[18] Les mieux connus d'entre eux sont ce qu'on a identifié depuis longtemps comme des formules de datation par magistrats éponymes, du type

[13] *-cva* est la forme d'abs. du morphème de pluriel pour les noms marqués du trait [-animé/humain] et *-i* la marque du locatif instrumental; l'évolution de la diphtongue $/a^j/$ > /e/ (sans doute ouvert) rend illisible en synchronie l'agglutination des marques à l'origine bien distinctes. La reconstruction diachronique que nous proposons entre crochets explicite la formation de ce syntagme postpositionnel.

[14] Cf. *ET* Cl 8.5.

[15] Nous adoptons, pour ce sarcophage de la tombe des Tamsnie, les deux lectures proposées successivement par A. Maggiani (d'abord Maggiani 1996: n. 1, puis Maggiani 2001: 45).

[16] Le rapprochement avec *husur/huśiur* ("enfants"), qui a conduit certains savants à proposer une traduction par "jeunesse," nous semble infondé pour des raisons formelles (passage de <σ> à <z>). L'occurrence sur le sarcophage de Venel Tamsnie pourrait suggérer une valeur "institutionnelle," sans qu'il soit possible d'être plus précis.

[17] La divinité *ca(v)θa* (arc. *cavaθa*) est fréquemment associée aux Bacchants à Tarquinia: voir encore l'épitaphe de Larθ Statlane de Tuscania (*ET* AT 1.32), qui porte le titre de *maru paχaθuras caθsc*, c'est-à-dire de *maru* (magistrat) des Bacchants et de Caθa; on manque d'une étude d'ensemble de cette divinité, dont les attestations épigraphiques se sont récemment nettement accrues grâce aux fouilles de Pyrgi. Quant à *paχa*, qu'on a pendant longtemps voulu considérer comme la forme étrusquisée du théonyme grec *Βάκχος*, en dépit de la difficulté formelle (on attendrait la forme **paχe*), il doit s'agir soit de l'emprunt du grec fém. Βάκχᾱ (att. Βάκχη), "bacchante" (avec extension de la désignation aux deux sexes), soit d'une élaboration autonome en étrusque (classe de noms animés en *-a*? Utilisation du suffixe *-a*, car *-e* servait déjà à désigner le dieu?).

[18] Sur la mise en évidence de ce tour et son interprétation, cf. van Heems sous presse a.

20. (instr. abs.) *zilc-**i*** *vel-us-**i** hulχnie-s-**i***
$N_{\text{loc-instr}}$ $[PN+G]_{\text{gén-loc-instr}}$

On doit à H. Rix le mérite d'avoir attiré l'attention sur ce "cas" apparemment bimorphématique, qu'il a appelé "pertinentif," et auquel il a donné, entre autres fonctions, une valeur dative (Bénéficiaire de l'action). Il traduisait ainsi ces formules, dont on a de très nombreux exemples, comme un locatif (*zilci*) suivi du nom de la ou des personnes concernées (latin *pertinere*), "dans/au cours de la préture concernant V. H." Nous proposerions une analyse légèrement différente, en grande partie parce que les formes en *-i* comme *zilc-i* ne sont pas de véritables locatifs, alors qu'en étrusque, du moins à époque historique, la fonction loc. inessif n'est plus exprimée, sauf pour quelques archaïsmes, que par la postposition *-θi* régissant ce cas en *-i*. Il nous semble plutôt que nous avons affaire à un tour syntaxique équivalent aux génitif et ablatif absolus du grec et du latin; *zilci velusi hulχniesi* serait dans ces conditions la transposition en subordination du syntagme libre (à l'absolutif) ***zilc velus hulχnies*, qui doit se traduire, puisque la copule n'est régulièrement pas exprimée en étrusque, par "la préture (étant) de Vel Hulχnie." Lors de la transposition à l'instrumental, la marque *-i* vient également s'adjoindre au groupe au génitif pour marquer la cohérence du syntagme, *zilc-i velus-i hulχnies-i*. Ce marquage n'est pas obligatoire, comme l'indiquent les quelques formules de datation où le nom du magistrat reste au gén.:

21. (instr. abs.)[19] *larθ-al-**e**. lapicanẹ[-s]-**i** / v. c. ṃarunuc-**i*** [< ***larθ-ala-i lapicane-s-**i***]
"Sous le 'maronat' de Larθ Lapicane fils de Vel"

22. (instr. abs.) *zilc-**i**. larθ-al. cuσu-ś. titinal larisal-c. σaliniś aule-ϙla.*
"Sous la 'préture' de Larθ Cuσu de Titinei et de Laris Σalini, celui d'Aule."

Ces deux tours sont clairement équivalents; H. Rix a voulu expliquer le tour au génitif comme l'effet d'une contamination des langues italiques et latino-falisques,[20] alors que l'autre serait proprement vernaculaire, mais il est pour le moins délicat, vu nos maigres certitudes sur la syntaxe de l'étrusque, de tirer de telles conclusions. Les deux tournures se laissant bien comprendre, nous nous astreindrons, pour le moment, à les poser comme strictement équivalentes et toutes deux correctes. Nous soulignerons, en revanche, deux points: 1) il est intéressant de constater que le génitif adnominal est traité, du point de vue syntaxique, exactement comme un Adj; 2) le tour où le morphème d'instrumental est étendu à tous les éléments du syntagme, même quand ils sont déjà dotés d'une marque casuelle propre, rentre parfaitement dans le cadre d'une morphologie agglutinante.[21]

Autres catégories concernées par l'accord

Le cas n'est pas la seule catégorie morphosyntaxique à être concernée par les phénomènes d'accord intrasyntagmatique. Pour le nombre, on sait, depuis les travaux que L. Agostiniani a consacrés à la question, que la situation est rendue assez complexe par l'intervention de l'échelle d'humanitude. Ce savant a en effet montré que les syntagmes au pluriel avaient un comportement différent selon qu'ils étaient marqués ou non du trait [+ humain] (ou [+ animé]): les substantifs marqués de ce trait prennent systématiquement la marque de pluriel qui leur est réservée (*-r*), tandis que la marque *-χva* des substantifs non-humains ou inanimés est facultative, et dépend en outre de critères tactiques, comme on le voit à la lecture de l'inscription suivante (*ET* Ta 1.167[22]):

23. *meṭli : arnθi : puia : amce : spiṭus / larθal : svalce : avil : LXIIII : ci : cle/nar : açṇạnas : arce*

où l'on a deux syntagmes à l'acc. "N Num" (dans une séquence différente), *avil LXIIII* et *ci clenar*, mais où un seul des substantifs est marqué comme pluriel, *clenar*, abs. plur. de *clan* "fils." *avil* "année," au contraire, n'est pas marqué du point de vue du nombre, quoiqu'il soit sans le moindre doute au pluriel. On notera en revanche que, comme on peut s'y attendre, les numéraux supérieurs à "1" n'ont pas de marque spécifique du pluriel. Malheureusement,

[19] Nous nous référons à la nouvelle lecture, infiniment plus satisfaisante que celle de la première édition du texte (E. Benelli, in *REE* 55, 1987–88, n. 95, pp. 325–26), reproposée par l'éditeur in Benelli 2007: n. 111, pp. 236–37.

[20] Rix 2002: 78.

[21] Ce phénomène d'accumulation de suffixes est bien documenté. On peut citer, pour un parallèle exotique et intéressant, le cas du kayardild, une langue aborigène d'Australie (groupe tankique, famille Pama-Nyungan). Nous renvoyons en particulier aux exemples et références présentés dans Corbett 2006: 80–81 et 134–35, en particulier la phrase (24), où la marque d'instrumental s'adjoint à celle de l'ablatif (qui marque dans cette langue le possesseur) pour introduire le complément d'un nom fléchi à l'instrumental.

[22] Inscrite sur les murs de la tombe des Spitu à Tarquinia.

pour les autres modificateurs du nom, il est difficile de se prononcer sur le caractère obligatoire ou facultatif de l'accord en nombre, car on n'a pas de syntagmes "N Adj" certainement au pluriel. On a bien la séquence *munisvleθ calusurasi* dans une inscription de la tombe des Aleθna de Musarna,[23] où *muni-svle-θ* est un adjectif articulé au pluriel (infixe *-v/u-*), et fléchi au loc.-instr. par la postposition *-θ*, et où l'on reconnaît, dans *calus-ur-as-i* le morphème de pluriel *-r*; mais on doit ici être dans le cas vu plus haut où le suffixe *-i* de loc.-instr. est étendu à tous les éléments du syntagme, et notamment au gén. plur. **calusuras*, complément de l'adjectif substantivé *munisvleθ*. L'ensemble doit donc se comprendre, à notre avis, comme "dans les choses *muni* des Calusur,"[24] les Calusur étant un groupe de divinités relativement bien documenté,[25] et non comme "dans/parmi les Calusur, ceux *muni*." On ne peut par conséquent proposer de conclusions sûres pour l'accord en nombre; mais il est probable qu'il est soumis aux mêmes restrictions que l'échelle d'humanitude ou de définition fait peser sur les substantifs: obligatoire pour les éléments situés le plus en haut de cette échelle et facultatif pour ceux situés le plus en bas.[26] Dans ces conditions, il faut probablement s'attendre à ce que les pronoms aient un comportement différent de celui des adjectifs, et qu'ils reçoivent obligatoirement ou plus fréquemment la marque de pluriel. De fait, les attestations de formes articulées (c'est-à-dire de formes où le pronom est employé comme article enclitique) au pluriel sont relativement nombreuses.[27]

Pareillement, la question de l'accord en genre est moins nette que celle de l'accord en cas. On sait depuis longtemps que cette langue ne connaît pas, du moins pour les noms communs, de genre grammatical. Pour les anthroponymes, et uniquement ces derniers, elle a partiellement intégré la distinction générique des langues indo-européennes avec lesquelles elle était en contact, et introduit une opposition à deux termes, masc. vs. fém., reproduisant le genre naturel, et limitée par conséquent aux lexèmes désignant des êtres humains ou animés (essentiellement des anthroponymes, mais aussi quelques théonymes[28] et noms de fonction[29]). Ce phénomène s'observe le mieux avec les gentilices,[30] qui, pour la plupart, forment leur féminin par l'adjonction d'une marque à la forme non-marquée de masculin: *larθ marcna* vs. *θanχvil marcnei* (< **marcna-i*). Dans ce cas très particulier, et uniquement dans ce cas, on peut dire avec certitude que l'accord est obligatoire, et la documentation permettant de le prouver est presque infinie. Pour les appellatifs, en revanche, c'est encore une fois, comme l'a bien montré L. Agostiniani, l'échelle d'humanitude qui intervient, sans qu'aucune marque formelle, cependant, vienne distinguer, au singulier, les substantifs marqués du trait [+ humain] de ceux marqués du trait [- humain]. Il suffira d'opposer pour cela les couples de substantifs *clan* "fils": *alpan* "offrande votive" ou *ati* "mère": *σuθi* "tombe," caractérisés par les mêmes finales. On doit donc conclure que, hormis pour le cas très particulier des anthroponymes, l'étrusque n'est pas concerné par l'accord intrasyntagmatique en genre, même si la distinction [± humain] a une incidence sur l'accord en nombre.

À la suite de cet examen, on est donc en mesure de proposer une hiérarchie des catégories morphosyntaxiques concernées par l'accord: en premier lieu vient assurément la catégorie du cas; celle du nombre est très probablement facultative, même si l'on manque de données certaines pour l'affirmer; quant à celle du genre, elle est soumise à des restrictions très fortes, et l'on peut dire qu'elle ne concerne l'étrusque que pour une catégorie lexicale très réduite, celle des anthroponymes. Il y a donc une différence essentielle entre les catégories concernées: celle du cas intervient toujours dans les phénomènes d'accord intrasyntagmatiques sans qu'intervienne l'échelle d'humanitude ou de définition, tandis que la réalisation de l'accord en genre et en nombre est conditionnée par cette dernière. C'est là une situation que l'on retrouve dans plus d'une langue du monde.[31]

---

[23] *ET* AT 1.107.

[24] Ce n'est pas le lieu de nous pencher sur le problème du sens de cet adjectif, dont le signifié (et même la nature) est encore très débattu auprès des étruscologues. Nous dirons donc juste que, sur la base de ses autres occurrences, cet adjectif doit avoir un domaine sémantique susceptible d'exprimer une localisation dans l'espace (plutôt que dans le temps).

[25] Sur ces divinités, voir, dernièrement, Maras 1998: 192f.

[26] Sur cette hiérarchie, voir Corbett 2001: 825–26 et Lazard 1994: 192–204 et 228–32.

[27] Pendant longtemps, on était incapable de distinguer les formes de pluriel des formes de singulier. C'est à D. Steinbauer que revient le mérite d'avoir proposé l'hypothèse selon laquelle l'infixe *-v/u-* dans ces formes marquerait le pluriel (Steinbauer 1999: 138 et 470), hypothèse qui est confortée pour les pronoms *-σa* et *-sa* (voir tableau). On a récemment proposé de confier ce rôle à l'infixe -l- qui apparaît fréquemment dans la flexion des pronoms, mais cette hypothèse se heurte à trop de difficultés pour être suivie.

[28] Cf. *cavθa*.

[29] Cf. masc. *lautni* : fém. *lautni-θa* ("affranchi(e)").

[30] On entend par là les gentilices formellement marqués comme adjectifs (il s'agit principalement des catégories des gentilices patronymiques, typiquement terminés par les suffixes dérivatifs *-na* et *-ie*, et des gentilices ethniques, terminés généralement en *-aθe/-ate* et *-iθe/-ite*).

[31] Sur le cas particulier que représente l'"accord" en cas par rapport aux autres catégories (en particulier genre et nombre), nous renvoyons à Corbett 2006: 7–8 et 133–35.

2. Morphèmes casuels et postpositions

On peut donc établir une norme de l'accord en cas en étrusque: tous les modificateurs d'un nom prennent la marque du cas auquel ce dernier est fléchi. Toutefois, à y regarder de plus près, on se rend compte que deux types d'écart à cette norme apparaissent dans les textes à notre disposition. Il nous faut donc à présent chercher à rendre compte de ces "fautes d'accord." La première d'entre elles intervient dans la syntaxe de la postposition: dans certains syntagmes, en effet, la postposition est accolée tant au nom qu'à son modificateur.

Syntaxe de la postposition

Un des traits les plus typiques de la morphosyntaxe étrusque, par lequel elle se distingue nettement des langues classiques, est l'utilisation de postpositions, pour pallier les insuffisances sémantiques des cas, là où les langues indo-européennes ont généralement des prépositions[32] — situation qui est d'ailleurs conforme à ce qu'enseigne la typologie linguistique.[33] On recense six postpositions en étrusque:[34] *-θi* (loc.), *-ri* (bénéfactif), *-pi* (bénéfactif? obj.?), *-em*,[35] *-tra* (abl.?) et *ceχa* (bénéfactif?). Cette dernière est à mettre à part, parce que sa fonction postpositionnelle n'est pas assurée, et que, de surcroît, si l'on a bien affaire à une postposition, il s'agit de toute évidence d'une postposition "secondaire," c'est-à-dire due à un glissement catégoriel plus récent que celui qui a conduit à l'autonomisation des autres postpositions de l'étrusque. De fait, *ceχa* est avant tout documenté comme adverbe (signifiant: "*supra*"); il aurait secondairement pu être employé après un substantif à l'abl. ou à un autre cas oblique pour exprimer une fonction sémantique difficile à déterminer.[36] Les cinq autres, en revanche, forment un groupe très cohérent du point de vue phonosyntaxique (structure monosyllabique; trois d'entre elles obéissent à une structure "C+*i*") et prosodique (enclitiques), ce qui suggère encore l'ancienneté de leur formation. Le comportement morphosyntaxique de ces cinq éléments plaide pour une analyse postpositionnelle plutôt que morphématique,[37] puisqu'ils sont caractérisés par les traits suivants:

- rection casuelle: chacune de ces postpositions régit un ou plusieurs cas obliques (*-θi:* loc.-instr. et gén.; *-pi* et *-ri:* loc.-instr.; *-em:* abs./acc.; *-tra:* abs., gén., loc.-instr. et abl.[38]). Or la rection est bien le trait définitoire le plus important des adpositions, et permet de les distinguer des affixes casuels.
- autonomie syntaxique nulle: les éléments *-θi*, *-pi*, *-ri*, *-em* et *-tra* n'ont que des emplois enclitiques, ce qui doit se comprendre comme l'un des signes distinctifs de la grammaticalisation de ces éléments[39] (voir les prépositions monosyllabiques du grec et du latin).
- autonomie morphologique: l'élément *-ri* intervient dans des formations verbales pour l'expression modale de l'obligation.[40] Il semblerait ainsi que, de même que les prépositions sont également des préverbes,

[32] Pour le moment, aucune préposition n'a pu être découverte en étrusque. Les propositions faites en ce sens ne tiennent pas face à un examen attentif: ainsi, l'idée, assez ancienne, que l'adv. *eθ* soit une préposition locale, "*in*" (cf. Cristofani 1995: 78) doit être rejetée sans hésitation. La singularité de l'étrusque ne tient donc pas tant dans l'emploi de postpositions, qui existent aussi dans les langues flexionnelles, mais dans son emploi exclusif ou très largement dominant, alors que les langues indo-européennes privilégient massivement l'emploi de prépositions.

[33] Agostiniani 1992: 59.

[34] Sur les postpositions étrusques, nous nous permettons, une fois de plus, de renvoyer à van Heems sous presse a.

[35] *-em* a le comportement d'une postposition, régissant l'accusatif, et dont le sens gravite autour des notions de "sans" et "sauf, excepté." Pour l'identification de cette valeur et la correcte analyse des numéraux complexes où cette postposition apparaît, voir Agostiniani 1995: 45–47.

[36] C'est le rapprochement du groupe *clen ceχa* (attesté dans trois inscriptions votives d'époque récente: *ET* Co 3.6, OA 3.9 et OB 3.2) de la formule latine *pro filio*, déjà documentée sur la base de Tibur (*CIL* I², 2658: *pro fileod*), qui a conduit à faire de *ceχa*, dont les emplois adverbiaux sont certains (voir la clausule qui clôt le texte du Cippe de Pérouse, *ET* Pe 8.4: *iχ ca ceχa ziχuχe*, "comme cela a été écrit *supra*"), une postposition (cf. Colonna 1999: 441). Mais indépendamment du problème posé par la forme *clen* considérée comme un ablatif amorphématique ("ablatif III" selon la terminologie de Rix 1993: §33; on note néanmoins l'apophonie qui distingue *clen* de l'abs. *clan*), on doit convenir que le contexte ne permet ni de confirmer, ni d'infirmer l'hypothèse. En tout cas, l'apparente profusion de postpositions indiquant le bénéficiaire de l'action ne doit pas étonner: elle est d'abord en partie due au type de documentation qui nous fait connaître l'étrusque (où abondent les inscriptions de dédicaces, de don et d'offrandes votives); ensuite, on doit se rappeler qu'une langue donnée peut avoir plus d'un moyen linguistique d'exprimer une même fonction. En latin même, d'ailleurs, la fonction Bénef. peut être rendue par plusieurs tours concurrents, prépositionnels (*pro filio, ad filium, filii gratia*...) ou non (*filio*).

[37] Voir encore van Heems sous presse a.

[38] Il n'est pas sûr que l'abl. soit à proprement parler un cas régi par la postposition: il n'apparaît que dans des syntagmes où *-tra* est lui-même fléchi à ce cas (*ET* Cr 4.4, *unialas-tres*, *ET* LL, passim, *śpureś-treś*); il pourrait donc s'agir d'une transposition de tout le syntagme postpositionnel à un cas oblique.

[39] Sur la question, voir Hagège 2001, esp. pp. 1616f.

[40] "Nécessitatif" selon Rix 1993: §46.

les postpositions puissent aussi être des "postverbes," signe que l'on a bien affaire à un élément chargé sémantiquement qui s'est grammaticalisé.[41]

- invariabilité: alors que *-θi*, *-pi*, *-ri* et *-em* sont invariables, comme c'est généralement le cas pour les adpositions, *-tra* est soumis à la flexion.[42] Même si ce trait le rapproche de la catégorie des pronoms,[43] il n'est toutefois pas nécessaire de renoncer à l'interprétation postpositionnelle: la flexion des adpositions est documentée dans plus d'une langue.[44]

On est par conséquent autorisé à poser l'existence en étrusque d'une classe, assez bien fournie, de postpositions.

Dans le cadre d'une étude morphosyntaxique telle que la nôtre, il est indispensable de porter une attention particulière aux syntagmes régis par des relateurs dans la mesure où ils présentent une complexité morphosyntaxique majeure — on peut en effet parler de morphèmes discontinus — que les syntagmes sans relateurs. Nous avons vu précédemment que l'accord en cas était obligatoire dans ces syntagmes pour assurer la cohérence syntagmatique. L'étude des emplois syntaxiques de la postposition, est assez intéressante. Sur les 23 inscriptions utiles pour cette étude, et rassemblées en annexe, 17 contiennent un SN complexe (c'est-à-dire composé d'un N et d'au moins un modificateur, en l'occurrence un Adj), et permettent de ce fait une étude approfondie de la syntaxe de la postposition étrusque.

24. *cilθcve-ti hilar-e*
25. *zilc-i muni-cle-t*
26. *[tei]sni-cl-te / flenzn-e*
27. *huzrne-θi caisrivai[?*
28. *clens-i mule-θ svalas-i*
29. *spure-θi apas-i*
30. *vipinal-tra ulχni-ɠla*
31. *riθnaitul-trais*
32. *riθnaitula snenaziulas-tra*
33. *riθnaitula hivus-tra*
34. *avils: ci-em zaθrms: lupu*
35. *cl-θi [σuθi]-θi*
36. *θui: [cl]θ σuθiθ*
37. *cl-θ suθi-θ*
38. *cal-ti σuθi-ti*
39. *ecl-θi σu[θi-θi?*
40. *śacnicle-ri. cilθl. śpure-ri meθlume-ri-c / enaś (...)*

L'examen de ces 17 inscriptions permet de tirer les conclusions suivantes concernant la place de la postposition. Celle-ci, dans les syntagmes "N + modificateur + postp.," ne semble pas fixe; les quelques exemples que l'on peut employer à cette fin, malheureusement assez peu nombreux, semblent indiquer que la postposition se trouve plus volontiers accolée au premier élément du syntagme qu'au second, mais la proportion est à peine en faveur de cette position: six exemples sur les neuf syntagmes qu'on peut employer avec certitude.[45] Cette distribution, en tout cas, ne dépend ni de la nature du lexème (les postpositions s'accolent aussi bien au nom qu'à son mod-

---

[41] On peut penser à l'élément angl. *to* qui sert aussi bien à introduire des compléments nominaux (*she talked to him* : emploi prépositionnel) qu'à produire des formes verbales (*he wants to come* : emploi préverbal). Il offrirait ainsi un parfait parallèle à étr. *-ri*, dont les emplois postpositionnels sont très probablement proches du datif indo-européen (*meθlumeri* : "pour la communauté") et dont les emplois verbaux ont clairement pour fonction de modaliser l'énoncé (obligation? destination? futur?).

[42] Pour la liste des formes, voir Rix 1993: §35.

[43] Comme le suggère déjà H. Rix, loc. cit.

[44] On pense à certaines langues caucasiennes (tsakhur, abkhaz), à de nombreuses langues de l'Inde ou aux langues celtiques. Pour une liste plus précise, et des exemples tirés du tsakhur, voir Corbett 2006: 46.

[45] Si, en *ET* Ta 1.170, *meani municleθ* forme un syntagme unitaire, on a une ultérieure attestation de l'emploi en seconde position de la postposition. Seule la sémantique permettrait de résoudre ce dilemme syntaxique: mais, comme presque toujours en étrusque, l'interprétation est loin d'être univoque. Traditionnellement, on comprend *mean*, qui sur les légendes de miroirs caractérise une figure semblable à la Νίκη des Grecs, comme signifiant "victoire" (pour une interprétation alternative, mais toujours "abstraite," par "jeunesse," voir Steinbauer 1998: 269); le groupe pourrait donc signifier "dans la victoire, celle *muni*," même si la situation est rendue plus complexe par la présence dans la proposition de la forme *calusim* et du verbe *lupu* qui constituent, avec une forme articulée de l'adjectif *muni*, un formulaire funéraire récurrent, dont le sens, malheureusement, n'est pas clair.

ificateur[46]), et les choix, au sein d'un même texte, peuvent s'avérer différents,[47] ce qui laisse raisonnablement penser que la place de la postposition dans le syntagme était libre. On ajoutera qu'il est normal, pour des raisons de clarté de l'énoncé, que la postposition apparaisse plus souvent après le premier élément du syntagme qu'après le second, mais que l'extension de l'accord à tous les éléments du syntagme rend possible un emploi (marqué?) de la postposition en fin de syntagme.

Morphématisation *in fieri* de la postposition -*θi*

Il est un trait combinatoire frappant, dans l'emploi de ces postpositions, qui est la possibilité réservée à certaines d'entre elles de venir marquer à la fois le nom et le modificateur d'un même syntagme. À la vérité, cette possibilité n'est avérée que pour la postposition -*θi* et ce que l'on considère généralement comme ses allomorphes (-*θ*, -*ti*, -*t* et, peut-être, -*te*), et dans des conditions bien précises, comme le révèle une étude combinatoire attentive. Nous avons pour cela rassemblé tous les groupes de deux lexèmes contigus, marqués par la même postposition. Mais il faut d'emblée séparer les syntagmes unitaires des syntagmes autonomes, puisque les deux lexèmes en question peuvent parfaitement être juxtaposés sans former un même syntagme, sur le modèle des formules récurrentes du rituel de la Momie de Zagreb, *śpureri meθlumeric* et *meleri sveleric*, qui, grâce à l'emploi de la particule enclitique de coordination -*c*, ne sont pas ambiguës, et renvoient à chaque fois aux deux "institutions" à destination desquelles se font les actions mentionnées, à savoir, "pour la cité et la communauté" et "pour le *mel*- et le *svel*-." Si l'on met de côté ces deux groupes, on constate que seule la postposition -*θi* ("dans," loc. inessif) est concernée par cette réduplication intrasyntagmatique:[48]

35. *clθi [σuθi]θi*
36. *θui: [cl]θ σuθiθ*
37. *clθ σuθiθ*
38. *cal-ti σuθi-ti*
39. *ecl-θi σu[θiθi?*
41. ***θui. clθi. mutnaịθi*** / *vel. veluσa. avils / cis. zaθrmisc / seiṭiθ̣ialiσa*
42. ***[c]ạlθ̣i. mut[neθi.*** *v]el. apnas / laṛθia[l. cla]ṇ. avils / cezpa[*
43. *tutes σ́eθre* (...) / ***zilcti. purtσvavcti. lupu.*** *avils. maχs. zaθrums*
44. *mi arnθial tetnies* ***σuθiθi velclθi***

De toutes ces occurrences, les deux dernières sont à mettre à part, car *σuθiθi velclθi* et *zilcti purtσvavcti* y forment très probablement deux syntagmes autonomes.[49] Toutes les autres en revanche constituent un groupe très cohérent, puisque les syntagmes retenus ont tous la structure "Dém N"; mieux encore, on constate que les choix lexicaux sont à chaque fois les mêmes, démonstratif *ca* et substantif désignant le monument funéraire qui accueille le défunt (soit *σuθi* "tombe," soit *mutna* "sarcophage") — ce qui suggère qu'on a affaire à un formulaire funéraire bien diffusé en Étrurie méridionale. Dans ce cas, l'interprétation de ces groupes comme des syntagmes unitaires est confortée par un faisceau de motifs:

---

[46] Comparer, par exemple, dans la même inscription (*ET* Cr 1.161) *zilci municle-t et huzrne-θi caisrivai.*

[47] Voir encore l'inscription citée à la note précédente. On peut aussi renvoyer à un groupe de textes cohérent, les inscriptions *ET* AT 1.108 et 1.109 de la tombe des Aleθna (Musarna), qui renvoient l'un à l'autre, et où l'on trouve respectivement les groupes *spure-θi apas-i* ("dans la cité du père") et *clens-i mule-θ* ("au cours du *mula* [sans doute une magistrature] du fils"; sur le problème posé par l'interprétation de ces inscriptions, voir encore van Heems sous presse a). Mais on est là devant des cas particuliers: les modificateurs étant dans les deux cas des génitifs adnominaux où la désinence -*i* vient se surajouter à celle de gén., il est probable que pour des raisons de clarté ces formes n'étaient pas en mesure de supporter la postposition (**apas-i-θ* et **clensi-θ* seraient très probablement des solécismes); on perçoit donc là probablement une limite au traitement syntaxique identique réservé aux adjectifs et aux génitifs adnominaux.

[48] Précisons que cette répartition est très probablement due au fait que -*θi* est la postposition de loin la mieux attestée dans le corpus étrusque; il est dès lors probable, même si on ne peut le certifier, que le phénomène que nous allons commenter puisse se produire avec les autres postpositions étrusques.

[49] C'est certain pour *zilcti purtσvavcti*, dans la mesure où *purtσvavc* est formellement marqué comme nom abstrait désignant une magistrature (suffixe -*vc* : pour l'identification de cette classe lexicale, voir Maggiani 1996: 110–13). Les deux lexèmes juxtaposés doivent donc faire référence aux charges politiques et/ou sacerdotales dans l'exercice desquelles (-*ti*) *Σeθre* Tute est mort ("il est mort au cours du *zilc* (et) du *purtσvavc*"). Quant à l'inscription conservée à Montpellier (44), les raisons qui nous font pencher pour une telle lecture sont exposées in van Heems 2006a: 45–46 et 56; nous reconnaissons cependant que ce ne sont là que des raisons de vraisemblance, et qu'aucun obstacle formel n'empêche une lecture "unitaire" de *σuθiθi velclθi*, où le syntagme signifierait "dans la tombe de Vulci."

(1) par l'analyse catégorielle: *clθi* étant un démonstratif, on s'attend à ce qu'il ait le rôle de modificateur du substantif qui le suit (déterminant du nom); certes ce n'est *a priori* pas la seule solution envisageable, puisque le pronom *eca* (*ca*) a aussi des emplois pronominaux, mais la structure syntaxique contraignante des passages où cette formule apparaît rend presque nécessaire cette analyse.
(2) par l'analyse sémantique: on s'attend logiquement à ce que le démonstratif détermine le substantif qui suit (voir point précédent).
(3) par l'analyse combinatoire: à Tarquinia, la formule "*cl-θi συθi-θi*" (et variantes) est en distribution complémentaire avec le formulaire "*θui cesu*" "ci-gît," composé de l'adverbe déictique de lieu *θui* "ici" et du verbe au *perfectum cesu* "a été déposé/repose/gît," équivalents lexicaux respectifs du syntagme *clθi συθiθi* d'une part et de la copule sous-jacente d'autre part; d'ailleurs, les inscriptions (36) et (41) sont intéressantes en ce qu'elle font précéder l'expression, avec une redondance qui n'est pas étrangère aux traditions épigraphiques tarquiniennes, de l'adverbe *θui*.
(4) par l'analyse formelle: la postposition, dans ces formules, est répétée à chaque fois sous sa même forme (*-θ*, *-ti*, *-θi*...), alors qu'on a un exemple où, dans la même inscription (*ET* Ta 1.182, t. des Camna), la postposition *-θi* est employée sous deux formes différentes, une fois *-θ* (*συθiθ*) et une fois *-ti* (*calti συθiti*), ce qui suggère, encore une fois, que le scribe percevait la séquence *clθi συθiθi* comme un groupe unitaire.

Hypothèse d'interprétation diachronique

On doit donc pour le moins s'étonner de cette étrange réduplication de la postposition, qui va à l'encontre des principes de rection du relateur (puisque la définition traditionnelle fait bien de l'adposition un morphème unique dans le syntagme, alors que le cas, chargé de marquer l'accord, est un morphème par nature duplicable à l'intérieur du syntagme; on aurait, si l'on transposait l'expression en latin, le monstre syntaxique **in hoc in sepulchro*); la surprise est plus grande encore, quand on remarque que ce phénomène n'est attesté que dans des conditions très précises, avec les syntagmes "Dém N."[50] À notre avis, on doit postuler, pour rendre compte de ce phénomène, une grammaticalisation partielle et *in fieri*[51] de la postposition *-θi*: elle est en acte car, comme on l'a vu, les syntagmes "N Adj" ne sont pas soumis à cette réduplication, et qu'elle n'apparaît que dans un type très limité de syntagmes. Les causes de cette morphématisation[52] sont sans doute liées à la spécialisation du morphème *-i* dans l'expression de l'Instrumental, alors que le locatif inessif est systématiquement exprimé, dès l'époque historique, en dehors de quelques archaïsmes, au moyen de la postposition *-θi;* mais il ne s'agit pas d'une raison suffisante, puisqu'elle ne rend pas compte de la distribution très particulière du phénomène (cette réduplication ne concerne que le démonstratif). Il faut donc aussi invoquer la structure fort brève du pronom *eca/ca*, et une particularité de sa flexion: son génitif et son loc.-instr. sont respectivement *cla* et *cle*, dont les finales vocaliques sont fragiles en dehors de leurs emplois enclitiques. On peut se demander si la langue n'a pas voulu étoffer la structure syllabique de ce démonstratif en lui accolant systématiquement la postposition. On pourrait néanmoins imaginer une alternative, consistant à faire porter la postposition sur le démonstratif plutôt que sur le substantif (SN du type ***clθi συθi*); mais elle soulève à son tour d'autres difficultés, dans la mesure où *συθi*, à cause de sa finale en *-i*, n'a pas de loc.-instr. distinct de son abs. (abs. *συθi*: loc.-instr. **συθi* < **συθi-i*). Quoi qu'il en soit, il reste que l'extension de la postposition aux deux éléments du syntagme témoigne indubitablement d'une morphématisation de l'élément *-θi*, peut-être destinée à pallier les insuffisances de la flexion, qui prévoit un certain nombre d'homophones ou de formes fragiles; en tout cas, ce type de grammaticalisation n'est pas sans parallèles typologiques,[53] ni sans intérêt psycholinguistique: la réduplication de la postposition est le moyen le

---

[50] Voir les inscriptions nn. 24–40 pour des exemples de syntagmes postpositionnels "N Adj Postp," et notre étude de la place de la postposition dans le syntagme. Si dans l'inscription (44) *συθiθi velclθi* forme un seul syntagme, on aurait un exemple de réduplication de la postposition dans un syntagme avec un modificateur du nom de type différent; mais nous avons vu que cette interprétation était peu satisfaisante pour des raisons sémantiques. Pour le moment donc, même si cet argument *a silentio* peut paraître faible, on doit poser que cette réduplication ne se fait que pour les syntagmes "Dém N," voire que pour les syntagmes "*eca* + substantif"

[51] Sur cette grammaticalisation en acte, voir Hagège 2001: 1617f., en part. "La grammaticalisation étant un processus dynamique, il arrive très souvent que, pour une même unité, le stade encore lexématique et le stade déjà grammaticalisé coexistent."

[52] Sur ces causes, voir van Heems sous presse a.

[53] Le russe littéraire connaît également cette réduplication de l'adposition (avec les prépositions): *ot èt-oj ot sam-oj ot barysn-i* ("de cette dame même," I. Tourgueniev, *Toc... Toc... Toc!*, cité dans Corbett 2006: 29), où la préposition *ot* (Origine) est adjointe à chaque élément du syntagme. Cette extension de la préposition a clairement pour fonction de marquer la cohérence syntagmatique. Il reste que cette tournure est d'emploi très limité et quasi-morte en russe contemporain (V. Chentsova, communication personnelle).

plus sûr d'assurer la cohérence syntagmatique, en raison de l'impossibilité dans laquelle le locuteur étrusque est, dans bien des cas, de distinguer le morphème casuel, à cause de la syncope des voyelles posttoniques (y compris les voyelles désinentielles lorsqu'elles se trouvent devant la postposition). Le principal intérêt du témoignage de l'étrusque est alors qu'il nous donne à saisir une morphématisation en acte de la postposition, qu'on ne repère en général qu'en "aval," si l'on peut dire, et qu'on est conduit à reconstruire;[54] en d'autres termes, le matériel étrusque amène à reposer la question de ce qu'est un morphème et de ce qu'est une adposition. Quant aux parallèles linguistiques,[55] nous ne mentionnerons ici que la particule mycénienne *-pi* et homérique -φι, à laquelle nous avons déjà consacré une étude,[56] et qui a le mérite de montrer une évolution dans le long terme d'un élément qui a toutes les caractéristiques d'une postposition et qui, peu à peu, est senti et employé comme un véritable morphème casuel. En effet, quoique l'élément myc. *-pi*/hom. -φι soit généralement considéré comme un morphème casuel,[57] il possède plusieurs traits morphosyntaxiques typiques des adpositions: (1) indifférence au nombre, alors qu'en grec les marques casuelles intègrent la distinction générique; (2) marquage d'un seul élément du syntagme, même si, comme en étrusque, *-pi*/-φι peut être étendu à tous les éléments du syntagme; (3) vestiges de rection probables, déjà en mycénien, avec des formes comme *e-re-pa-te-jo-pi*, où le *-o-* qui précède la "postposition" cache probablement une désinence de datif plur. Il serait étonnant, et assez étranger à la structure linguistique du grec, qu'on ait un double marquage casuel (-οισ- + -φι), alors que la forme est limpide si l'on fait de *-pi*/-φι une postposition. En d'autres termes, tout laisse penser que le mycénien et le grec homérique connaissaient une situation en bien des points semblable à celle que nous observons en étrusque.

3. Incidences de l'articulation sur l'accord

Un autre écart à la norme de l'accord intrasyntagmatique concerne, cette fois, les formes articulées qui servent de modificateur à la tête du SN: dans les syntagmes "N Adj" où l'adjectif est introduit par un article (du type *zilc-i muni-cle-t* "au cours du *zilχ*, celui *muni*"), en effet, l'adjectif n'est, contre toute attente, jamais fléchi.

Étude combinatoire Adj-art.: N-art

L'étude combinatoire montre que deux types de modificateurs, dans les syntagmes nominaux, sont employés, les Adj et les N au génitif adnominal. Or elle révèle un comportement très différent de ces éléments. Dans le cas, déjà cité, de *municleθ*, l'invariabilité de l'adjectif est cachée par des phénomènes de surface (*muni* étant un Adj en *-i*, son loc.-instr. est homophone et homographe de l'abs.); mais elle est bien visible quand les syntagmes sont au génitif ou quand on a affaire à un Adj où la désinence d'absolutif n'est pas ambiguë. Comparons:

33.	*riθna-itula*	*hivu-s-tra*
	Adj_{abs}-$Art_{gén}$	$N_{gén}$-postp
30.	*vipin-al-tra*	*ulχni-óla*
	$G_{gén}$-postp	$Adj(?)_{abs}$-$Art_{gén}$

où *-tra* régit le gén.;

45.	*muni-cla-t*
	Adj_{abs}-$Art_{gén}$-postp

où *-t* (= *-θi*) régit le gén.;[58]

[54] Ces phénomènes de renforcement phonétique des désinences par coalescence de morphèmes sont bien connus: nous ne mentionnerons ici que la désinence de gén. plur. latin *-ōrum*, forgée analogiquement à partir de *-ārum* comme une forme étoffée de *-um* (graphie arc. *-om*).

[55] Pour un parallèle intéressant, car provenant d'une aire linguistique en étroit contact avec la zone d'expansion de l'étrusque, voir l'article de P. Poccetti dans ce volume. Le parallélisme est très étroit, puisque les attestations italiques concernent également la postposition *-en* de localisation dans l'espace. On pourrait ainsi avoir affaire soit à un phénomène d'emprunt syntaxique à l'étrusque par un ou plusieurs dialectes sabelliques, soit à une isoglosse commune à deux langues de deux groupes linguistiques différents.

[56] van Heems sous presse.

[57] Cf. Bartoněk 2003: 160–61. L'étude la plus complète sur cette finale, reste néanmoins celle que M. Lejeune a proposée dans ses *Mémoires de philologie mycénienne* (Lejeune 1958).

[58] La lecture du *-a-* qui précède la postposition n'est toutefois pas totalement sûre (cf. *REE* 52, n. 11).

46. *zeric. zec. aθeli-ś.* ***śacni-cla*** */ cilθ-l. śpura-l. meθlum-es-c. ena-ś*
Adj_{abs}-$Art_{gén}$

où l'article est au génitif et congruant, du point de vue casuel, avec tous les autres lexèmes de la séquence à partir de *aθeliś* jusqu'au pronom *enaś*, tandis que l'Adj *śacni* ne porte pas la marque attendue de gén. (*-s*).

Dans ces conditions, on doit supposer que dans la longue inscription de fondation, peinte sur le pilier central de la tombe tarquinienne du Typhon,

47. *e{i}θ : fanu: σaθec : lavtn : pumpus / scunu[i]s : σuθiθi̥ : in : flenzna : / teisnica : cal : ipa : maṭani : tineri/m tisu σ[--]ṇa mutne : ipa : tr[---(-)]sniclte / fleṇzne ves-[--]ẹ[-] : ç[-]ṣ : [-]ṛθ[-] : ip[am -]ạtanị [---(-)] : eṛce : aθis/θnam : flenzna : te[-5/6-]ce : [-5-]ata[--] : enac : çeli / cẹsaṣin : θunχum : enac : χịṃ[-7/8-]ver : cal[-?-] / [a]rnθal : la[risa] liσla : χụ[-5/6-]ạl : r[amθa]s : cḷens / scuna*

le syntagme qu'on est autorisé à restituer aux ll. 4–5 [*tei*]*sniclte flenzne*, sur la base des ll. 2–3 (*flenzna teisnica*), est un syntagme au loc. postp. "Adj-Postp N," où l'adjectif[59] **teisni* n'est pas fléchi, tandis que l'article est au loc.-instr., et il doit en être ainsi pour tous les Adj en *-i* qui apparaissent dans des contextes similaires (*sacni-cle-ri, sacni-tle, muni-cle-θ, muni-svle-θ...*). On se rappelle que, dans notre analyse de la forme *muni-svle-θ*, nous avions bien précisé que l'article était fléchi au loc.-instr. plur. (**-svle-*: loc.-instr. sing. *-sle*); *muni* en revanche ne porte nulle marque.

Quand le modificateur du N est un autre N, en revanche, le comportement est différent. Tantôt il prend la marque de gén.:

48. *etv-e :* *θaur-e :* *lautn-eś-cle :*
Adj_{instr} N_{instr} $N_{gén}$-Art_{instr}
"grand" (?) "sépulcre" "famille"
"Le grand tombeau étant celui de la *gens* / Le grand (?) tombeau appartenant à la *gens* (...)" (instrumental absolu).

Tantôt il ne la prend pas:

49. *ś(elanś-l) :* *caluś-tla*
$N_{gén}$ N_{abs}-$Art_{gén}$
"À Selans, celui Calus."

C'est que dans le premier cas le substantif est au gén. adnominal, c'est-à-dire qu'il a une fonction de mise en relation très particulière entre la tête du syntagme et son modificateur, tandis que dans le second le nom *caluś*, théonyme, est l'équivalent d'un adjectif d'épiclèse, qui spécifie à quel Selans la statuette est offerte. Du reste les véritables adjectifs employés avec l'article et servant d'épiclèse dans une dénomination théonymique à deux noms,[60] restent bien invariables en étrusque, comme le prouve le texte votif suivant:

50. *mariσ-l* *meni-tla*
$N_{gén}$ Adj_{abs}-$Art_{gén}$
"À Mariσ, celui *meni*."[61]

Interprétation

Cette anomalie dans le comportement syntaxique des adjectifs a elle aussi beaucoup à nous apprendre sur le statut des formes articulées, sur le rôle joué par l'articulation et ses incidences sur les phénomènes d'accord. La forme *sacni-cla*, par exemple, au lieu de l'attendu **sacni-s-cla* témoigne d'un type d'accord particulier, caractérisé par un hypomarquage (il s'agit, si l'on veut, d'un sorte de "*Gruppenflexion*"), d'autant plus plausible ici qu'on a affaire à une forme articulée, certes analysable, mais où le pronom devait être perçu comme partie intégrante du lexème et, par conséquent, comme un syntagme dont la cohésion ou le degré de lexicalisation devaient être

[59] L'interprétation adjectivale de *teisni* est fondée non seulement sur le fait que ce lexème est ici articulé (ce qui toutefois ne serait pas en soi suffisant: les substantifs sont eux aussi naturellement soumis à l'articulation), mais aussi et surtout parce qu'on peut mettre en évidence toute une classe d'adj. en *-ni* : *lavtni* "familial, gentilice," *sacni, muni, meni*, etc.

[60] Sur lesquelles C. De Simone a attiré l'attention: voir De Simone 1997: 189f. et 191 pour le problème qui nous retient.

[61] Par sa forme, *meni* a de fortes chances d'être un adjectif (cf. n. 60).

nettement plus grands que pour un syntagme "Dém Adj." On a donc affaire, une fois de plus, à un phénomène de lexicalisation partielle. De toute évidence, tout se passe comme si, pour les adjectifs articulés, la cohésion entre l'adjectif et son article est si forte, que seul l'élément final du syntagme, à savoir l'article, porte la marque casuelle (et, peut-on ajouter, la marque de plur. quand besoin est[62]).

Une question reste en suspens: cette invariabilité était-elle obligatoire ou l'adjectif pouvait-il quand même recevoir la marque casuelle que sa fonction laisse attendre? Le seul exemple potentiel d'adjectif fléchi et articulé serait fourni par les fameuses lamelles bilingues de Pyrgi, du début du Ve siècle, où l'on trouve la forme *munis-tas*. Il est toutefois difficile d'y voir une forme articulée de *muni*, dans la mesure où le gén. du pronom *ta* n'est jamais **tas*, mais bien **tla* (voir les formes parallèles *-cla*, *-σla*, etc.). Le seul moyen de sauver cette interprétation serait donc de supposer que dans la Cerveteri de l'époque, le pronom suivait une déclinaison alternative, ce qui nous semble pour le moins difficile à accepter. Aussi, pour le moment, devons-nous conclure, devant l'absence de contre-exemples, que l'adjectif reste, normalement, invariable, lorsqu'il est articulé.

On ne s'étonnera pas, du point de vue typologique,[63] d'un tel phénomène de lexicalisation dû à la coalescence de l'article avec le lexème déterminé; mais, dans le cadre d'une langue comme l'étrusque, pour laquelle la documentation est plus que restreinte, ce point apporte non seulement une pierre importante à l'édifice grammatical à reconstruire, mais nous donne aussi d'intéressants indices sur la perception que pouvaient avoir les locuteurs de ces formes articulées: elles sont clairement perçues comme ne formant qu'une unité. De surcroît, ils nous donnent une idée, certes lacunaire, mais précieuse, de la complexité syntaxique de l'étrusque.

Conclusion

Du point de vue typologique, on pourra conclure que l'étrusque fait partie de ces langues où l'accord est relativement contraignant. Par rapport aux langues flexionnelles, et en particulier aux langues indo-européennes, il y connaît une extension moindre pour certaines catégories (on pense à l'accord en nombre), mais il montre des traits morphosyntaxiques distinctifs essentiels, qui marquent à leur tour en profondeur son identité linguistique par rapport aux langues qui l'entourent. Un de ces traits les plus intéressants est à notre sens l'incidence de l'échelle de définition sur tous les phénomènes d'accord, non seulement pour l'accord en nombre et en genre (animé/inanimé), mais aussi, quoique de manière plus subtile, pour l'accord en cas, selon des modalités qu'on ne retrouve pas dans les langues indo-européennes voisines. Enfin, l'un des intérêts principaux qu'offre l'étude de la morphosyntaxe étrusque à travers le prisme de la syntaxe du cas, est d'offrir des aperçus du développement diachronique de cette langue.

---

[62] Voir les formes, déjà commentées, *munisvleθ/munisuleθ*.

[63] Encore une fois, on a une illustration de l'incidence de la *définition* sur la morphosyntaxe étrusque, puisque l'emploi de l'article défini influe clairement sur l'accord. Le schéma représenté par l'étrusque, où l'article devient le seul élément de relation avec la tête du syntagme, est très répandu dans les langues du monde: voir la situation de l'hébreu, où l'article défini *ha* marque tous les éléments d'un syntagme défini — cf. *bayiṯ yafèh* "une belle maison" vs. *ha-bayiṯ yafèh* "la maison est belle" vs. *ha-bayiṯ ha-yafèh* "la belle maison" (litt. *la-maison la-belle*).

Annexes

Tableau Morphologique

flexion des pronoms-adjectifs enclitiques en fonction d'articles[64]

<table>
<tr><th></th><th>cas</th><th>-σa</th><th>-ca / -ta</th><th>-sa</th></tr>
<tr><td rowspan="7">singulier</td><td>nominatif</td><td>-σa</td><td>-ca / -ta</td><td>-sa</td></tr>
<tr><td>accusatif</td><td>-</td><td>-cn / -tn</td><td>-śn[65]</td></tr>
<tr><td>génitif</td><td>-σla</td><td>-cla / -tla</td><td>-</td></tr>
<tr><td>—</td><td>—</td><td>-tas (?)</td><td>—</td></tr>
<tr><td>génitif postp.</td><td>-</td><td>-cla-t</td><td>-</td></tr>
<tr><td>locatif-instr.</td><td>-</td><td>-cle-</td><td>-sle; -se (?)</td></tr>
<tr><td>locatif-instr. postp.</td><td>-</td><td>-cle-θ, -cle-t</td><td>-</td></tr>
<tr><td rowspan="2">pluriel</td><td>nominatif</td><td>-σva</td><td>-cva</td><td>-sva</td></tr>
<tr><td>locatif-instr. postp.</td><td>-</td><td>-</td><td>muni-svle-θ, muni-sule-θ</td></tr>
</table>

Inscriptions

1. *ET* Ta 1.9: sarcophage d'albâtre, Tarquinia, ca. 350–25.
2. *ET* Ta 1.30: cippe de tuf, Tarquinia, fin IVe–IIe s.
3. *ET* Ta 1.84: épitaphe peinte sur les murs de la t. 5512, Tarquinia, IIe s.
4. *ET* Ve 3.15: inscription vasculaire, Véies, VIe s.
5. *ET* Vt 1.116–117: urne cinéraire de tuf, Volterra, IIIe–Ier s.
6. *ET* Vs 1.23: épitaphe gravée sur l'architrave d'une tombe, Volsinies, fin VIe–début Ve s.
7. *ET* Ta 5.4–5.5: tombe des Boucliers, Tarquinia, IVe s.; syntagme reconstitué à partir des occurrences des deux inscriptions peintes.
8. *ET* Vc 1.92: sarcophage d'albâtre, Vulci, ca. 340.
9. *ET* LL, passim (voir par ex. col. III, l. 22): livre de lin, Égypte, Ier s.
10. *ET* AT 1.107: sarcophage, Musarna, ca. 225–200.
11. *ET* Cr 5.2: pilier central de la tombe des Clavtie/*Claudii*, Caeré, IVe s.
12. *TabCort* A, 18: table en bronze, Cortone, IIe s.
13. *ET* Ta 1.162: sarcophage de la tombe des Anina, Tarquinia, fin IIIe s.
14. *ET* Vc 1.4: cippe de tuf, Vulci, époque récente.
15. *ET* AT 1.190: sarcophage, Blera, IVe–IIIe s.
16. *ET* Ta 1.81: inscription peinte sur les murs de la tombe Bruschi, Tarquinia, IIe s.
17. *ET* Ta 1.17, sarcophage de la tombe des Pulena, Tarquinia, milieu du IIIe s.
18. *ET* LL VII.14.
19. *ET* Cr 1.161 [selon les leçon Maggiani 1996: n. 1 et idem 2001: 45]: sarcophage de la tombe des Tamsnie, Caeré, milieu du IVe s.

[64] Dans ce tableau, le tiret marque les formes non attestées, que l'on est toutefois en droit de reconstruire à partir des formes attestées pour les autres pronoms. Les colonnes manquantes, en revanche, signalent une partie du paradigme qui n'est attestée pour aucun des trois pronoms-adjectifs.

[65] S'il est permis d'analyser ainsi la forme *ceu-śn* qui apparaît sur la *defixio* de Monte Pitti (*ET* Po 4.4, l. 8).

20. cf. inscription 7.
21. Benelli 2007: n. 111: inscription gravée sur la paroi surplombant une route; Cerveteri (nécropole de la Banditaccia), époque récente.
22. *TabCort* B, 2–3.
23. *ET* Ta 1.167: mur de la tombe des Spitu, Tarquinia, IIIe s.
24. cf. inscription 18.
25. cf. inscription 19.
26. *ET* 5.6: inscription gravée sur le pilier central de la tombe du Typhon, Tarquinia, milieu-troisième quart du IIIe s.
27. cf. inscription 18.
28. *ET* AT 1.109: sarcophage de la tombe des Aleθna, Musarna, milieu du IIIe s.
29. *ET* AT 1.108: sarcophage de la tombe des Aleθna, Musarna, dernier quart du IIIe s.
30. *ET* Vt 4.5: colombe de bronze inscrite, Casabianca (Volterra), époque récente.
31. *ET* TC 15: "tuile de Capoue" (table de terre cuite), Capoue, Ve s.
32. *ET* TC 16.
33. *ET* TC 16–17.
34. *ET* AT 1.172: sarcophage de la tombe des Xurχle, Norchia, ca. 320–310.
35. *ET* Vc 1.59: stèle de tuf de la tombe des Inscriptions, époque récente.
36. *ET* Ta 5.5: inscription peinte sur un mur de la tombe des Boucliers, Tarquinia, IVe s.
37. *ET* AT 1.193: mur de tombe à chambre appartenant aux Θansina, San Giuliano, seconde moitié du IVe s.
38. *ET* Ta 1.182: sarcophage de la tombe des Camna, Tarquinia, IIIe s.
39. *ET* Ta 1.200: stèle, Tarquinia, époque récente.
40. *ET* LL, passim (voir par ex. col. V, ll. 6–7).
41. cf. inscr. 16.
42. *ET* Ta 1.83: inscription peinte sur les murs de la tombe Bruschi, Tarquinia, IIe s.
43. *ET* Vc 1.94: sarcophage de la tombe des Sarcophages, Vulci, deuxième quart du IIIe s.
44. *REE* 71, 2005, n. 88, pp. 232–37: œnochoé de bronze, Vulci (?), deuxième moitié du Ve s.
45. cf. inscription 13.
46. *ET* LL V, 22–23.
47. cf. inscription 26.
48. *ET* Pe 5.2: mur de l'hypogée de San Manno, Pérouse, IIe siècle.
49. *ET* Co 4.10: statuette votive en bronze représentant un chien ou un loup, Cortone, époque récente.
50. *ET* AV 4.1: inscription sur disque de plomb, Magliano (Vulci), milieu du Ve s.

Abréviations

CIL	*Corpus Inscriptionum Latinarum*, 1853–
ET	Helmut Rix, éd. *Etruskische Texte*. 2 volumes. Tübingen: G. Narr, 1991.
REE	*Rivista di epigrafia etrusca. Studi Etruschi.*
TabCort	Luciano Agostiniani et Francesco Nicosia. *Tabula Cortonensis*. Studia Archaeologica 105. Rome: "L'Erma" di Bretschneider, 2000.

Bibliographie

Agostiniani, Luciano

1992 "Contribution à l'étude de l'épigraphie et de la linguistique étrusques." *Lalies* 11: 37–74.

1993 "La considerazione tipologica nello studio dell'etrusco." *Incontri Linguistici* 16: 23–44.

1995 "Sui numerali etruschi e la loro rappresentazione." *Annali dell'Instituto Universitario Orientale de Napoli, Sezione Linguistica* 7: 21–65.

Bartoněk, Antonín

2003 *Handbuch des mykenischen Griechisch.* Heidelberg: Winter.

Belfiore, Valentina

2010 *Il* Liber linteus *di Zagabria. Testualità e contenuto.* Pise-Rome: F. Serra.

Benelli, Enrico

2007 *Iscrizioni etrusche: Leggerle e capirle.* Ancône: Saci.

Ciurletti, Gianni, et Franco Marzatico, éds

1999 *I Reti / die Räter.* Trente: Actes du Colloque.

Colonna, Giovanni

1999 "Epigrafi etrusche e latine a confronto." Dans *Atti dell'XI congresso internazionale di epigrafia greca e latina*, Volume 1, pp. 435–50. Rome: Quasar.

2000 "Il santuario di Pyrgi dalle origini mitistoriche agli altorilievi frontonali dei Sette e di Leucotea." *Scienze dell'Antichità* 10: 251–36.

Corbett, Greville

2001 "Number." Dans *Language Typology and Language Universals: An International Handbook*, Volume 1, édité par M. Haspelmath, E. König, W. Oesterreicher, et W. Raible, pp. 816–27. Berlin: W. de Gruyter.

2006 *Agreement.* Cambridge: Cambridge University Press.

Cristofani, Mauro

1995 *Tabula Capuana: Un calendario festivo di età arcaica.* Florence: L. S. Olschki.

De Simone, Carlo

1996 *I Tirreni a Lemnos: Evidenza linguistica e tradizioni storiche.* Florence: L. S. Olschki.

1997 "Dénominations divines étrusques binaires: considérations préliminaires." Dans *Les Étrusques, les plus religieux des hommes*, édité par D. Briquel et F. Gaultier, pp. 185–207. Paris: École du Louvre.

1998 "Etrusco e 'tirreno' di Lemnos: 'Urverwandtschaft'?" *Rivista di filologia e di istruzione classica* 126: 392–411.

1998 "I Tirreni a Lemnos: Paralipomena metodologici (nonché teorici)." *Ostraka* 6/1: 35–50.

2000 "I Tirreni di Lemnos." Dans *Gli Etruschi: Catalogue de l'exposition (Venise, 2000-2001)*, édité par M. Torelli, pp. 501–05. Milan: Bompiani.

Goldmann, Emil

1936 *Neue Beiträge zur Lehre vom indogermanischen Charakter der etruskischen Sprache.* Vienne: Gerold.

Hagège, Claude

2001 "Les processus de grammaticalisation." Dans *Language Typology and Language Universals: An International Handbook*, Volume 2, édité par M. Haspelmath, E. König, W. Oesterreicher, et W. Raible, pp. 1609–23. Berlin: W. de Gruyter.

Lazard, Gilbert

1994 *L'Actance.* Paris: Presses Universitaires de France.

Lejeune, Michel

1958 "La désinence -φι en mycénien." Dans *Mémoires de philologie mycénienne*, édité par M. Lejeune, pp. 159–84. Paris: Centre National de la Recherche Scientifique.

Maggiani, Adriano

1996 "Appunti sulle magistrature etrusche." *Studi Etruschi* 62: 95–138.

2001 "Magistrature cittadine, magistrature federali." Dans *La lega etrusca: Dalla dodecapoli ai quindecim populi* (Actes de la journée d'étude, Chiusi, 1999), pp. 37–49. Rome: Istituti Editoriali e Poligrafici Internazionali.

Maras, Daniele

1998 "La dea Thanr e le cerchie divine in Etruria: nuove acquisizioni." *Studi Etruschi* 64: 173–97.

Rix, Helmut

1993 "La scrittura e la lingua." Dans *Gli Etruschi: Una nuova immagine*, édité par M. Cristofani, pp. 199–227. Florence: Giunti.

1995 "L'etrusco tra l'Italia e il mondo mediterraneo." Dans *L'Italia e il mediterraneo antico* (Actes du colloque de la SIG, Fisciano-Amalfi-Raito, 1993), édité par A. Landi, pp. 119–38. Pise: Giardini.

1998 *Rätisch und Etruskisch.* Innsbruck: Institut für Sprachwissenschaft.

2002 "La seconda metà del nuovo testo di Cortona." Dans *La* Tabula Cortonensis *e il suo contesto storico-archeologico* (Actes du colloque, Rome, 2001), pp. 77–86. Rome: Consiglio Nazionale delle Ricerche.

Steinbauer, Dieter

1998 "Zur Grabinschrift der Larthi Cilnei aus Aritim/Arretium/Arezzo." *Zeitschrift für Papyrologie und Epigraphik* 121: 263–81.

1999 *Neues Handbuch des Etruskischen.* St. Katharinen: Scripta Mercaturae.

Torp, Alf

1902 *Etruskische Beiträge*, Volume 1. Leipzig: Barth.

Trombetti, Alfredo

1928 *La Lingua etrusca: Grammatica, testi con commento, saggi di traduzione interlineare, lessico.* Florence: Rinascimento del Libro.

Van Heems, Gilles

2001 "La copula e la frase nominale nelle iscrizioni funerarie di Tarquinia." Dans *Dinamiche di sviluppo delle città nell'Etruria meridionale: Veio, Caere, Tarquinia e Vulci*, pp. 683–87. Rome: Istituti Editoriali e Poligrafici Internazionali.

2006 "L'inscription de l'œnochoé de Montpellier: un formulaire original." *Mélanges de l'École Française de Rome* 118/1: 41–61.

2009 "Lire, écrire, compter: quelques réflexions et hypothèses sur le système numéral étrusque en marge des travaux de Michel Lejeune." Dans *Autour de M. Lejeune*, édité par F. Biville et I. Boehm, pp. 287–317. Lyon: Maison de l'Orient et de la Méditerranée.

sous presse "Le locatif et la formation des cas obliques en Étrusque." Dans *La Parola del Passato.*

Wylin, Koen

2004 "Un terzo pronome/aggettivo dimostrativo etrusco *sa*." *Studi Etruschi* 70: 213–25.

29

SYNTHÈSE: THE DYNAMICS OF CASE — RECAPITULATION AND FUTURE DIRECTIONS

Gene Gragg, University of Chicago

As the designated amanuensis of this conference, my task was to draw up the minutes, the procès verbal, of what the three days have been about, of what has been accomplished. Recorded minutes are of course intended to draw out a structure, a narrative from juxtaposition of possibly unforeseeable interactions — but to the extent that we get it right, it can suggest the structure/narrative that really did emerge. With this in mind, what in fact I offer are a couple very general remarks, followed by a highly personal reasoned catalog of the communications.

The goal of the conference was the exploration of "Variations, concurrence et évolution des cas," which is of course very general, qualified "dans divers domaines linguistiques," which is probably more vague than the actual undertaking. In fact I think there was a strong geo-linguistic unity to the data considered here. By and large, I believe, case was taken by almost all conference participants in the traditional sense of inflectional morphology — in the sense in which, to cite a phrase used more than once, "Chinese has no case." The conference was thus concerned centrally with languages having inflectional morphology, and the two language families par excellence meeting this requirement, and having a rich and deep documented attestation, are Indo-European and Semitic. In fact, it was focused heavily on the circum-Mediterranean members of those families — extrapolating as far as Old Persian and Tocharian to the East, and a representation of Baltic, Slavic, and Germanic to the West. In addition there was a good sampling of the non-Indo-European/non-Semitic contact and context languages: Finno-Ugric and Etruscan in the West and Hurrian, Sumerian, and Elamite to the East. I think we had about as good a combination of depth and variety as is possible in the three days at our disposal. In fact, there are sub-sequences of papers that constitute, in my opinion, mini-colloquia, which will stand on their own right as notable events in the study of case in fields of Semitic, Anatolian, and Italic.

From the point of view of linguistic theory, we were eclectic, and the papers represented the mainstream in our various disciplines — a mainstream, I should point out, that is always an emerging mainstream (you cannot step into the same, identical mainstream twice). The centrality of case for linguistics cannot be exaggerated. Case is, as a recent collection of articles points out, "one of the main realizations of the relation between form and meaning" (Hoop et al. 2001). As inheritors, all of us, of more or less long traditions of careful textual study of the manifestations of inflectional morphology, our point of departure is at the opposite pole from what we might project as a "reductionist" view (so characterized by Bouchard 2001 in the above-mentioned collection), actually a caricature, that all languages are alike, if you get down deep enough, and that morphological case, which appears in some languages, is simply a superficial epiphenomenon — a relatively insignificant, last-minute spell-out in the process of producing speech. On the contrary, if morphological case is important, it is important to know how languages get morphologically encoded case, how they use them, how they transform them, and how they lose them.

In this context it is encouraging and instructive to find the following remark by an important contributor to contemporary synchronic and diachronic theory, Paul Kiparsky, in a notable contribution on "Structural Case in Finnish":

> Multi-level case theories deal with the mismatch between morphological form and syntactic function by distinguishing MORPHOLOGICAL CASE on the basis of form and ABSTRACT CASE on the basis of function. Approaches that distinguish between abstract case and morphological case in this way typically envisage an interface called 'spellout' that determines the relationship between them. In practice, this outlook has served to legitimize a neglect of inflectional morphology. The neglect is understandable, for syntacticians' interest in morphological case is naturally less as a system in its own right than as a diagnostic for abstract case and grammatical relations. But it is not entirely benign: compare the abundance of explicit proposals

about how abstract cases are assigned with the minimal attention paid to how they are morphologically realized (Kiparsky 2001: 316).

From a linguistic point of view, if the conference, and the scholarly activity it represented, had a common denominator and a raison d'être, it was surely to provide some of the missing data structures that linguistic theory needs to fill in the vacuum created by the "benign neglect" deplored by Kiparsky. This scholarly activity is an ongoing effort carried out on various fronts, at various rhythms, and on various premises by a loosely coupled network of researchers.

Ultimately, I think that the significance of this conference is that it is a sort of multi-dimensional snapshot, freeze-frame, crystalization of the activity of this network as it existed in April 2007. The snapshot will look different from different viewing angles and depth of sampling. The following preliminary map is the briefest possible fly-over, from one point of view, of the rich and complex structure made up of the assembled papers.

Already at the beginning, it was most helpful to have Christian Touratier ("Cas et analyse en morphèmes?") remind us in his introductory paper of important conceptual and terminological distinctions made in inflectional morphology by two, unfortunately often overlooked, giants in linguistic theory, and in Semitic and Indo-European studies, Zelig Harris and Jerzy Kuryłowicz; linguistic theory, past and present, is a rich source of structuring hypotheses, which do not have to, and probably cannot, be reinvented by the working language and language-family specialist.

To begin looking slightly off center at the language-specific material, one surprisingly recurrent theme has been ergativity. In fact, my impression from the papers I have seen is that Dixon's 1994 monograph on the subject appears in more individual bibliographies than any other single reference. Of the languages discussed here, Hurrian holds pride of place in this category, with its tightly choreographed ballet of agent, patient, subject, and beneficiary, of which Dennis Campbell ("Agent, Subject, Patient, and Beneficiary: Grammatical Roles in Hurrian") gave us a glimpse. Sumerian is another ergative star, but as Christopher Woods ("The Conjugation Prefixes, the Dative Case, and the Empathy Hierarchy in Sumerian") showed, animacy has become such an organizing pole that it can be considered to occupy center stage. Animacy marking is equally central as an organizing principal in Elamite, as presented by Florence Malbran-Labat ("Des cas en élamite?"), but an entirely different structure emerges here, with Elamite's nested argument patterns as core markers of syntactic structure in a language with relatively little case marking outside the pronominal system. A similar bracketing by case-agreement patterns was shown by Gilles van Heems in Etruscan ("Accord sur le désaccord: quelques réflexions sure les rapports entre morphèmes casuels et adpositions en étrusque").

Ergativity is a background issue in two overviews of case-system genesis. For Indo-European, Jean Haudry ("Genèse et évolution du système casuel indo-européen: questions et hypothèses") showed that no simple linear projection will get us to the origin of Indo-European, but bits and pieces do show how variable the process should have been. For Proto-Semitic, Pelio Fronzaroli ("Evolution des cas dans le sémitique archaïque: la contribution de l'éblaïte") discounted putative evidence of ergativity from Eblite case marking, showing that one has to pay attention to the habits and conventions of scribes (while opening up another door to this irrepressible feature in some adverbial fossil forms). On a different grammatical plane, but still in the ancient Near East, the necessity of caution with scribal habits, and what can be deduced from them, was underlined by Éric Pirart ("Anomalies grammaticales à Bīsotūn").

But cases also arise. Craig Melchert ("The Problem of the Ergative Case in Hittite") showed, with ergative at the low end of the split ergativity scale, that a case can live on. A different kind of case reincarnation/resurrection was also shown by Matthias Fritz ("Sur l'évolution du locatif en arménien"), who tallied up the number of morphological disguises taken by the locative in Armenian — always identical to at least one other case, but varying with stem classes.

In the domain of case transformation, the radical remodeling of Tokharian case was outlined by Georges-Jean Pinault ("Sur l'histoire des cas en tokharien"). Claire Le Feuvre ("Mécanismes de réaffectation désinentielle et hiérarchie des oppositions casuelles en slave") discovered in Slavic a more subtle remodeling by two different "therapeutic" reinterpretations, à la Kuryłowicz.

Functions loaded into cases survive in prepositional models and syntactic templates. This is documented in a number of languages: André Rousseau ("Cas grammaticaux et cas locaux en gotique: Les modèles casuels du gotique") showed this for Gothic, and Michel Mazoyer ("A propos de l'opposition entre le statique et le dynamique en hittite") for Hittite. And Folke Josephson ("Allative in Indo-European") talked about the metamorphoses of the illative in Hittite, whose functional overload can be supplemented by enclitic particles in the Wackernagel position. What amounts to a case split was discussed by Serguei Sakhno ("Pourquoi deux génitifs et deux locatifs en russe pour certains substantifs? Etat actuel des paradigmes et aspects diachroniques").

There were a number of explorations of maintained richness of case systems: Robert Hawley ("Some Case Problems in Ugaritic") showed for Ugaritic that the case system was as alive and well as one could expect for a West Semitic language. In the Indo-European domain, there is a long and proud history of this richness. For Greek, Françoise Bader ("Énigmes autour du datif et de l'instrumental") tantalized us with a mytho-poetic exploration of the landscape of the dative, starting from *Ephúrē mukhôi Árgeos* "tucked away deep in the Argolid." For modern Icelandic, Patrick Guelpa explored the vitality of the dative, a vitality that manifests itself *à outrance* in a mysterious syndrome that might be dubbed "dativitis." Finally, outside the boundaries of Indo-European again, Jean Perrot ("Regards sur les cas dans les langues ouraliennes") opened a synchronic-comparative perspective on the famous riches of the case systems of Finno-Ugric.

Last, but extremely important, is the death of case — perhaps we can say *casus casus*. The impoverishment and disappearance of a whole case system was documented by Dennis Pardee ("Vestiges du système casuel entre le nom et le pronom suffix en hébreu biblique") for Canaanite, and by Rebecca Hasselbach ("Early Canaanite and Old Aramaic Case in the Light of Language Typology") for Northwest Semitic generally.

Pride of place in this aspect of case, because of the wealth of data, has to belong to Latin, and its contemporaries and successors in Romania. The complicated situation in Sabellian was explored by Vincent Martzloff ("Les marques casuelles dans les documents paléo-sabelliques et la morphologie du génitif pluriel sud-picénien"); Paolo Poccetti ("Formation et variations dans les système de la flexion des langues sabelliques entre synchronie et diachronie") gave an overview of the case system as a whole in the Sabellian languages, situating these languages in their Italic and Indo-European context, and showing fascinating typological convergences between developments in Sabellian, and those that would take place in late Latin and early Romance.

The rich variability of Latin at all periods was shown by Carole Fry ("La casualité latine en variation diastratique: Du parler populaire à la diction poétique"), and the vulnerability of the inflectional signifiant, and the consequent collapses and homophonies, catalogued by Michèle Fruyt ("Cas et évolution linguistique en latin"). Gerd Haverling ("Le flottement entre les cas en latin tardif") gave a tour of case functions that get normalized and patterns that move from synthesis to analysis. Finally, Michela Cennamo ("Case Marking of Core Arguments and Alignment in Late Latin") looked for principled reasons for extension of the accusative and found it in an active case alignment, and a shift in head marking strategy.

The title of this summary overview contains the expression "future directions." It would of course be presumptive for an outsider to predict how Latinists are going to do Latin, Hittitologists to do Hittite. Where a discipline will go depends obviously on an internal dynamic of moving on from a current state of the question. Current linguistic preoccupations cannot dictate the agenda of ongoing language investigation. But I would point out that there is also a two-level external dynamic/dialectic: Are there current linguistic preoccupations that help put our data in perspective, and vice versa? On the other hand, are we dealing with language phenomena simply absent from the present grid of language-theoretic preoccupations, but that might turn out to be possible future answers to as yet unformulated linguistic questions? A conference such as the present allows us to get some grasp of both of these dynamics.

Bibliography

Bouchard, Denis

2001 "The Concept of 'Universal' and the Case of Japanese." *Lingua* 111: 247–77.

Dixon, Robert M. W.

1994 *Ergativity*. Cambridge Studies in Linguistics 69. Cambridge: Cambridge University Press.

Hoop, Helen de; Olaf Koeneman; Iris Mulders; and Fred Weerman

2001 "Introduction: Special Issue on Morphological Case." *Lingua* 111: 243–45.

Kiparsky, Paul

2001 "Structural Case in Finnish." *Lingua* 111: 315–76.